Monster Allergy

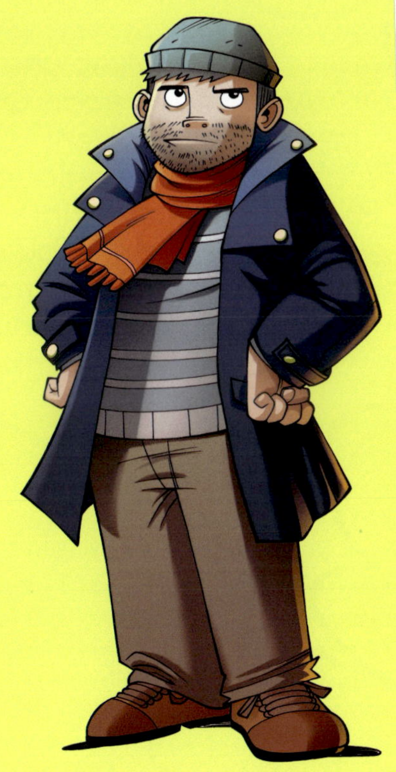

Dani Books

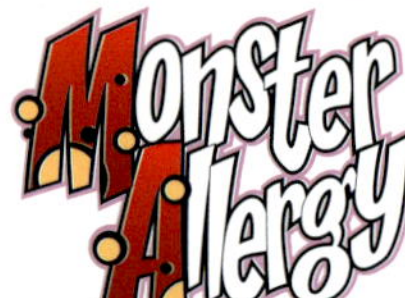

ist eine Produktion von

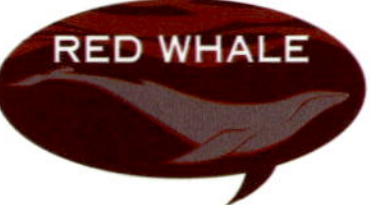

redwhale@redwhale.it

Monster Allergy – Die monstermäßige Gesamtausgabe, Band 5

Eine Serie von Centomo, Artibani, Barbucci & Canepa

Illu S. 1: Alessandro Barbucci, Farben: Paolo Maddaleni
Illus und Farben S. 3 bis 4: Federico Bertolucci

Übersetzung Episoden 17 und 18: Monja Reichert
© Egmont Verlagsgesellschaften/ECC, Köln
Übersetzung Episoden 19 und 20: Jano Rohleder

Redaktion, Lektorat und Buchdesign: Jano Rohleder
Zusätzliche Textkorrekturen: Gerd Syllwasschy
Printed in the Czech Republic by Drusala, Frýdek-Místek

Erste Auflage, August 2016 • 1500 Ex.
ISBN 978-3-944077-14-7

DANI BOOKS
Verlag Jano Rohleder
Elisabethenstr. 23
64521 Groß-Gerau

www.danibooks.de
twitter.com/dani_books
facebook.com/danibooks.de

Gratis für dich: Digital Copy dieses Buchs!

Du willst unsere Abenteuer auch unterwegs immer dabeihaben? Dann hol dir gleich deine **kostenlose Digital Copy** im PDF-Format! Einfach Kaufbeleg scannen und an info@danibooks.de mailen. Wir schicken dir umgehend deinen persönlichen Downloadlink zu!

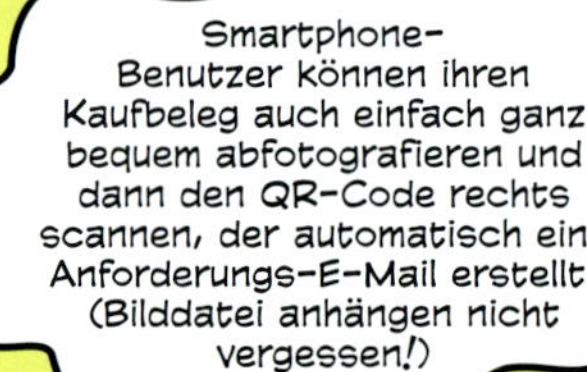

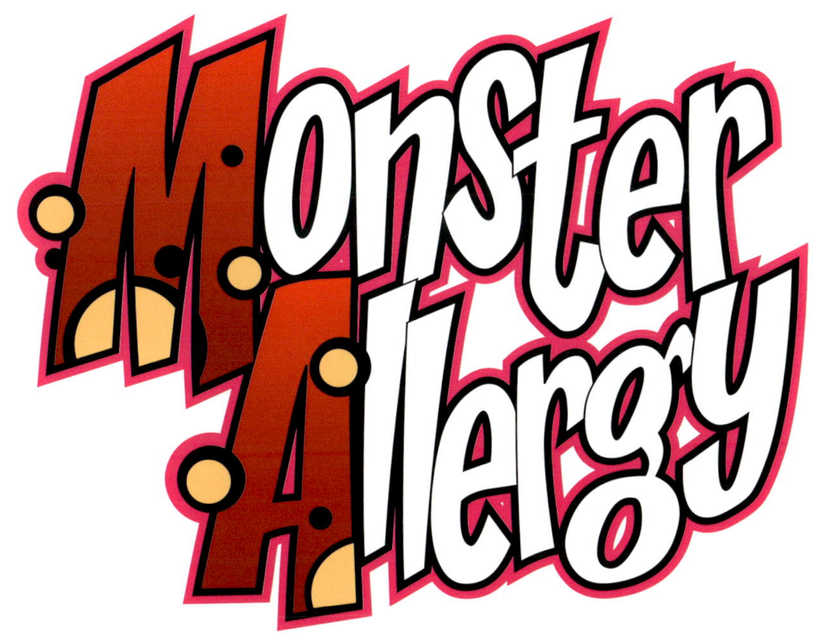
Monster
Allergy

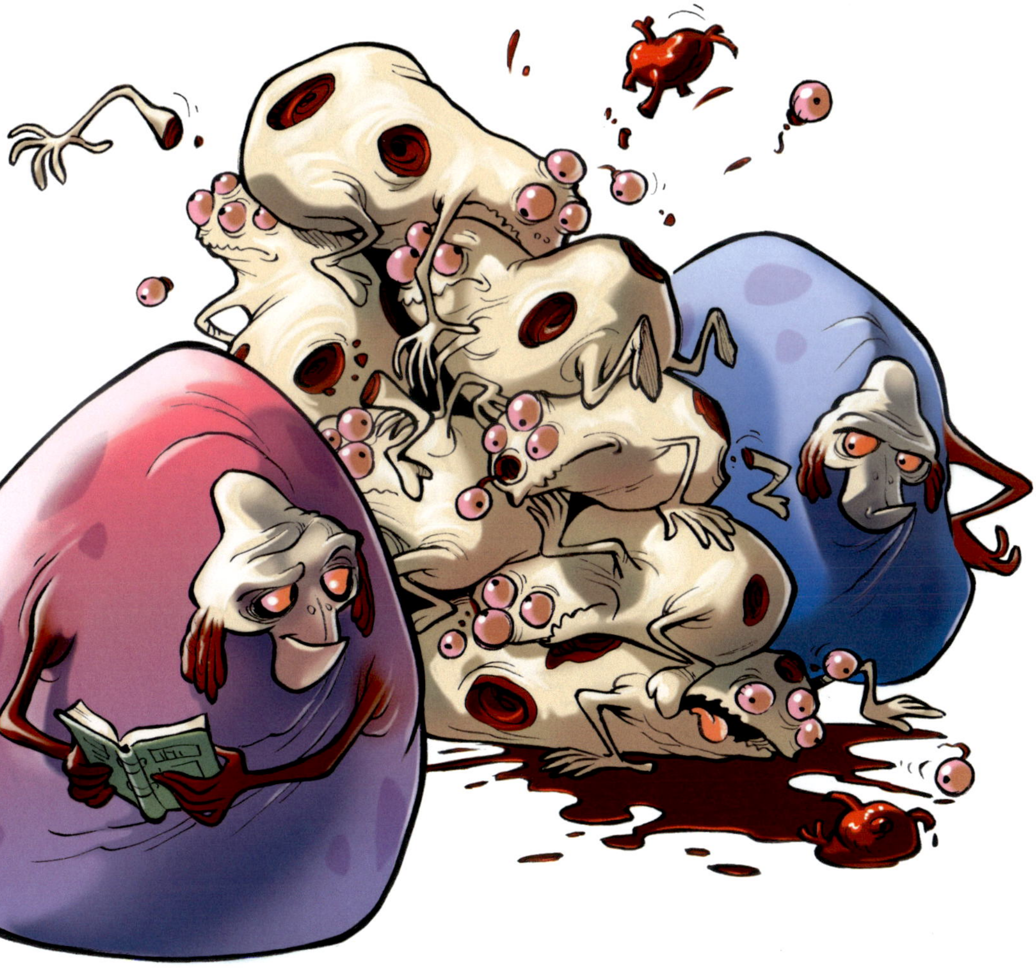

Inhalt

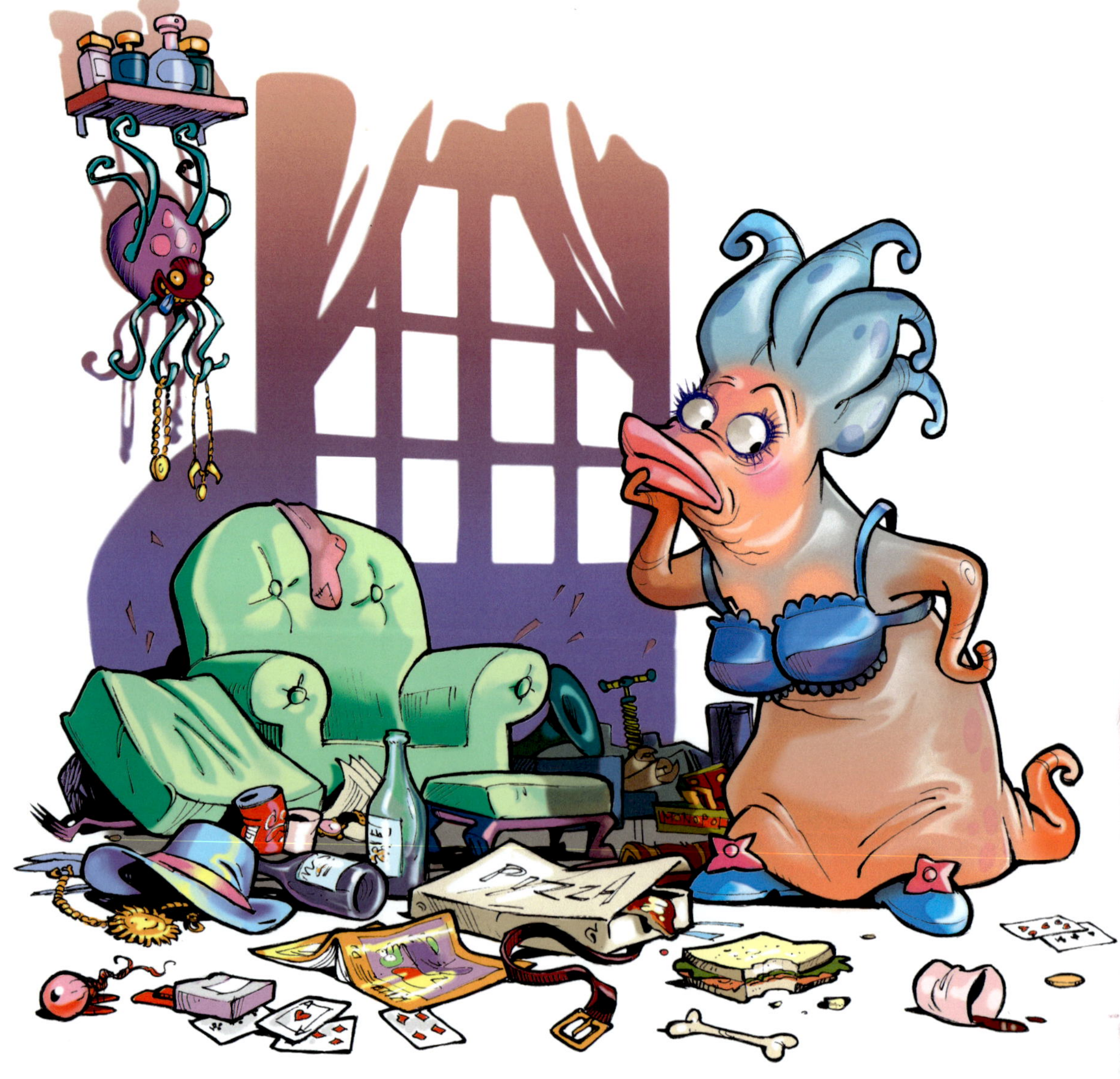

Episode 17: Der letzte Anker

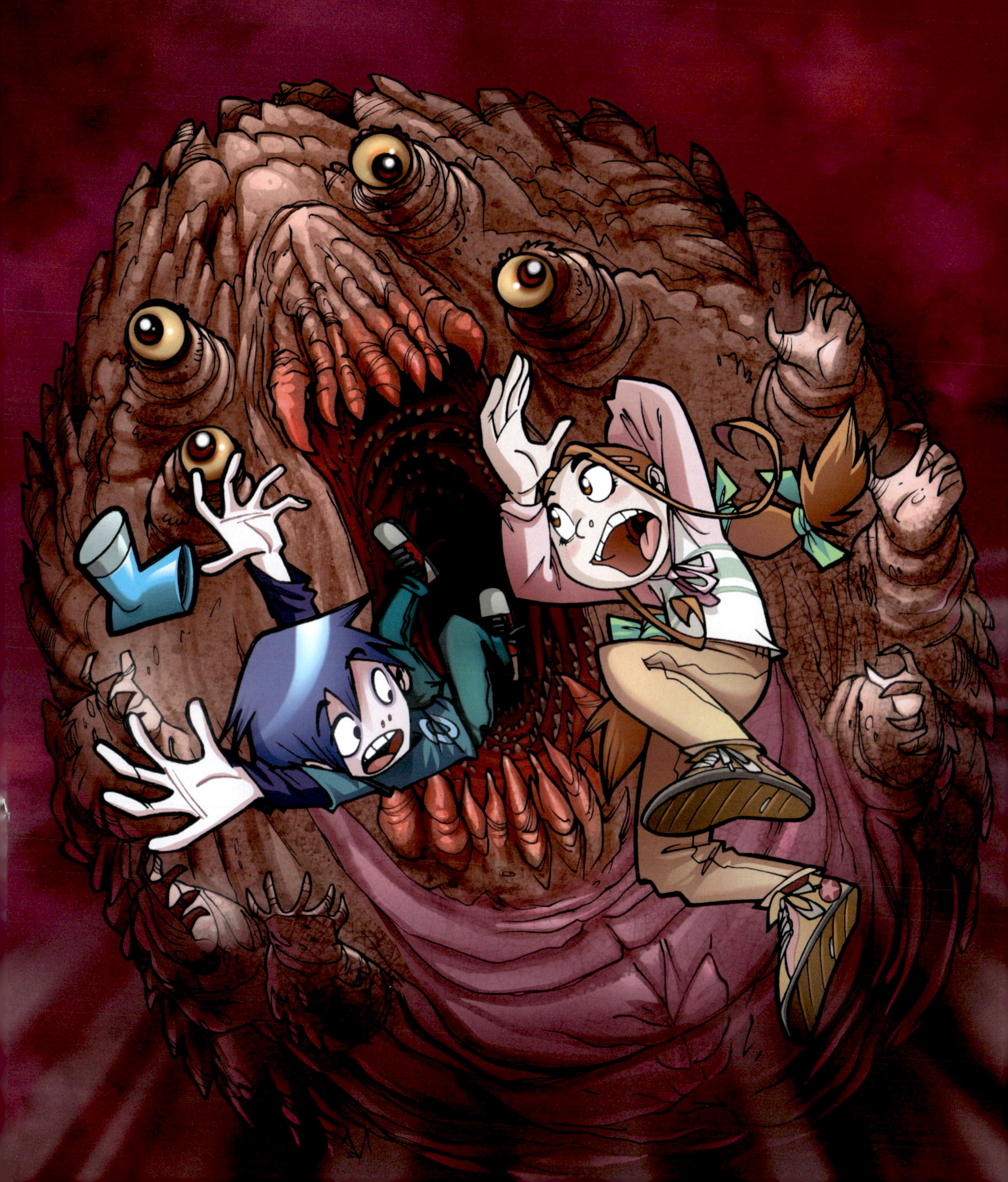

DER LETZTE ANKER

Originaltitel:
L'ULTIMO CARDINE

Idee: Katja Centomo
Story: Francesco Artibani
Layout: Giorgio Pontrelli & Alessandro Barbucci
Zeichnungen: Giorgio Pontrelli
Tusche: Paolo Ferrante
Farben: Giulia Basile, Pamela Brughera, Cecilia Giumento & Lorenzo Ortolani

Künstlerische Leitung Artwork: Alessandro Barbucci
Künstlerische Leitung Farben: Cecilia Giumento

Übersetzung: Monja Reichert
Redaktion & Lektorat: Jano Rohleder
Redaktionelle Beratung: Konstanze Tants

Erstveröffentlichung:
Monster Allergy, Heft 17
Buena Vista Comics (Italien), Februar 2005

Deutsche Erstveröffentlichung:
Monster-Allergy-GA, Band 5
dani books, August 2016

Eine Serie von Centomo, Artibani, Barbucci & Canepa

Coverillustration:
Artwork: Antonello Dalena
Tusche: Cristina Giorgilli
Farben: Paolo Maddaleni

Illustration Seite 6:
Artwork: Alessandro Barbucci
Farben: Paolo Maddaleni

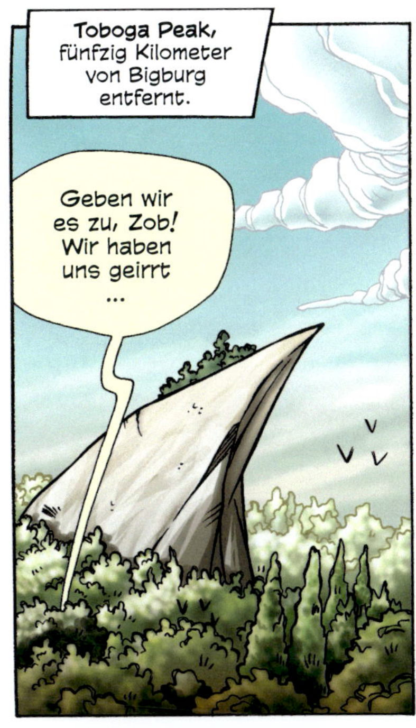
Toboga Peak, fünfzig Kilometer von Bigburg entfernt.
Geben wir es zu, Zob! Wir haben uns geirrt ...

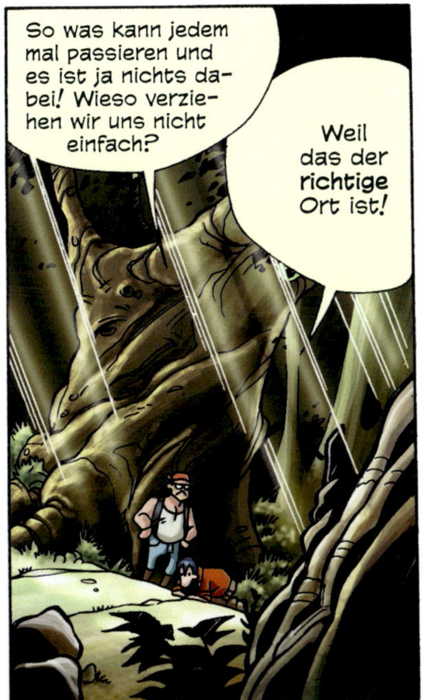
So was kann jedem mal passieren und es ist ja nichts dabei! Wieso verziehen wir uns nicht einfach?
Weil das der **richtige** Ort ist!

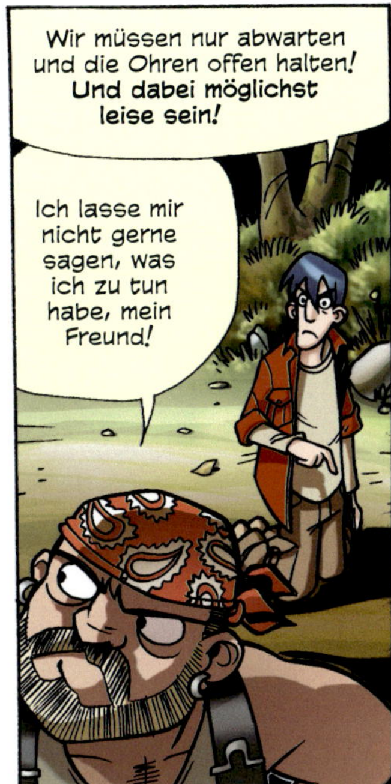
Wir müssen nur abwarten und die Ohren offen halten! **Und dabei möglichst leise sein!**
Ich lasse mir nicht gerne sagen, was ich zu tun habe, mein Freund!

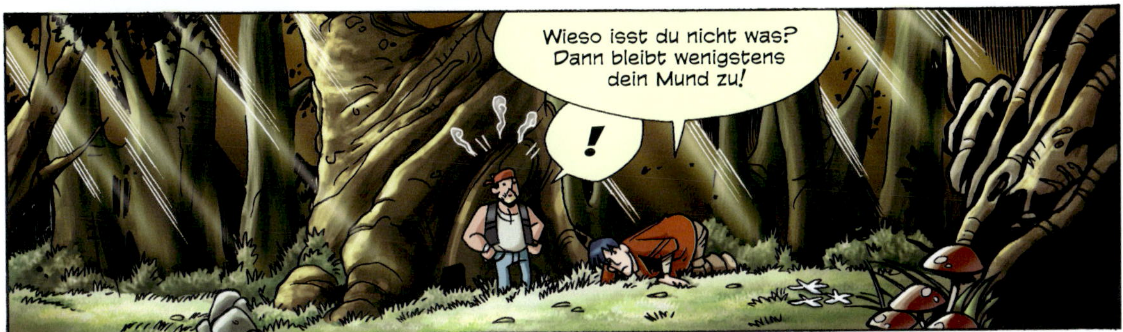
Wieso isst du nicht was? Dann bleibt wenigstens dein Mund zu!
!

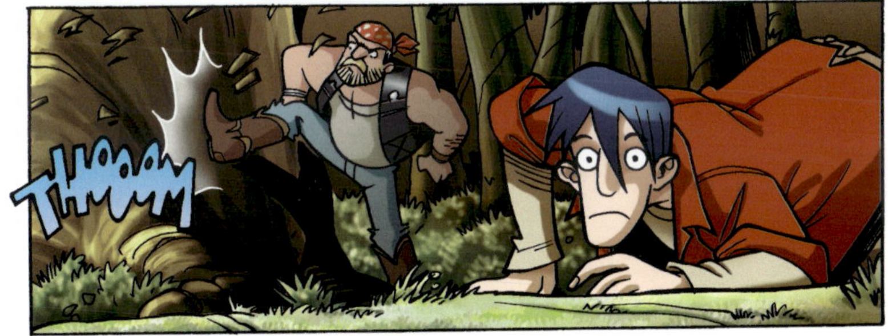
THOOOM

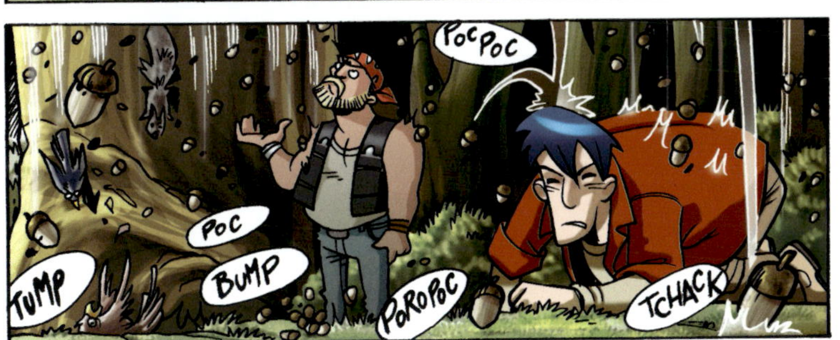
POC POC
POC
TUMP
BUMP
POROPOC
TCHACK

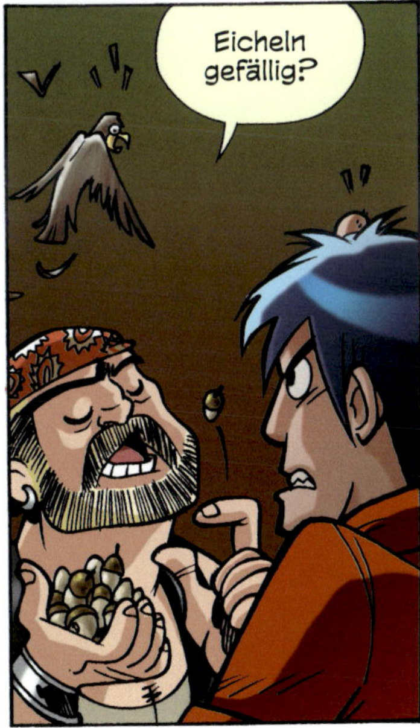
Eicheln gefällig?

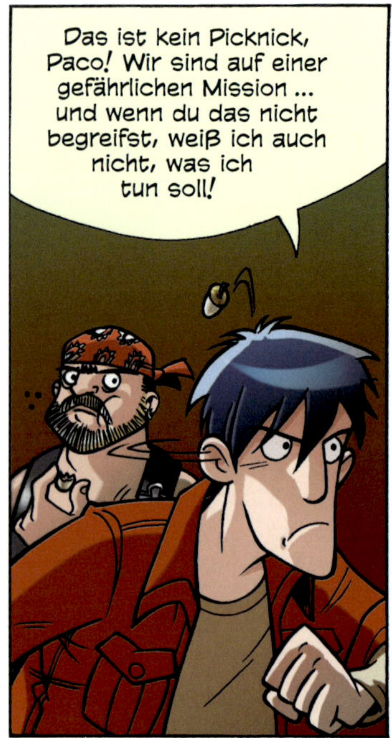
Das ist kein Picknick, Paco! Wir sind auf einer gefährlichen Mission ... und wenn du das nicht begreifst, weiß ich auch nicht, was ich tun soll!

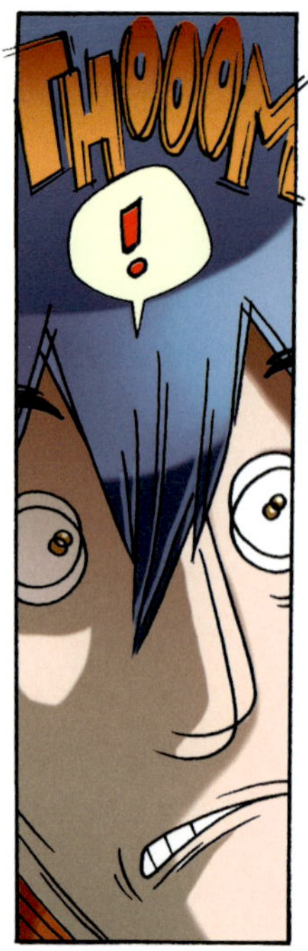
THOOOM
!

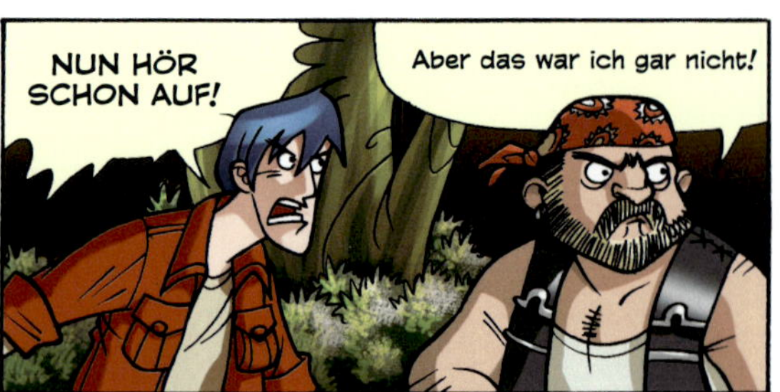
NUN HÖR SCHON AUF!
Aber das war ich gar nicht!

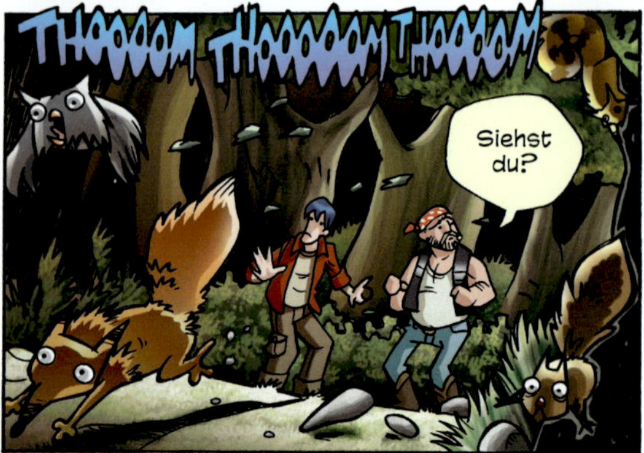
THOOOOM THOOOOOM THOOOOM
Siehst du?

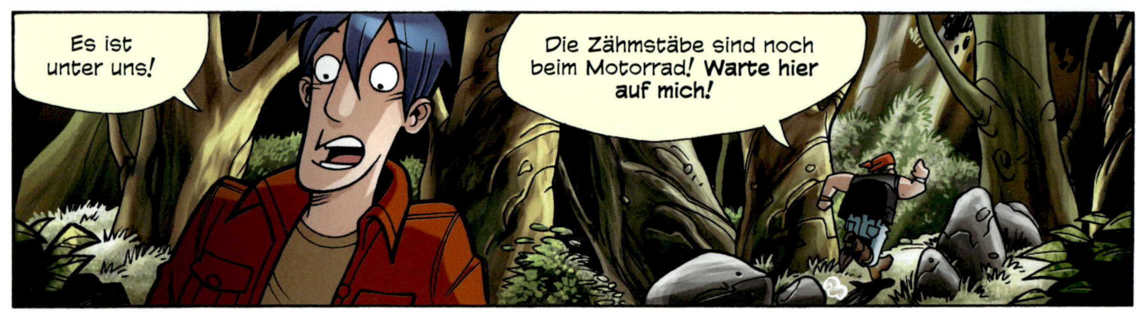
Es ist unter uns!
Die Zähmstäbe sind noch beim Motorrad! **Warte hier auf mich!**

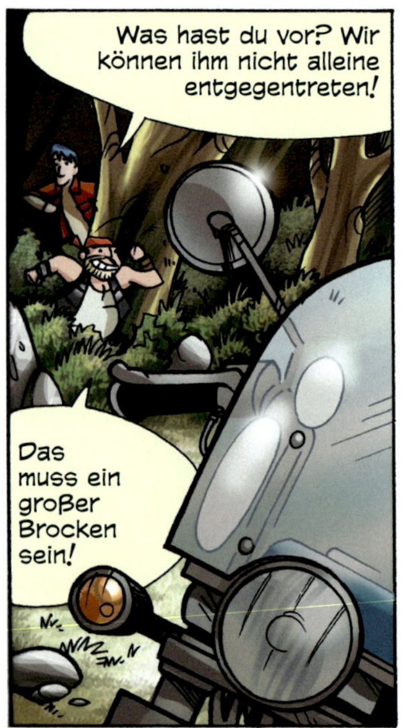
Was hast du vor? Wir können ihm nicht alleine entgegentreten!
Das muss ein großer Brocken sein!

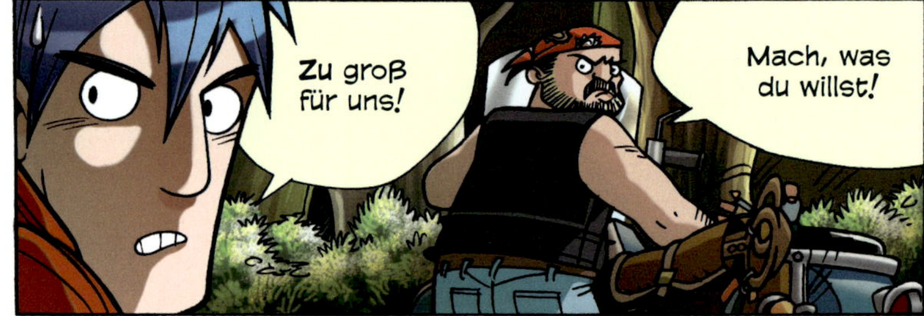
Zu groß für uns!
Mach, was du willst!

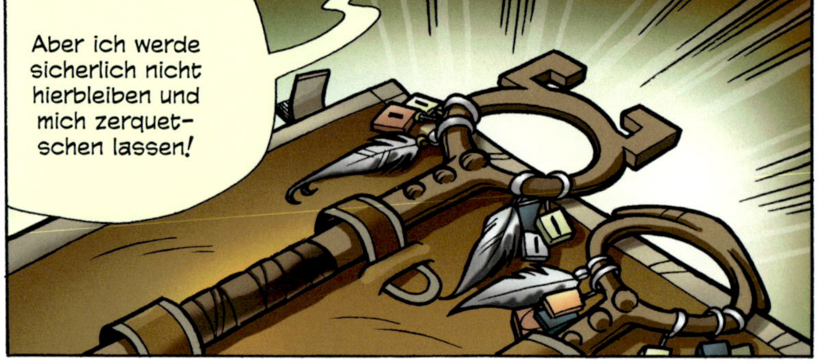
Aber ich werde sicherlich nicht hierbleiben und mich zerquetschen lassen!

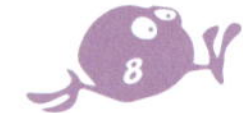

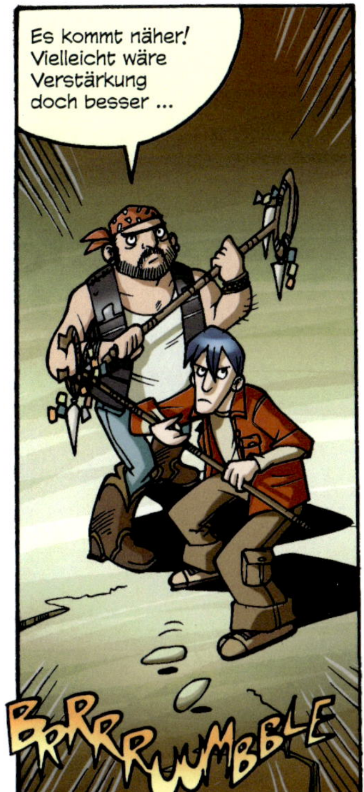
Es kommt näher! Vielleicht wäre Verstärkung doch besser ...
BRRRRUMBBLE

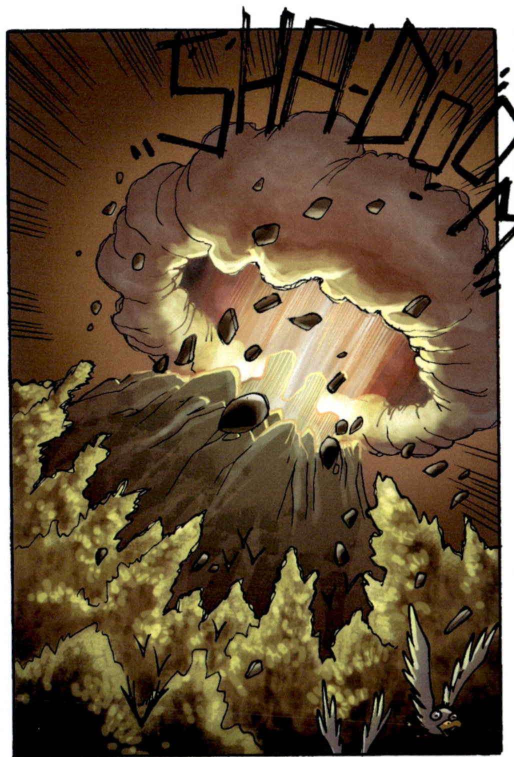
SHA-DOOM

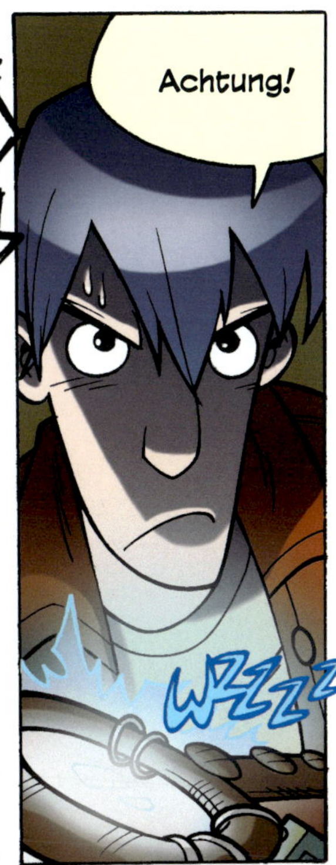
Achtung!
WRZZZZ

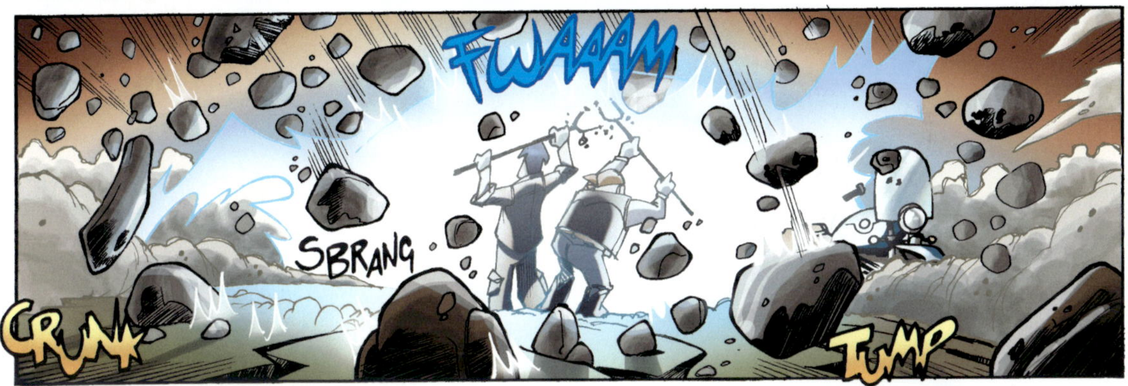
FWAAAM
SBRANG
CRUNK
TUMP

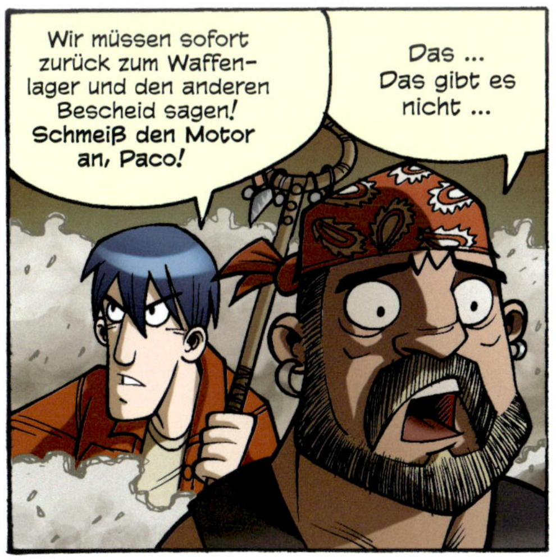
Wir müssen sofort zurück zum Waffen-lager und den anderen Bescheid sagen! **Schmeiß den Motor an, Paco!**
Das ... Das gibt es nicht ...

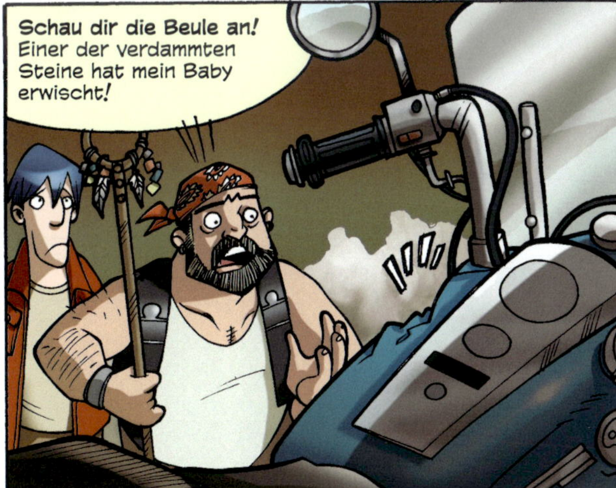
Schau dir die Beule an! Einer der verdammten Steine hat mein Baby erwischt!

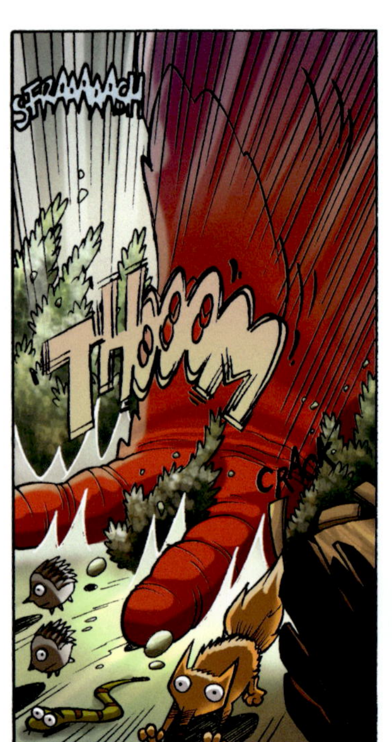
STRAAAAAH
THOOOM
CRACK

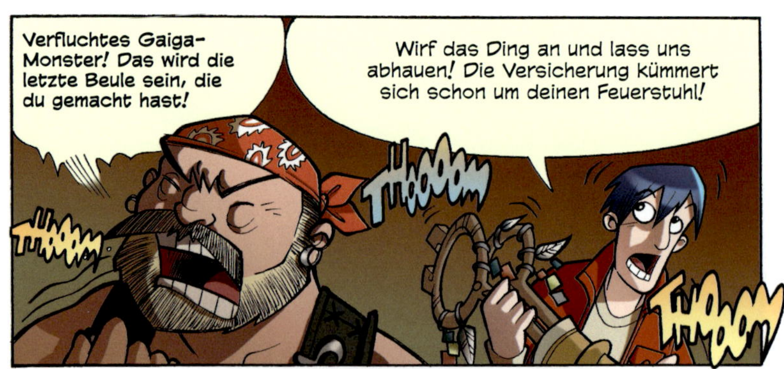
Verfluchtes Gaiga-Monster! Das wird die letzte Beule sein, die du gemacht hast!
Wirf das Ding an und lass uns abhauen! Die Versicherung kümmert sich schon um deinen Feuerstuhl!
THOOOM
THOOOM
THOOOM

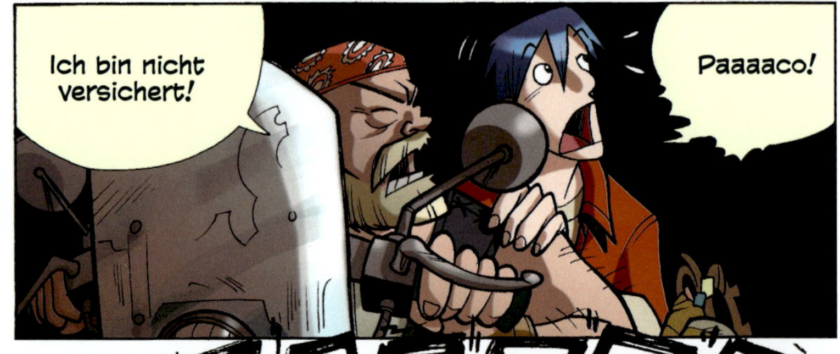
Ich bin nicht versichert!
Paaaaco!

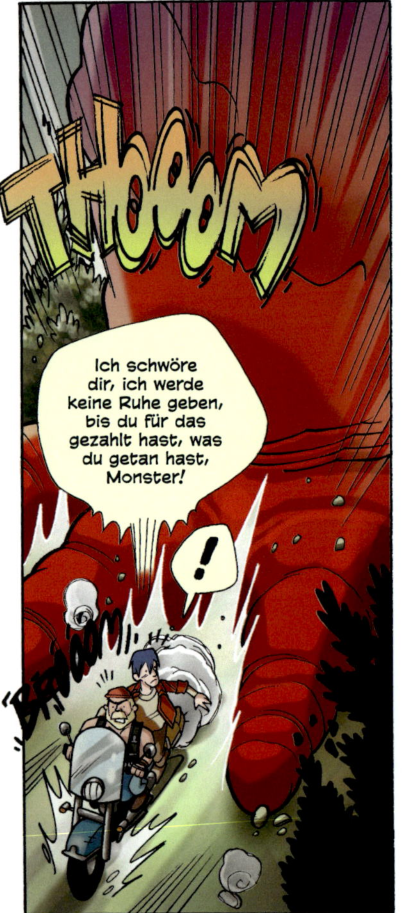
THOOOM
Ich schwöre dir, ich werde keine Ruhe geben, bis du für das gezahlt hast, was du getan hast, Monster!
!

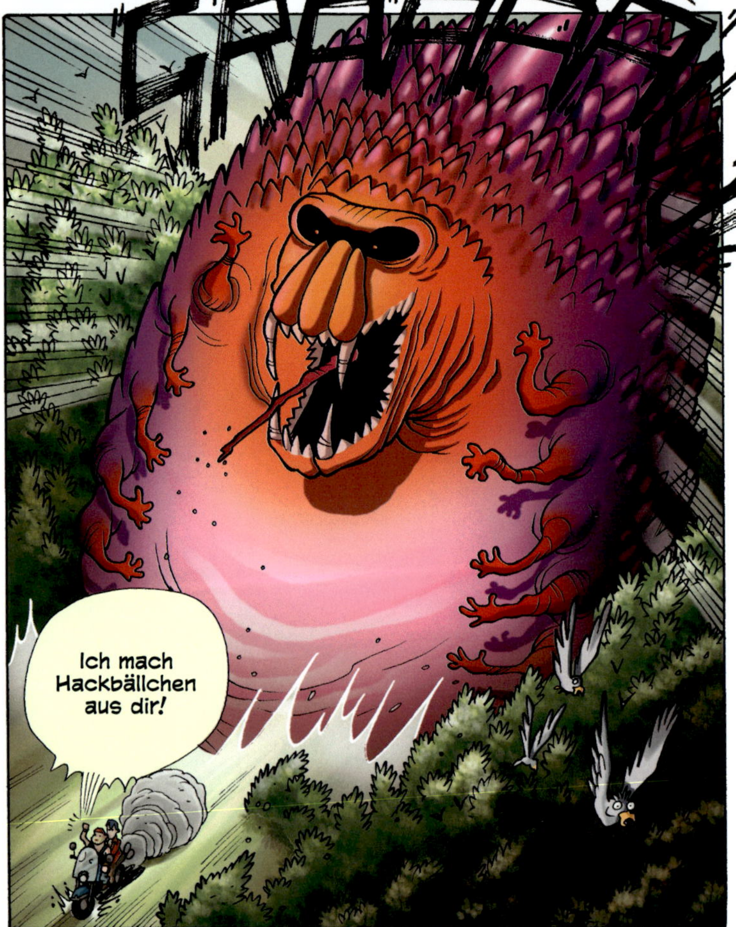
Ich mach Hackbällchen aus dir!

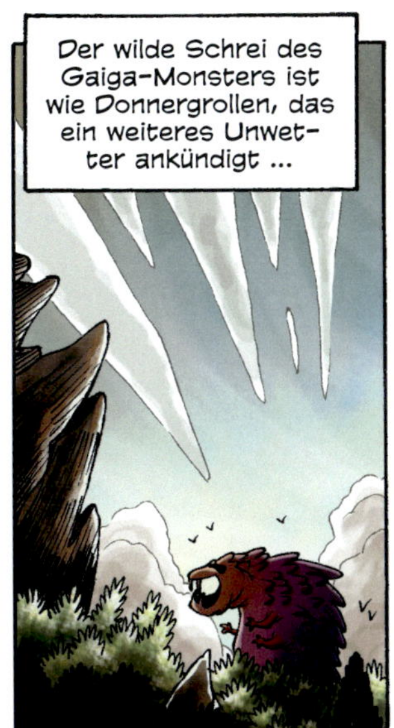
Der wilde Schrei des Gaiga-Monsters ist wie Donnergrollen, das ein weiteres Unwetter ankündigt ...

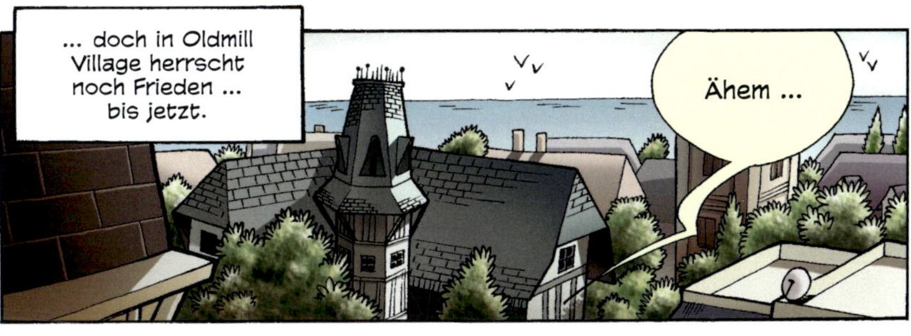
... doch in Oldmill Village herrscht noch Frieden ... bis jetzt.
Ähem ...

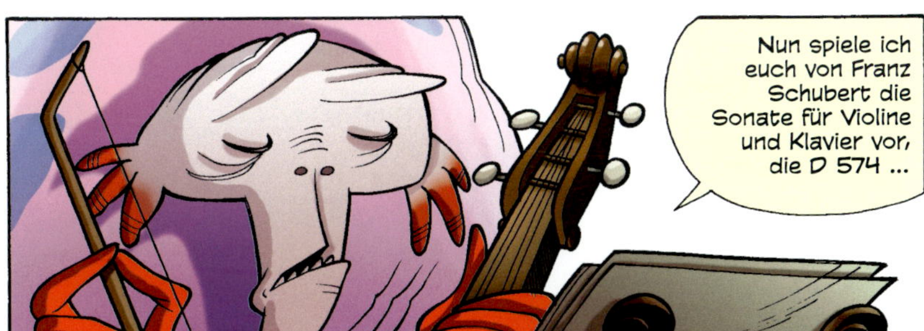
Nun spiele ich euch von Franz Schubert die Sonate für Violine und Klavier vor, die D 574 ...

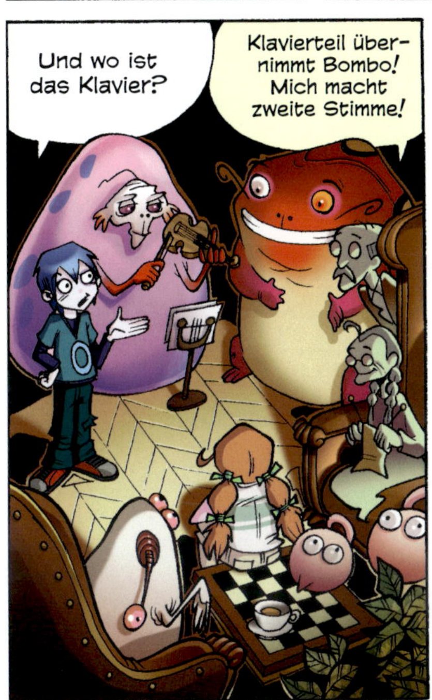
Und wo ist das Klavier?
Klavierteil übernimmt Bombo! Mich macht zweite Stimme!

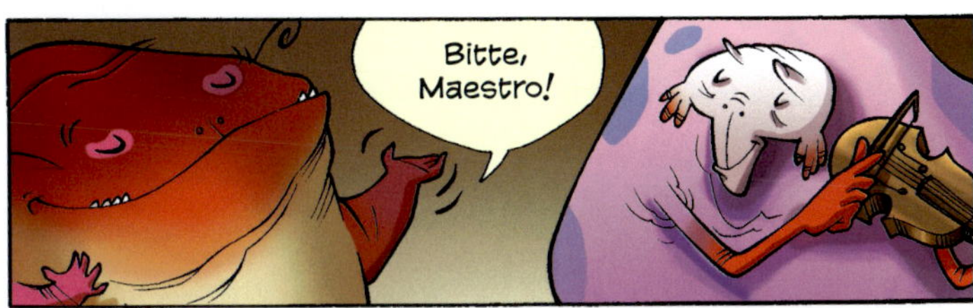
Bitte, Maestro!

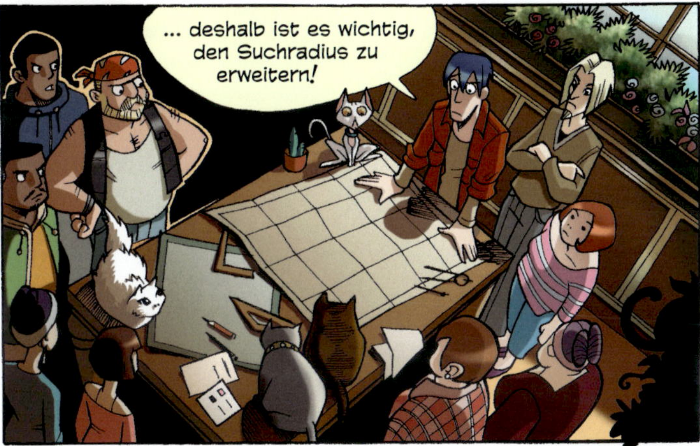
... deshalb ist es wichtig, den Suchradius zu erweitern!

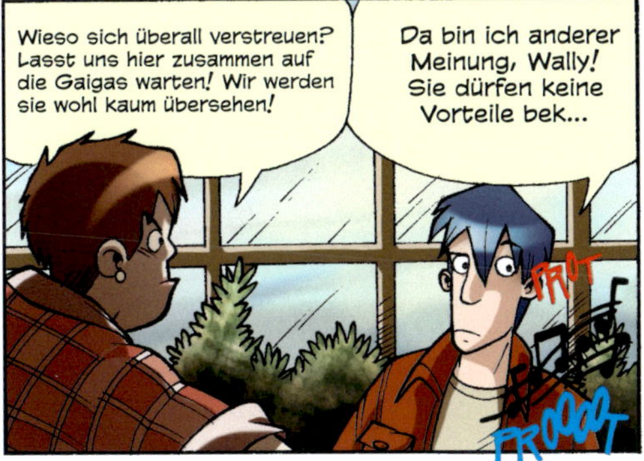
Wieso sich überall verstreuen? Lasst uns hier zusammen auf die Gaigas warten! Wir werden sie wohl kaum übersehen!
Da bin ich anderer Meinung, Wally! Sie dürfen keine Vorteile bek...
PROT
PROOOOT

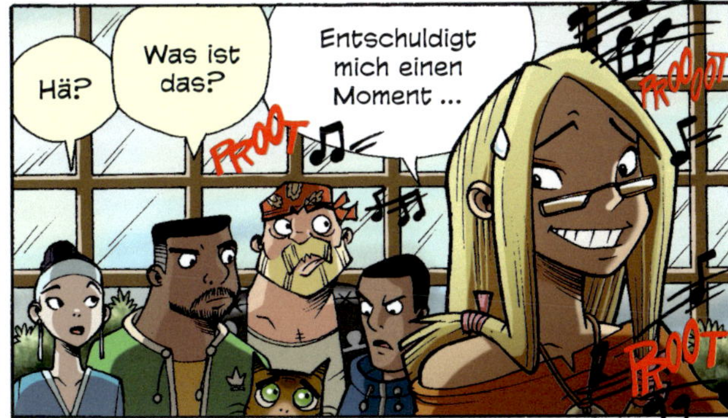
Hä?
Was ist das?
Entschuldigt mich einen Moment ...
PROOOT
PROOT
PROOT

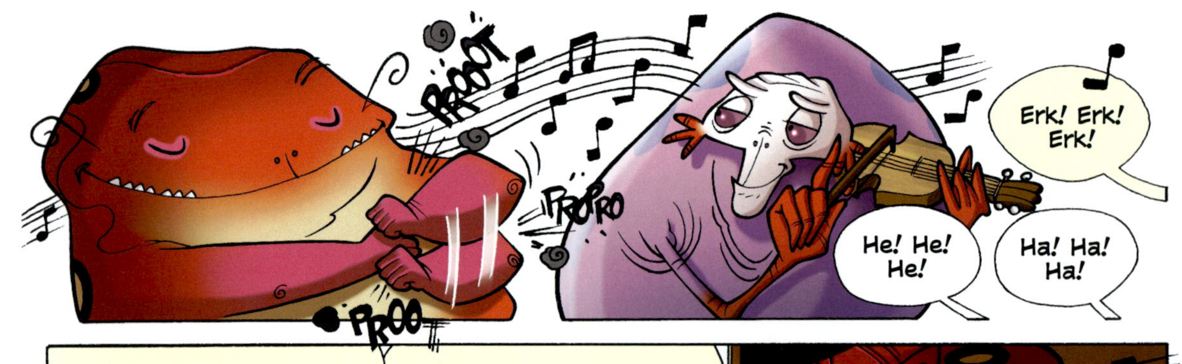
PROOOT
PROPRO
PROO
Erk! Erk! Erk!
He! He! He!
Ha! Ha! Ha!

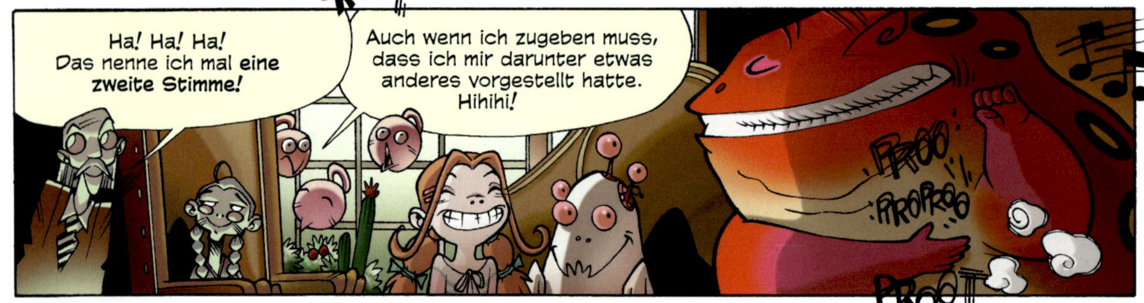
Ha! Ha! Ha! Das nenne ich mal **eine zweite Stimme!**
Auch wenn ich zugeben muss, dass ich mir darunter etwas anderes vorgestellt hatte. Hihihi!
PROO
PROPROO
PROOT

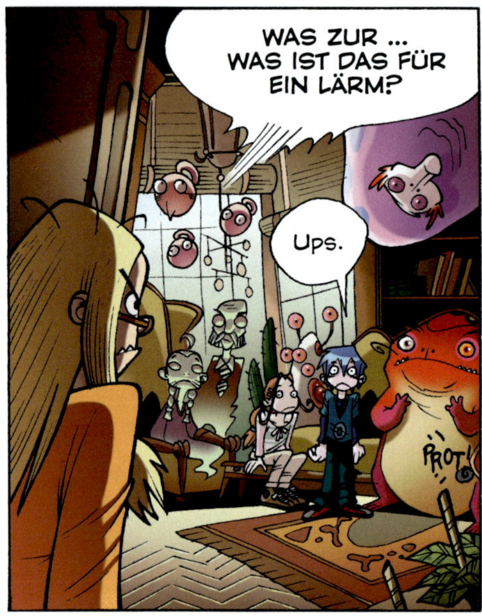
WAS ZUR ... WAS IST DAS FÜR EIN LÄRM?
Ups.
PROT!

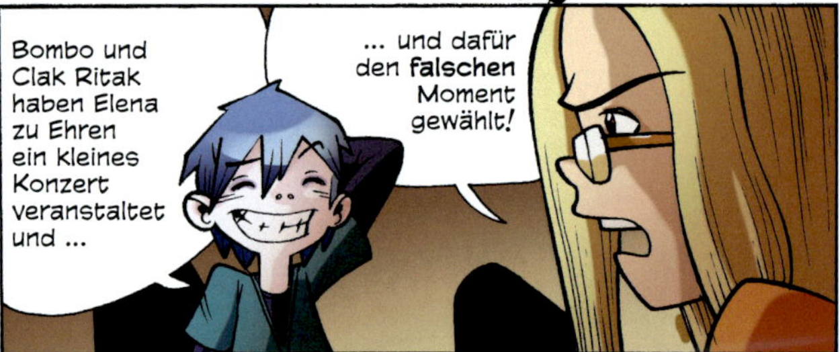
Bombo und Clak Ritak haben Elena zu Ehren ein kleines Konzert veranstaltet und ...
... und dafür den **falschen** Moment gewählt!

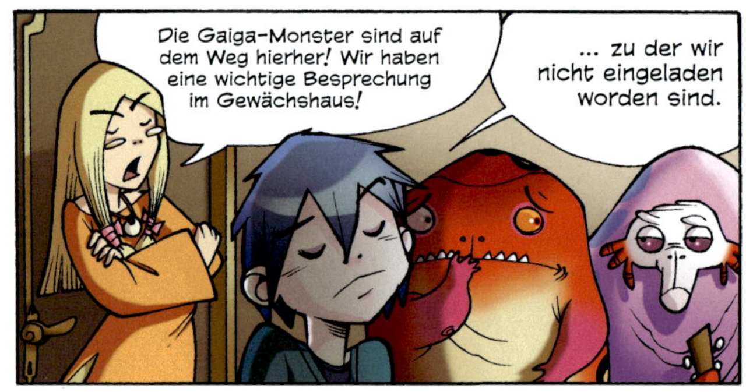
Die Gaiga-Monster sind auf dem Weg hierher! Wir haben eine wichtige Besprechung im Gewächshaus!
... zu der wir nicht eingeladen worden sind.

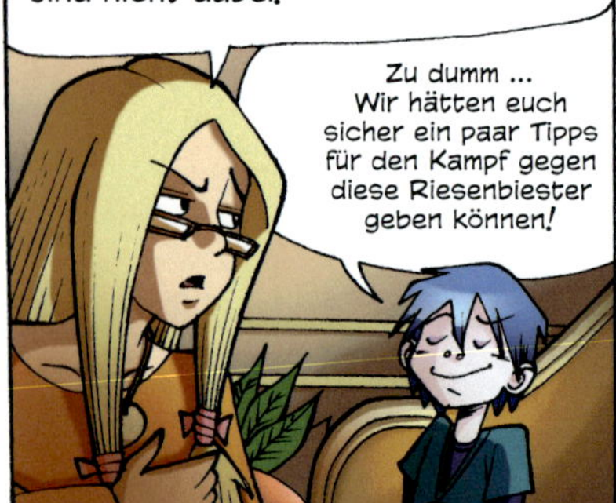
Tja, wenn es das ist: Auch Teddy, Lay und die kleinen Luseneys sind nicht dabei!
Zu dumm ... Wir hätten euch sicher ein paar Tipps für den Kampf gegen diese Riesenbiester geben können!

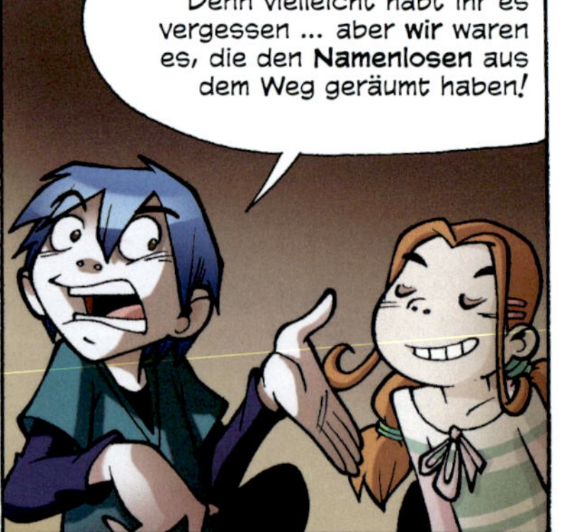
Denn vielleicht habt ihr es vergessen ... aber **wir** waren es, die den **Namenlosen** aus dem Weg geräumt haben!

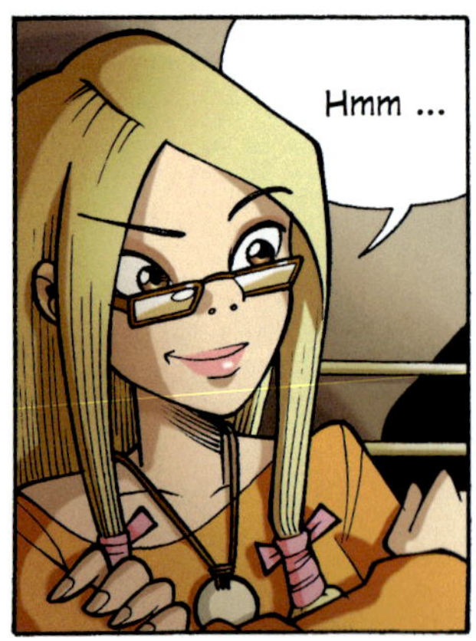
Hmm ...

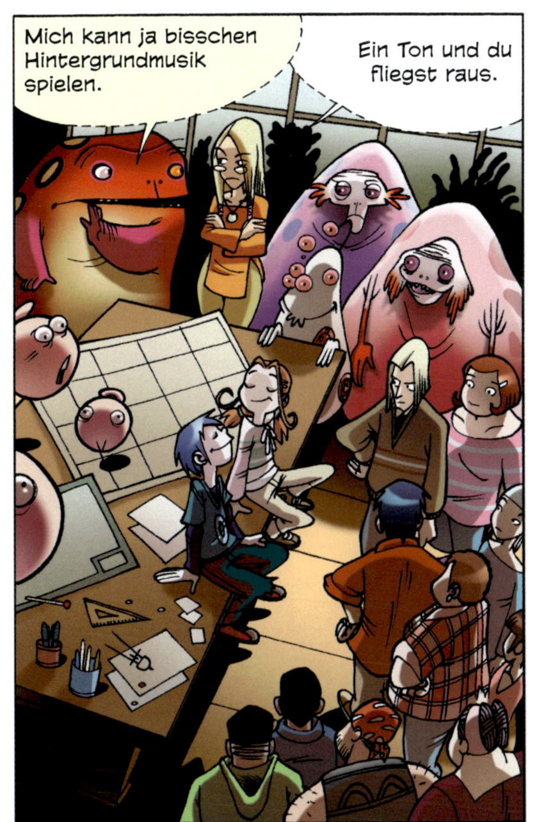
Mich kann ja bisschen Hintergrundmusik spielen.
Ein Ton und du fliegst raus.

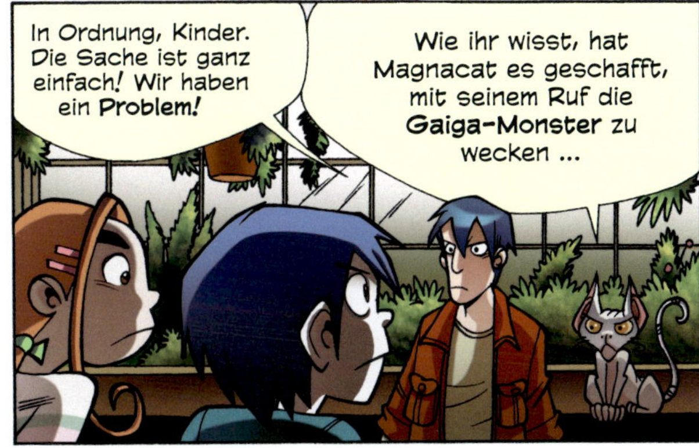
In Ordnung, Kinder. Die Sache ist ganz einfach! Wir haben ein Problem!
Wie ihr wisst, hat Magnacat es geschafft, mit seinem Ruf die Gaiga-Monster zu wecken ...

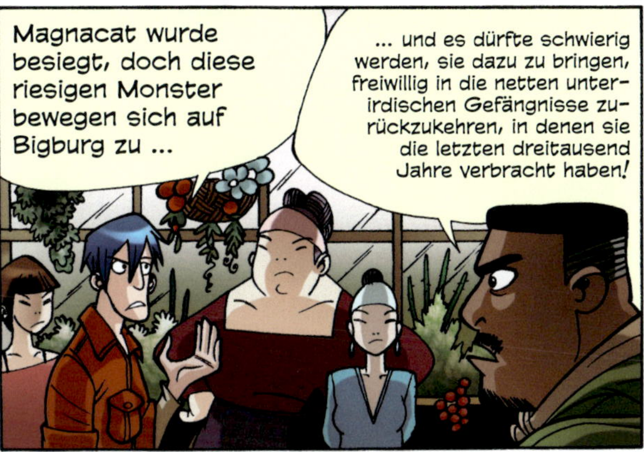
Magnacat wurde besiegt, doch diese riesigen Monster bewegen sich auf Bigburg zu ...
... und es dürfte schwierig werden, sie dazu zu bringen, freiwillig in die netten unterirdischen Gefängnisse zurückzukehren, in denen sie die letzten dreitausend Jahre verbracht haben!

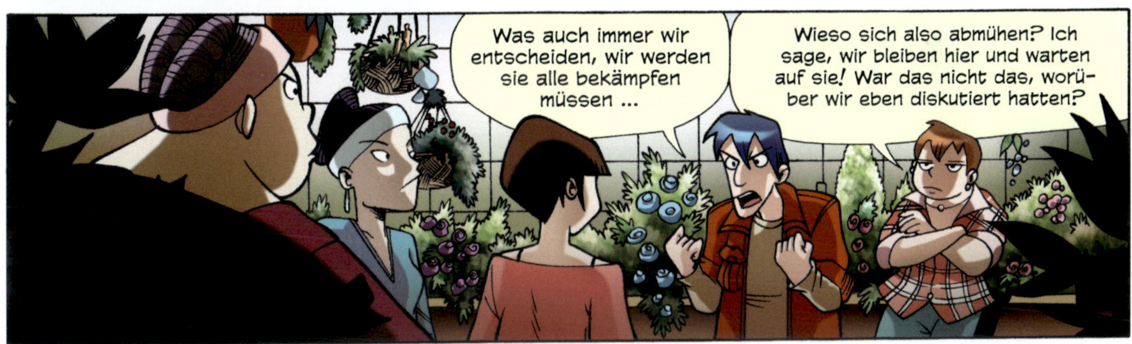
Was auch immer wir entscheiden, wir werden sie alle bekämpfen müssen ...
Wieso sich also abmühen? Ich sage, wir bleiben hier und warten auf sie! War das nicht das, worüber wir eben diskutiert hatten?

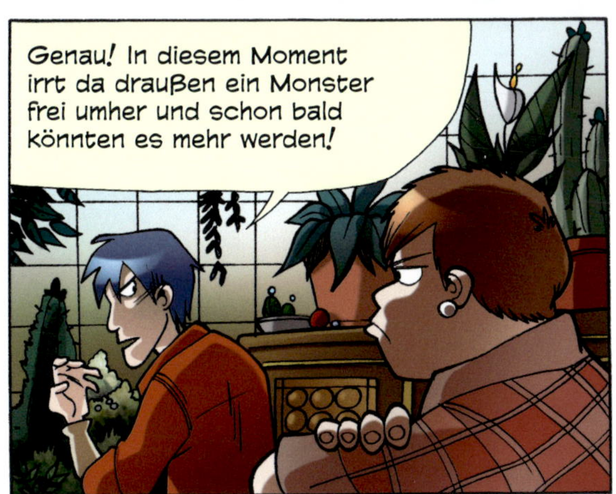
Genau! In diesem Moment irrt da draußen ein Monster frei umher und schon bald könnten es mehr werden!

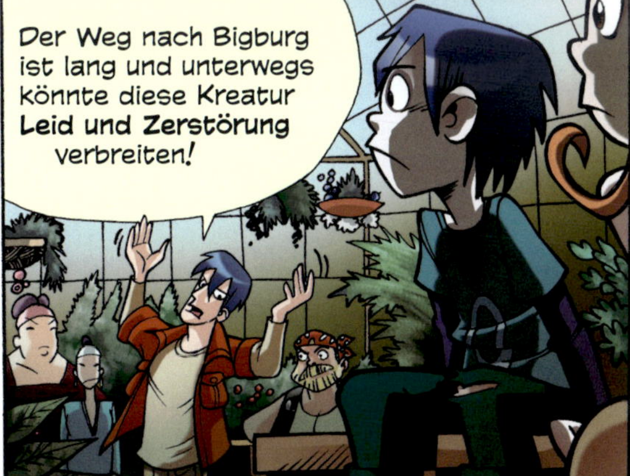
Der Weg nach Bigburg ist lang und unterwegs könnte diese Kreatur Leid und Zerstörung verbreiten!

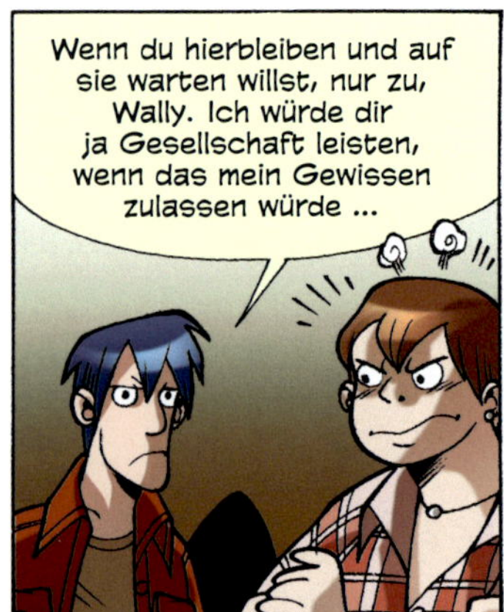
Wenn du hierbleiben und auf sie warten willst, nur zu, Wally. Ich würde dir ja Gesellschaft leisten, wenn das mein Gewissen zulassen würde ...
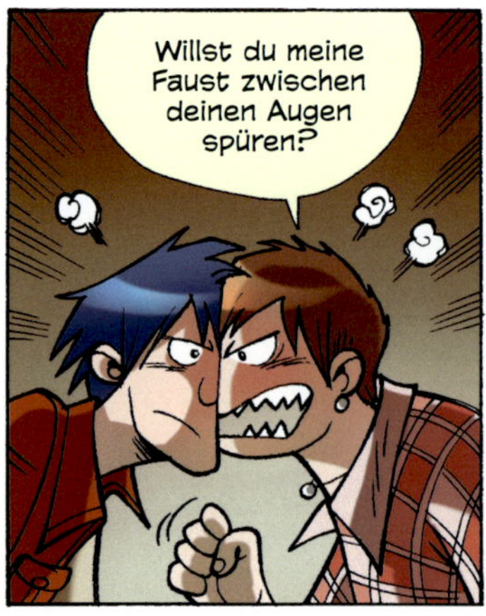
Willst du meine Faust zwischen deinen Augen spüren?
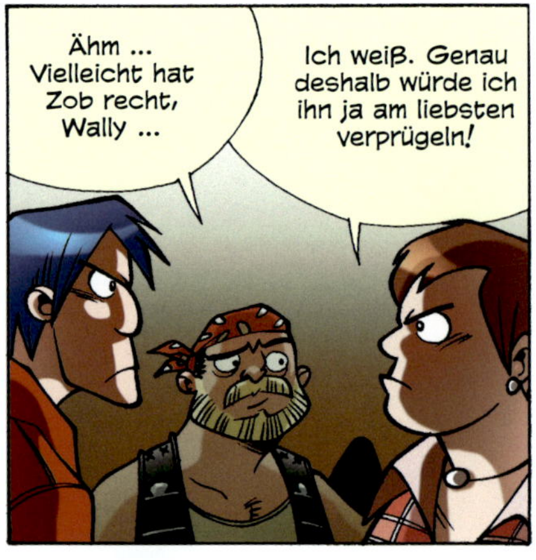
Ähm ... Vielleicht hat Zob recht, Wally ...
Ich weiß. Genau deshalb würde ich ihn ja am liebsten verprügeln!
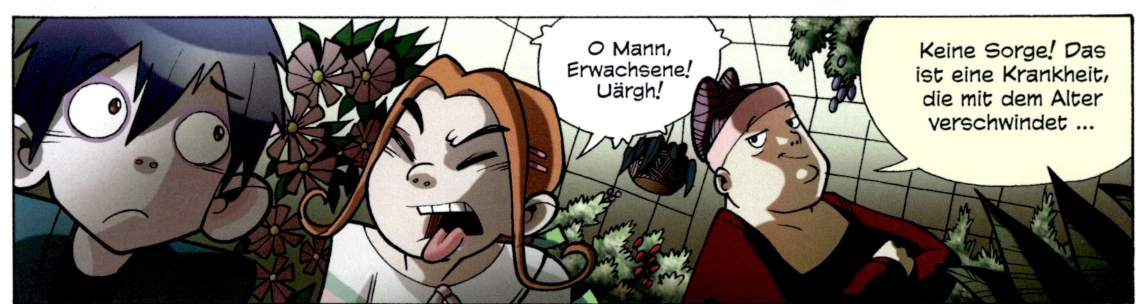
O Mann, Erwachsene! Uärgh!
Keine Sorge! Das ist eine Krankheit, die mit dem Alter verschwindet ...
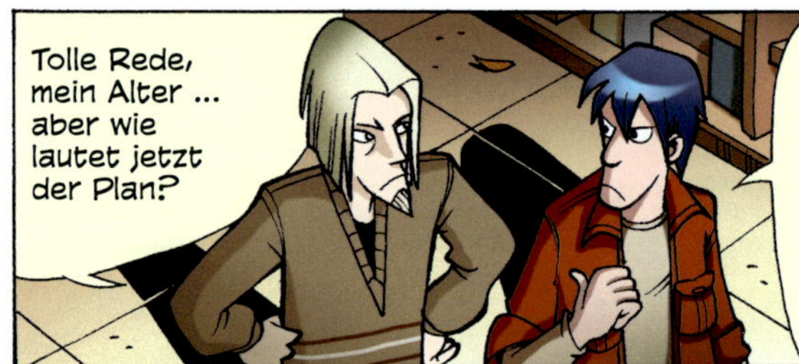
Tolle Rede, mein Alter ... aber wie lautet jetzt der Plan?
Die Gaigas bewegen sich unterirdisch auf die Stadt zu und wir werden ihnen zuvorkommen, Terrence!
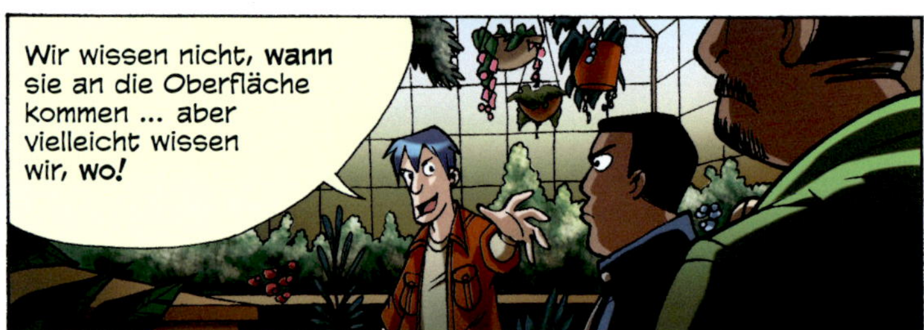
Wir wissen nicht, **wann** sie an die Oberfläche kommen ... aber vielleicht wissen wir, **wo!**
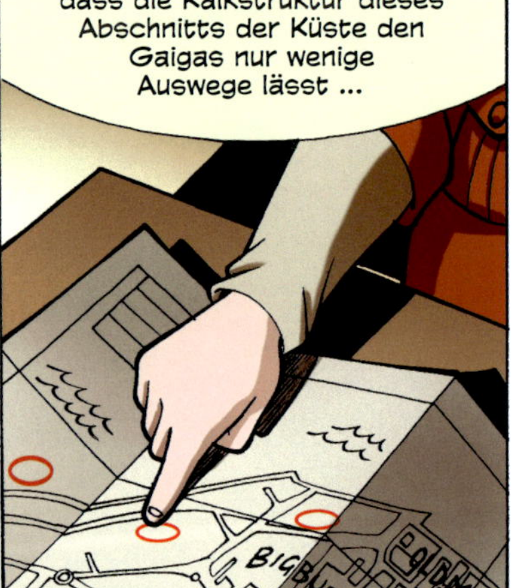
Ich habe die Karte des Gebiets genau studiert und entdeckt, dass die Kalkstruktur dieses Abschnitts der Küste den Gaigas nur wenige Auswege lässt ...
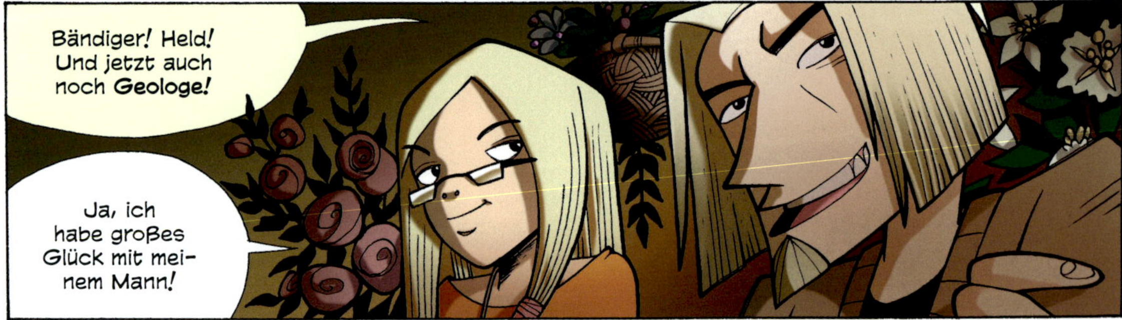
Bändiger! Held! Und jetzt auch noch **Geologe!**
Ja, ich habe großes Glück mit meinem Mann!

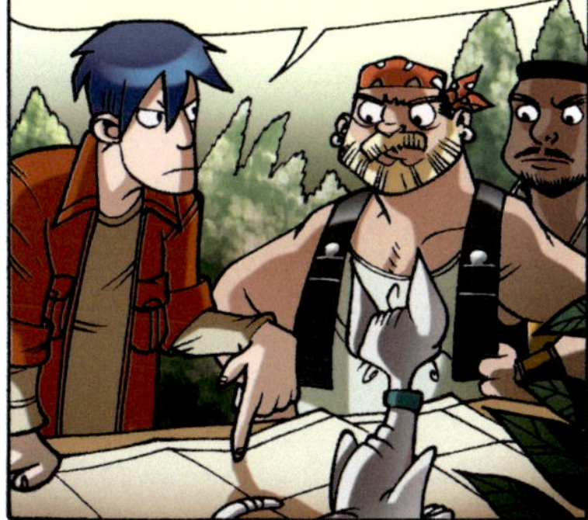
Ein paar von uns bewachen diese Durchgänge, während die anderen sich darauf vorbereiten, den schon ausgebrochenen Gaiga zu überwältigen!

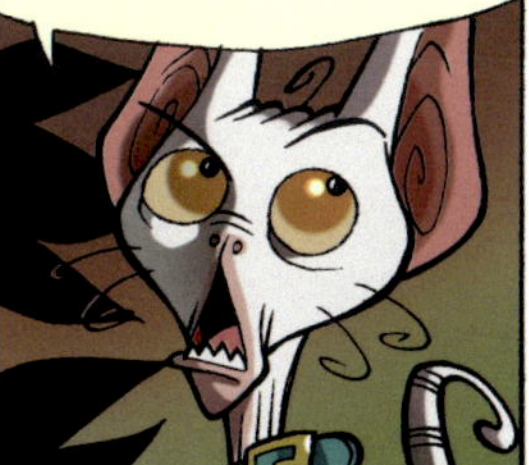
Den Beschreibungen von Zob und Paco nach handelt es sich bestimmt um **Schatten der Abgründe!** Einer der alten Gaigas, von denen die Legenden berichten ...

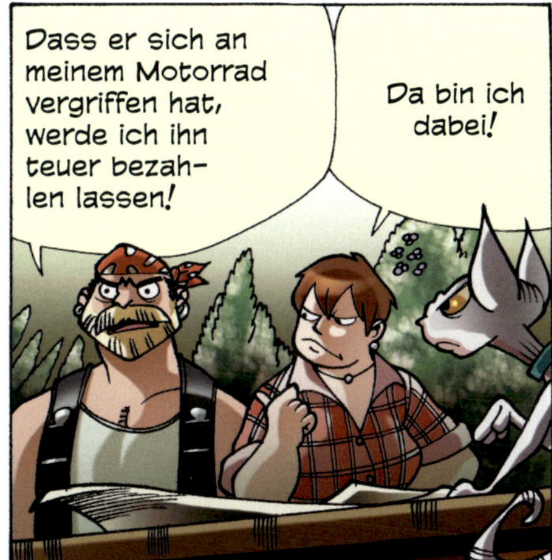
Dass er sich an meinem Motorrad vergriffen hat, werde ich ihn teuer bezahlen lassen!
Da bin ich dabei!

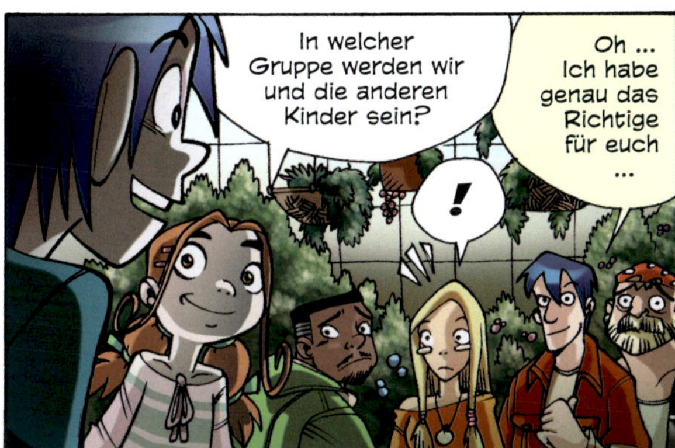
In welcher Gruppe werden wir und die anderen Kinder sein?
Oh ... Ich habe genau das Richtige für euch ...
!

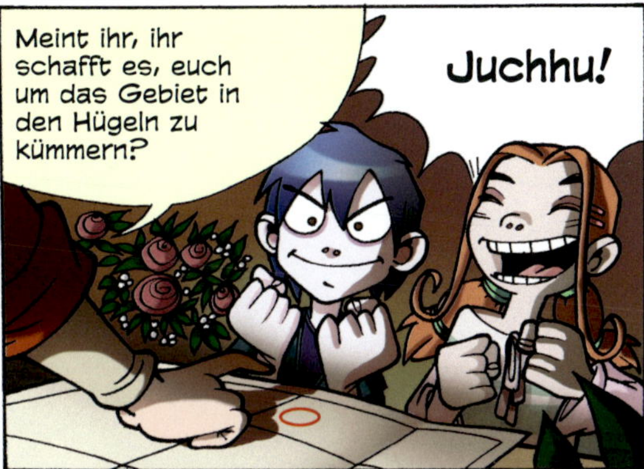
Meint ihr, ihr schafft es, euch um das Gebiet in den Hügeln zu kümmern?
Juchhu!

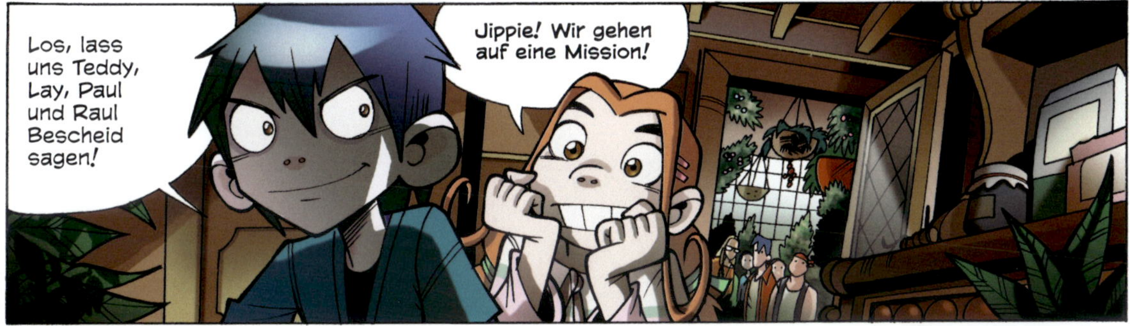
Los, lass uns Teddy, Lay, Paul und Raul Bescheid sagen!
Jippie! Wir gehen auf eine Mission!

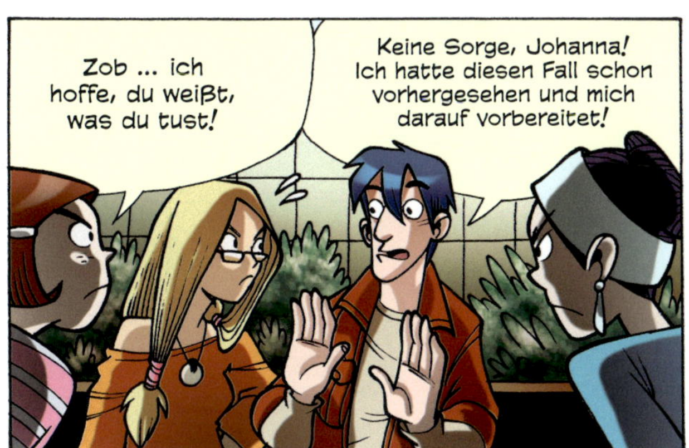
Zob ... ich hoffe, du weißt, was du tust!
Keine Sorge, Johanna! Ich hatte diesen Fall schon vorhergesehen und mich darauf vorbereitet!

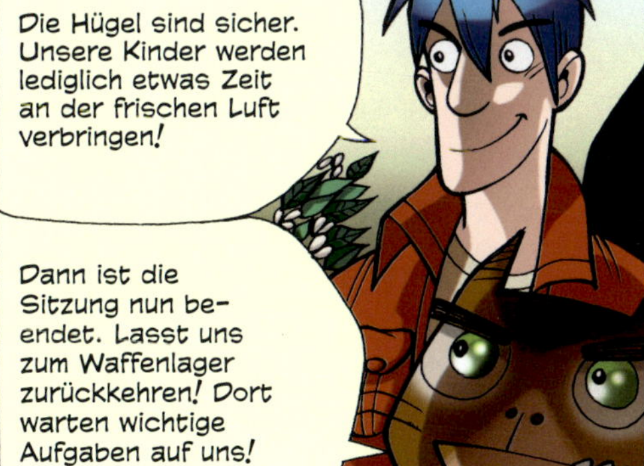
Die Hügel sind sicher. Unsere Kinder werden lediglich etwas Zeit an der frischen Luft verbringen!
Dann ist die Sitzung nun beendet. Lasst uns zum Waffenlager zurückkehren! Dort warten wichtige Aufgaben auf uns!

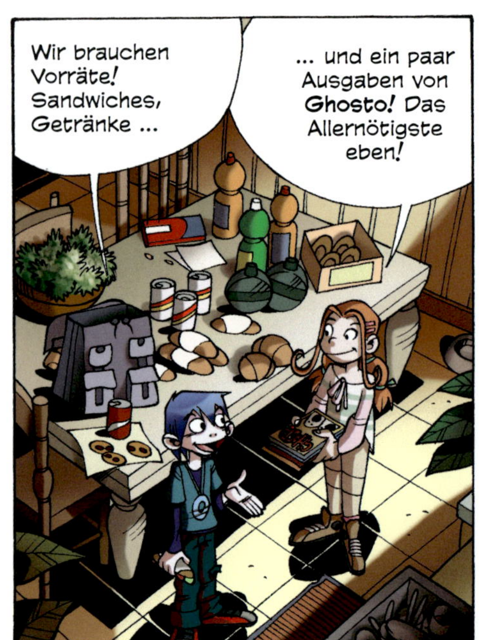
Wir brauchen Vorräte! Sandwiches, Getränke ...
... und ein paar Ausgaben von Ghosto! Das Allernötigste eben!

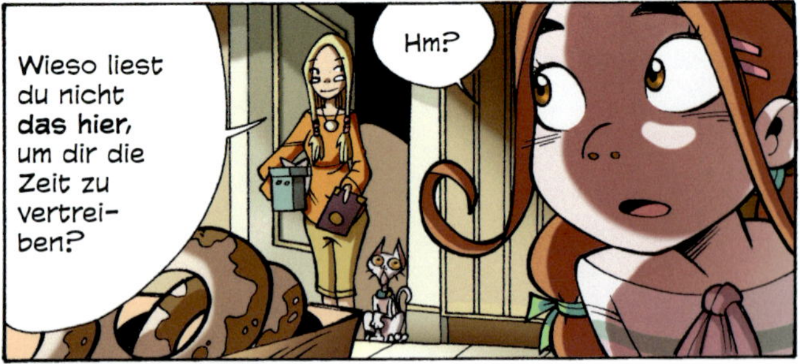
Wieso liest du nicht das hier, um dir die Zeit zu vertreiben?
Hm?

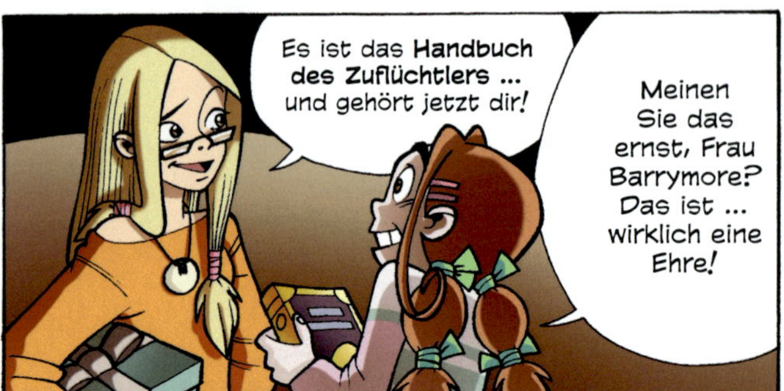
Es ist das Handbuch des Zuflüchtlers ... und gehört jetzt dir!
Meinen Sie das ernst, Frau Barrymore? Das ist ... wirklich eine Ehre!

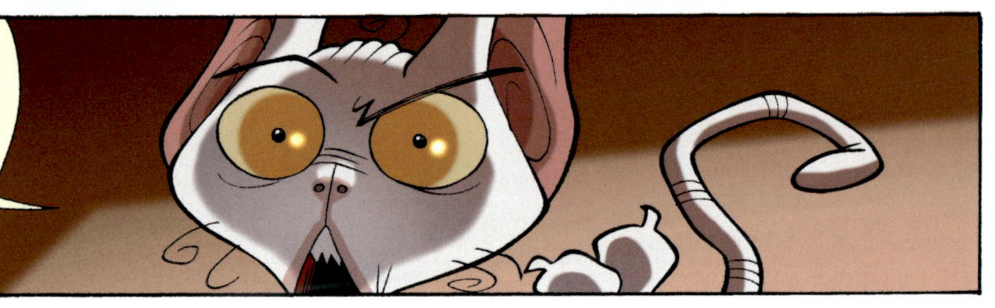
Du hast die Gabe des Sehens bekommen und hast das Zeug dazu, eine große Zuflüchtlerin zu werden ...

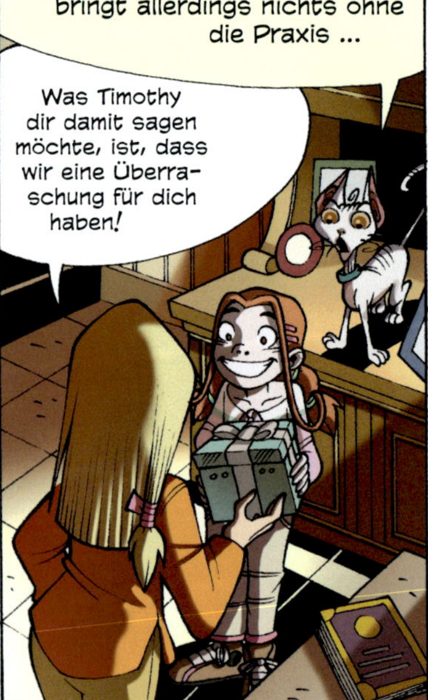
... doch um auf Gretas Höhe zu kommen, wirst du noch eine Menge lernen müssen! Lernen bringt allerdings nichts ohne die Praxis ...
Was Timothy dir damit sagen möchte, ist, dass wir eine Überraschung für dich haben!
Er kommt direkt aus Bibbur-si ... und ab heute wirst du dich um ihn kümmern, Elena!
Wow! Ich ... Donnerfrettchen!

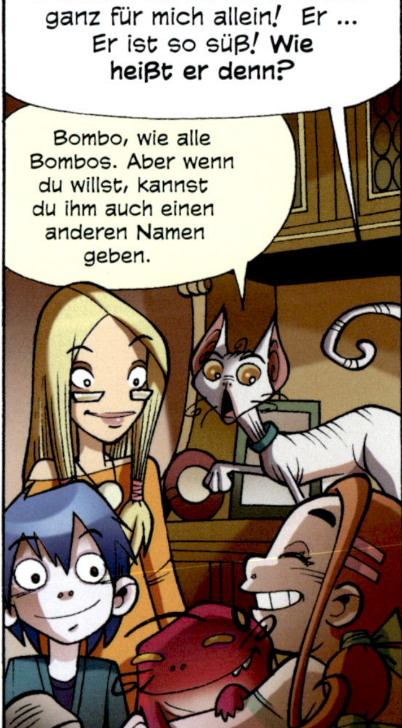
Danke! Danke! Ein Monster ganz für mich allein! Er ... Er ist so süß! Wie heißt er denn?
Bombo, wie alle Bombos. Aber wenn du willst, kannst du ihm auch einen anderen Namen geben.

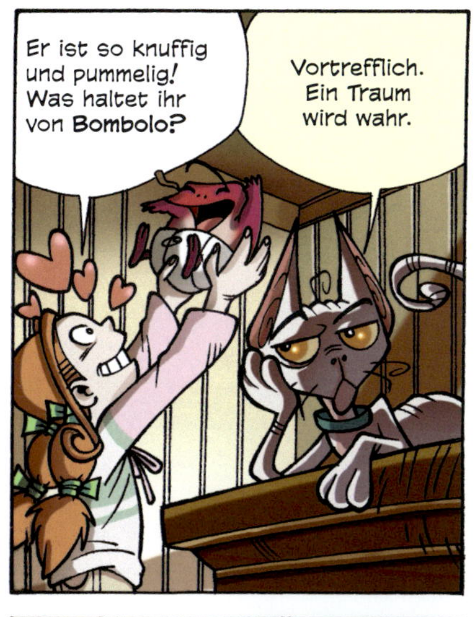

Er ist so knuffig und pummelig! Was haltet ihr von **Bombolo?**
Vortrefflich. Ein Traum wird wahr.

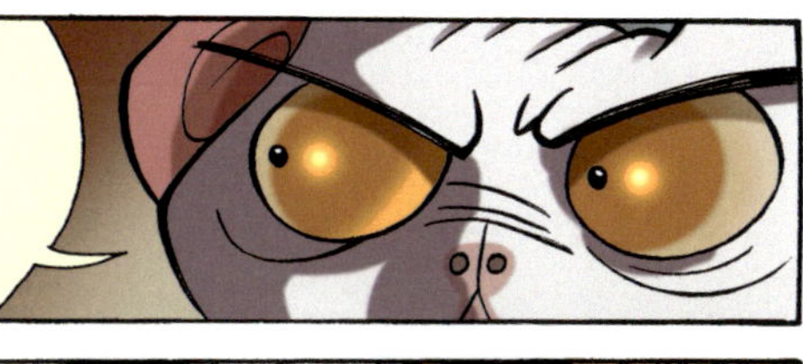

Bombolo unterliegt einem Regime überwachter Freiheit! Tagsüber darf er bei dir zu Hause wohnen ...

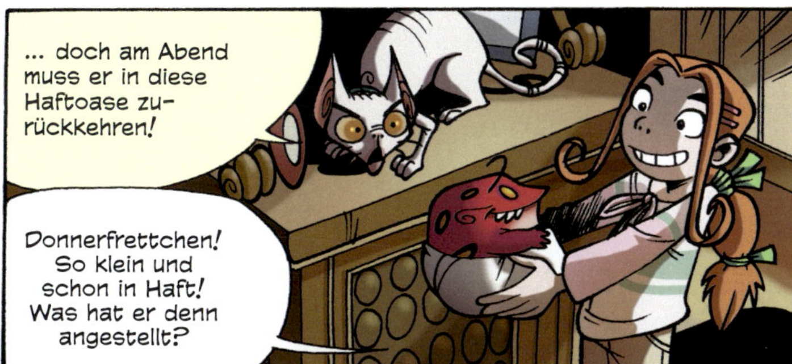

... doch am Abend muss er in diese Haftoase zurückkehren!
Donnerfrettchen! So klein und schon in Haft! Was hat er denn angestellt?

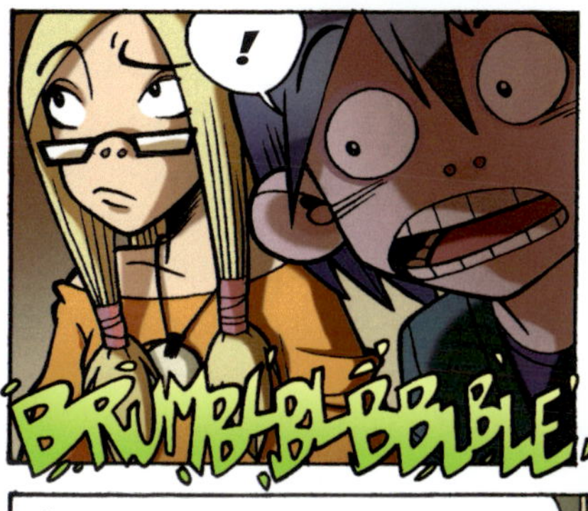

!
BRUMBLBBBLBLE

Reicht dir das als Antwort oder willst du eine detaillierte Erklärung?
...
Ähm ... Du wirst sehen, es ist gar nicht schwer, auf ihn aufzupassen. Im Handbuch steht alles, was du wissen musst.
Vergiss nur eines nicht ... Lasse ihn nie, nie, **nie** ohne seine Windel rumlaufen!

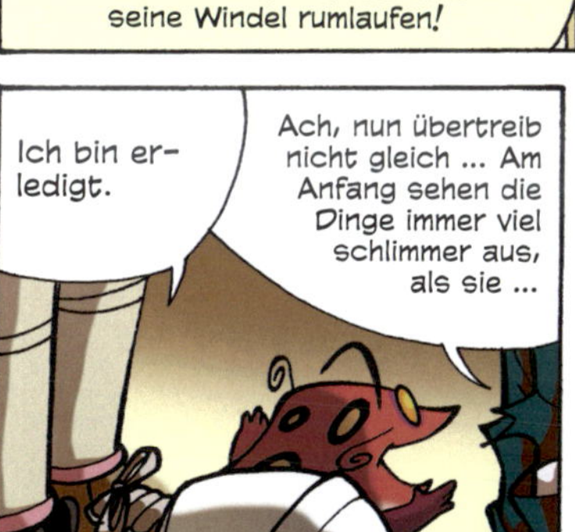

Ich bin erledigt.
Ach, nun übertreib nicht gleich ... Am Anfang sehen die Dinge immer viel schlimmer aus, als sie ...
KSSSHHH

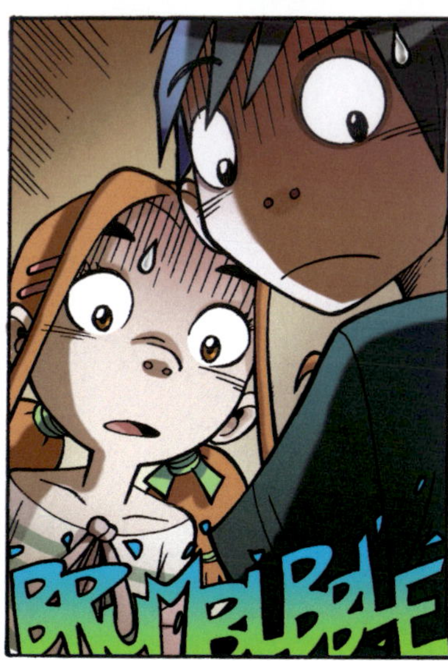

BRUMBLBBBLE

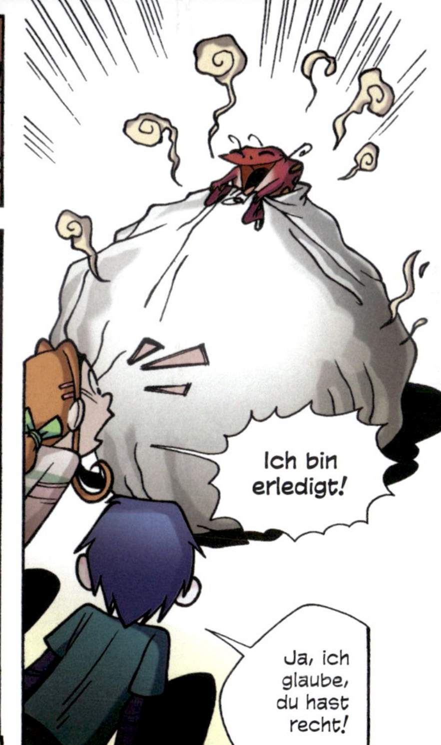

Ich bin erledigt!
Ja, ich glaube, du hast recht!

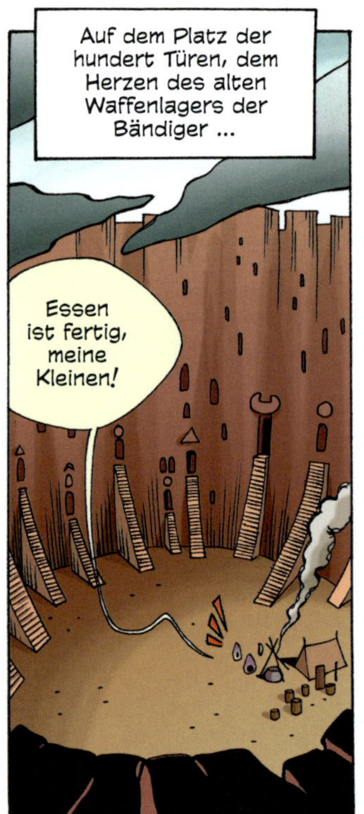
Auf dem Platz der hundert Türen, dem Herzen des alten Waffenlagers der Bändiger ...
Essen ist fertig, meine Kleinen!

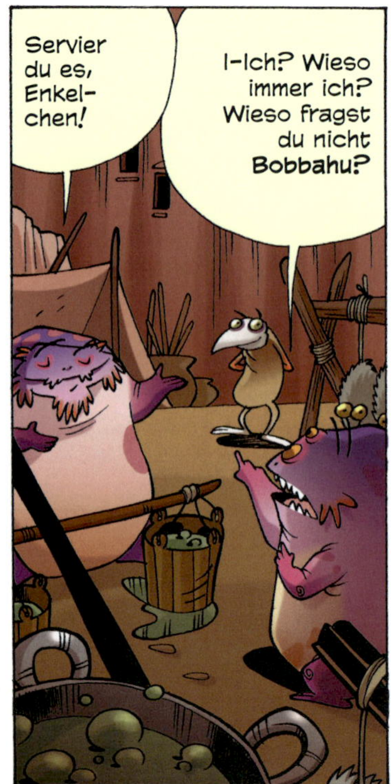
Servier du es, Enkelchen!
I-Ich? Wieso immer ich? Wieso fragst du nicht Bobbahu?

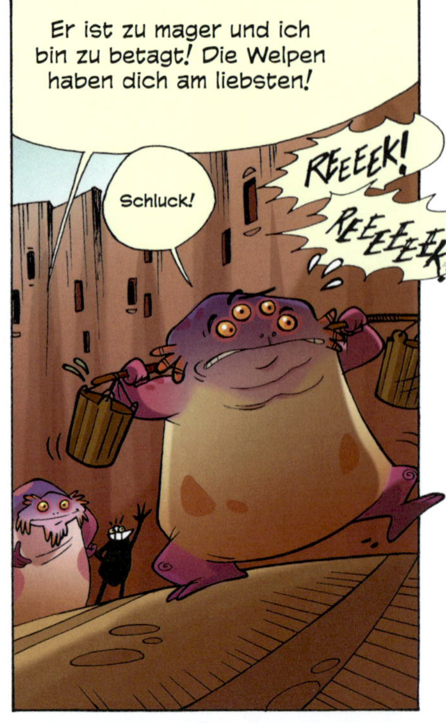
Er ist zu mager und ich bin zu betagt! Die Welpen haben dich am liebsten!
Schluck!
REEEEK!
REEEEEEK!

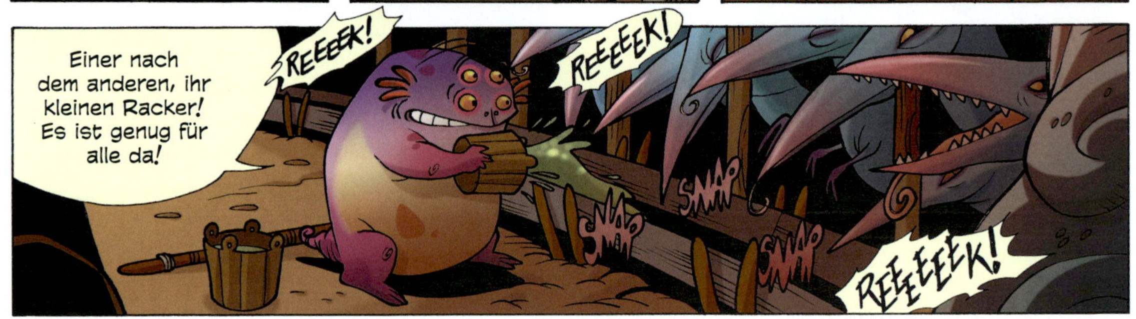
Einer nach dem anderen, ihr kleinen Racker! Es ist genug für alle da!
REEEEK!
REEEEEK!
SNAP
SNAP
SNAP
REEEEEEK!

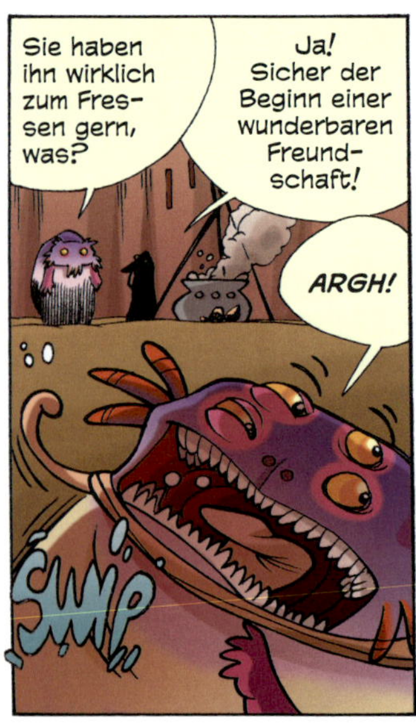
Sie haben ihn wirklich zum Fressen gern, was?
Ja! Sicher der Beginn einer wunderbaren Freundschaft!
ARGH!
SWIP

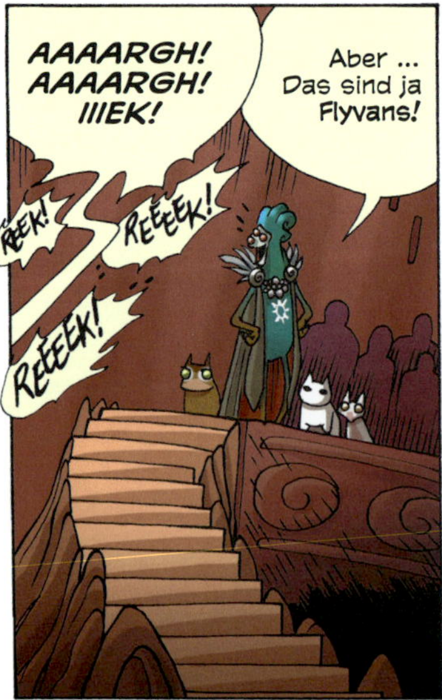
AAAARGH! AAAARGH! IIIEK!
Aber ... Das sind ja Flyvans!
REEK!
REEEEK!
REEEEK!

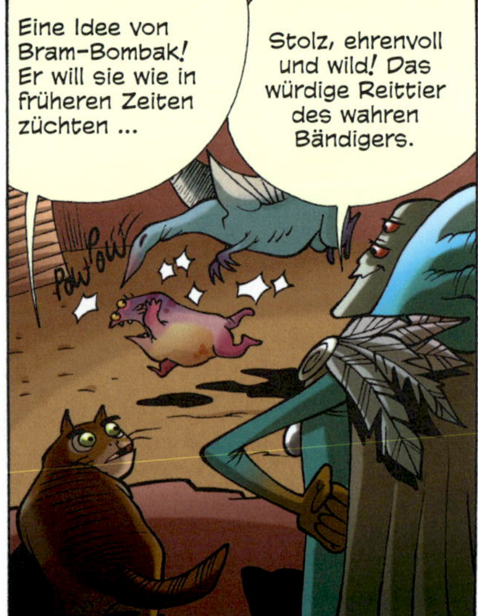
Eine Idee von Bram-Bombak! Er will sie wie in früheren Zeiten züchten ...
Stolz, ehrenvoll und wild! Das würdige Reittier des wahren Bändigers.
PAW POW

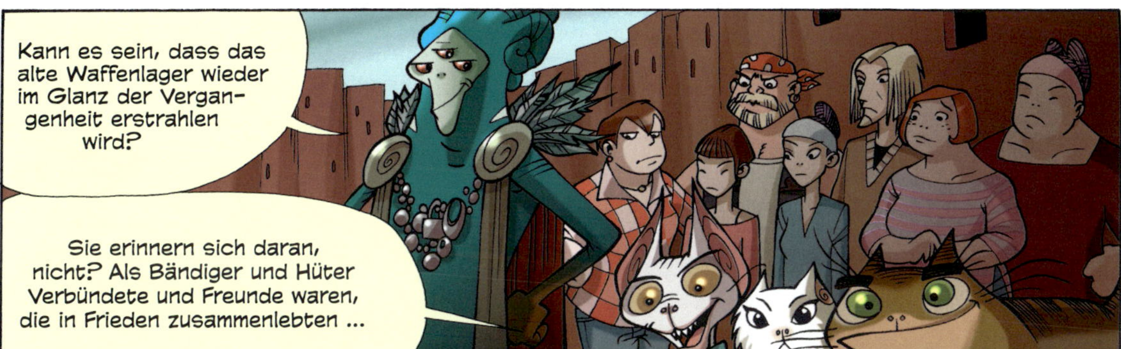
Kann es sein, dass das alte Waffenlager wieder im Glanz der Vergangenheit erstrahlen wird?
Sie erinnern sich daran, nicht? Als Bändiger und Hüter Verbündete und Freunde waren, die in Frieden zusammenlebten ...

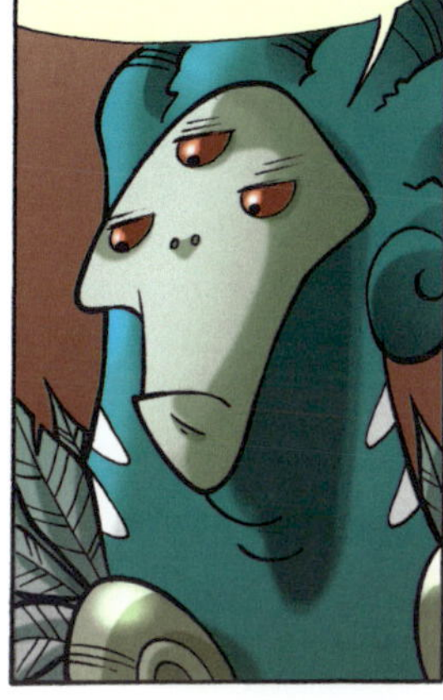
Vielleicht kehrt jene Zeit wieder ... aber nicht jetzt! Es sind schwer zu heilende Wunden geschlagen worden ...

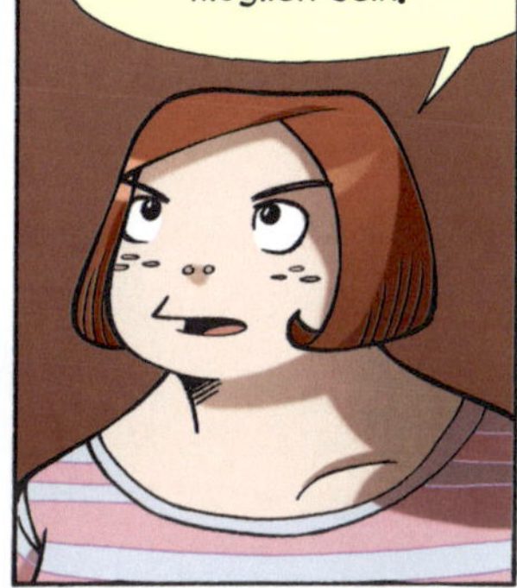
... und ich bin hier, um eine Lösung zu finden, damit Bibbur-si und die Bändiger sich wieder versöhnen!
Jetzt, wo Deputy-Deth aus dem Spiel ist, könnte es doch möglich sein!

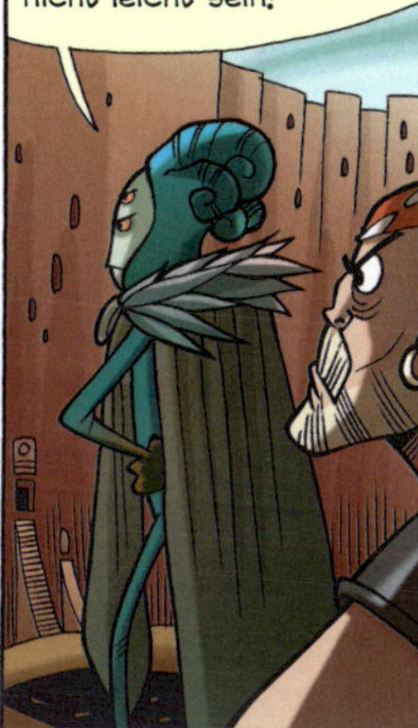
Deputy war der härteste Brocken, aber den Hochgradigsten Hüter Bartleby-Bath zu überzeugen wird ebenfalls nicht leicht sein!

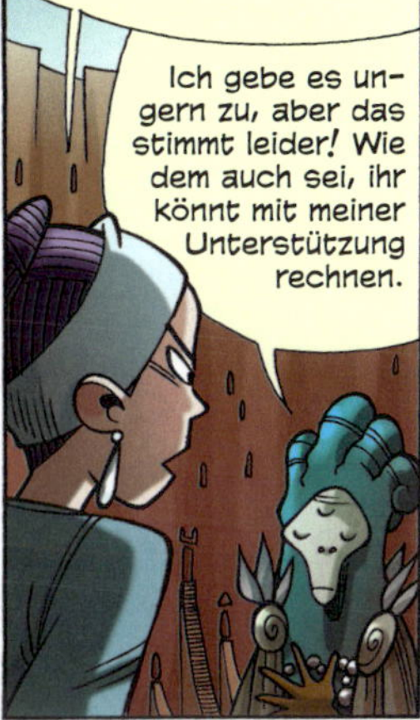
Er wird erst dann einsehen, dass er uns braucht, wenn Gefahr im Verzug ist.
Ich gebe es ungern zu, aber das stimmt leider! Wie dem auch sei, ihr könnt mit meiner Unterstützung rechnen.

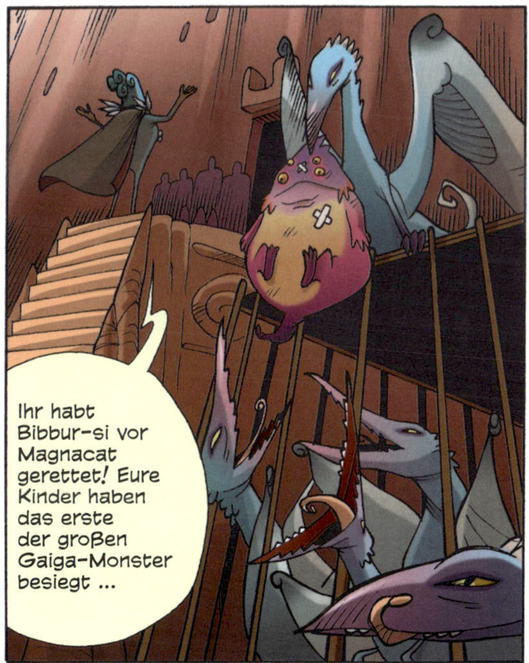
Ihr habt Bibbur-si vor Magnacat gerettet! Eure Kinder haben das erste der großen Gaiga-Monster besiegt ...

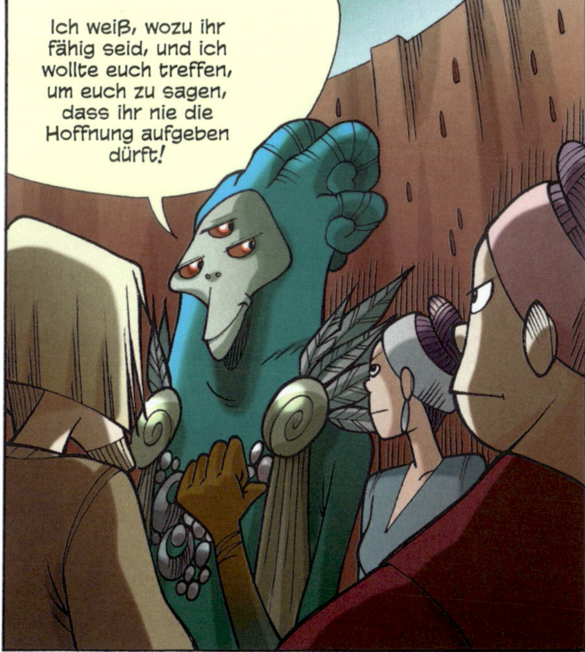
Ich weiß, wozu ihr fähig seid, und ich wollte euch treffen, um euch zu sagen, dass ihr nie die Hoffnung aufgeben dürft!

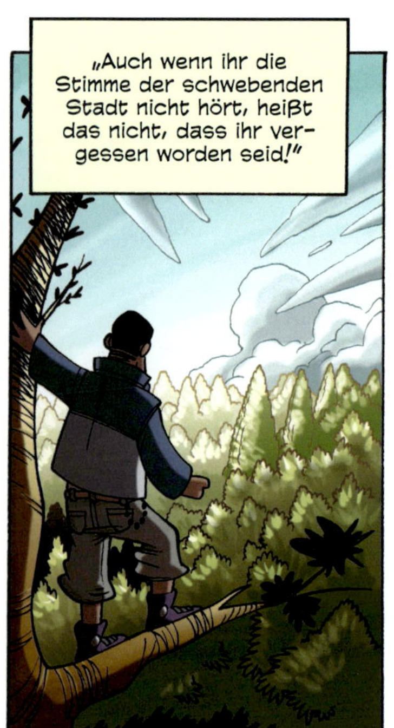

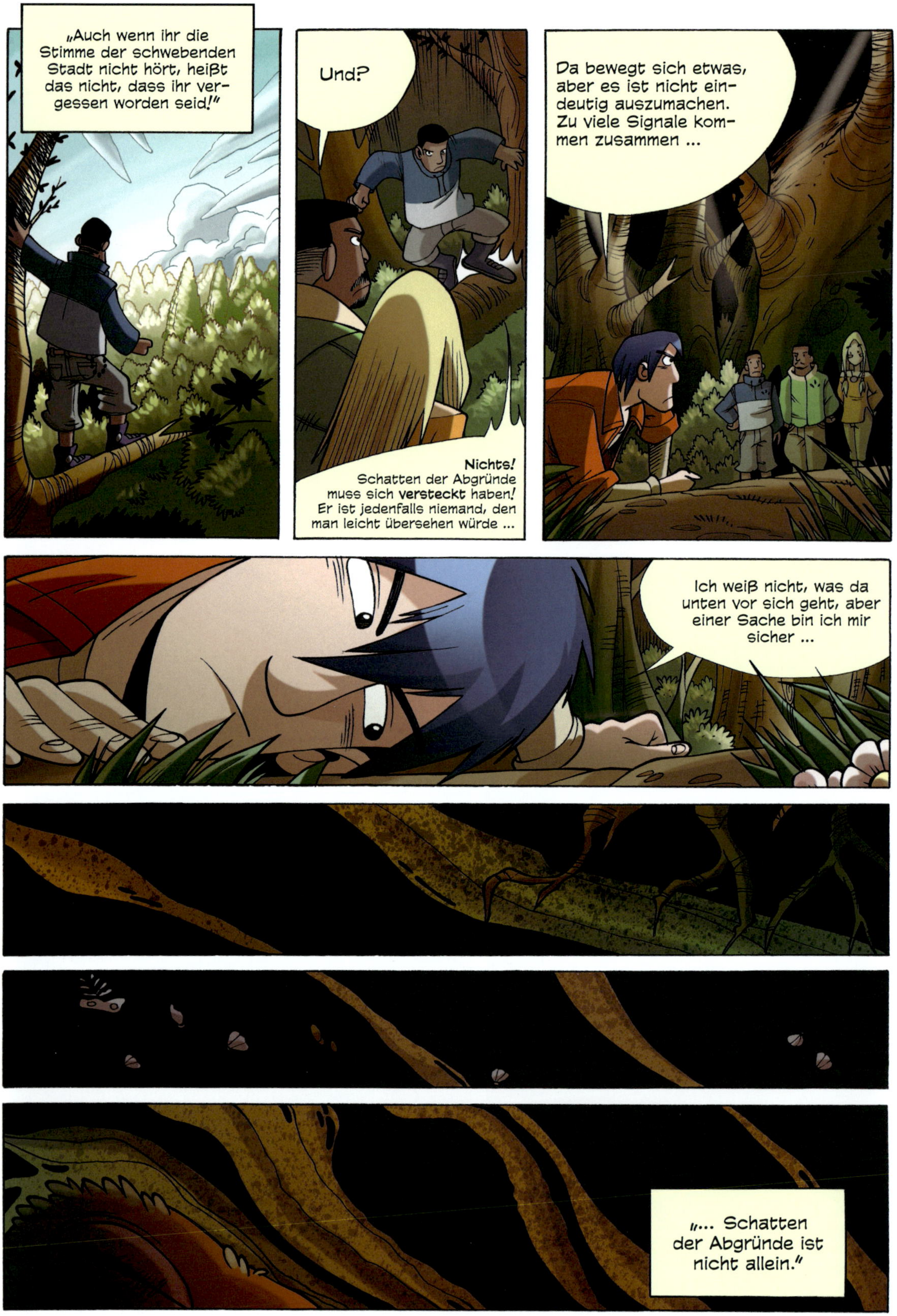

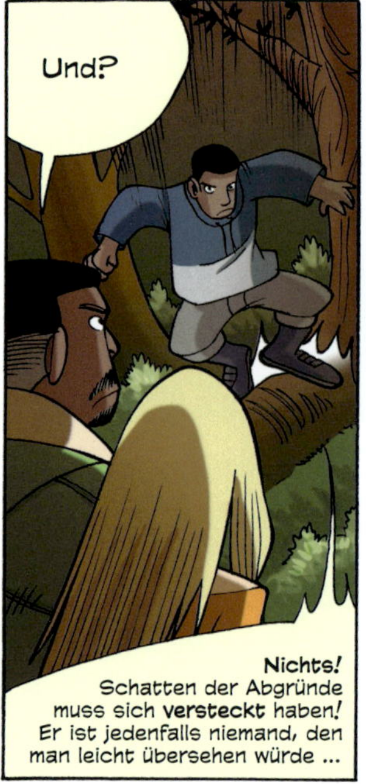

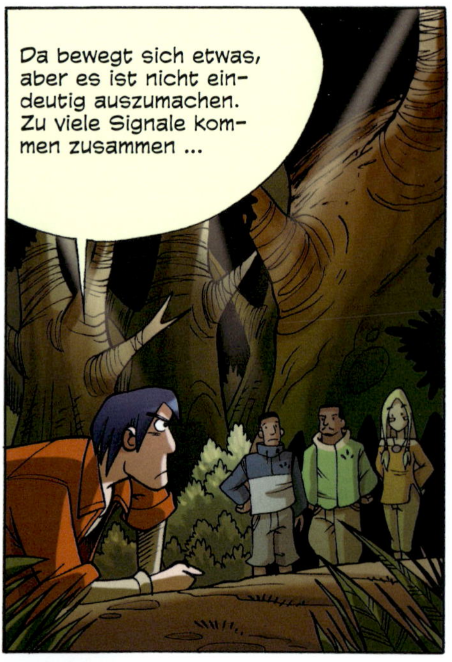

Ich weiß nicht, was da unten vor sich geht, aber einer Sache bin ich mir sicher ...

„... Schatten der Abgründe ist nicht allein."

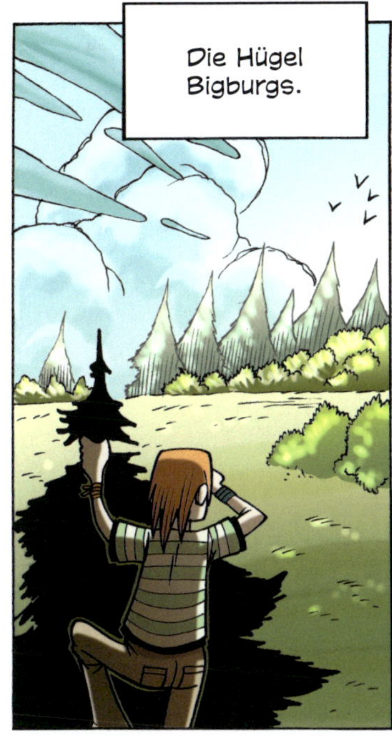
Die Hügel
Bigburgs.

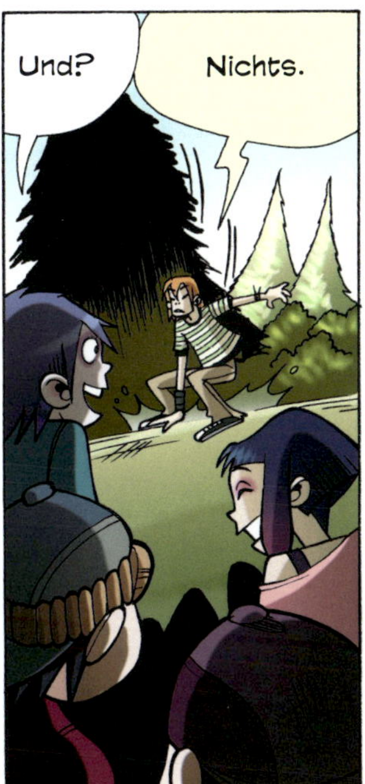
Und?
Nichts.

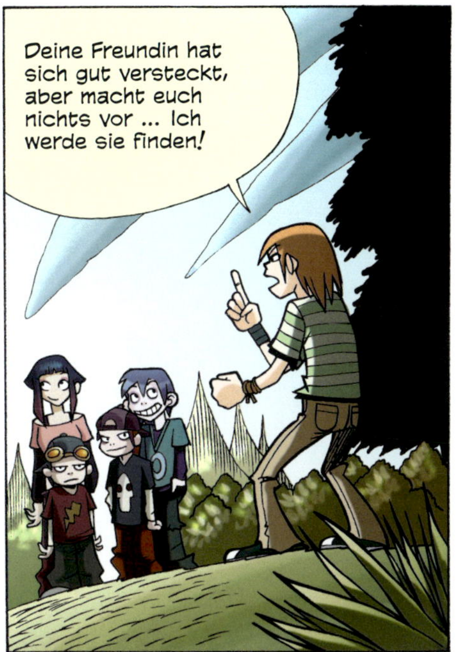
Deine Freundin hat sich gut versteckt, aber macht euch nichts vor ... Ich werde sie finden!

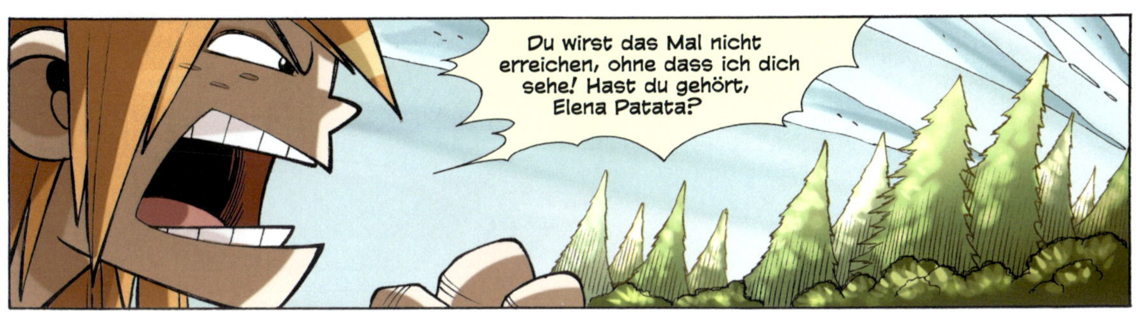
Du wirst das Mal nicht erreichen, ohne dass ich dich sehe! Hast du gehört, Elena Patata?

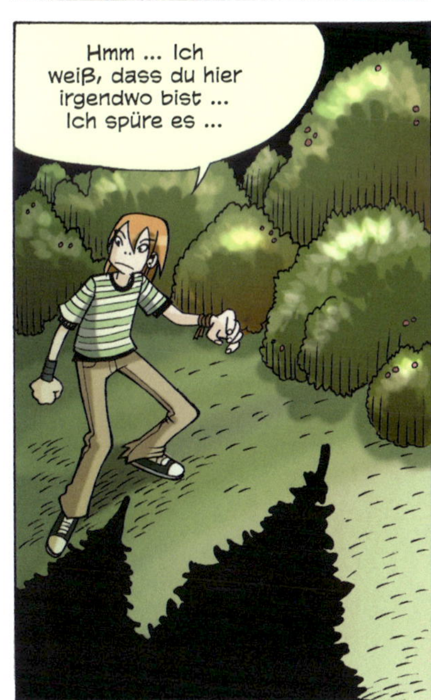
Hmm ... Ich weiß, dass du hier irgendwo bist ... Ich spüre es ...

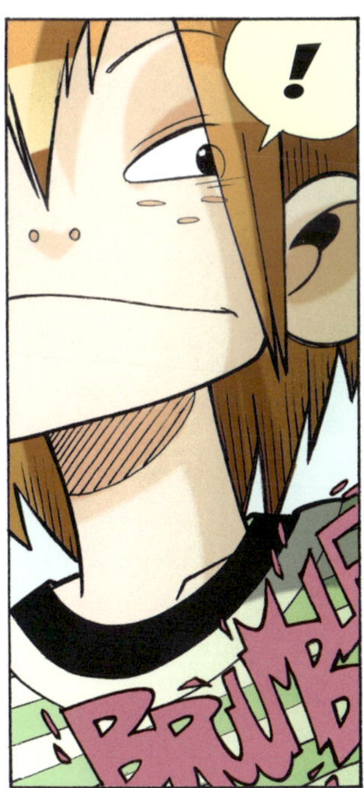
!

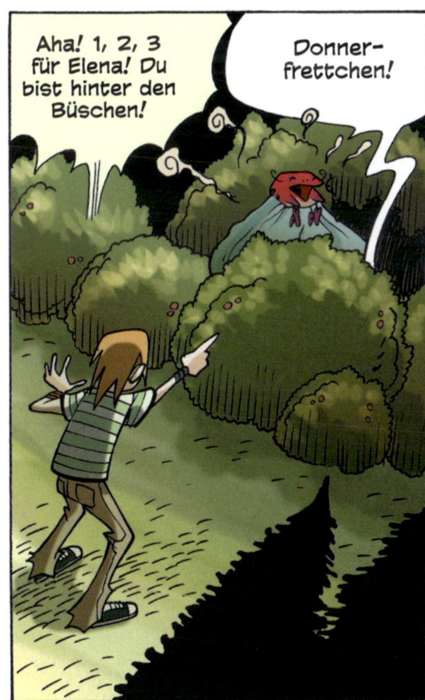
Aha! 1, 2, 3 für Elena! Du bist hinter den Büschen!
Donner-
frettchen!

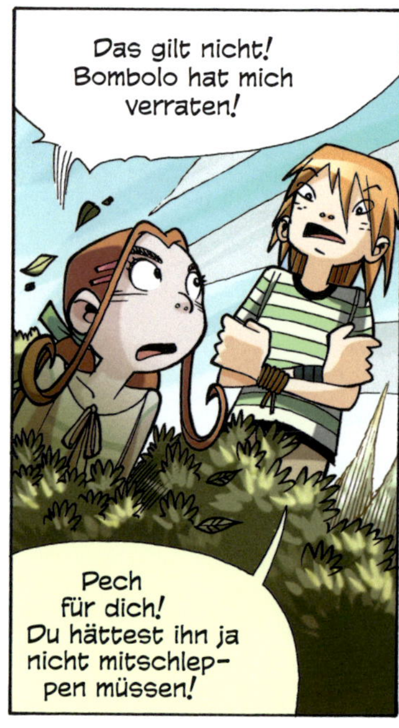
Das gilt nicht! Bombolo hat mich verraten!
Pech für dich! Du hättest ihn ja nicht mitschleppen müssen!

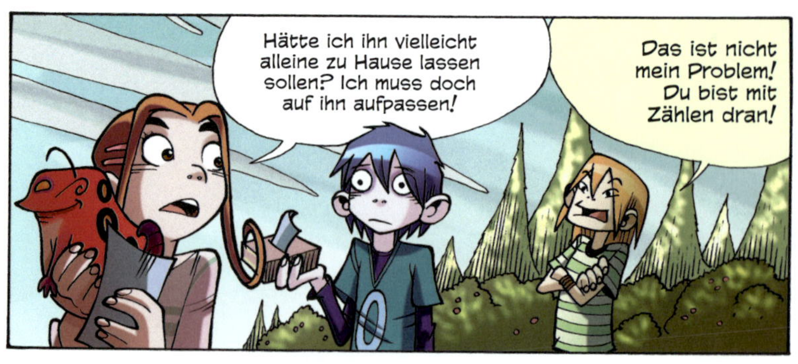
Hätte ich ihn vielleicht alleine zu Hause lassen sollen? Ich muss doch auf ihn aufpassen!
Das ist nicht mein Problem! Du bist mit Zählen dran!

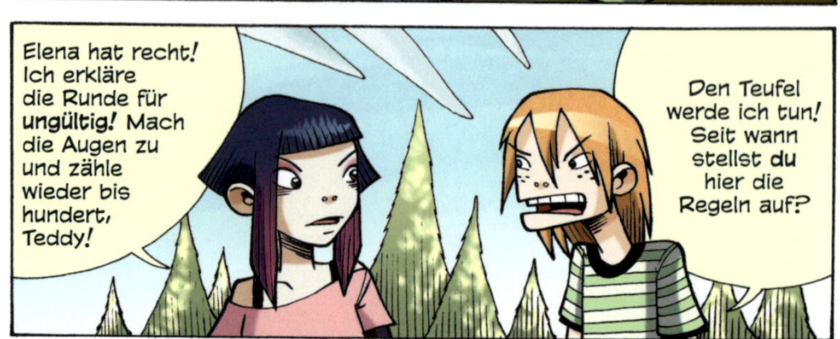
Elena hat recht! Ich erkläre die Runde für **ungültig!** Mach die Augen zu und zähle wieder bis hundert, Teddy!
Den Teufel werde ich tun! Seit wann stellst **du** hier die Regeln auf?

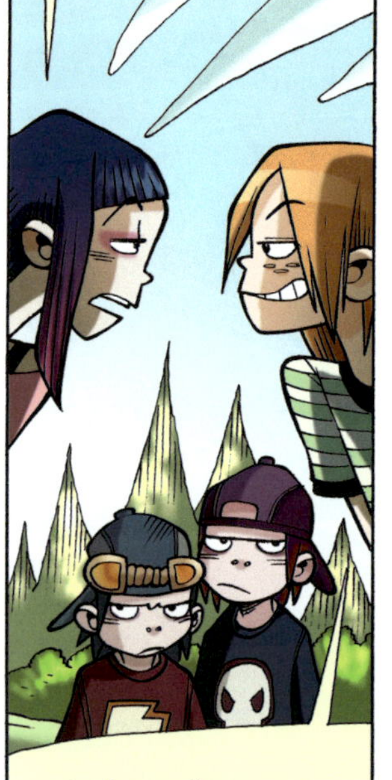
Seit ich die Anführerin dieser Expedition bin! Falls du es nicht mitbekommen hast, ich bin zwei Jahre älter als du, Bubi!
Oho! Bubi! Wie sagt man doch so schön: „Was sich **liebt,** das neckt sich!"

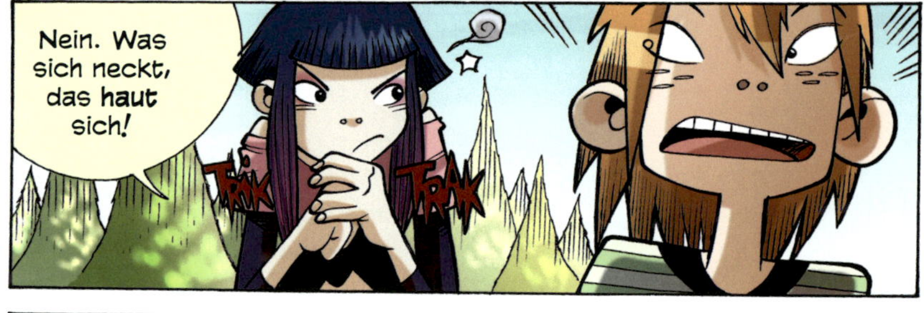
Nein. Was sich neckt, das **haut** sich!
TRAK
TRAK

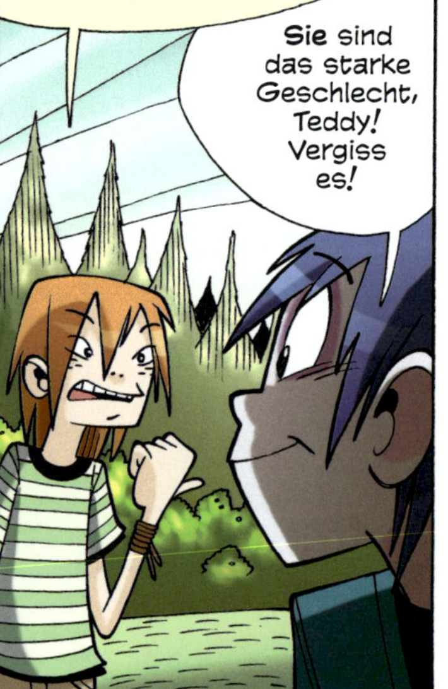
Die wollen uns herausfordern! Los, Zick! Zeigen wir den Mädchen, wer hier das **starke Geschlecht** ist!
Sie sind das starke Geschlecht, Teddy! Vergiss es!

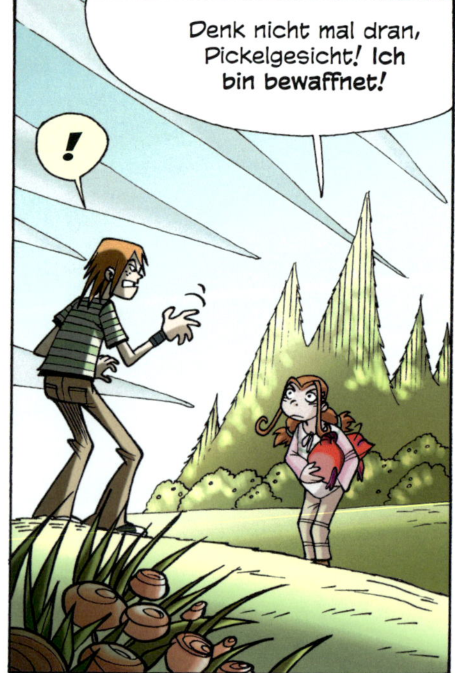
Denk nicht mal dran, Pickelgesicht! **Ich bin bewaffnet!**
!

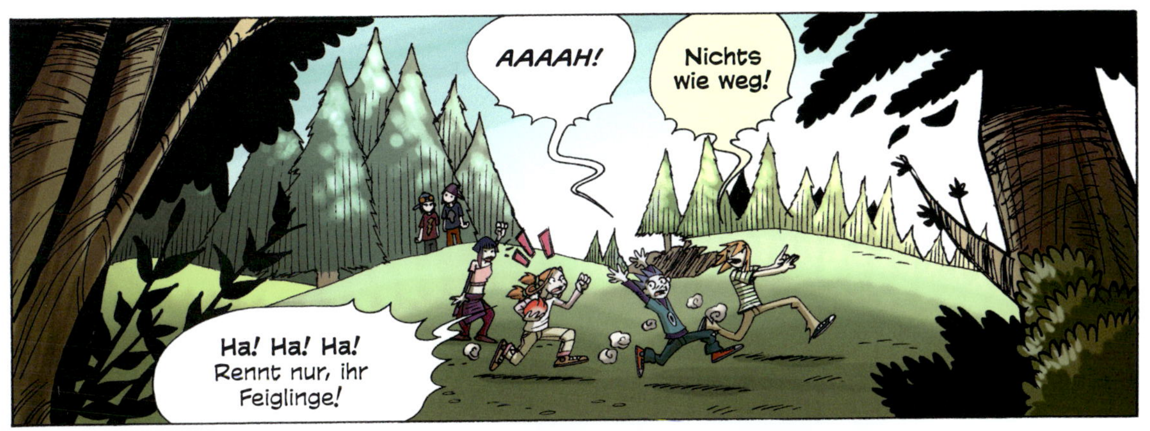
AAAAH!
Nichts wie weg!
Ha! Ha! Ha! Rennt nur, ihr Feiglinge!

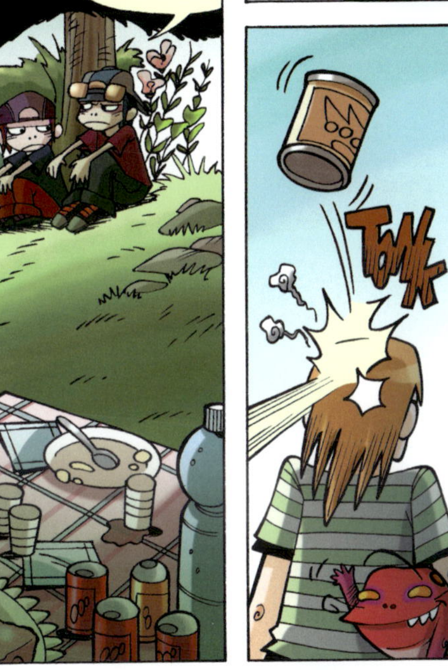
Erst erzählen sie einem was von einer „besonderen Mission" und dann ist es nur ein dämliches Picknick.
Stimmt. Sollen wir das ändern?

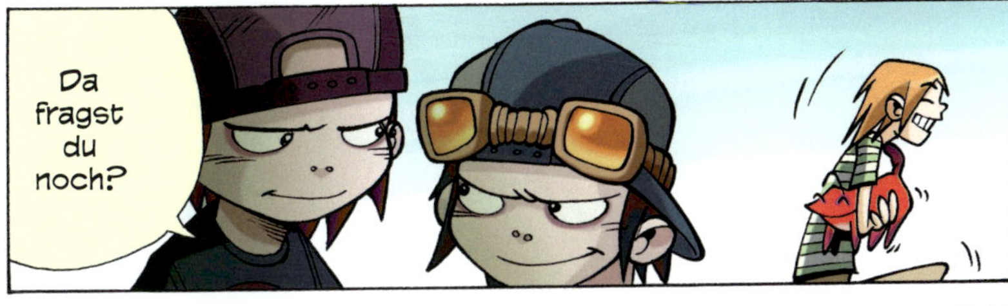
Da fragst du noch?

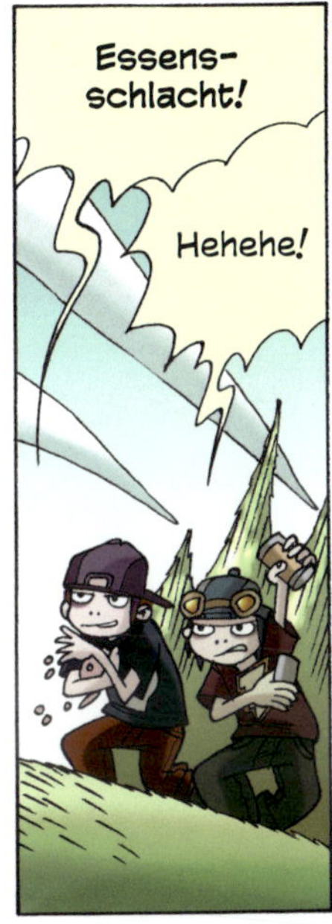
TONK

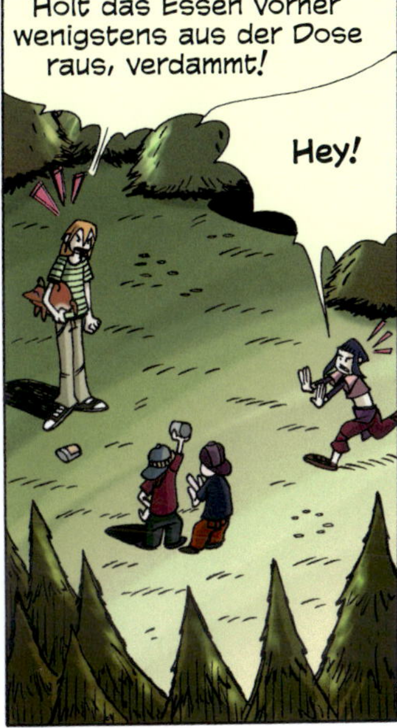
Essens-schlacht!
Hehehe!
Holt das Essen vorher wenigstens aus der Dose raus, verdammt!
Hey!

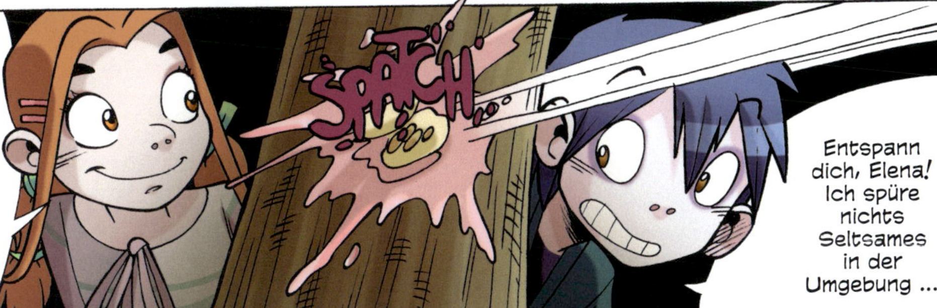
Wahr-scheinlich sollten wir Wache halten ... aber das hier ist viel lusti-ger!
SPATCH
Entspann dich, Elena! Ich spüre nichts Seltsames in der Umgebung ...

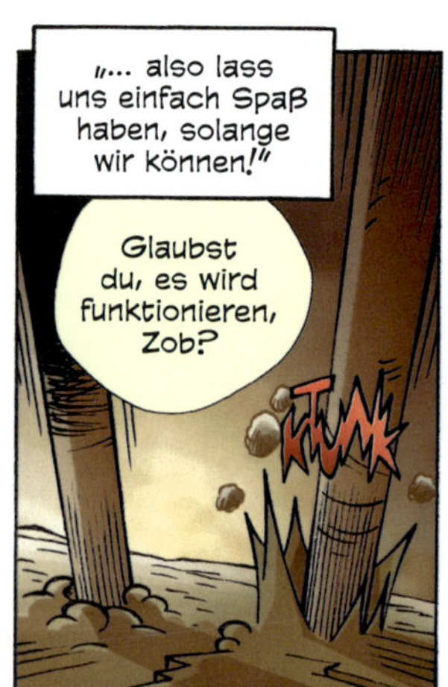
„... also lass uns einfach Spaß haben, solange wir können!"
Glaubst du, es wird funktionieren, Zob?
KTUNK

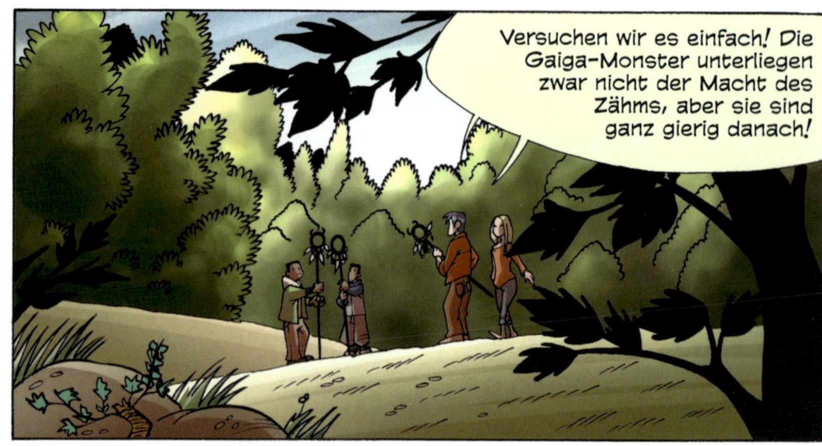
Versuchen wir es einfach! Die Gaiga-Monster unterliegen zwar nicht der Macht des Zähms, aber sie sind ganz gierig danach!

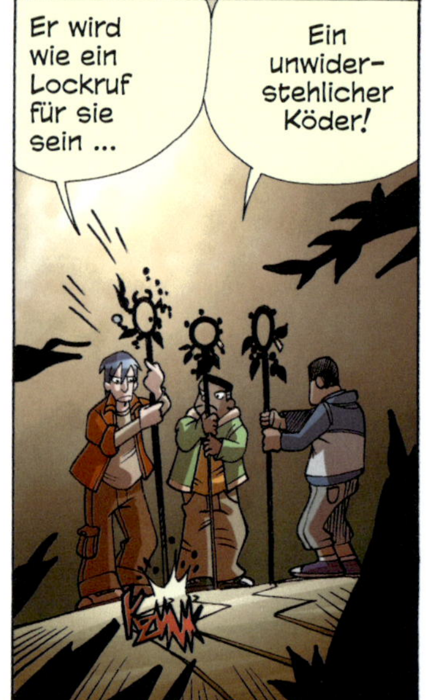
Er wird wie ein Lockruf für sie sein ...
Ein unwiderstehlicher Köder!
KZAM

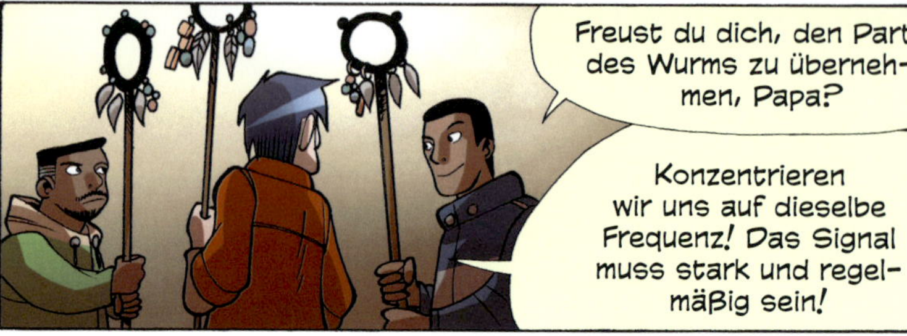
Freust du dich, den Part des Wurms zu übernehmen, Papa?
Konzentrieren wir uns auf dieselbe Frequenz! Das Signal muss stark und regelmäßig sein!

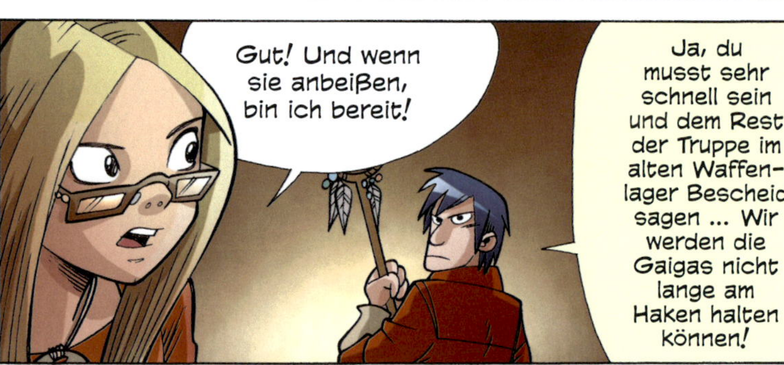
Gut! Und wenn sie anbeißen, bin ich bereit!
Ja, du musst sehr schnell sein und dem Rest der Truppe im alten Waffenlager Bescheid sagen ... Wir werden die Gaigas nicht lange am Haken halten können!

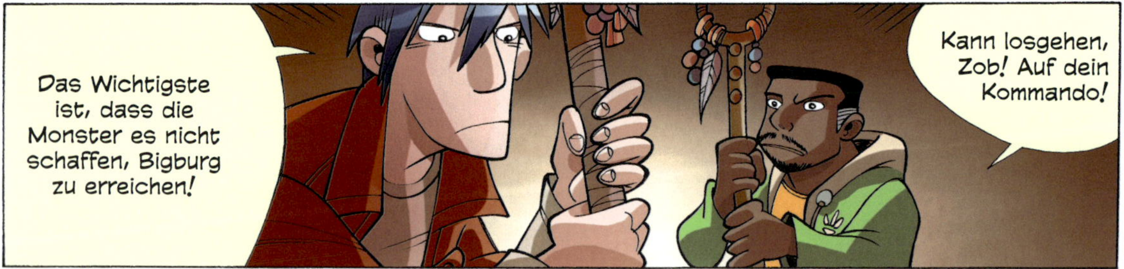
Das Wichtigste ist, dass die Monster es nicht schaffen, Bigburg zu erreichen!
Kann losgehen, Zob! Auf dein Kommando!

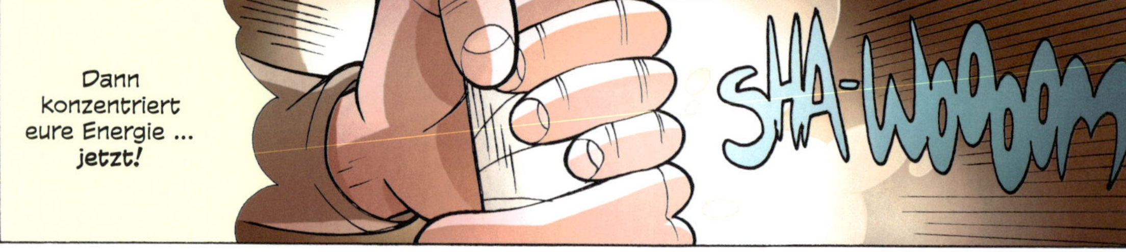
Dann konzentriert eure Energie ... **jetzt!**
SHA-WOOOOM

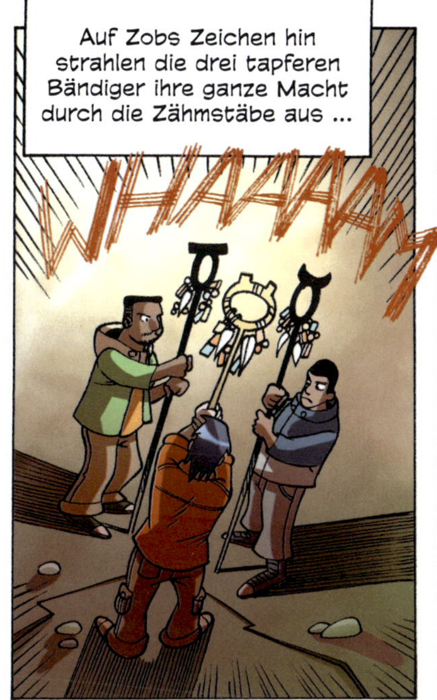
Auf Zobs Zeichen hin strahlen die drei tapferen Bändiger ihre ganze Macht durch die Zähmstäbe aus ...
WHAAAAM

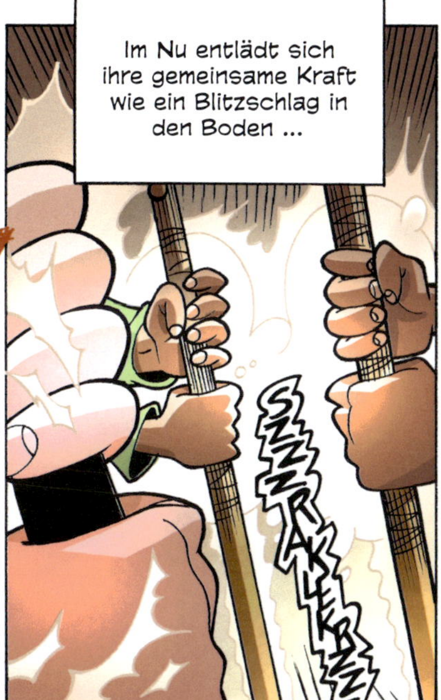
Im Nu entlädt sich ihre gemeinsame Kraft wie ein Blitzschlag in den Boden ...
SZZZRAKKRZZZ

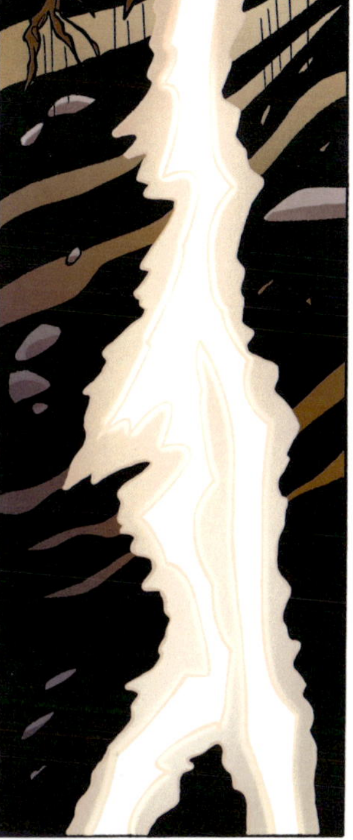
... und überträgt dabei eine Schwingung, die für das menschliche und tierische Ohr nicht hörbar ist!

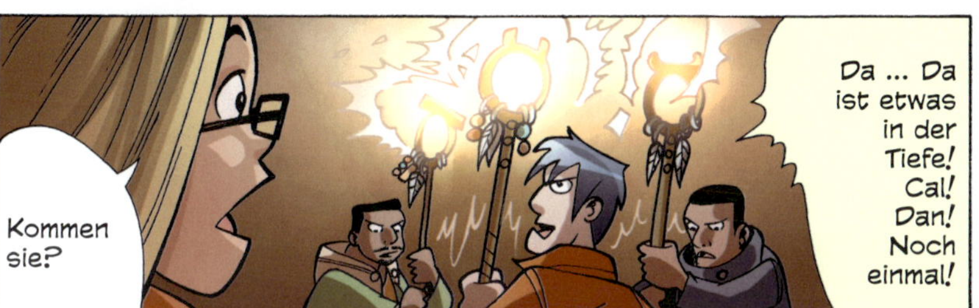
Da ... Da ist etwas in der Tiefe! Cal! Dan! Noch einmal!
Kommen sie?

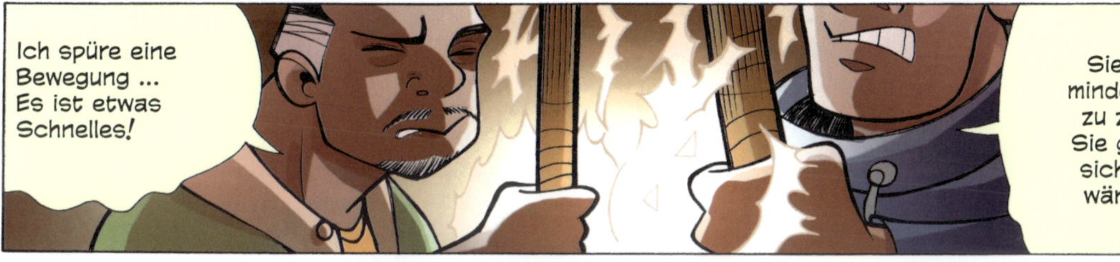
Ich spüre eine Bewegung ... Es ist etwas Schnelles!
Sie sind mindestens zu zweit! Sie graben sich vorwärts ...

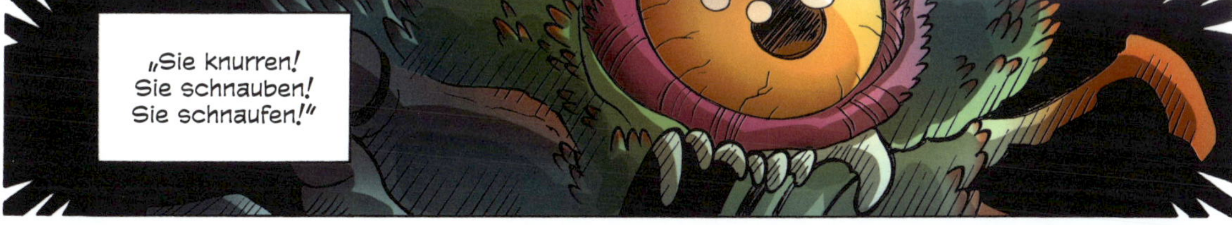
„Sie knurren! Sie schnauben! Sie schnaufen!"

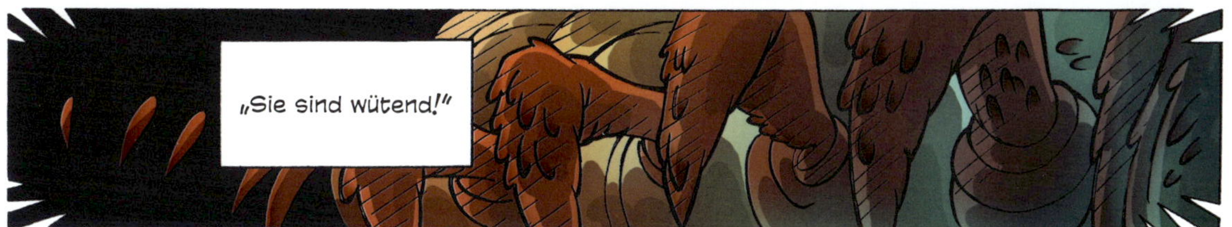
„Sie sind wütend!"

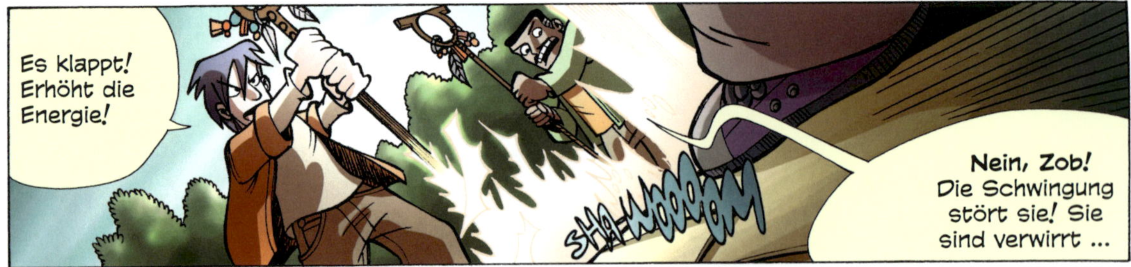
Es klappt! Erhöht die Energie!
SHA-WOOOOM
Nein, Zob! Die Schwingung stört sie! Sie sind verwirrt ...

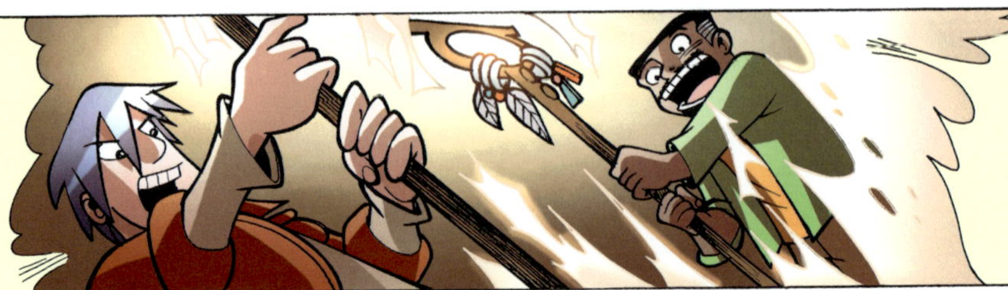
Gebt jetzt nicht nach! Wir dürfen sie nicht verlieren!
Es funktioniert nicht! Wir erschrecken sie zu sehr ...

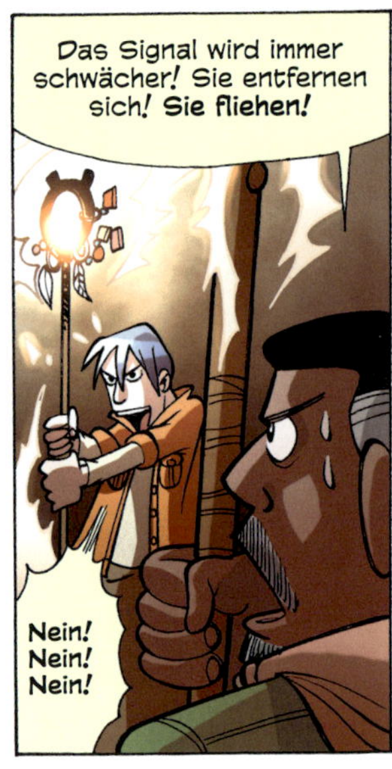
Das Signal wird immer schwächer! Sie entfernen sich! Sie fliehen!
Nein! Nein! Nein!

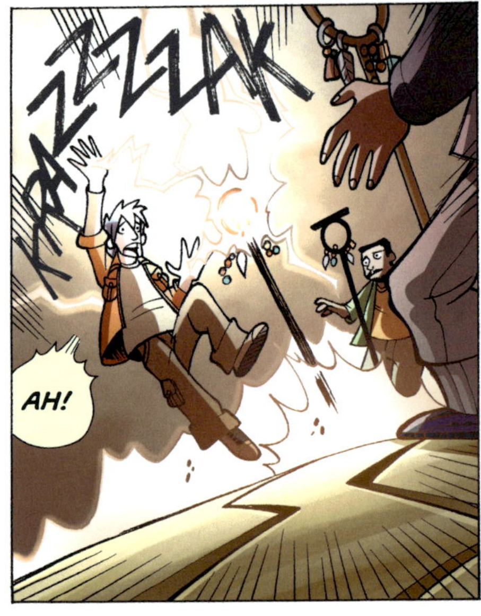
KRAZZZZAK
AH!

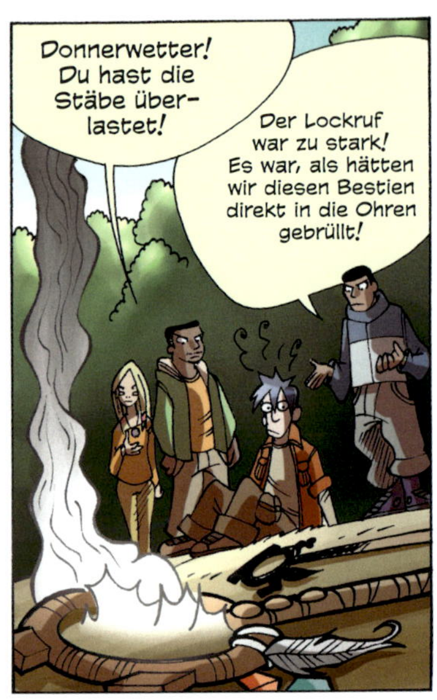
Donnerwetter! Du hast die Stäbe überlastet!
Der Lockruf war zu stark! Es war, als hätten wir diesen Bestien direkt in die Ohren gebrüllt!

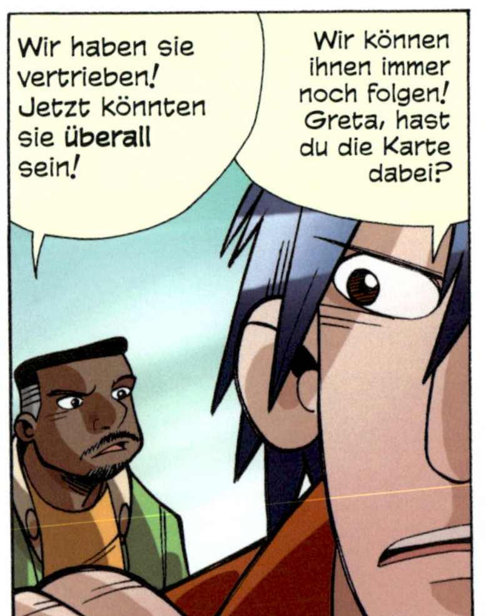
Wir haben sie vertrieben! Jetzt könnten sie überall sein!
Wir können ihnen immer noch folgen! Greta, hast du die Karte dabei?

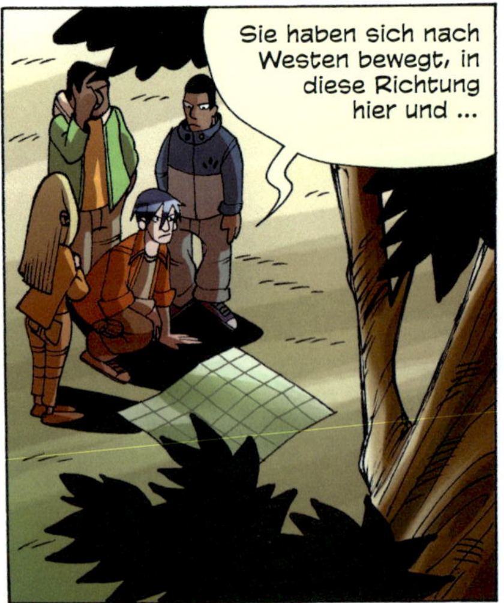
Sie haben sich nach Westen bewegt, in diese Richtung hier und ...

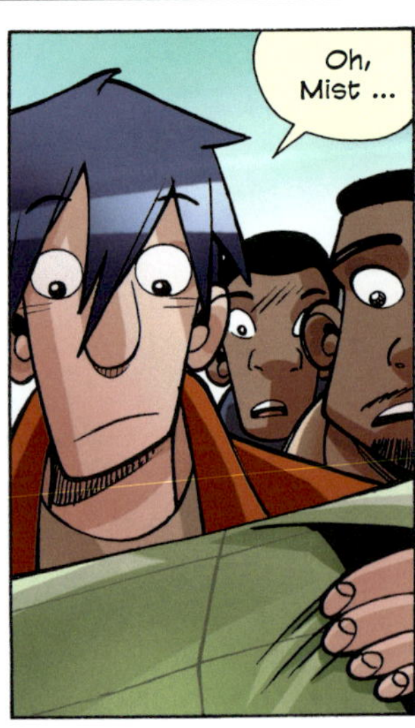
Oh, Mist ...

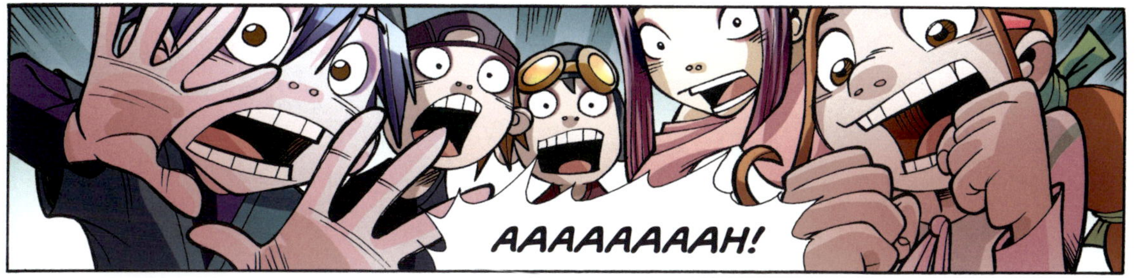
AAAAAAAAH!

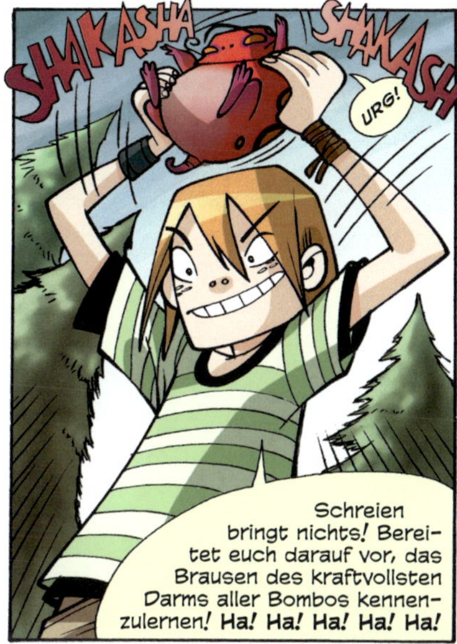
SHAKASHA
SHAKASH
URG!
Schreien bringt nichts! Bereitet euch darauf vor, das Brausen des kraftvollsten Darms aller Bombos kennenzulernen! Ha! Ha! Ha! Ha! Ha!

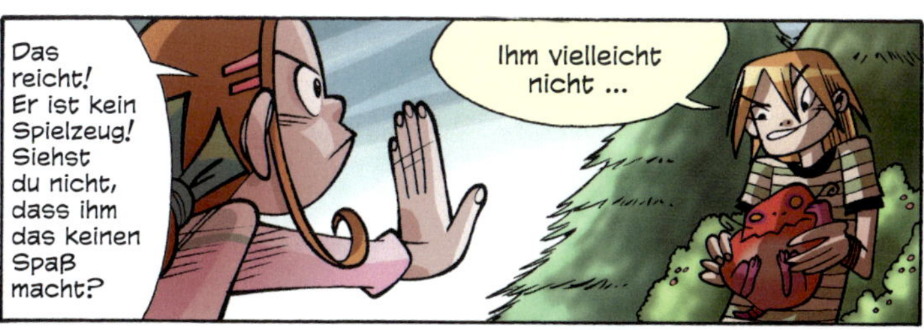
Das reicht! Er ist kein Spielzeug! Siehst du nicht, dass ihm das keinen Spaß macht?
Ihm vielleicht nicht ...

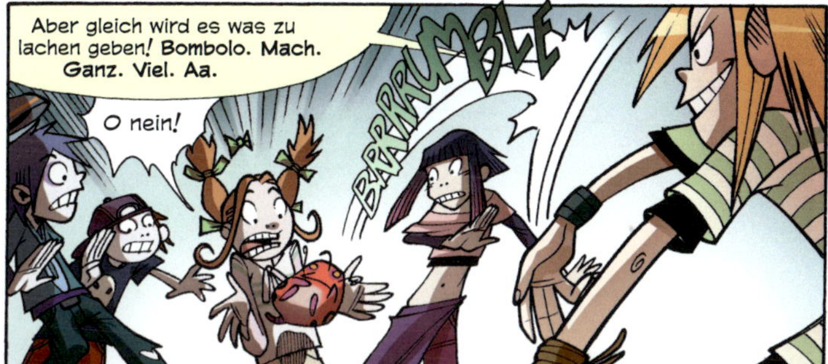
Aber gleich wird es was zu lachen geben! Bombolo. Mach. Ganz. Viel. Aa.
O nein!
BRRRUMBLE

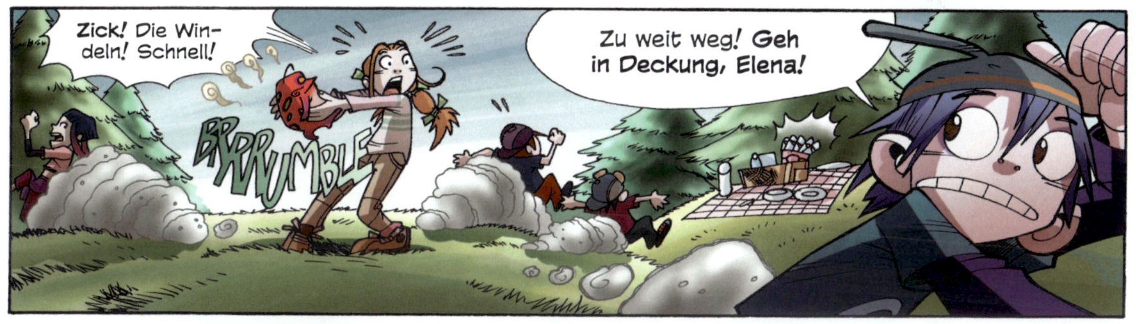
Zick! Die Windeln! Schnell!
Zu weit weg! Geh in Deckung, Elena!
BRRRUMBLE

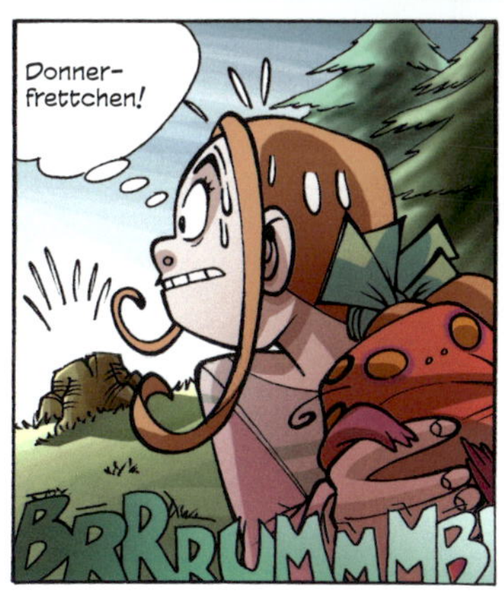
Donnerfrettchen!
BRRRUMMMB

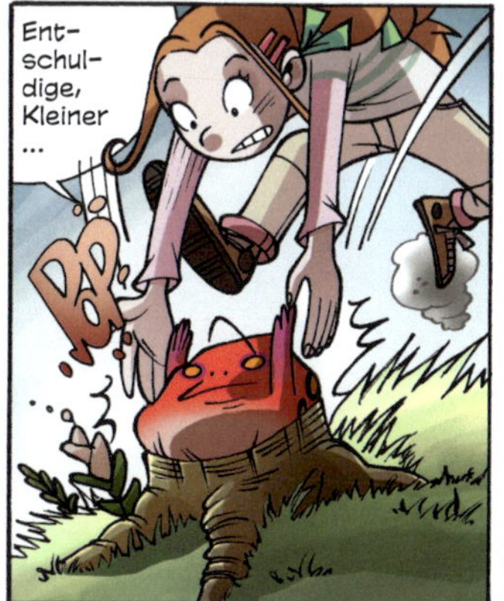
Entschuldige, Kleiner ...
DAP

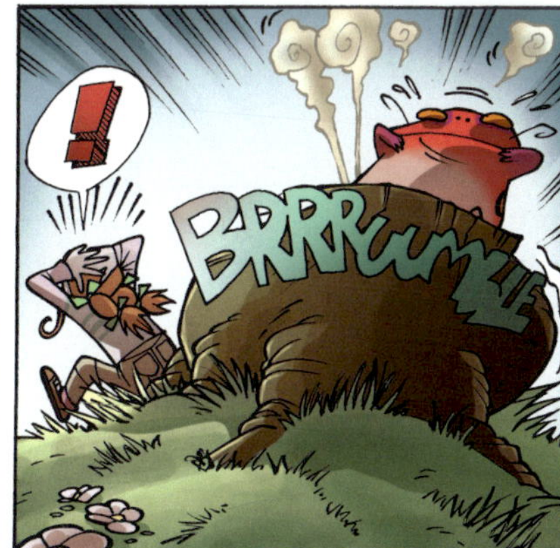
!
BRRRUMBLE

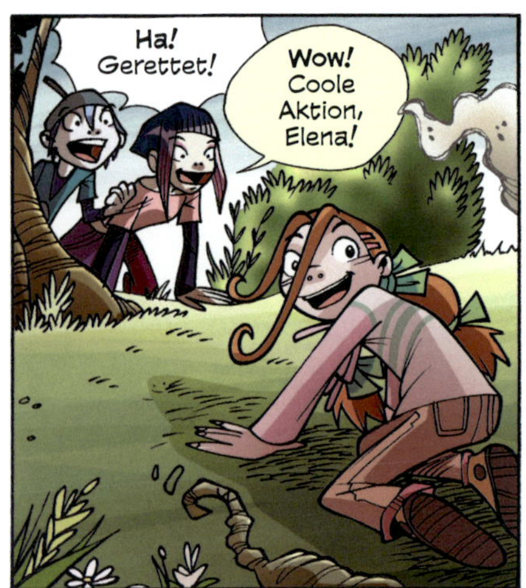

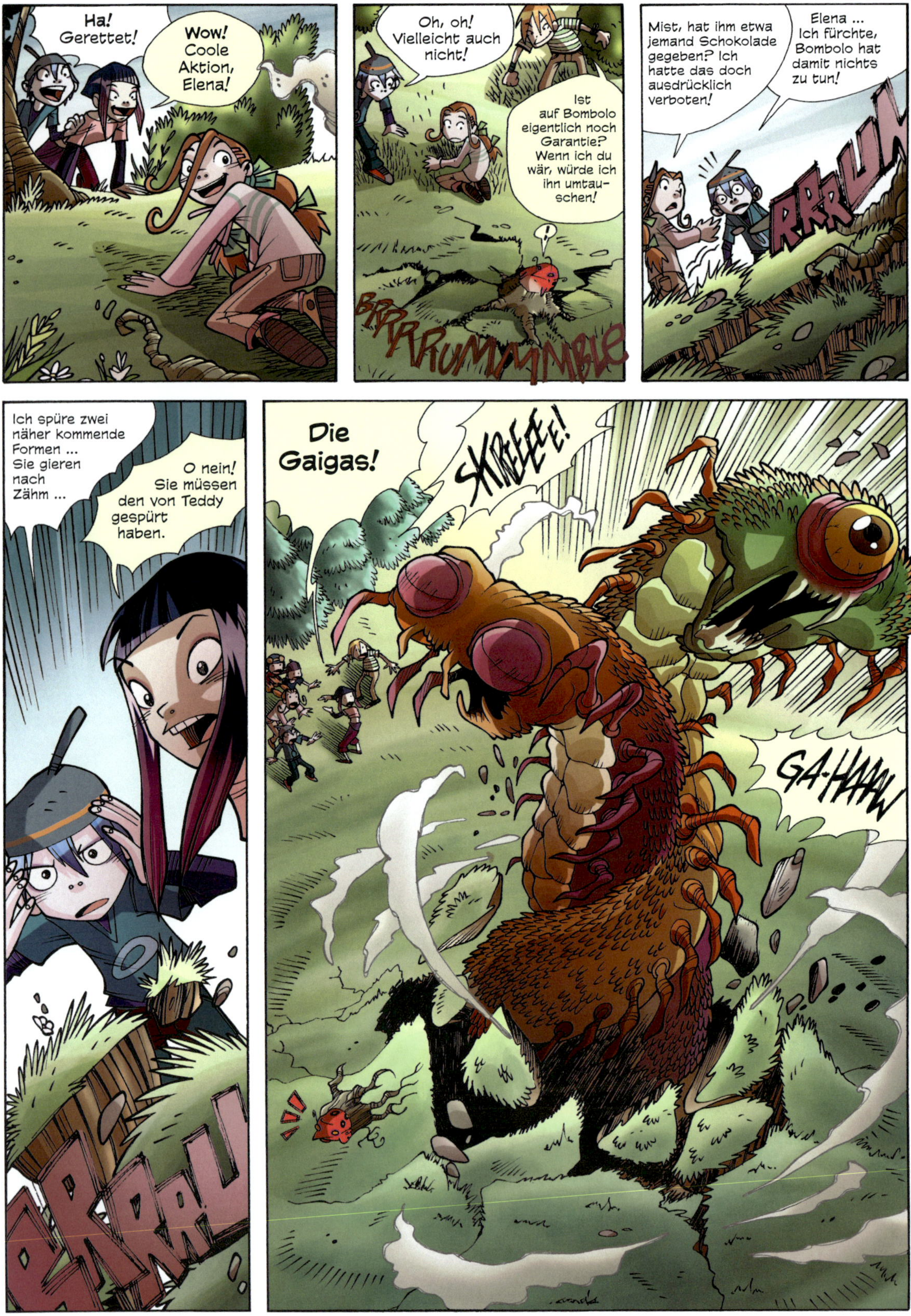

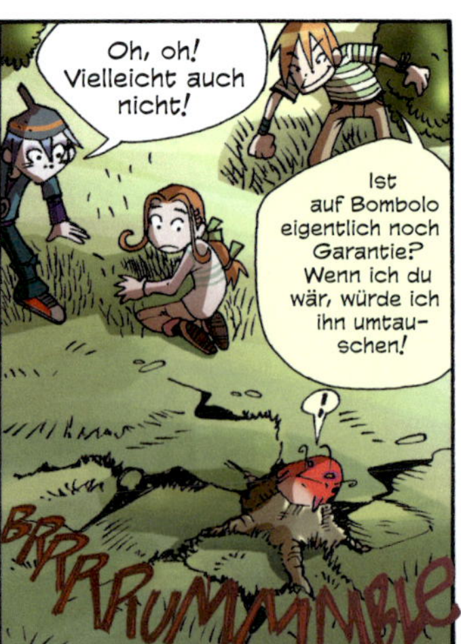

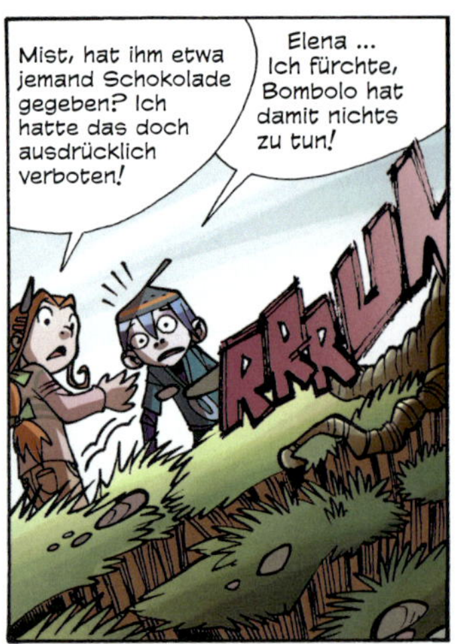

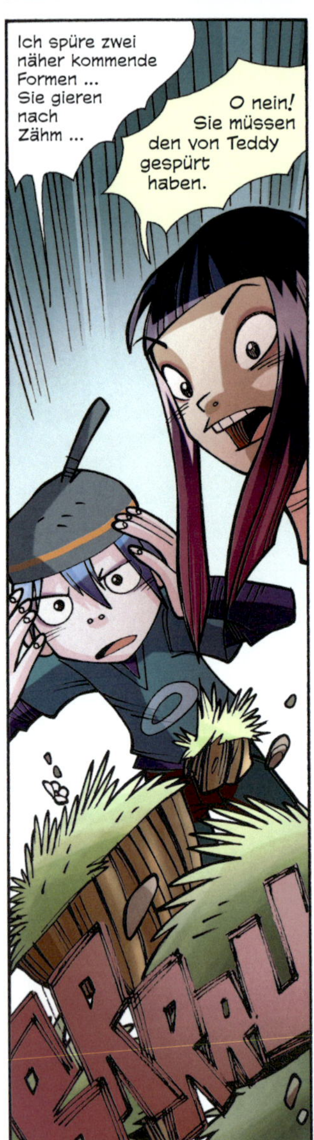

Die Gaigas!
SKREEEE!
GA-HAAW

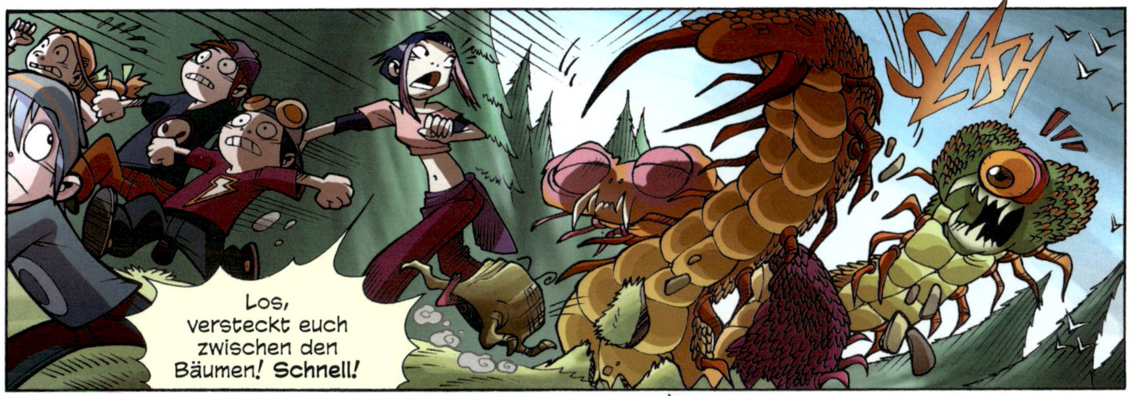
SLASH
Los, versteckt euch zwischen den Bäumen! **Schnell!**

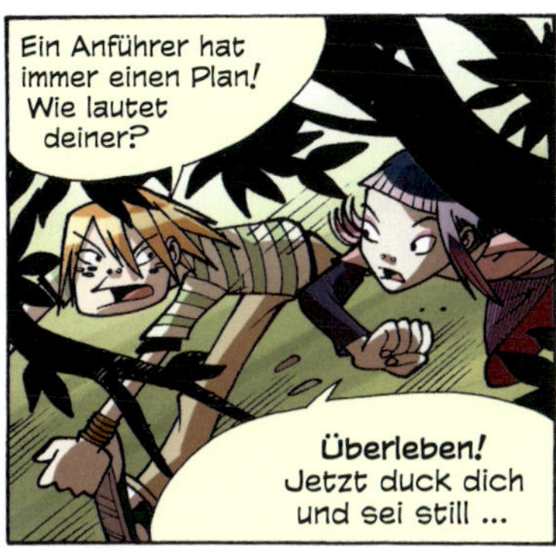
Ein Anführer hat immer einen Plan! Wie lautet deiner?
Überleben! Jetzt duck dich und sei still ...

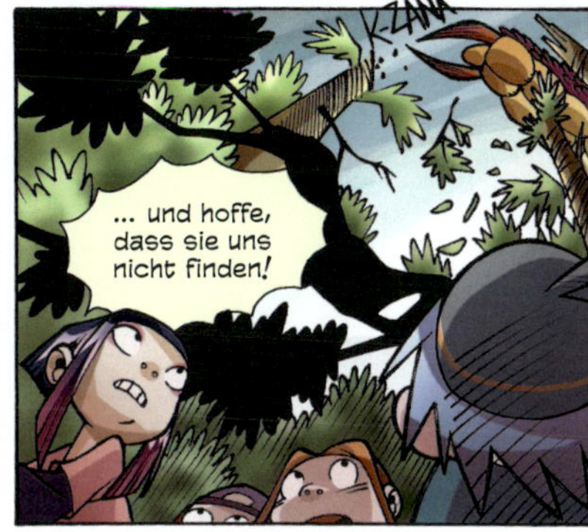
K-ZANK
... und hoffe, dass sie uns nicht finden!

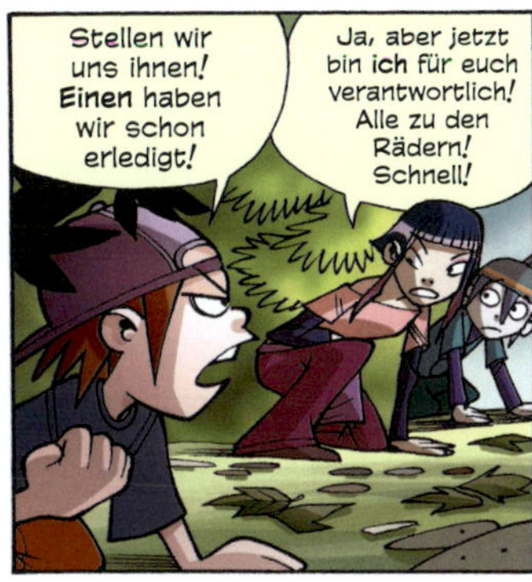
Stellen wir uns ihnen! **Einen** haben wir schon erledigt!
Ja, aber jetzt bin **ich** für euch verantwortlich! Alle zu den Rädern! Schnell!

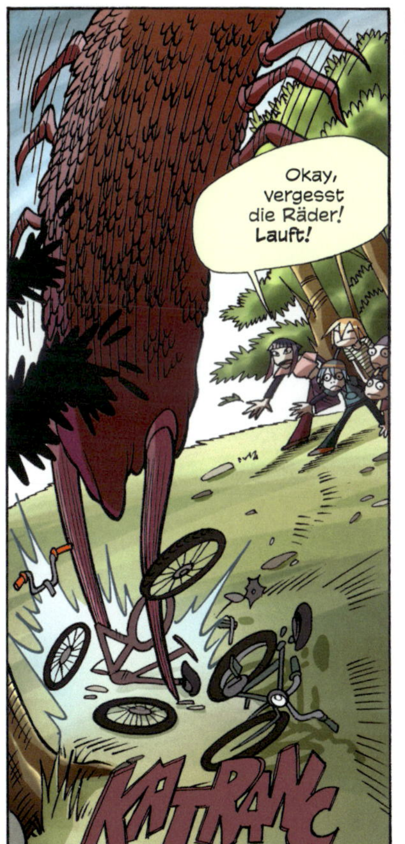
Okay, vergesst die Räder! **Lauft!**
KA-TRANG

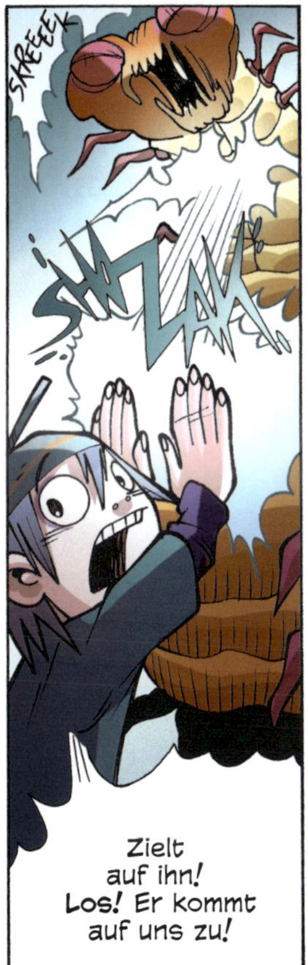
SKREEEK
SHAZAK
Zielt auf ihn! Los! Er kommt auf uns zu!

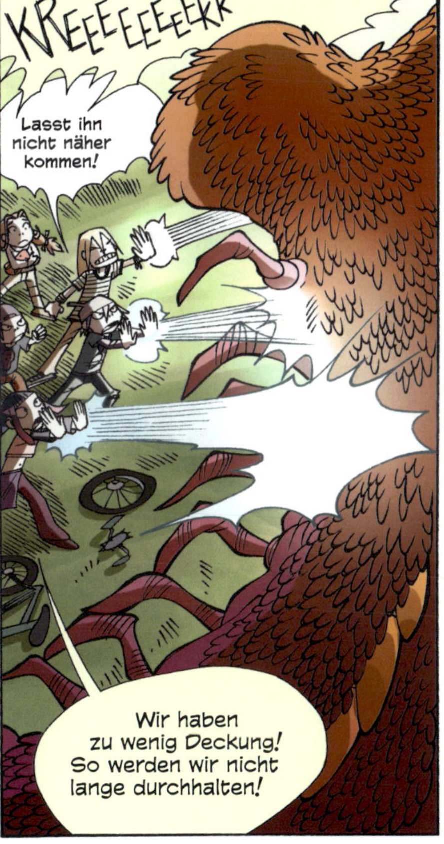
KREEEEEEEEKK
Lasst ihn nicht näher kommen!
Wir haben zu wenig Deckung! So werden wir nicht lange durchhalten!

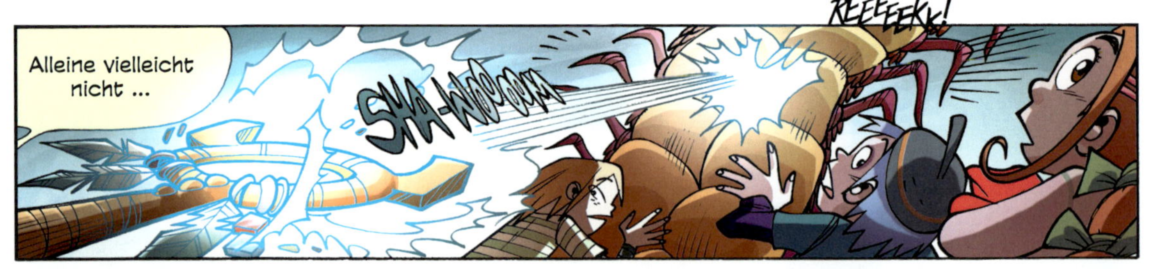
Alleine vielleicht nicht ...
SHA-WOOOM
REEEEEKK!

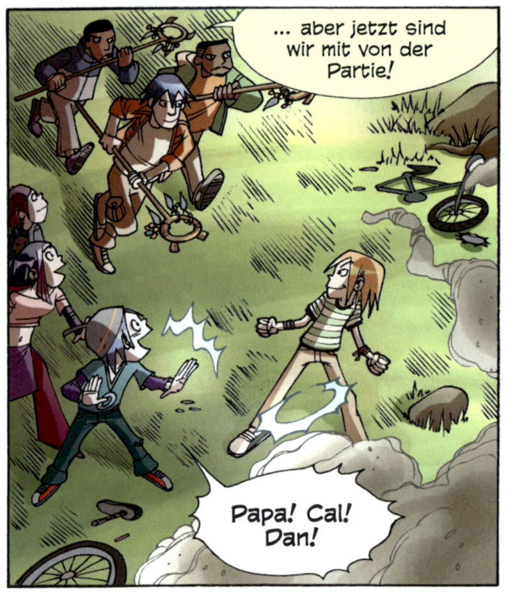
... aber jetzt sind wir mit von der Partie!
Papa! Cal! Dan!

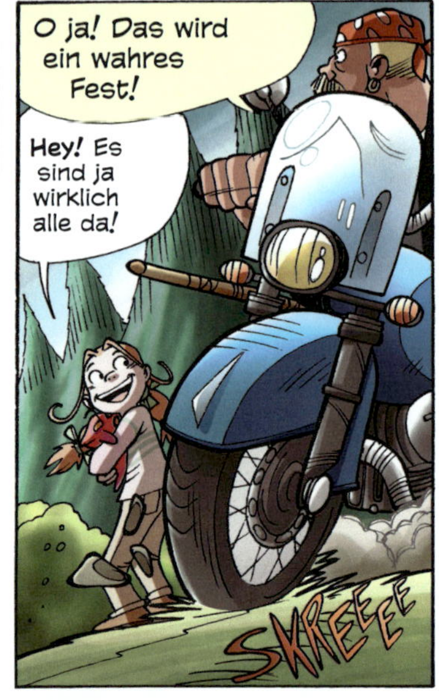
O ja! Das wird ein wahres Fest!
Hey! Es sind ja wirklich alle da!
SKREEEEE

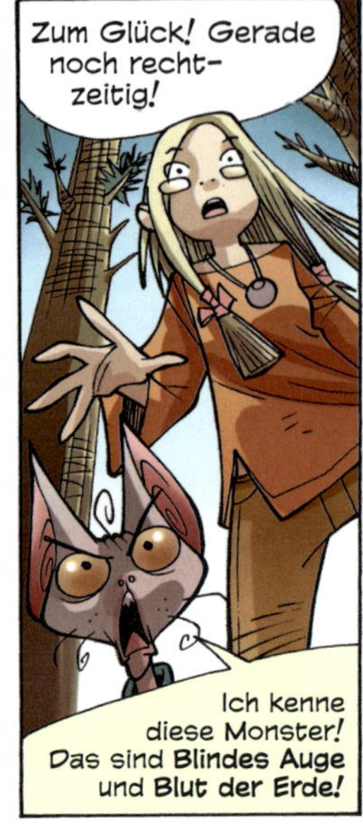
Zum Glück! Gerade noch recht-zeitig!
Ich kenne diese Monster! Das sind Blindes Auge und Blut der Erde!

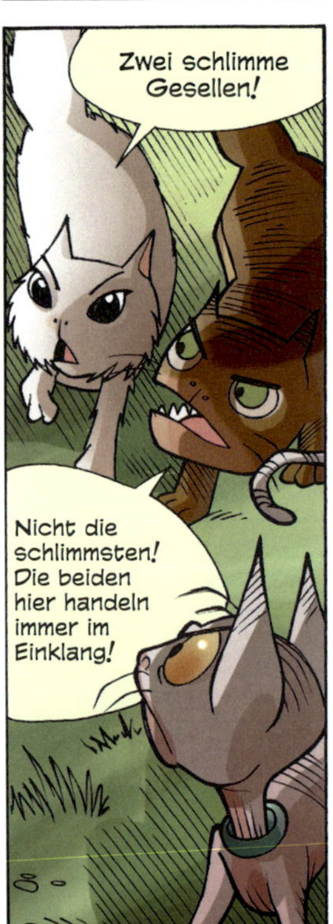
Zwei schlimme Gesellen!
Nicht die schlimmsten! Die beiden hier handeln immer im Einklang!

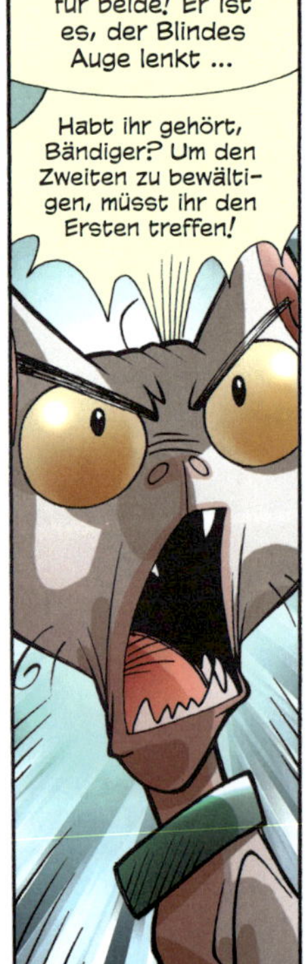
Blut der Erde sieht für beide! Er ist es, der Blindes Auge lenkt ...
Habt ihr gehört, Bändiger? Um den Zweiten zu bewälti-gen, müsst ihr den Ersten treffen!

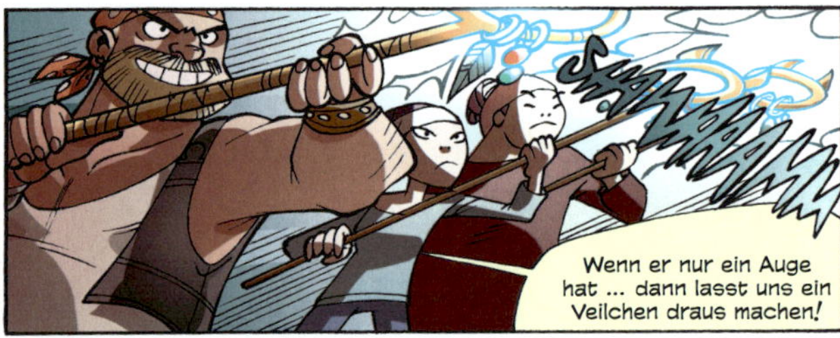
Wenn er nur ein Auge hat ... dann lasst uns ein Veilchen draus machen!

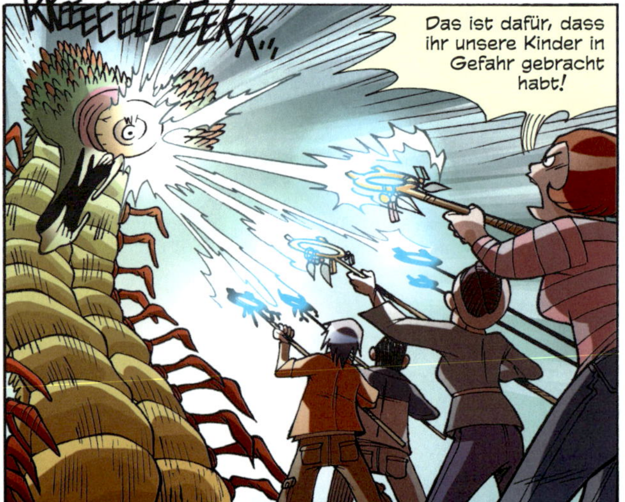
KREEEEEEEEKK...
Das ist dafür, dass ihr unsere Kinder in Gefahr gebracht habt!

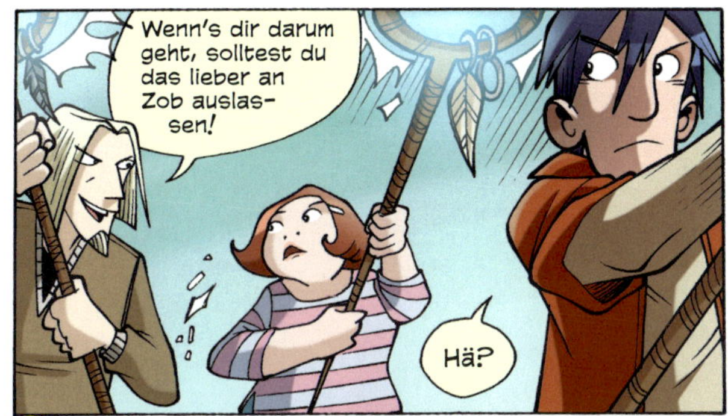
Wenn's dir darum geht, solltest du das lieber an Zob auslassen!
Hä?

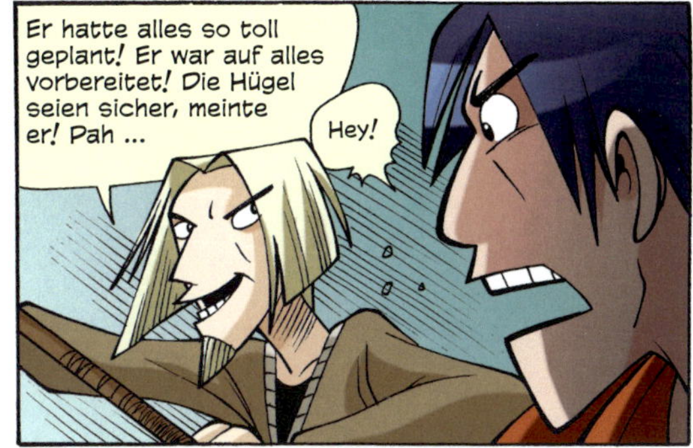
Er hatte alles so toll geplant! Er war auf alles vorbereitet! Die Hügel seien sicher, meinte er! Pah ...
Hey!

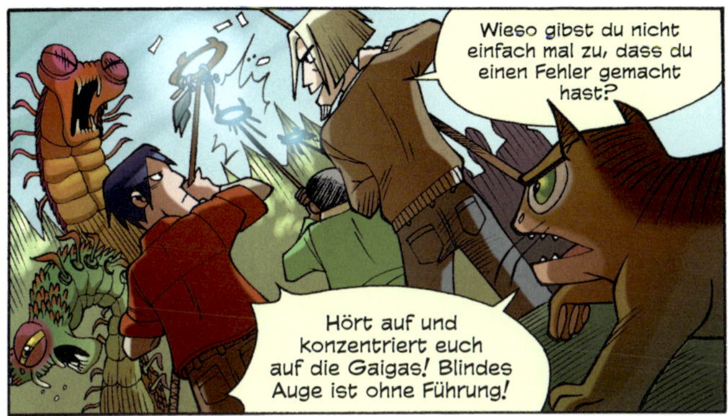
Wieso gibst du nicht einfach mal zu, dass du einen Fehler gemacht hast?
Hört auf und konzentriert euch auf die Gaigas! Blindes Auge ist ohne Führung!

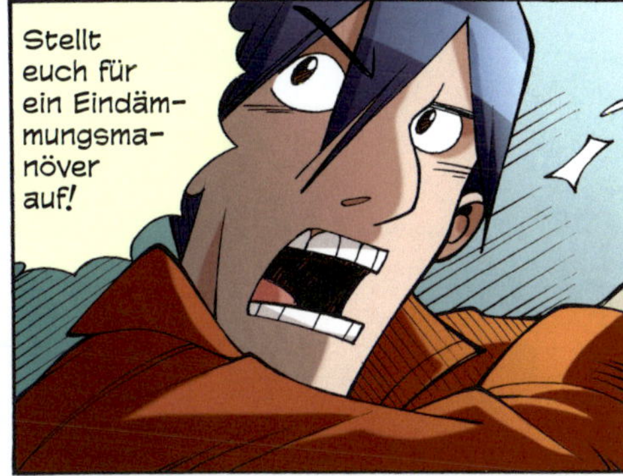
Stellt euch für ein Eindämmungsmanöver auf!

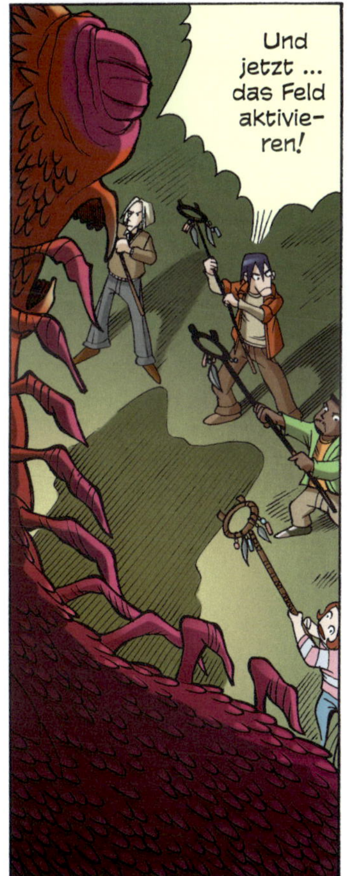
Und jetzt ... das Feld aktivieren!

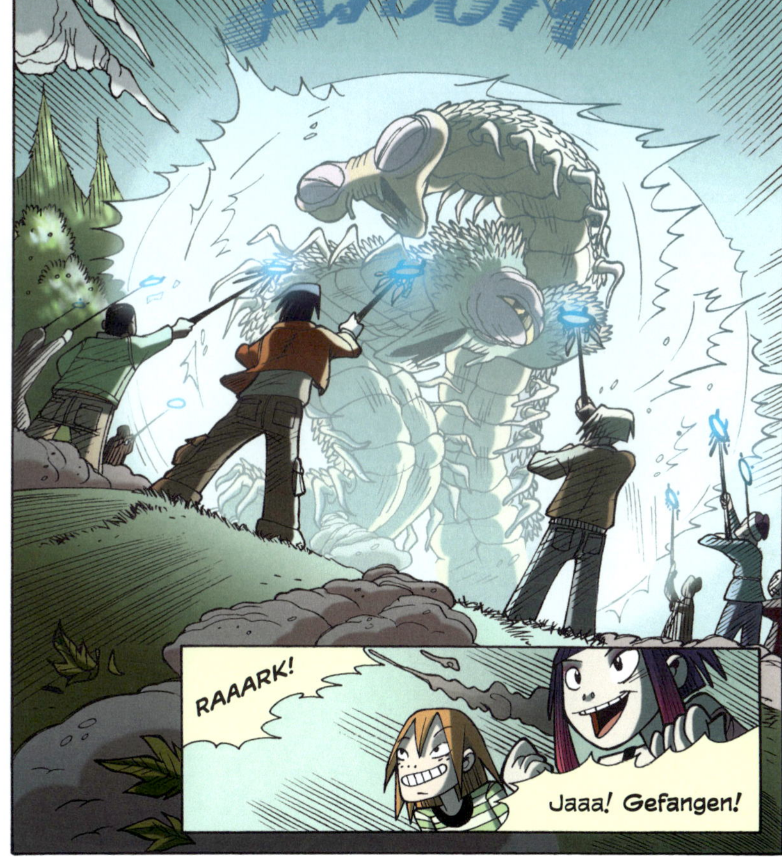
FWOOM
RAAARK!
Jaaa! Gefangen!

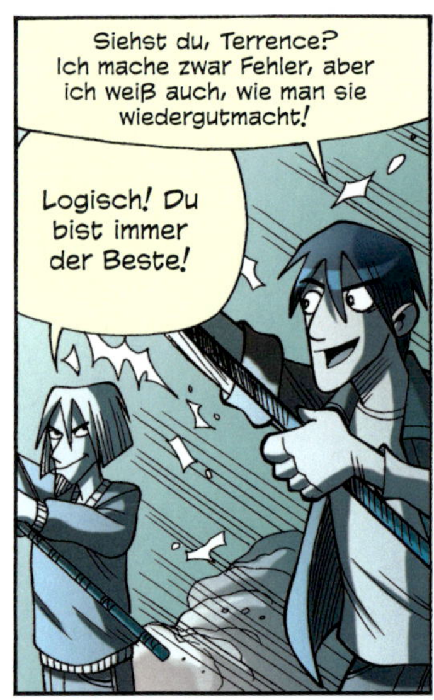
Siehst du, Terrence? Ich mache zwar Fehler, aber ich weiß auch, wie man sie wiedergutmacht!
Logisch! Du bist immer der Beste!

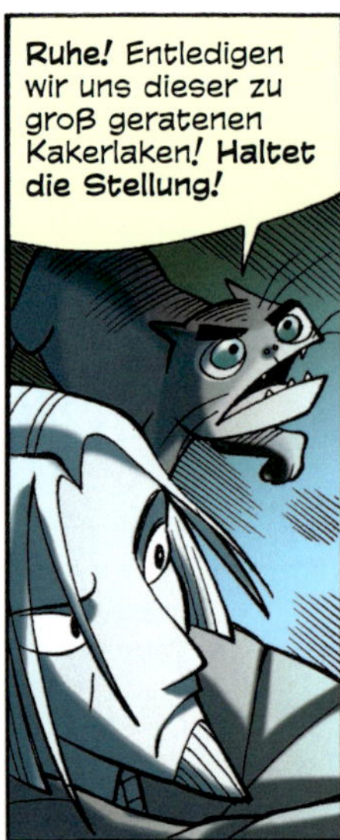
Ruhe! Entledigen wir uns dieser zu groß geratenen Kakerlaken! Haltet die Stellung!

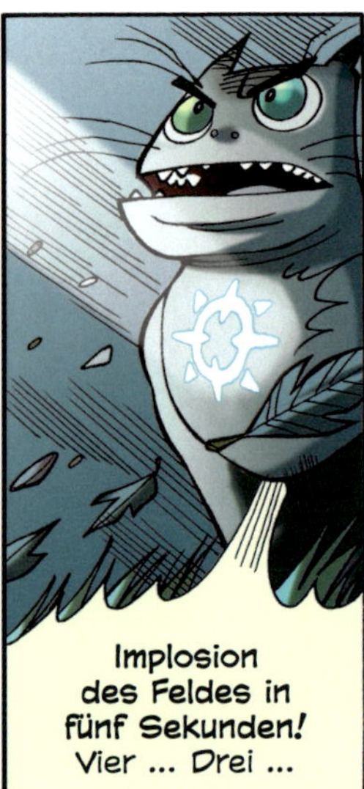
Implosion des Feldes in fünf Sekunden! Vier ... Drei ...

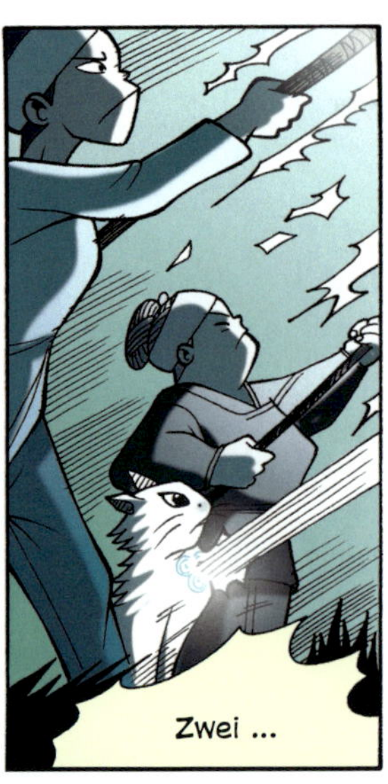
Zwei ...

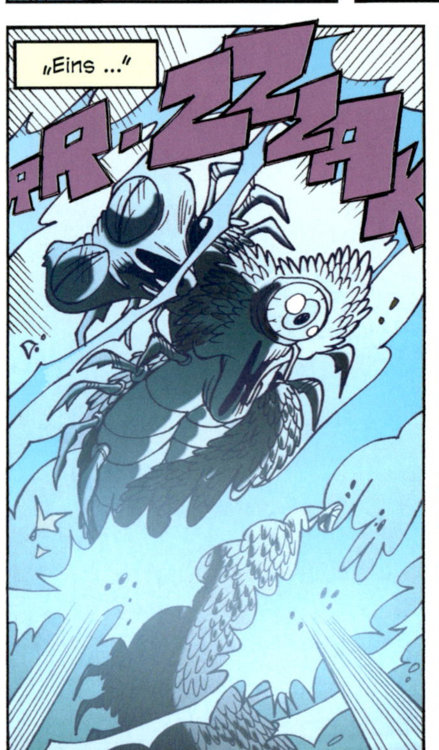
„Eins ..."
RR-ZZZAK

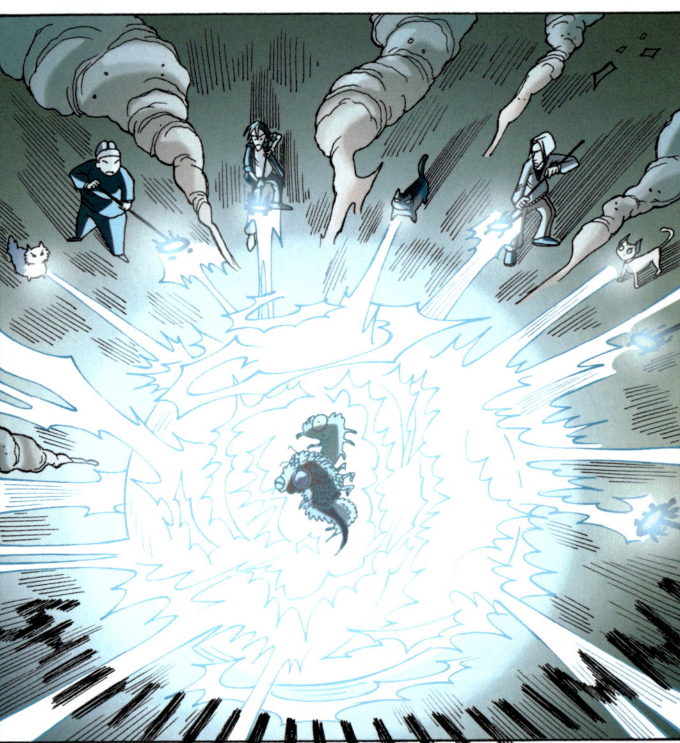

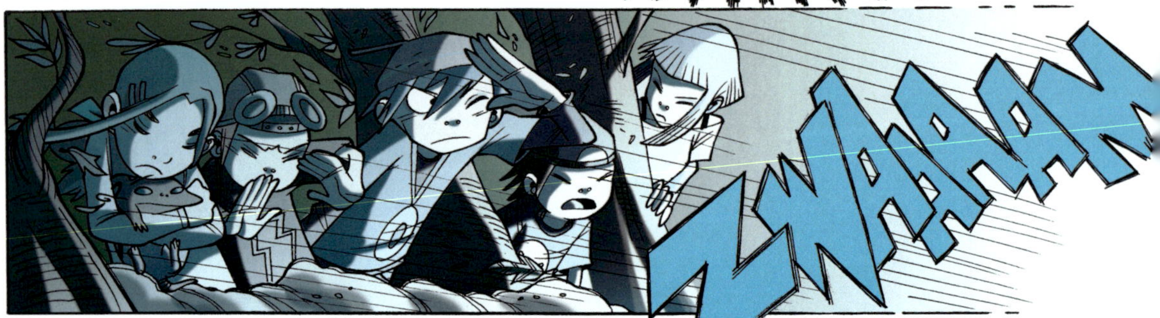
ZWAAAAM

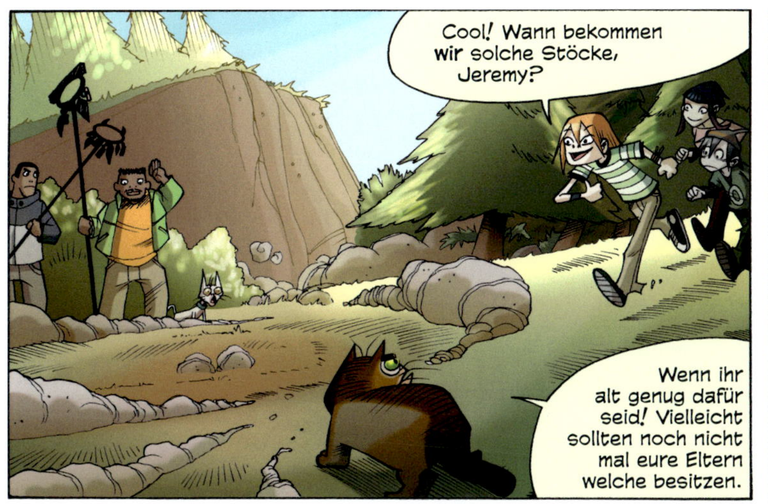

Cool! Wann bekommen wir solche Stöcke, Jeremy?
Wenn ihr alt genug dafür seid! Vielleicht sollten noch nicht mal eure Eltern welche besitzen.

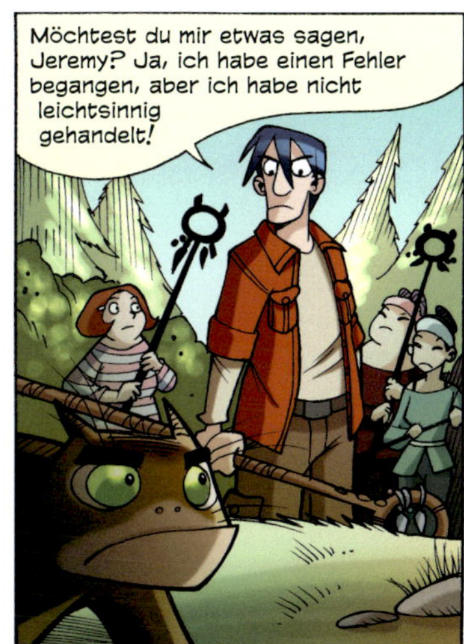

Möchtest du mir etwas sagen, Jeremy? Ja, ich habe einen Fehler begangen, aber ich habe nicht leichtsinnig gehandelt!

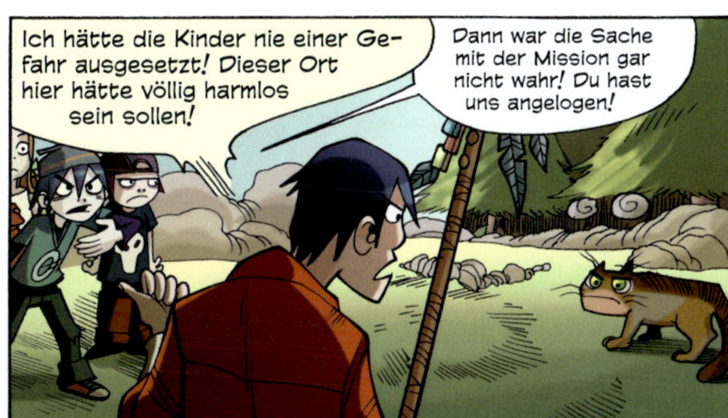

Ich hätte die Kinder nie einer Gefahr ausgesetzt! Dieser Ort hier hätte völlig harmlos sein sollen!
Dann war die Sache mit der Mission gar nicht wahr! Du hast uns angelogen!

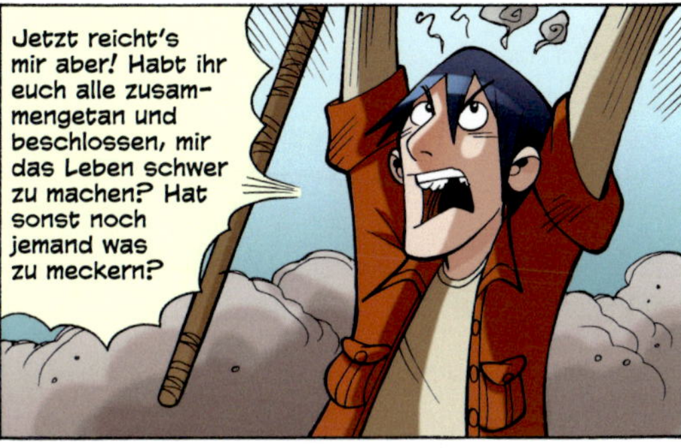

Jetzt reicht's mir aber! Habt ihr euch alle zusammengetan und beschlossen, mir das Leben schwer zu machen? Hat sonst noch jemand was zu meckern?

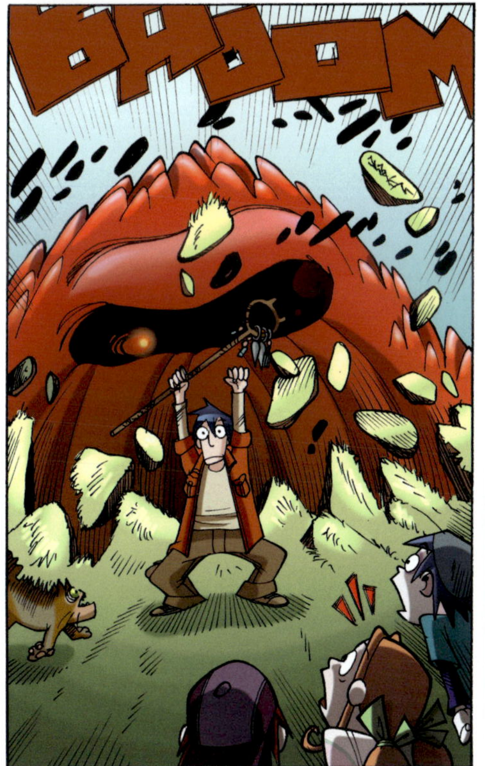

BAJOOM

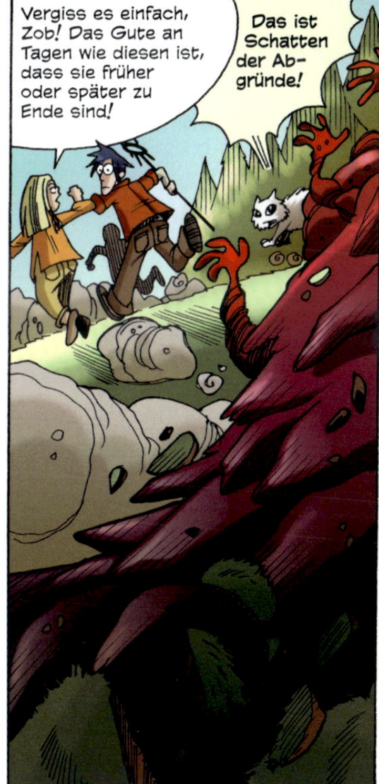

Vergiss es einfach, Zob! Das Gute an Tagen wie diesen ist, dass sie früher oder später zu Ende sind!
Das ist Schatten der Abgründe!

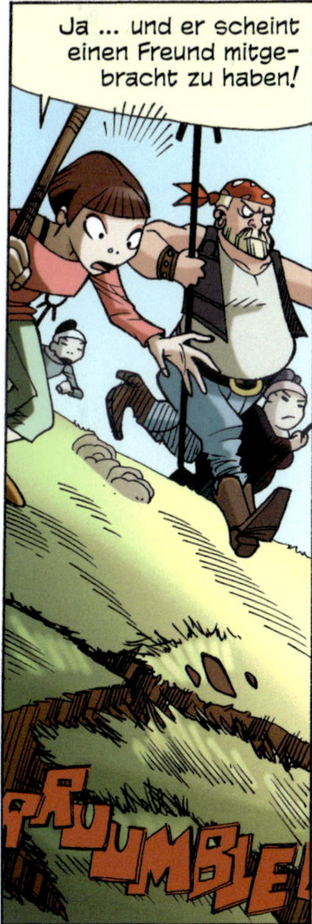

Ja ... und er scheint einen Freund mitgebracht zu haben!
PRUUMBLE!

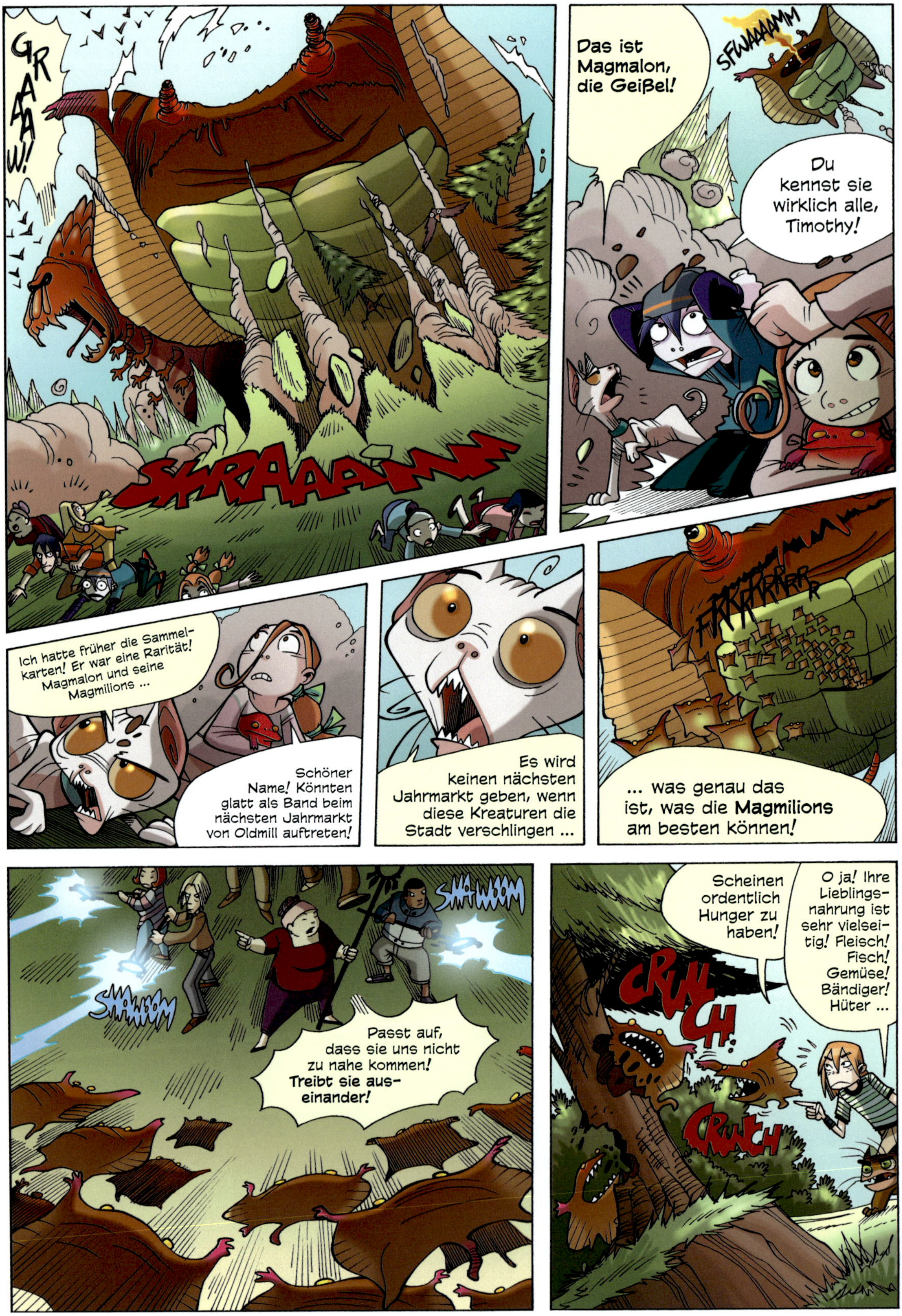

GRAAAW!

SKRAAAAM

Das ist Magmalon, die Geißel!

SFWAAAAMM

Du kennst sie wirklich alle, Timothy!

Ich hatte früher die Sammelkarten! Er war eine Rarität! Magmalon und seine Magmilions ...

Schöner Name! Könnten glatt als Band beim nächsten Jahrmarkt von Oldmill auftreten!

Es wird keinen nächsten Jahrmarkt geben, wenn diese Kreaturen die Stadt verschlingen ...

FRKRRRRRRR

... was genau das ist, was die **Magmilions** am besten können!

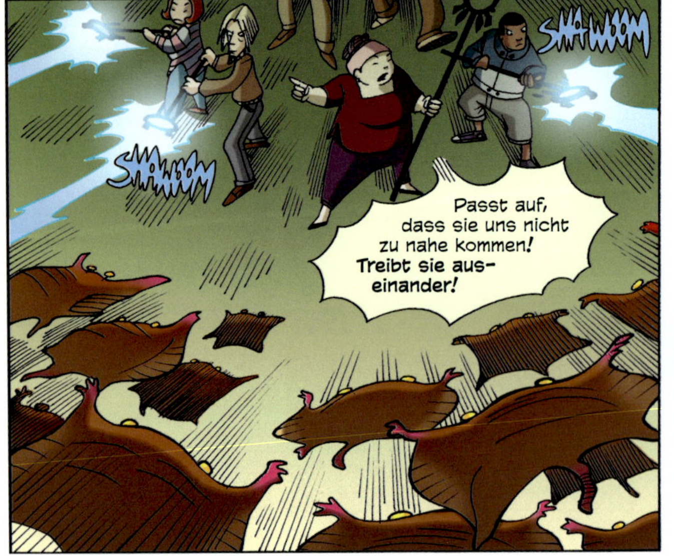

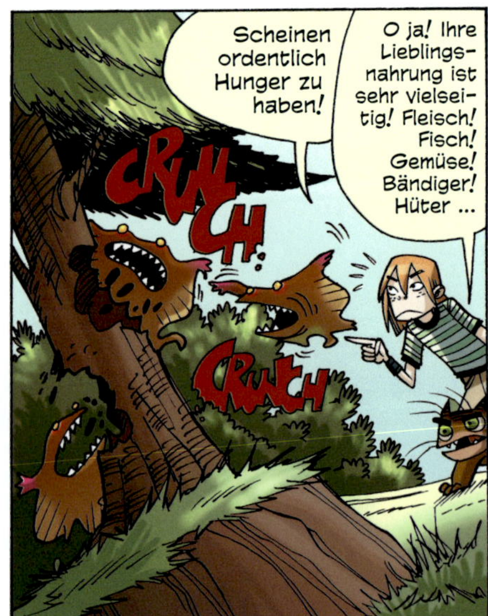

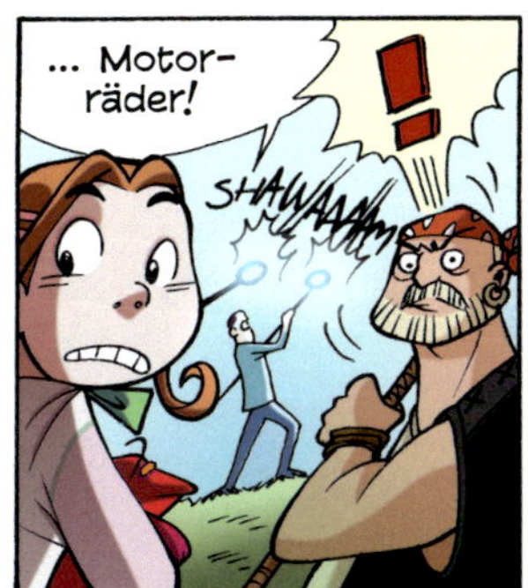
... Motor-
räder!
!
SHAWAAAM

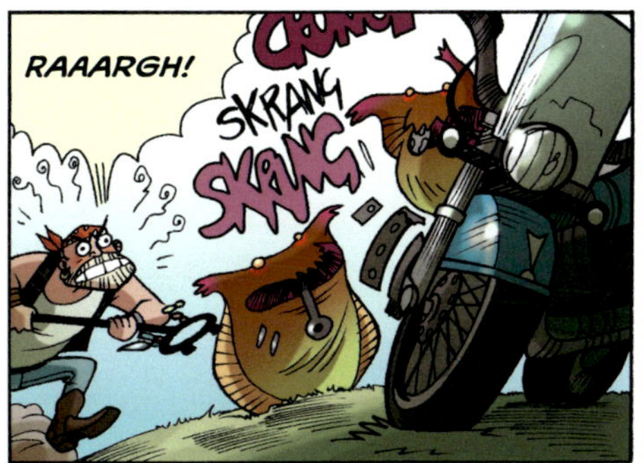
RAAARGH!
SKRANG
SKRANG

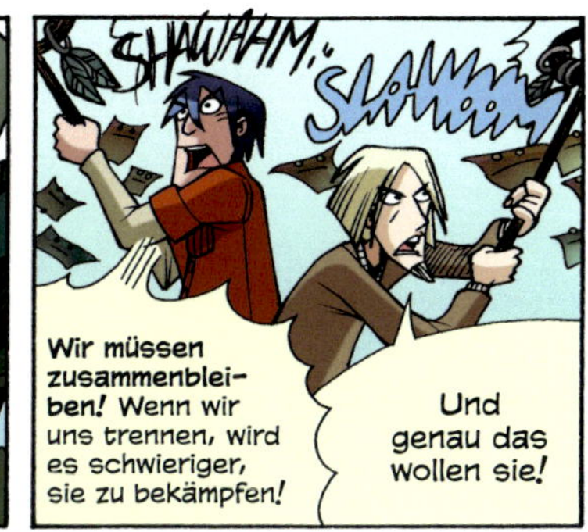
SHAWAAHM
SHAWOOM
Wir müssen zusammenblei-ben! Wenn wir uns trennen, wird es schwieriger, sie zu bekämpfen!
Und genau das wollen sie!

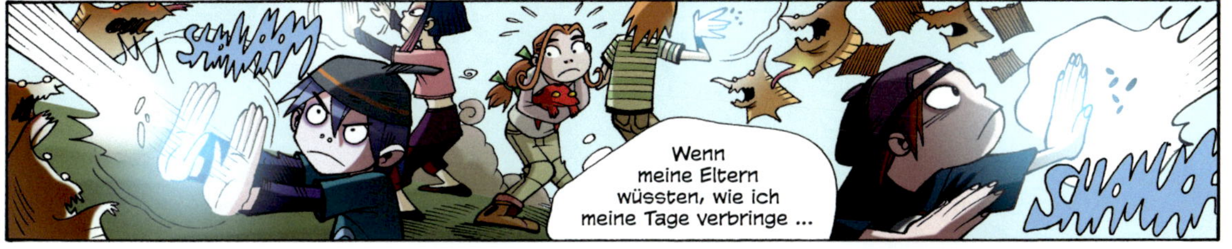
SHWAAM
Wenn meine Eltern wüssten, wie ich meine Tage verbringe ...

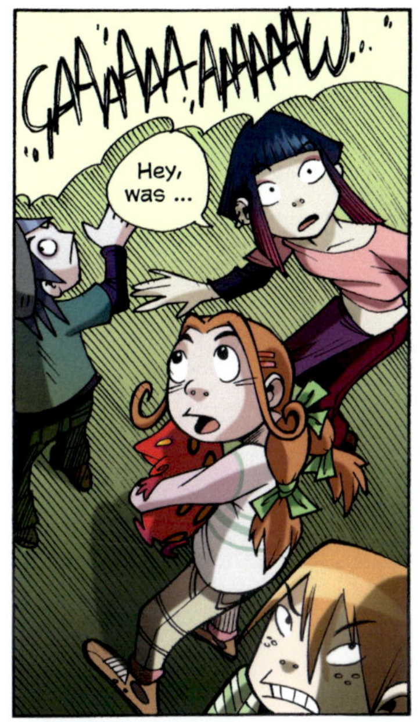
CAAAAAA-AAAAAW
Hey, was ...

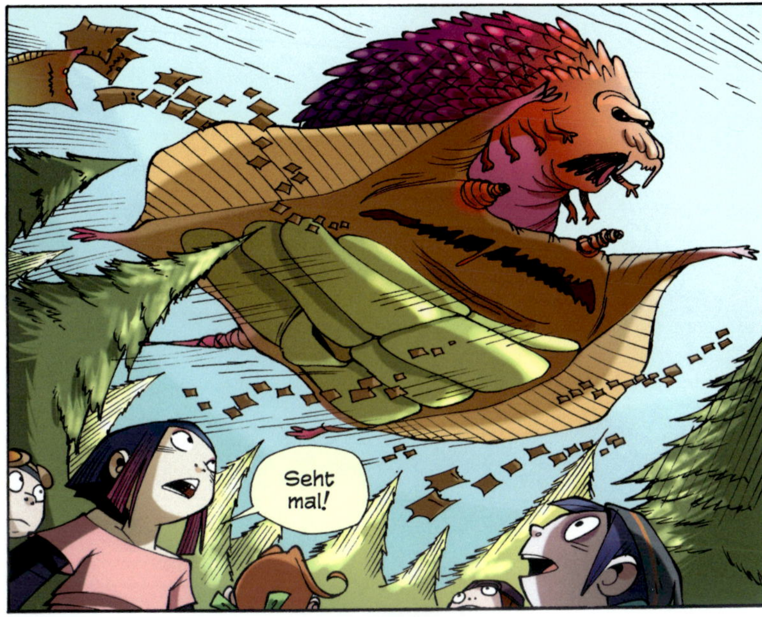
Seht mal!

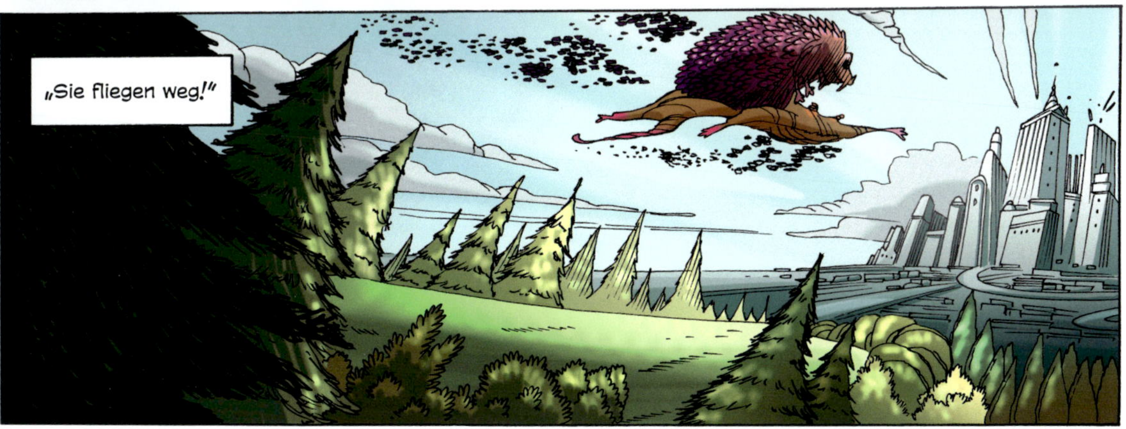
„Sie fliegen weg!"

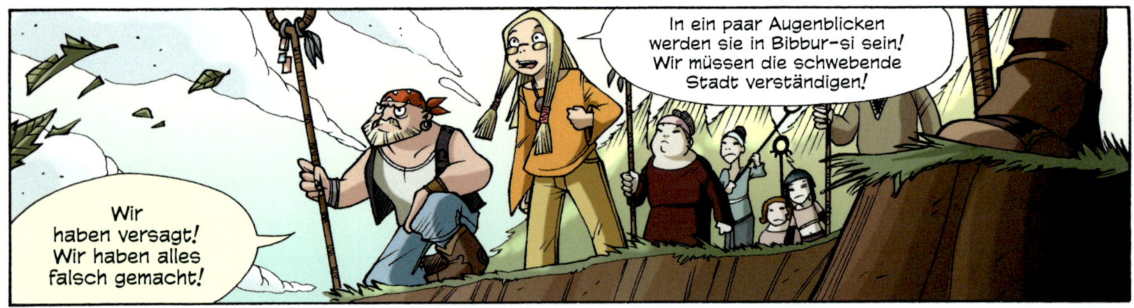
In ein paar Augenblicken werden sie in Bibbur-si sein! Wir müssen die schwebende Stadt verständigen!
Wir haben versagt! Wir haben alles falsch gemacht!

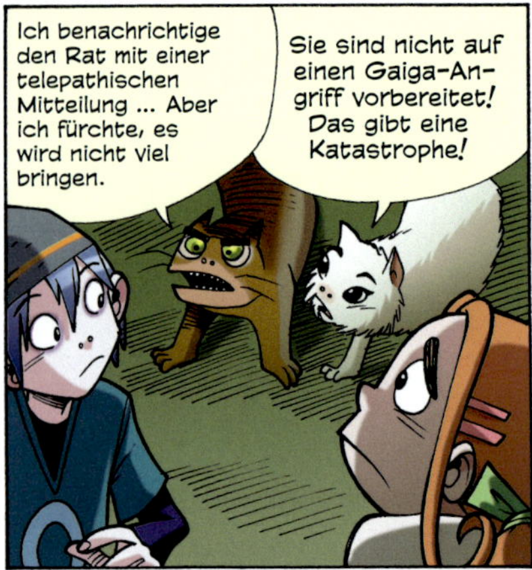
Ich benachrichtige den Rat mit einer telepathischen Mitteilung ... Aber ich fürchte, es wird nicht viel bringen.
Sie sind nicht auf einen Gaiga-Angriff vorbereitet! Das gibt eine Katastrophe!

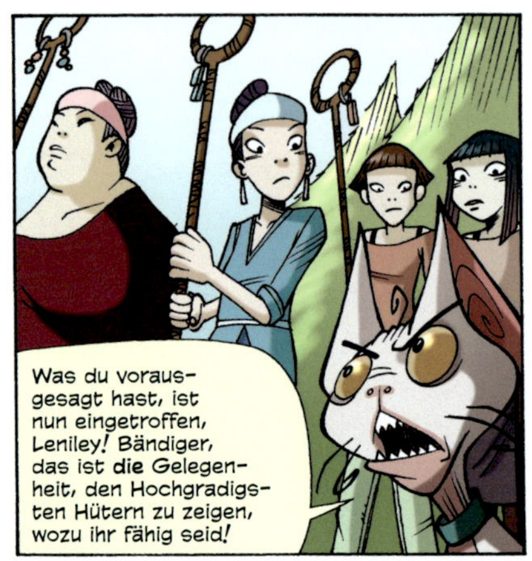
Was du vorausgesagt hast, ist nun eingetroffen, Leniley! Bändiger, das ist **die** Gelegenheit, den Hochgradigsten Hütern zu zeigen, wozu ihr fähig seid!

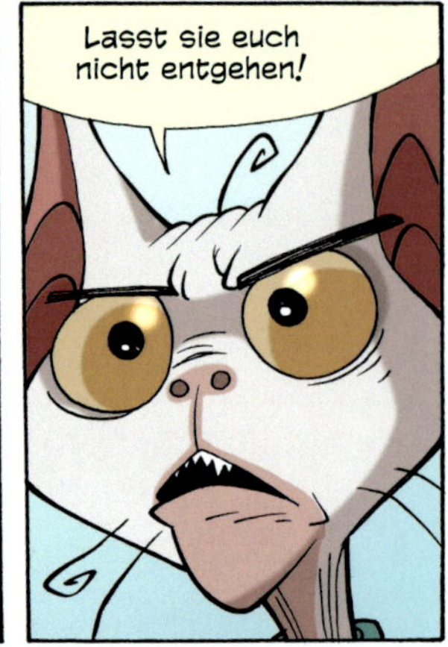
Lasst sie euch nicht entgehen!

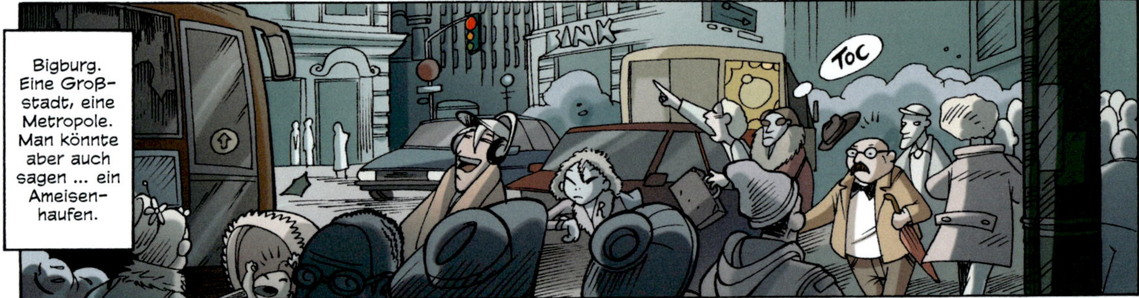
Bigburg. Eine Großstadt, eine Metropole. Man könnte aber auch sagen ... ein Ameisenhaufen.
TOC
BANK

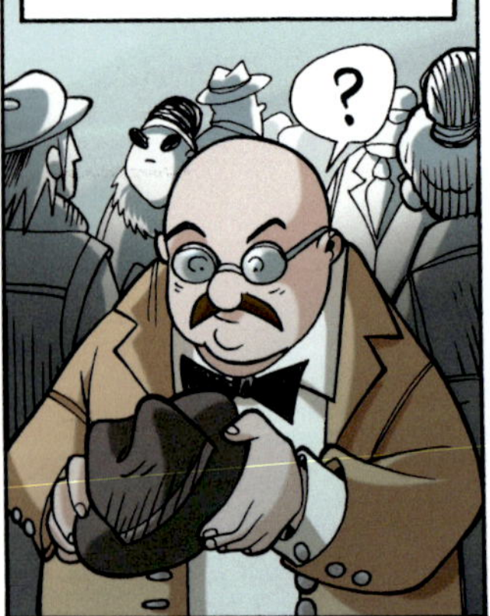
Vielleicht, weil es dort Millionen von Einwohnern gibt. Oder weil man jeden Augenblick getreten werden kann.
?

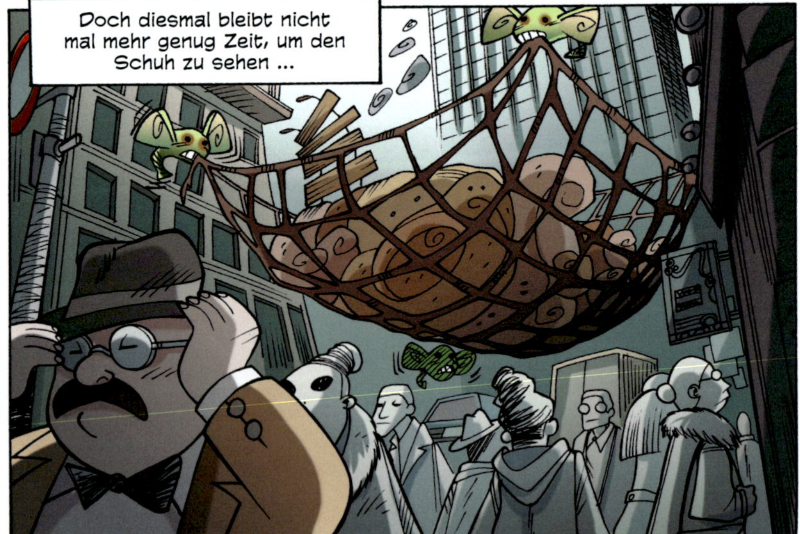
Doch diesmal bleibt nicht mal mehr genug Zeit, um den Schuh zu sehen ...

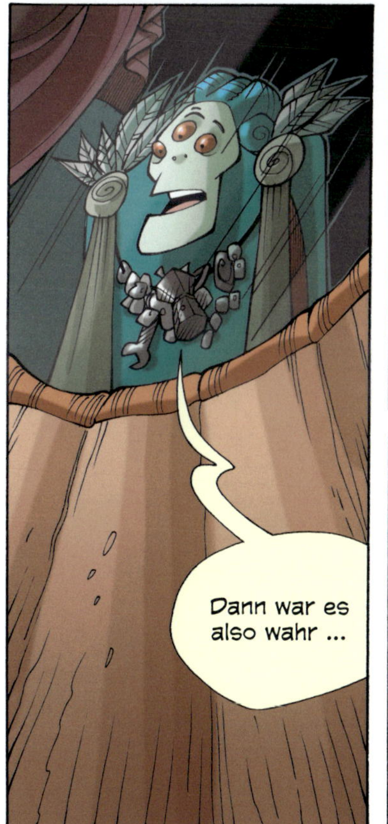
Dann war es also wahr ...

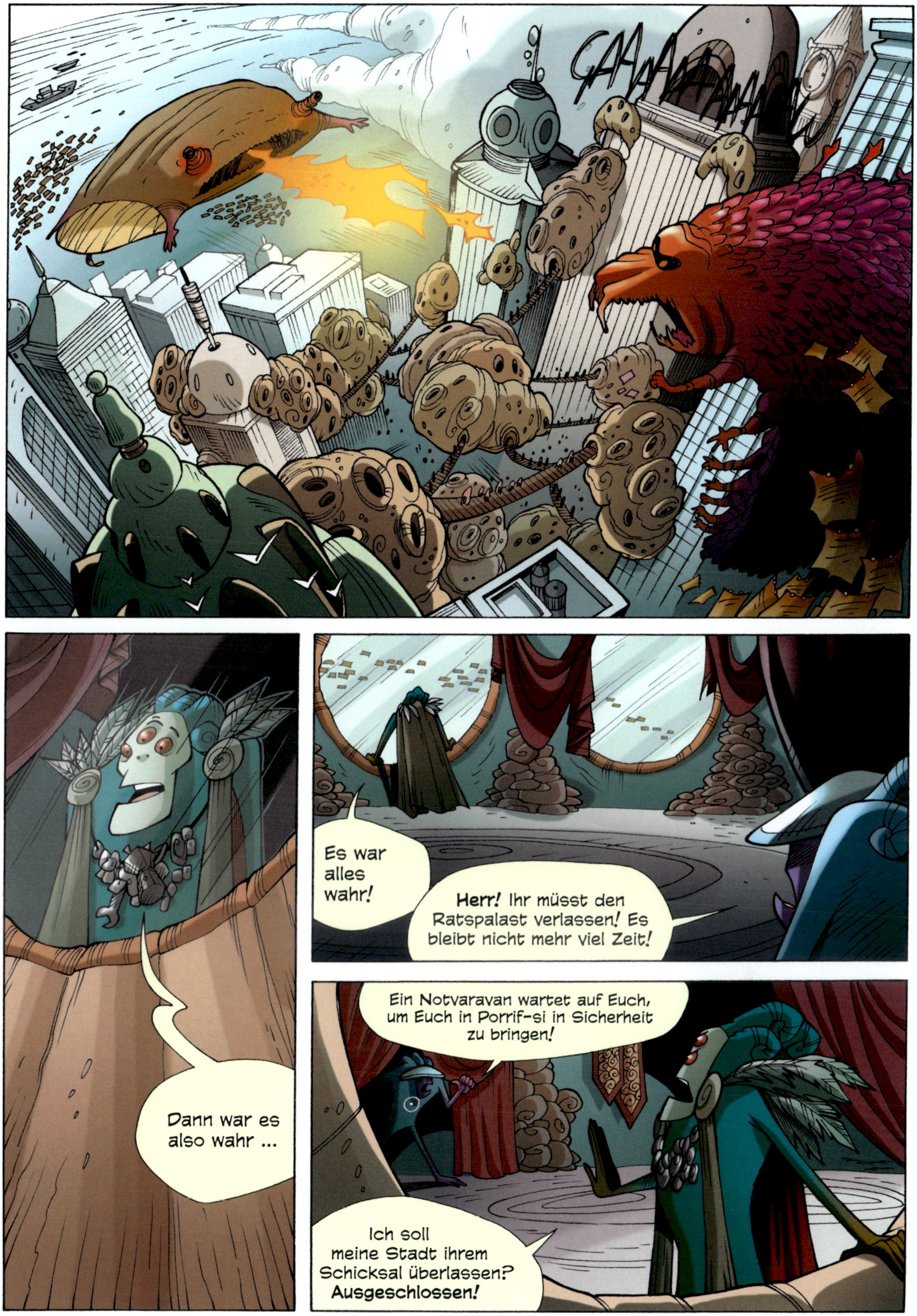

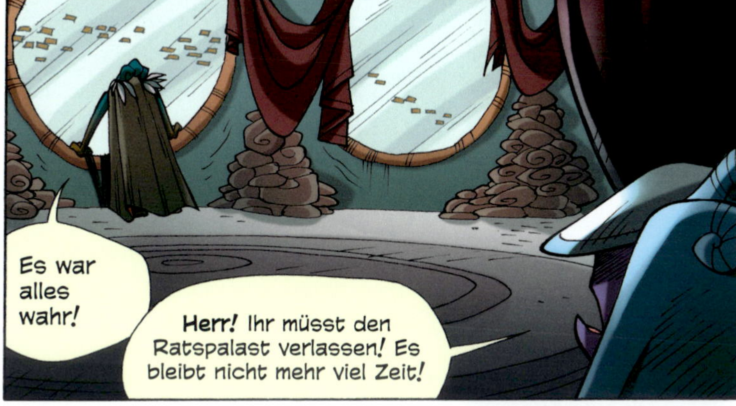
Es war alles wahr!
Herr! Ihr müsst den Ratspalast verlassen! Es bleibt nicht mehr viel Zeit!

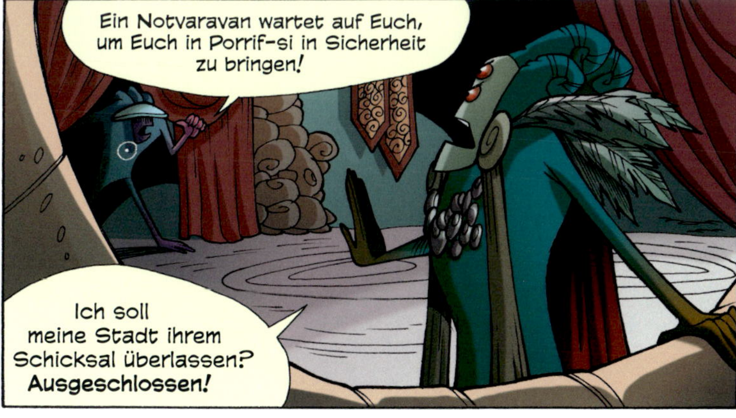
Ein Notvaravan wartet auf Euch, um Euch in Porrif-si in Sicherheit zu bringen!
Ich soll meine Stadt ihrem Schicksal überlassen? **Ausgeschlossen!**

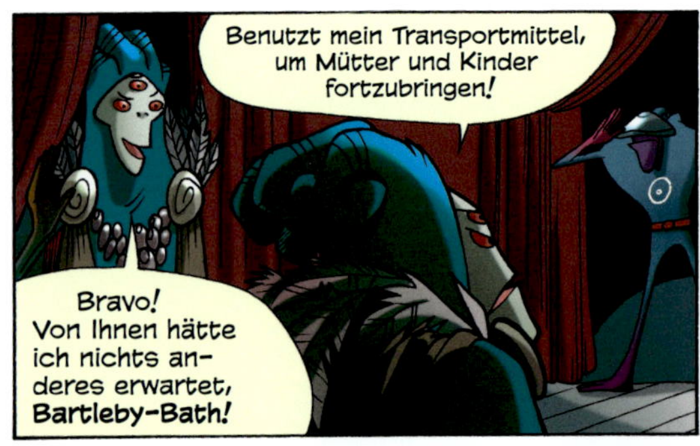
Benutzt mein Transportmittel, um Mütter und Kinder fortzubringen!
Bravo! Von Ihnen hätte ich nichts anderes erwartet, Bartleby-Bath!

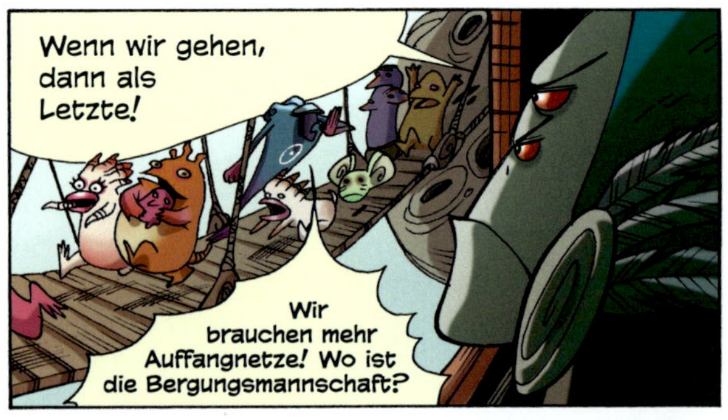
Wenn wir gehen, dann als Letzte!
Wir brauchen mehr Auffangnetze! Wo ist die Bergungsmannschaft?

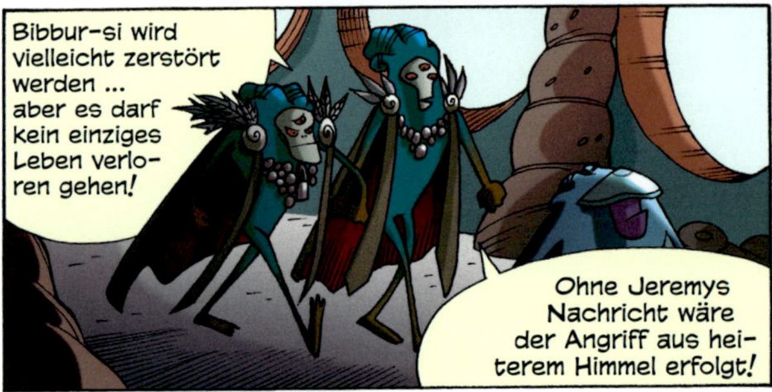
Bibbur-si wird vielleicht zerstört werden ... aber es darf kein einziges Leben verloren gehen!
Ohne Jeremys Nachricht wäre der Angriff aus heiterem Himmel erfolgt!

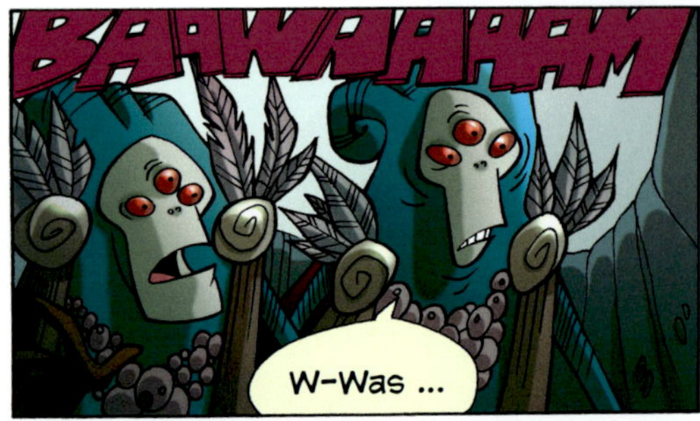
BAAWAAAAM
W-Was ...

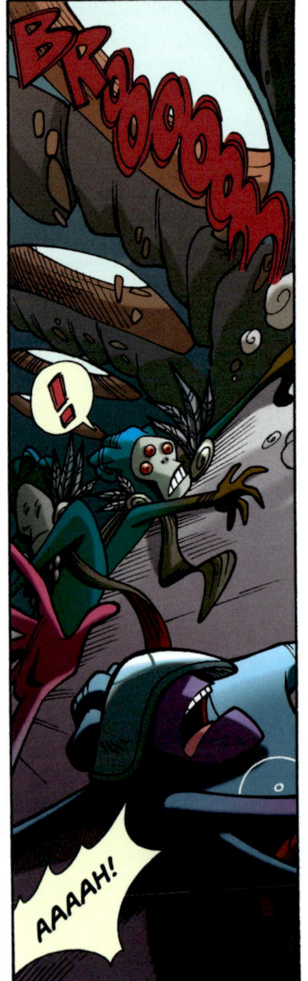
BROOOOOM
!
AAAAH!

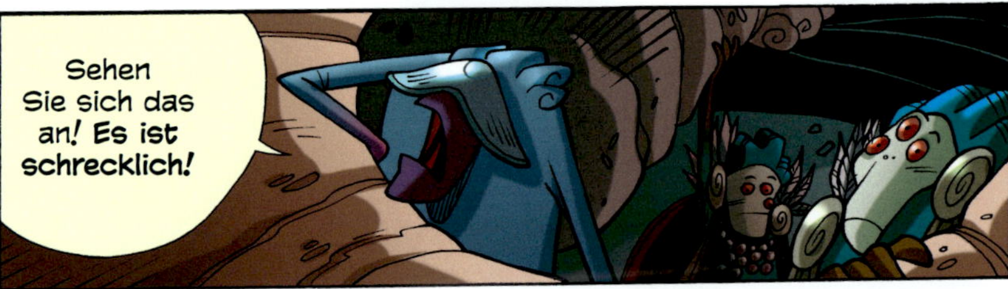
Sehen Sie sich das an! Es ist schrecklich!

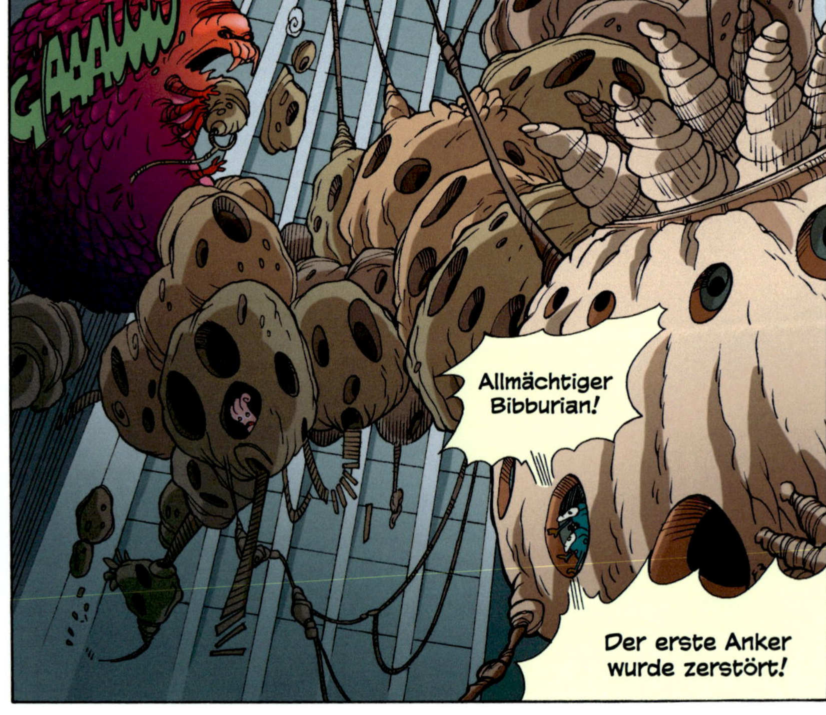
GAAAUUW
Allmächtiger Bibburian!
Der erste Anker wurde zerstört!

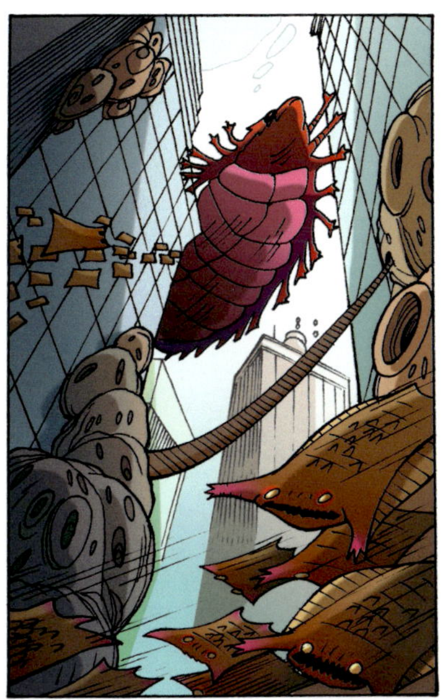

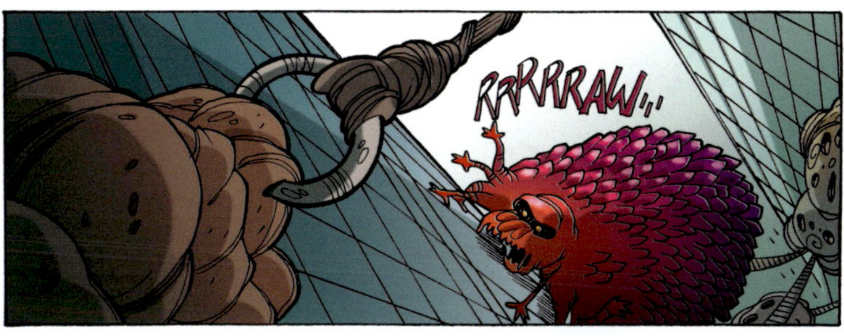
RRRRRAW!!

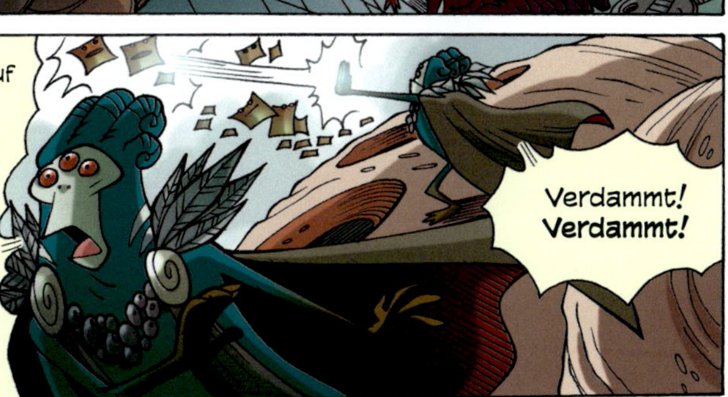
Er hat es auf die Stützen der schwebenden Stadt abgesehen! Die vier Hauptanker! Wir stürzen auf die Stadt der Menschen!
Verdammt! **Verdammt!**

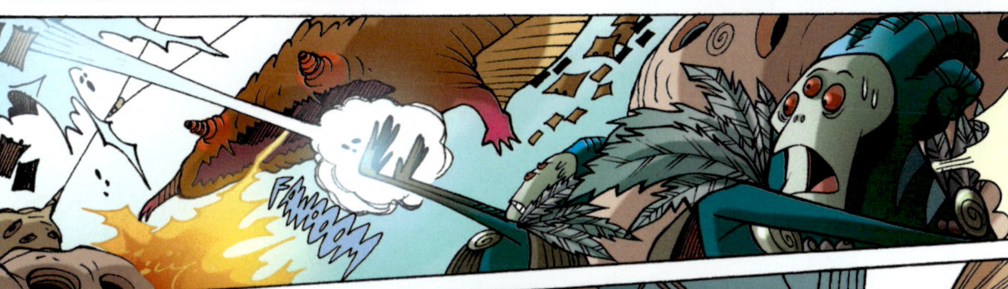
Wo bleibt die von Jeremy versprochene Verstärkung? Alleine können wir die Zerstörung unserer Stadt nicht verhindern!

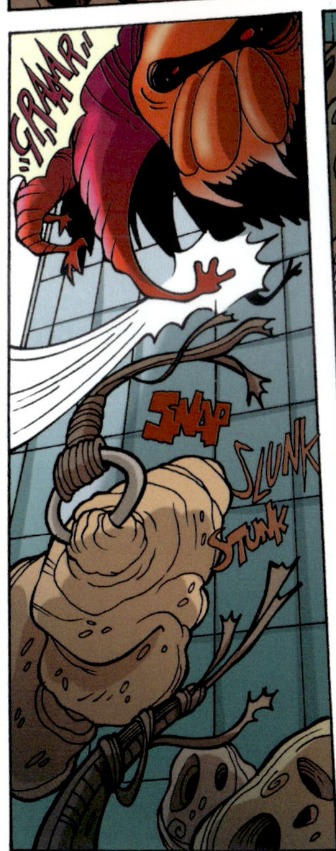
GRAAAR!!
SNAP
SLUNK
STUNK

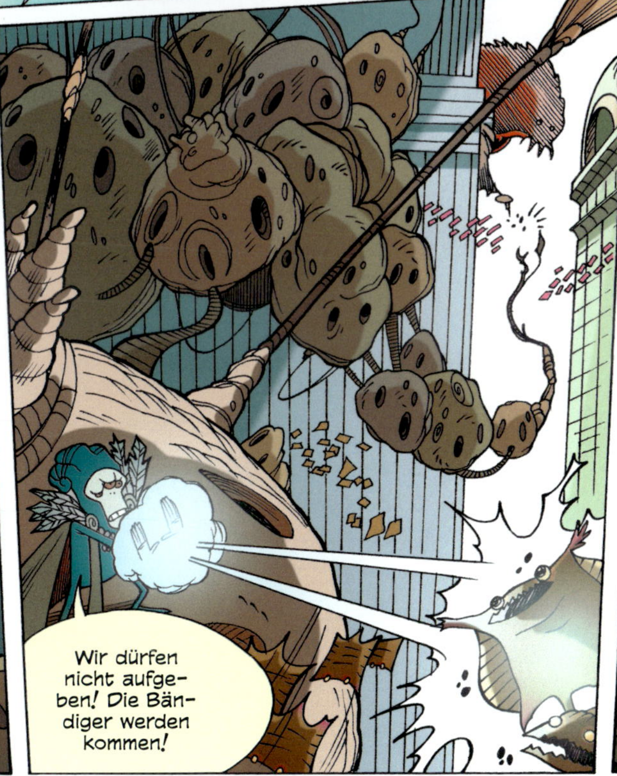
Wir dürfen nicht aufgeben! Die Bändiger werden kommen!

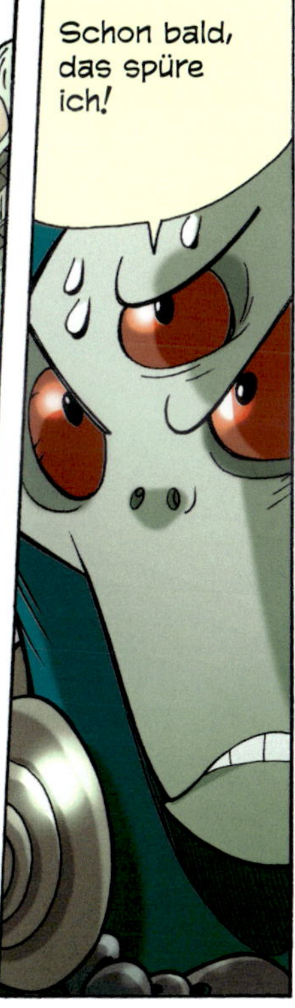
Schon bald, das spüre ich!

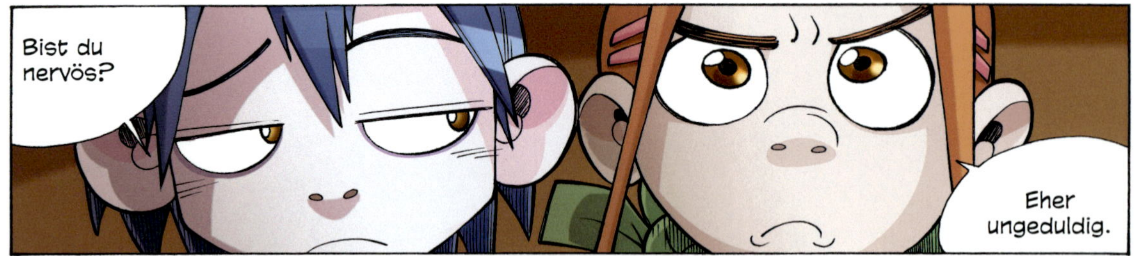
Bist du nervös?
Eher ungeduldig.

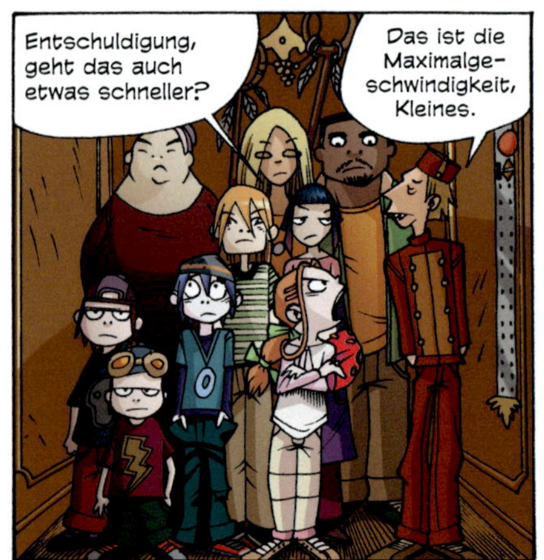
Entschuldigung, geht das auch etwas schneller?
Das ist die Maximalgeschwindigkeit, Kleines.

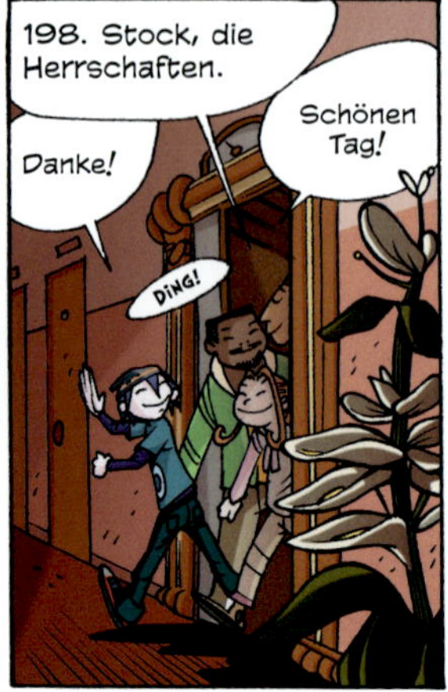
198. Stock, die Herrschaften.
Danke!
Schönen Tag!
DING!

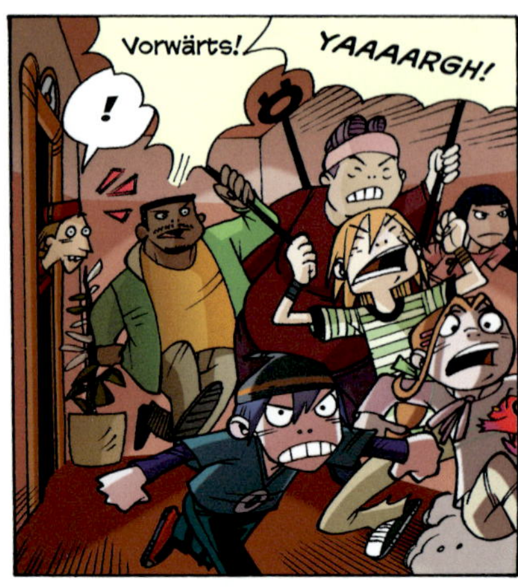
!
Vorwärts!
YAAAARGH!

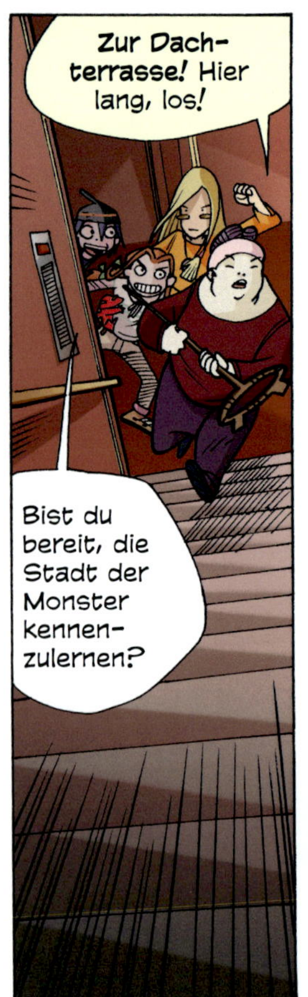
Zur Dachterrasse! Hier lang, los!
Bist du bereit, die Stadt der Monster kennenzulernen?

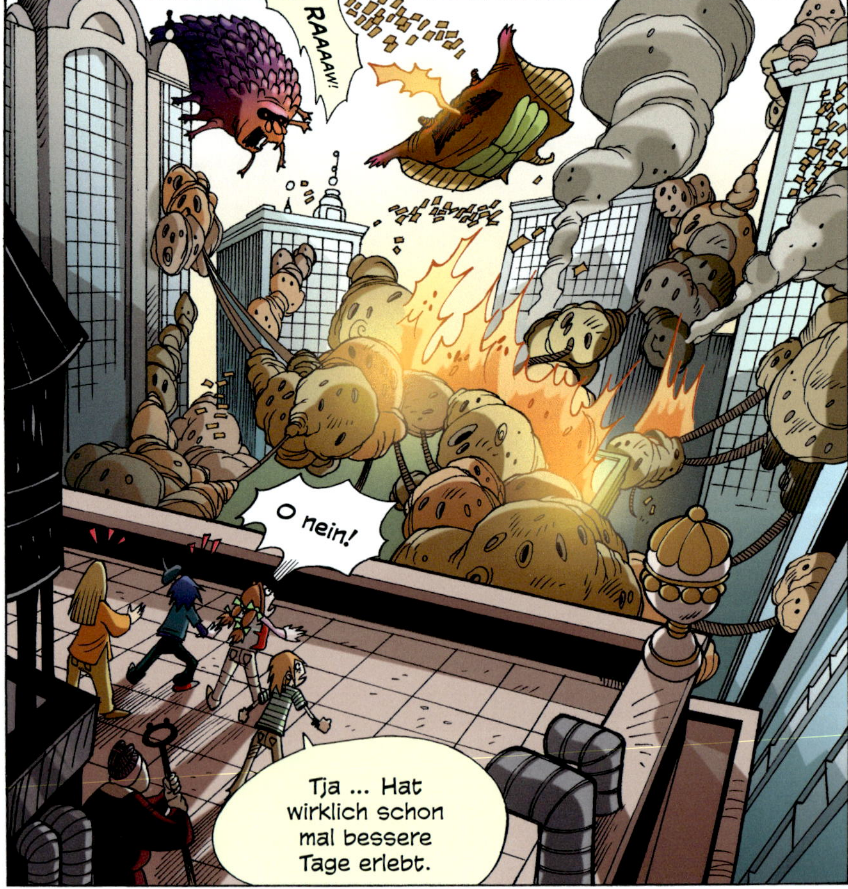
RAAAAW!
O nein!
Tja ... Hat wirklich schon mal bessere Tage erlebt.

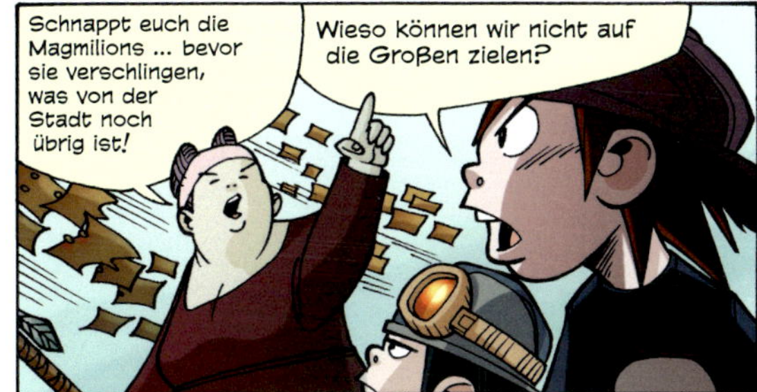
Schnappt euch die Magmilions ... bevor sie verschlingen, was von der Stadt noch übrig ist!
Wieso können wir nicht auf die Großen zielen?

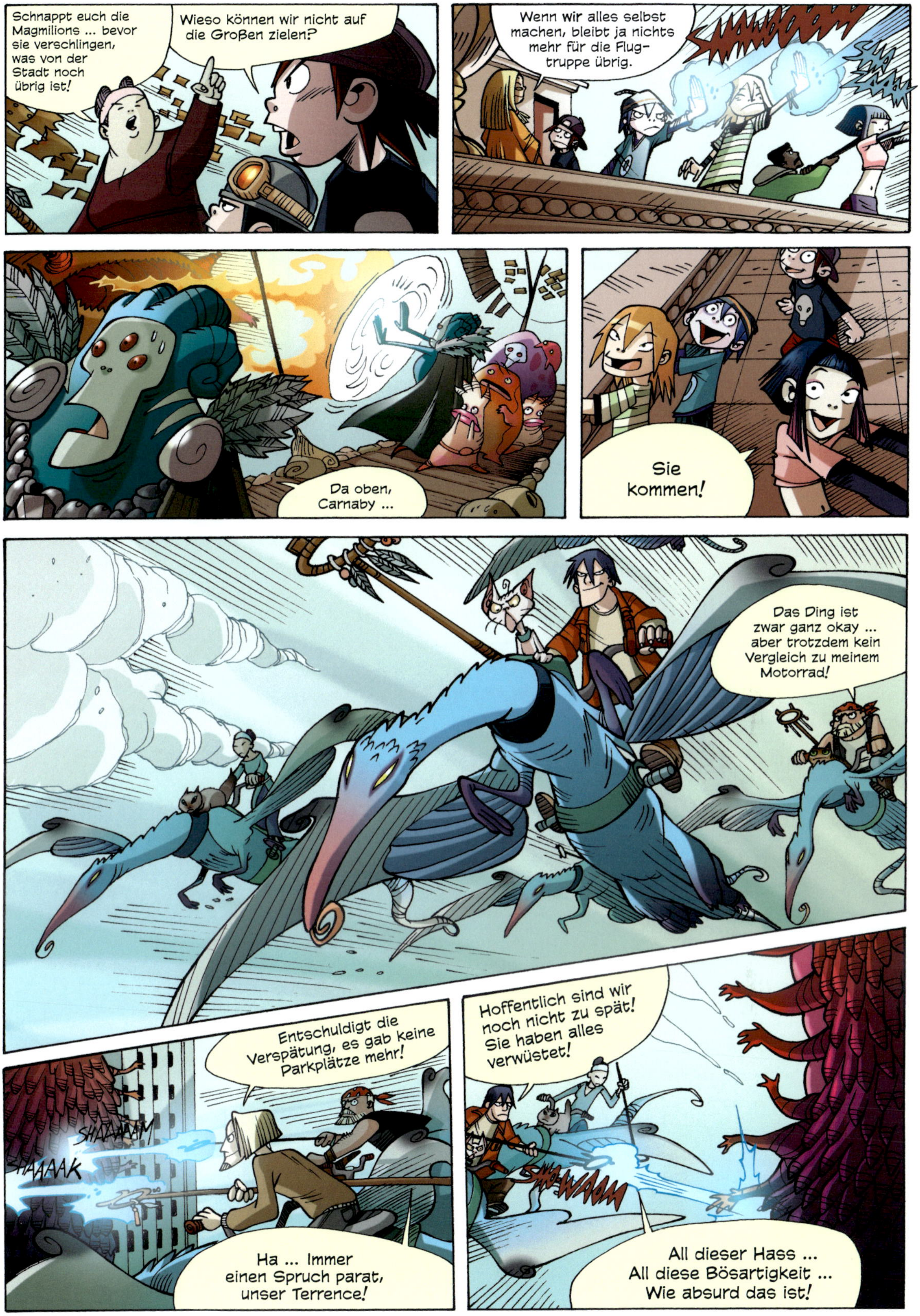

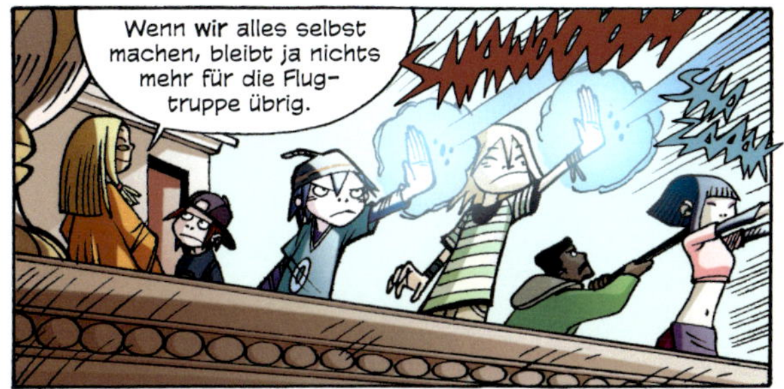
Wenn wir alles selbst machen, bleibt ja nichts mehr für die Flug-truppe übrig.
SHAWOOM

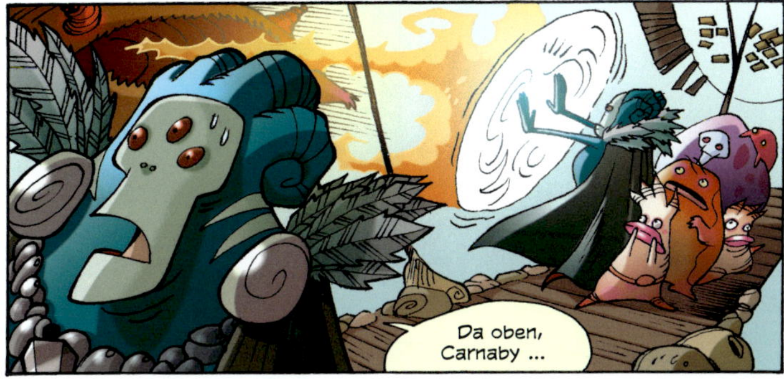
Da oben, Carnaby ...

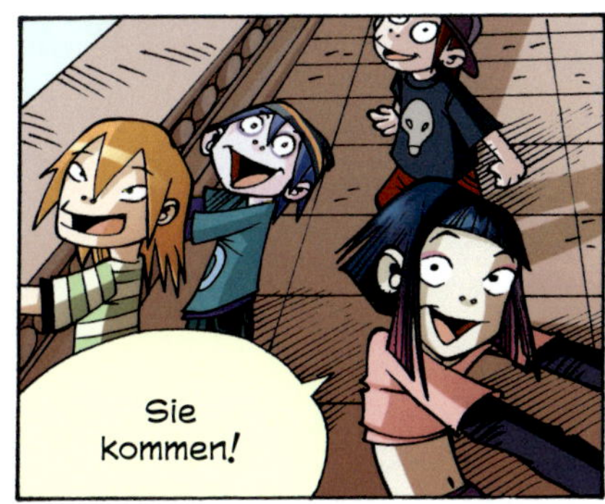
Sie kommen!

Das Ding ist zwar ganz okay ... aber trotzdem kein Vergleich zu meinem Motorrad!
Entschuldigt die Verspätung, es gab keine Parkplätze mehr!
SHAAAAM
SHAAAK
Ha ... Immer einen Spruch parat, unser Terrence!
Hoffentlich sind wir noch nicht zu spät! Sie haben alles verwüstet!
SHO-WAAM
All dieser Hass ... All diese Bösartigkeit ... Wie absurd das ist!

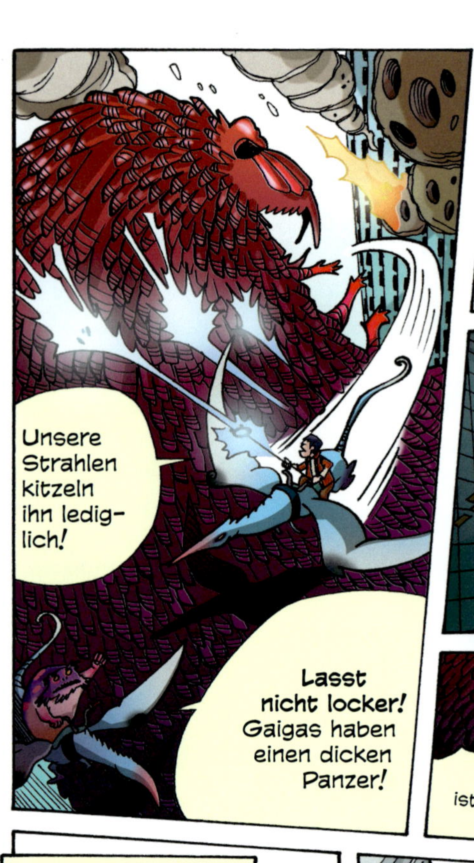
Unsere Strahlen kitzeln ihn ledig-lich!
Lasst nicht locker! Gaigas haben einen dicken Panzer!

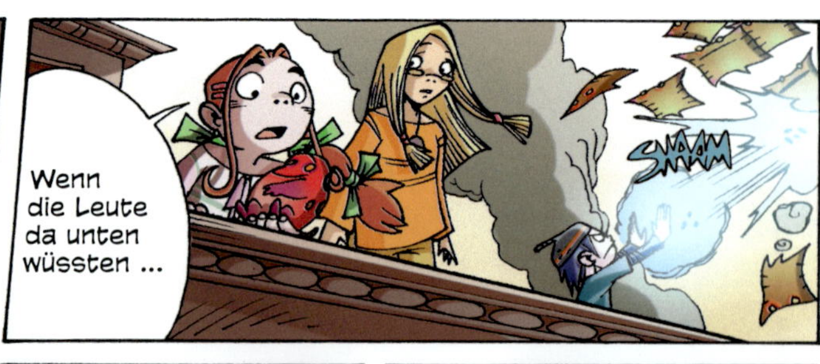
Wenn die Leute da unten wüssten ...
SWAM

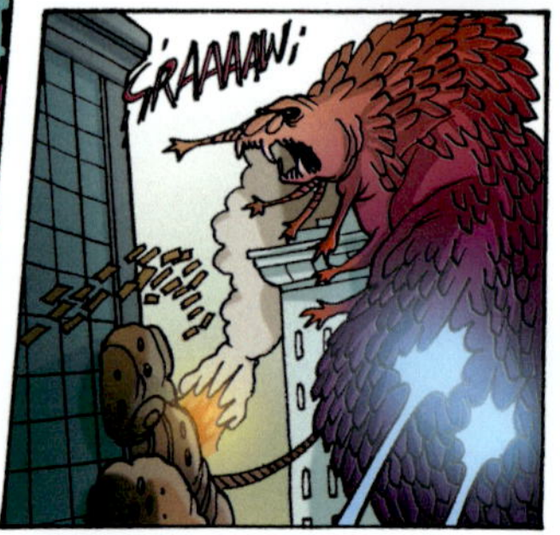
GRAAAAW!

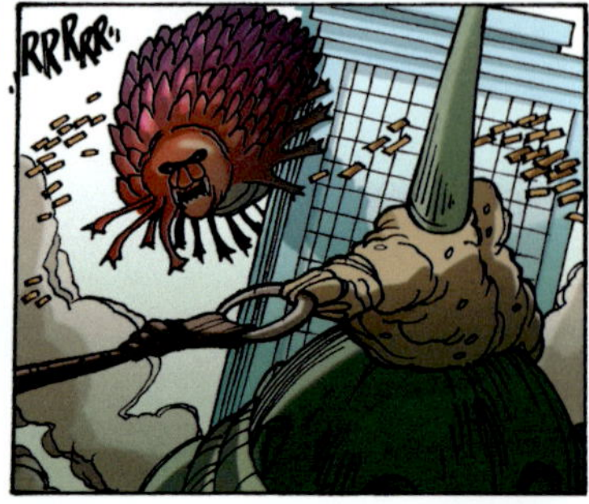
RRRRR

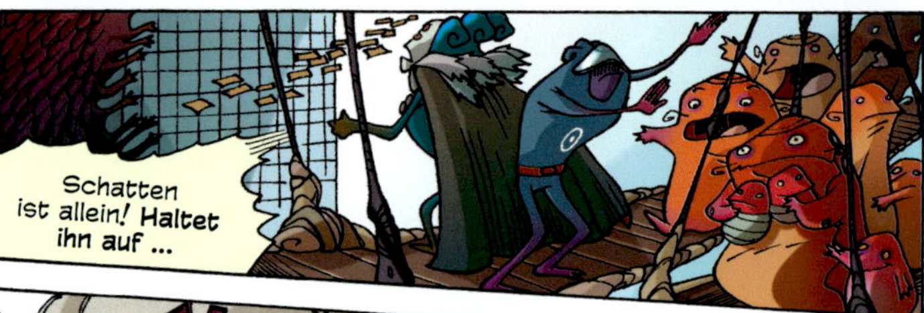
Schatten ist allein! Haltet ihn auf ...

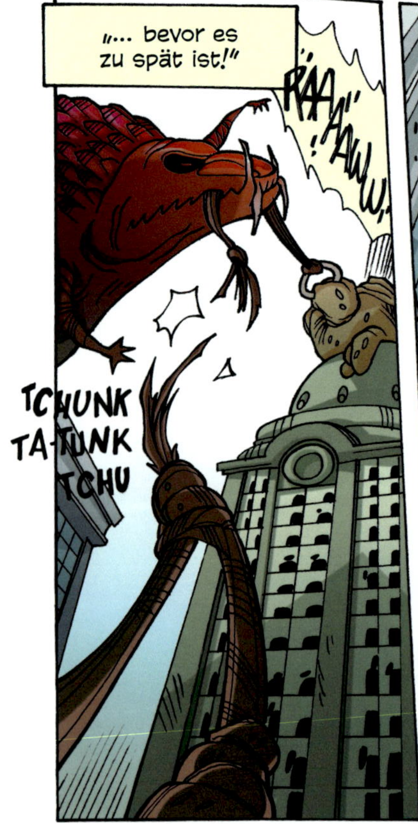
"... bevor es zu spät ist!"
RAAAAAWW
TCHUNK
TA-TUNK
TCHU

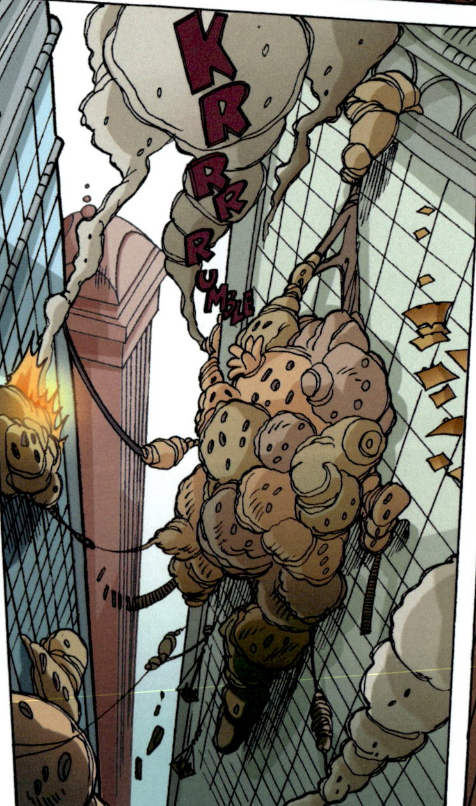
KRRRR
RUMBLE

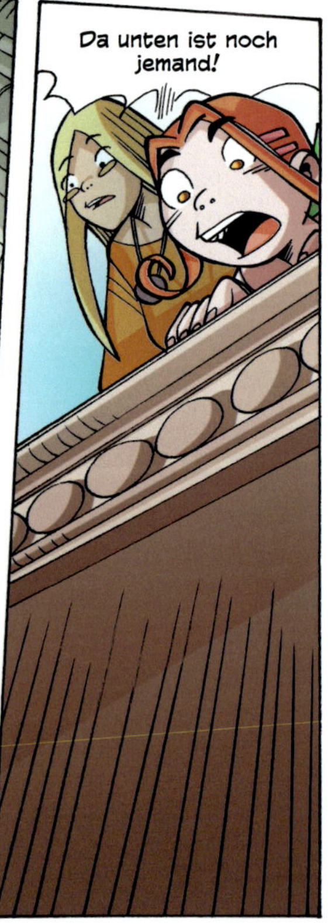
Da unten ist noch jemand!

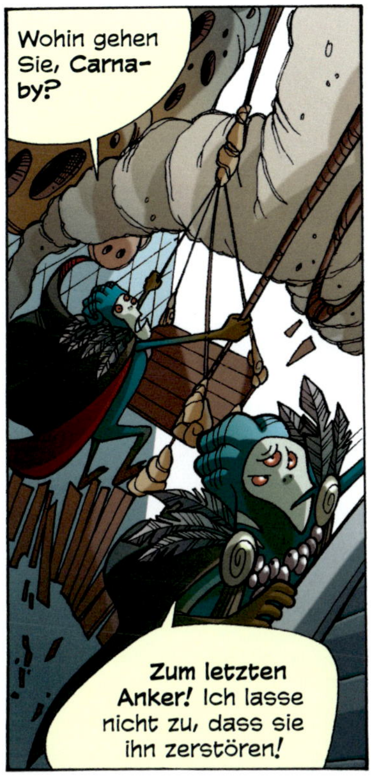
Wohin gehen Sie, Carnaby?
Zum letzten Anker! Ich lasse nicht zu, dass sie ihn zerstören!

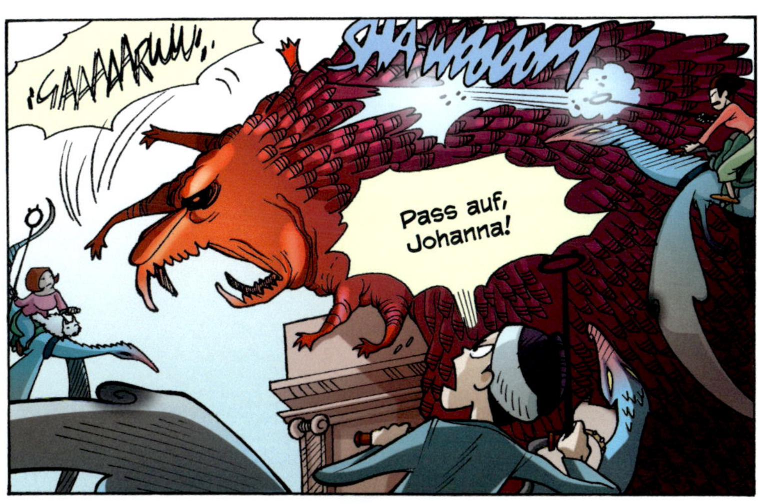
¡SAAAARUUU!
SHA-WOOOOM
Pass auf, Johanna!

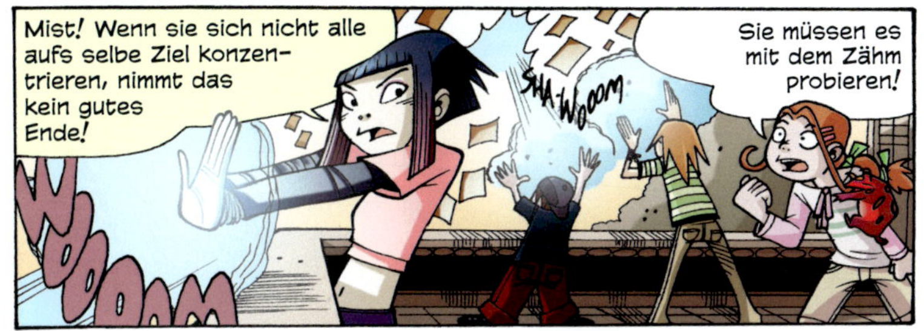
Mist! Wenn sie sich nicht alle aufs selbe Ziel konzentrieren, nimmt das kein gutes Ende!
SHA-WOOOM
Sie müssen es mit dem Zähm probieren!
WOOOOM

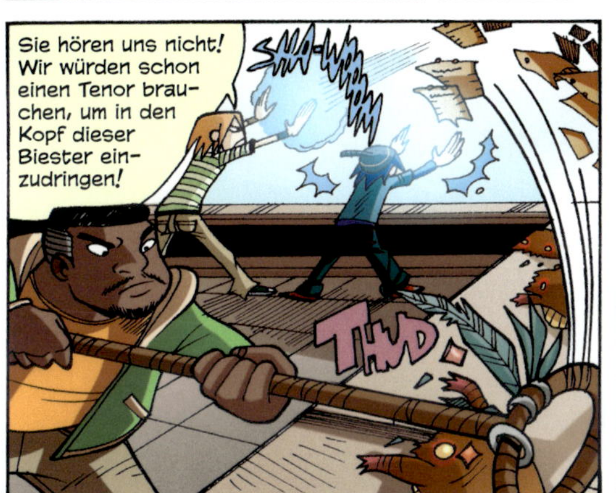
Sie hören uns nicht! Wir würden schon einen Tenor brauchen, um in den Kopf dieser Biester einzudringen!
SHA-WOOOM
THUD

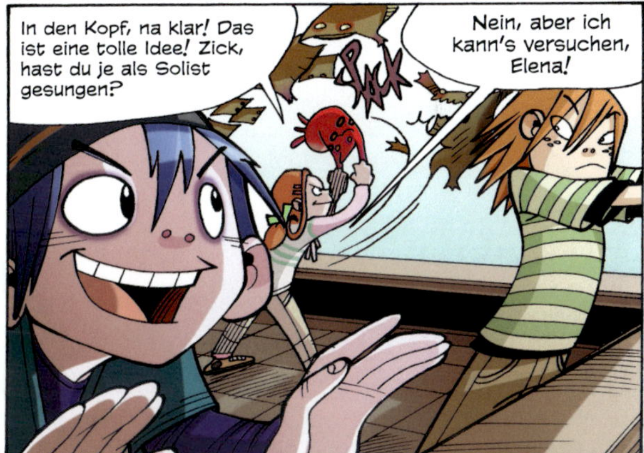
In den Kopf, na klar! Das ist eine tolle Idee! Zick, hast du je als Solist gesungen?
Nein, aber ich kann's versuchen, Elena!

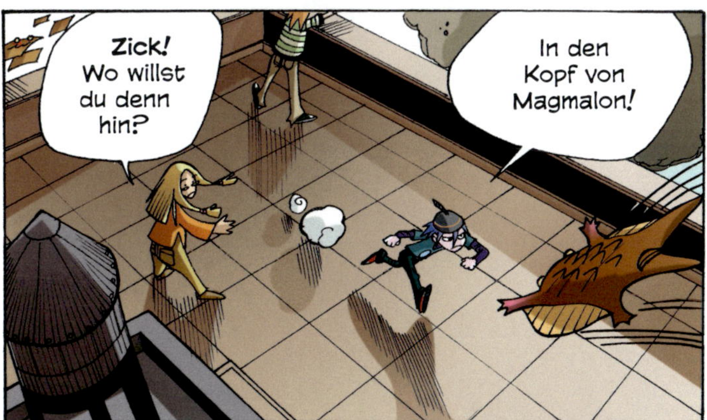
Zick! Wo willst du denn hin?
In den Kopf von Magmalon!

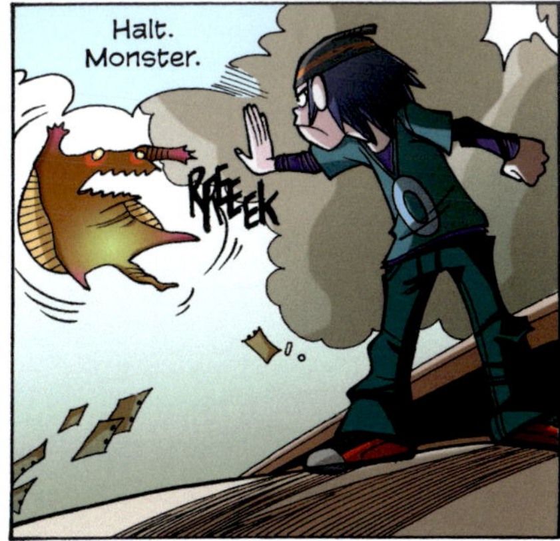
Halt. Monster.
RREEEK

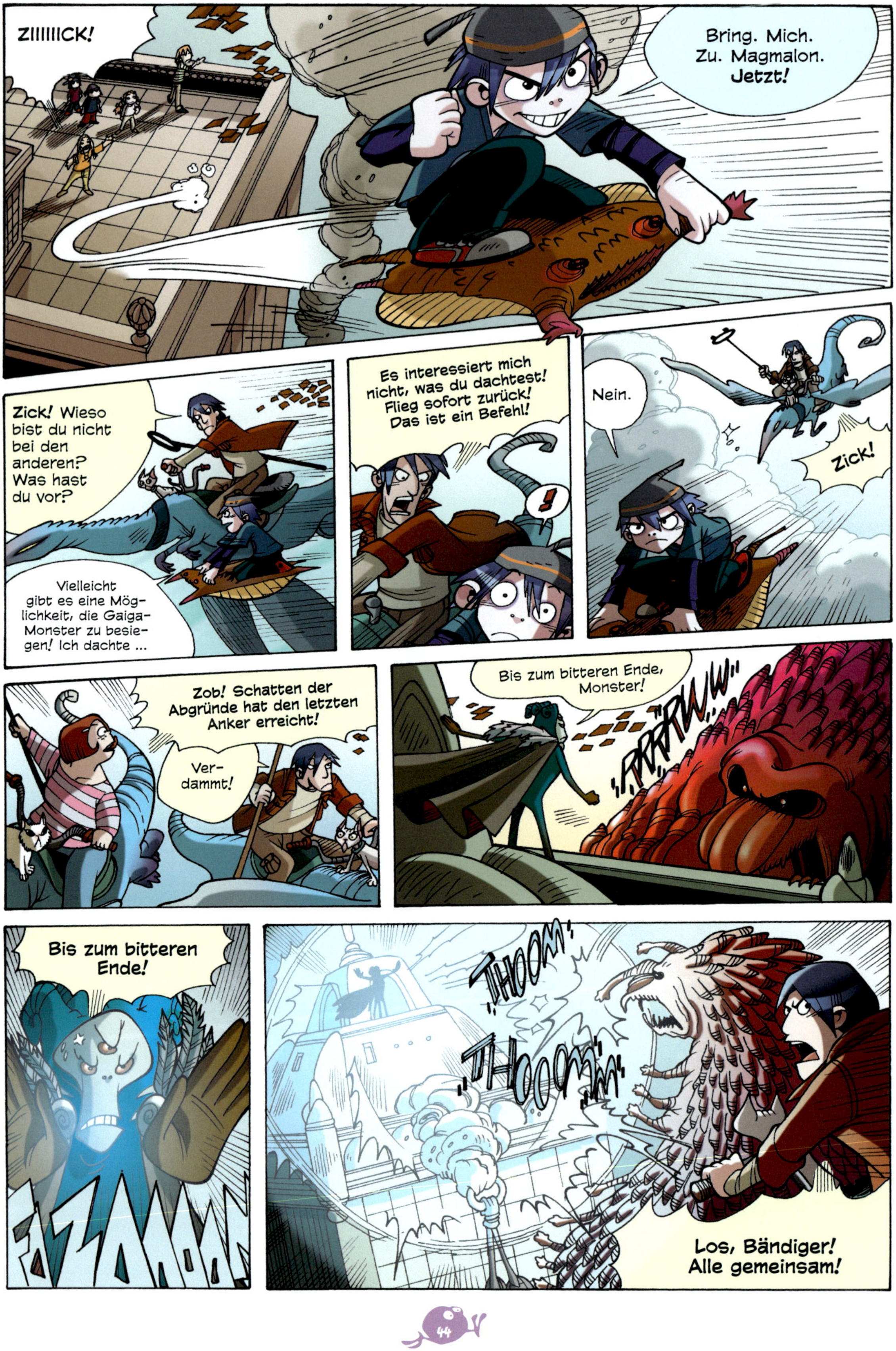

ZIIIIIICK!

Bring. Mich. Zu. Magmalon. **Jetzt!**

Zick! Wieso bist du nicht bei den anderen? Was hast du vor?

Vielleicht gibt es eine Mög-lichkeit, die Gaiga-Monster zu besie-gen! Ich dachte ...

Es interessiert mich nicht, was du dachtest! Flieg sofort zurück! Das ist ein Befehl!

!

Nein.

Zick!

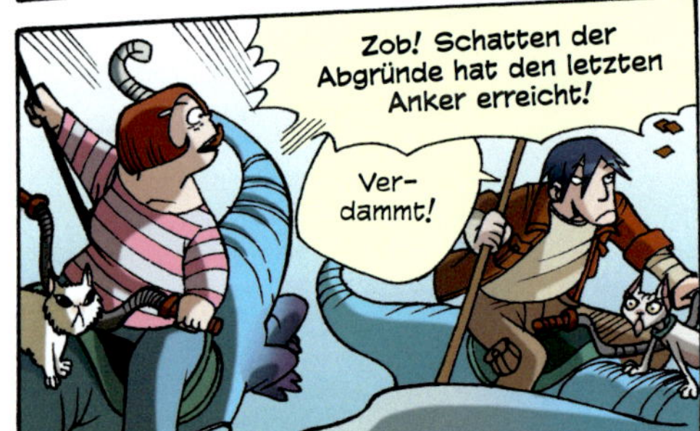

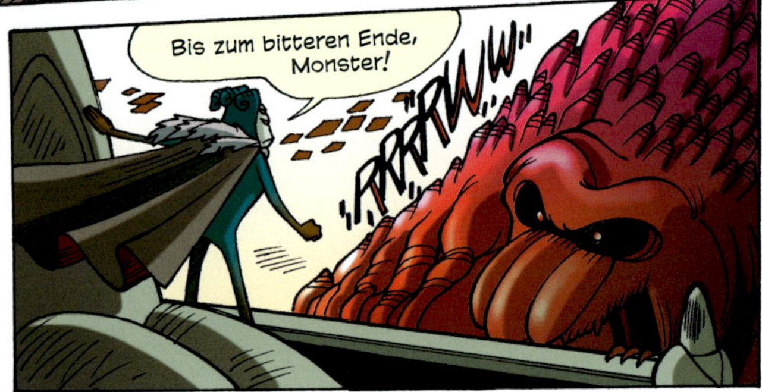

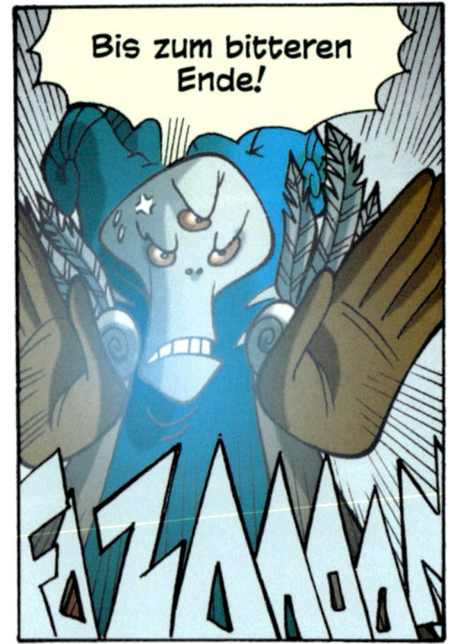

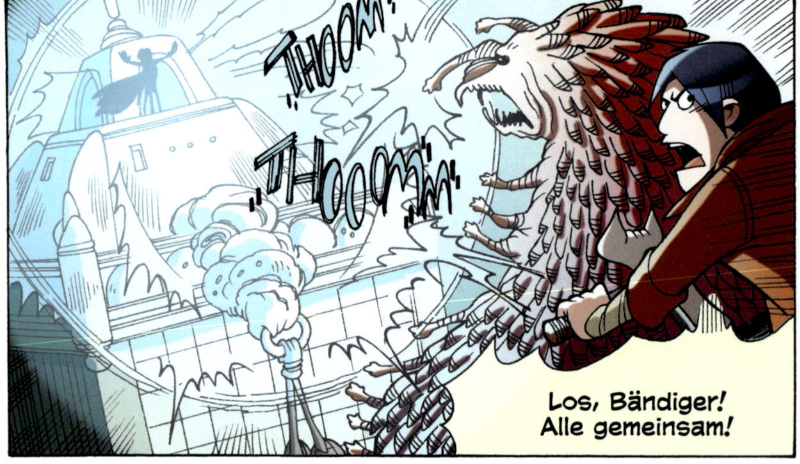

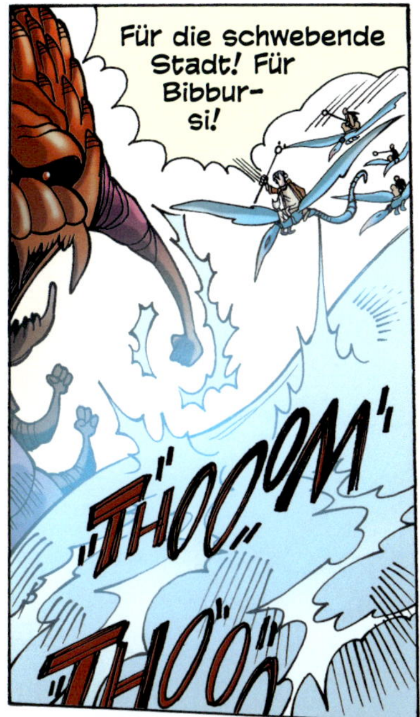

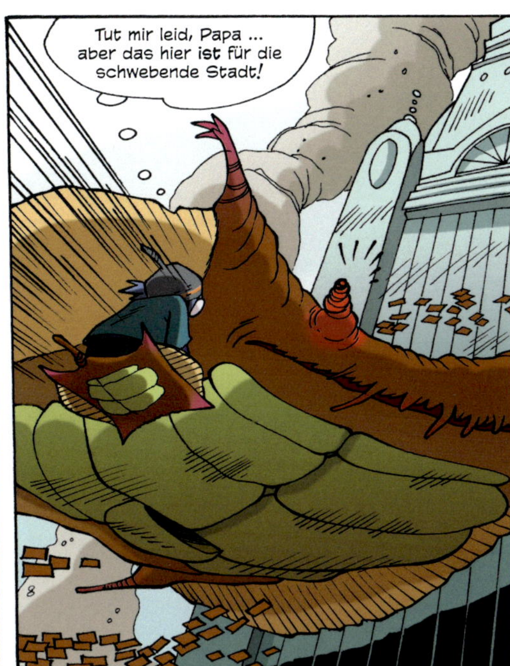

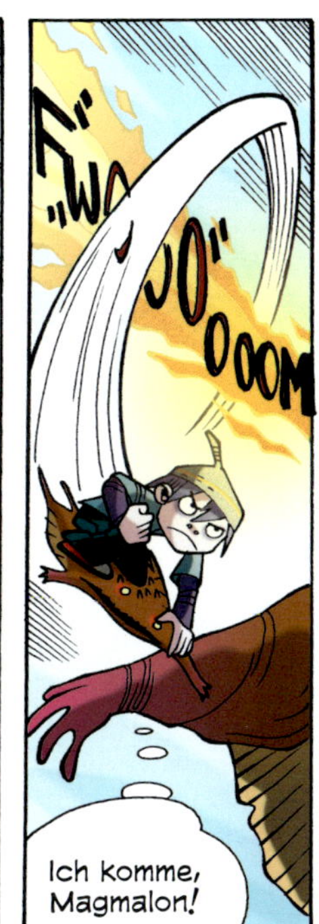

Jetzt wird sich zeigen, ob Elena mit ihrer Idee recht hatte.

THOOOM

Uunngh! Ich kann den Schutzschild nicht lange aufrechterhalten! A-Aber ich darf nicht aufgeben!

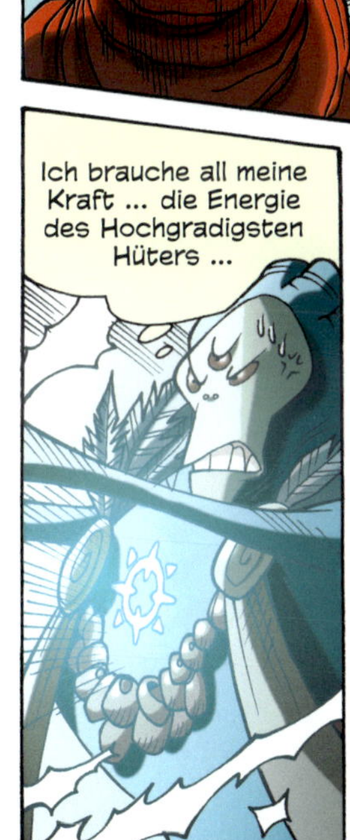

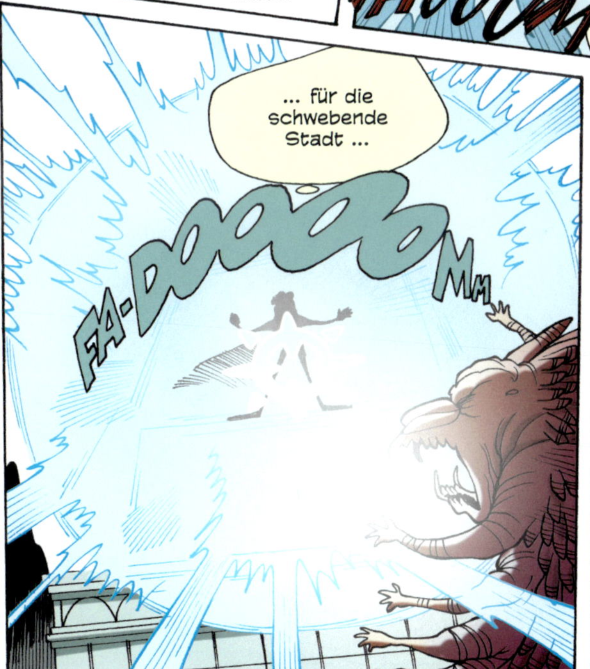

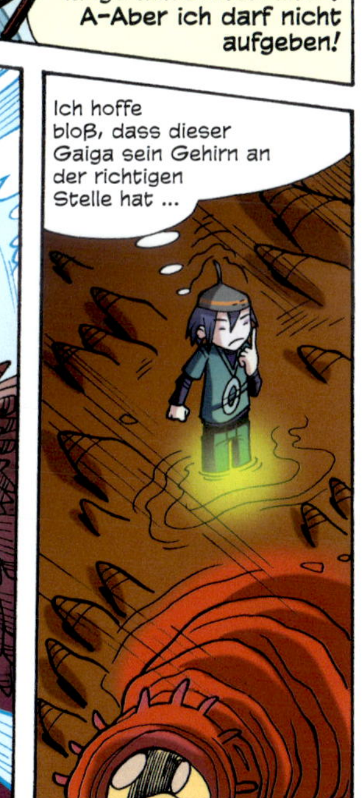

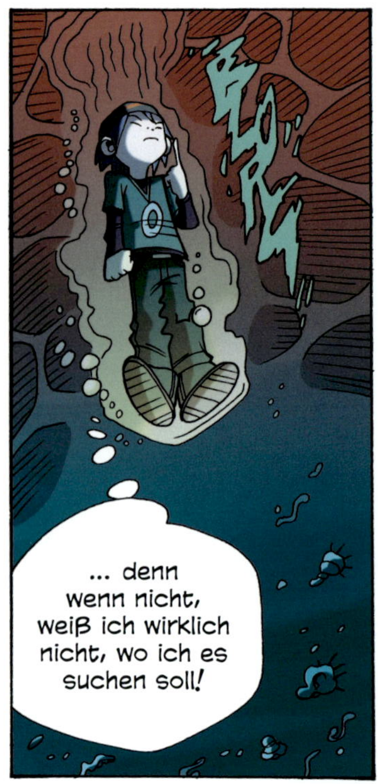
... denn
wenn nicht,
weiß ich wirklich
nicht, wo ich es
suchen soll!

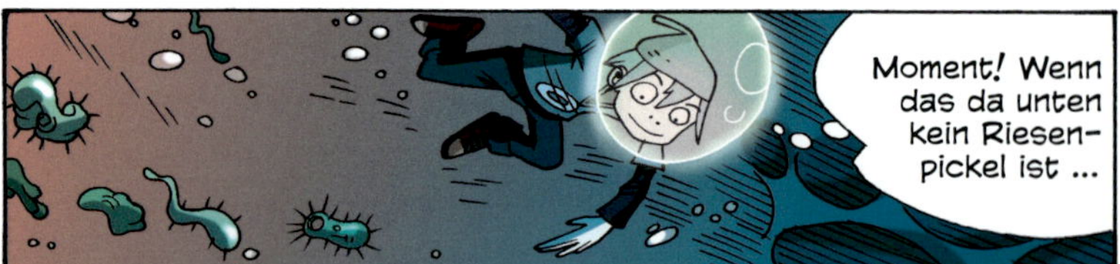
Moment! Wenn
das da unten
kein Riesen-
pickel ist ...

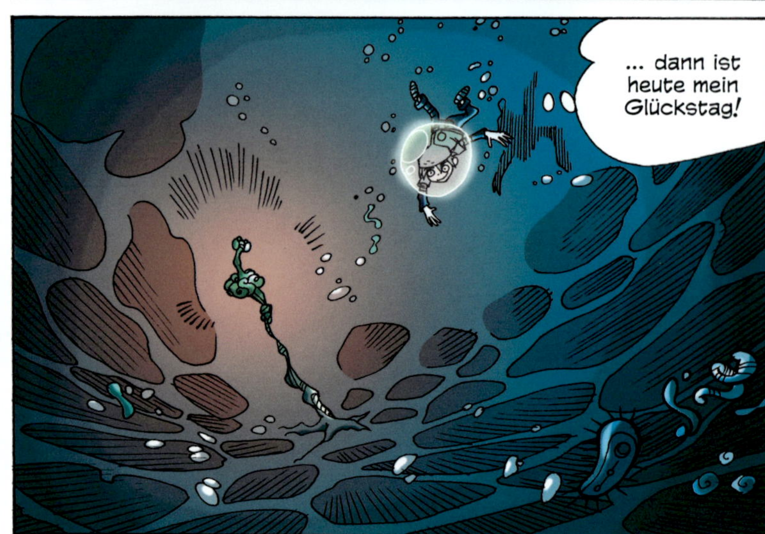
... dann ist
heute mein
Glückstag!

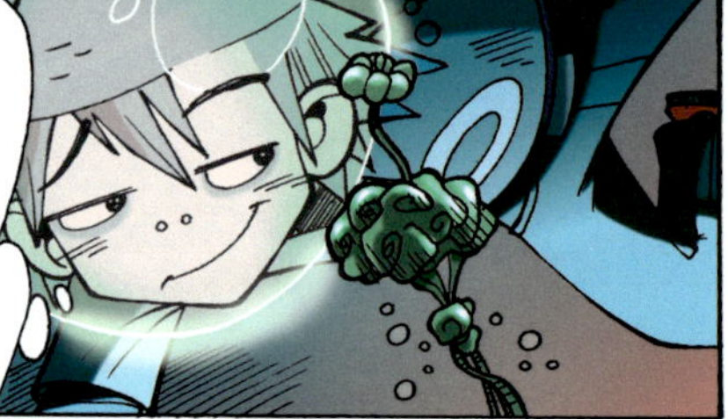
Magmalon
scheint
kein **Ein-
serschüler**
zu sein!
Das ist
schon
mal gut ...

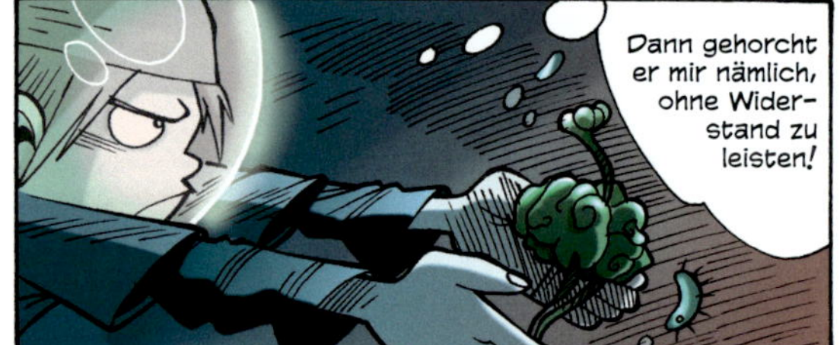
Dann gehorcht
er mir nämlich,
ohne Wider-
stand zu
leisten!

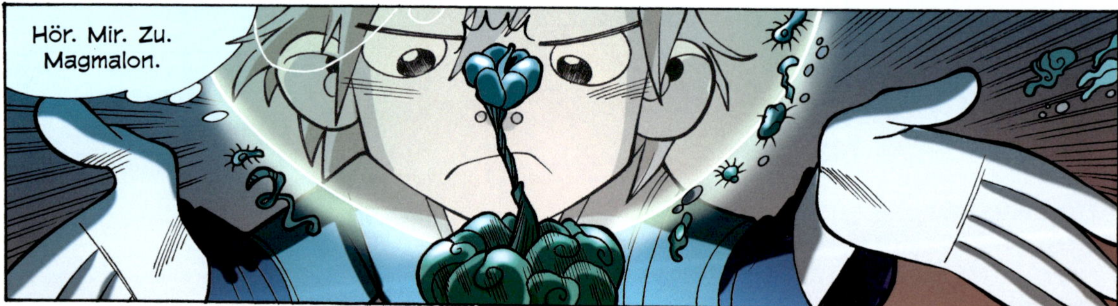
Hör. Mir. Zu.
Magmalon.

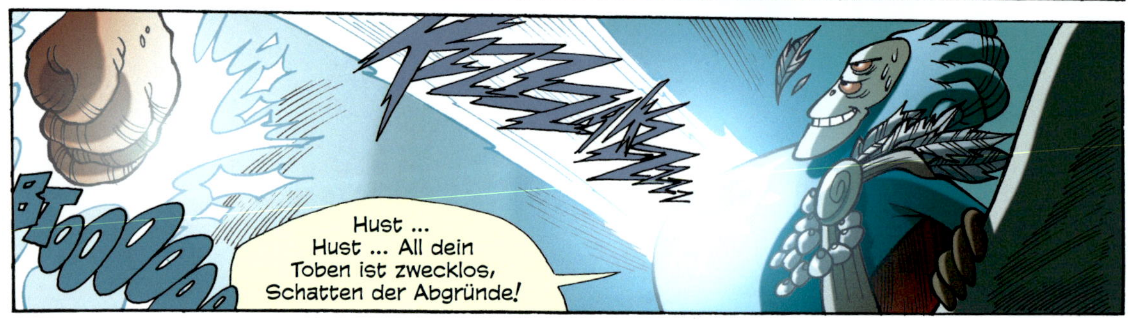
Hust ...
Hust ... All dein
Toben ist zwecklos,
Schatten der Abgründe!

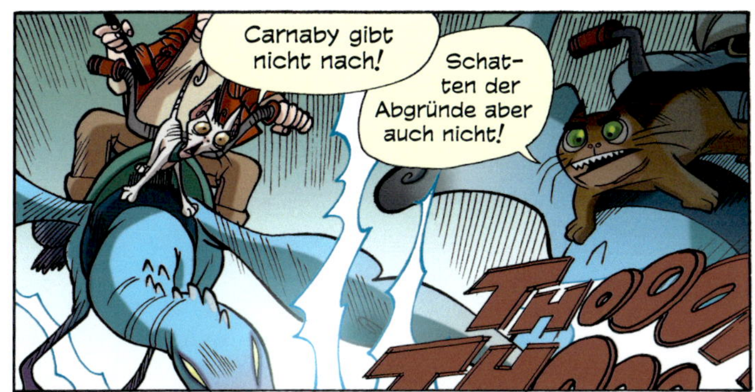
Carnaby gibt nicht nach!
Schatten der Abgründe aber auch nicht!
THOOO

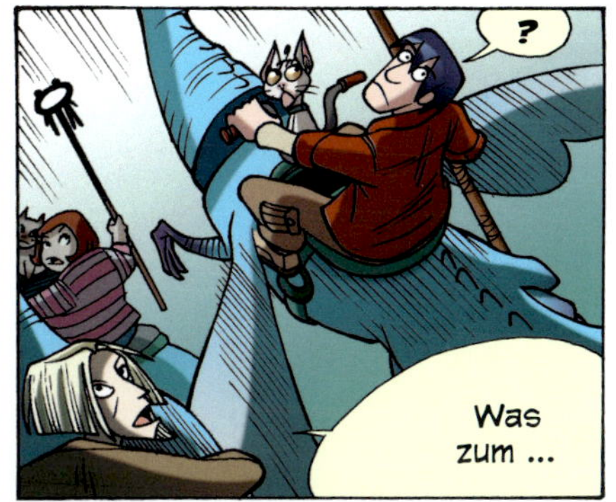
?
Was zum ...

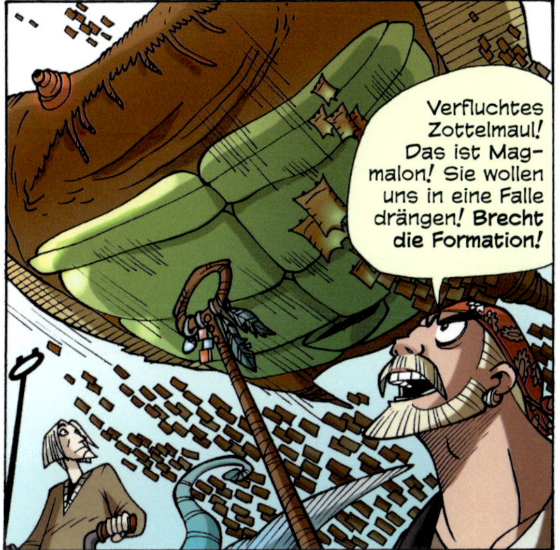
Verfluchtes Zottelmaul! Das ist Magmalon! Sie wollen uns in eine Falle drängen! **Brecht die Formation!**

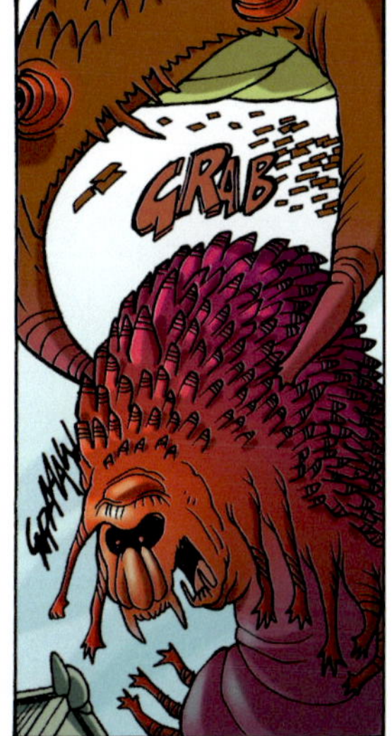
GRAB

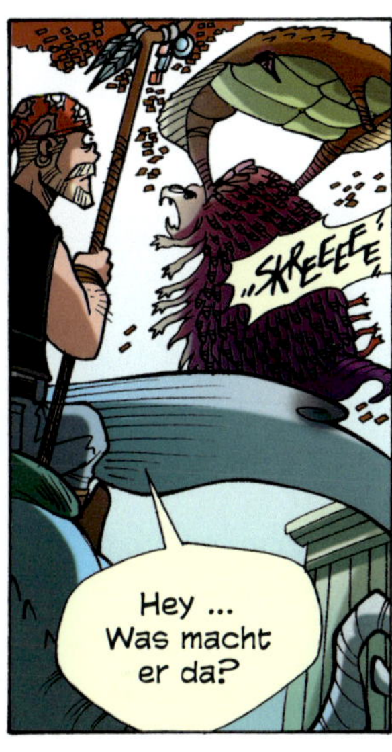
SKREEEE
Hey ... Was macht er da?

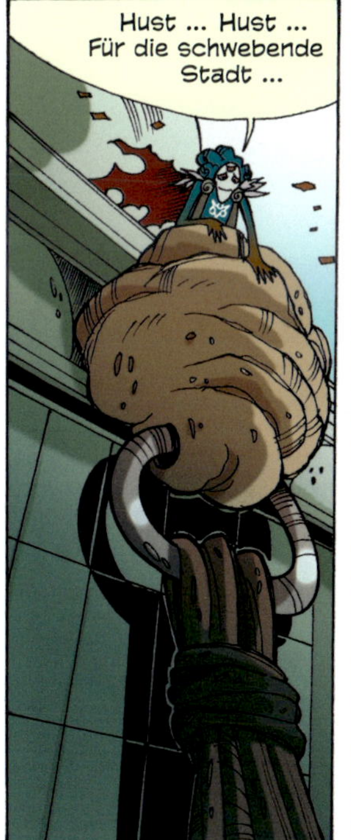
Hust ... Hust ... Für die schwebende Stadt ...

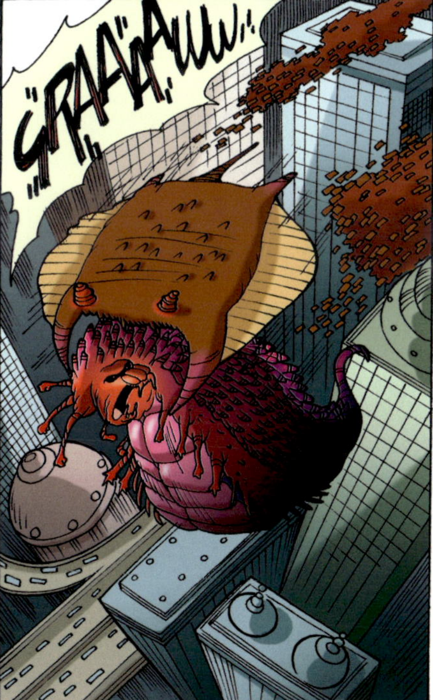
GRAAAAUUU

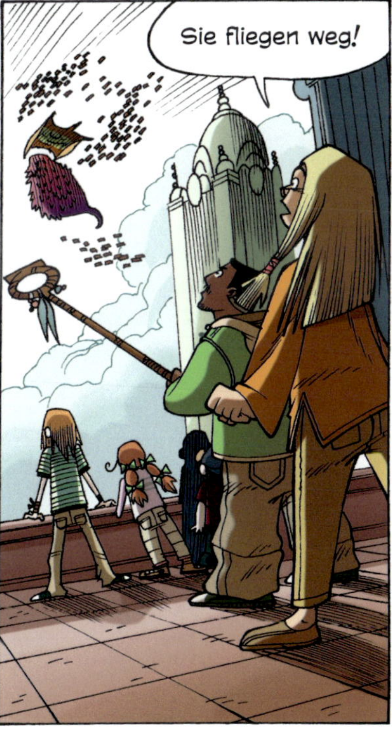
Sie fliegen weg!

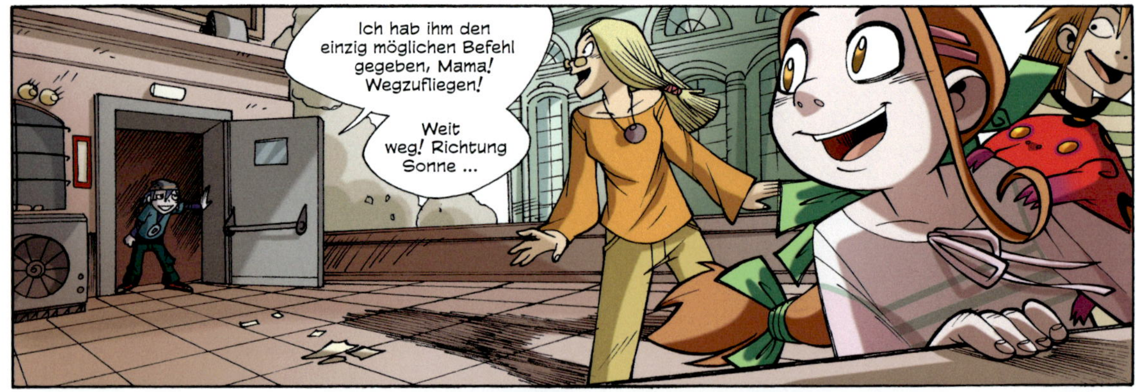
Ich hab ihm den einzig möglichen Befehl gegeben, Mama! Wegzufliegen!
Weit weg! Richtung Sonne ...

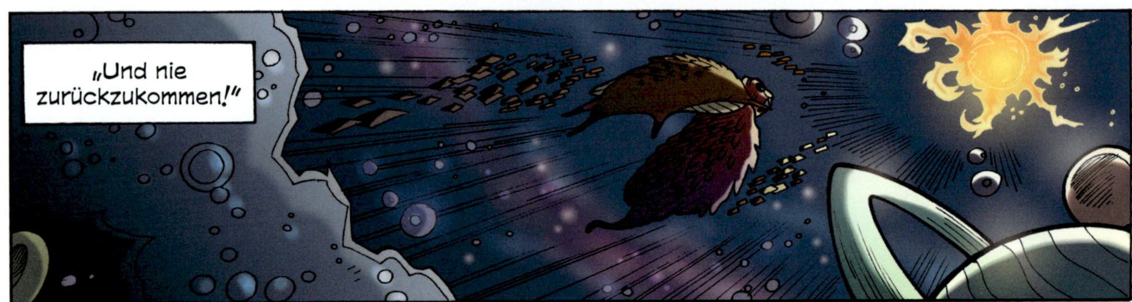
„Und nie zurückzukommen!"

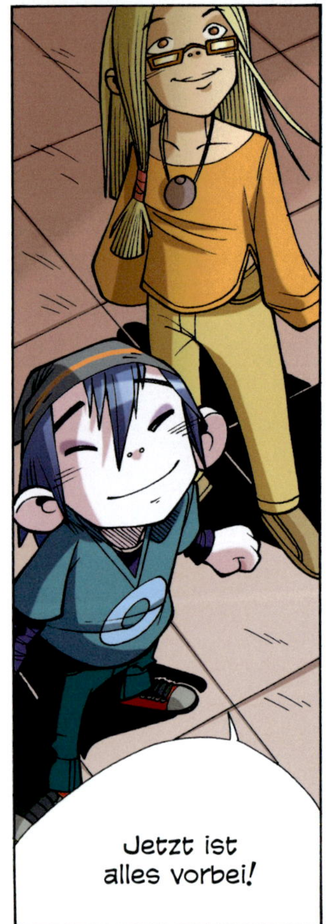
Jetzt ist alles vorbei!

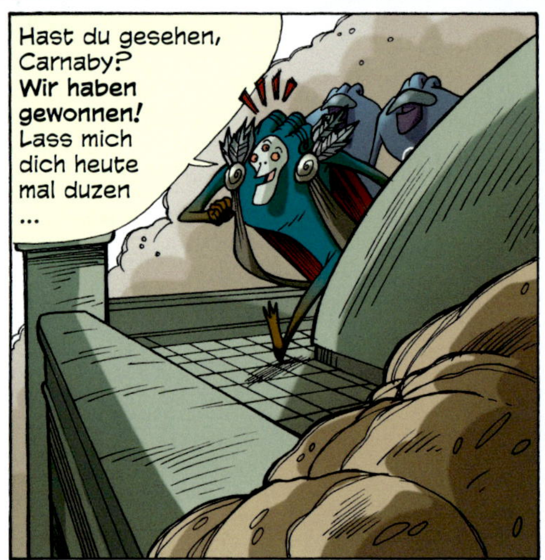
Hast du gesehen, Carnaby? **Wir haben gewonnen!** Lass mich dich heute mal duzen ...

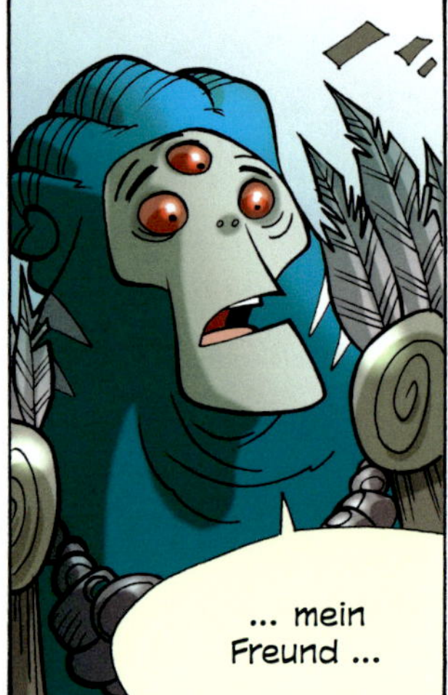
... mein Freund ...

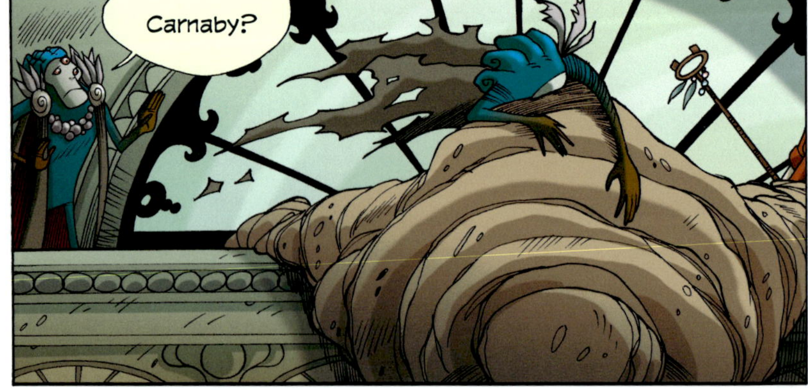
Carnaby?

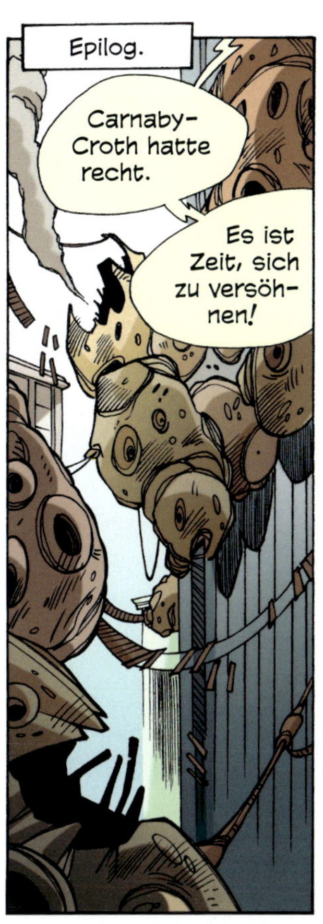
Epilog.
Carnaby-Croth hatte recht.
Es ist Zeit, sich zu versöhnen!

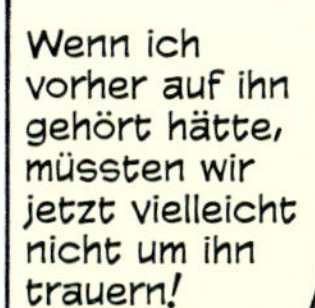

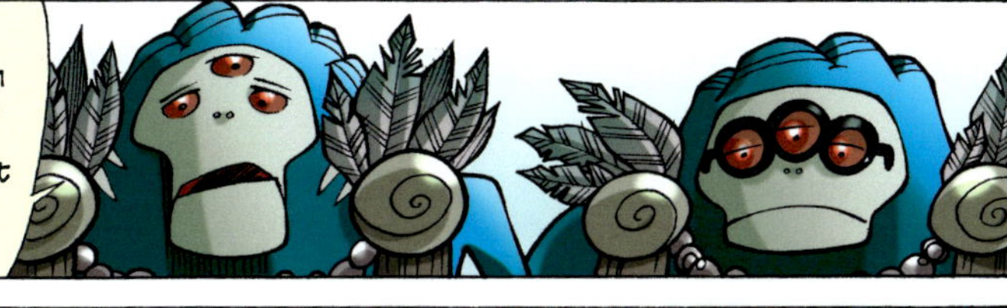
Wenn ich vorher auf ihn gehört hätte, müssten wir jetzt vielleicht nicht um ihn trauern!

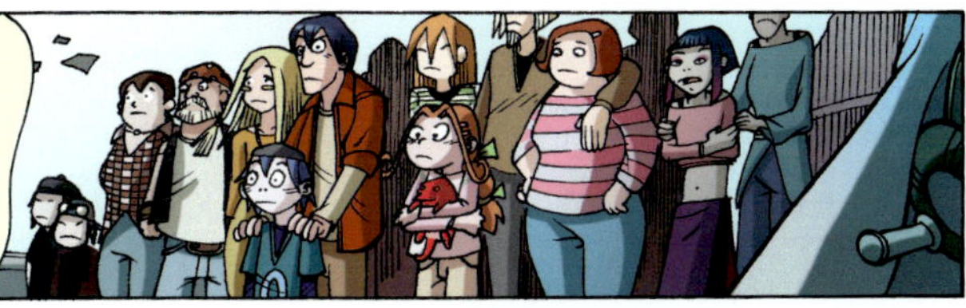
Ich bitte ihn um Verzeihung ... und auch euch, die ihr diese Stadt und all ihre Bewohner gerettet habt.

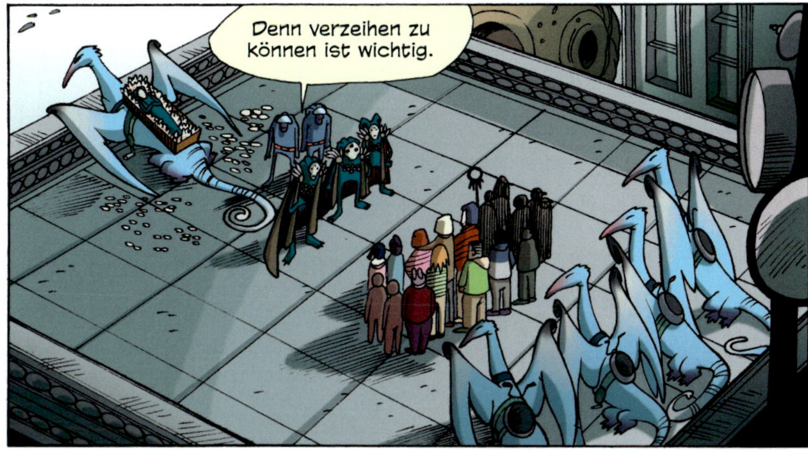
Denn verzeihen zu können ist wichtig.

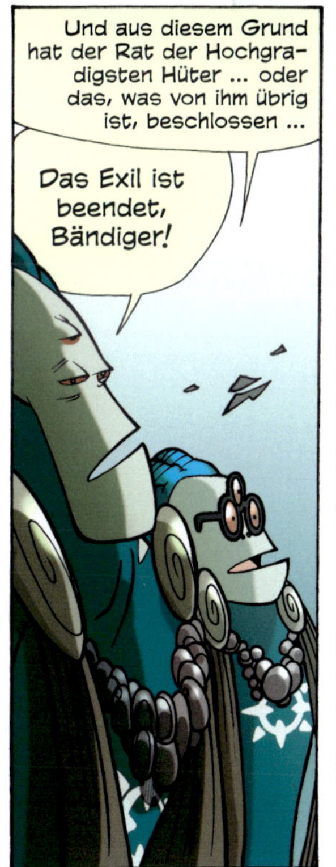
Und aus diesem Grund hat der Rat der Hochgradigsten Hüter ... oder das, was von ihm übrig ist, beschlossen ...
Das Exil ist beendet, Bändiger!

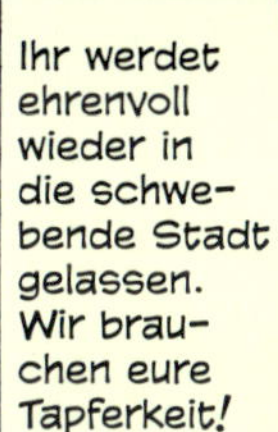
Ihr werdet ehrenvoll wieder in die schwebende Stadt gelassen. Wir brauchen eure Tapferkeit!

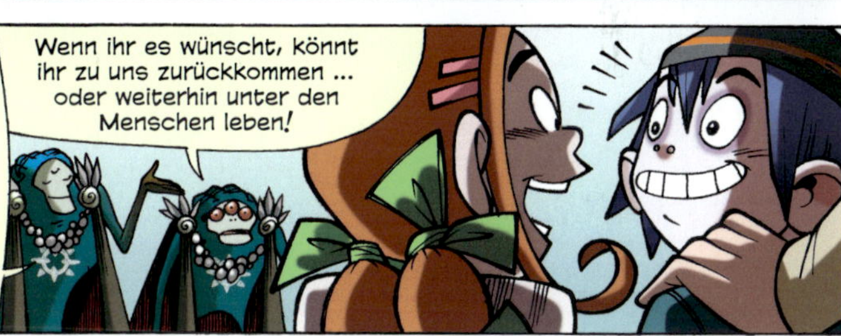
Wenn ihr es wünscht, könnt ihr zu uns zurückkommen ... oder weiterhin unter den Menschen leben!

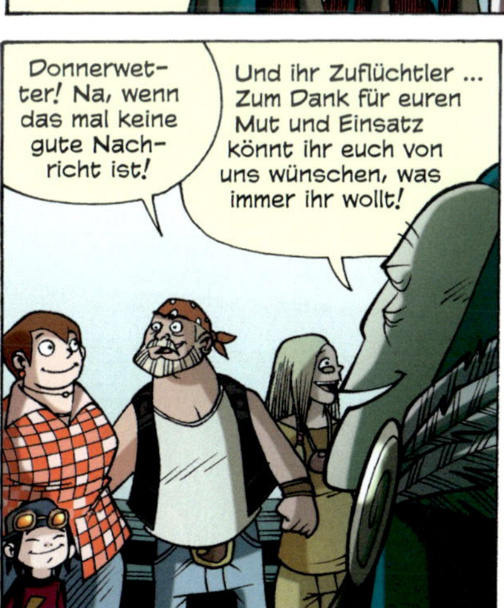
Donnerwetter! Na, wenn das mal keine gute Nachricht ist!
Und ihr Zuflüchtler ... Zum Dank für euren Mut und Einsatz könnt ihr euch von uns wünschen, was immer ihr wollt!

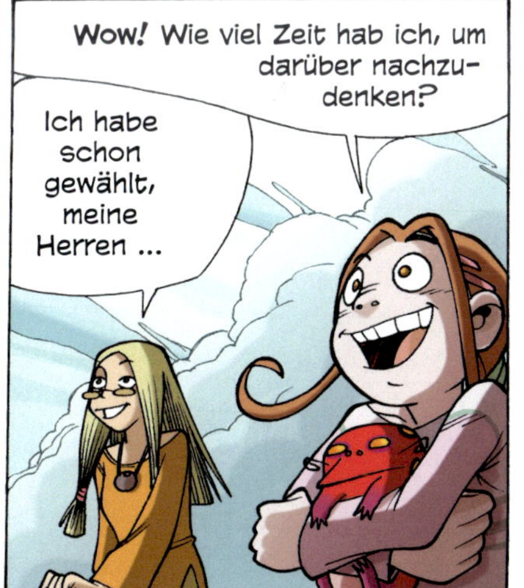
Wow! Wie viel Zeit hab ich, um darüber nachzudenken?
Ich habe schon gewählt, meine Herren ...

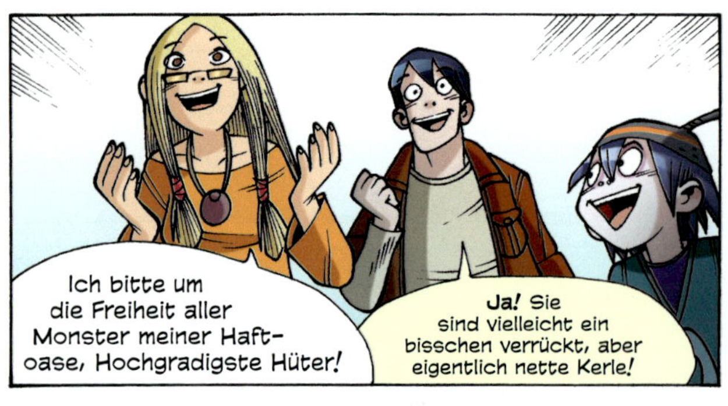

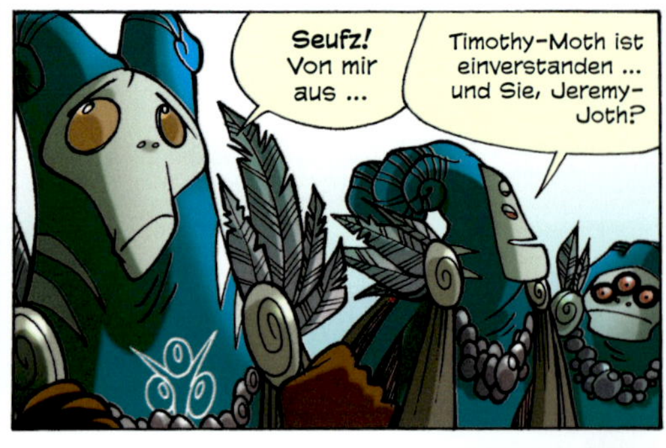

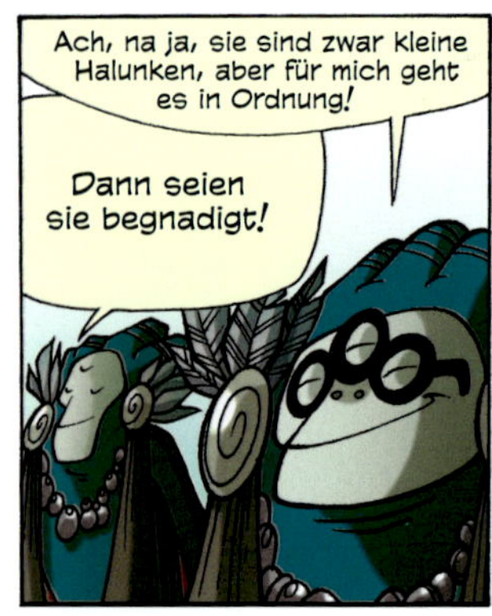

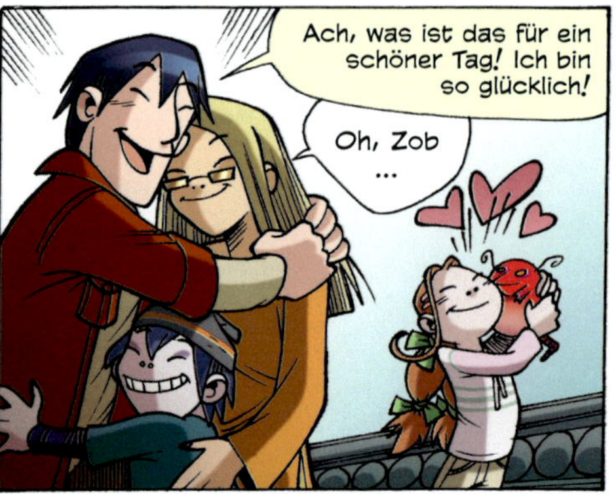

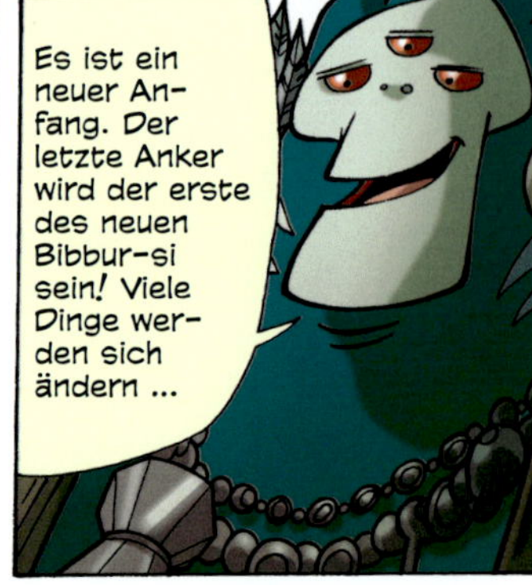

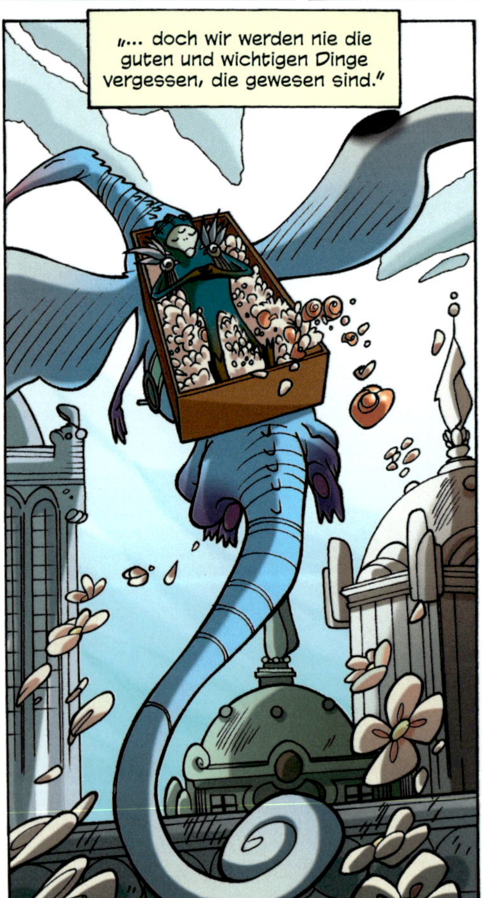

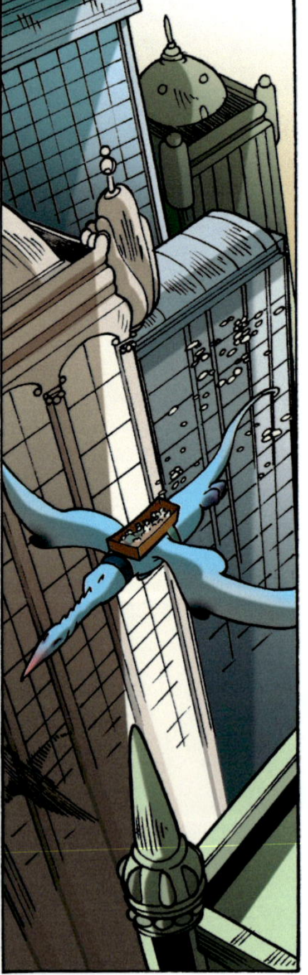

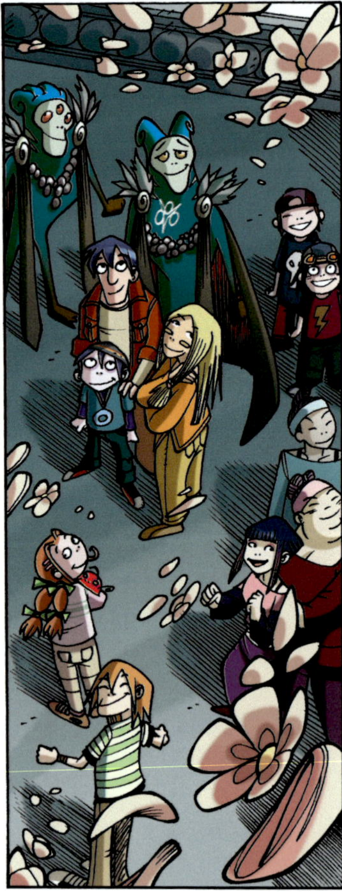

Ende der 17. Episode.

Episode 18: Die verlorenen Monster

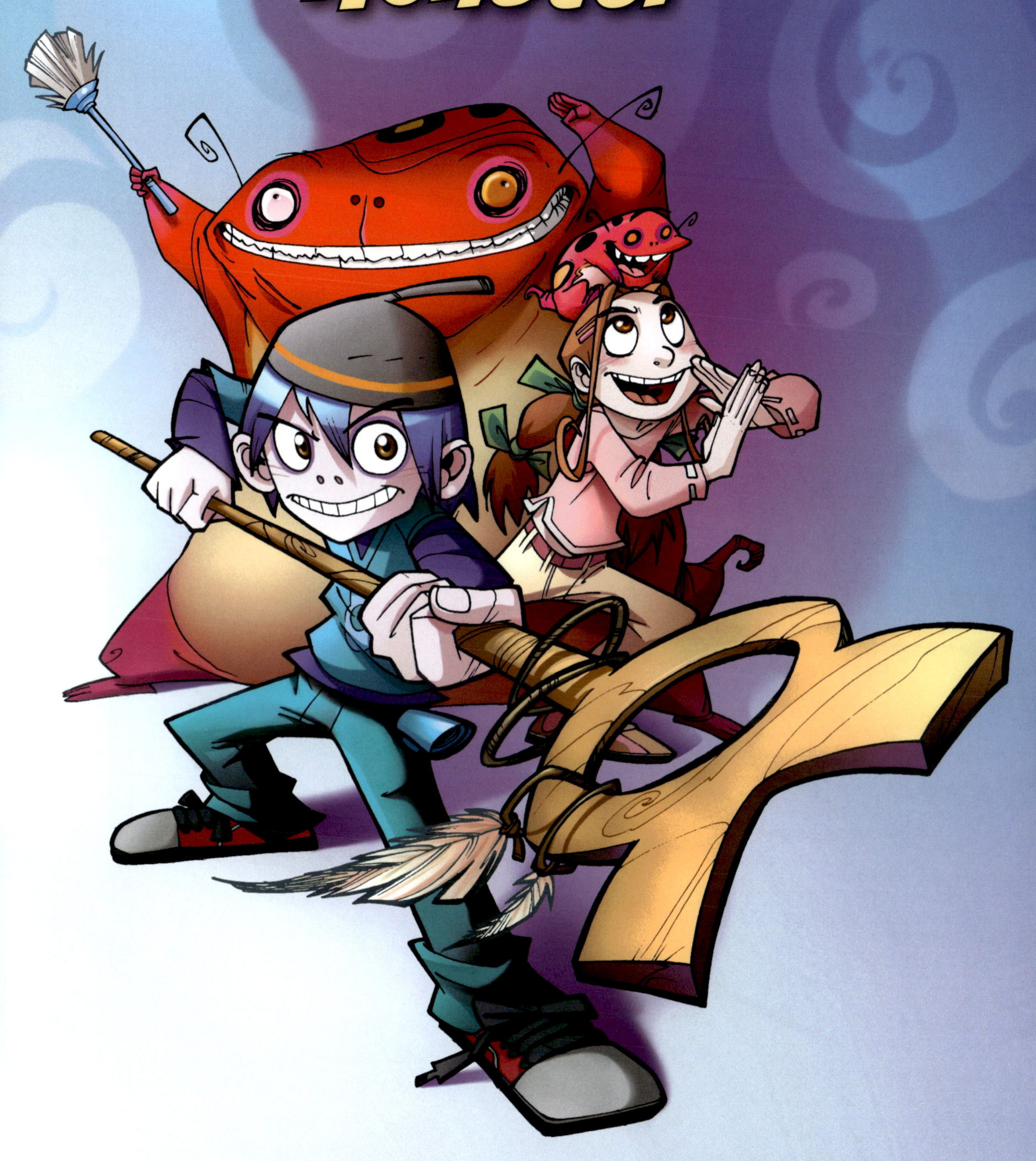

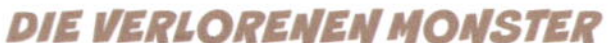

DIE VERLORENEN MONSTER

Originaltitel:
I MOSTRI PERDUTI

Idee: Katja Centomo

Story: Bruno Enna

Layout: Marcello De Martino & Antonello Dalena

Zeichnungen: Marcello De Martino, Manuela Razzi & Giorgio Pontrelli

Tusche: Marcello De Martino, Marco Failla, Paolo Ferrante, Cristina Giorgilli & Raffaella Seccia

Farben: Sergio Algozzino, Giulia Basile, Fabio Butera & Cecilia Giumento

Künstlerische Leitung Skript:
Francesco Artibani

Künstlerische Leitung Artwork:
Alessandro Barbucci

Übersetzung:
Monja Reichert

Redaktion & Lektorat:
Jano Rohleder

Redaktionelle Beratung:
Konstanze Tants

Erstveröffentlichung:
Monster Allergy, Heft 18
Buena Vista Comics (Italien), März 2005

Deutsche Erstveröffentlichung:
Monster-Allergy-GA, Band 5
dani books, August 2016

Coverillustration:
Artwork: Antonello Dalena
Tusche: Cristina Giorgilli
Farben: Paolo Maddaleni

Illustration Seite 52:
Artwork: Alessandro Barbucci
Farben: Paolo Maddaleni

Eine Serie von
Centomo, Artibani, Barbucci & Canepa

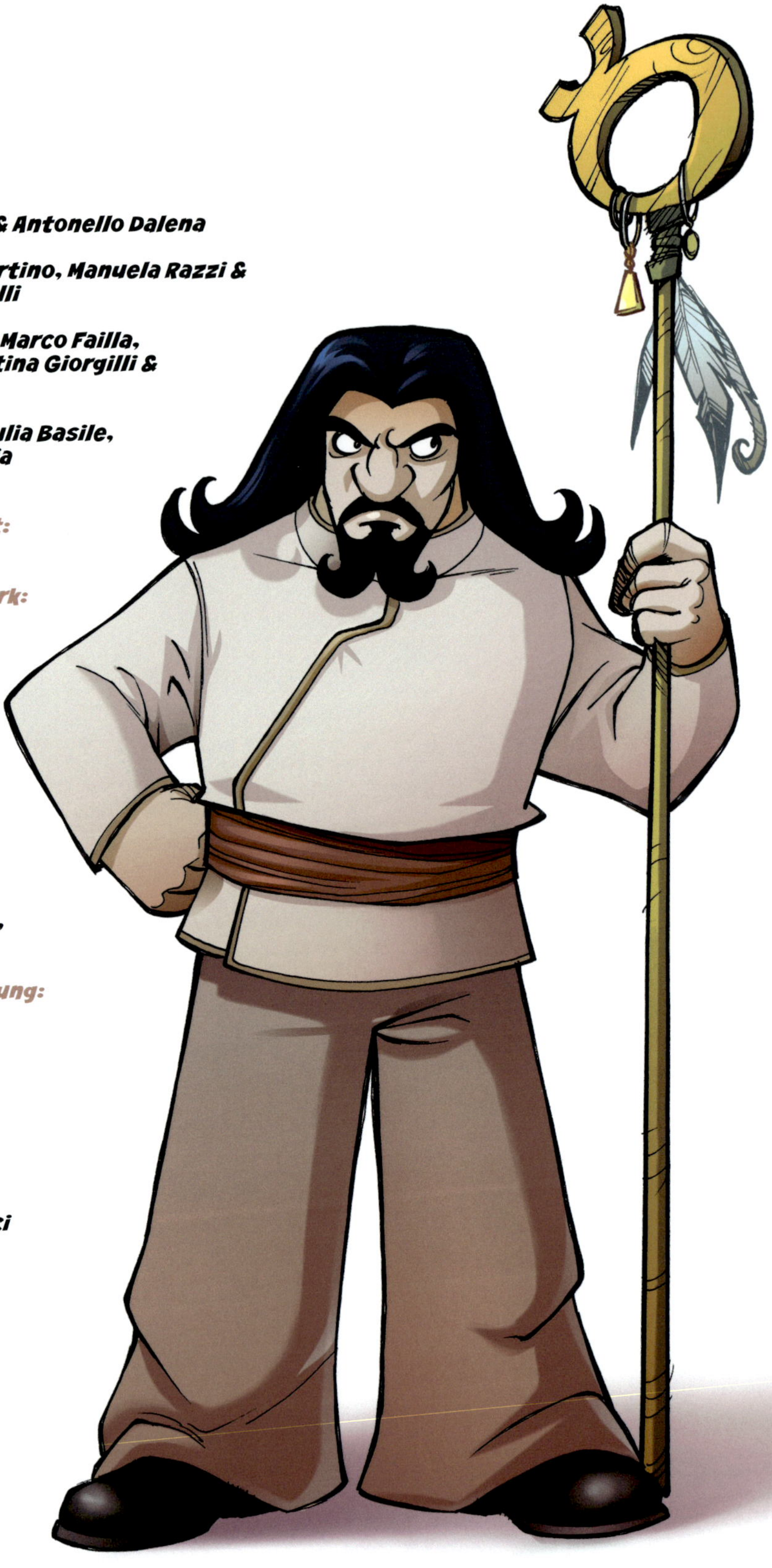

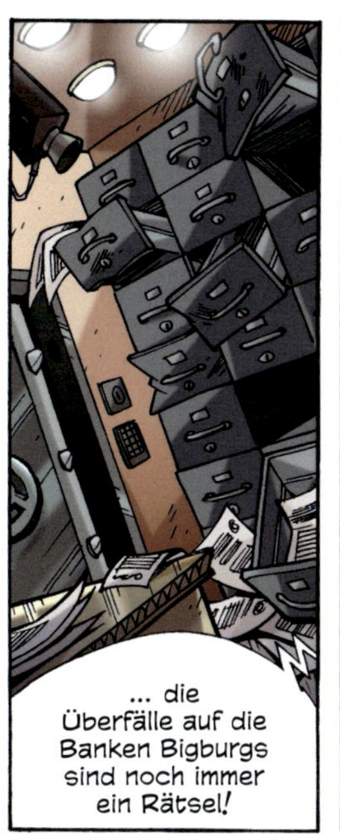
... die Überfälle auf die Banken Bigburgs sind noch immer ein Rätsel!

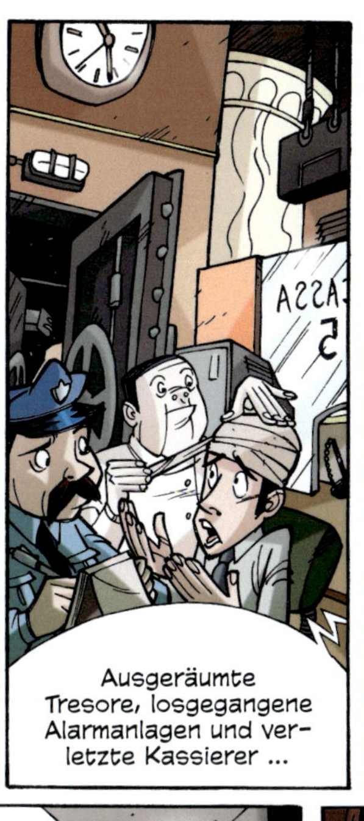
Ausgeräumte Tresore, losgegangene Alarmanlagen und verletzte Kassierer ...

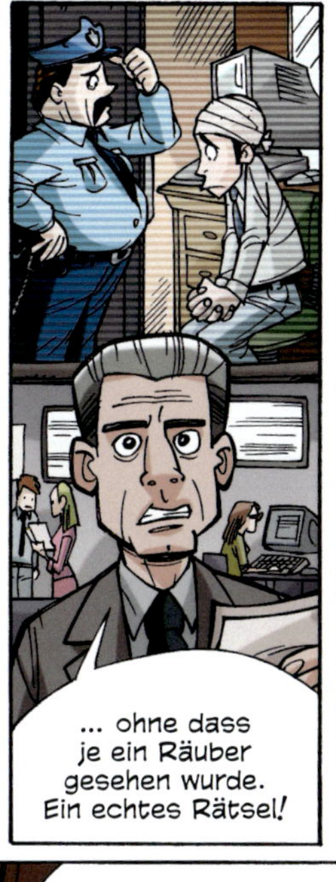
... ohne dass je ein Räuber gesehen wurde. Ein echtes Rätsel!

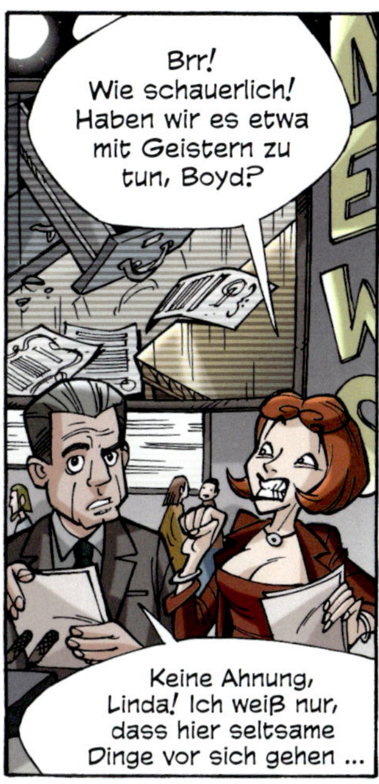
Brr! Wie schauerlich! Haben wir es etwa mit Geistern zu tun, Boyd?
Keine Ahnung, Linda! Ich weiß nur, dass hier seltsame Dinge vor sich gehen ...

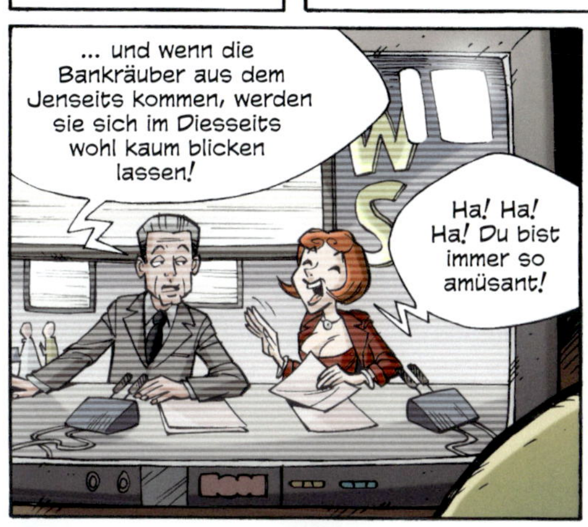
... und wenn die Bankräuber aus dem Jenseits kommen, werden sie sich im Diesseits wohl kaum blicken lassen!
Ha! Ha! Ha! Du bist immer so amüsant!

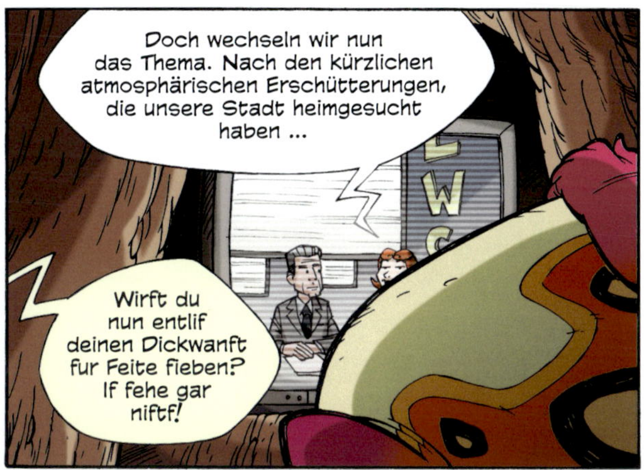
Doch wechseln wir nun das Thema. Nach den kürzlichen atmosphärischen Erschütterungen, die unsere Stadt heimgesucht haben ...
Wirft du nun entlif deinen Dickwanft fur Feite fieben? If fehe gar niftf!

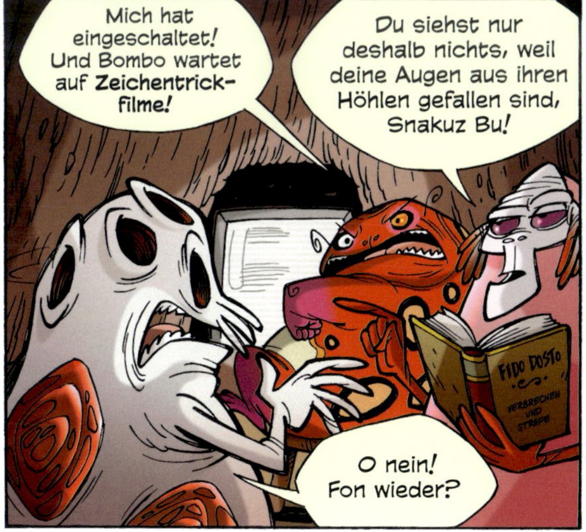
Mich hat eingeschaltet! Und Bombo wartet auf **Zeichentrickfilme!**
Du siehst nur deshalb nichts, weil deine Augen aus ihren Höhlen gefallen sind, Snakuz Bu!
O nein! Fon wieder?

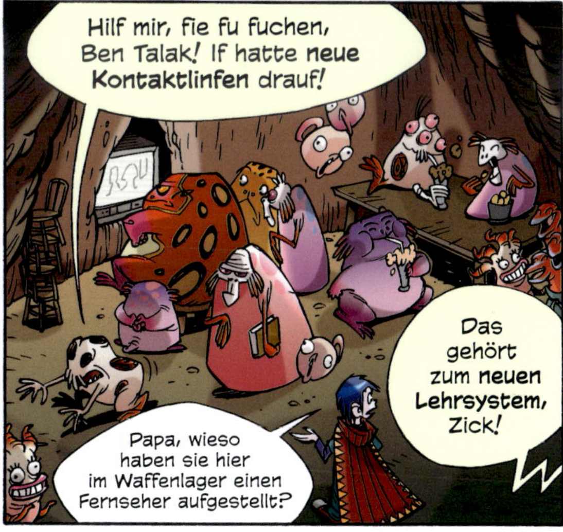
Hilf mir, fie fu fuchen, Ben Talak! If hatte **neue Kontaktlinfen** drauf!
Papa, wieso haben sie hier im Waffenlager einen Fernseher aufgestellt?
Das gehört zum **neuen Lehrsystem,** Zick!

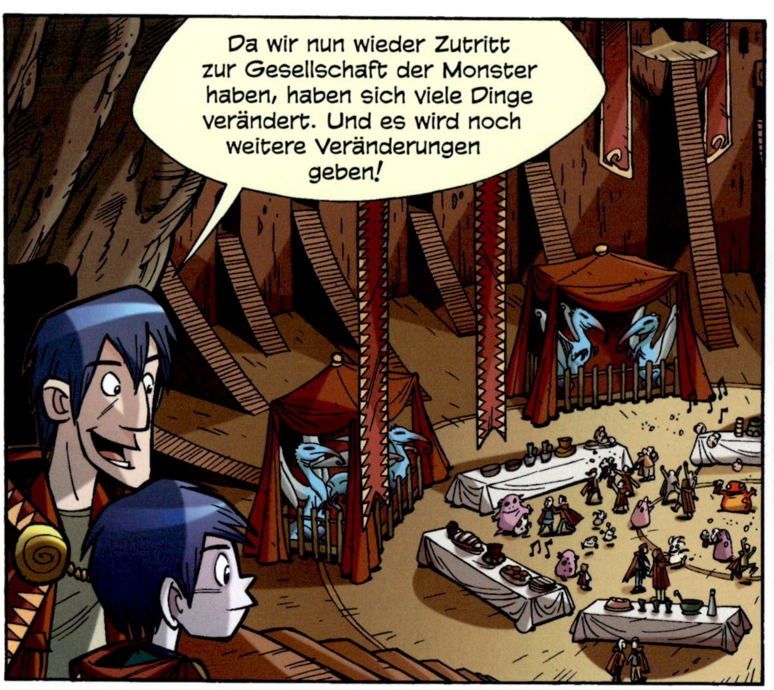

Da wir nun wieder Zutritt zur Gesellschaft der Monster haben, haben sich viele Dinge verändert. Und es wird noch weitere Veränderungen geben!

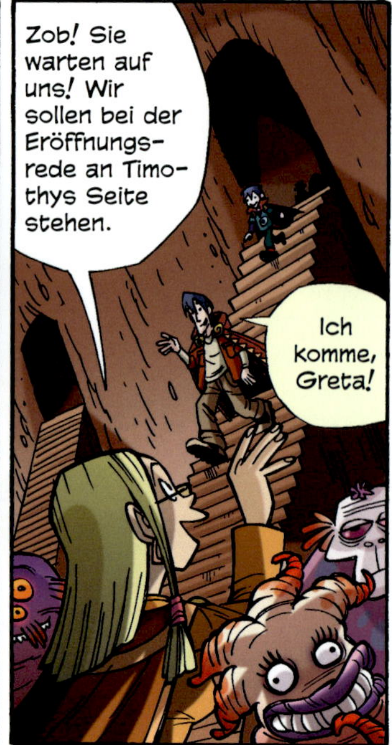

Zob! Sie warten auf uns! Wir sollen bei der Eröffnungsrede an Timothys Seite stehen.
Ich komme, Greta!

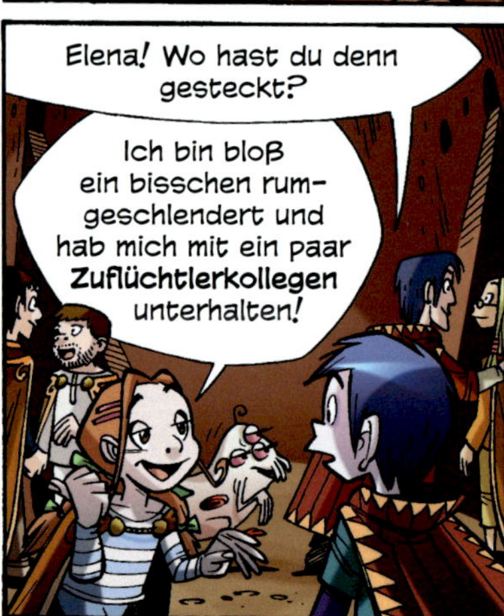

Elena! Wo hast du denn gesteckt?
Ich bin bloß ein bisschen rumgeschlendert und hab mich mit ein paar **Zuflüchtlerkollegen** unterhalten!

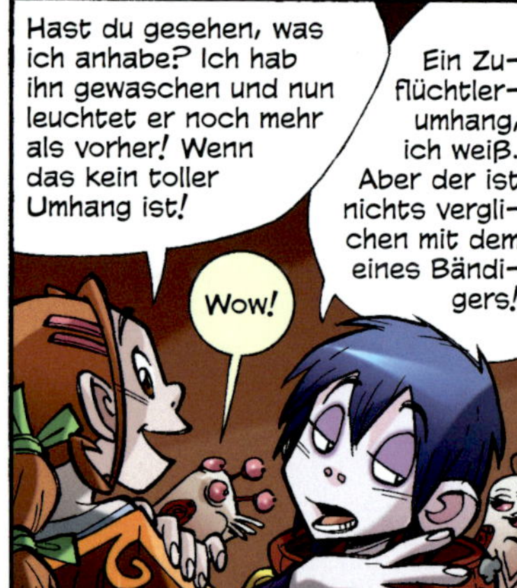

Hast du gesehen, was ich anhabe? Ich hab ihn gewaschen und nun leuchtet er noch mehr als vorher! Wenn das kein toller Umhang ist!
Wow!
Ein Zuflüchtlerumhang, ich weiß. Aber der ist nichts verglichen mit dem eines Bändigers!

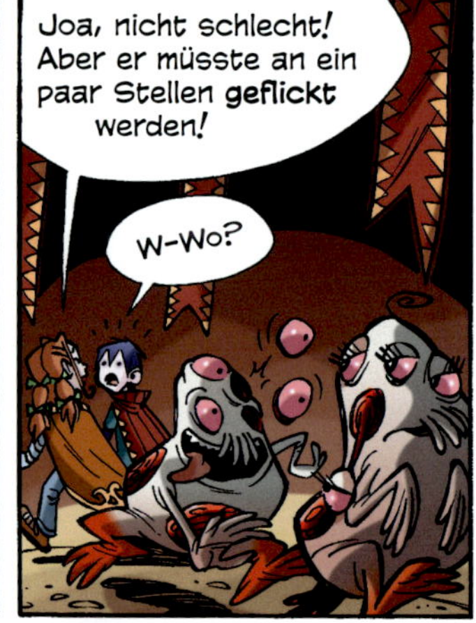

Joa, nicht schlecht! Aber er müsste an ein paar Stellen **geflickt** werden!
W-Wo?

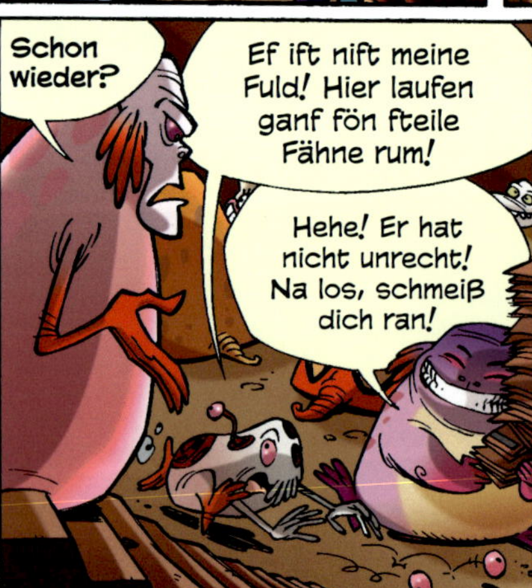

Schon wieder?
Ef ift nift meine Fuld! Hier laufen ganf fön fteile Fähne rum!
Hehe! Er hat nicht unrecht! Na los, schmeiß dich ran!

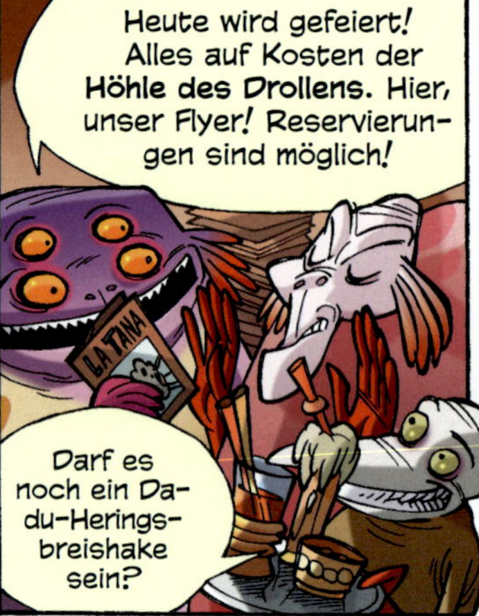

Heute wird gefeiert! Alles auf Kosten der **Höhle des Drollens**. Hier, unser Flyer! Reservierungen sind möglich!
Darf es noch ein Dadu-Heringsbreishake sein?

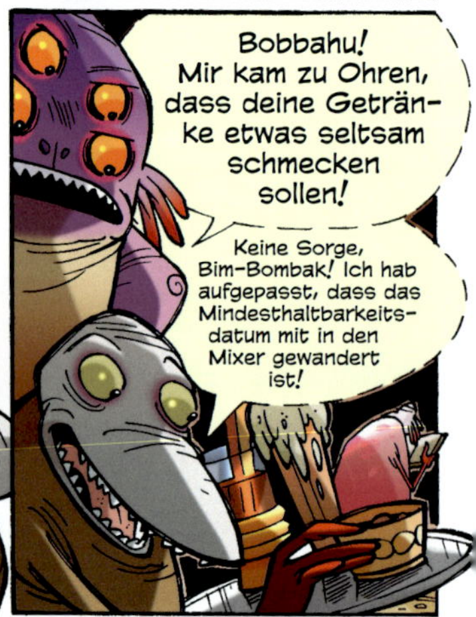

Bobbahu! Mir kam zu Ohren, dass deine Getränke etwas seltsam schmecken sollen!
Keine Sorge, Bim-Bombak! Ich hab aufgepasst, dass das Mindesthaltbarkeitsdatum mit in den Mixer gewandert ist!

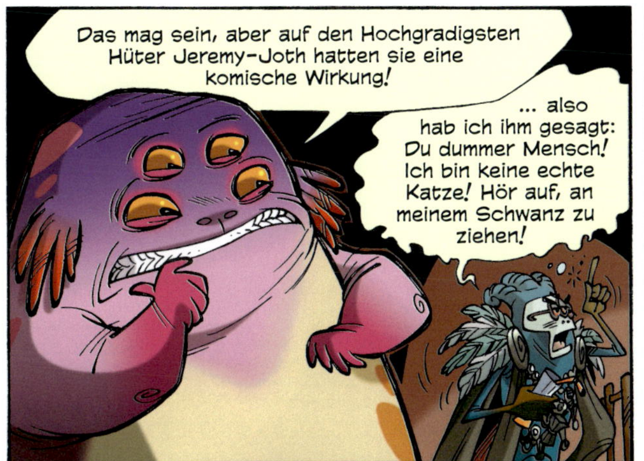

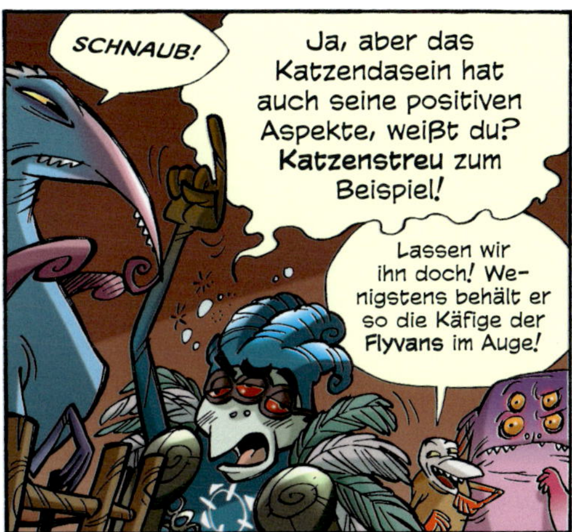

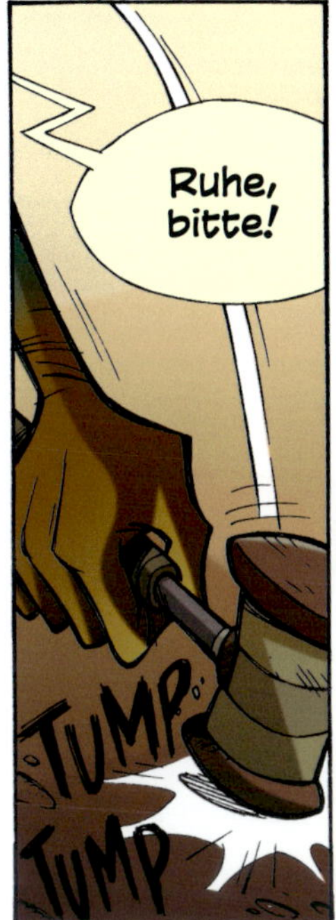

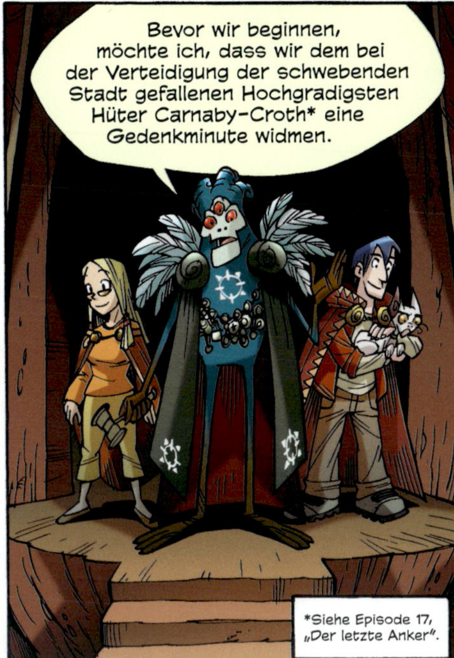

*Siehe Episode 17, „Der letzte Anker".

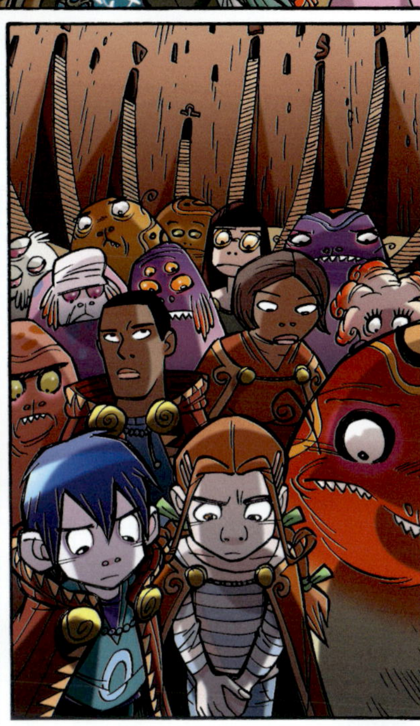

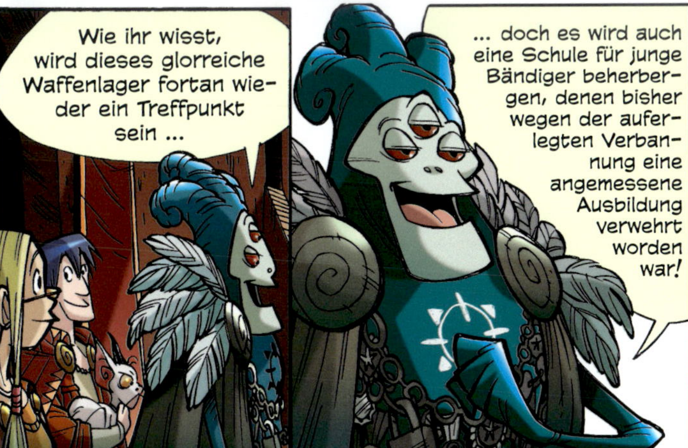

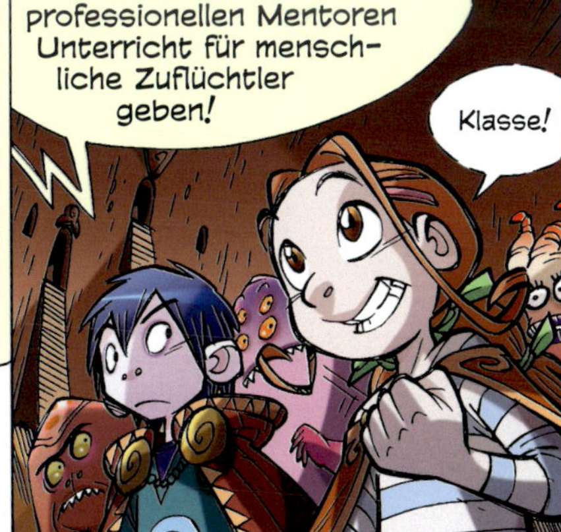

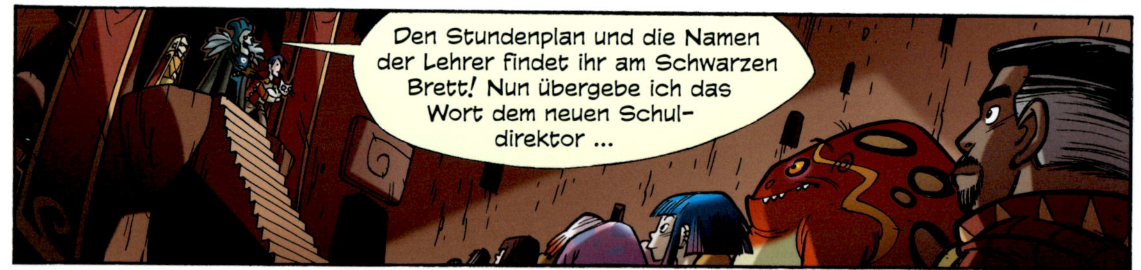
Den Stundenplan und die Namen der Lehrer findet ihr am Schwarzen Brett! Nun übergebe ich das Wort dem neuen Schuldirektor ...

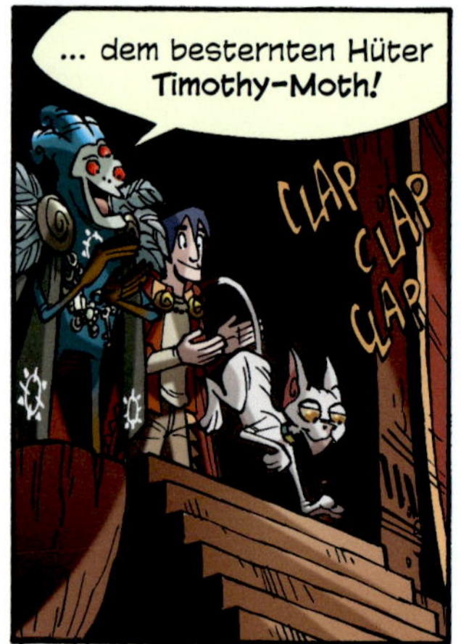
... dem besternten Hüter Timothy-Moth!
CLAP CLAP CLAP

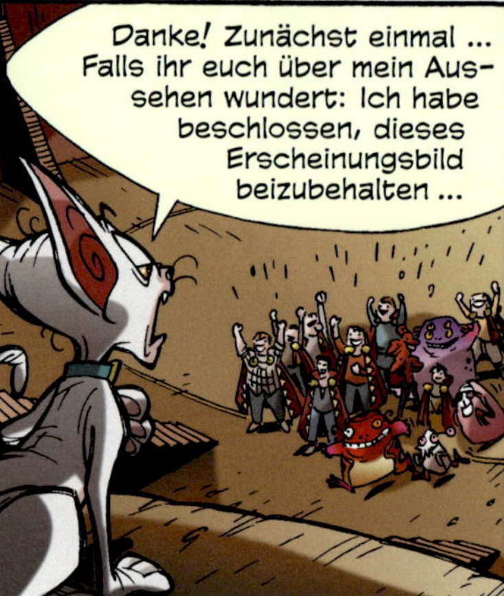
Danke! Zunächst einmal ... Falls ihr euch über mein Aussehen wundert: Ich habe beschlossen, dieses Erscheinungsbild beizubehalten ...

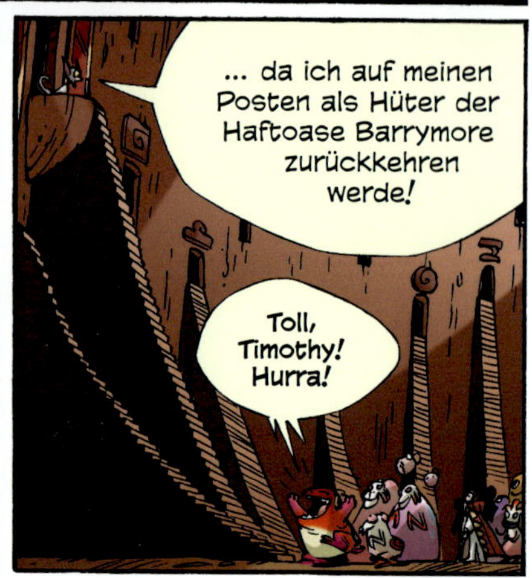
... da ich auf meinen Posten als Hüter der Haftoase Barrymore zurückkehren werde!
Toll, Timothy! Hurra!

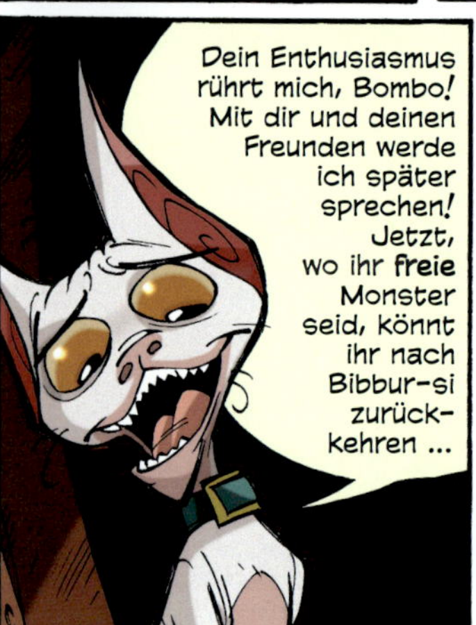
Dein Enthusiasmus rührt mich, Bombo! Mit dir und deinen Freunden werde ich später sprechen! Jetzt, wo ihr freie Monster seid, könnt ihr nach Bibbur-si zurückkehren ...

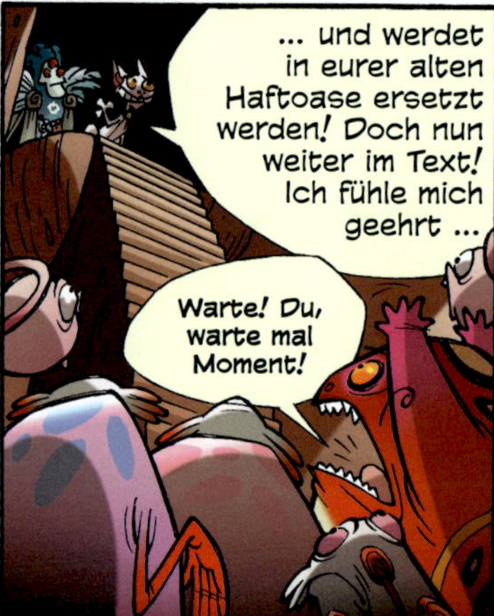
... und werdet in eurer alten Haftoase ersetzt werden! Doch nun weiter im Text! Ich fühle mich geehrt ...
Warte! Du, warte mal Moment!

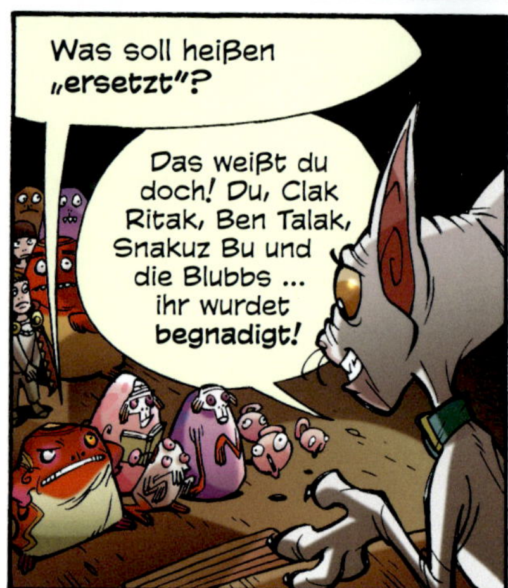
Was soll heißen „ersetzt"?
Das weißt du doch! Du, Clak Ritak, Ben Talak, Snakuz Bu und die Blubbs ... ihr wurdet begnadigt!

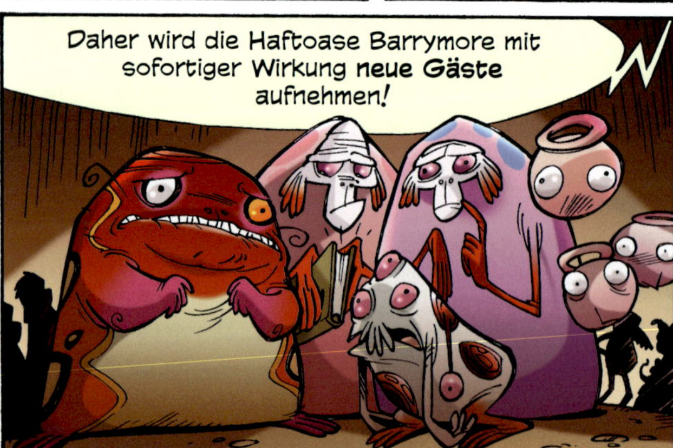
Daher wird die Haftoase Barrymore mit sofortiger Wirkung neue Gäste aufnehmen!

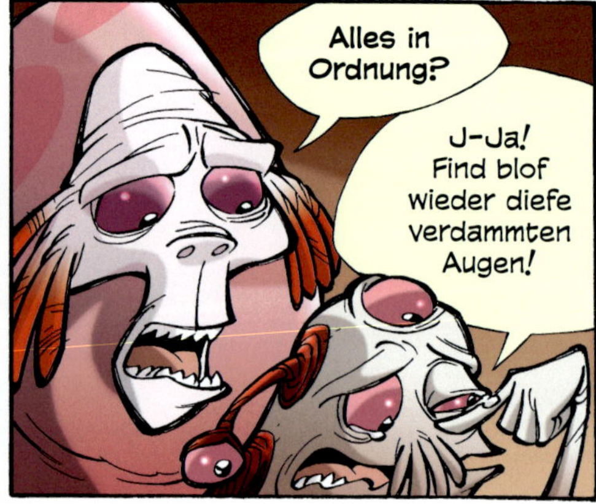
Alles in Ordnung?
J-Ja! Find blof wieder diefe verdammten Augen!

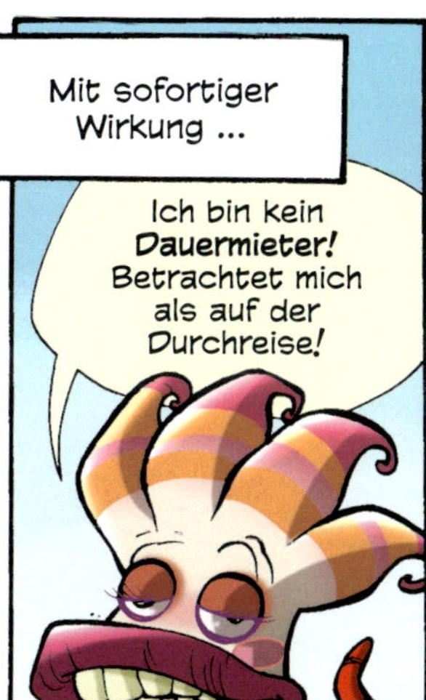
Mit sofortiger Wirkung ...
Ich bin kein **Dauermieter!** Betrachtet mich als auf der Durchreise!

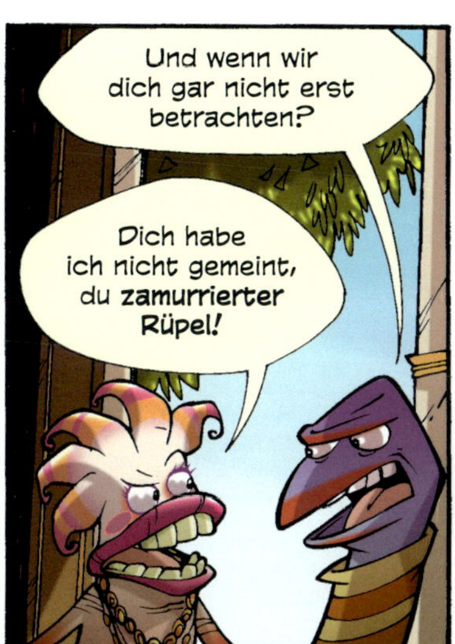
Und wenn wir dich gar nicht erst betrachten?
Dich habe ich nicht gemeint, du **zamurrierter Rüpel!**

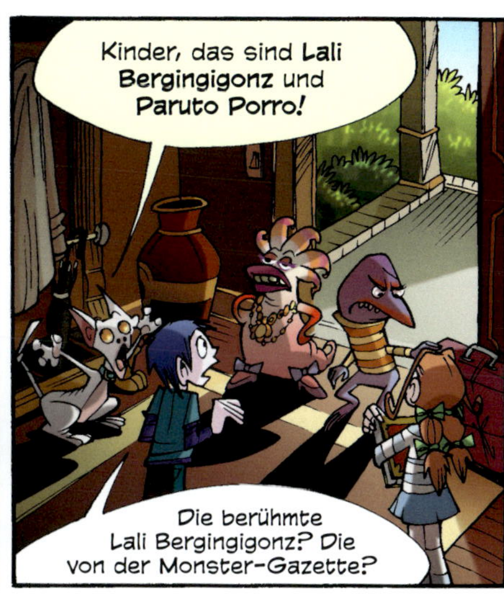
Kinder, das sind **Lali Bergingigonz** und **Paruto Porro!**
Die berühmte Lali Bergingigonz? Die von der Monster-Gazette?

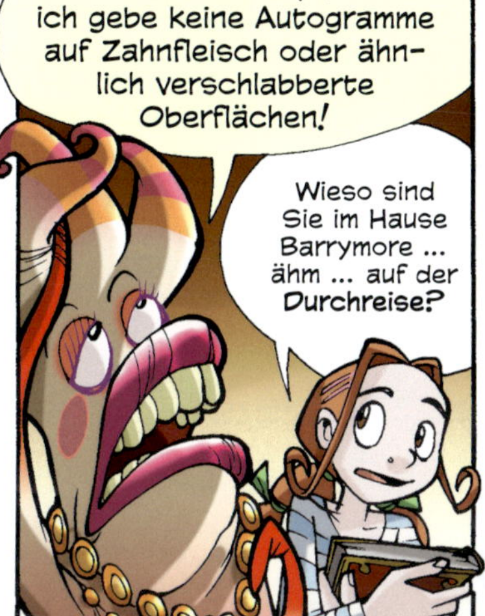
Die **Astrolaktin, ja!** Aber ich gebe keine Autogramme auf Zahnfleisch oder ähnlich verschlabberte **Oberflächen!**
Wieso sind Sie im Hause Barrymore ... ähm ... auf der **Durchreise?**

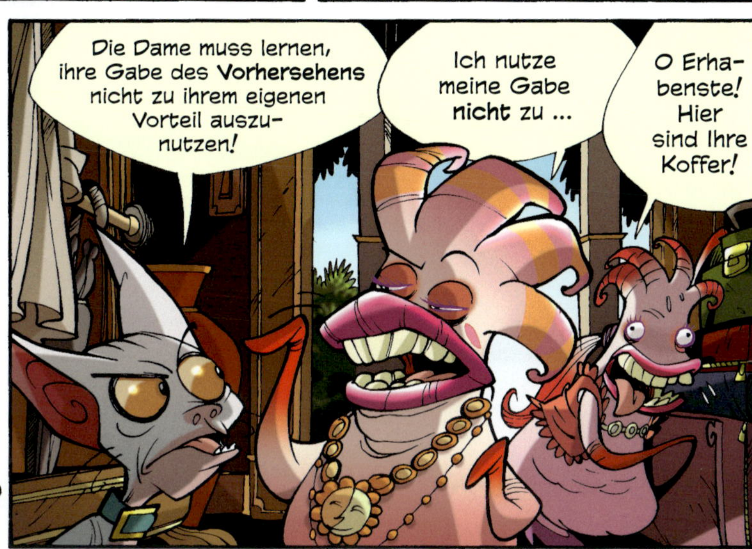
Die Dame muss lernen, ihre Gabe des **Vorhersehens** nicht zu ihrem eigenen Vorteil auszunutzen!
Ich nutze meine Gabe **nicht** zu ...
O Erhabenste! Hier sind Ihre Koffer!

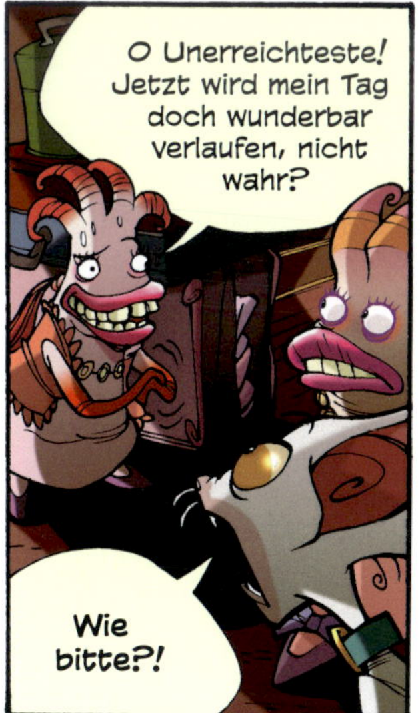
O Unerreichteste! Jetzt wird mein Tag doch wunderbar verlaufen, nicht wahr?
Wie bitte?!

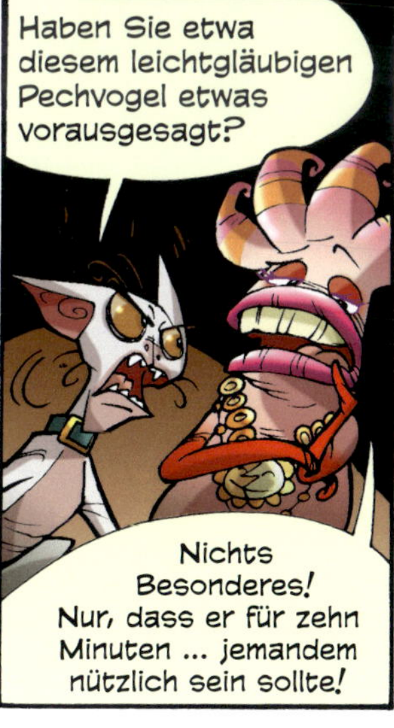
Haben Sie etwa diesem leichtgläubigen Pechvogel etwas vorausgesagt?
Nichts Besonderes! Nur, dass er für zehn Minuten ... jemandem nützlich sein sollte!

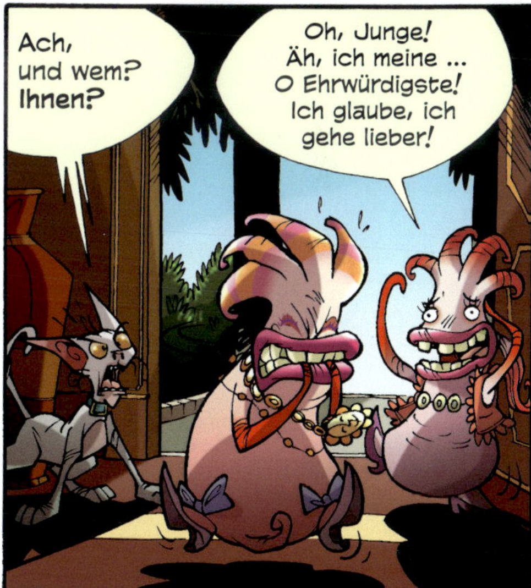
Ach, und wem? **Ihnen?**
Oh, Junge! Äh, ich meine ... O Ehrwürdigste! Ich glaube, ich gehe lieber!

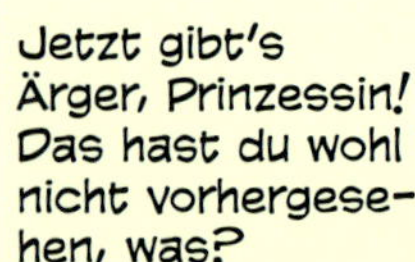
Jetzt gibt's
Ärger, Prinzessin!
Das hast du wohl
nicht vorhergese-
hen, was?
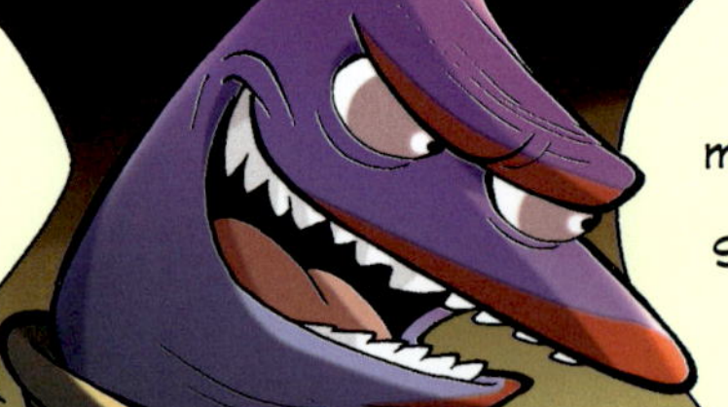
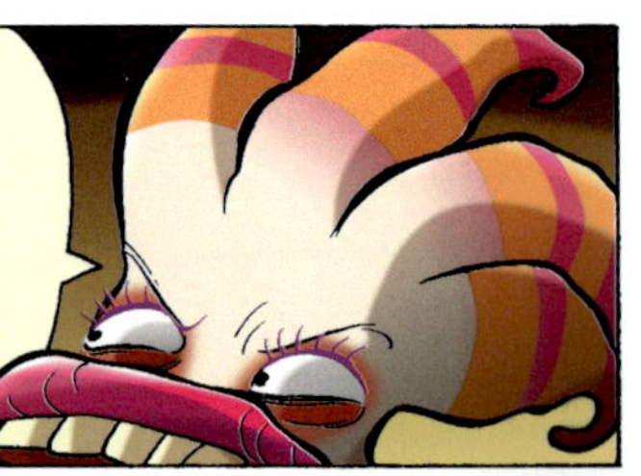
Ich verbitte
mir Kommentare
vom einzigen
Single-Zamurro
der Welt!
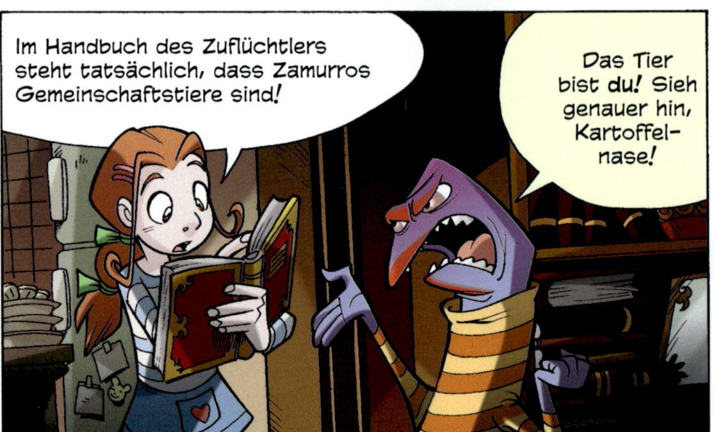
Im Handbuch des Zuflüchtlers
steht tatsächlich, dass Zamurros
Gemeinschaftstiere sind!
Das Tier
bist **du!** Sieh
genauer hin,
Kartoffel-
nase!
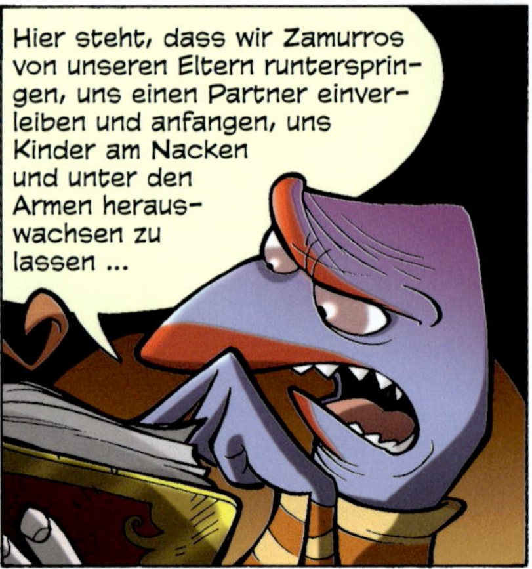
Hier steht, dass wir Zamurros
von unseren Eltern runterspringen, uns einen Partner einverleiben und anfangen, uns
Kinder am Nacken
und unter den
Armen herauswachsen zu
lassen ...
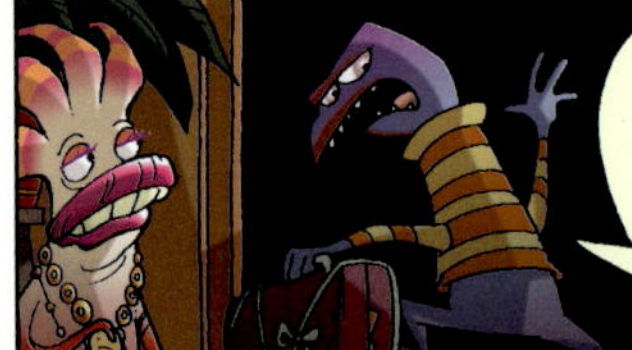
Wir müssen die gesamte
Familie auf den Schultern
tragen ... und manchmal
sogar auf dem **Bauch!**
Findest du das
etwa fair?
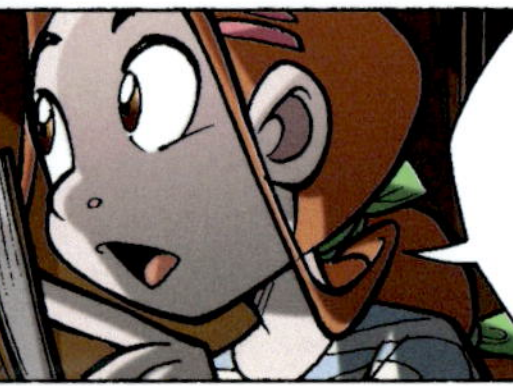
Na ja ...
aber wenn die
Kinder groß
sind, springen
sie doch eh
runter!
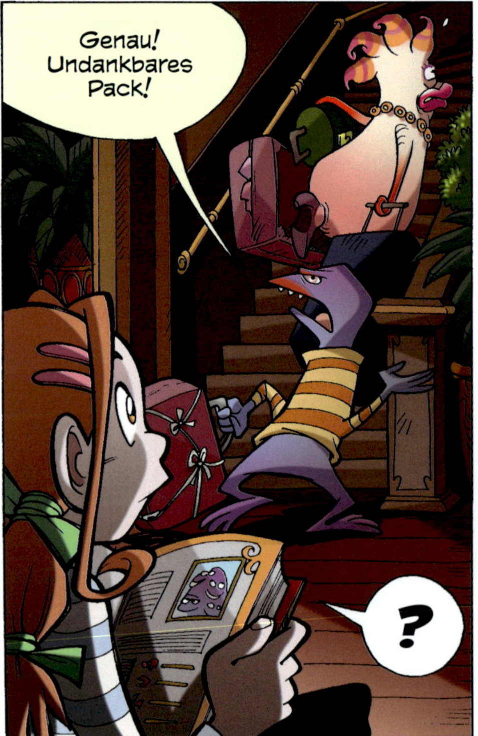
Genau!
Undankbares
Pack!
?
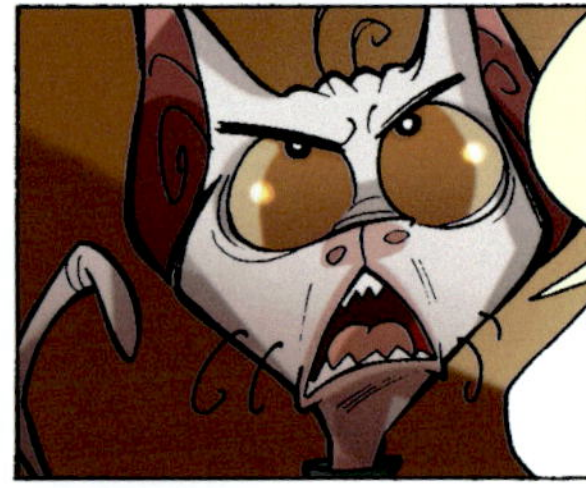
Dieser Dickschädel
ist hier, um einen Umerziehungskurs
zu machen!
Das wird
nicht einfach! Er ist
echt unsympathisch!
Und ich glaube, er
wäscht sich nicht!
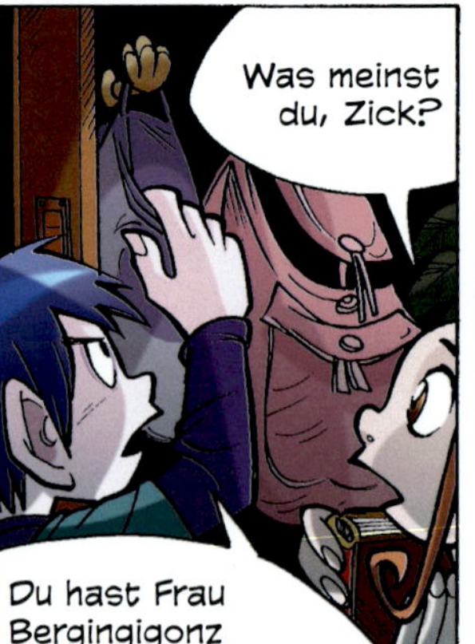
Was meinst
du, Zick?
Du hast Frau
Bergingigonz
gehört! Sie ist nur
auf der Durchreise!
Das sind sie beide ...
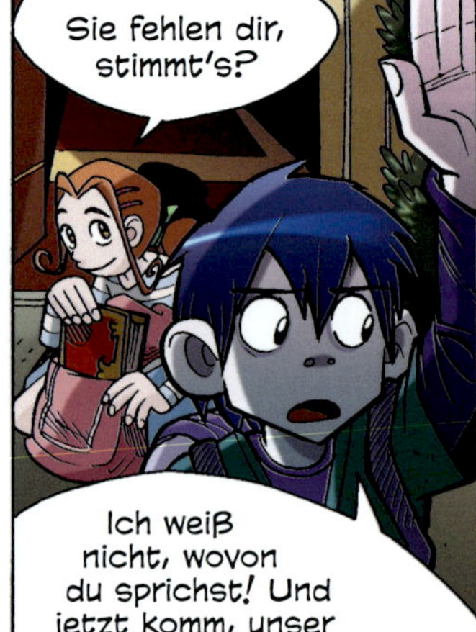
Sie fehlen dir,
stimmt's?
Ich weiß
nicht, wovon
du sprichst! Und
jetzt komm, unser
Schulvaravan ist da!

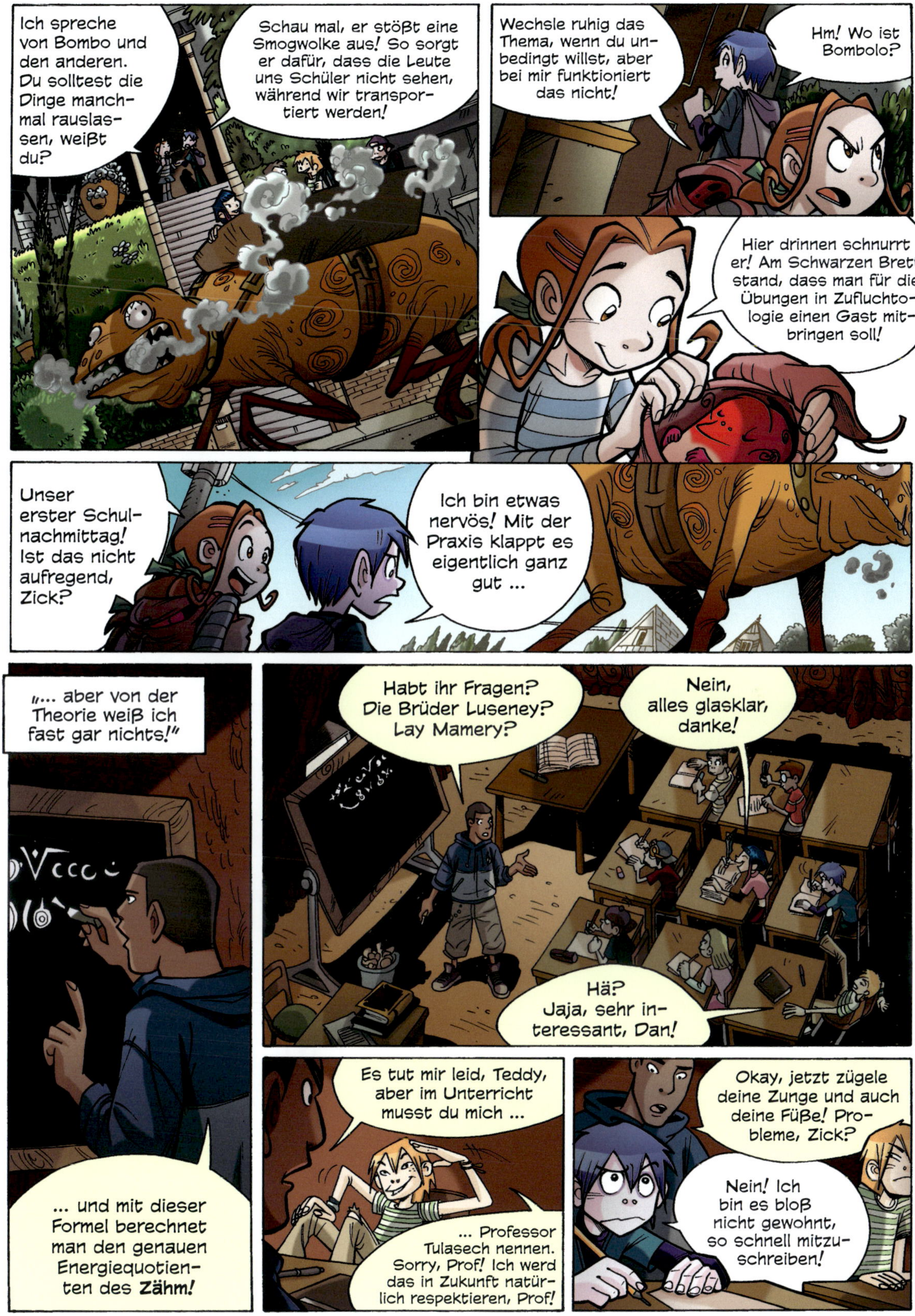

Ich spreche von Bombo und den anderen. Du solltest die Dinge manchmal rauslassen, weißt du?
Schau mal, er stößt eine Smogwolke aus! So sorgt er dafür, dass die Leute uns Schüler nicht sehen, während wir transportiert werden!
Wechsle ruhig das Thema, wenn du unbedingt willst, aber bei mir funktioniert das nicht!
Hm! Wo ist Bombolo?
Hier drinnen schnurrt er! Am Schwarzen Brett stand, dass man für die Übungen in Zufluchtologie einen Gast mitbringen soll!
Unser erster Schulnachmittag! Ist das nicht aufregend, Zick?
Ich bin etwas nervös! Mit der Praxis klappt es eigentlich ganz gut ...

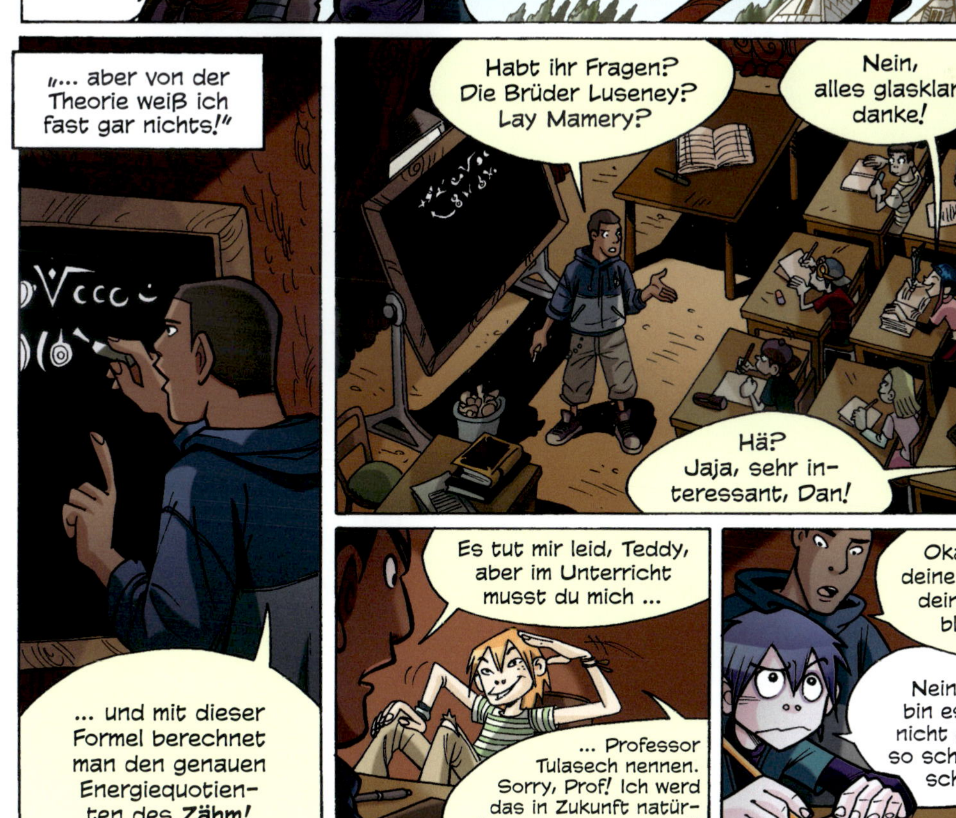

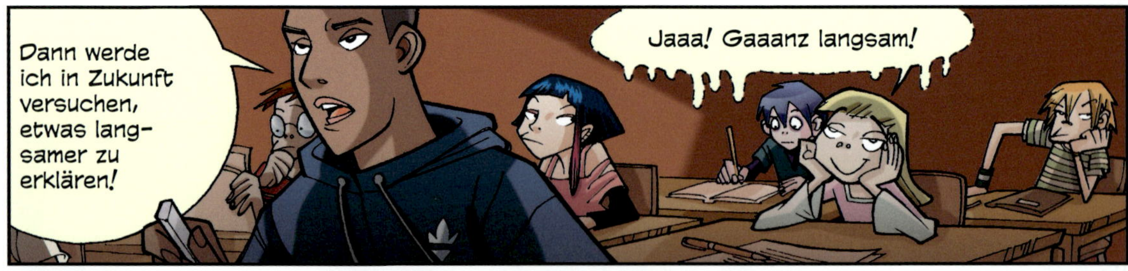
Dann werde ich in Zukunft versuchen, etwas langsamer zu erklären!
Jaaa! Gaaanz langsam!

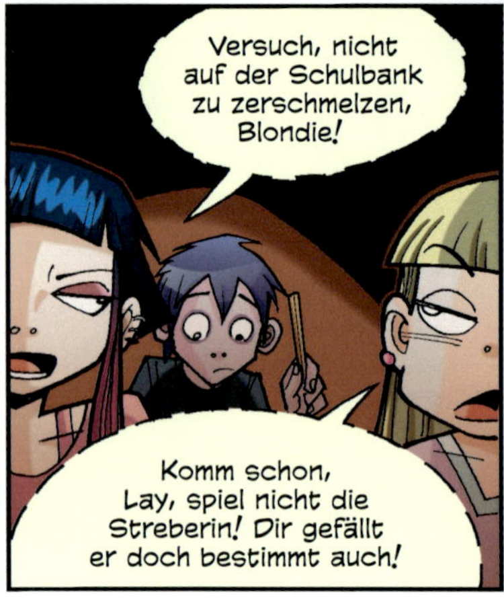
Versuch, nicht auf der Schulbank zu zerschmelzen, Blondie!
Komm schon, Lay, spiel nicht die Streberin! Dir gefällt er doch bestimmt auch!

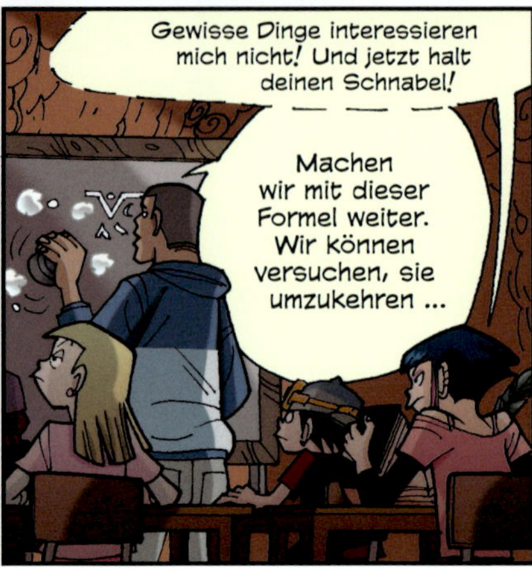
Gewisse Dinge interessieren mich nicht! Und jetzt halt deinen Schnabel!
Machen wir mit dieser Formel weiter. Wir können versuchen, sie umzukehren ...

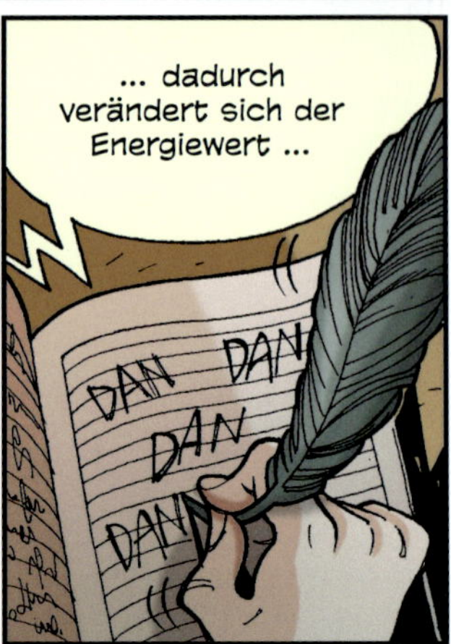
... dadurch verändert sich der Energiewert ...
DAN DAN
DAN
DAN

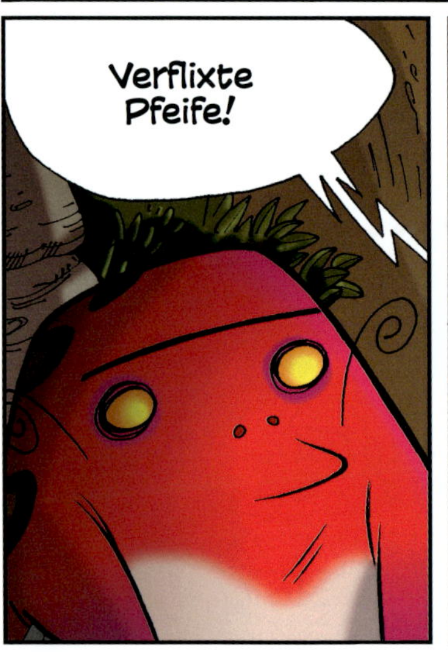
Verflixte Pfeife!

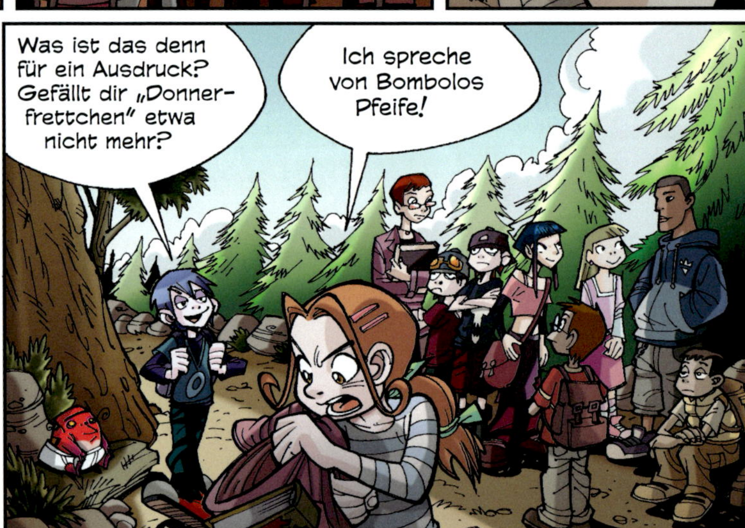
Was ist das denn für ein Ausdruck? Gefällt dir „Donnerfrettchen" etwa nicht mehr?
Ich spreche von Bombolos Pfeife!

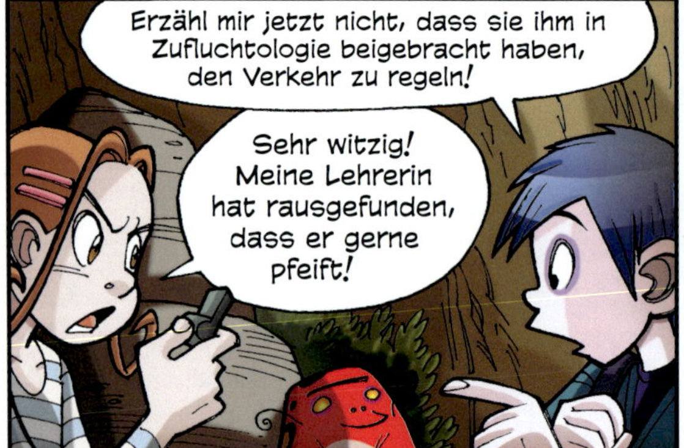
Erzähl mir jetzt nicht, dass sie ihm in Zufluchtologie beigebracht haben, den Verkehr zu regeln!
Sehr witzig! Meine Lehrerin hat rausgefunden, dass er gerne pfeift!

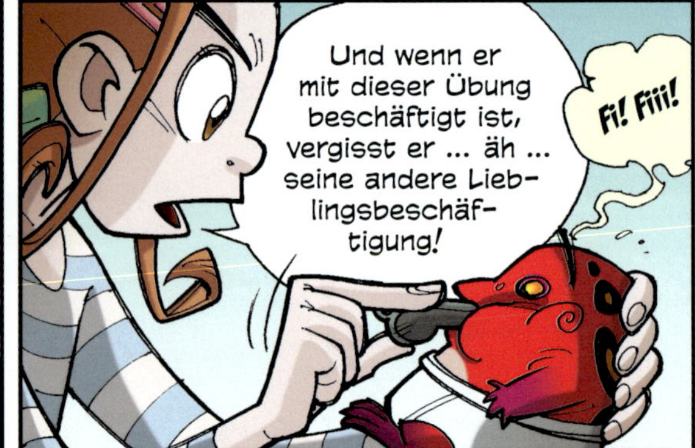
Und wenn er mit dieser Übung beschäftigt ist, vergisst er ... äh ... seine andere Lieblingsbeschäftigung!
Fi! Fiii!

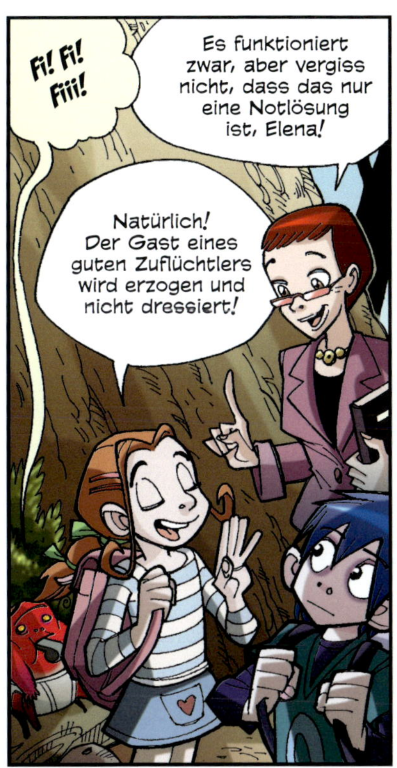
Fi! Fi! Fiii!
Es funktioniert zwar, aber vergiss nicht, dass das nur eine Notlösung ist, Elena!
Natürlich! Der Gast eines guten Zuflüchtlers wird erzogen und nicht dressiert!

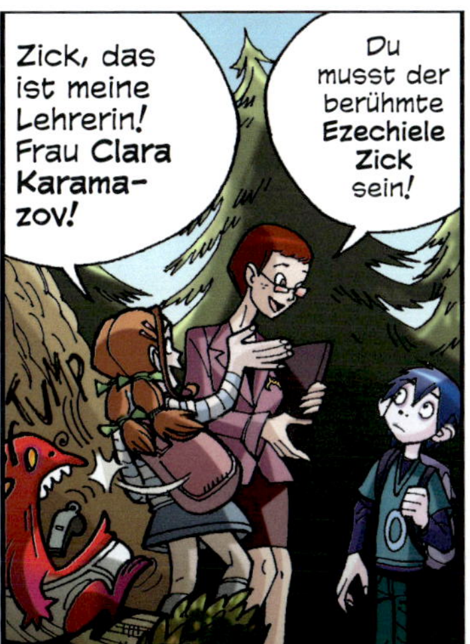
Zick, das ist meine Lehrerin! Frau Clara Karamazov!
Du musst der berühmte Ezechiele Zick sein!

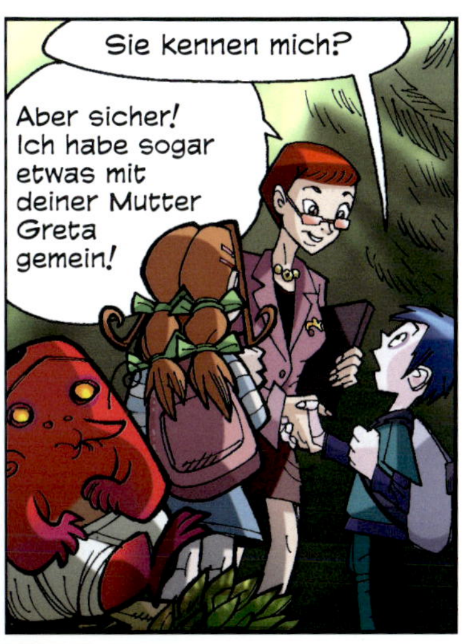
Sie kennen mich?
Aber sicher! Ich habe sogar etwas mit deiner Mutter Greta gemein!

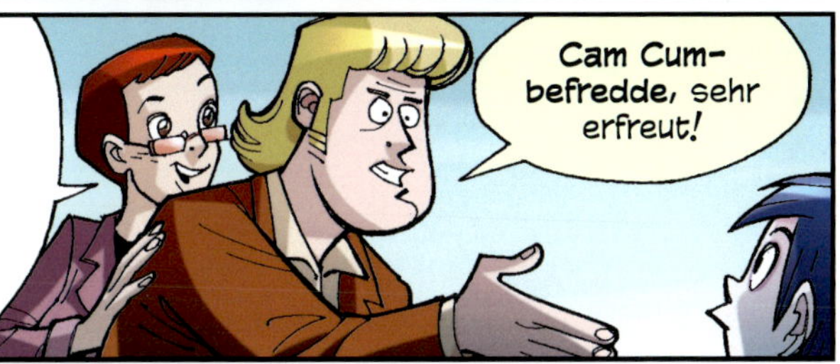
Auch ich habe den Bändiger meiner Haftoase geheiratet! Hier ist er!
Cam Cumbefredde, sehr erfreut!

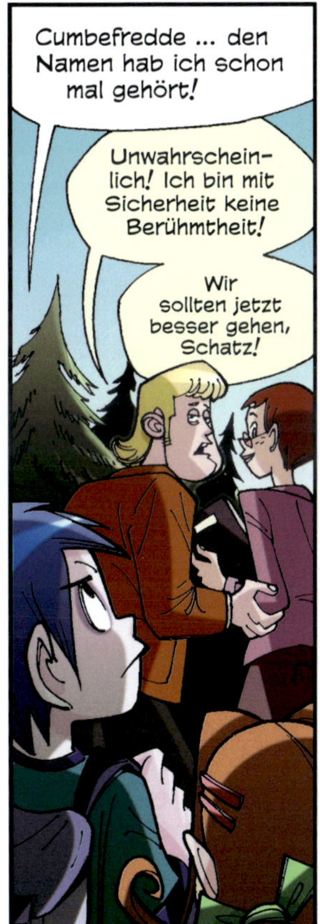
Cumbefredde ... den Namen hab ich schon mal gehört!
Unwahrscheinlich! Ich bin mit Sicherheit keine Berühmtheit!
Wir sollten jetzt besser gehen, Schatz!

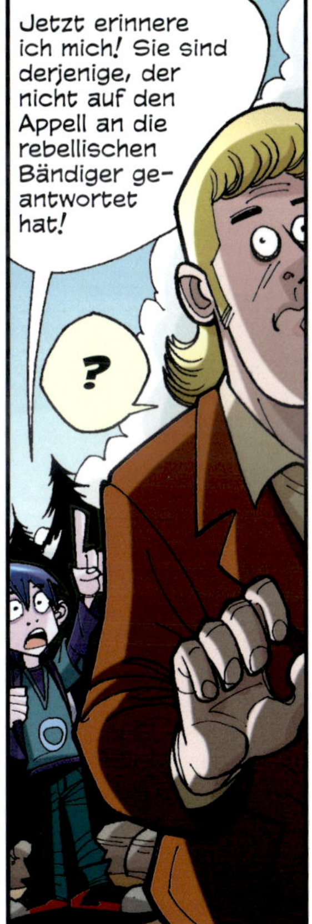
Jetzt erinnere ich mich! Sie sind derjenige, der nicht auf den Appell an die rebellischen Bändiger geantwortet hat!
?

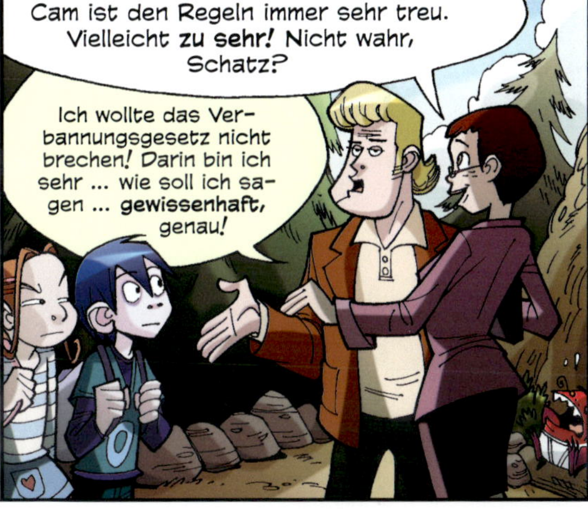
Cam ist den Regeln immer sehr treu. Vielleicht zu sehr! Nicht wahr, Schatz?
Ich wollte das Verbannungsgesetz nicht brechen! Darin bin ich sehr ... wie soll ich sagen ... gewissenhaft, genau!

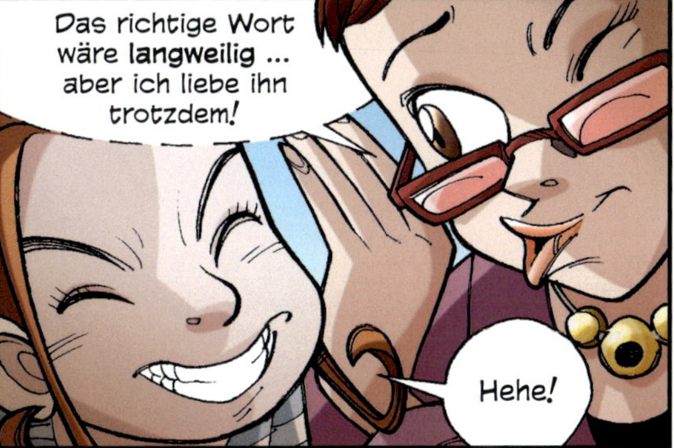
Das richtige Wort wäre langweilig ... aber ich liebe ihn trotzdem!
Hehe!

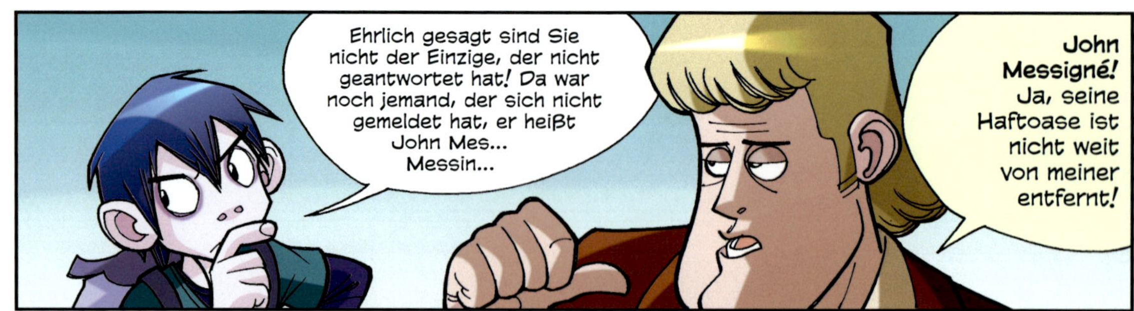

Ehrlich gesagt sind Sie nicht der Einzige, der nicht geantwortet hat! Da war noch jemand, der sich nicht gemeldet hat, er heißt John Mes... Messin...
John Messigné! Ja, seine Haftoase ist nicht weit von meiner entfernt!

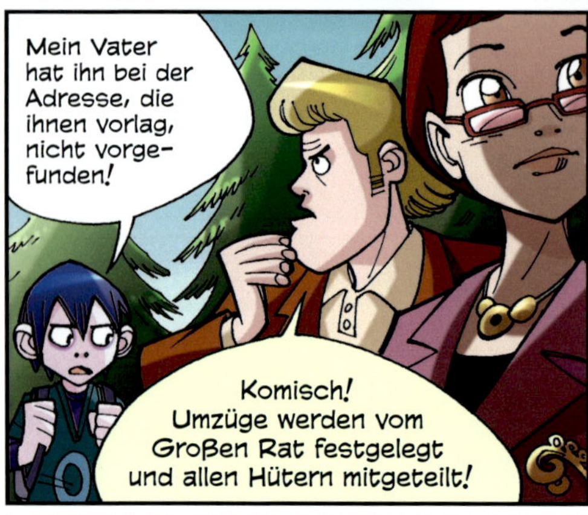

Mein Vater hat ihn bei der Adresse, die ihnen vorlag, nicht vorgefunden!
Komisch! Umzüge werden vom Großen Rat festgelegt und allen Hütern mitgeteilt!

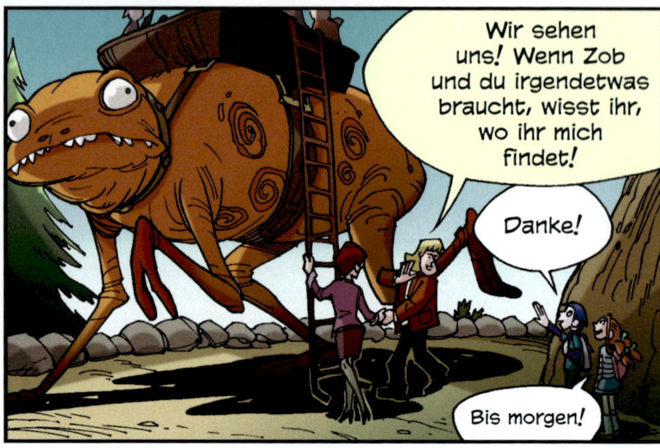

Wir sehen uns! Wenn Zob und du irgendetwas braucht, wisst ihr, wo ihr mich findet!
Danke!
Bis morgen!

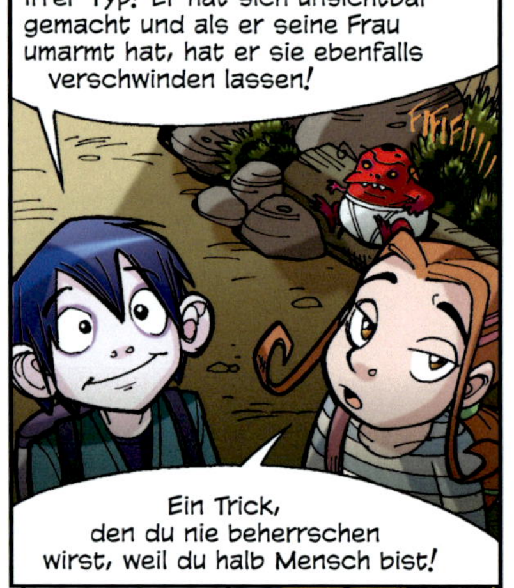

Irrer Typ! Er hat sich unsichtbar gemacht und als er seine Frau umarmt hat, hat er sie ebenfalls verschwinden lassen!
Ein Trick, den du nie beherrschen wirst, weil du halb Mensch bist!

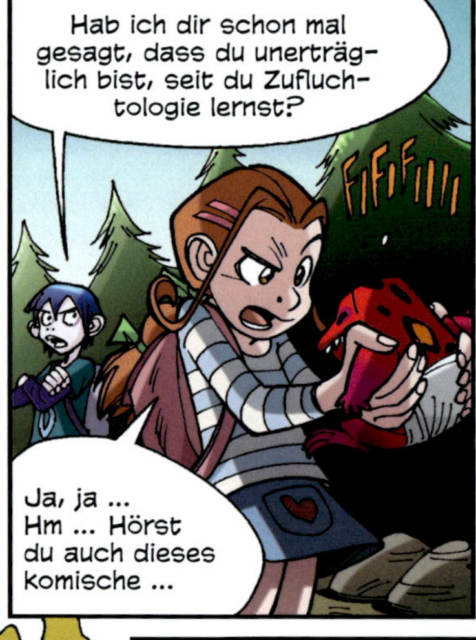

Hab ich dir schon mal gesagt, dass du unerträglich bist, seit du Zufluchtologie lernst?
FIFIFIIII
Ja, ja ... Hm ... Hörst du auch dieses komische ...

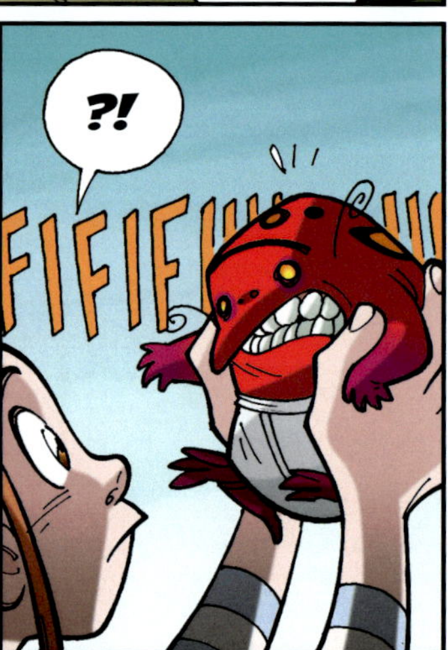

?!
FIFIEIIII

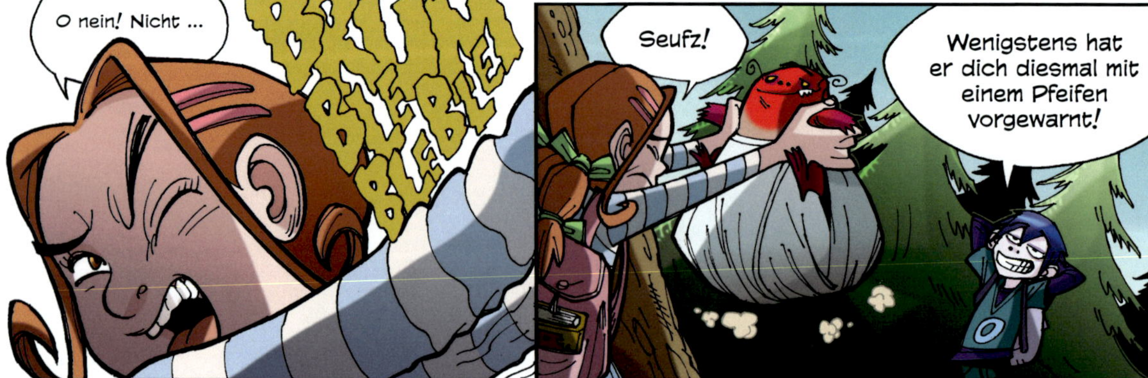

O nein! Nicht ...
BRUM BLEBLEBLE BLEBLE
Seufz!
Wenigstens hat er dich diesmal mit einem Pfeifen vorgewarnt!

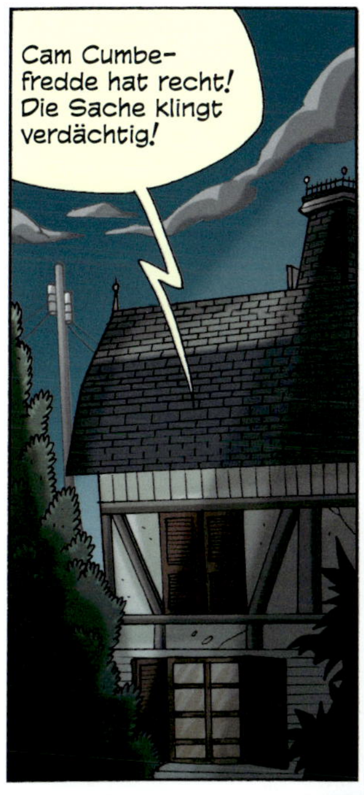
Cam Cumbe-fredde hat recht! Die Sache klingt verdächtig!

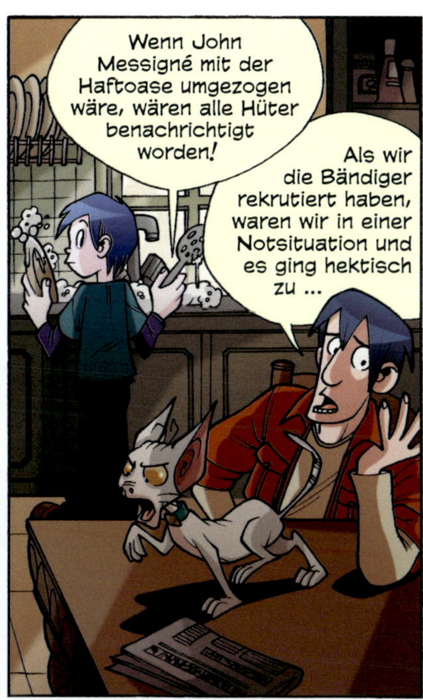
Wenn John Messigné mit der Haftoase umgezogen wäre, wären alle Hüter benachrichtigt worden!
Als wir die Bändiger rekrutiert haben, waren wir in einer Notsituation und es ging hektisch zu ...

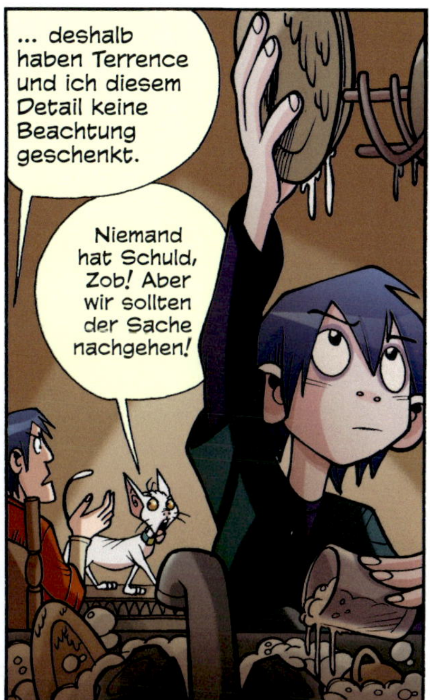
... deshalb haben Terrence und ich diesem Detail keine Beachtung geschenkt.
Niemand hat Schuld, Zob! Aber wir sollten der Sache nachgehen!

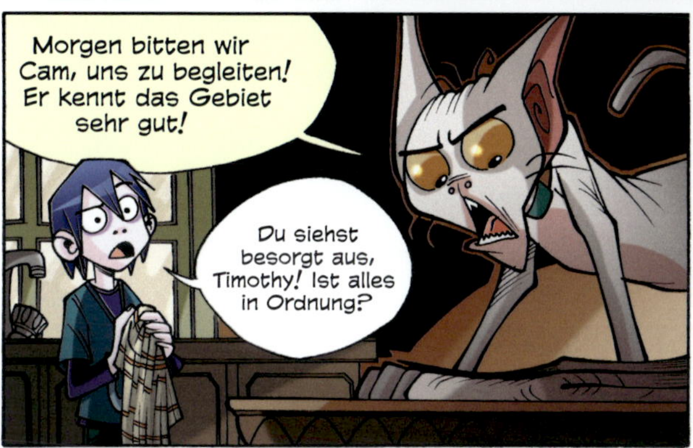
Morgen bitten wir Cam, uns zu begleiten! Er kennt das Gebiet sehr gut!
Du siehst besorgt aus, Timothy! Ist alles in Ordnung?

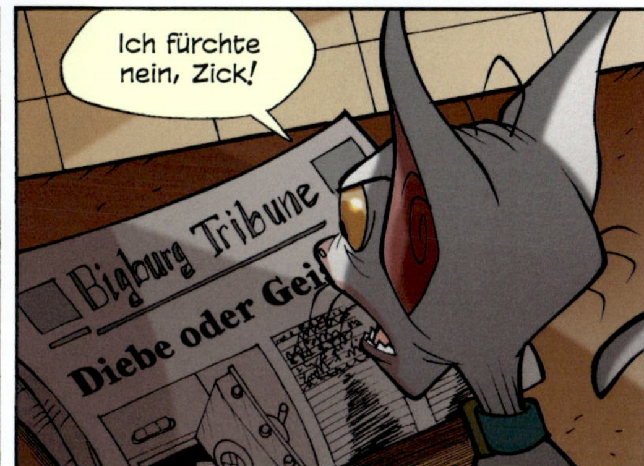
Ich fürchte nein, Zick!
Bigburg Tribune
Diebe oder Gei

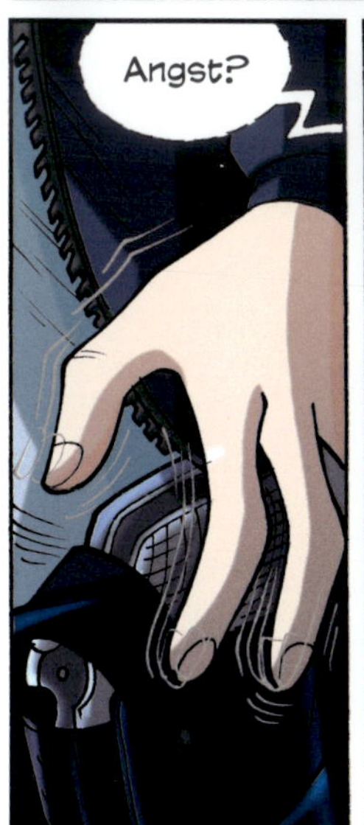
Angst?

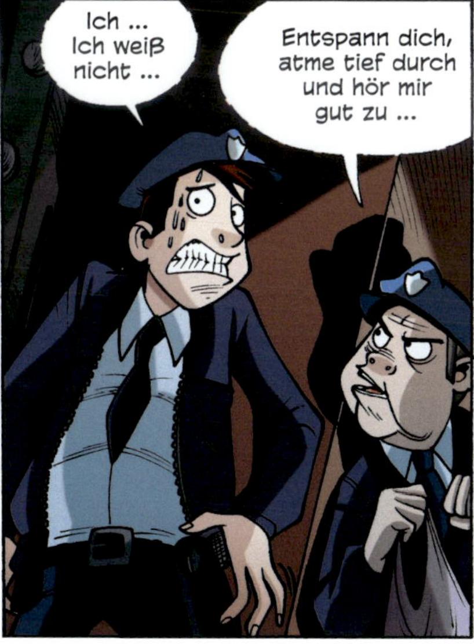
Ich ... Ich weiß nicht ...
Entspann dich, atme tief durch und hör mir gut zu ...

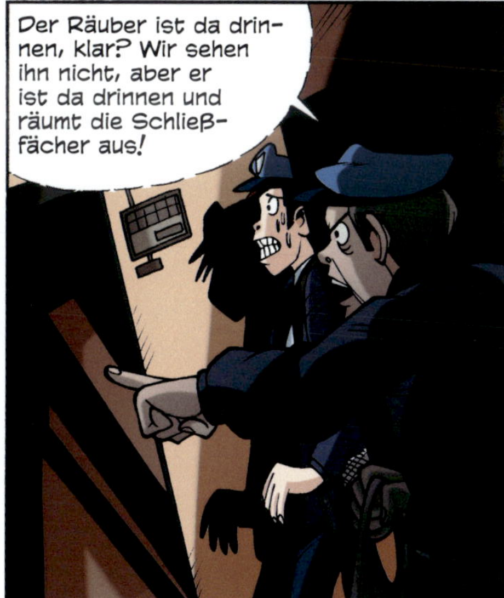
Der Räuber ist da drin-nen, klar? Wir sehen ihn nicht, aber er ist da drinnen und räumt die Schließ-fächer aus!

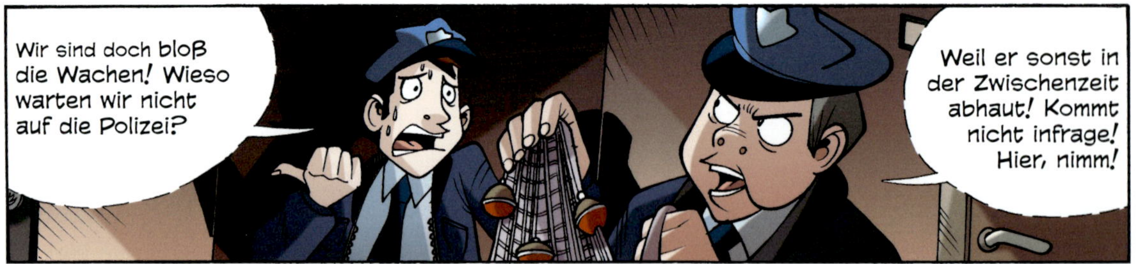
Wir sind doch bloß die Wachen! Wieso warten wir nicht auf die Polizei?
Weil er sonst in der Zwischenzeit abhaut! Kommt nicht infrage! Hier, nimm!

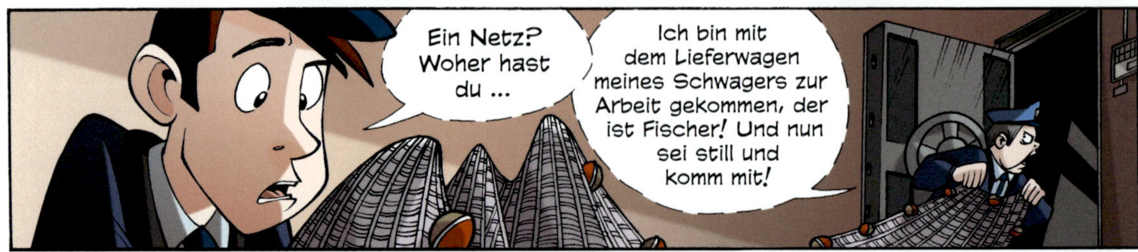
Ein Netz? Woher hast du ...
Ich bin mit dem Lieferwagen meines Schwagers zur Arbeit gekommen, der ist Fischer! Und nun sei still und komm mit!

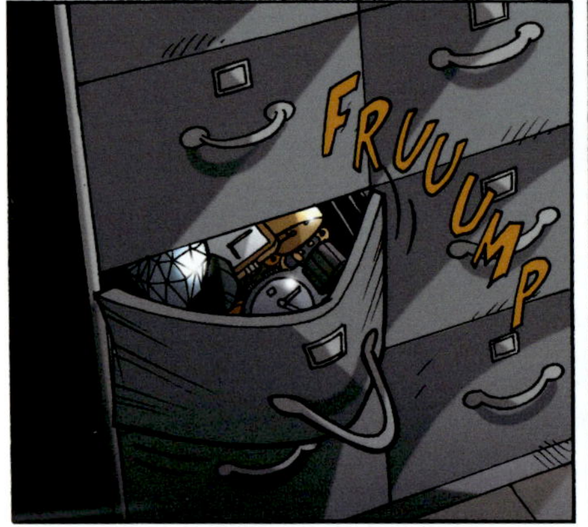
FRUUUMP

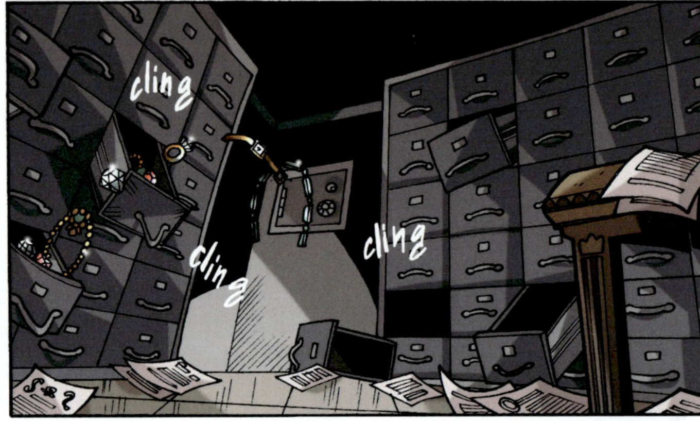
cling
cling
cling

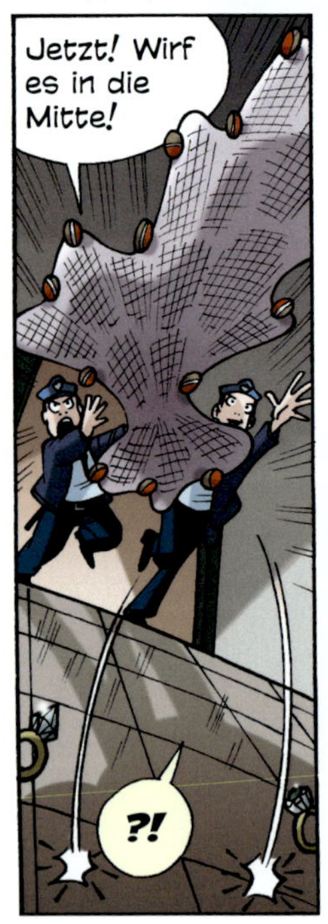
Jetzt! Wirf es in die Mitte!
?!

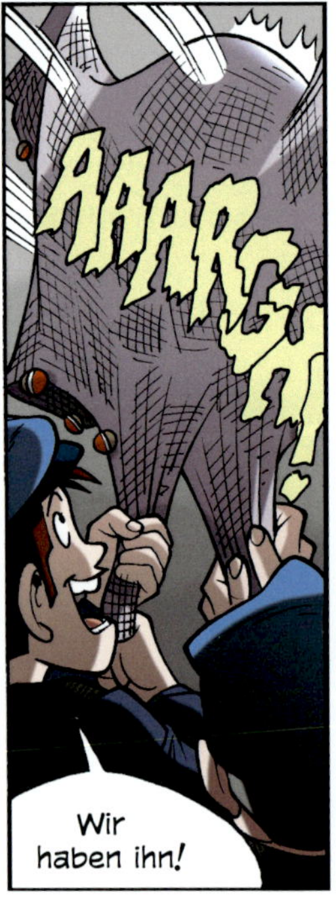
AAARGH!
Wir haben ihn!

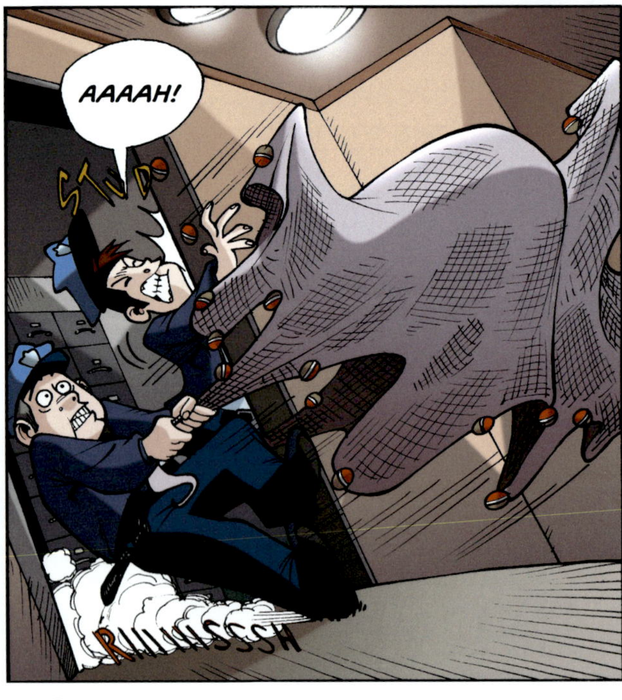
AAAAH!
STUD
RIIIIISSSSH

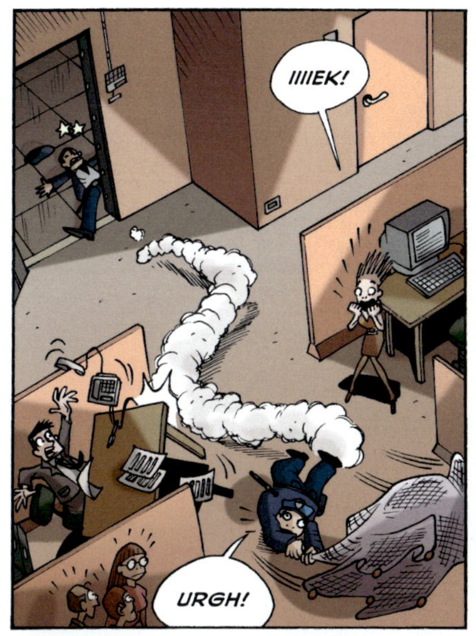
IIIIEK!
URGH!
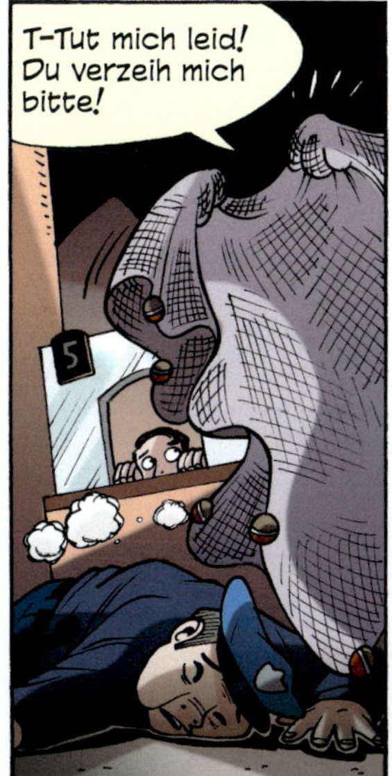
T-Tut mich leid! Du verzeih mich bitte!
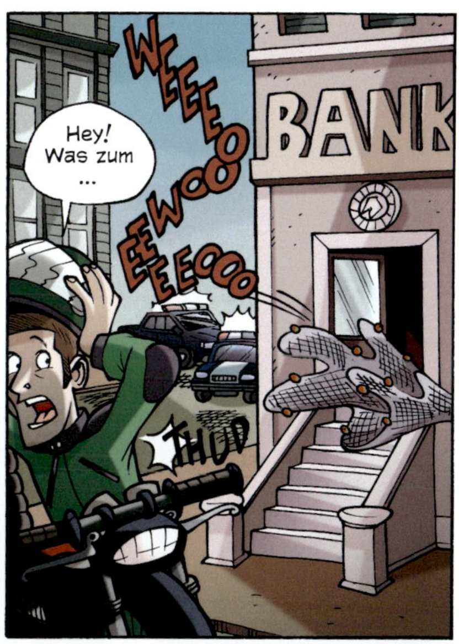
WEEEEO
EEWOOO
EEOOO
BANK
Hey! Was zum ...
THUD
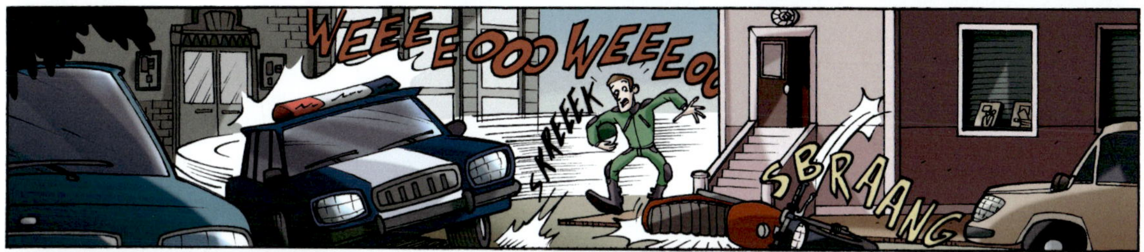
WEEEEOOO WEEEEOO
SKREEEK
SBRAANG
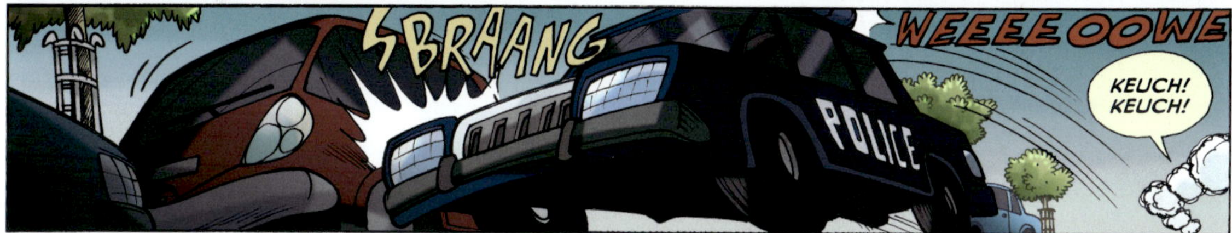
SBRAANG
POLICE
WEEEEOOWE
KEUCH! KEUCH!
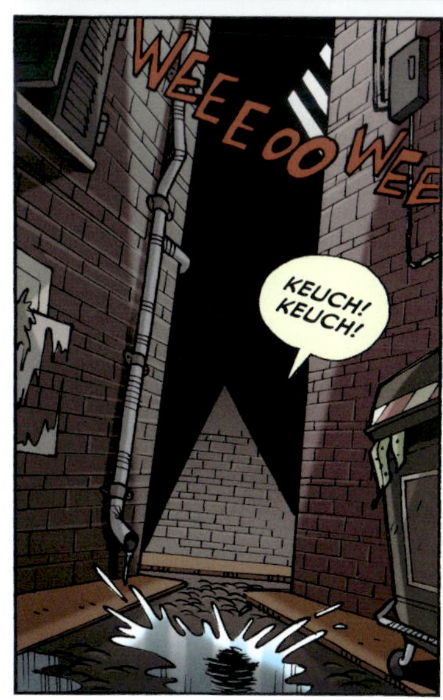
WEEEEOOWEE
KEUCH! KEUCH!
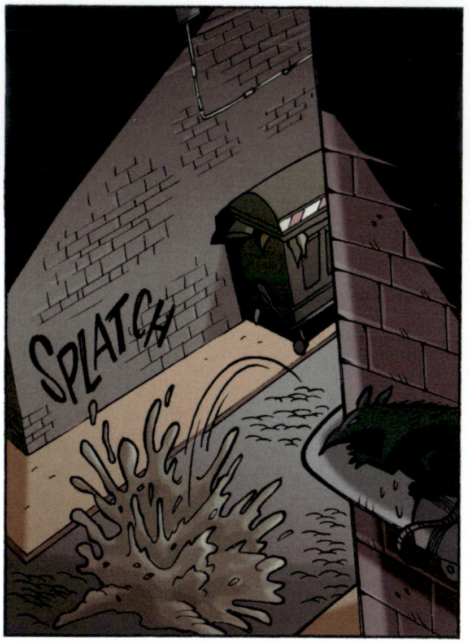
SPLATCH
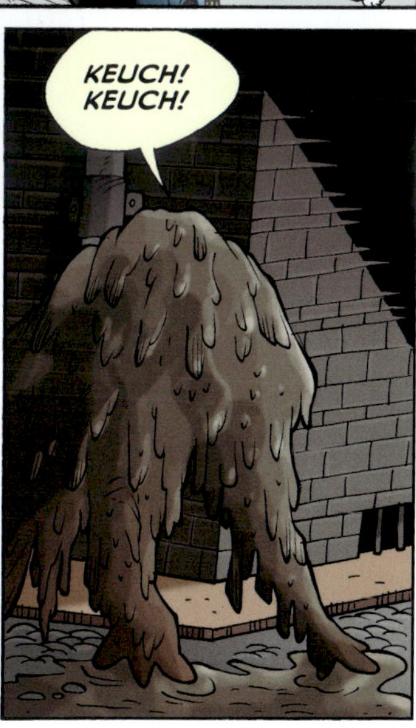
KEUCH! KEUCH!

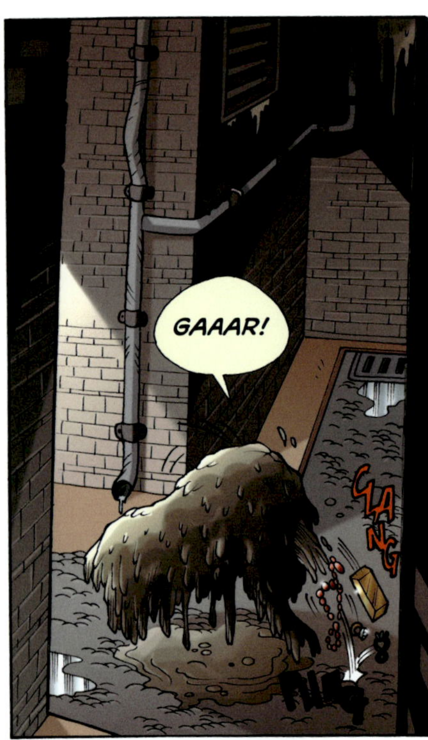
GAAAR!
CLANG
PLING
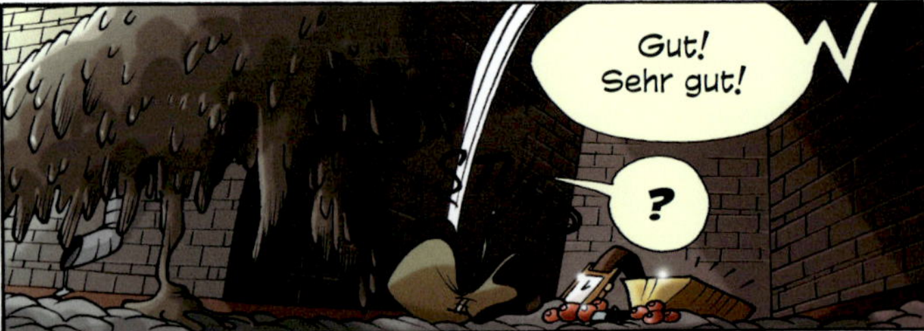
Gut!
Sehr gut!
?
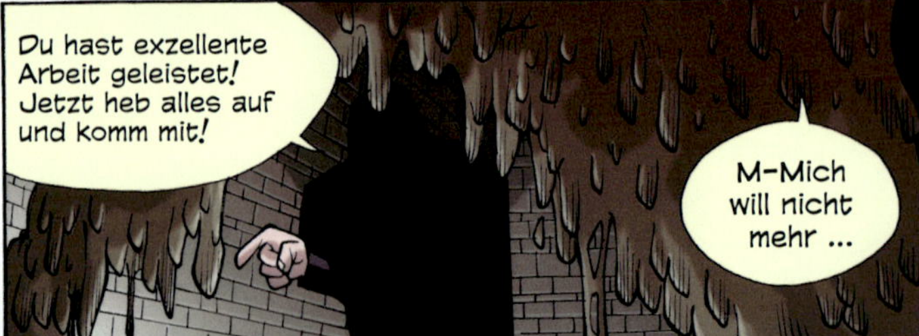
Du hast exzellente Arbeit geleistet! Jetzt heb alles auf und komm mit!
M-Mich will nicht mehr ...
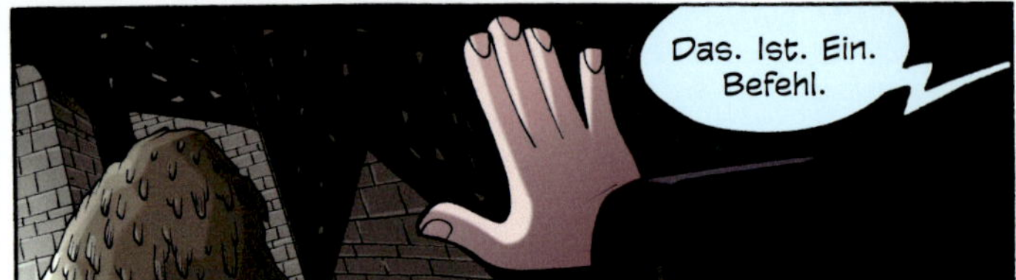
Das. Ist. Ein. Befehl.
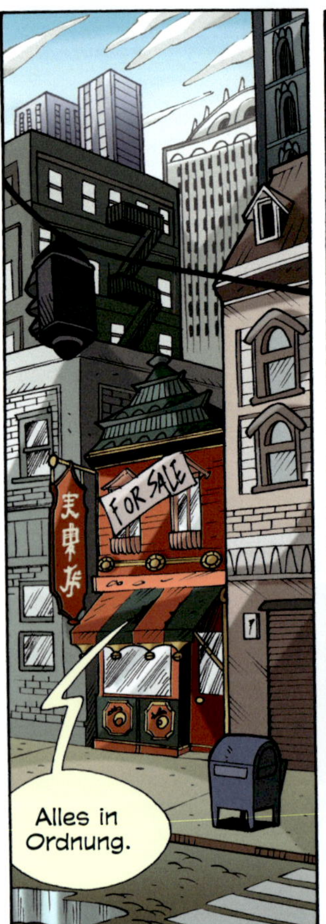
FOR SALE
Alles in Ordnung.
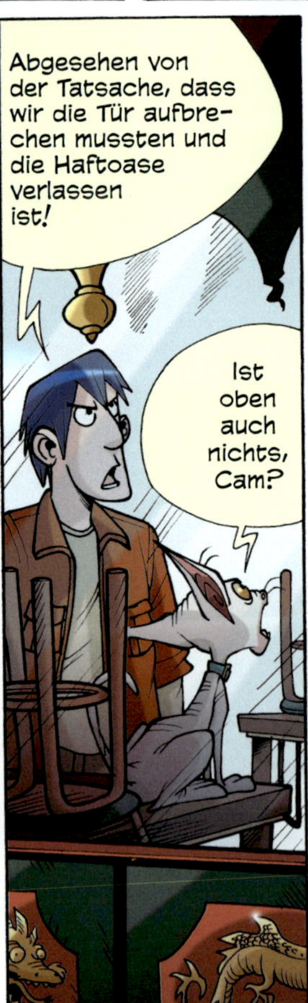
Abgesehen von der Tatsache, dass wir die Tür aufbrechen mussten und die Haftoase verlassen ist!
Ist oben auch nichts, Cam?
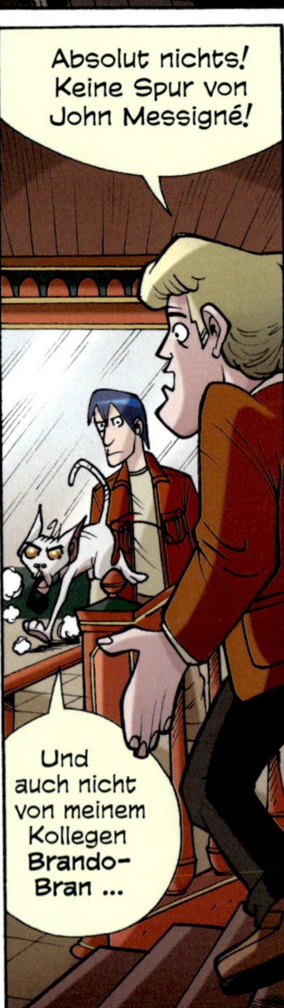
Absolut nichts! Keine Spur von John Messigné!
Und auch nicht von meinem Kollegen **Brando-Bran ...**
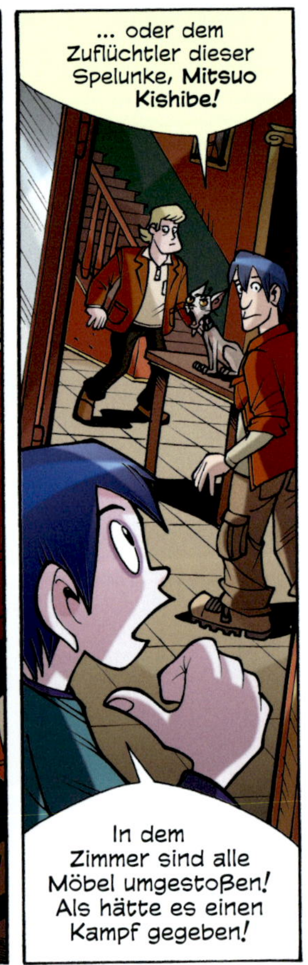
... oder dem Zuflüchtler dieser Spelunke, **Mitsuo Kishibe!**
In dem Zimmer sind alle Möbel umgestoßen! Als hätte es einen Kampf gegeben!

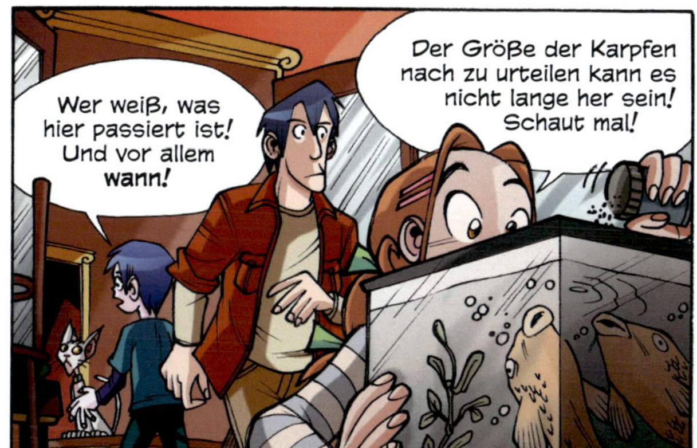
Wer weiß, was hier passiert ist! Und vor allem **wann**!
Der Größe der Karpfen nach zu urteilen kann es nicht lange her sein! Schaut mal!

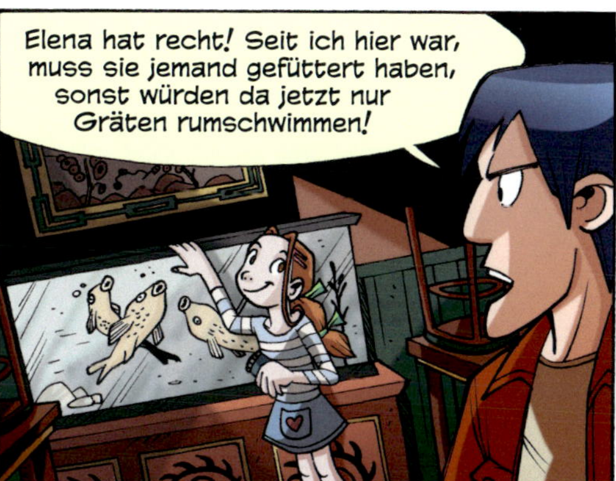
Elena hat recht! Seit ich hier war, muss sie jemand gefüttert haben, sonst würden da jetzt nur Gräten rumschwimmen!

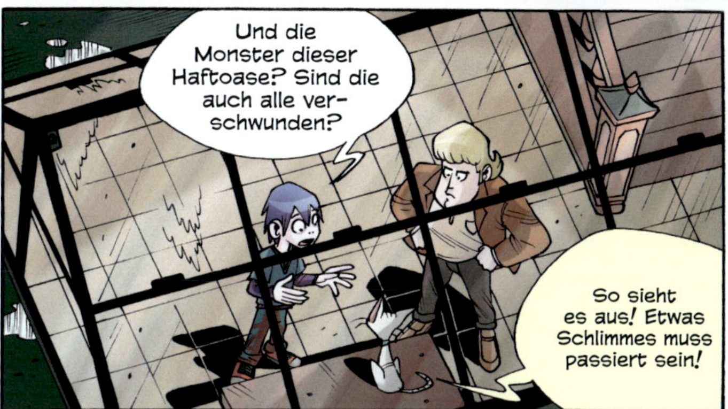
Und die Monster dieser Haftoase? Sind die auch alle verschwunden?
So sieht es aus! Etwas Schlimmes muss passiert sein!

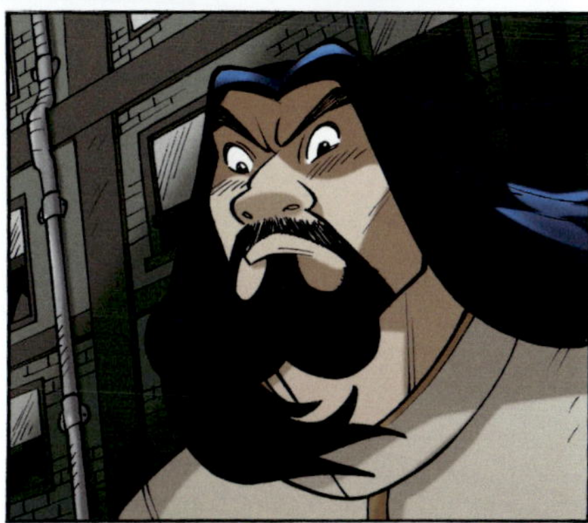

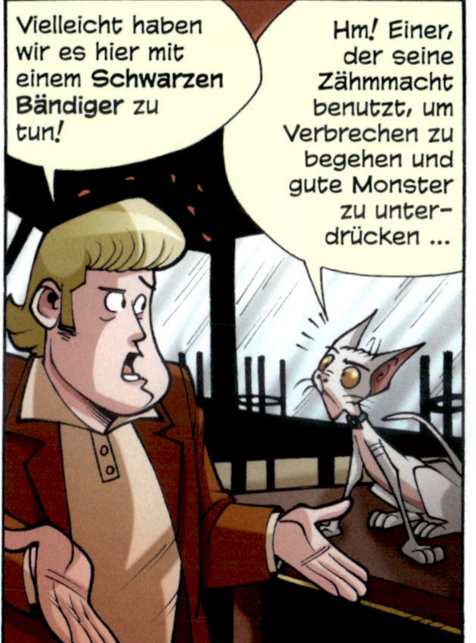
Vielleicht haben wir es hier mit einem **Schwarzen Bändiger** zu tun!
Hm! Einer, der seine Zähmmacht benutzt, um Verbrechen zu begehen und gute Monster zu unterdrücken ...

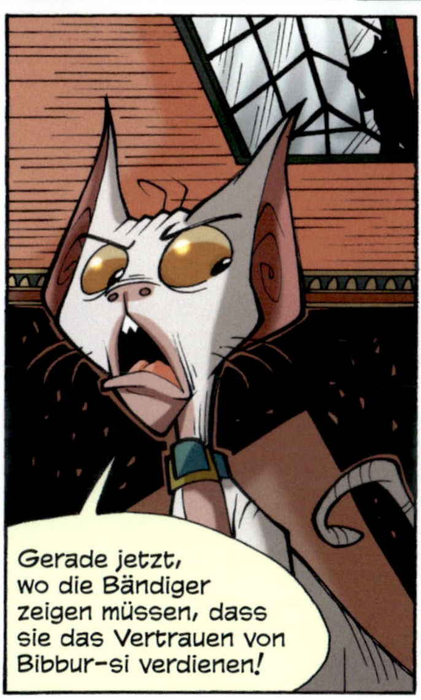
Gerade jetzt, wo die Bändiger zeigen müssen, dass sie das Vertrauen von Bibbur-si verdienen!

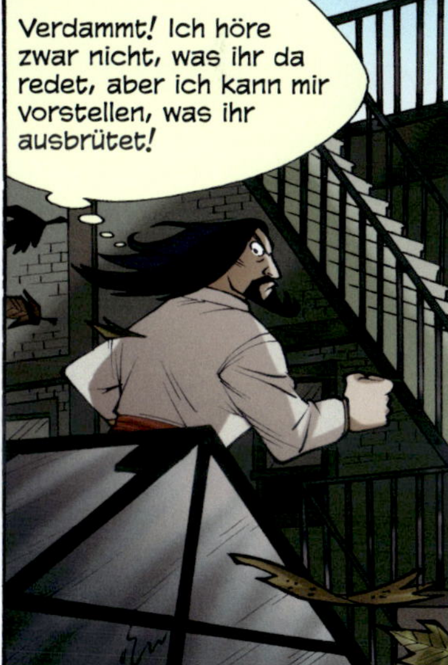
Verdammt! Ich höre zwar nicht, was ihr da redet, aber ich kann mir vorstellen, was ihr ausbrütet!

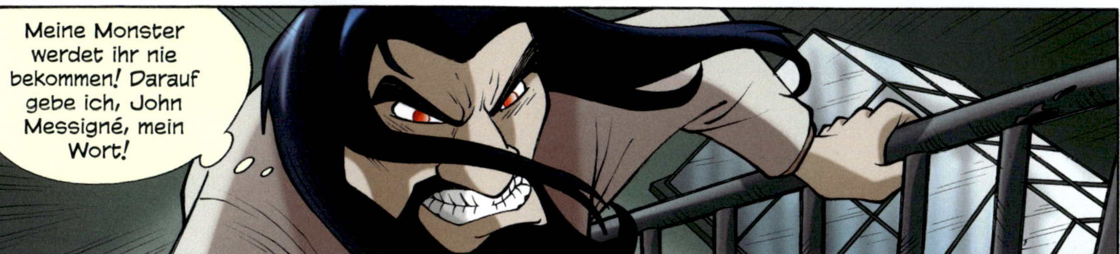
Meine Monster werdet ihr nie bekommen! Darauf gebe ich, John Messigné, mein Wort!

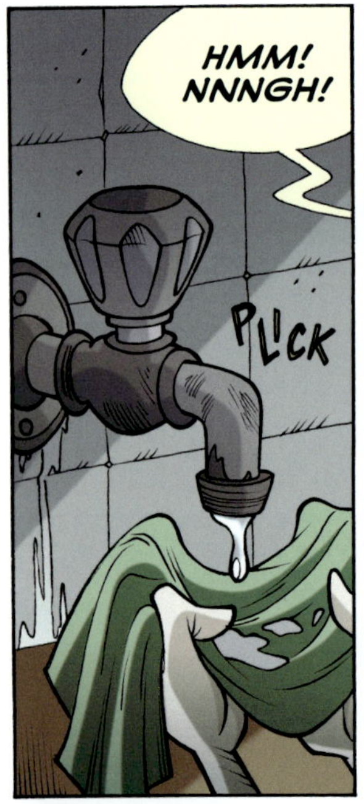
HMM! NNNGH!
PLICK
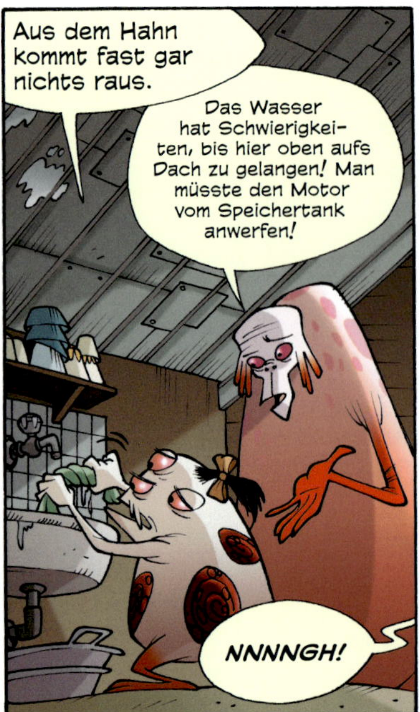
Aus dem Hahn kommt fast gar nichts raus.
Das Wasser hat Schwierigkeiten, bis hier oben aufs Dach zu gelangen! Man müsste den Motor vom Speichertank anwerfen!
NNNNGH!
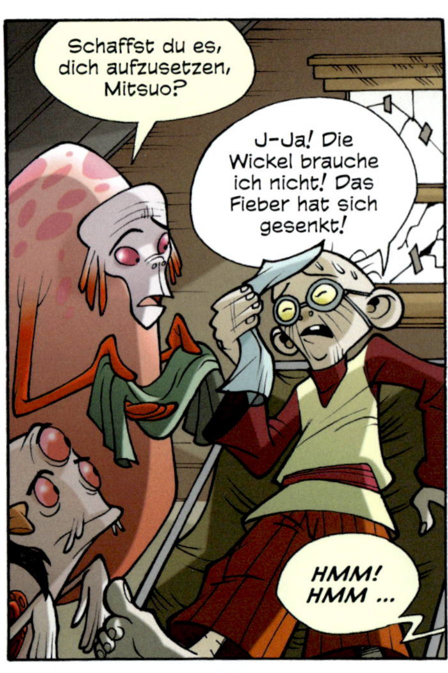
Schaffst du es, dich aufzusetzen, Mitsuo?
J-Ja! Die Wickel brauche ich nicht! Das Fieber hat sich gesenkt!
HMM! HMM ...
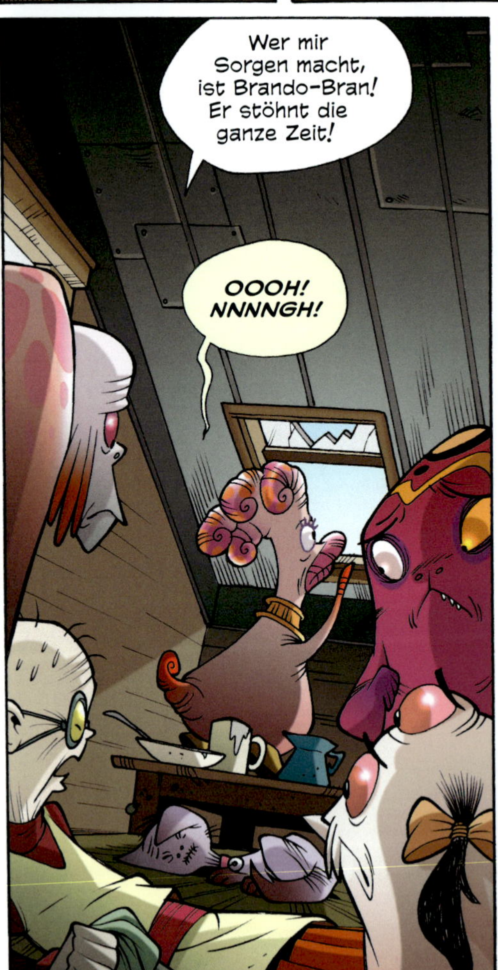
Wer mir Sorgen macht, ist Brando-Bran! Er stöhnt die ganze Zeit!
OOOH! NNNNGH!
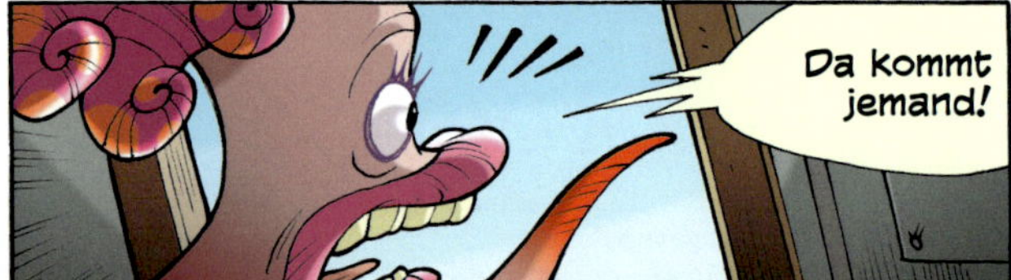
Da kommt jemand!
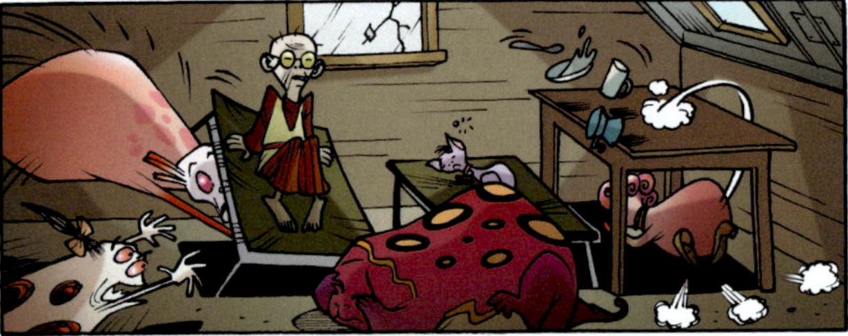
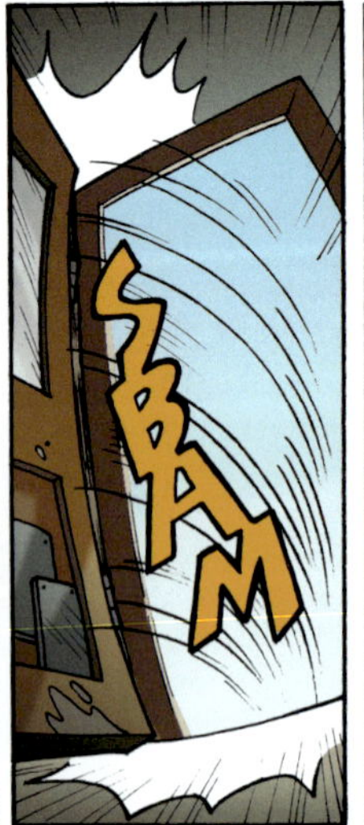
SBAM
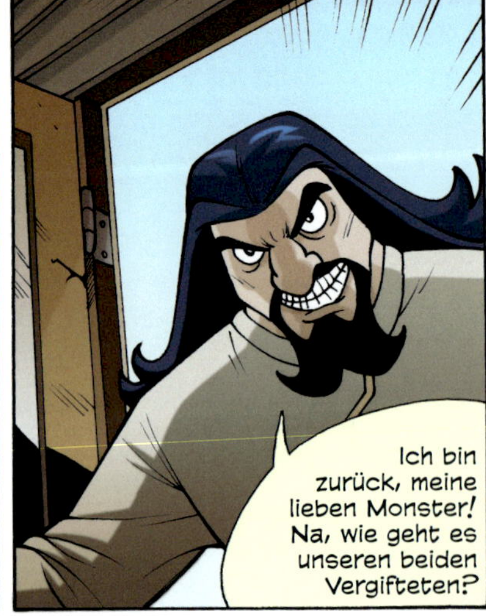
Ich bin zurück, meine lieben Monster! Na, wie geht es unseren beiden Vergifteten?

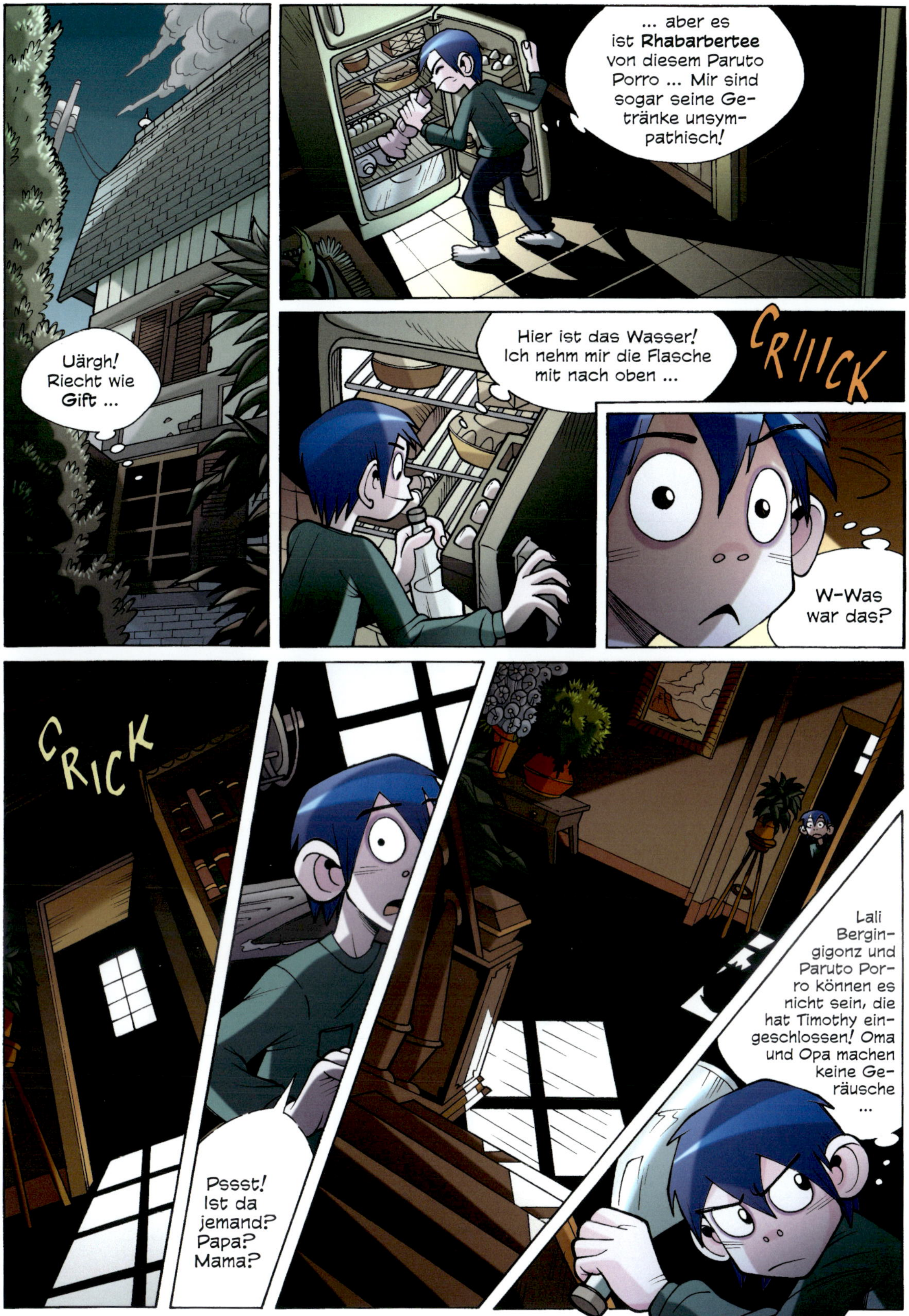

... aber es
ist **Rhabarbertee**
von diesem Paruto
Porro ... Mir sind
sogar seine Ge-
tränke unsym-
pathisch!
Uärgh!
Riecht wie
Gift ...
Hier ist das Wasser!
Ich nehm mir die Flasche
mit nach oben ...
CRIIICK
W-Was
war das?
CRICK
Pssst!
Ist da
jemand?
Papa?
Mama?
Lali
Bergin-
gionz und
Paruto Por-
ro können es
nicht sein, die
hat Timothy ein-
geschlossen! Oma
und Opa machen
keine Ge-
räusche
...

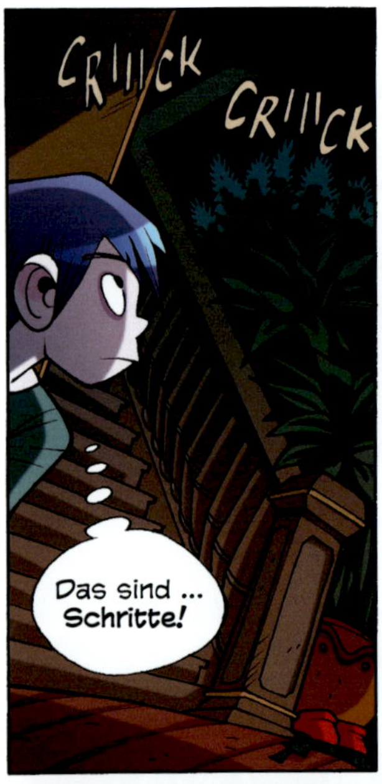
CRIIICK
CRIIICK
Das sind ... Schritte!
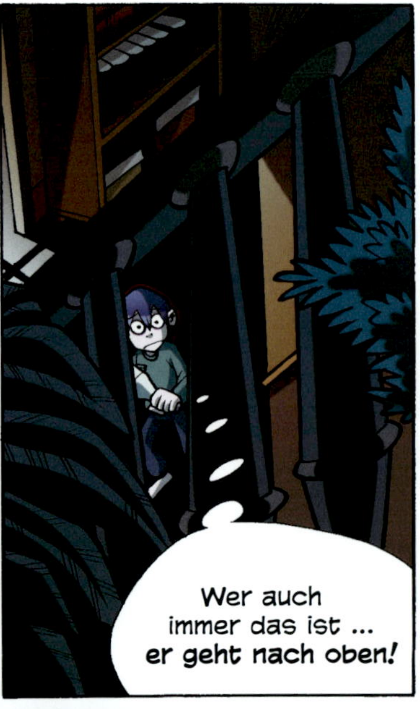
Wer auch immer das ist ... er geht nach oben!
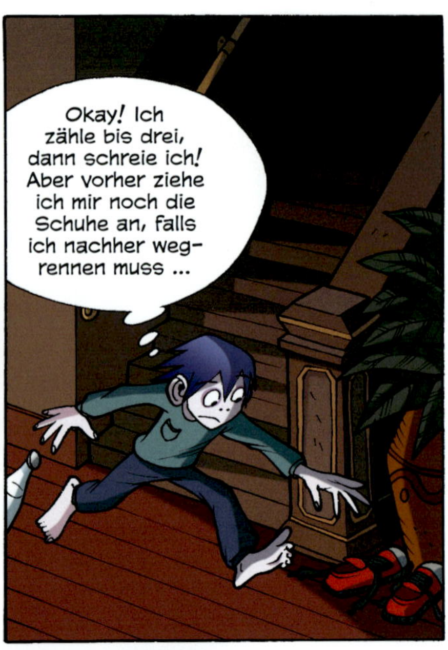
Okay! Ich zähle bis drei, dann schreie ich! Aber vorher ziehe ich mir noch die Schuhe an, falls ich nachher weg-rennen muss ...
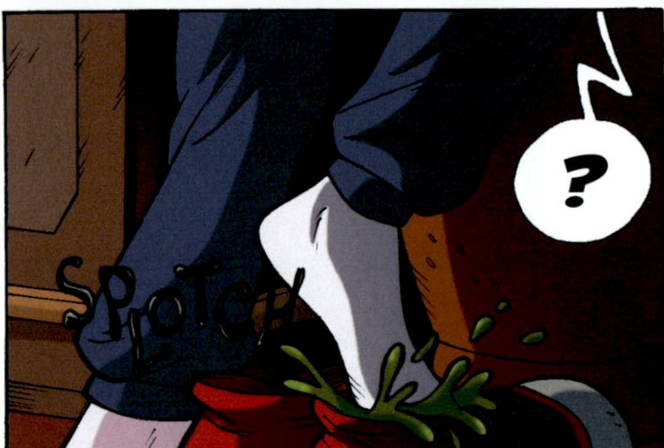
SPLOTCH
?
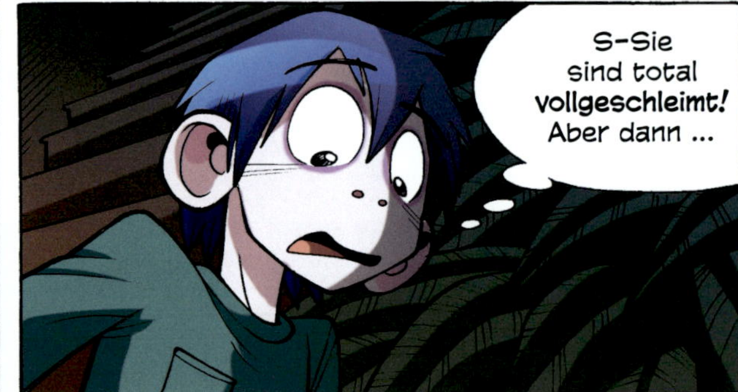
S-Sie sind total vollgeschleimt! Aber dann ...
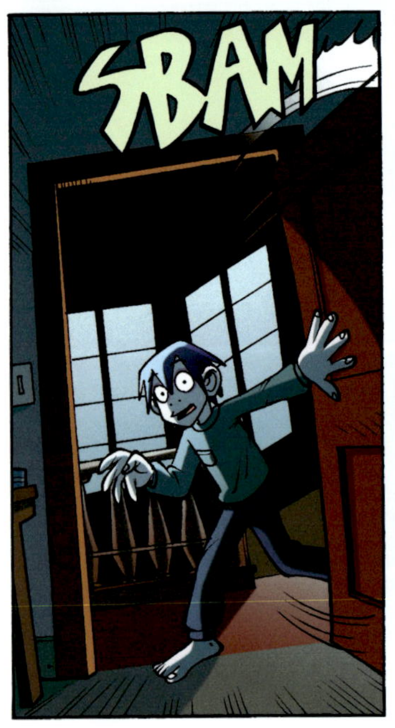
SBAM
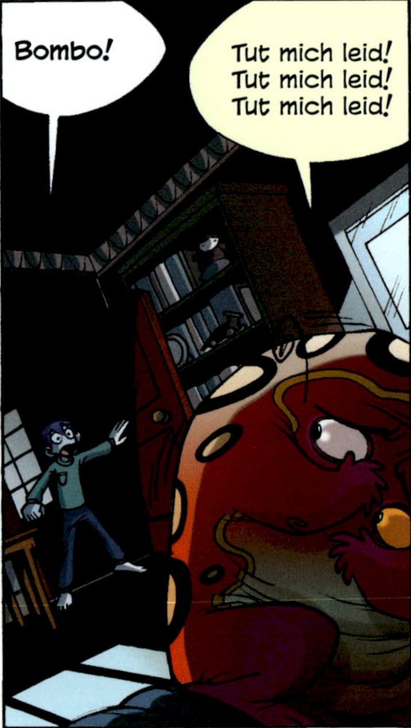
Bombo!
Tut mich leid! Tut mich leid! Tut mich leid!
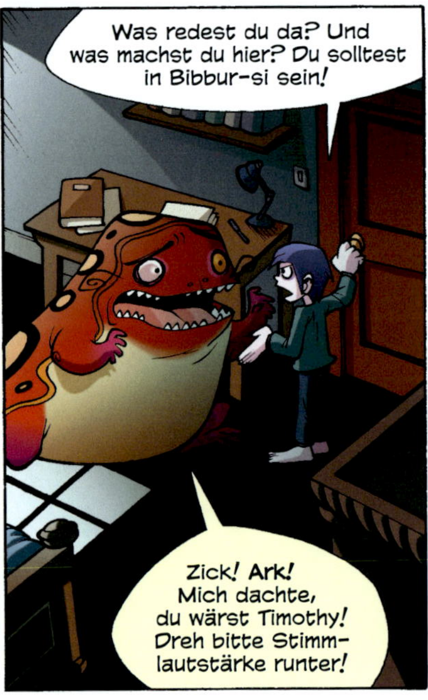
Was redest du da? Und was machst du hier? Du solltest in Bibbur-si sein!
Zick! Ark! Mich dachte, du wärst Timothy! Dreh bitte Stimm-lautstärke runter!

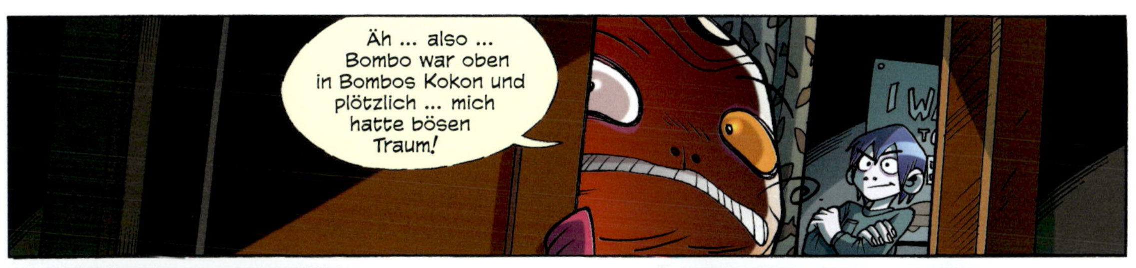
Äh ... also ... Bombo war oben in Bombos Kokon und plötzlich ... mich hatte bösen Traum!

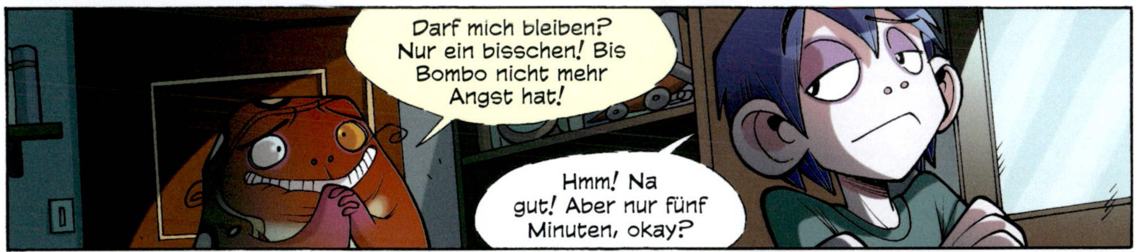
Darf mich bleiben? Nur ein bisschen! Bis Bombo nicht mehr Angst hat!
Hmm! Na gut! Aber nur fünf Minuten, okay?

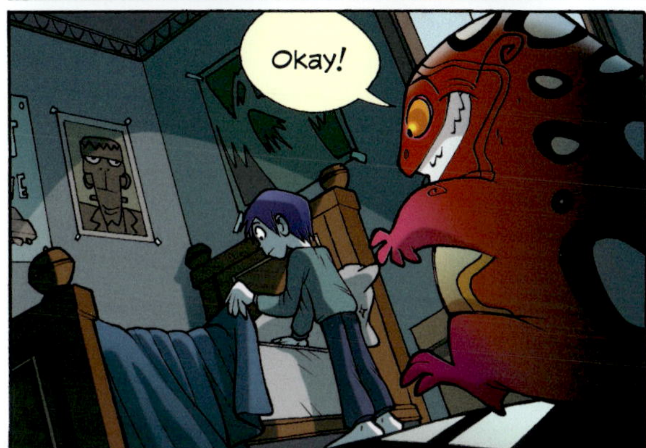
Okay!

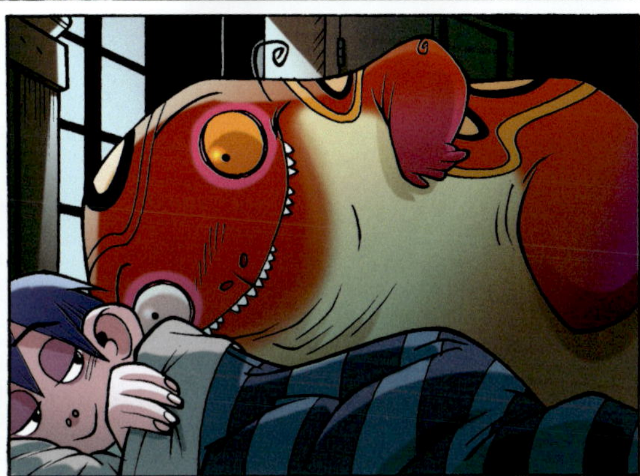

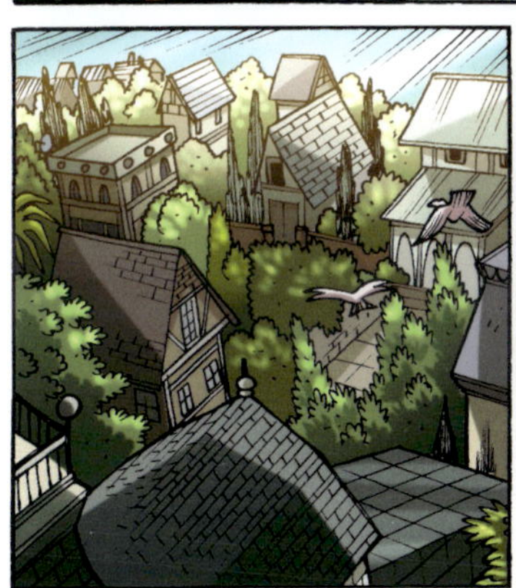

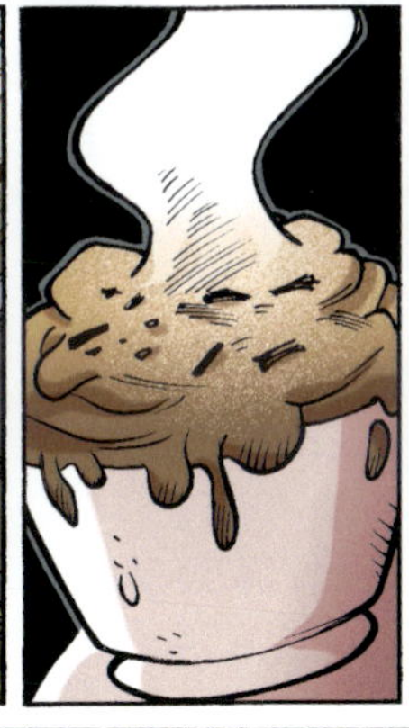

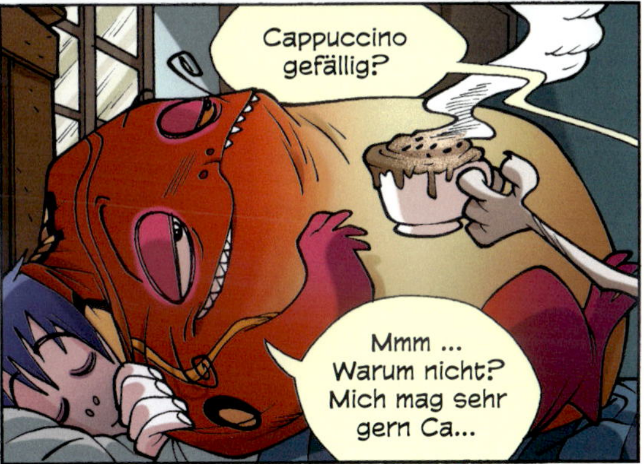
Cappuccino gefällig?
Mmm ... Warum nicht? Mich mag sehr gern Ca...

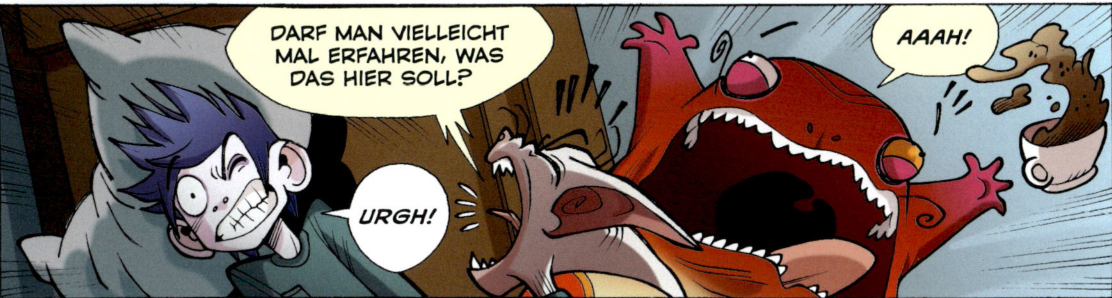
DARF MAN VIELLEICHT MAL ERFAHREN, WAS DAS HIER SOLL?
AAAH!
URGH!

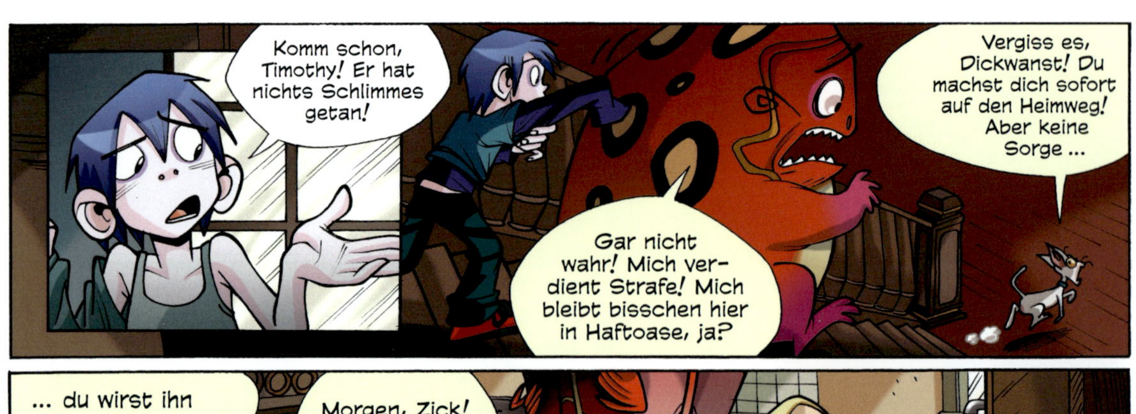

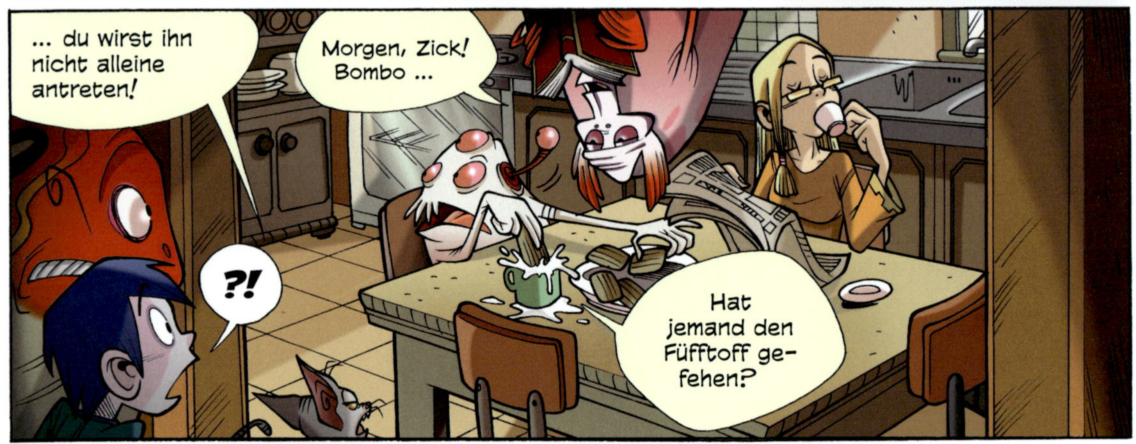

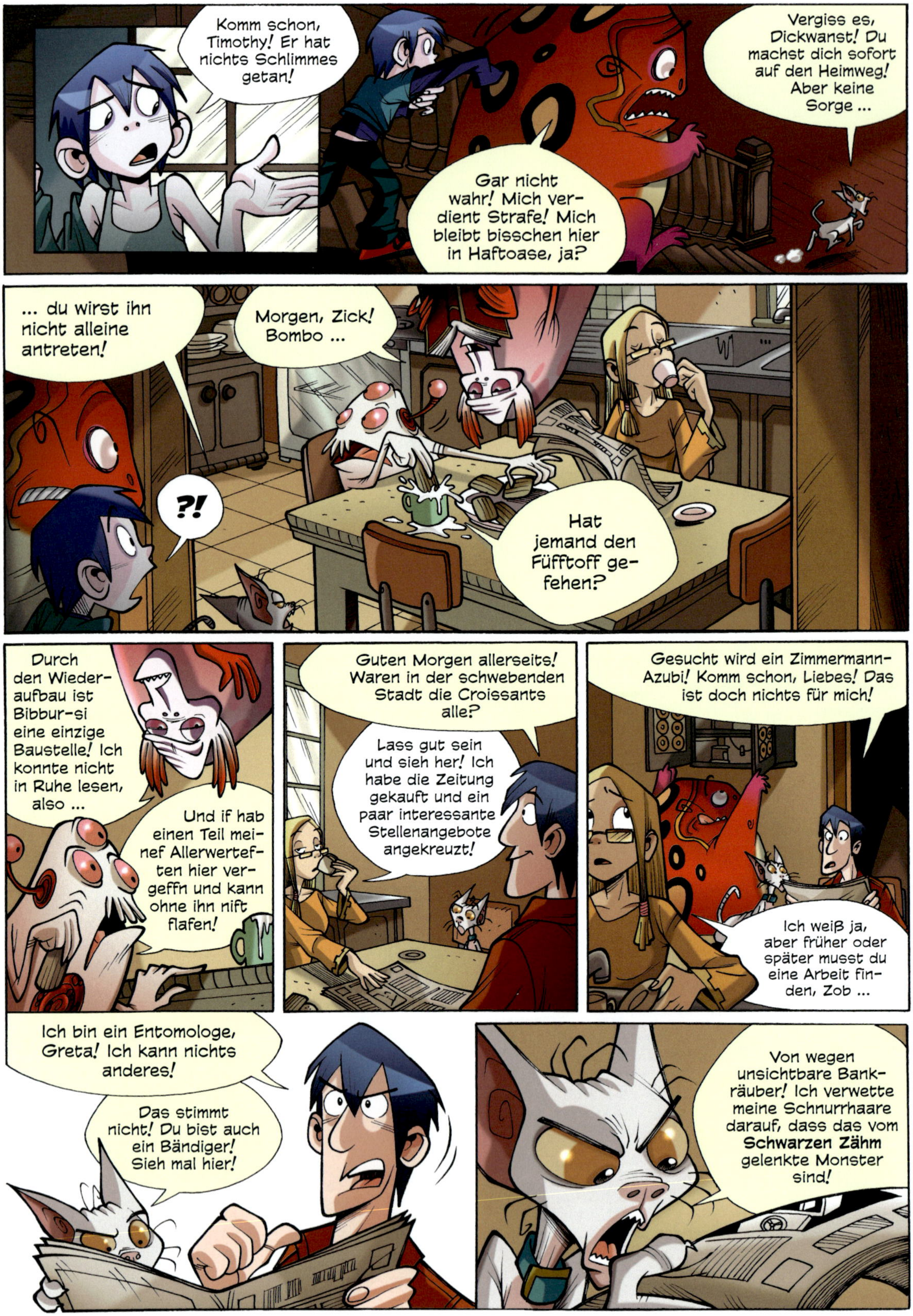

Durch den Wiederaufbau ist Bibbur-si eine einzige Baustelle! Ich konnte nicht in Ruhe lesen, also ...

Und if hab einen Teil meinef Allerwerteften hier vergeffn und kann ohne ihn nift flafen!

Guten Morgen allerseits! Waren in der schwebenden Stadt die Croissants alle?

Lass gut sein und sieh her! Ich habe die Zeitung gekauft und ein paar interessante Stellenangebote angekreuzt!

Gesucht wird ein Zimmermann-Azubi! Komm schon, Liebes! Das ist doch nichts für mich!

Ich weiß ja, aber früher oder später musst du eine Arbeit finden, Zob ...

Ich bin ein Entomologe, Greta! Ich kann nichts anderes!

Das stimmt nicht! Du bist auch ein Bändiger! Sieh mal hier!

Von wegen unsichtbare Bankräuber! Ich verwette meine Schnurrhaare darauf, dass das vom **Schwarzen Zähm** gelenkte Monster sind!

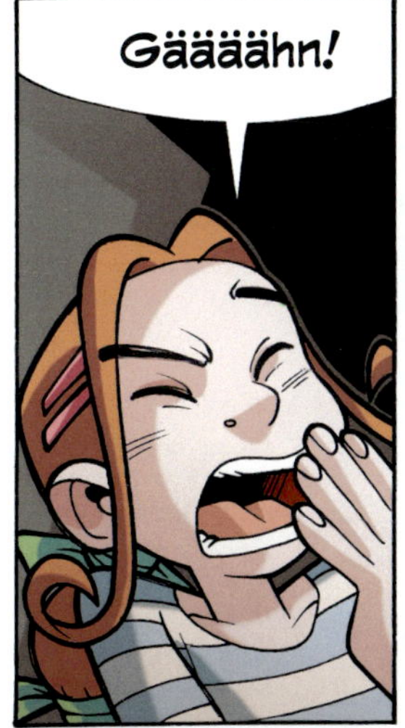
Gäääähn!

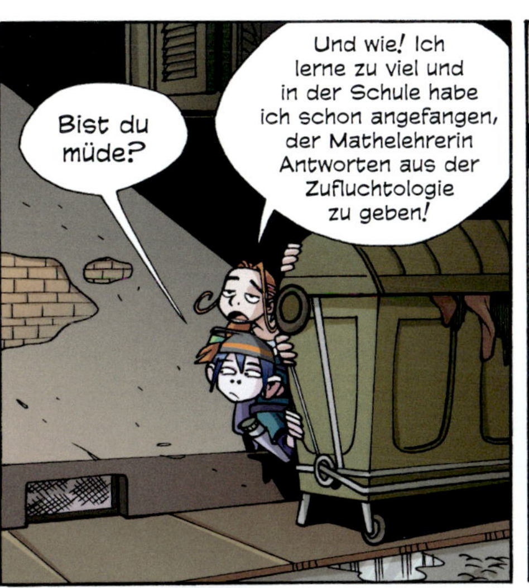
Bist du müde?
Und wie! Ich lerne zu viel und in der Schule habe ich schon angefangen, der Mathelehrerin Antworten aus der Zufluchtologie zu geben!

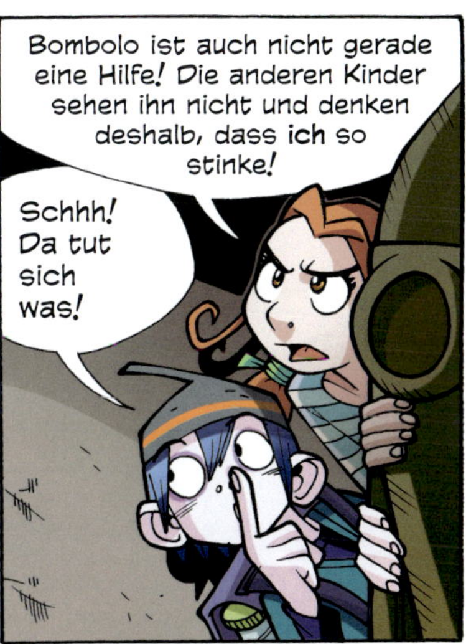
Bombolo ist auch nicht gerade eine Hilfe! Die anderen Kinder sehen ihn nicht und denken deshalb, dass **ich** so stinke!
Schhh! Da tut sich was!

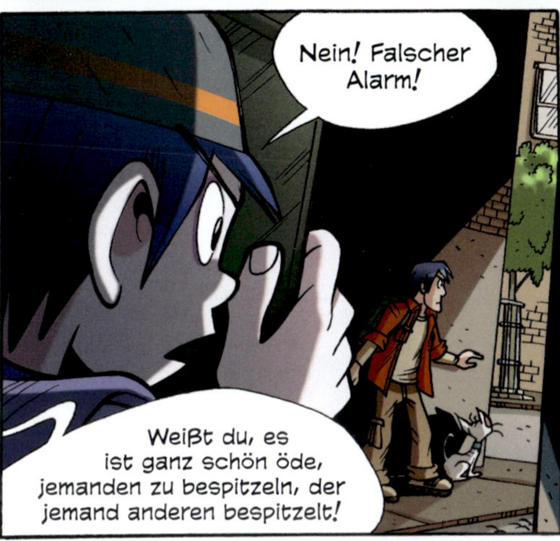
Nein! Falscher Alarm!
Weißt du, es ist ganz schön öde, jemanden zu bespitzeln, der jemand anderen bespitzelt!

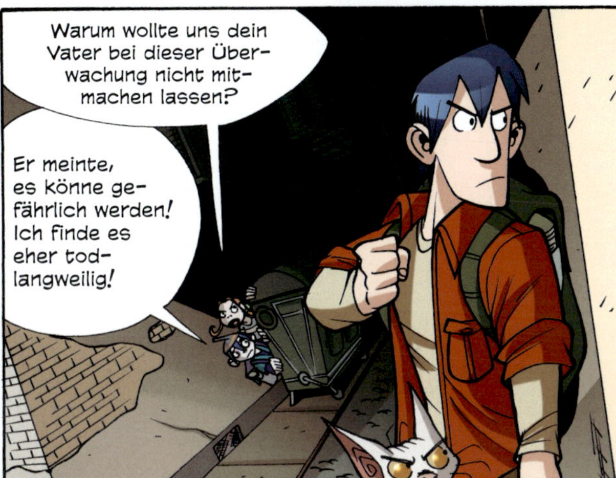
Warum wollte uns dein Vater bei dieser Überwachung nicht mitmachen lassen?
Er meinte, es könne gefährlich werden! Ich finde es eher todlangweilig!

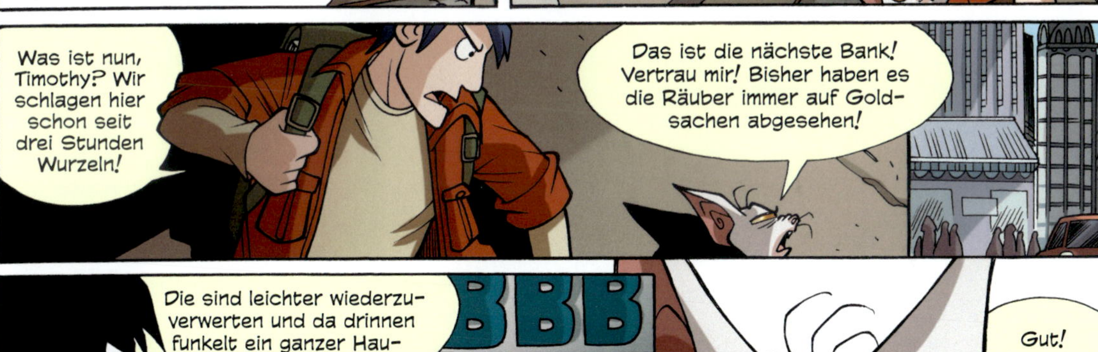
Was ist nun, Timothy? Wir schlagen hier schon seit drei Stunden Wurzeln!
Das ist die nächste Bank! Vertrau mir! Bisher haben es die Räuber immer auf Goldsachen abgesehen!

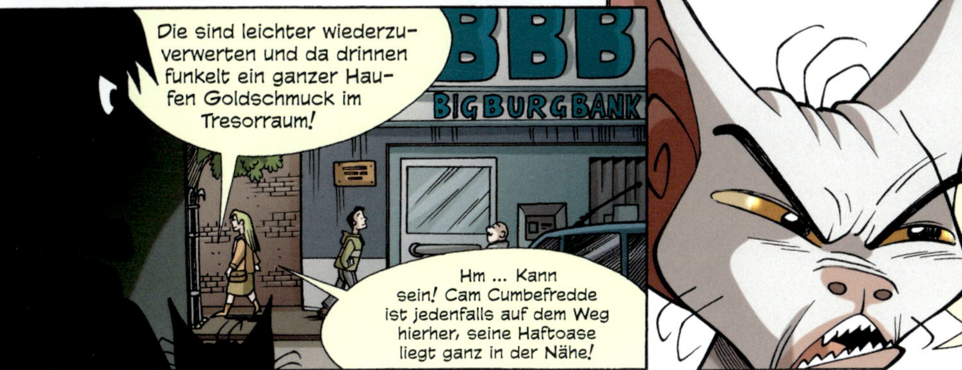
Die sind leichter wiederzuverwerten und da drinnen funkelt ein ganzer Haufen Goldschmuck im Tresorraum!
BBB
BIGBURGBANK
Hm ... Kann sein! Cam Cumbefredde ist jedenfalls auf dem Weg hierher, seine Haftoase liegt ganz in der Nähe!
Gut! Irgendetwas sagt mir nämlich, dass wir bald jede Hilfe gebrauchen können werden!

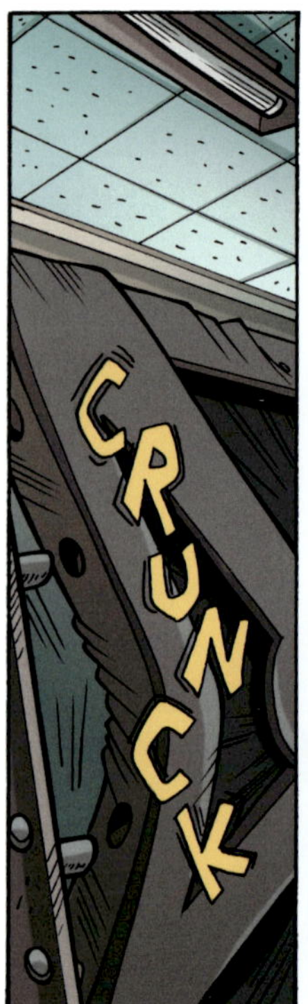
CRUNCK
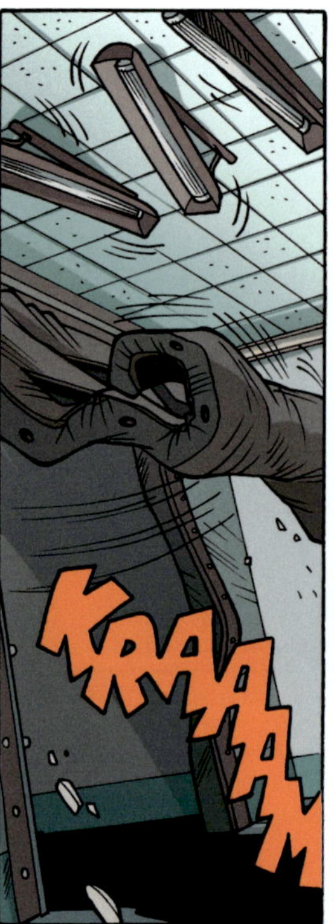
KRAAAAM
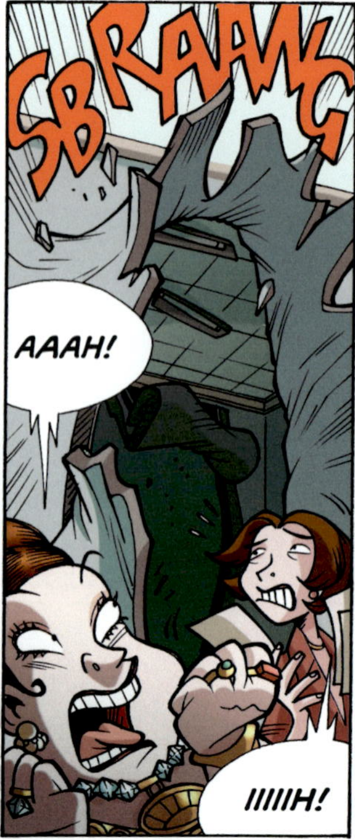
SBRAANG
AAAH!
IIIIIH!
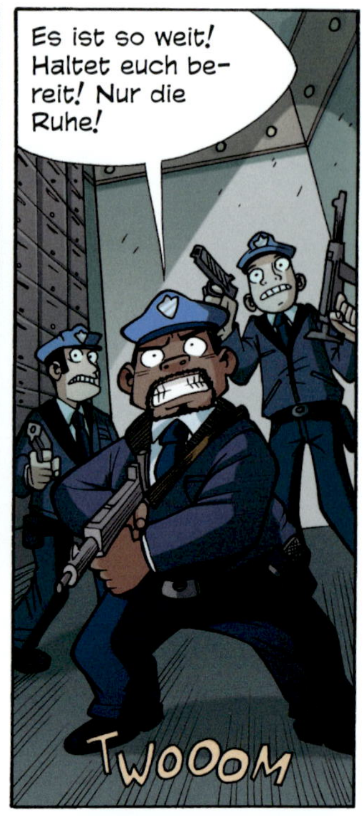
Es ist so weit! Haltet euch bereit! Nur die Ruhe!
TWOOOM
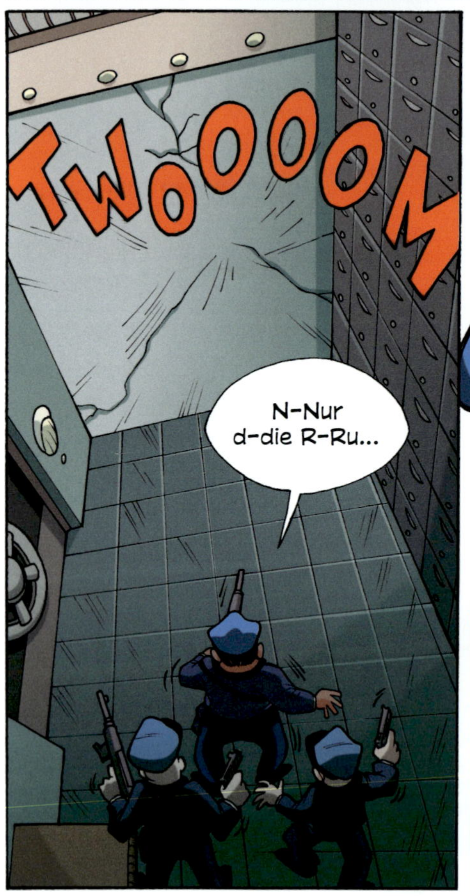
TWOOOOM
N-Nur d-die R-Ru...
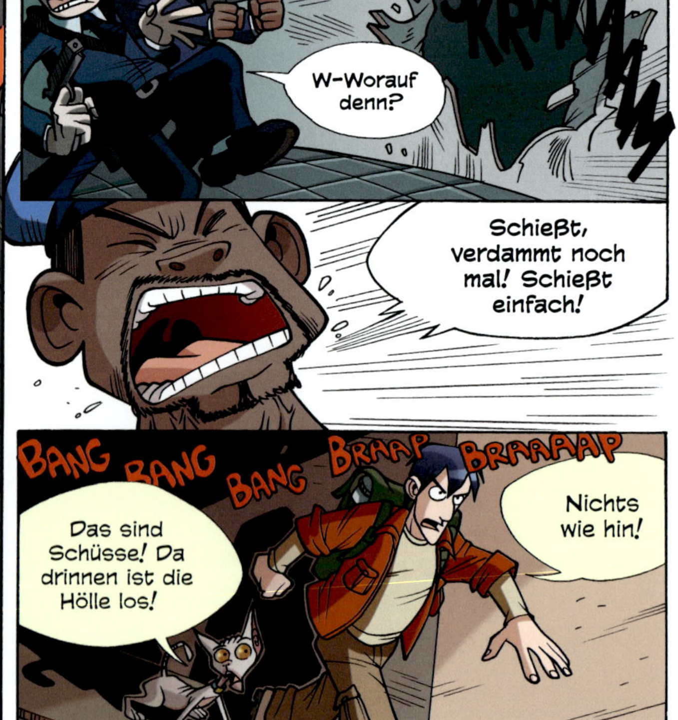
Schießt! Na los, schießt!
W-Worauf denn?
SKRAAAAM
Schießt, verdammt noch mal! Schießt einfach!
BANG BANG BANG BRAAP BRAAAAP
Das sind Schüsse! Da drinnen ist die Hölle los!
Nichts wie hin!

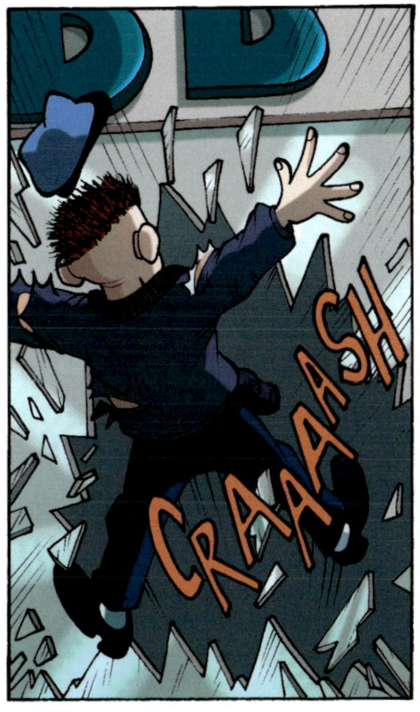
CRAAASH

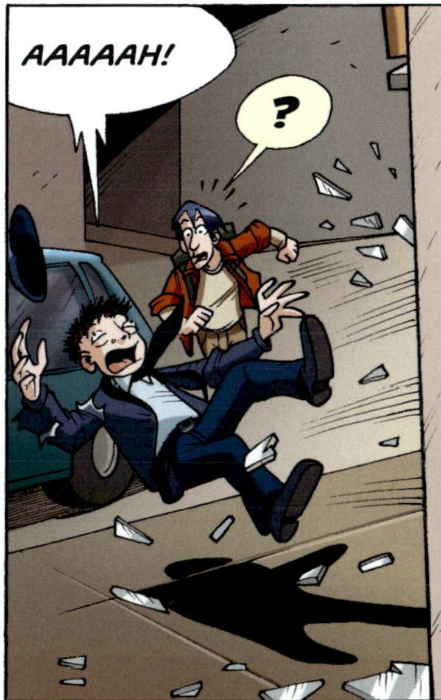
AAAAAH!
?

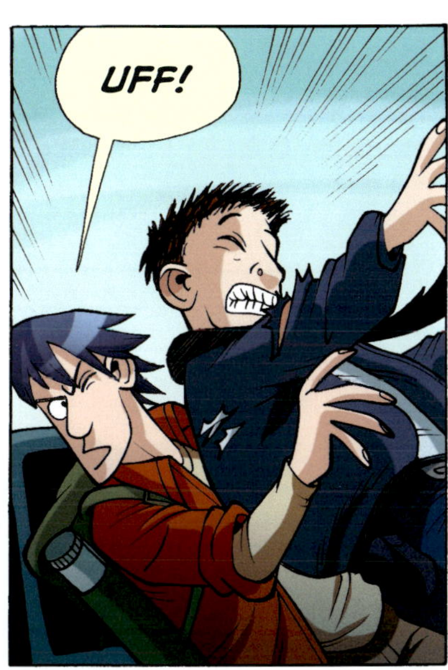
UFF!

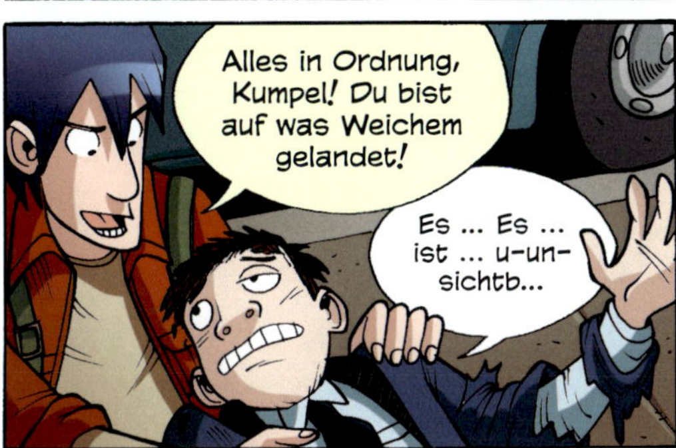
Alles in Ordnung, Kumpel! Du bist auf was Weichem gelandet!
Es ... Es ... ist ... u-unsichtb...

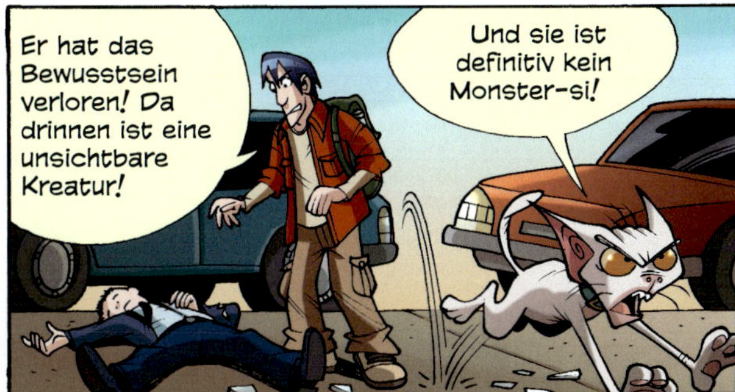
Er hat das Bewusstsein verloren! Da drinnen ist eine unsichtbare Kreatur!
Und sie ist definitiv kein Monster-si!

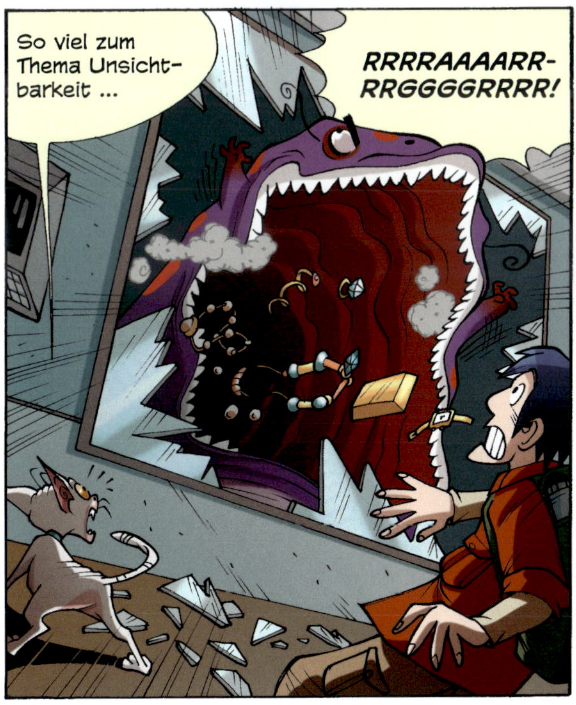
So viel zum Thema Unsichtbarkeit ...
RRRRAAAARR-RRGGGGRRRR!

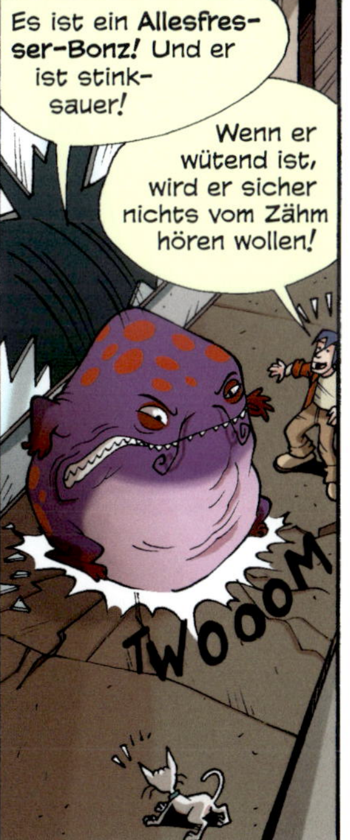
Es ist ein Allesfresser-Bonz! Und er ist stinksauer!
Wenn er wütend ist, wird er sicher nichts vom Zähm hören wollen!
TWOOOM

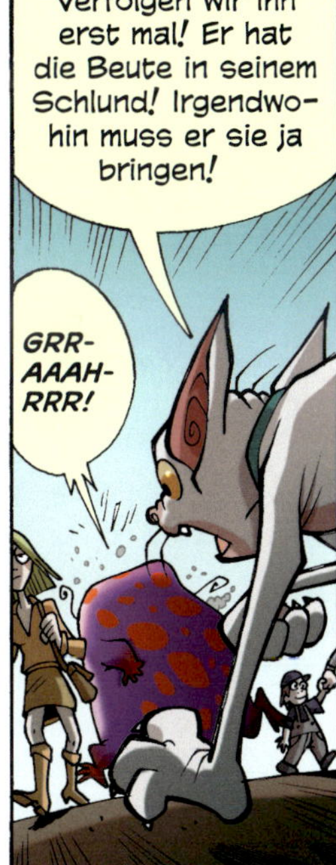
Verfolgen wir ihn erst mal! Er hat die Beute in seinem Schlund! Irgendwohin muss er sie ja bringen!
GRR-AAAH-RRR!

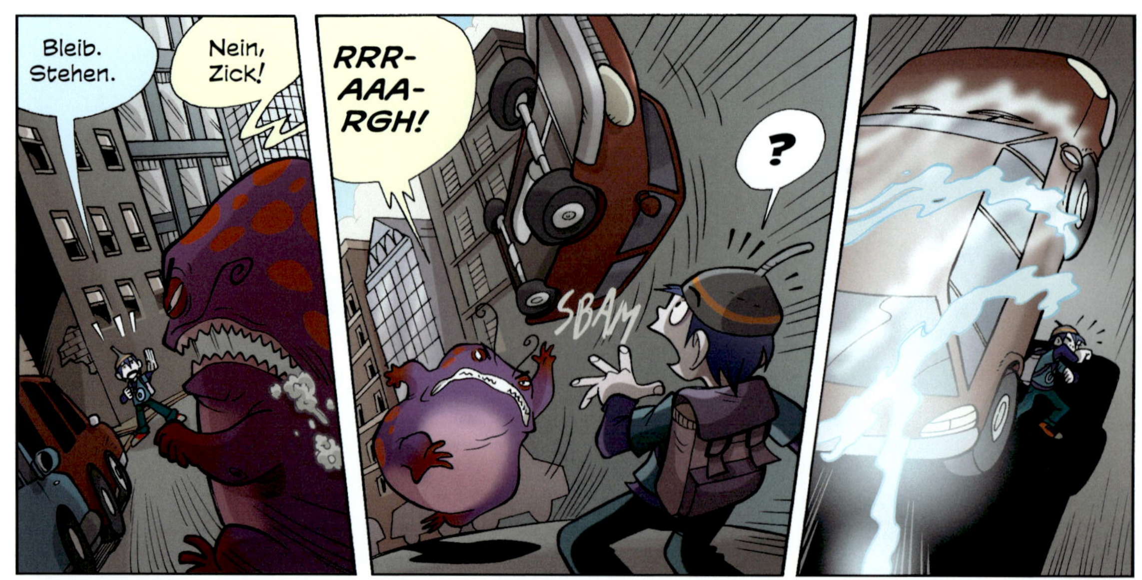
Bleib. Stehen.
Nein, Zick!
RRR-AAA-RGH!
?
SBAM

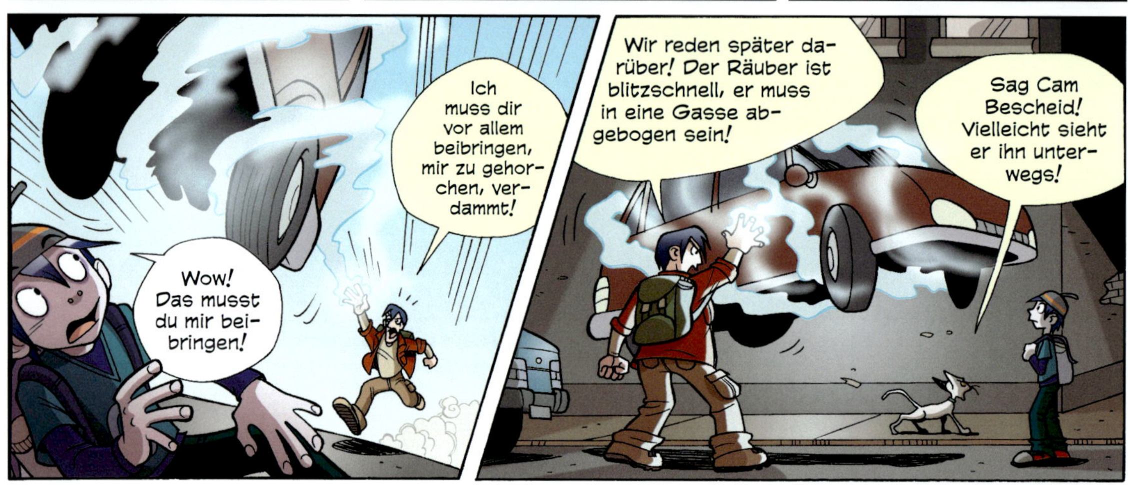
Ich muss dir vor allem beibringen, mir zu gehorchen, verdammt!
Wow! Das musst du mir beibringen!
Wir reden später darüber! Der Räuber ist blitzschnell, er muss in eine Gasse abgebogen sein!
Sag Cam Bescheid! Vielleicht sieht er ihn unterwegs!

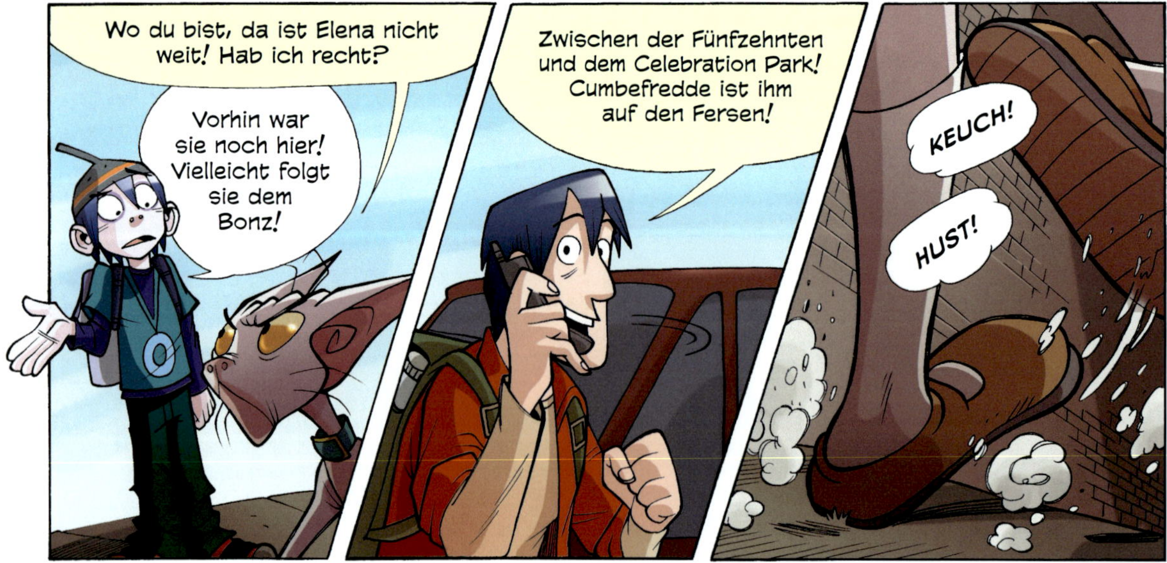
Wo du bist, da ist Elena nicht weit! Hab ich recht?
Vorhin war sie noch hier! Vielleicht folgt sie dem Bonz!
Zwischen der Fünfzehnten und dem Celebration Park! Cumbefredde ist ihm auf den Fersen!
KEUCH!
HUST!

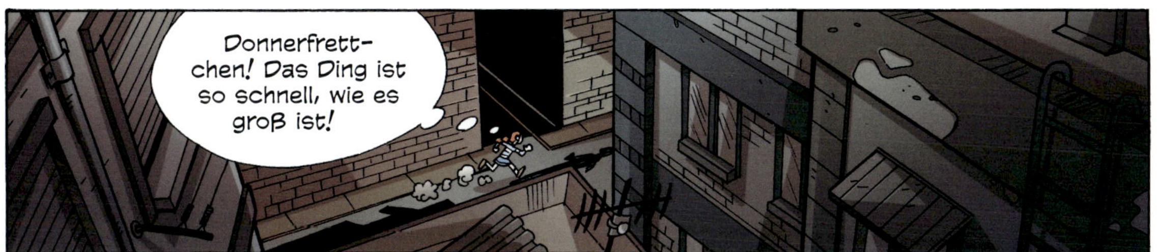
Donnerfrett-
chen! Das Ding ist
so schnell, wie es
groß ist!

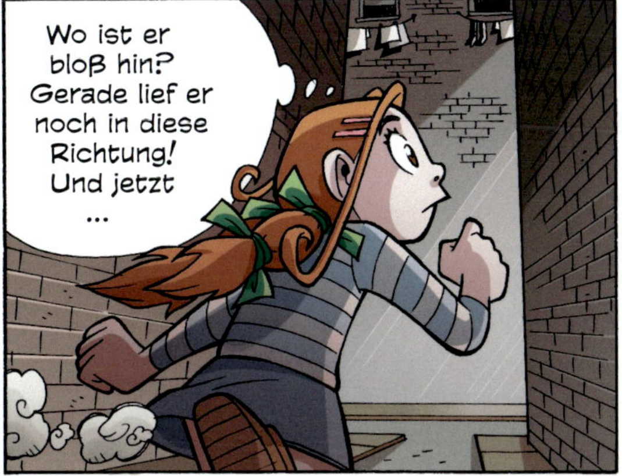
Wo ist er
bloß hin?
Gerade lief er
noch in diese
Richtung!
Und jetzt
...

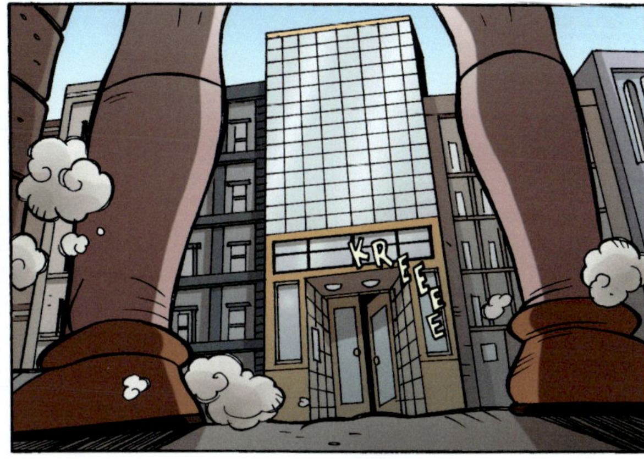
KREEEE

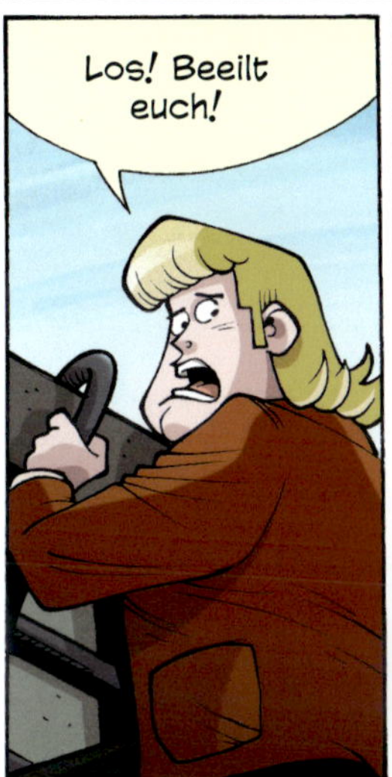
Los! Beeilt
euch!

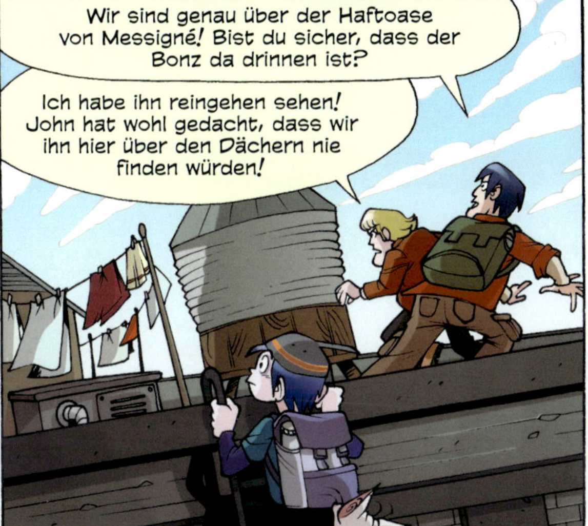
Wir sind genau über der Haftoase
von Messigné! Bist du sicher, dass der
Bonz da drinnen ist?
Ich habe ihn reingehen sehen!
John hat wohl gedacht, dass wir
ihn hier über den Dächern nie
finden würden!

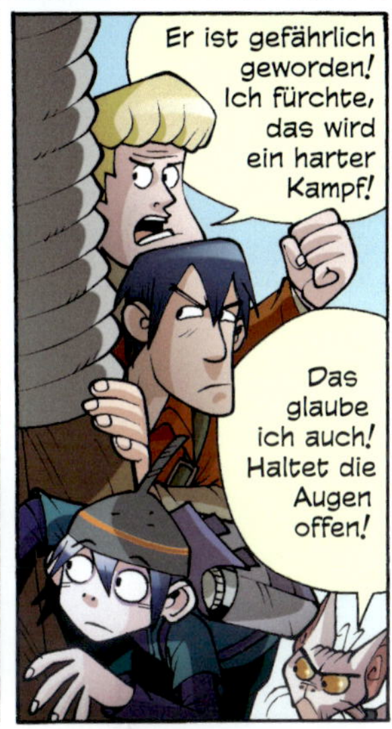
Er ist gefährlich
geworden!
Ich fürchte,
das wird
ein harter
Kampf!
Das
glaube
ich auch!
Haltet die
Augen
offen!

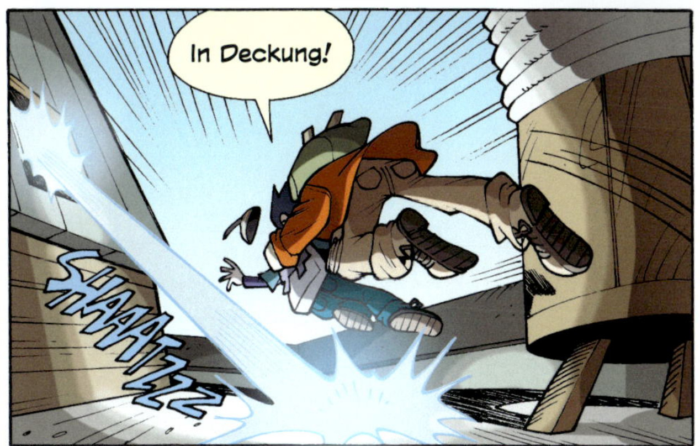
In Deckung!
SHAAATZZZ

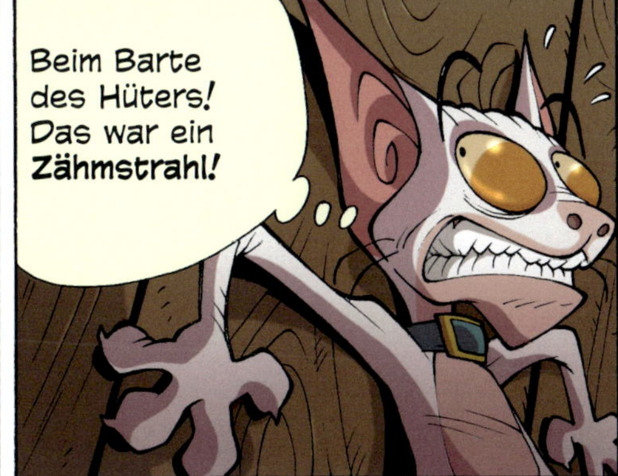
Beim Barte
des Hüters!
Das war ein
Zähmstrahl!

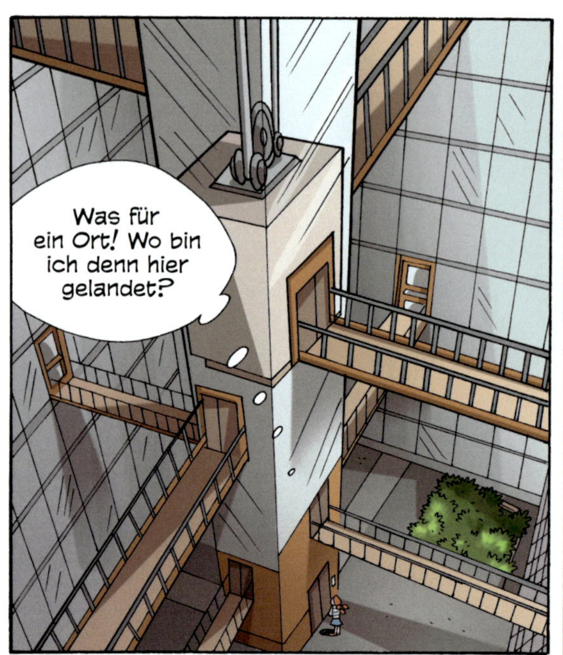

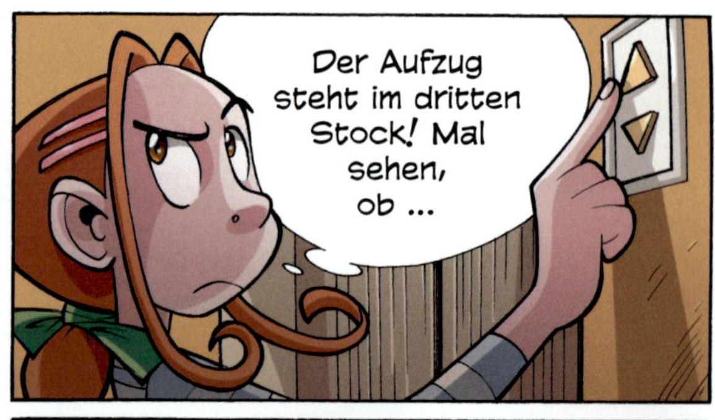

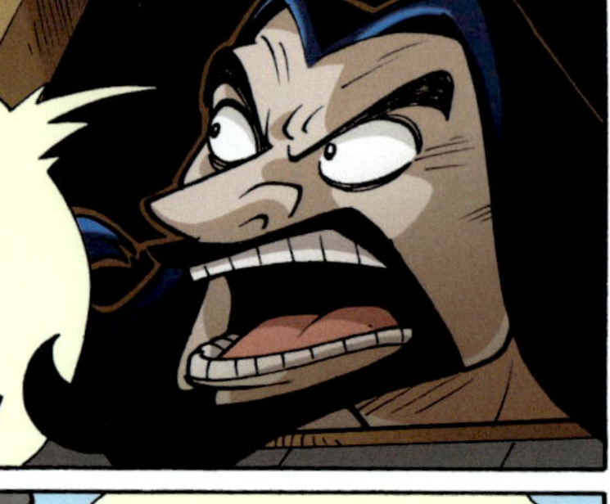

Komm raus, Messigné! Ich bin's, Cam Cumbe-fredde!

Ich weiß, wer du bist! Da reiße ich meine Monster ja noch lieber in Stücke, als sie dir zu überlassen!

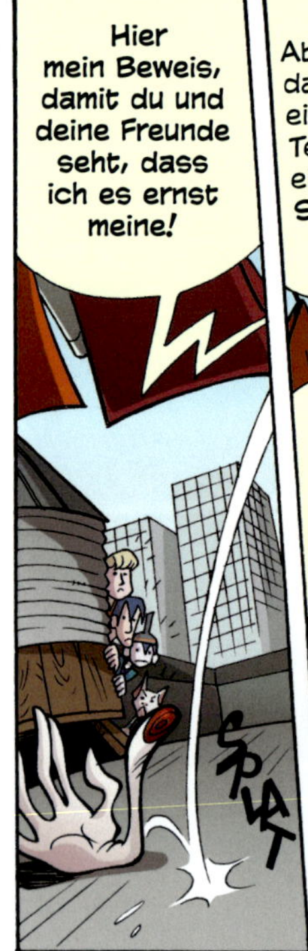

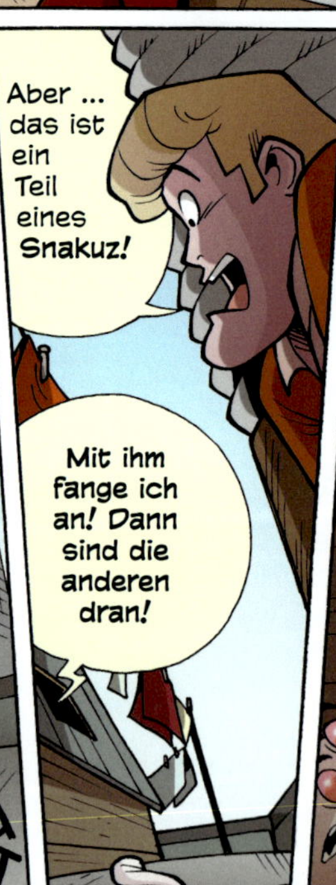

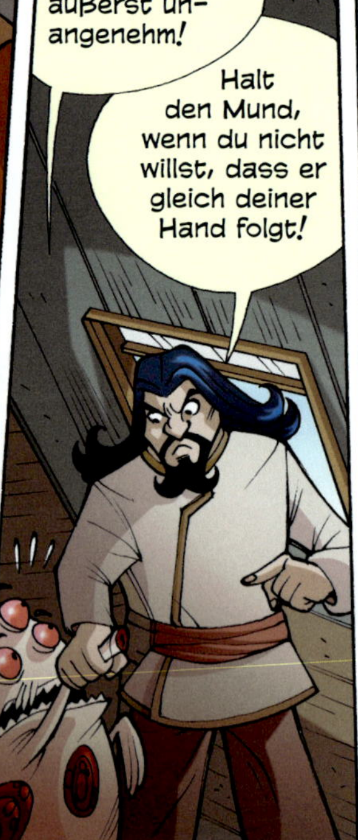

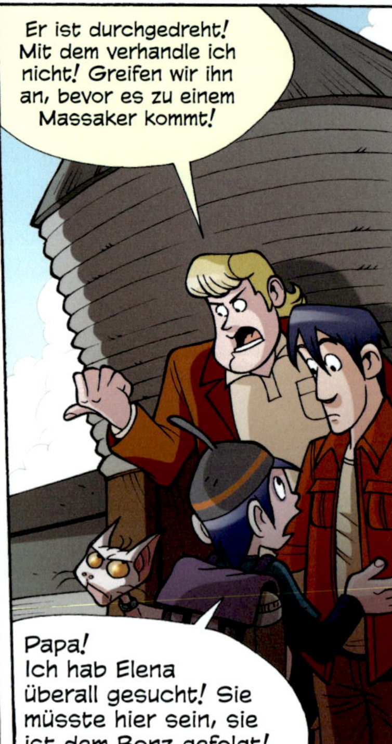

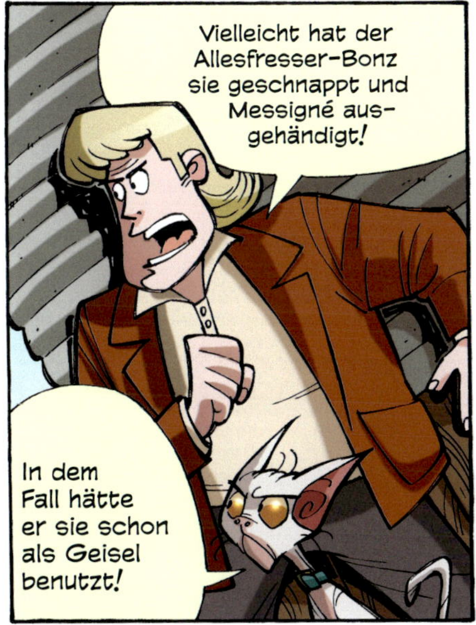
Vielleicht hat der Allesfresser-Bonz sie geschnappt und Messigné ausgehändigt!
In dem Fall hätte er sie schon als Geisel benutzt!

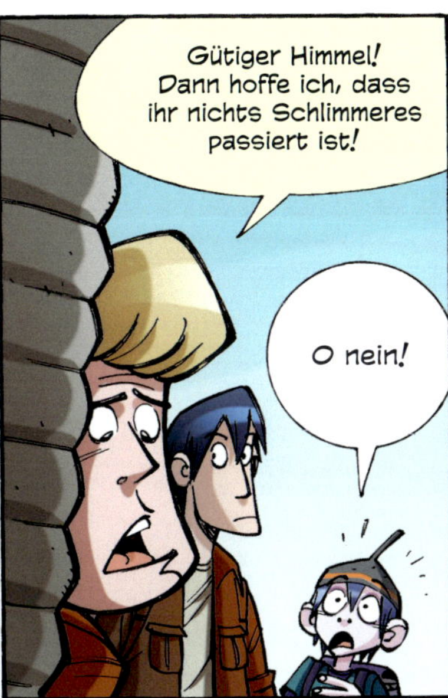
Gütiger Himmel! Dann hoffe ich, dass ihr nichts Schlimmeres passiert ist!
O nein!

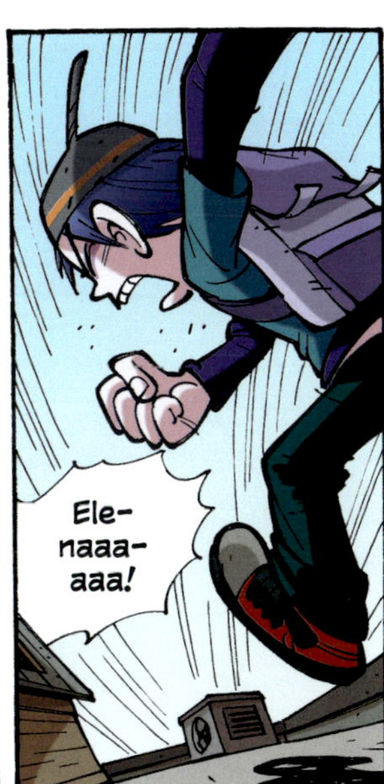
Ele-naaa-aaa!

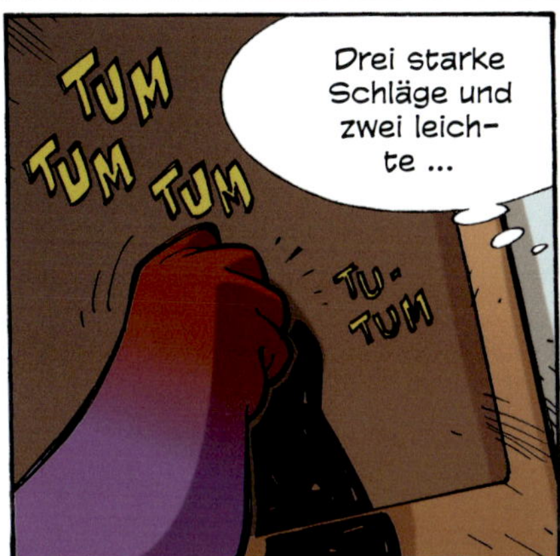
TUM
TUM TUM
Drei starke Schläge und zwei leichte ...
TU-TUM

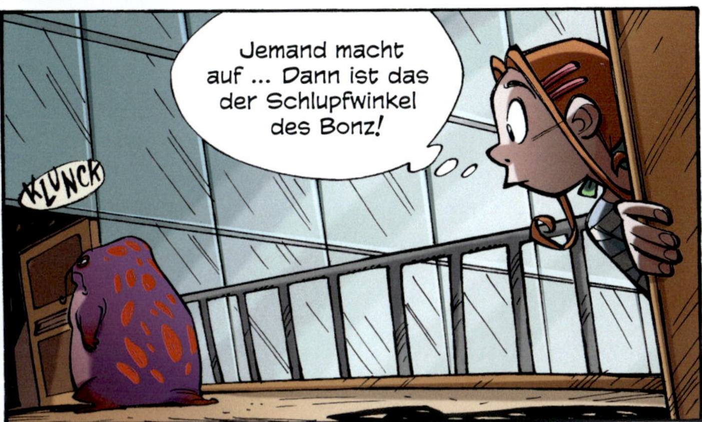
KLUNCK
Jemand macht auf ... Dann ist das der Schlupfwinkel des Bonz!

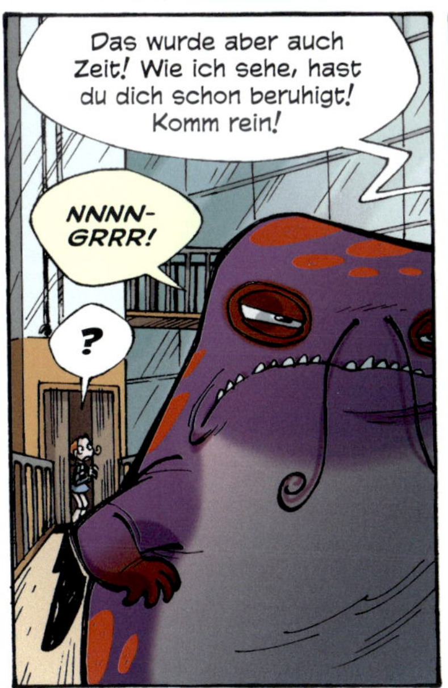
Das wurde aber auch Zeit! Wie ich sehe, hast du dich schon beruhigt! Komm rein!
NNNN-GRRR!
?

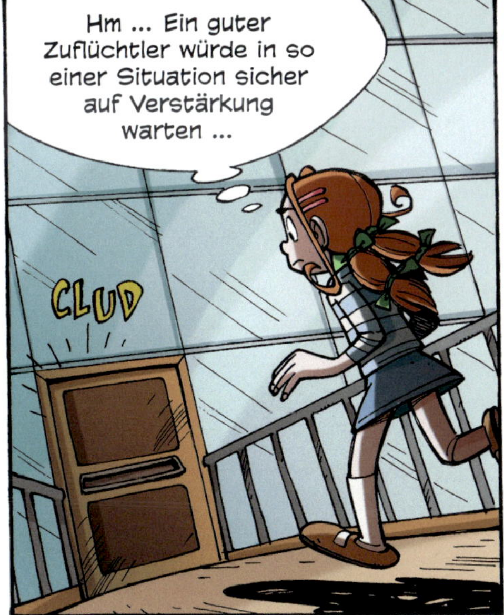
Hm ... Ein guter Zuflüchtler würde in so einer Situation sicher auf Verstärkung warten ...
CLUD

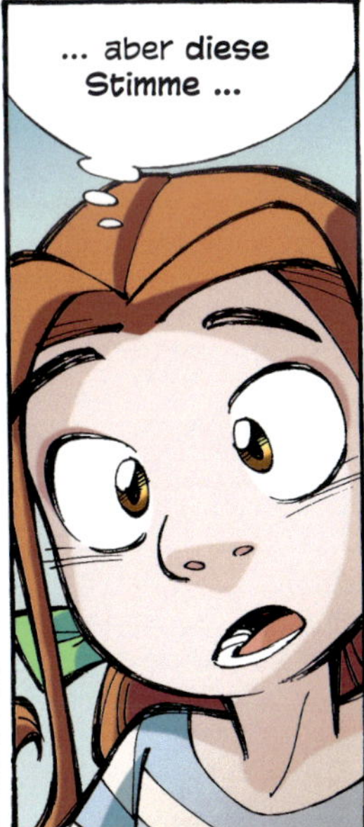
... aber **diese** Stimme ...

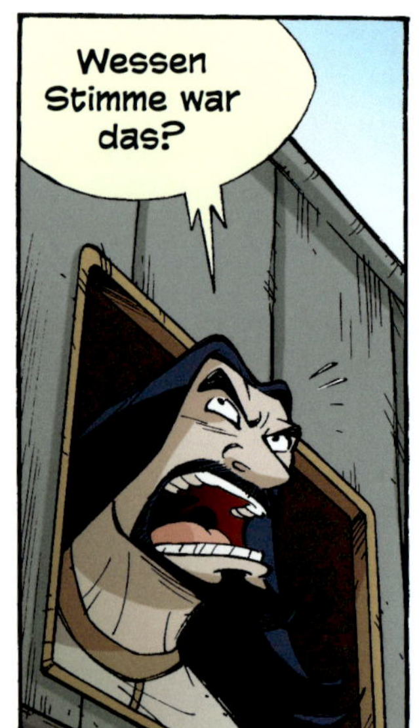
Wessen Stimme war das?

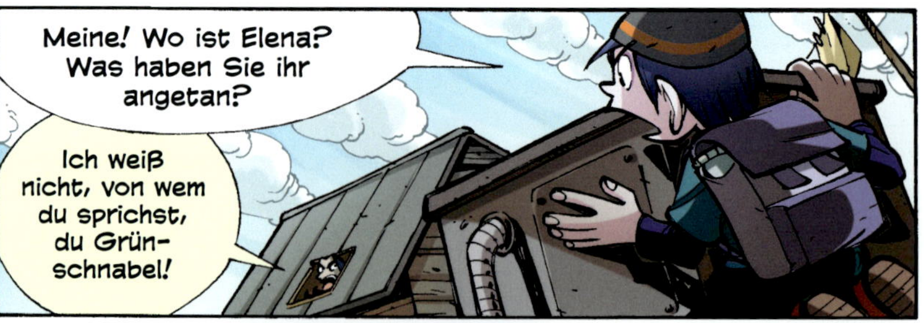
Meine! Wo ist Elena? Was haben Sie ihr angetan?
Ich weiß nicht, von wem du sprichst, du Grünschnabel!

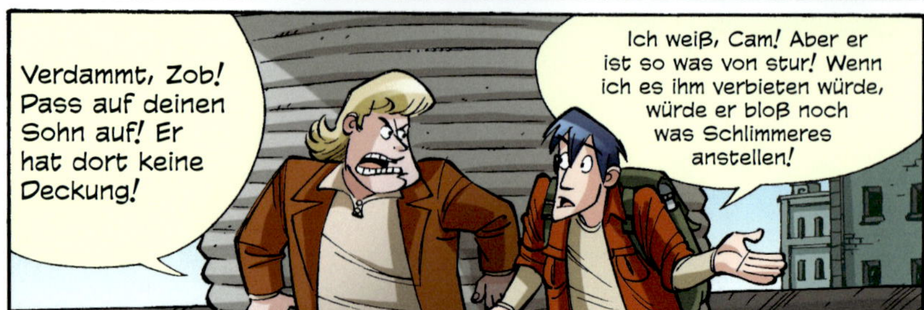
Verdammt, Zob! Pass auf deinen Sohn auf! Er hat dort keine Deckung!
Ich weiß, Cam! Aber er ist so was von stur! Wenn ich es ihm verbieten würde, würde er bloß noch was Schlimmeres anstellen!

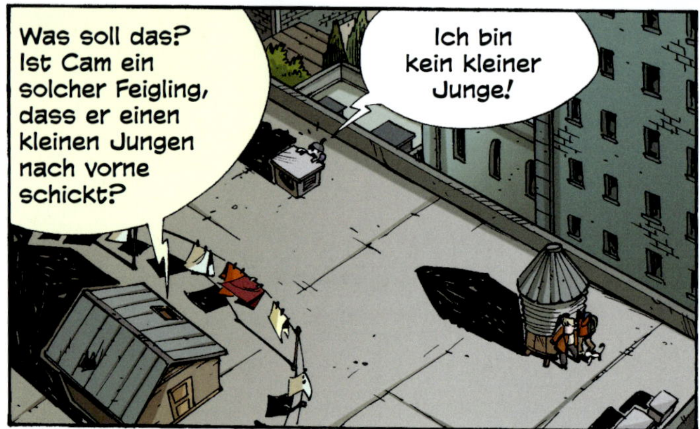
Was soll das? Ist Cam ein solcher Feigling, dass er einen kleinen Jungen nach vorne schickt?
Ich bin kein kleiner Junge!

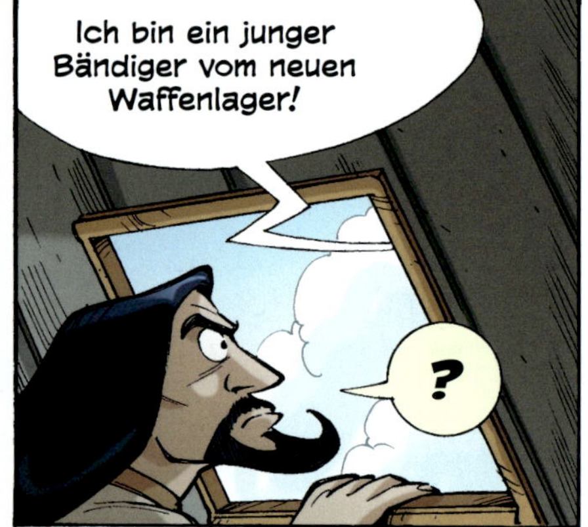
Ich bin ein junger Bändiger vom neuen Waffenlager!
?

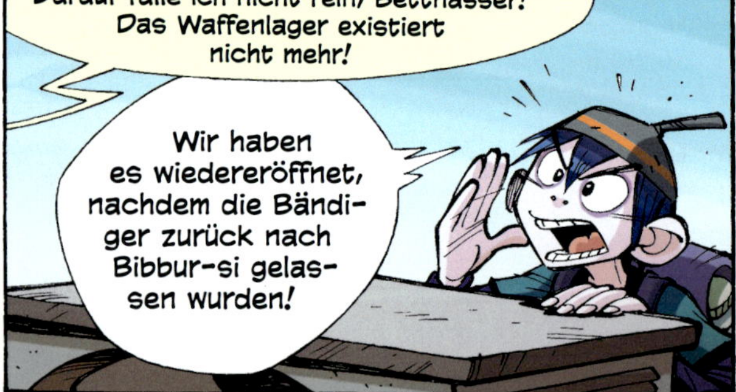
Darauf falle ich nicht rein, Bettnässer! Das Waffenlager existiert nicht mehr!
Wir haben es wiedereröffnet, nachdem die Bändiger zurück nach Bibbur-si gelassen wurden!

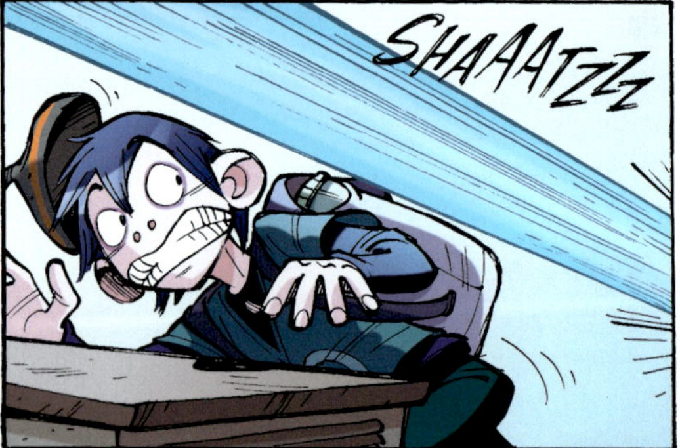
SHAAATZZZ

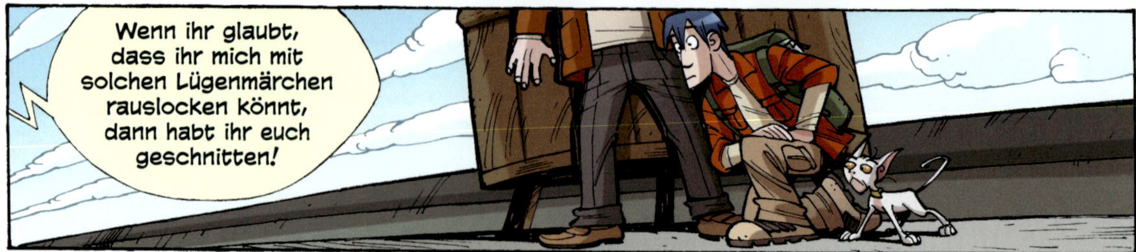
Wenn ihr glaubt, dass ihr mich mit solchen Lügenmärchen rauslocken könnt, dann habt ihr euch geschnitten!

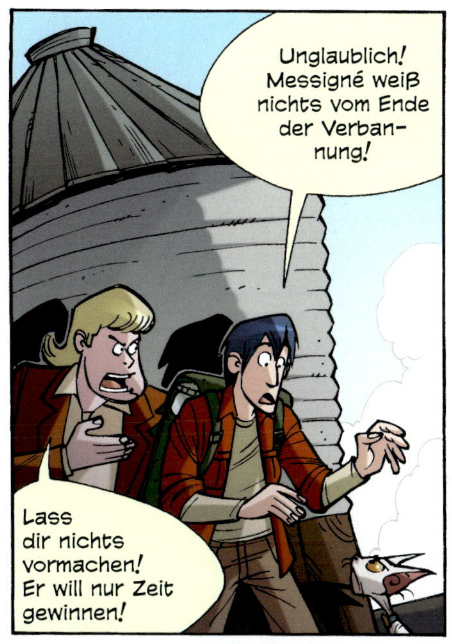
Unglaublich! Messigné weiß nichts vom Ende der Verbannung!
Lass dir nichts vormachen! Er will nur Zeit gewinnen!

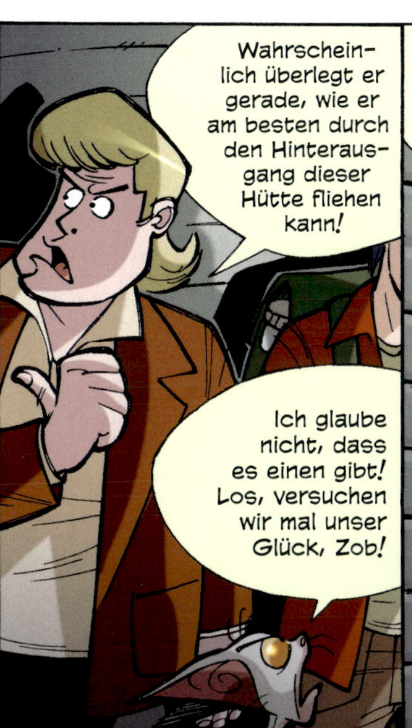
Wahrscheinlich überlegt er gerade, wie er am besten durch den Hinterausgang dieser Hütte fliehen kann!
Ich glaube nicht, dass es einen gibt! Los, versuchen wir mal unser Glück, Zob!

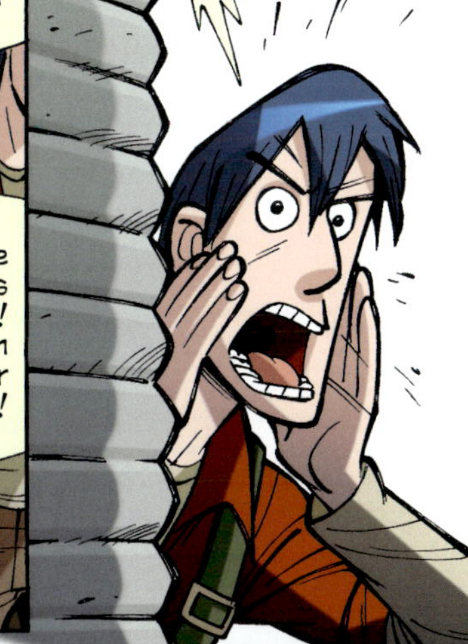
Hör gut zu, John! Erkennst du mich?

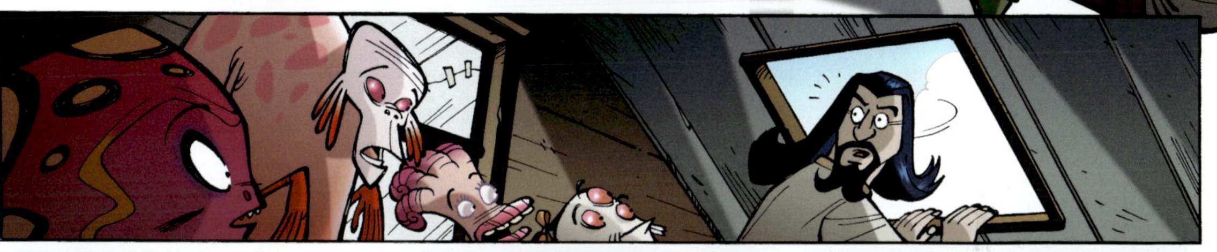

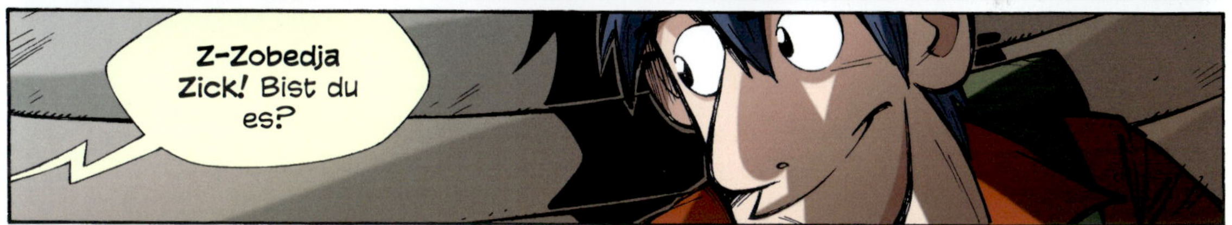
Z-Zobedja Zick! Bist du es?

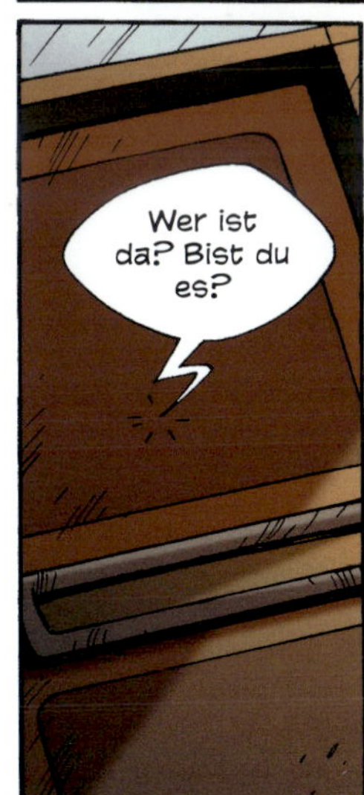
Wer ist da? Bist du es?

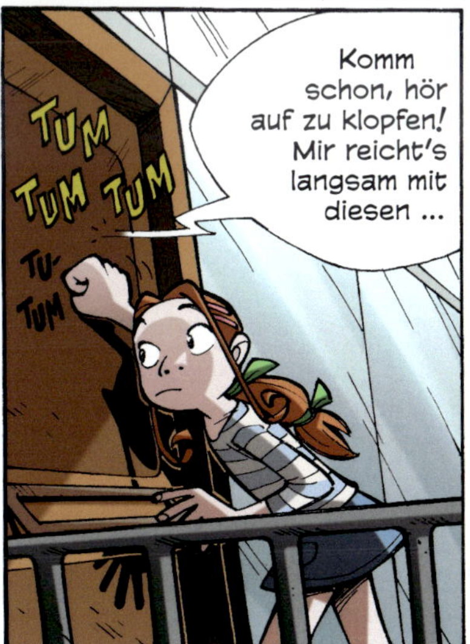
TUM
TUM TUM TUM
TU-TUM
Komm schon, hör auf zu klopfen! Mir reicht's langsam mit diesen ...

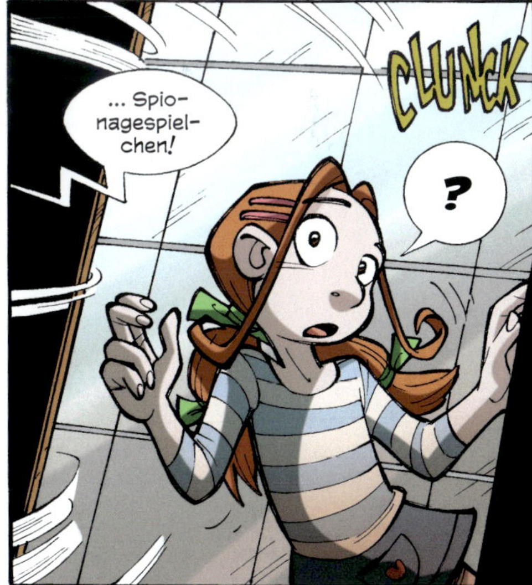
... Spionagespielchen!
CLUNCK
?

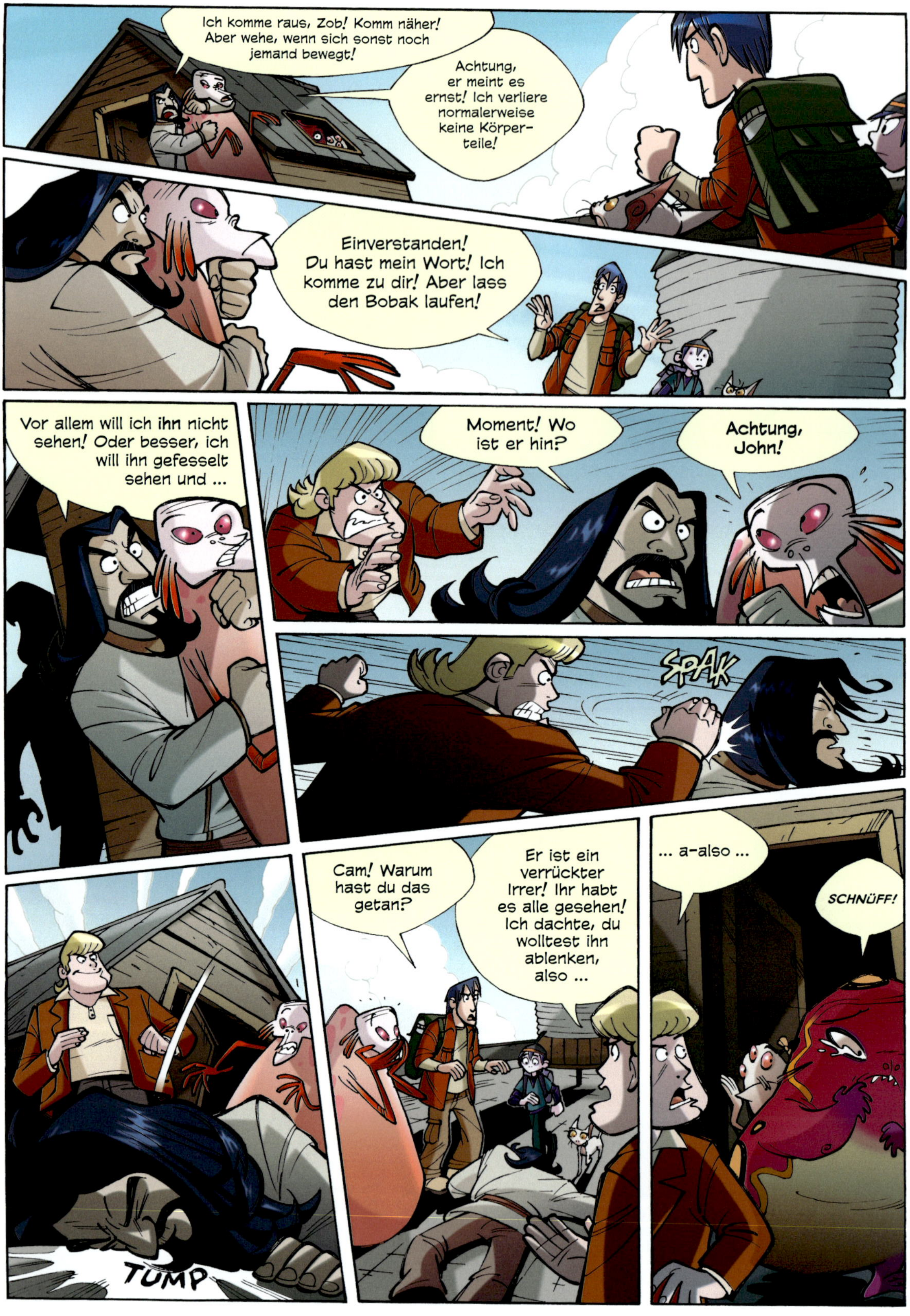

Ich komme raus, Zob! Komm näher! Aber wehe, wenn sich sonst noch jemand bewegt!

Achtung, er meint es ernst! Ich verliere normalerweise keine Körperteile!

Einverstanden! Du hast mein Wort! Ich komme zu dir! Aber lass den Bobak laufen!

Vor allem will ich **ihn** nicht sehen! Oder besser, ich will ihn gefesselt sehen und ...

Moment! Wo ist er hin?

Achtung, John!

SPAK

TUMP

Cam! Warum hast du das getan?

Er ist ein verrückter Irrer! Ihr habt es alle gesehen! Ich dachte, du wolltest ihn ablenken, also ...

... a-also ...

SCHNÜFF!

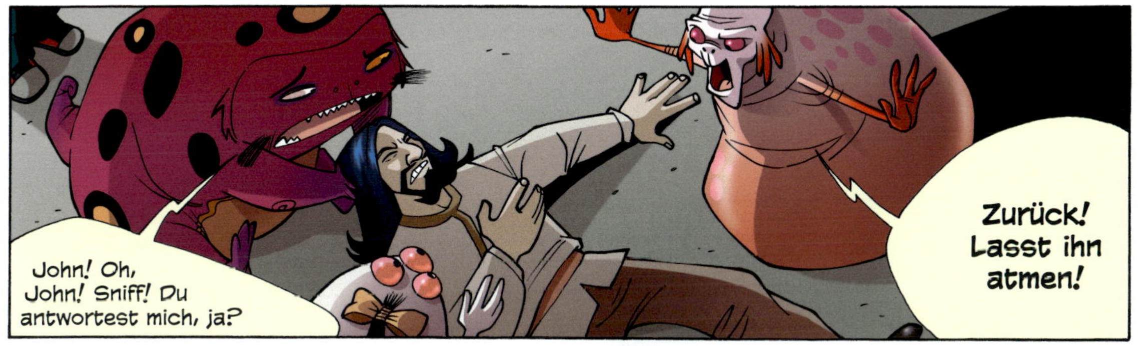
John! Oh, John! Sniff! Du antwortest mich, ja?
Zurück! Lasst ihn atmen!

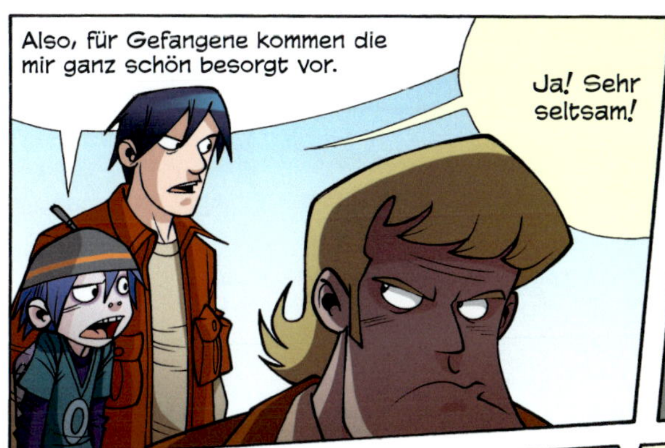
Also, für Gefangene kommen die mir ganz schön besorgt vor.
Ja! Sehr seltsam!

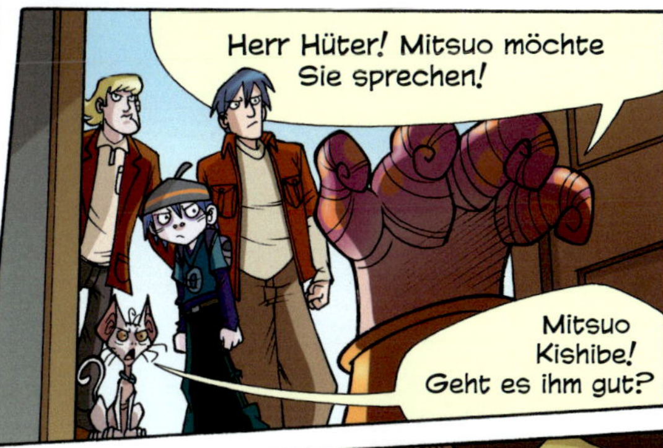
Herr Hüter! Mitsuo möchte Sie sprechen!
Mitsuo Kishibe! Geht es ihm gut?

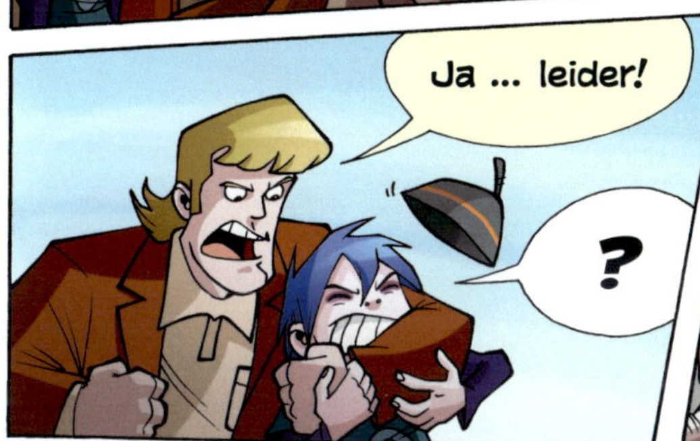
Ja … leider!
?

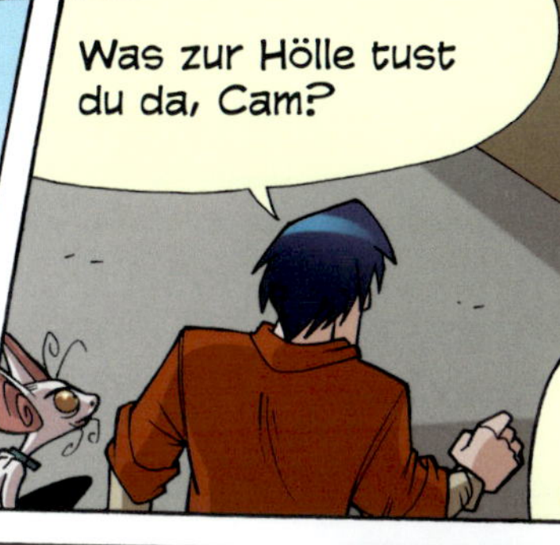
Was zur Hölle tust du da, Cam?
Spiel nicht den Dummen, Zob! Du bist von alleine draufgekommen! Ich habe es eben in deinen Augen gesehen!

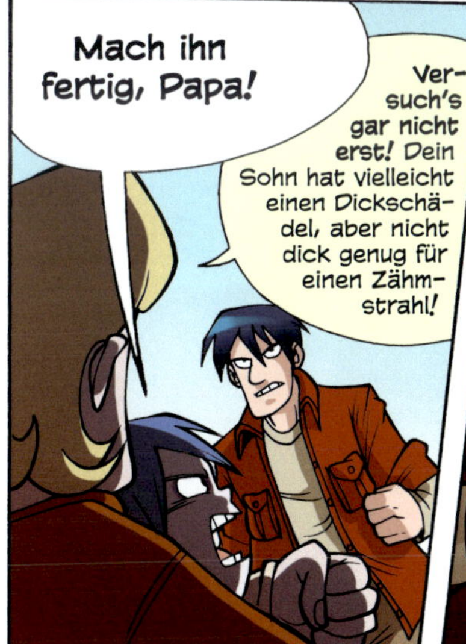
Mach ihn fertig, Papa!
Versuch's gar nicht erst! Dein Sohn hat vielleicht einen Dickschädel, aber nicht dick genug für einen Zähmstrahl!

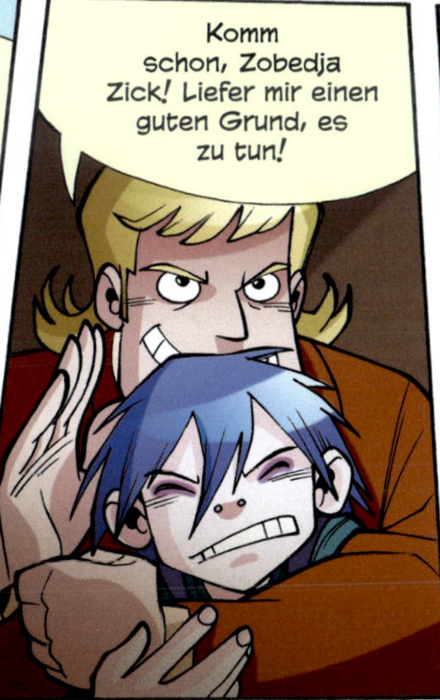
Komm schon, Zobedja Zick! Liefer mir einen guten Grund, es zu tun!

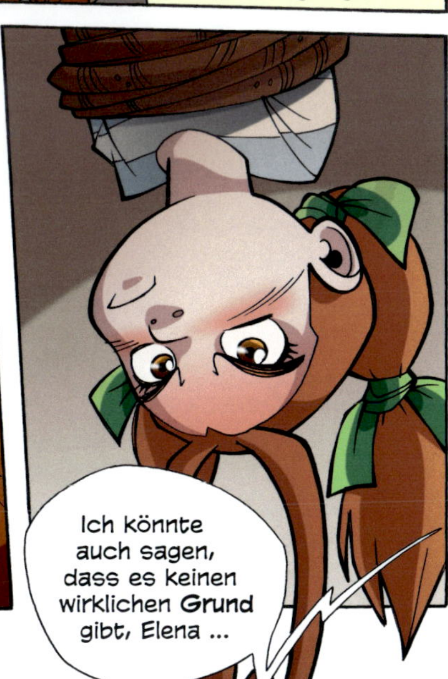
Ich könnte auch sagen, dass es keinen wirklichen **Grund** gibt, Elena …

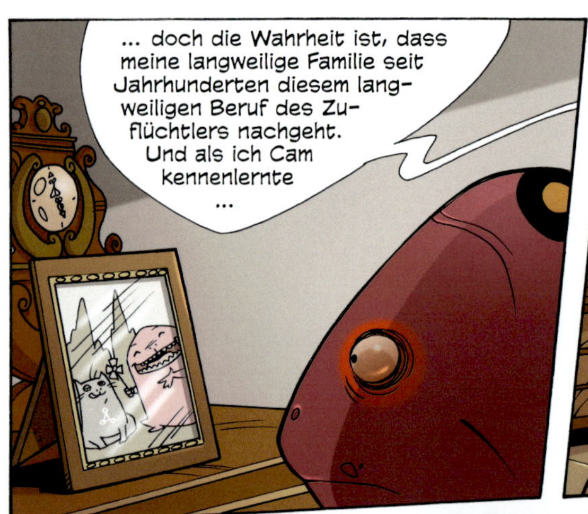
... doch die Wahrheit ist, dass meine langweilige Familie seit Jahrhunderten diesem langweiligen Beruf des Zuflüchtlers nachgeht. Und als ich Cam kennenlernte ...

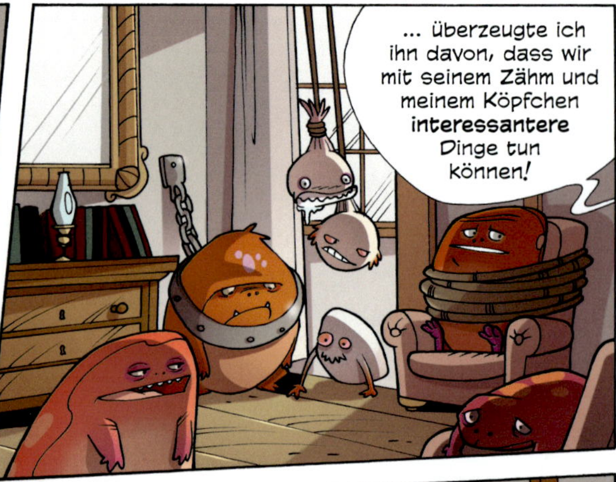
... überzeugte ich ihn davon, dass wir mit seinem Zähm und meinem Köpfchen **interessantere** Dinge tun können!

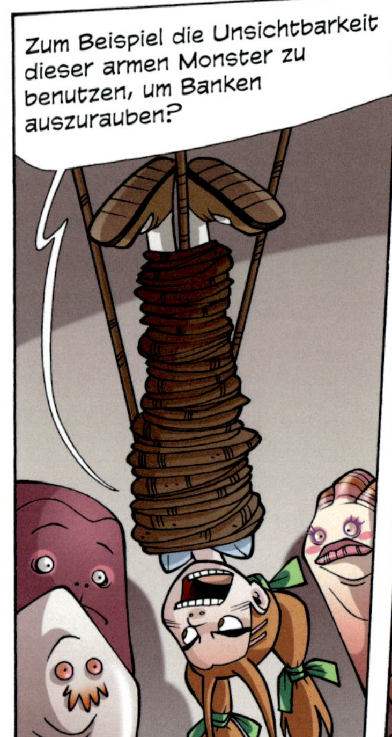
Zum Beispiel die Unsichtbarkeit dieser armen Monster zu benutzen, um Banken auszurauben?

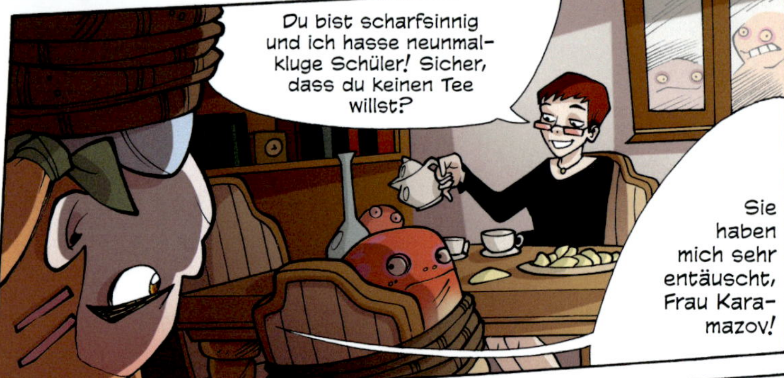
Du bist scharfsinnig und ich hasse neunmalkluge Schüler! Sicher, dass du keinen Tee willst?
Sie haben mich sehr entäuscht, Frau Karamazov!

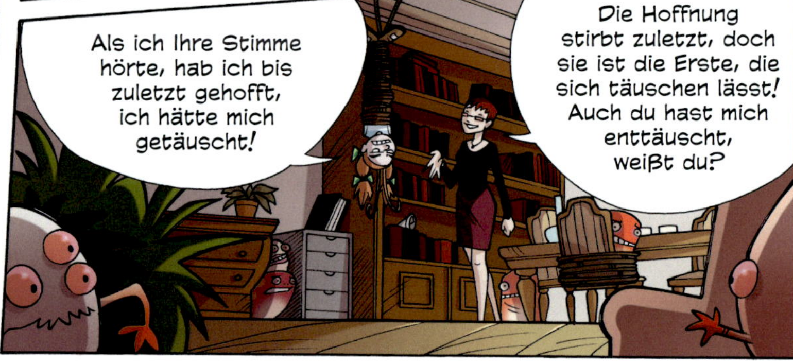
Als ich Ihre Stimme hörte, hab ich bis zuletzt gehofft, ich hätte mich getäuscht!
Die Hoffnung stirbt zuletzt, doch sie ist die Erste, die sich täuschen lässt! Auch du hast mich enttäuscht, weißt du?

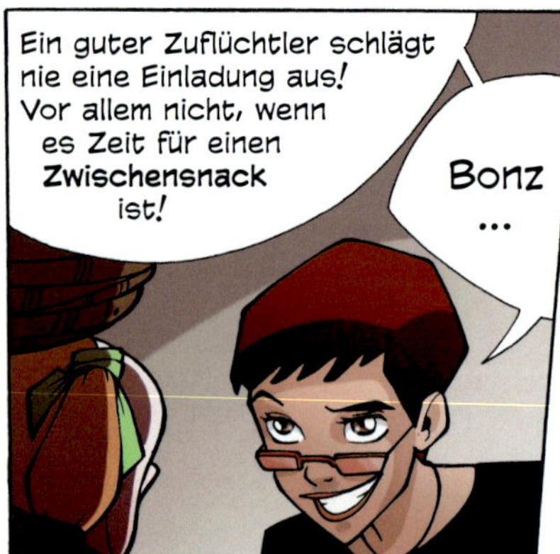
Ein guter Zuflüchtler schlägt nie eine Einladung aus! Vor allem nicht, wenn es Zeit für einen **Zwischensnack** ist!
Bonz ...

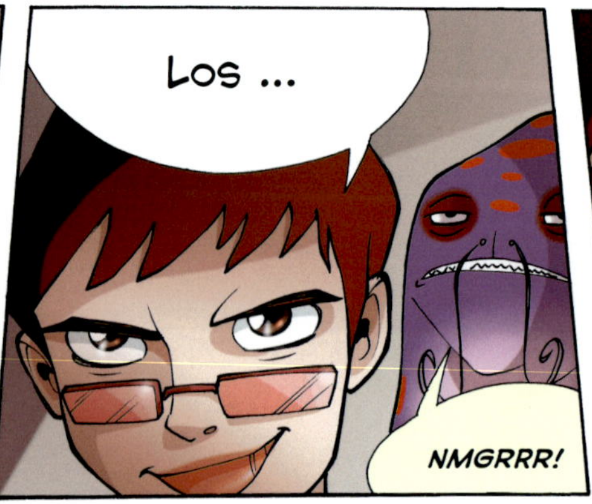
Los ...
NMGRRR!

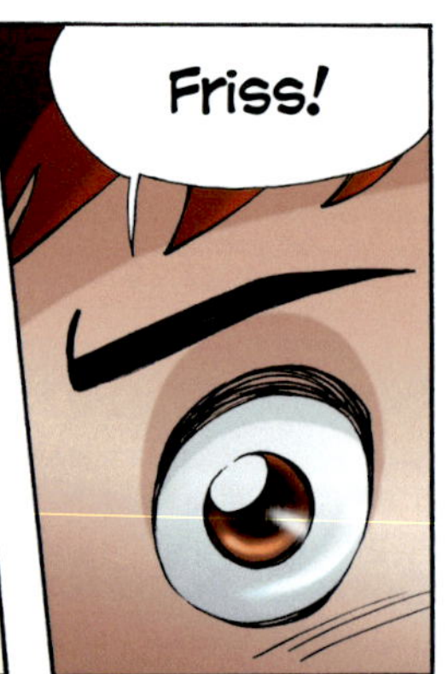
Friss!

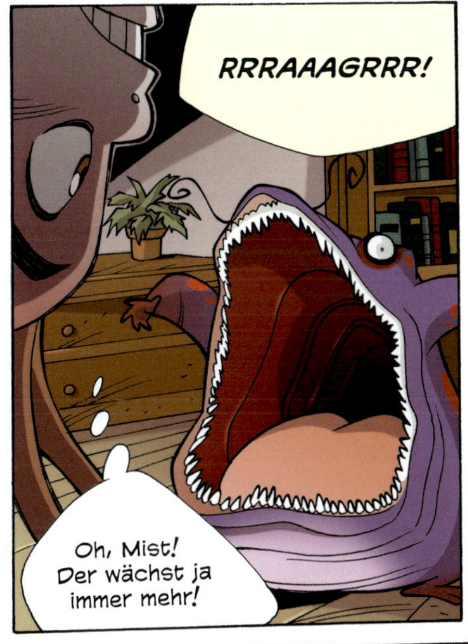
RRRAAAGRRR!
Oh, Mist!
Der wächst ja
immer mehr!

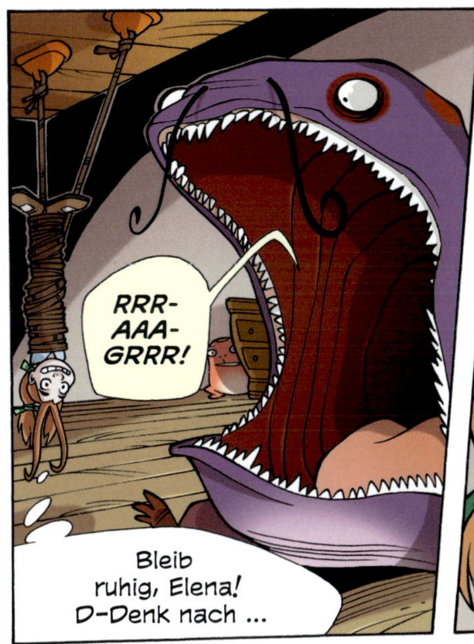
RRR-
AAA-
GRRR!
Bleib
ruhig, Elena!
D-Denk nach ...

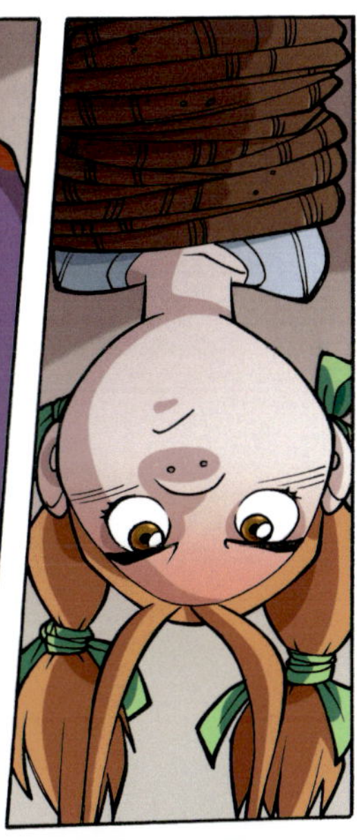

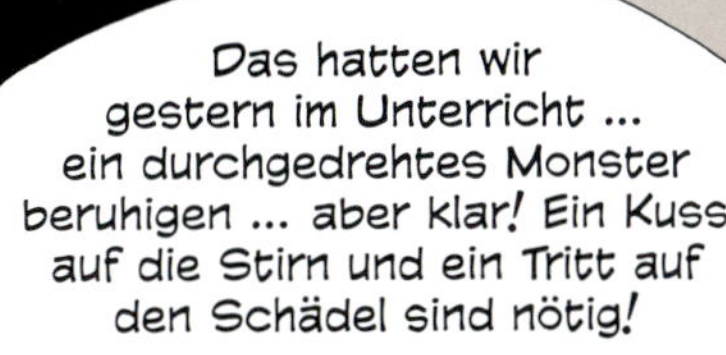
Das hatten wir
gestern im Unterricht ...
ein durchgedrehtes Monster
beruhigen ... aber klar! Ein Kuss
auf die Stirn und ein Tritt auf
den Schädel sind nötig!

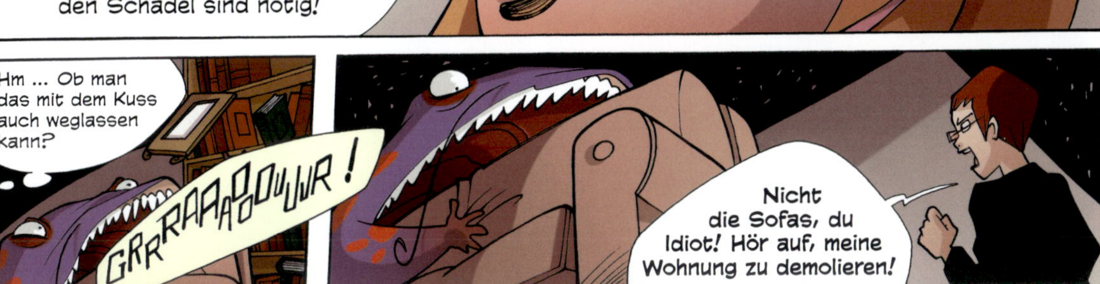
Hm ... Ob man
das mit dem Kuss
auch weglassen
kann?
GRRRAAAOOUUWR!
SBRANG
SBRAAAN
Nicht
die Sofas, du
Idiot! Hör auf, meine
Wohnung zu demolieren!

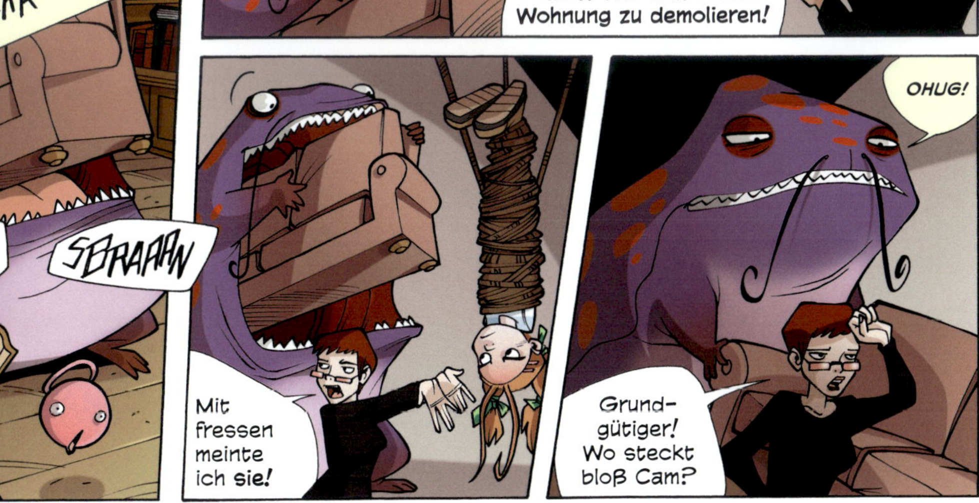
Mit
fressen
meinte
ich sie!
OHUG!
Grund-
gütiger!
Wo steckt
bloß Cam?

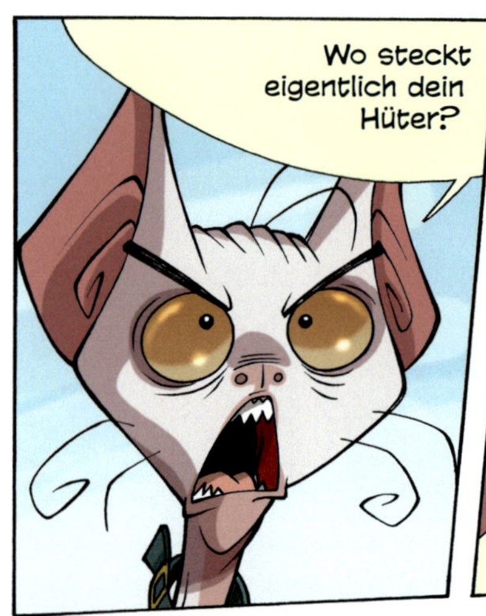
Wo steckt eigentlich dein Hüter?

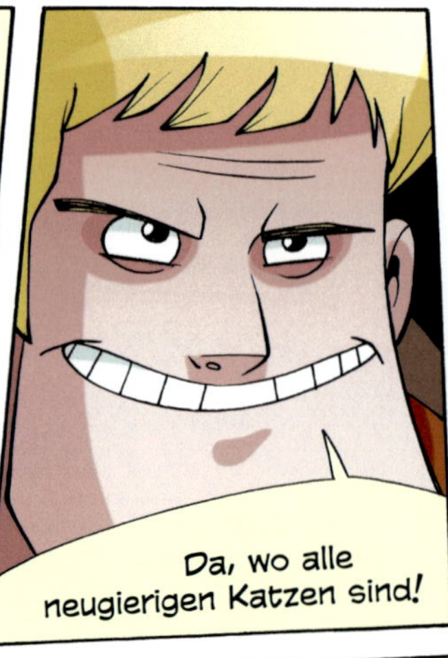
Da, wo alle neugierigen Katzen sind!

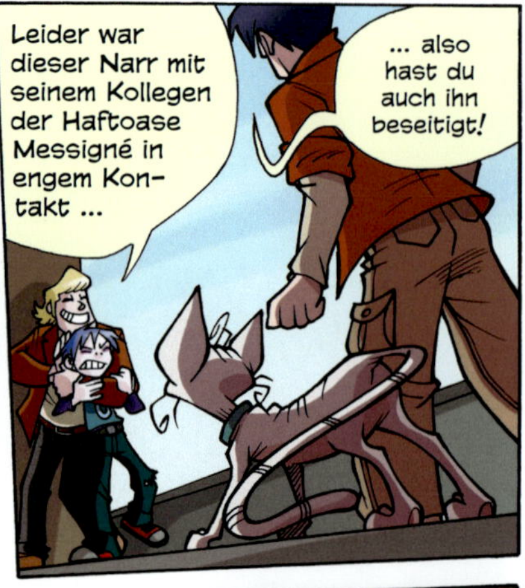
Leider war dieser Narr mit seinem Kollegen der Haftoase Messigné in engem Kontakt ...
... also hast du auch ihn beseitigt!

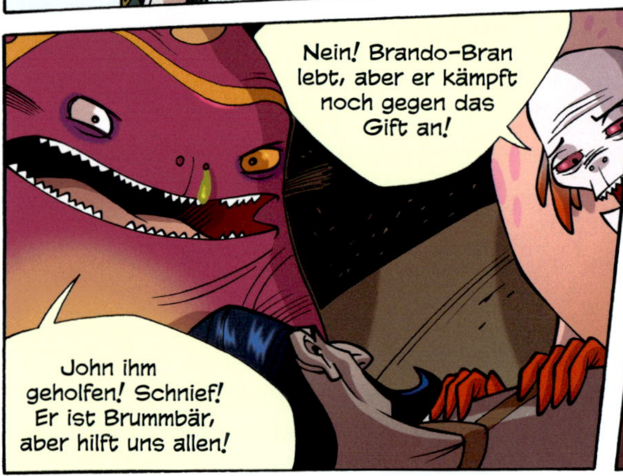
Nein! Brando-Bran lebt, aber er kämpft noch gegen das Gift an!
John ihm geholfen! Schnief! Er ist Brummbär, aber hilft uns allen!

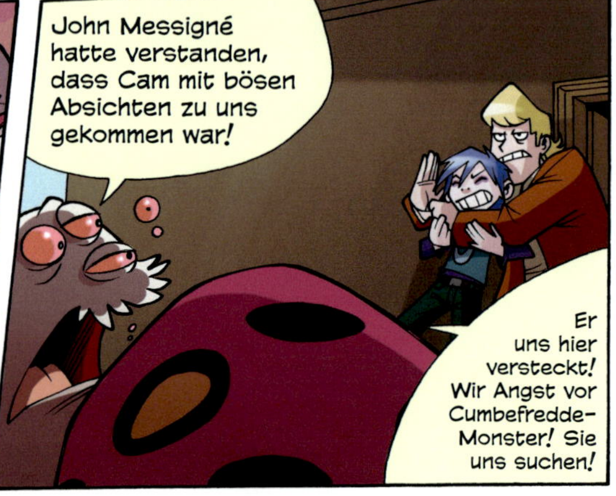
John Messigné hatte verstanden, dass Cam mit bösen Absichten zu uns gekommen war!
Er uns hier versteckt! Wir Angst vor Cumbefredde-Monster! Sie uns suchen!

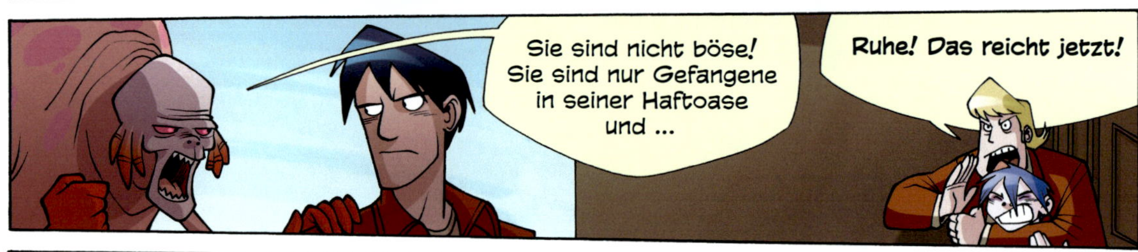
Sie sind nicht böse! Sie sind nur Gefangene in seiner Haftoase und ...
Ruhe! Das reicht jetzt!

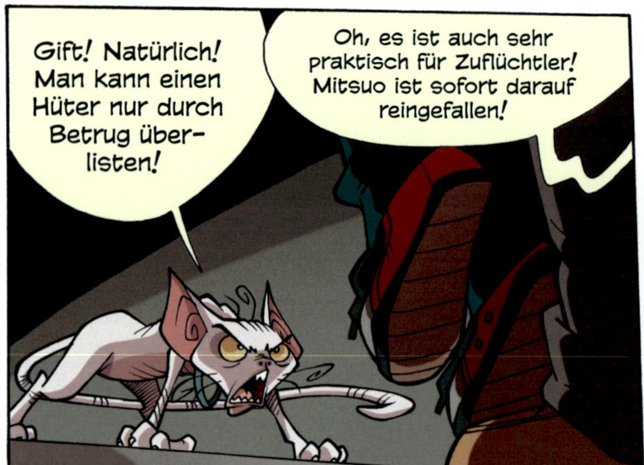
Gift! Natürlich! Man kann einen Hüter nur durch Betrug überlisten!
Oh, es ist auch sehr praktisch für Zuflüchtler! Mitsuo ist sofort darauf reingefallen!

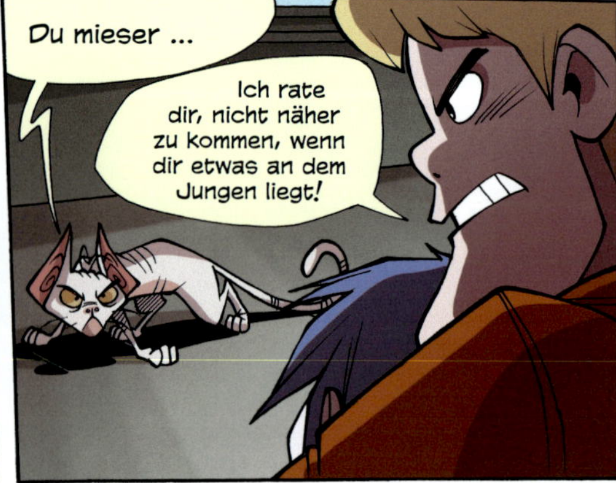
Du mieser ...
Ich rate dir, nicht näher zu kommen, wenn dir etwas an dem Jungen liegt!

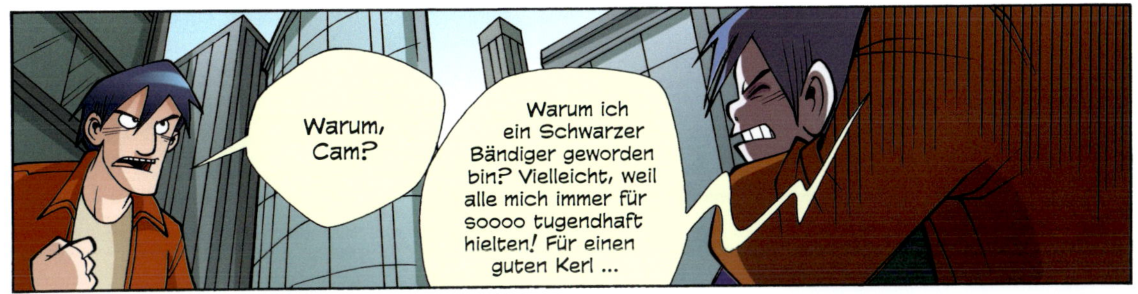
Warum, Cam?
Warum ich ein Schwarzer Bändiger geworden bin? Vielleicht, weil alle mich immer für soooo tugendhaft hielten! Für einen guten Kerl ...

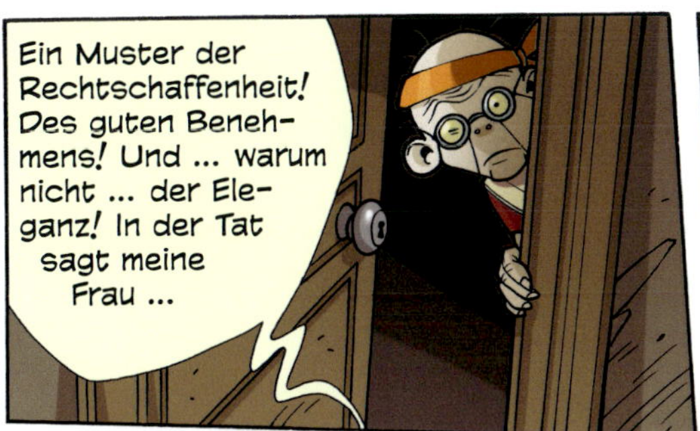
Ein Muster der Rechtschaffenheit! Des guten Benehmens! Und ... warum nicht ... der Eleganz! In der Tat sagt meine Frau ...

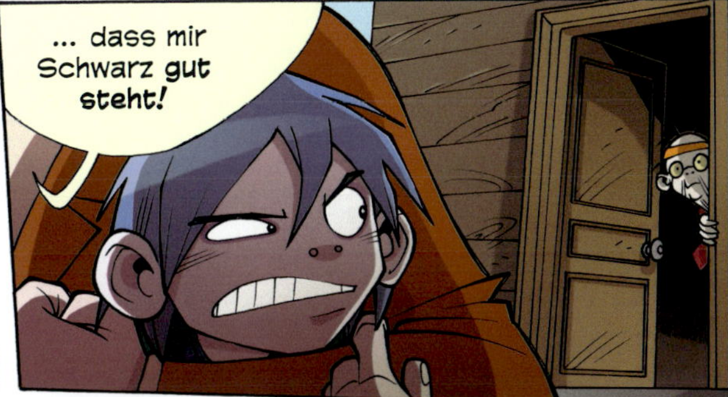
... dass mir Schwarz **gut steht!**

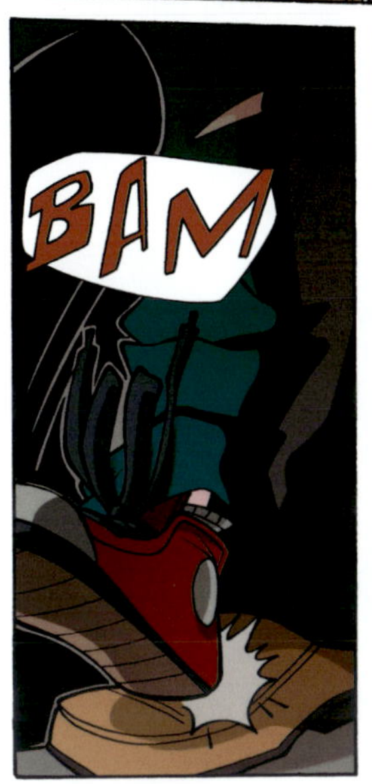
BAM

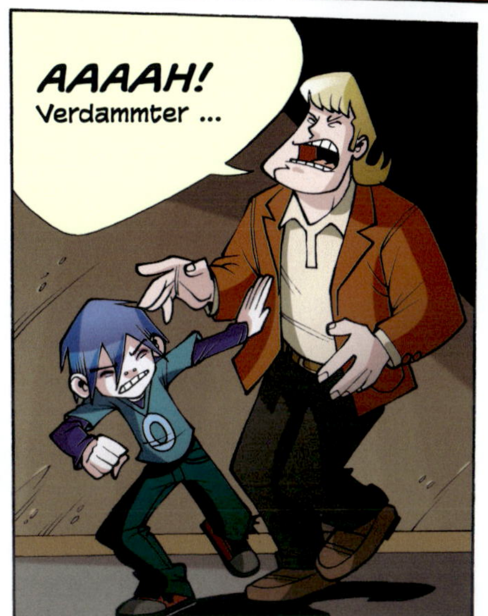
AAAAH! Verdammter ...

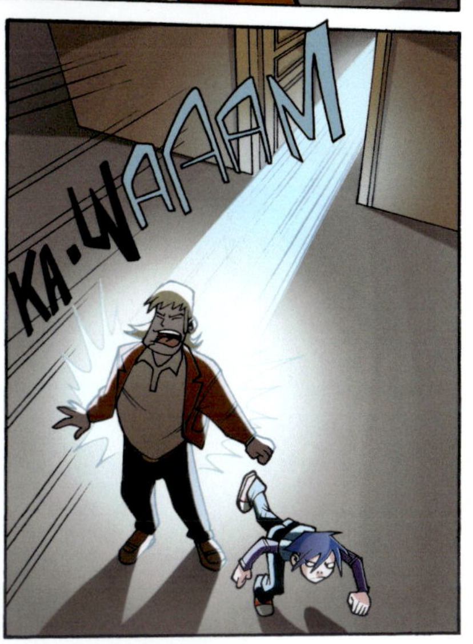
KA-WAAARM

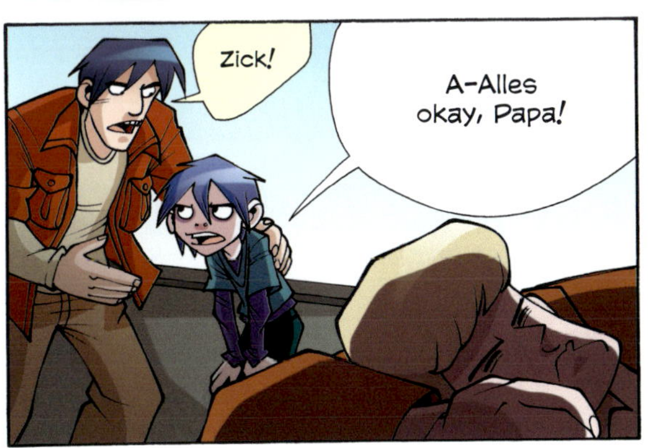
Zick!
A-Alles okay, Papa!

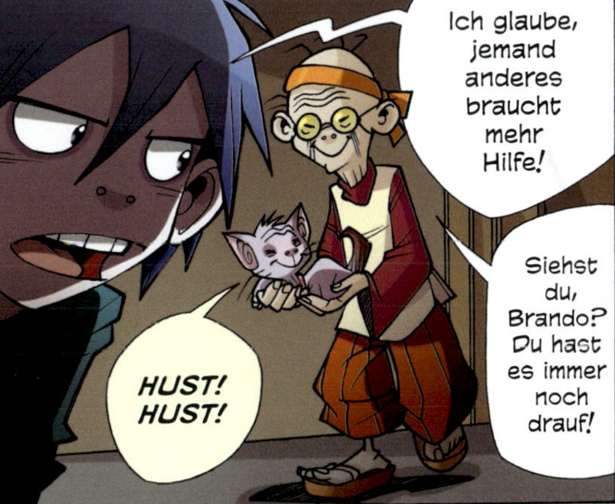
Ich glaube, jemand anderes braucht mehr Hilfe!
Siehst du, Brando? Du hast es immer noch drauf!
HUST! HUST!

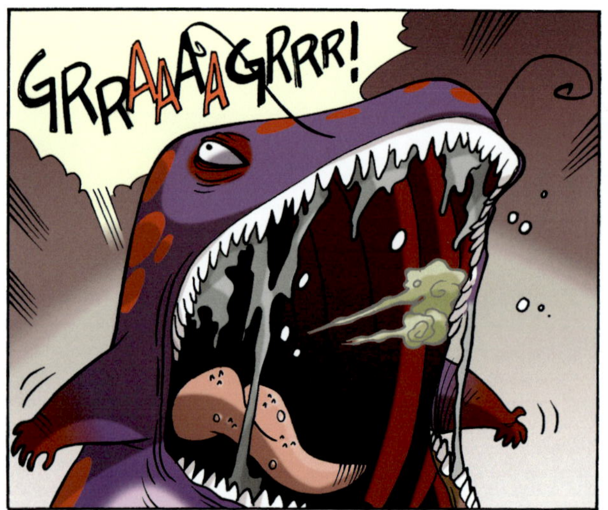
GRRAAAAGRRR!

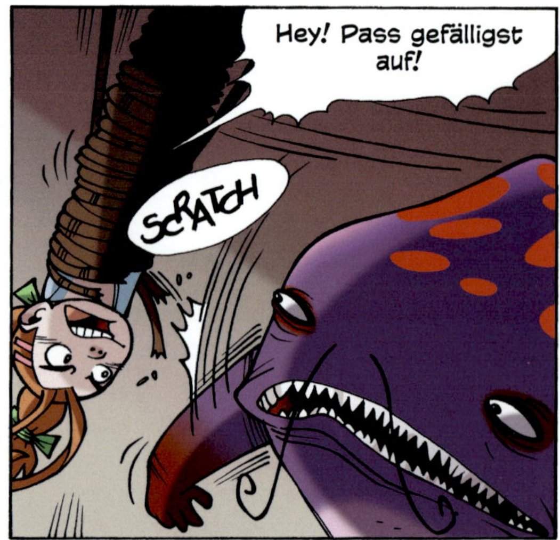
Hey! Pass gefälligst auf!
SCRATCH

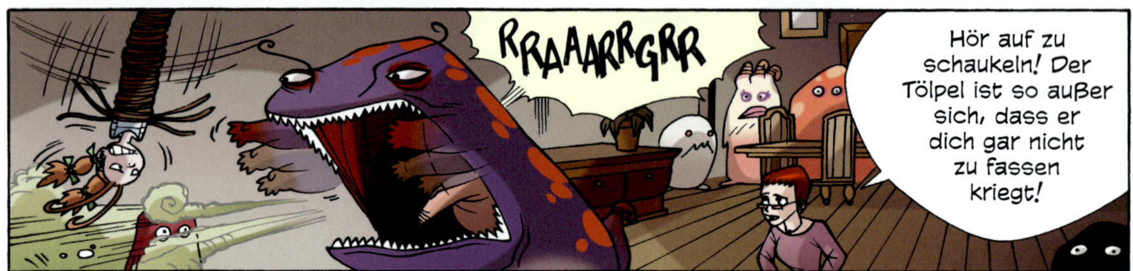
RRAAARRGRR
Hör auf zu schaukeln! Der Tölpel ist so außer sich, dass er dich gar nicht zu fassen kriegt!

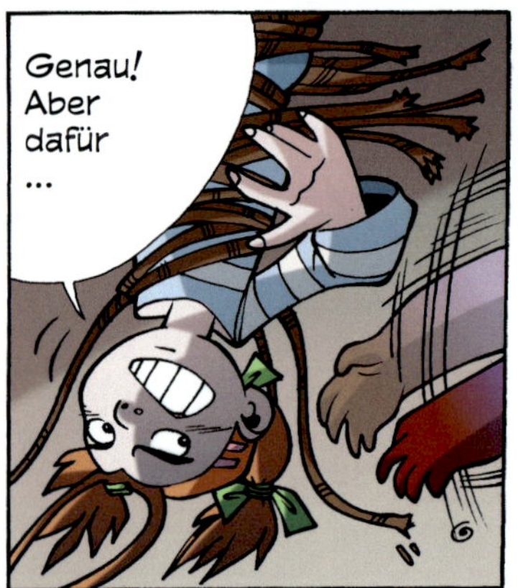
Genau! Aber dafür ...

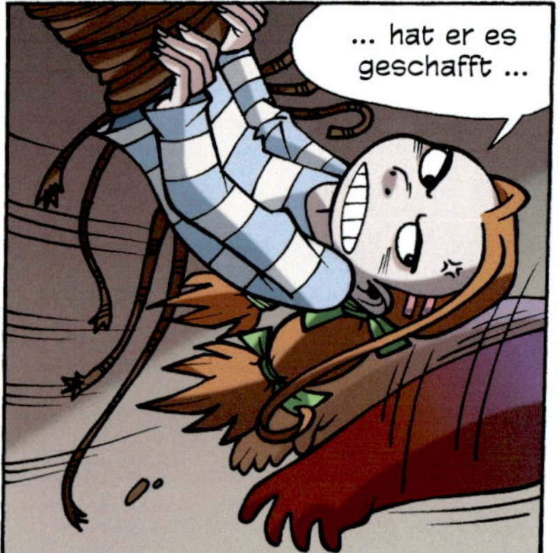
... hat er es geschafft ...

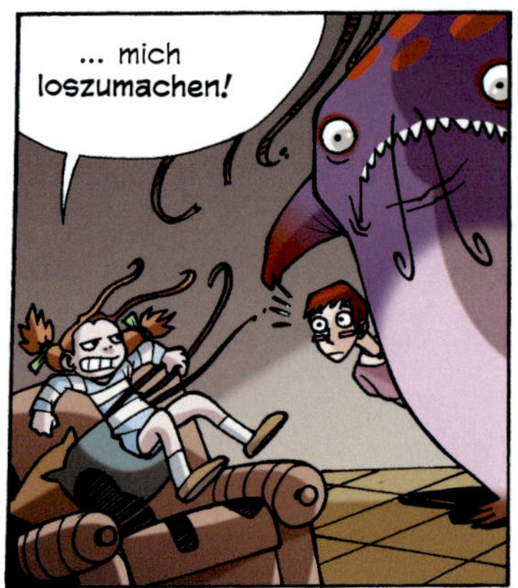
... mich **loszumachen!**

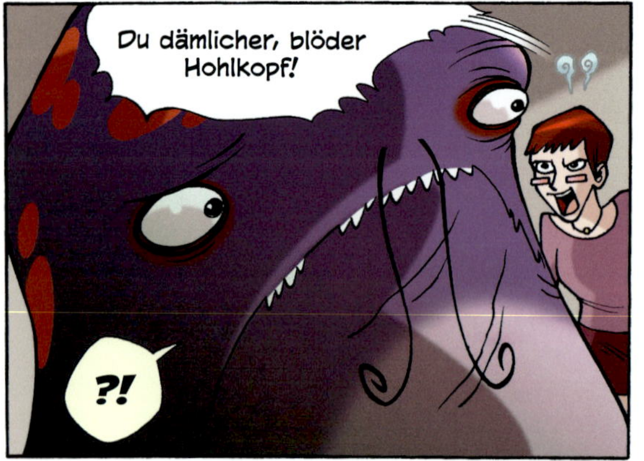
Du dämlicher, blöder Hohlkopf!
?!

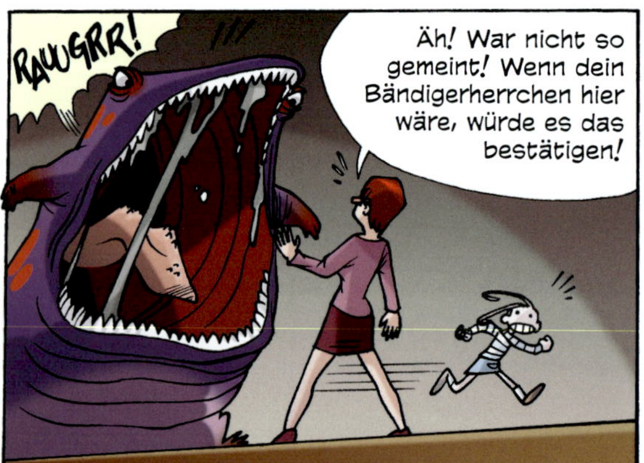
RAUUGRR!
Äh! War nicht so gemeint! Wenn dein Bändigerherrchen hier wäre, würde es das bestätigen!

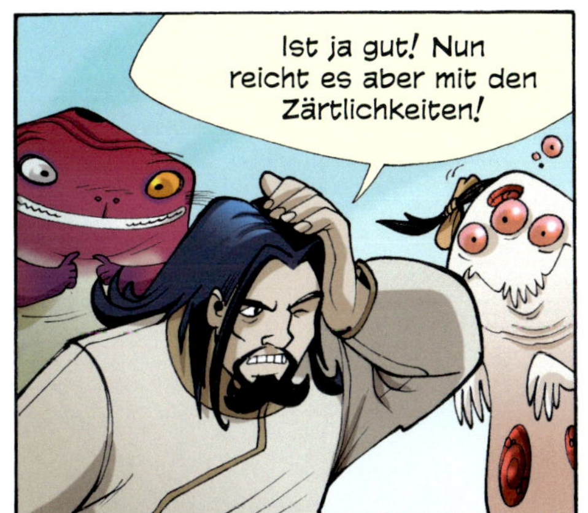
Ist ja gut! Nun reicht es aber mit den Zärtlichkeiten!

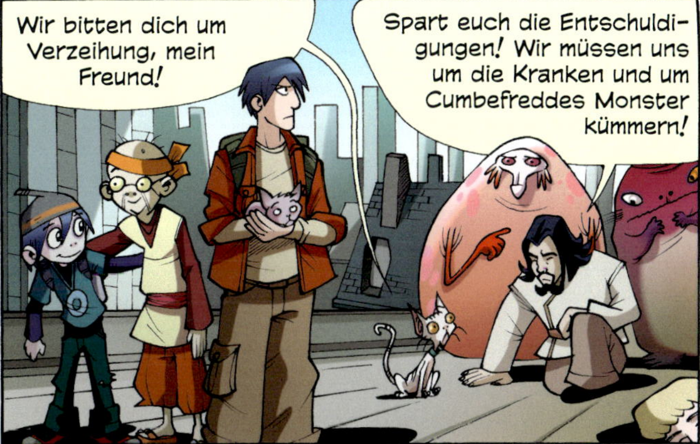
Wir bitten dich um Verzeihung, mein Freund!
Spart euch die Entschuldigungen! Wir müssen uns um die Kranken und um Cumbefreddes Monster kümmern!

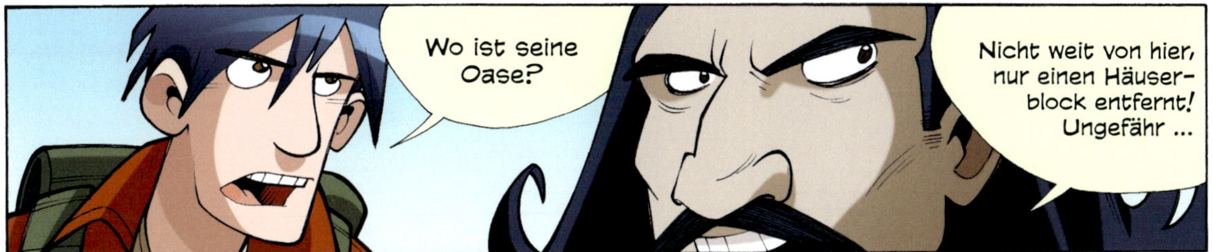
Wo ist seine Oase?
Nicht weit von hier, nur einen Häuserblock entfernt! Ungefähr ...

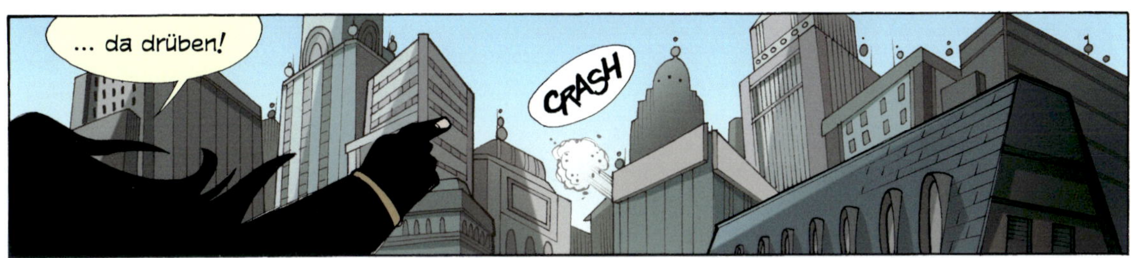
... da drüben!
CRASH

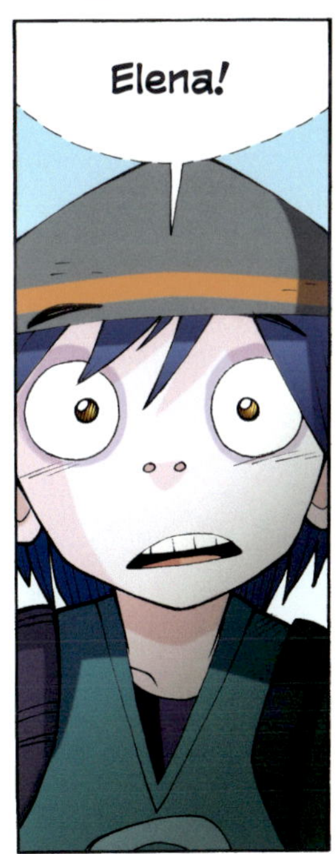
Elena!

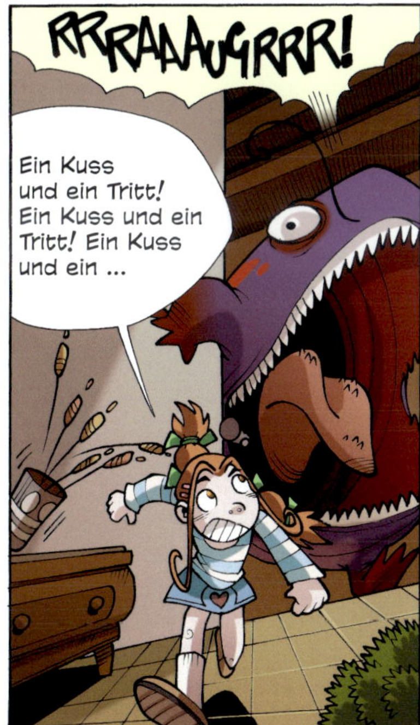
RRRAAAUGRRR!
Ein Kuss und ein Tritt! Ein Kuss und ein Tritt! Ein Kuss und ein ...

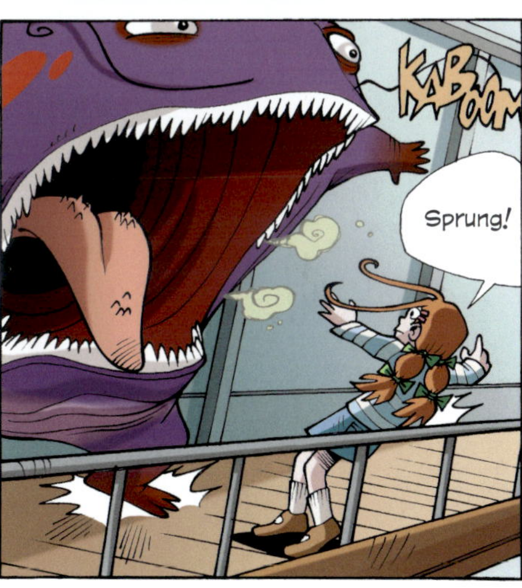
KABOOM
Sprung!

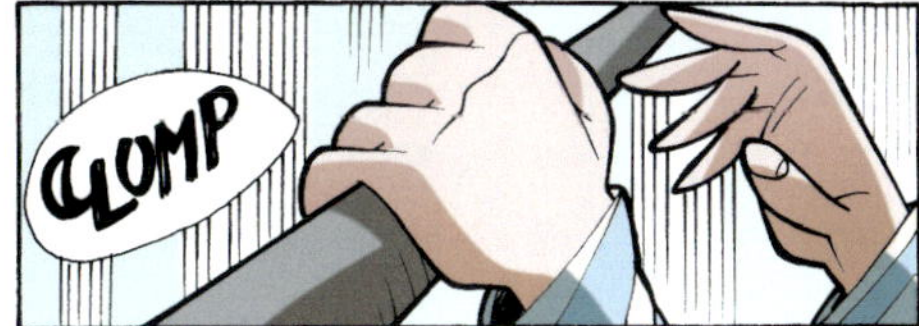
CLOMP

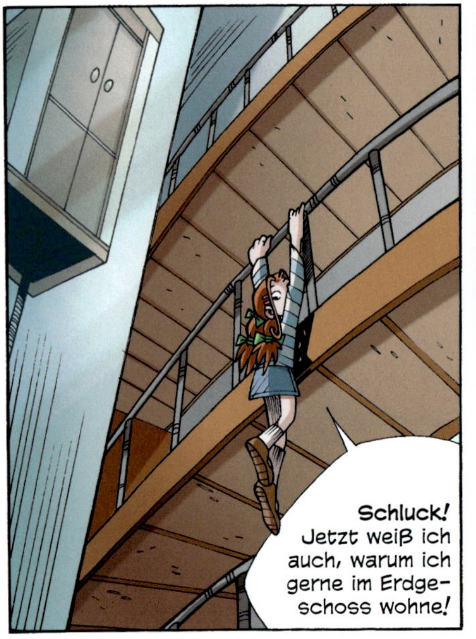
Schluck! Jetzt weiß ich auch, warum ich gerne im Erdgeschoss wohne!
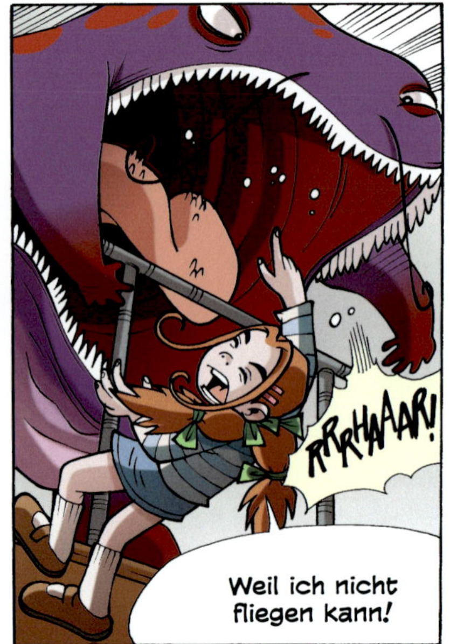
RRRHAAAR!
Weil ich nicht fliegen kann!
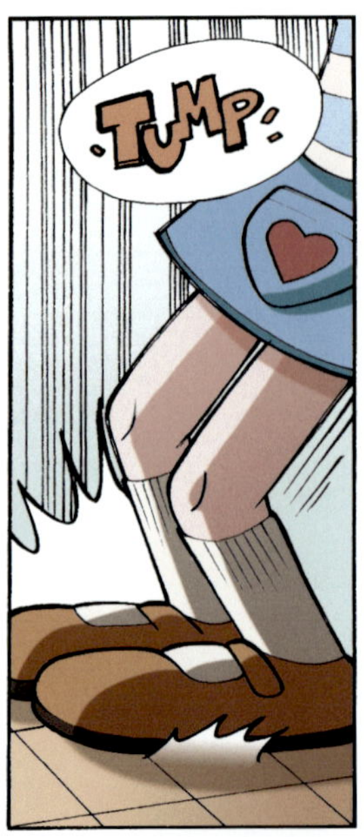
TUMP
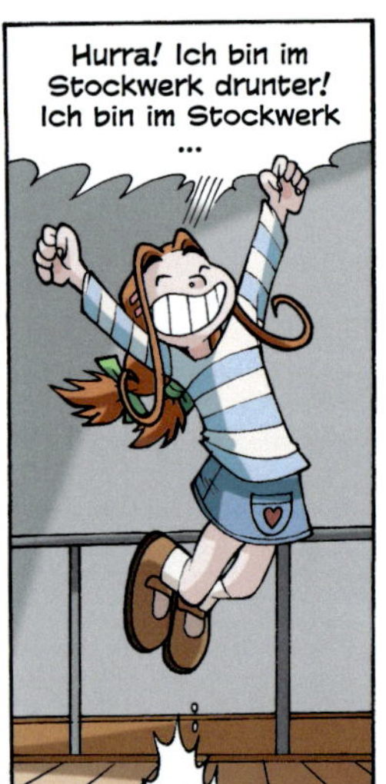
Hurra! Ich bin im Stockwerk drunter! Ich bin im Stockwerk ...
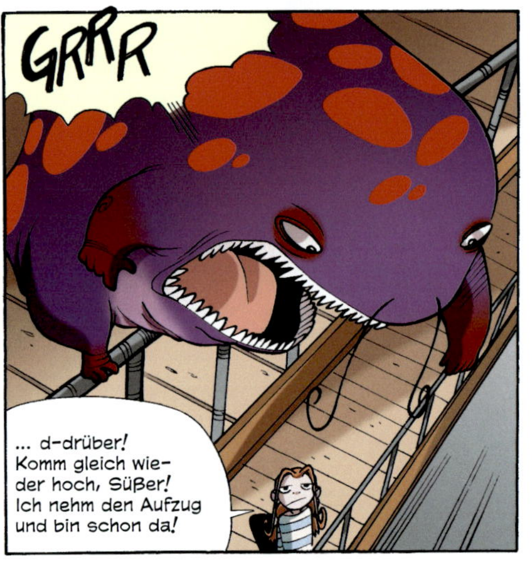
GRRR
... d-drüber! Komm gleich wieder hoch, Süßer! Ich nehm den Aufzug und bin schon da!
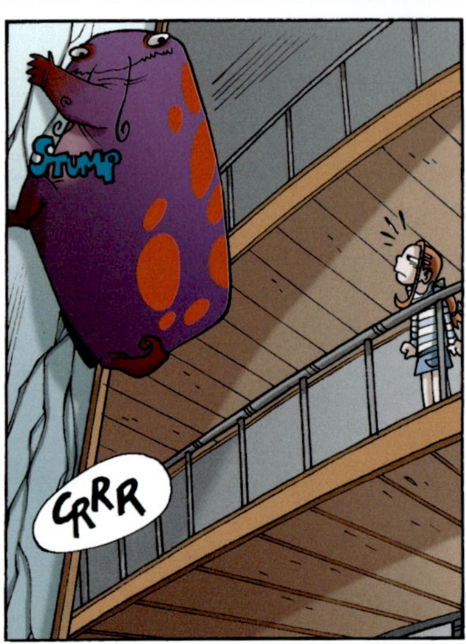
STUMP
GRRR
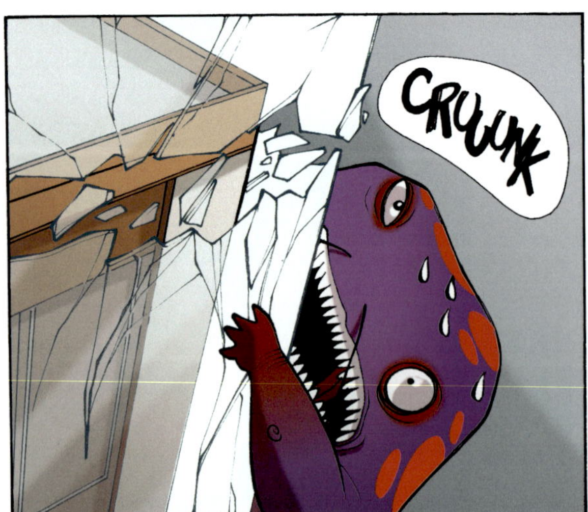
CRUUUNK
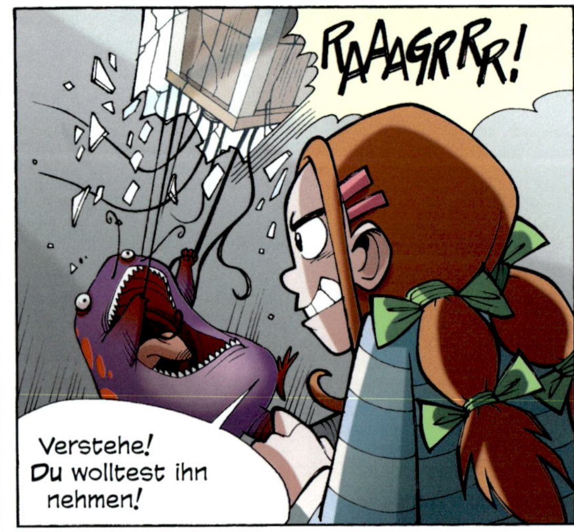
RAAAGRRRR!
Verstehe! Du wolltest ihn nehmen!

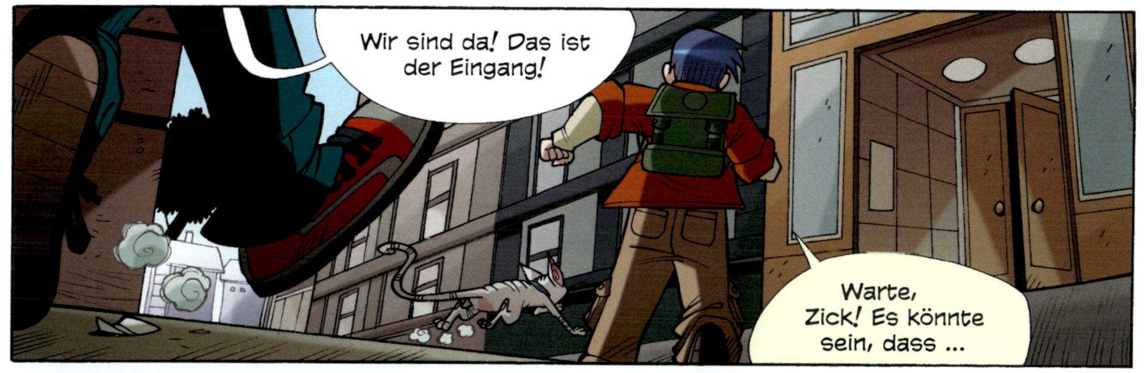
Wir sind da! Das ist der Eingang!
Warte, Zick! Es könnte sein, dass ...

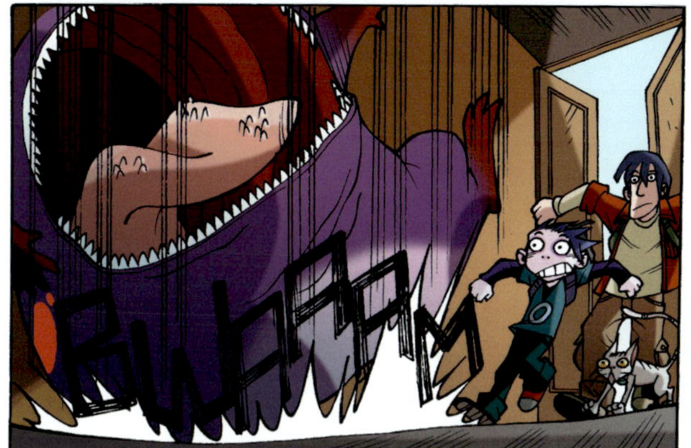
BWRAAM

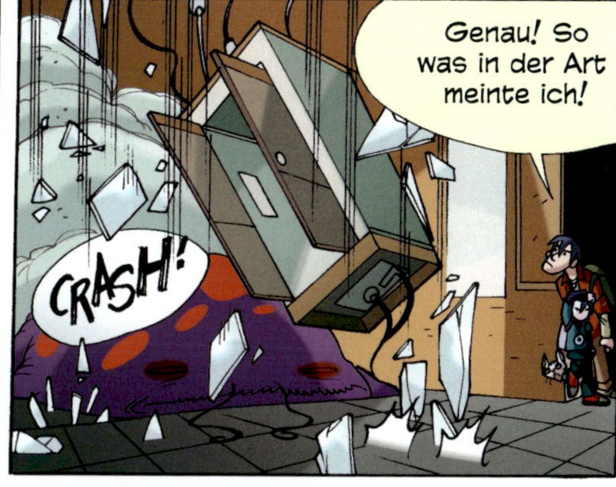
Genau! So was in der Art meinte ich!
CRASH!

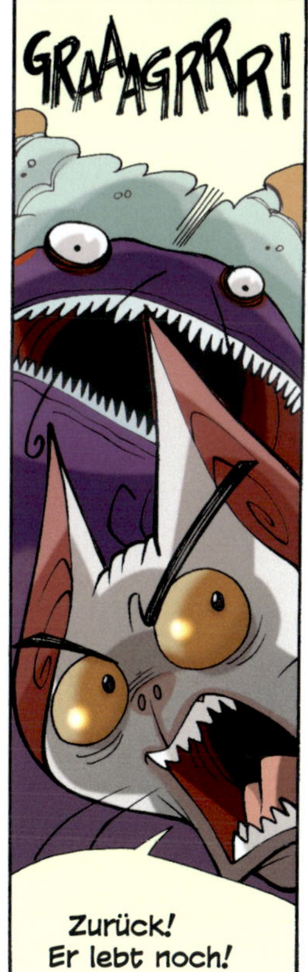
GRAAAGRRRR!
Zurück! Er lebt noch!

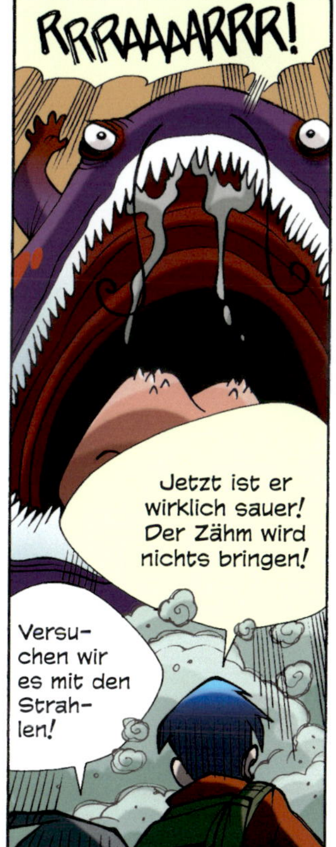
RRRRAAAARRRR!
Jetzt ist er wirklich sauer! Der Zähm wird nichts bringen!
Versu-chen wir es mit den Strah-len!

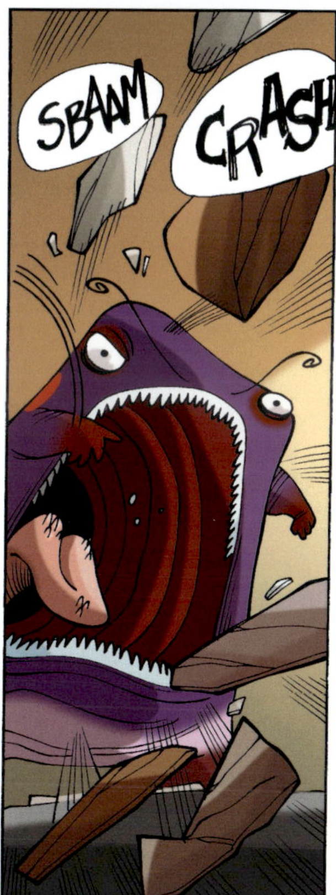
SBAAM
CRASH

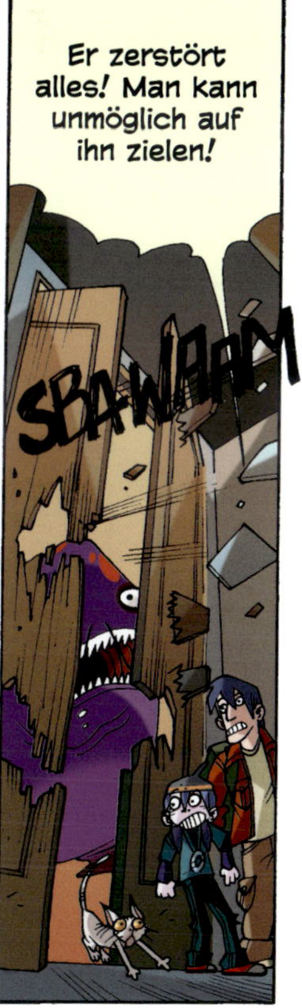
Er zerstört alles! Man kann unmöglich auf ihn zielen!
SBAWAAM

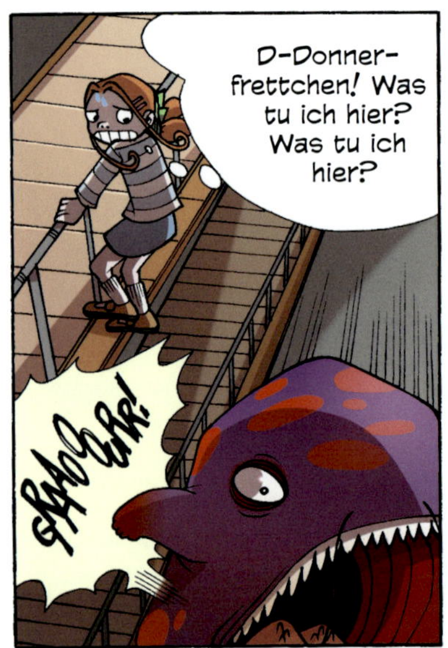
D-Donner-frettchen! Was tu ich hier? Was tu ich hier?
GRAOOGRR!

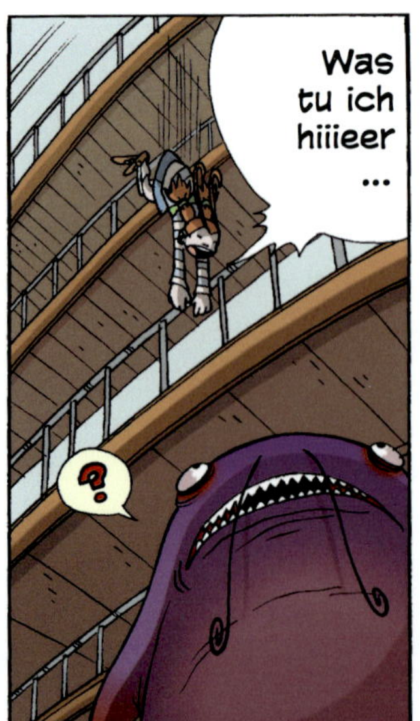
Was tu ich hiiieer ...
?

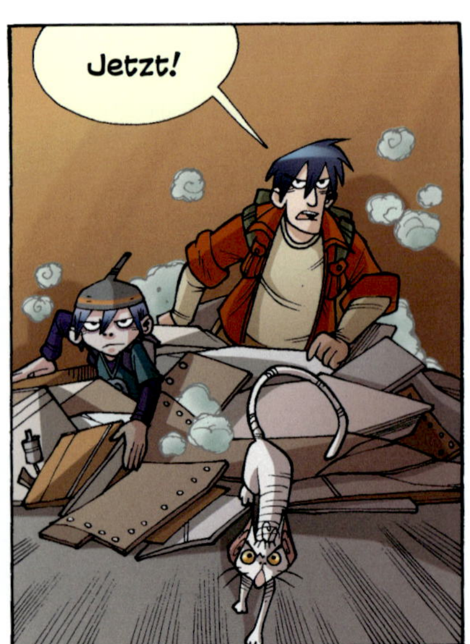
Jetzt!

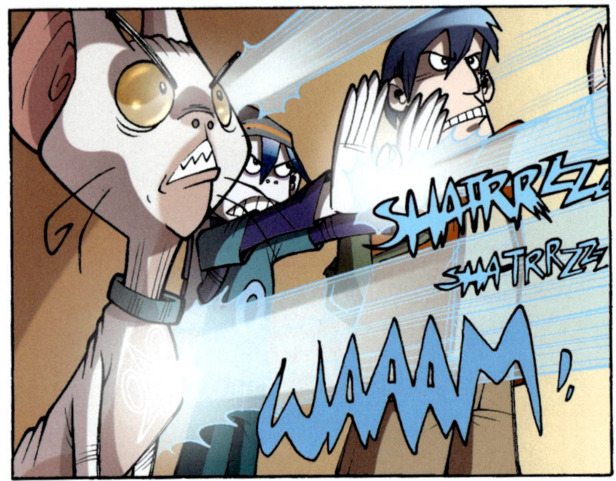
SHATRRZZ
SHATRRZZ
WAAAM!

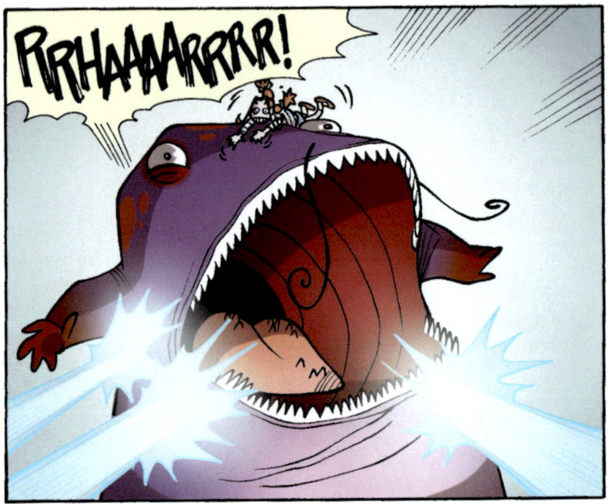
RRHAAAARRRR!

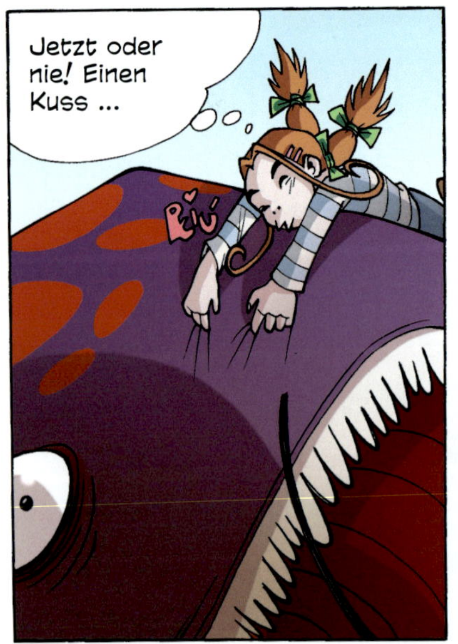
Jetzt oder nie! Einen Kuss ...

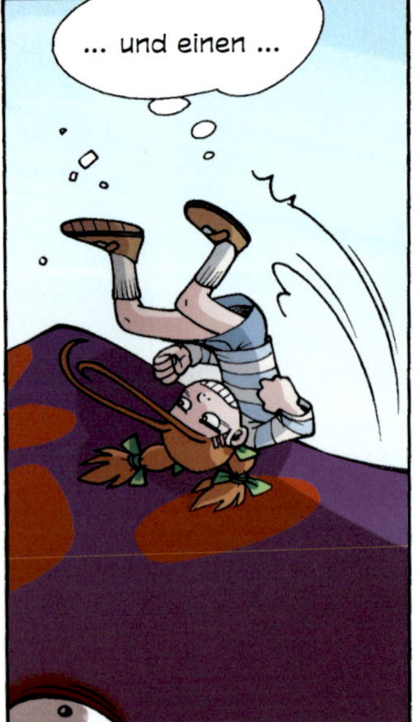
... und einen ...

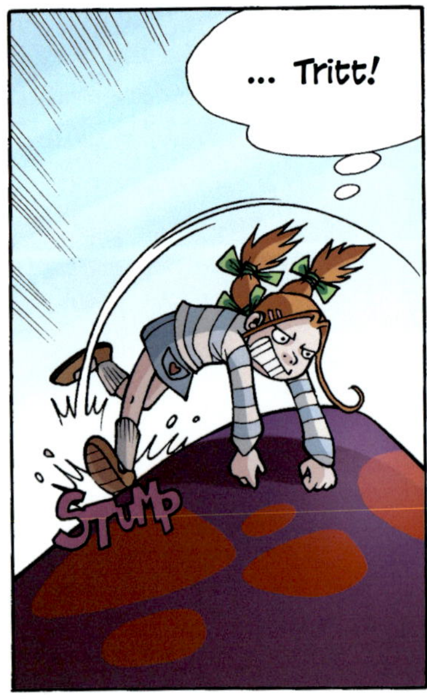
... Tritt!
STUMP

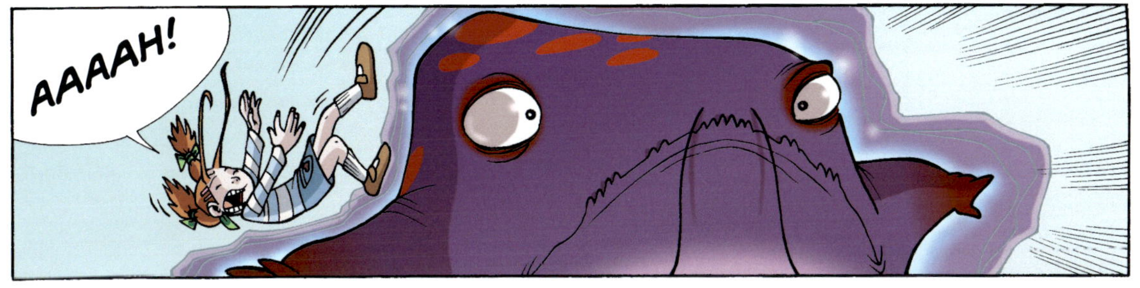
AAAAH!

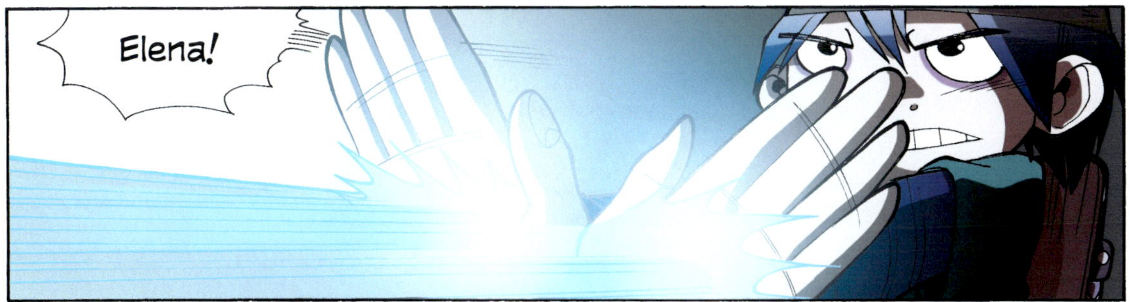
Elena!

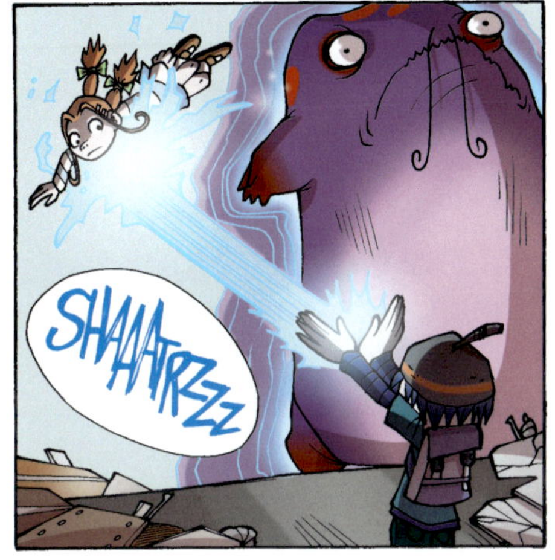
SHAAATRZZZ

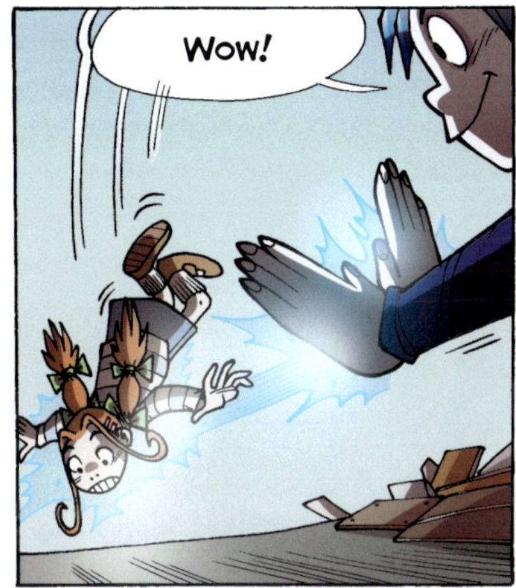
Wow!

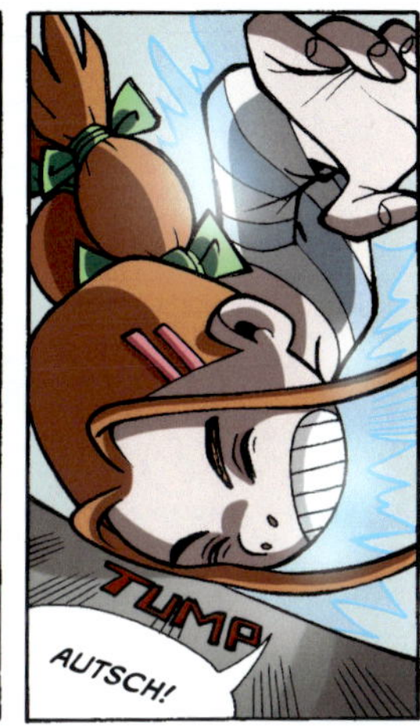
TUMP
AUTSCH!

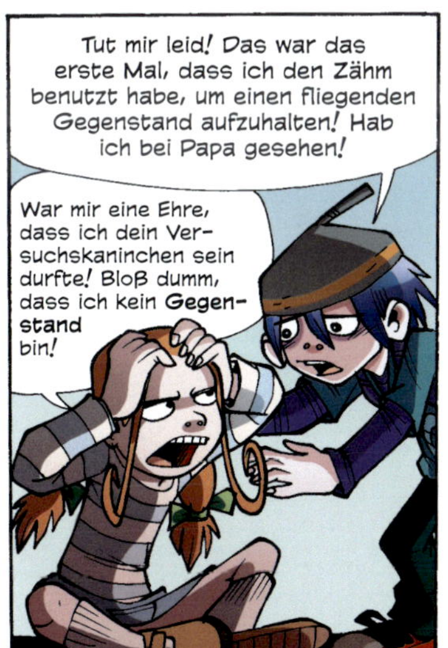
Tut mir leid! Das war das erste Mal, dass ich den Zähm benutzt habe, um einen fliegenden Gegenstand aufzuhalten! Hab ich bei Papa gesehen!
War mir eine Ehre, dass ich dein Versuchskaninchen sein durfte! Bloß dumm, dass ich kein **Gegenstand** bin!

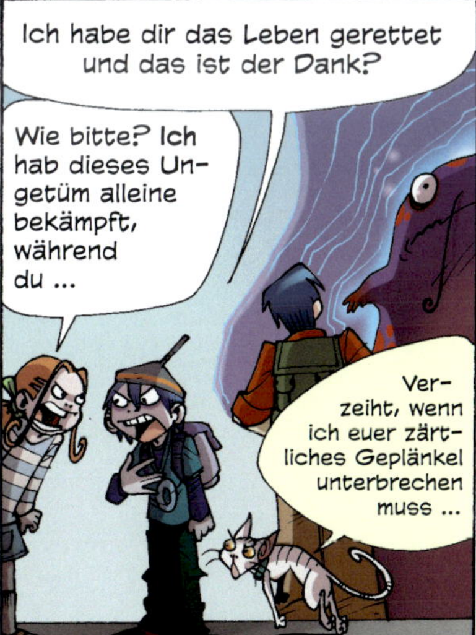
Ich habe dir das Leben gerettet und das ist der Dank?
Wie bitte? Ich hab dieses Ungetüm alleine bekämpft, während du ...
Verzeiht, wenn ich euer zärtliches Geplänkel unterbrechen muss ...

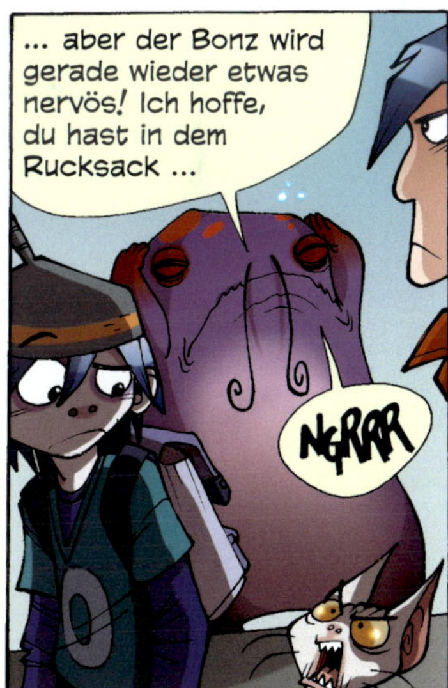
... aber der Bonz wird gerade wieder etwas nervös! Ich hoffe, du hast in dem Rucksack ...
NGRRR

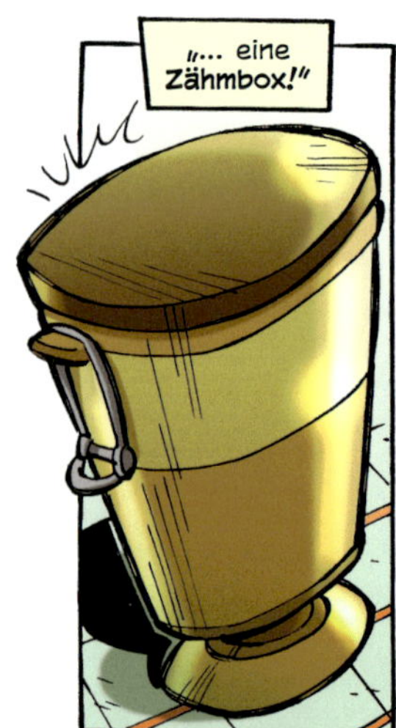
„... eine **Zähmbox!**"

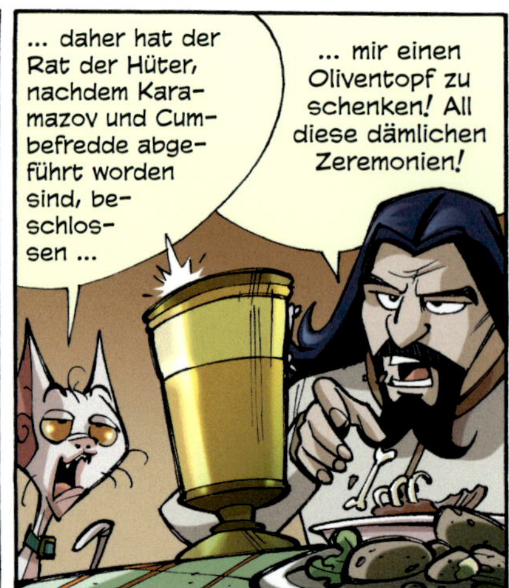
... daher hat der Rat der Hüter, nachdem Karamazov und Cumbefredde abgeführt worden sind, beschlossen ...
... mir einen Oliventopf zu schenken! All diese dämlichen Zeremonien!

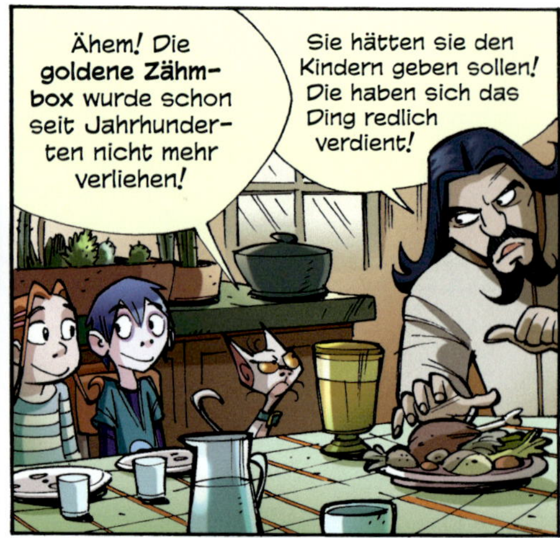
Ähem! Die **goldene Zähmbox** wurde schon seit Jahrhunderten nicht mehr verliehen!
Sie hätten sie den Kindern geben sollen! Die haben sich das Ding redlich verdient!

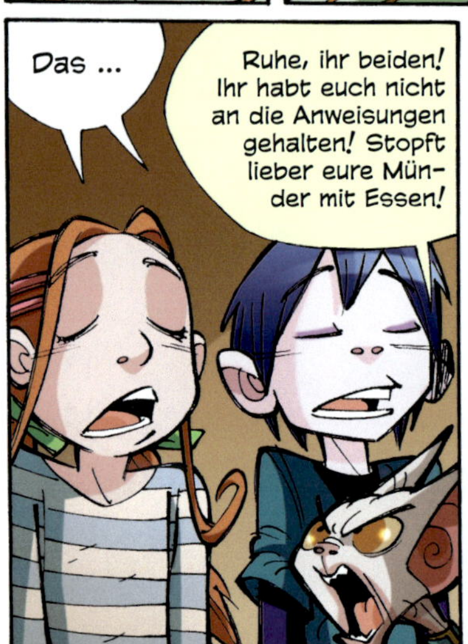
Das ...
Ruhe, ihr beiden! Ihr habt euch nicht an die Anweisungen gehalten! Stopft lieber eure Münder mit Essen!

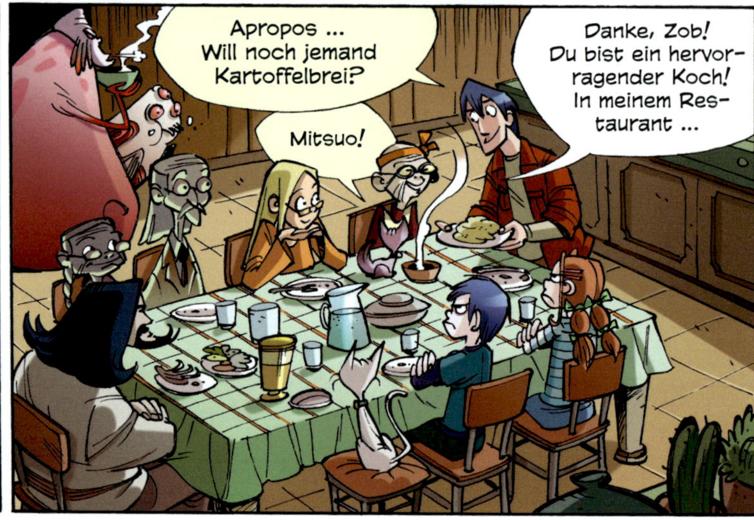
Apropos ... Will noch jemand Kartoffelbrei?
Mitsuo!
Danke, Zob! Du bist ein hervorragender Koch! In meinem Restaurant ...

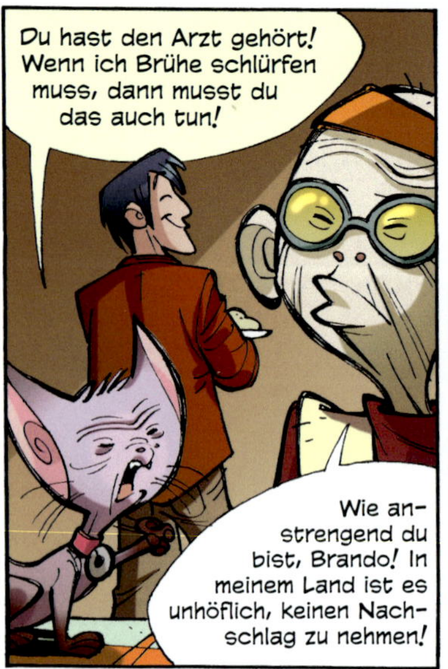
Du hast den Arzt gehört! Wenn ich Brühe schlürfen muss, dann musst du das auch tun!
Wie anstrengend du bist, Brando! In meinem Land ist es unhöflich, keinen Nachschlag zu nehmen!

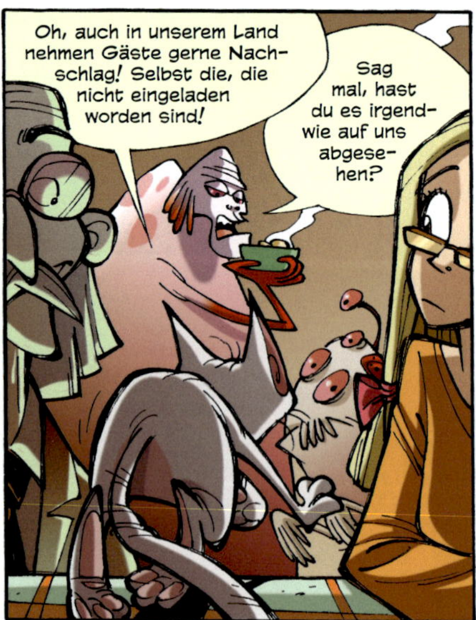
Oh, auch in unserem Land nehmen Gäste gerne Nachschlag! Selbst die, die nicht eingeladen worden sind!
Sag mal, hast du es irgendwie auf uns abgesehen?

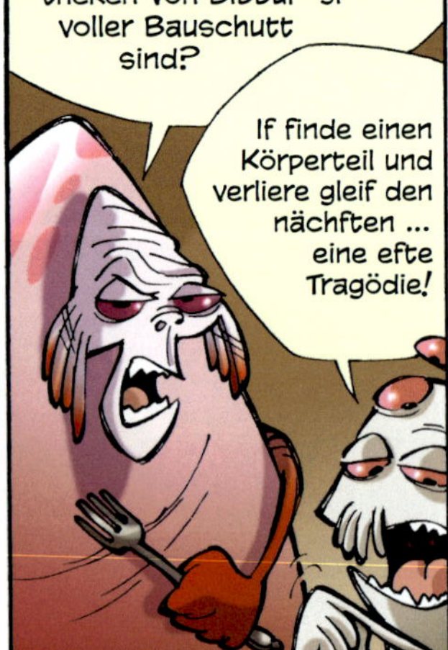
Ist es vielleicht meine Schuld, dass die Bibliotheken von Bibbur-si voller Bauschutt sind?
If finde einen Körperteil und verliere gleif den nächften ... eine efte Tragödie!

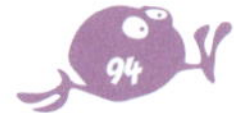

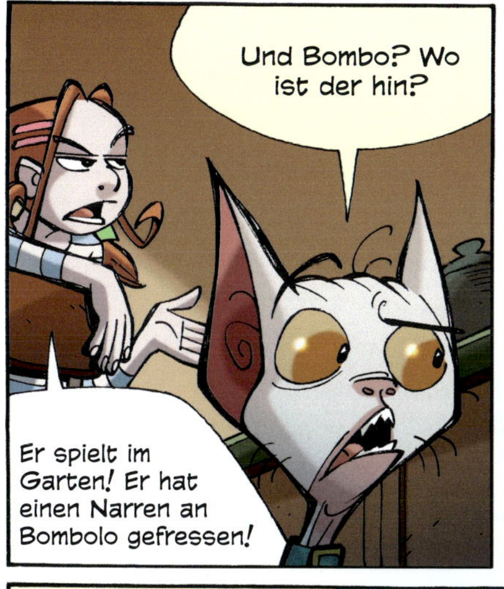
Und Bombo? Wo ist der hin?
Er spielt im Garten! Er hat einen Narren an Bombolo gefressen!

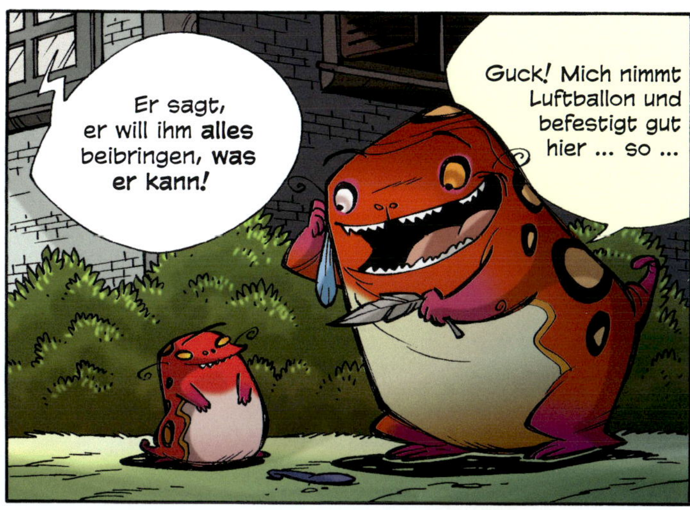
Er sagt, er will ihm alles beibringen, was er kann!
Guck! Mich nimmt Luftballon und befestigt gut hier ... so ...

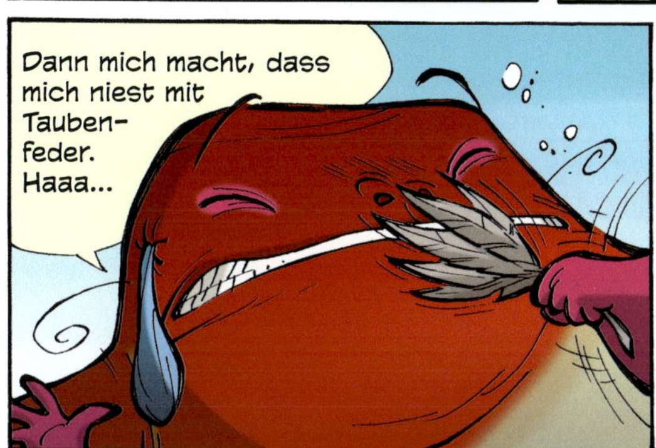
Dann mich macht, dass mich niest mit Taubenfeder. Haaa...

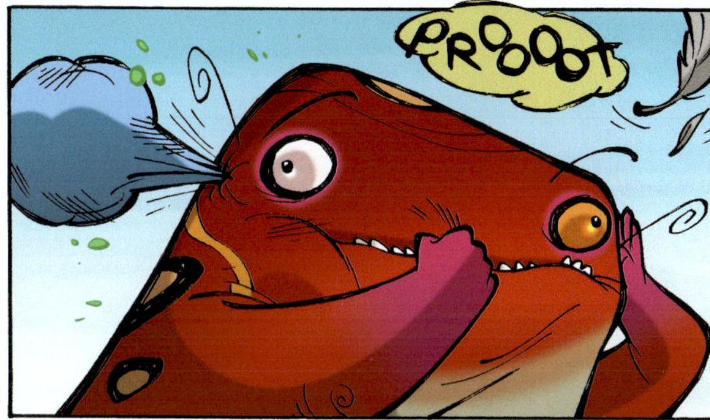
PROOOOT

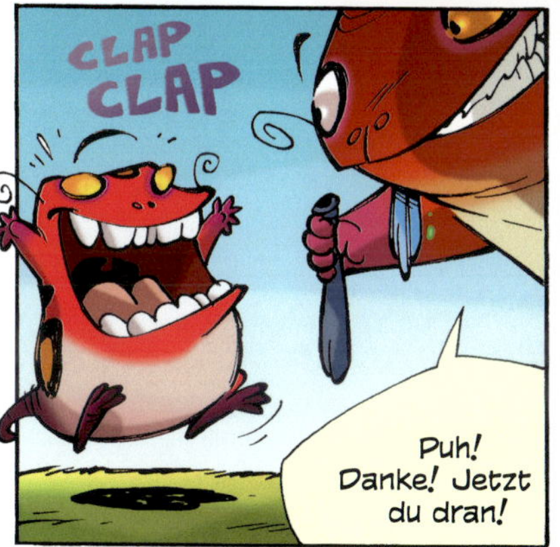
CLAP
CLAP
Puh! Danke! Jetzt du dran!

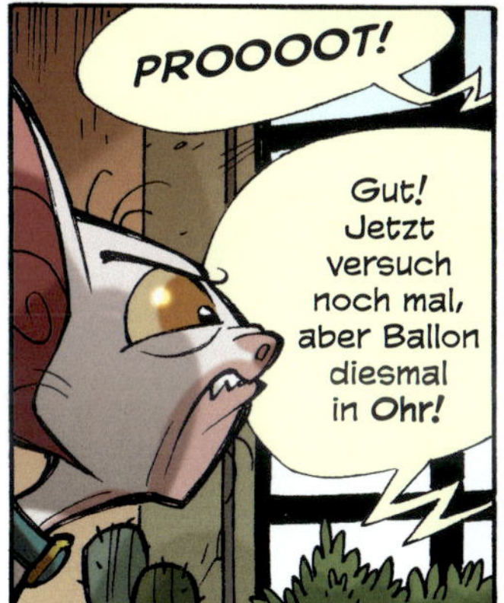
PROOOOT!
Gut! Jetzt versuch noch mal, aber Ballon diesmal in Ohr!

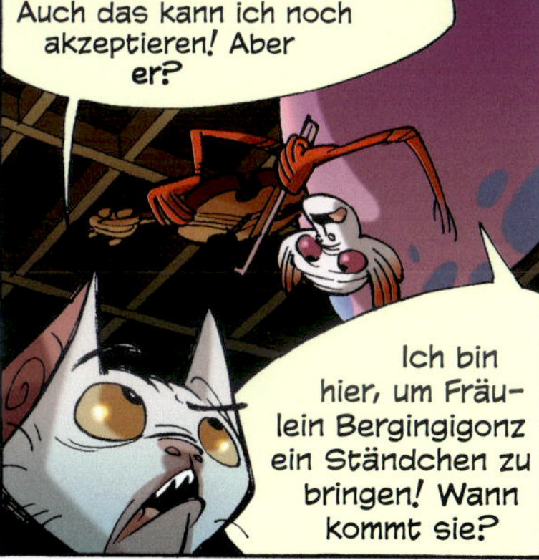
Auch das kann ich noch akzeptieren! Aber er?
Ich bin hier, um Fräulein Bergingigonz ein Ständchen zu bringen! Wann kommt sie?

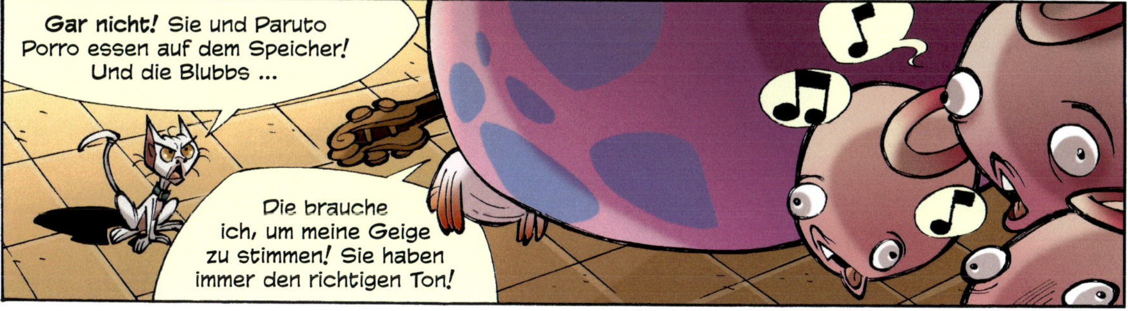
Gar nicht! Sie und Paruto Porro essen auf dem Speicher! Und die Blubbs ...
Die brauche ich, um meine Geige zu stimmen! Sie haben immer den richtigen Ton!

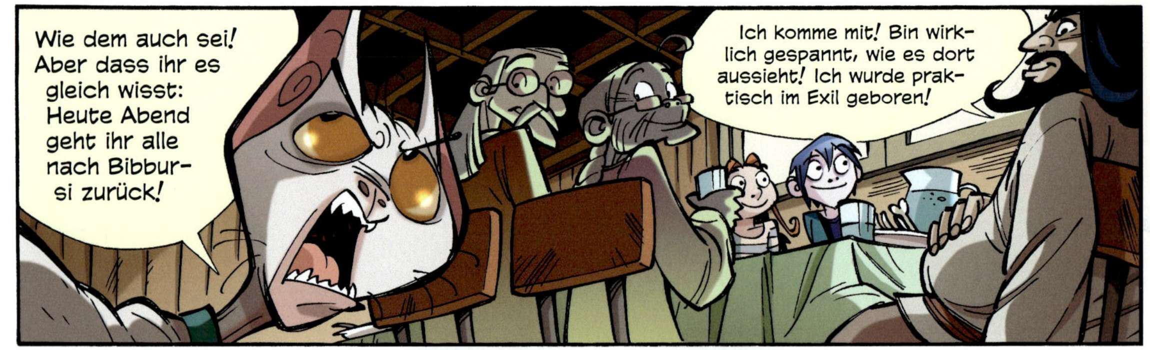

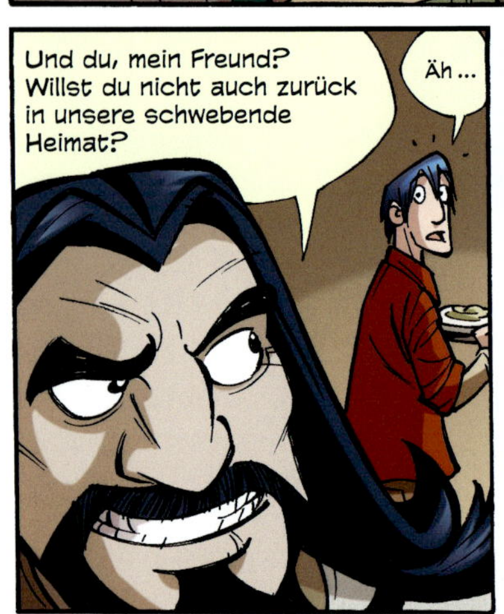

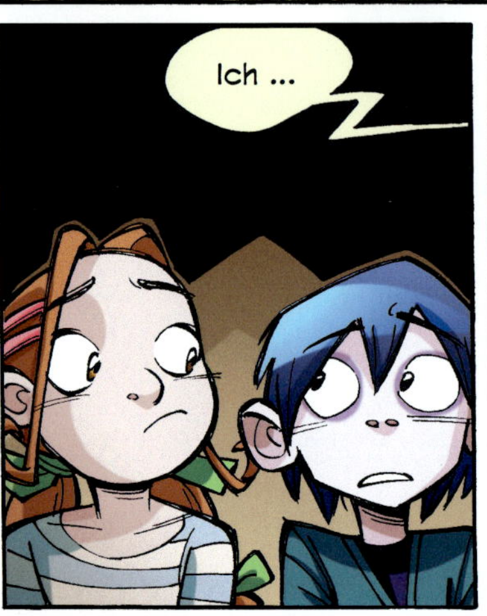

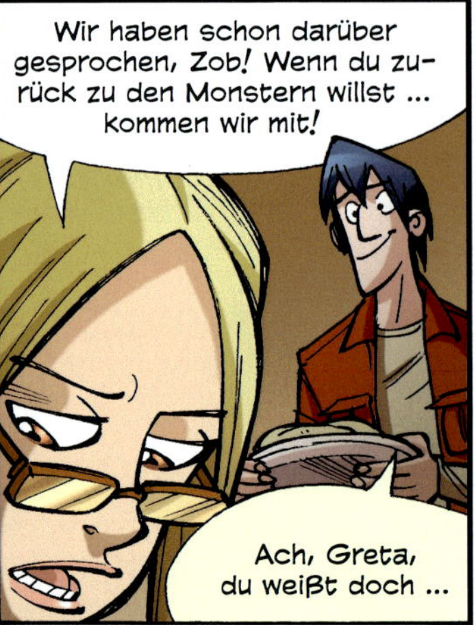

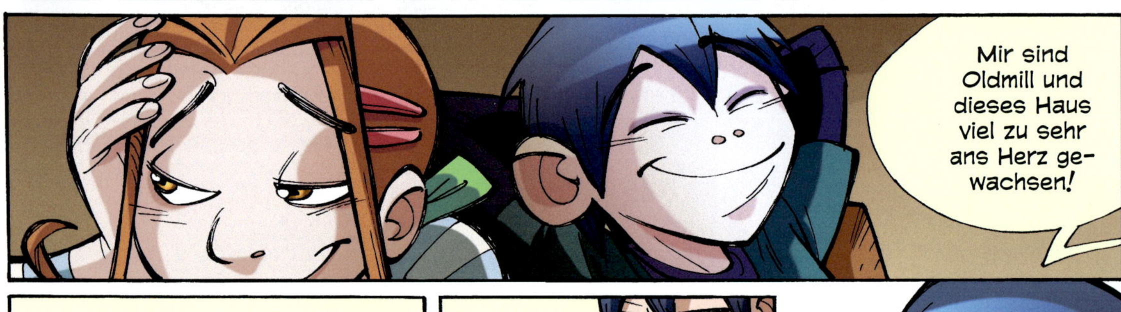

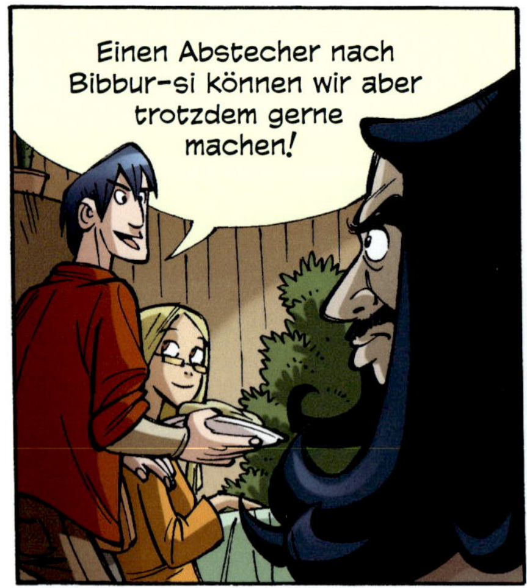

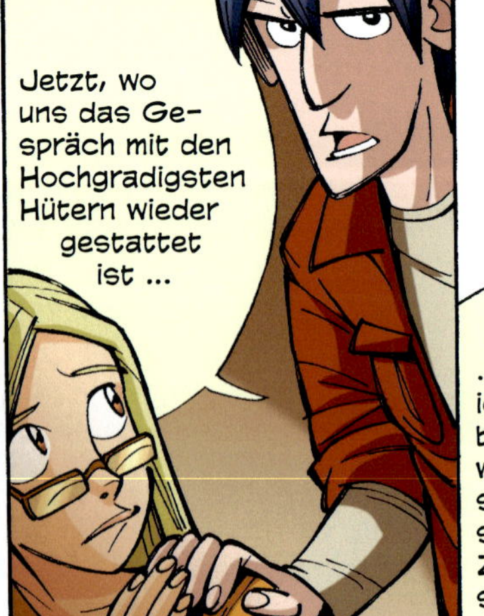

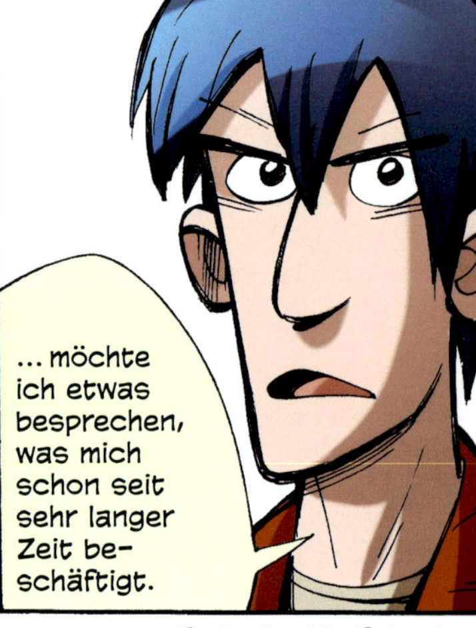

Ende der 18. Episode.

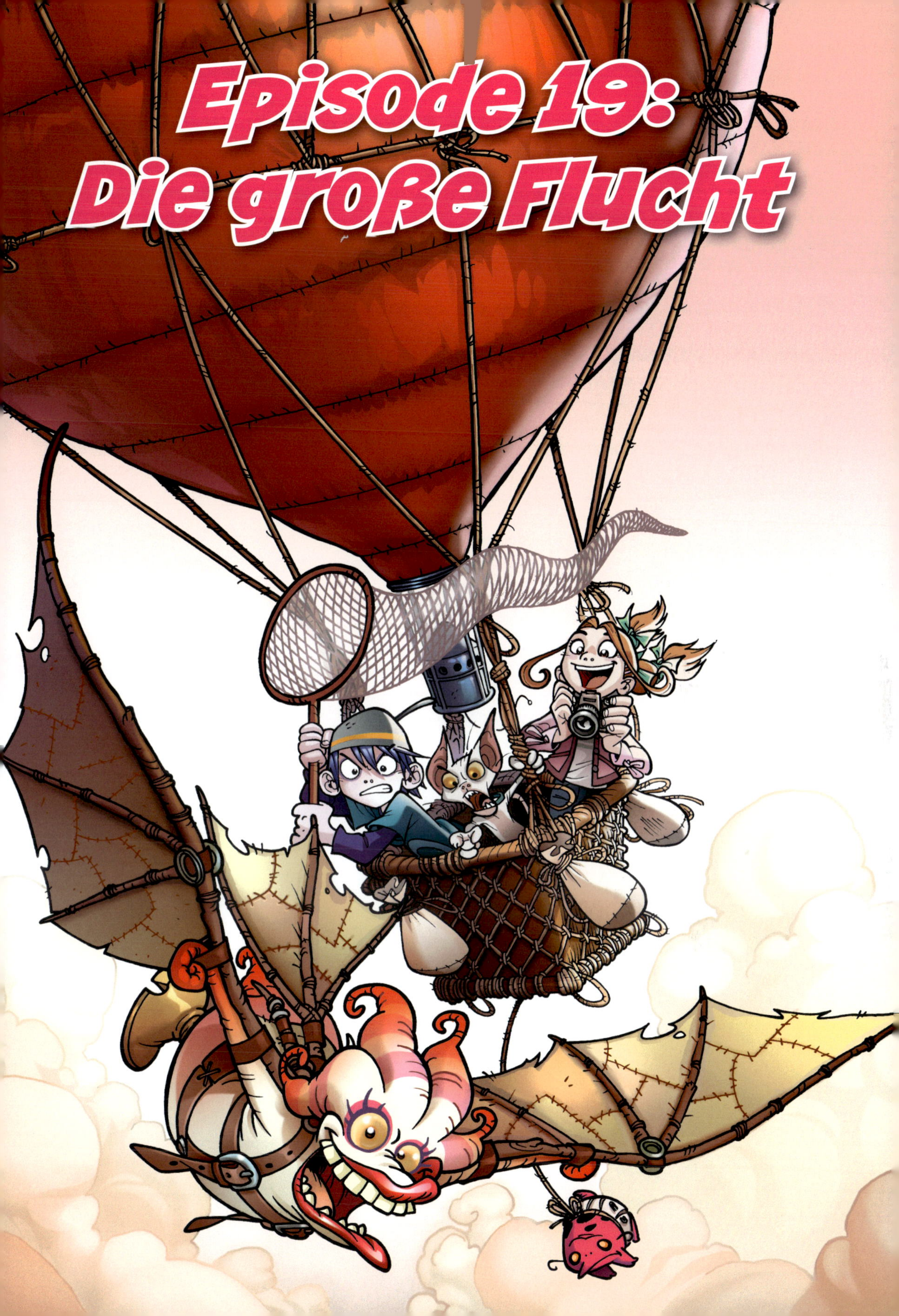
Episode 19:
Die große Flucht

DIE GROSSE FLUCHT

Originaltitel:
LA GRANDE EVASIONE

Idee: Katja Centomo & Giovanni Di Gregorio
Story: Giovanni Di Gregorio
Zeichnungen: Federico Nardo
Tusche: Paolo Ferrante, Raffaella Seccia & Cristina Giorgilli
Farben: Giulia Basile, Fabio Butera & Roberto Tugnolo

Künstlerische Leitung Skript: Francesco Artibani
Künstlerische Leitung Artwork: Alessandro Barbucci
Künstlerische Leitung Farben: Cecilia Giumento

Übersetzung: Jano Rohleder
Redaktion & Lektorat: Jano Rohleder
Redaktionelle Beratung: Konstanze Tants

Erstveröffentlichung:
Monster Allergy, Heft 19
Buena Vista Comics (Italien), April 2005

Deutsche Erstveröffentlichung:
Monster-Allergy-GA, Band 5
dani books, August 2016

Coverillustration:
Artwork: Federico Nardo
Farben: Paolo Maddaleni

Illustration Seite 98:
Artwork: Alessandro Barbucci
Farben: Paolo Maddaleni

Eine Serie von
Centomo, Artibani, Barbucci & Canepa

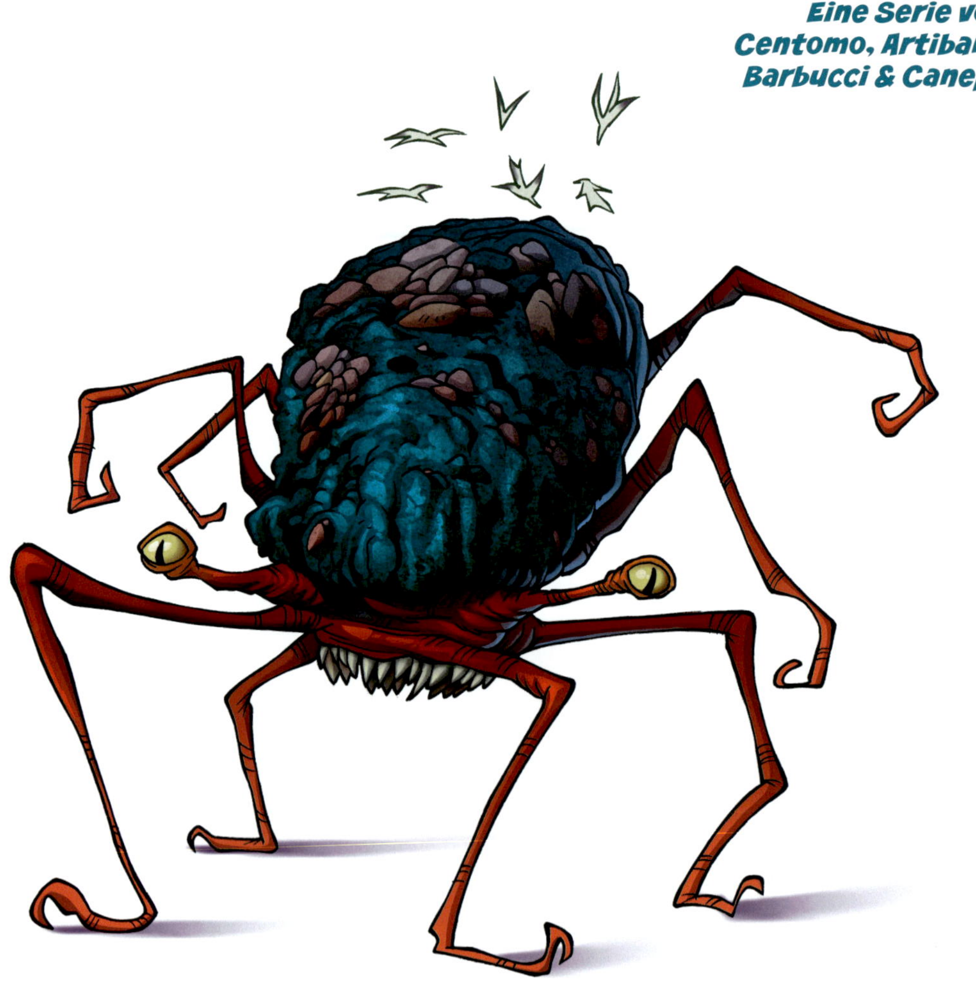

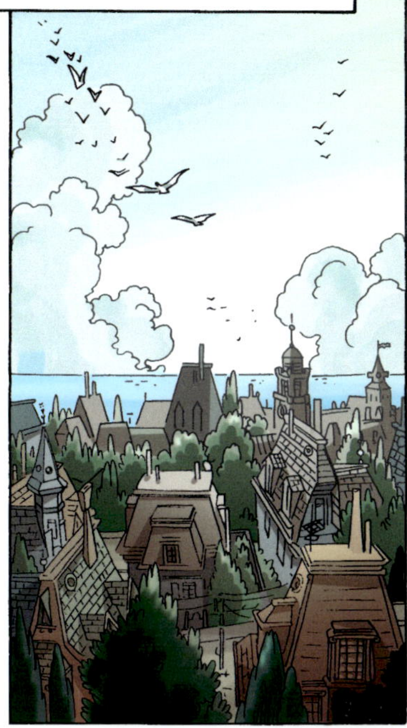
Ein warmer Frühlingssonntag ... die perfekte Gelegenheit, zu tun, worauf man gerade Lust hat!

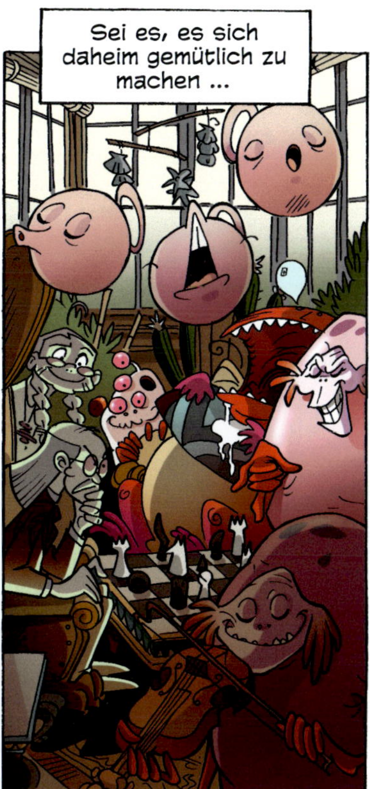
Sei es, es sich daheim gemütlich zu machen ...

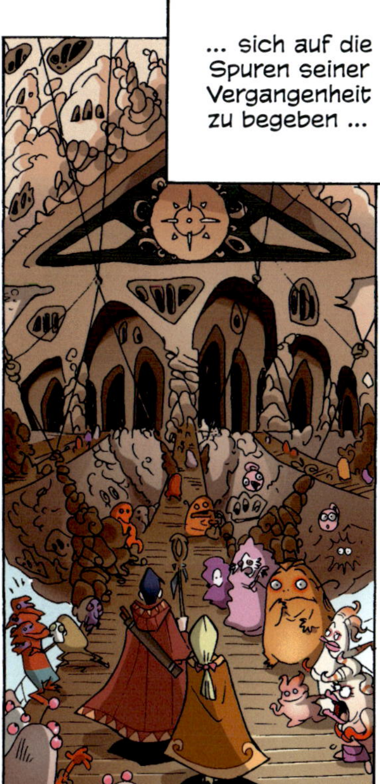
... sich auf die Spuren seiner Vergangenheit zu begeben ...

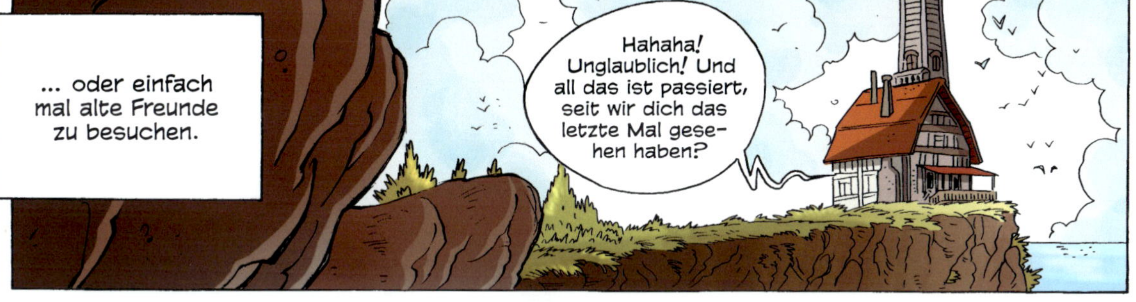
... oder einfach mal alte Freunde zu besuchen.
Hahaha! Unglaublich! Und all das ist passiert, seit wir dich das letzte Mal gesehen haben?

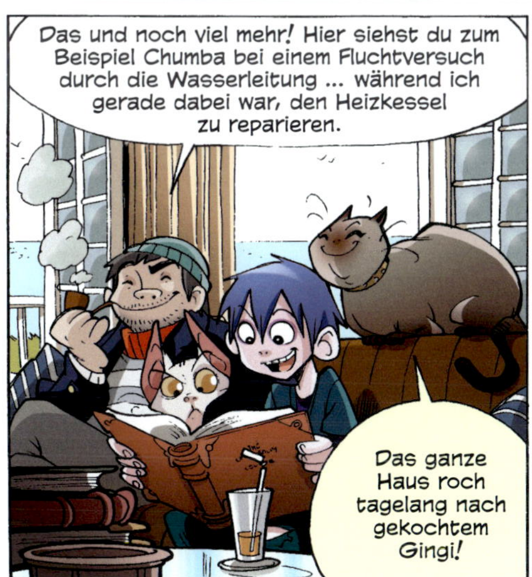
Das und noch viel mehr! Hier siehst du zum Beispiel Chumba bei einem Fluchtversuch durch die Wasserleitung ... während ich gerade dabei war, den Heizkessel zu reparieren.
Das ganze Haus roch tagelang nach gekochtem Gingi!

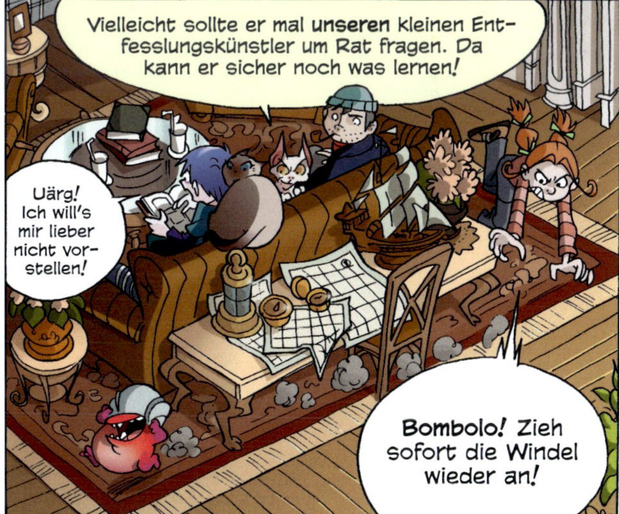
Vielleicht sollte er mal **unseren** kleinen Entfesslungskünstler um Rat fragen. Da kann er sicher noch was lernen!
Uärg! Ich will's mir lieber nicht vorstellen!
Bombolo! Zieh sofort die Windel wieder an!

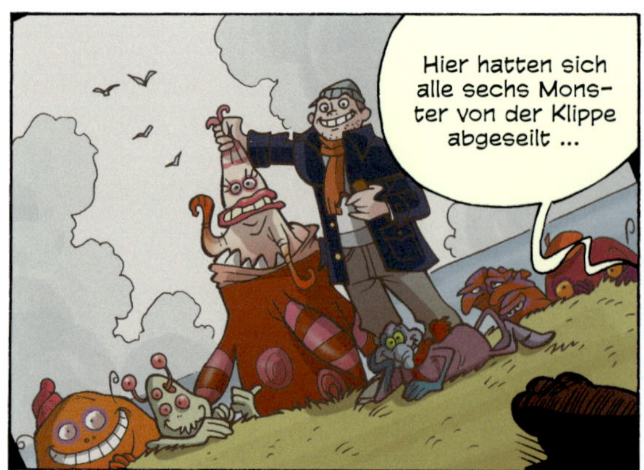
Hier hatten sich alle sechs Monster von der Klippe abgeseilt ...

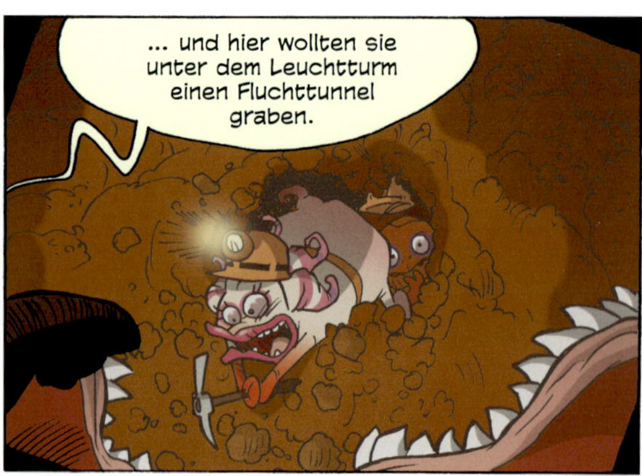
... und hier wollten sie unter dem Leuchtturm einen Fluchttunnel graben.

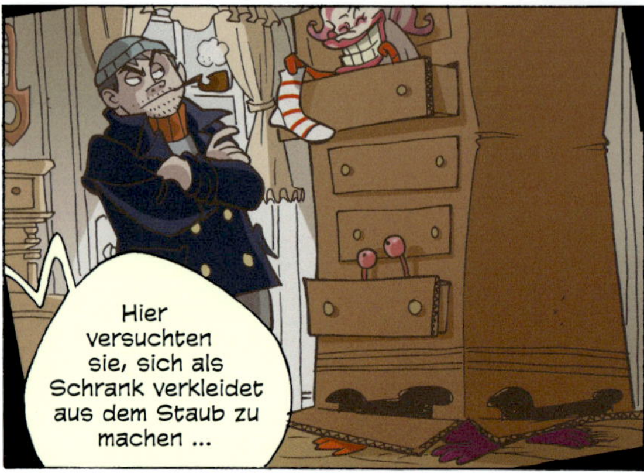
Hier versuchten sie, sich als Schrank verkleidet aus dem Staub zu machen ...

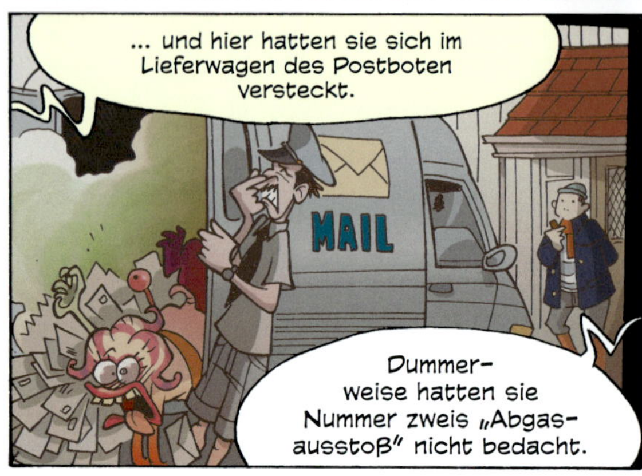
... und hier hatten sie sich im Lieferwagen des Postboten versteckt.
MAIL
Dummerweise hatten sie Nummer zweis „Abgasausstoß" nicht bedacht.

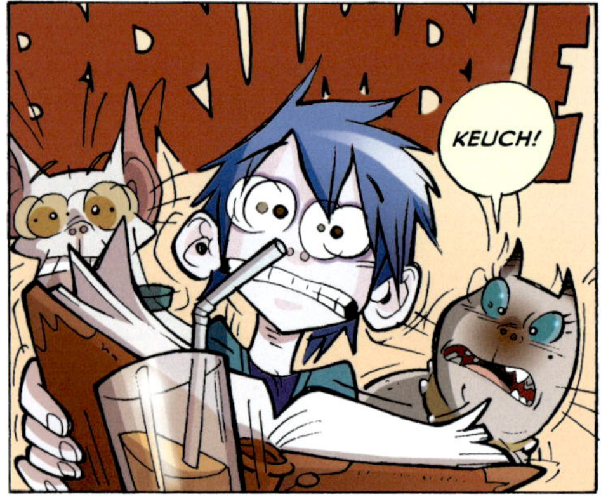
KEUCH!

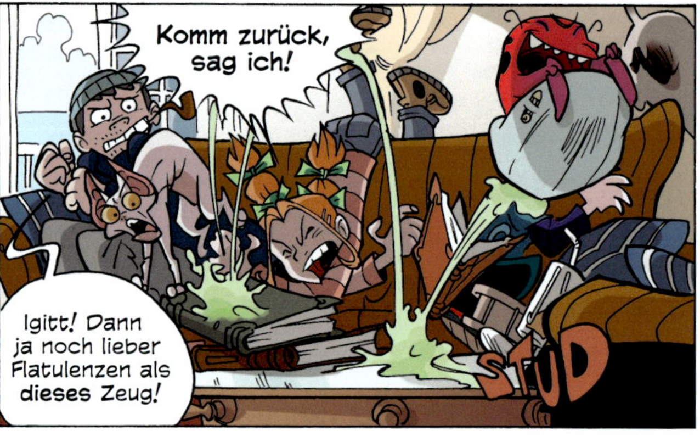
Komm zurück, sag ich!
Igitt! Dann ja noch lieber Flatulenzen als dieses Zeug!
STUD

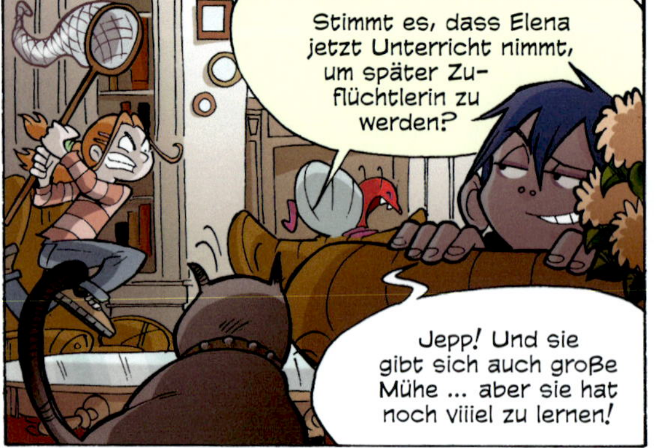
Stimmt es, dass Elena jetzt Unterricht nimmt, um später Zuflüchtlerin zu werden?
Jepp! Und sie gibt sich auch große Mühe ... aber sie hat noch viiiel zu lernen!

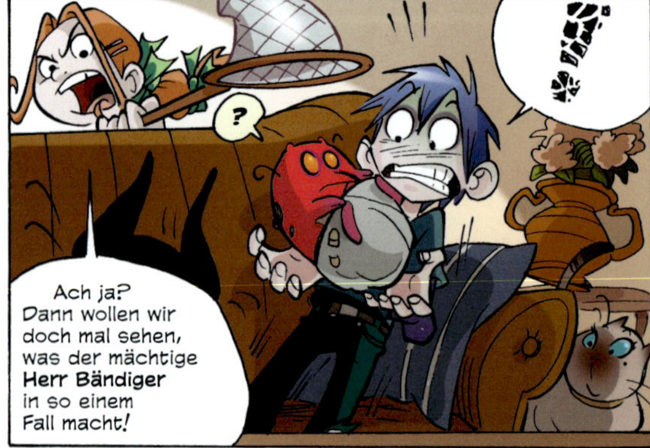
?
Ach ja? Dann wollen wir doch mal sehen, was der mächtige Herr Bändiger in so einem Fall macht!

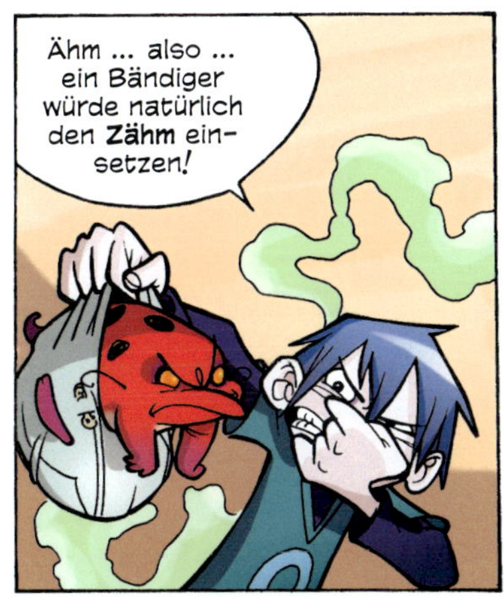
Ähm ... also ... ein Bändiger würde natürlich den **Zähm** einsetzen!

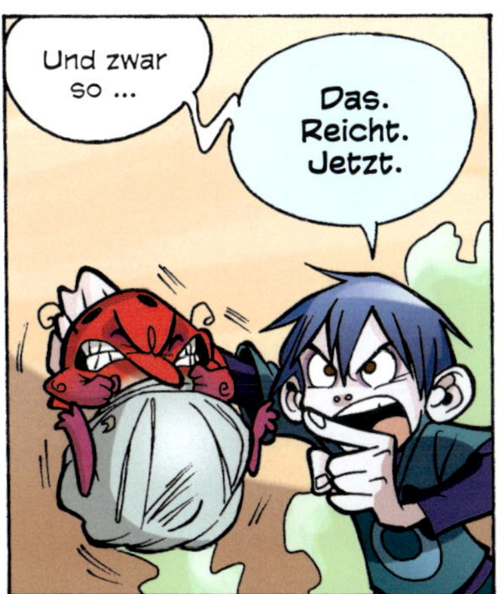
Und zwar so ...
Das. Reicht. Jetzt.

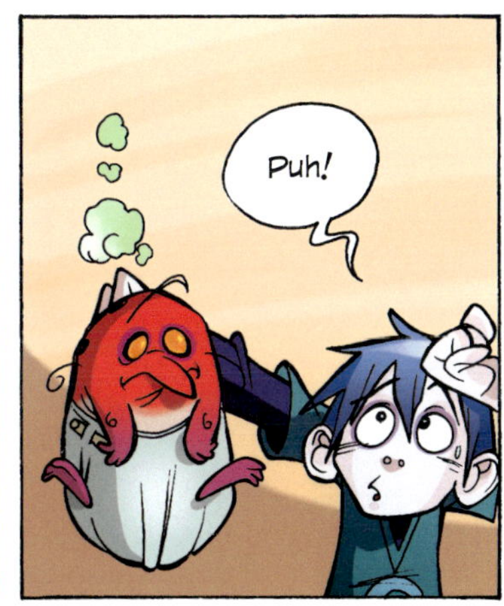
Puh!

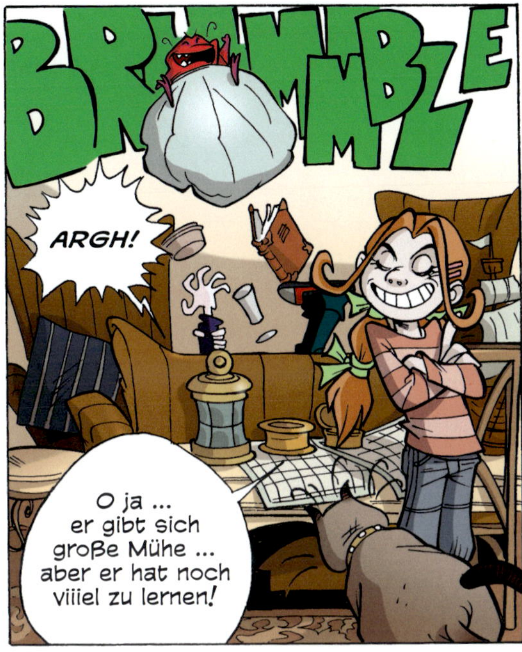
BRUMMBZE
ARGH!
O ja ... er gibt sich große Mühe ... aber er hat noch viiiel zu lernen!

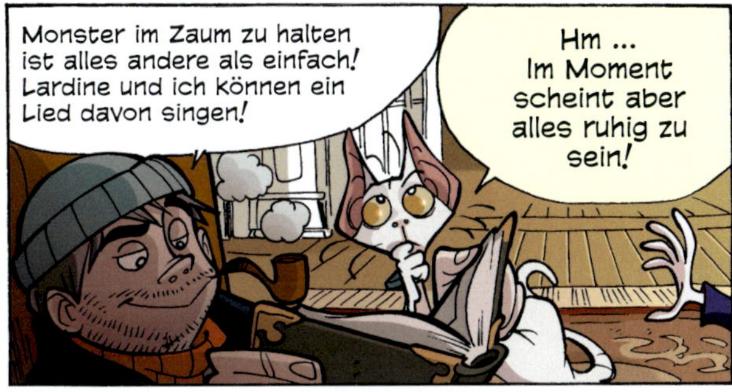
Monster im Zaum zu halten ist alles andere als einfach! Lardine und ich können ein Lied davon singen!
Hm ... Im Moment scheint aber alles ruhig zu sein!

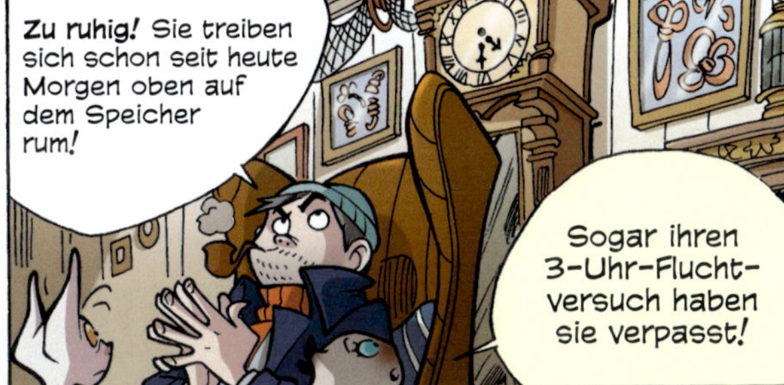
Zu ruhig! Sie treiben sich schon seit heute Morgen oben auf dem Speicher rum!
Sogar ihren 3-Uhr-Fluchtversuch haben sie verpasst!

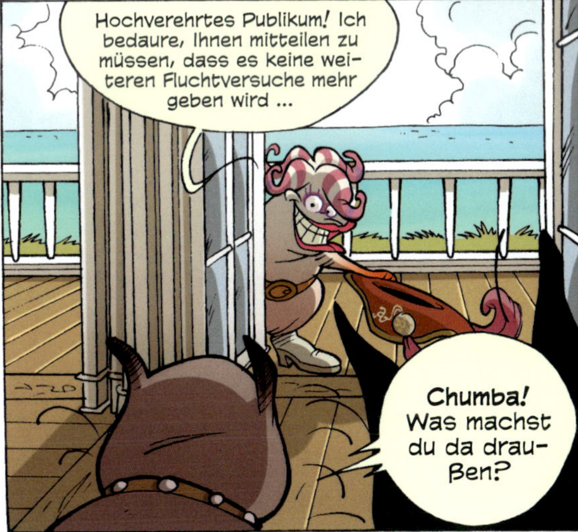
Hochverehrtes Publikum! Ich bedaure, Ihnen mitteilen zu müssen, dass es keine weiteren Fluchtversuche mehr geben wird ...
Chumba! Was machst du da draußen?

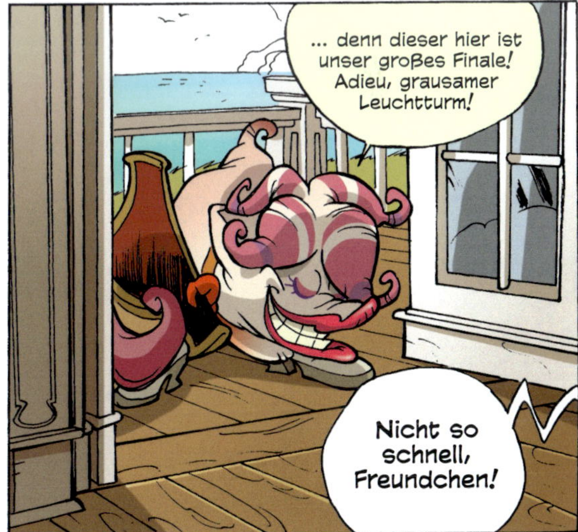
... denn dieser hier ist unser großes Finale! Adieu, grausamer Leuchtturm!
Nicht so schnell, Freundchen!

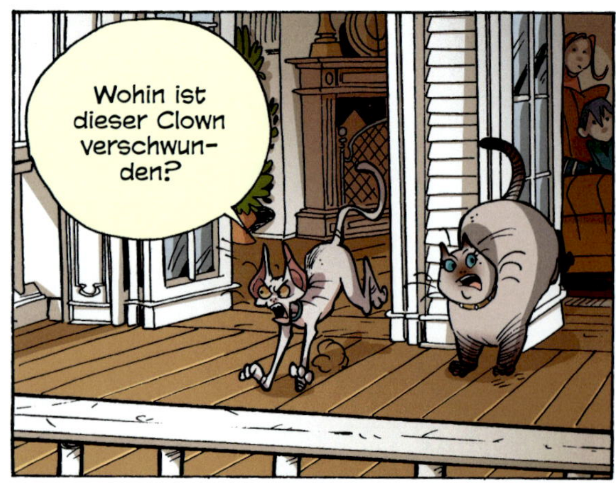
Wohin ist dieser Clown verschwunden?

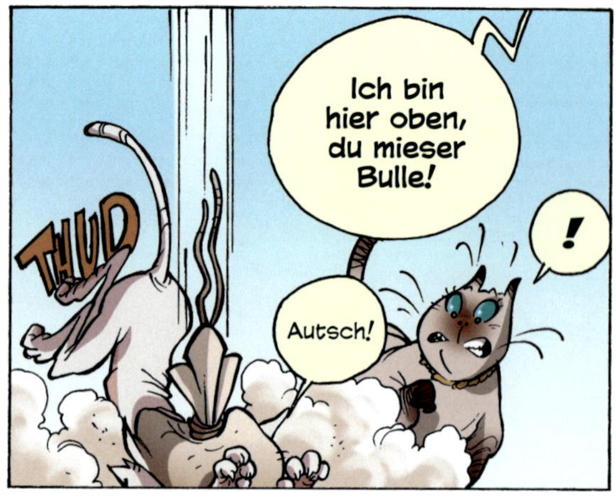
THUD
Ich bin hier oben, du mieser Bulle!
Autsch!
!

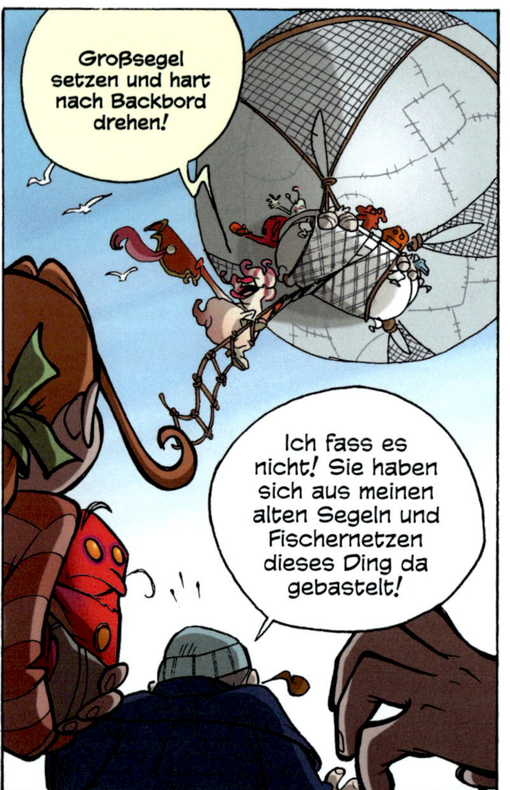
Großsegel setzen und hart nach Backbord drehen!
Ich fass es nicht! Sie haben sich aus meinen alten Segeln und Fischernetzen dieses Ding da gebastelt!

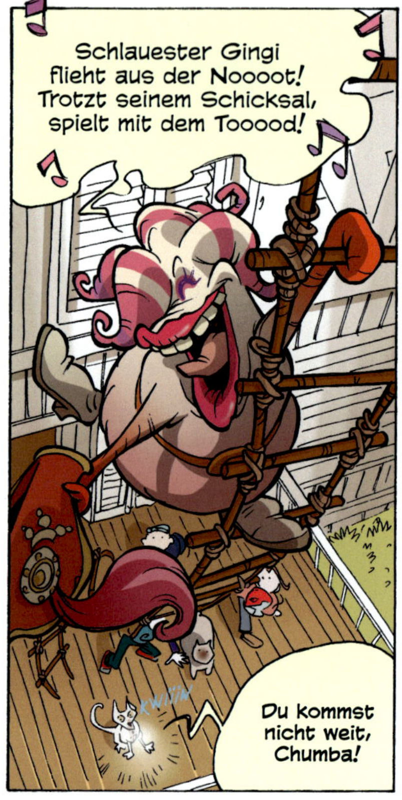
Schlauester Gingi flieht aus der Noooot! Trotzt seinem Schicksal, spielt mit dem Tooood!
Du kommst nicht weit, Chumba!

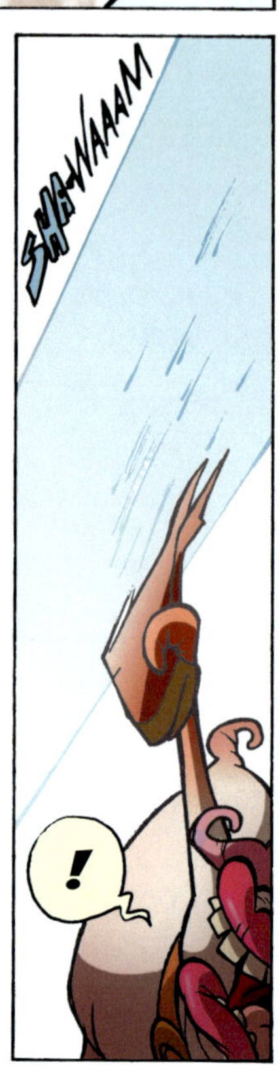
SHWAAAM
!

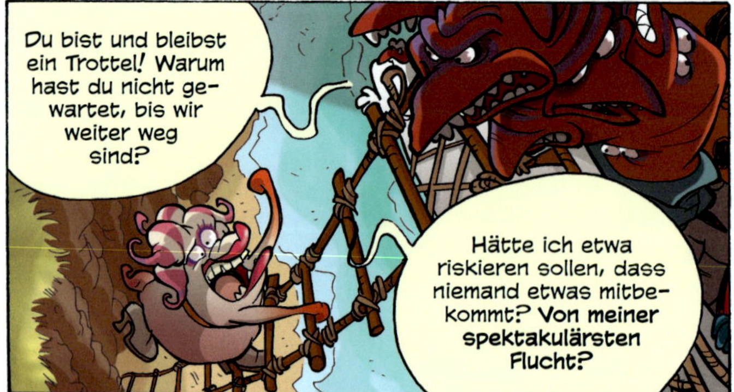
Du bist und bleibst ein Trottel! Warum hast du nicht gewartet, bis wir weiter weg sind?
Hätte ich etwa riskieren sollen, dass niemand etwas mitbekommt? Von meiner spektakulärsten Flucht?

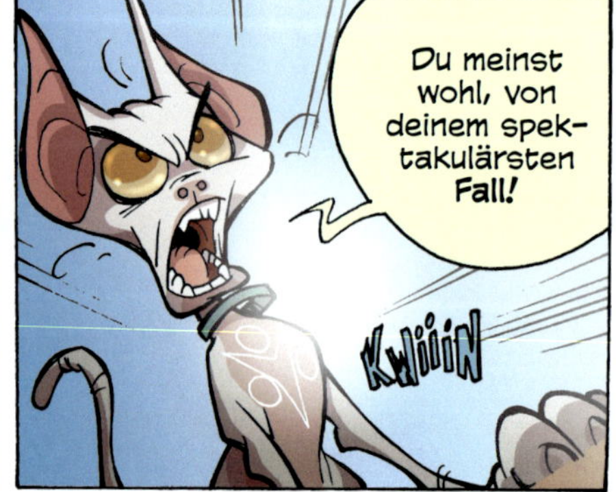
Du meinst wohl, von deinem spektakulärsten Fall!
KWIIIN

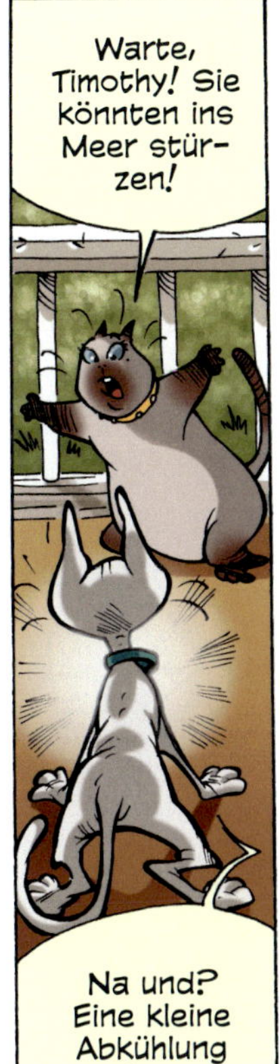
Warte, Timothy! Sie könnten ins Meer stür-zen!
Na und? Eine kleine Abkühlung schadet ihnen schon nichts!

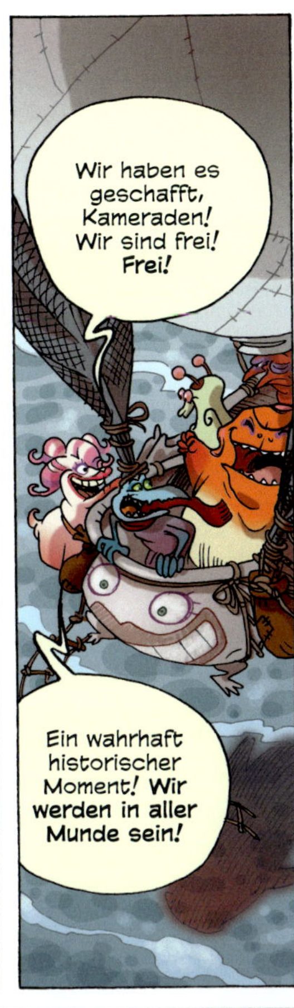
Wir haben es geschafft, Kameraden! Wir sind frei! Frei!
Ein wahrhaft historischer Moment! Wir werden in aller Munde sein!

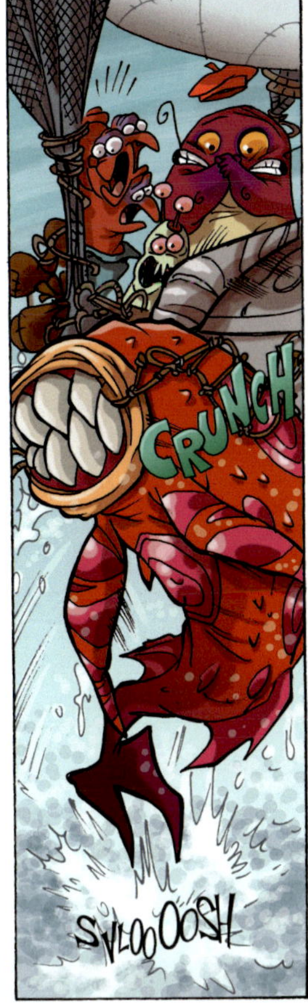
CRUNCH
SVLOOOOSH

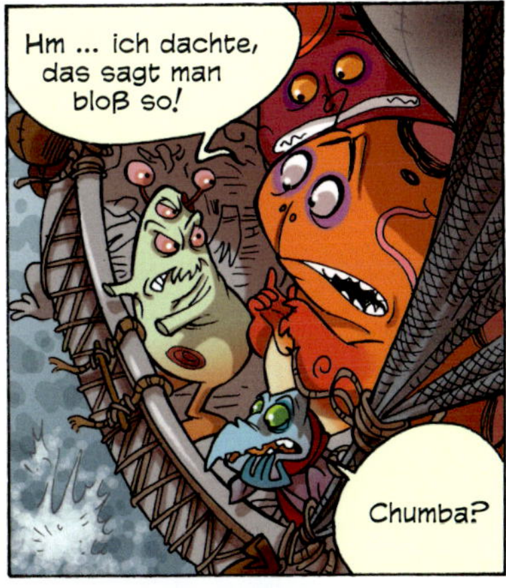
Hm ... ich dachte, das sagt man bloß so!
Chumba?

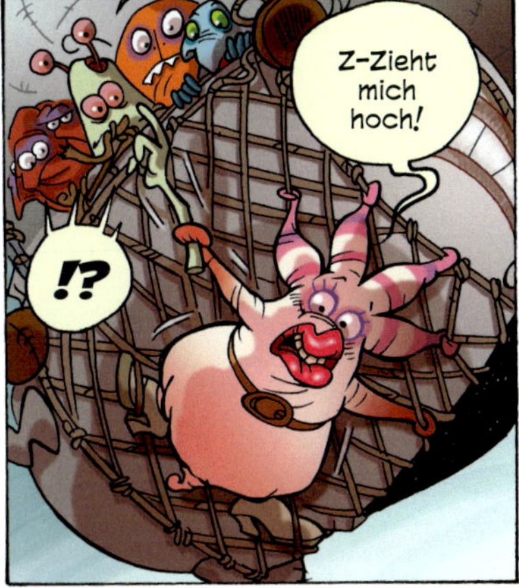
Z-Zieht mich hoch!
!?

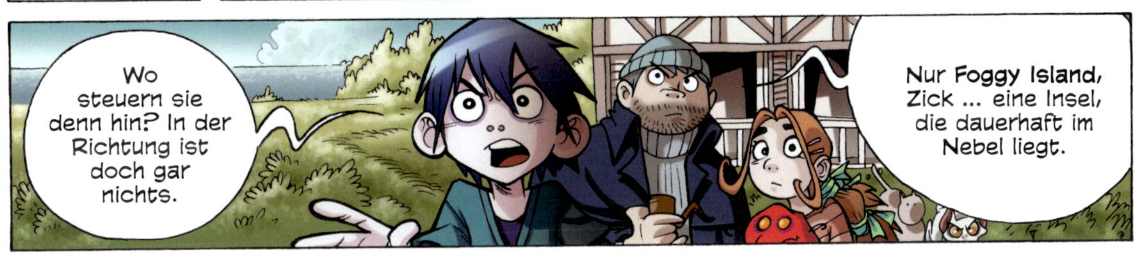
Wo steuern sie denn hin? In der Richtung ist doch gar nichts.
Nur Foggy Island, Zick ... eine Insel, die dauerhaft im Nebel liegt.

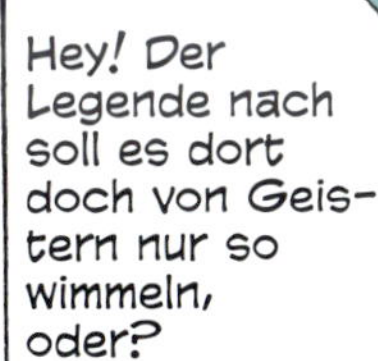
Hey! Der Legende nach soll es dort doch von Geis-tern nur so wimmeln, oder?

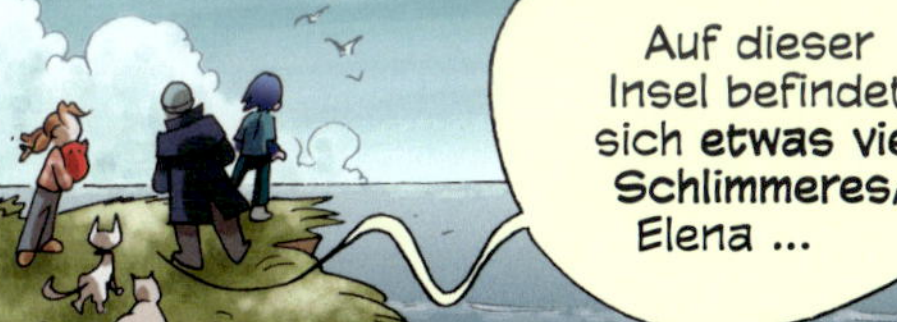
Auf dieser Insel befindet sich etwas viel Schlimmeres, Elena ...

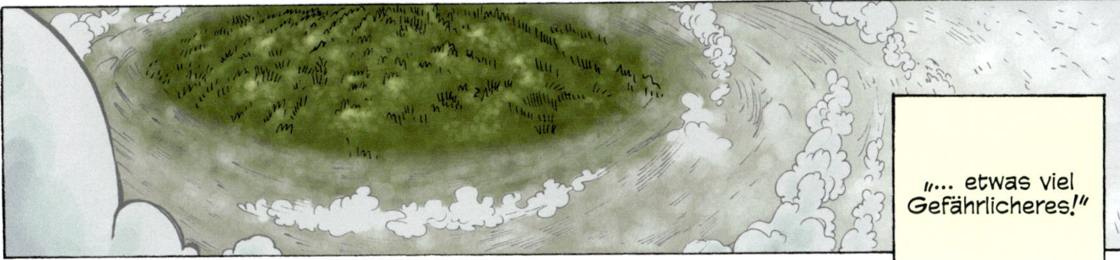
„... etwas viel Gefährlicheres!"

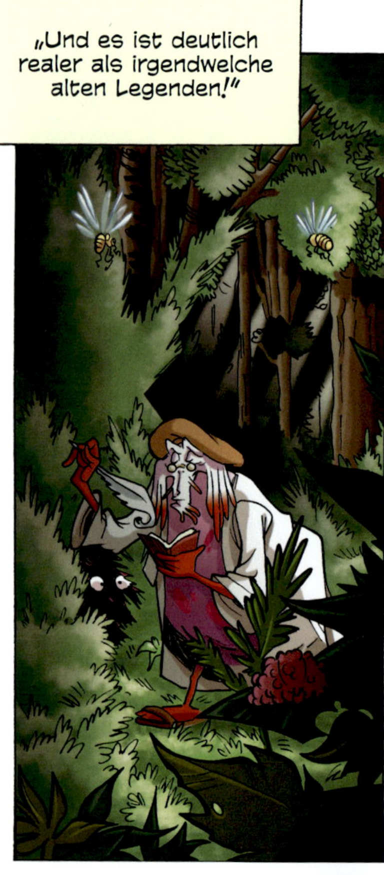
„Und es ist deutlich realer als irgendwelche alten Legenden!"

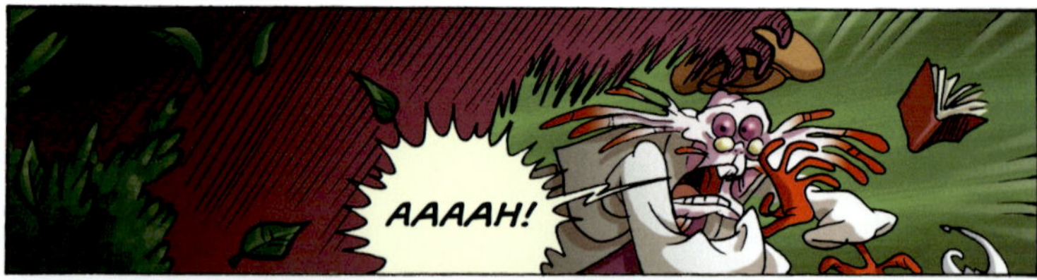
AAAAH!

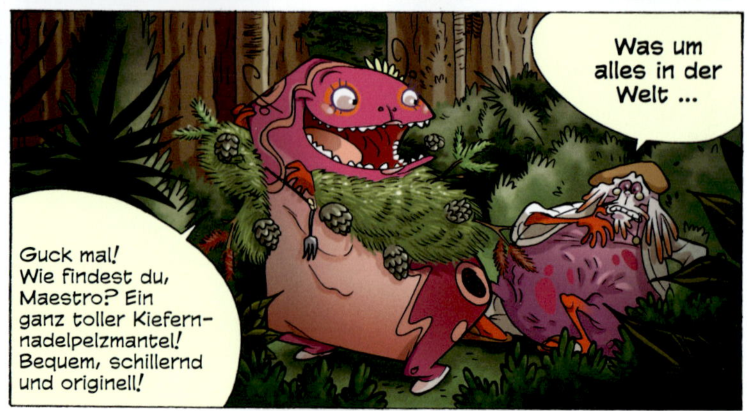
Was um alles in der Welt ...
Guck mal! Wie findest du, Maestro? Ein ganz toller Kiefern-nadelpelzmantel! Bequem, schillernd und originell!

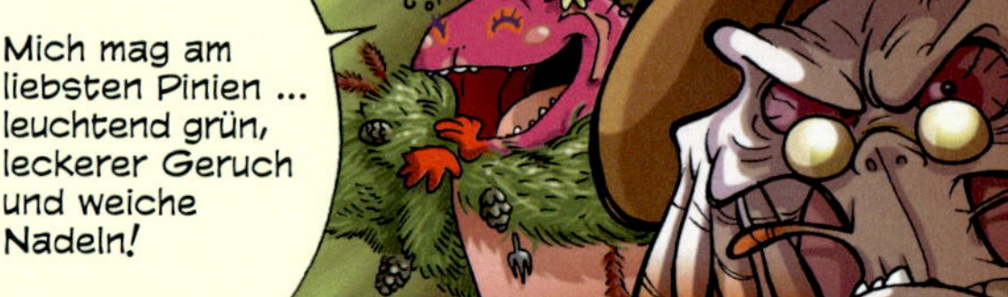
Mich mag am liebsten Pinien ... leuchtend grün, leckerer Geruch und weiche Nadeln!
GRRR!

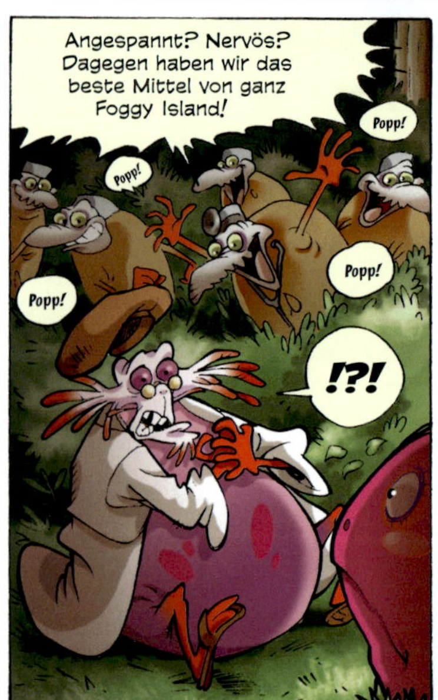
Angespannt? Nervös? Dagegen haben wir das beste Mittel von ganz Foggy Island!
Popp!
Popp!
Popp!
Popp!
!?!

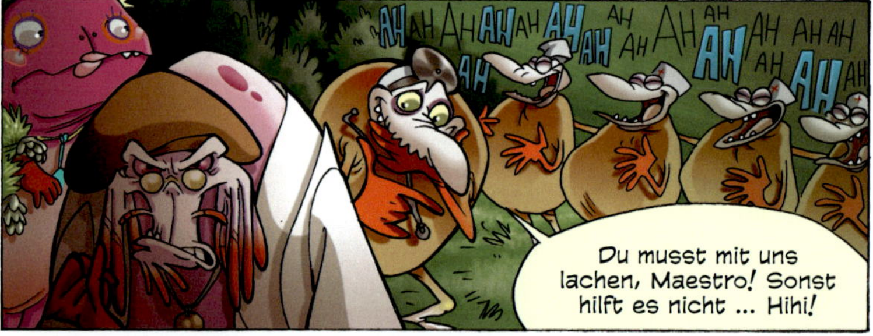
Du musst mit uns lachen, Maestro! Sonst hilft es nicht ... Hihi!

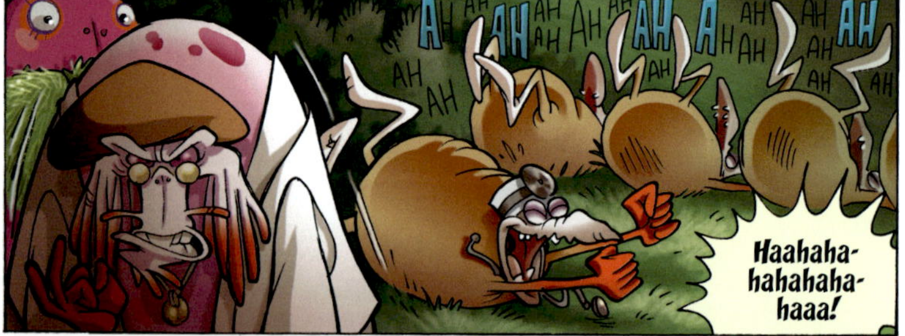
Haahaha-hahahaha-haaa!

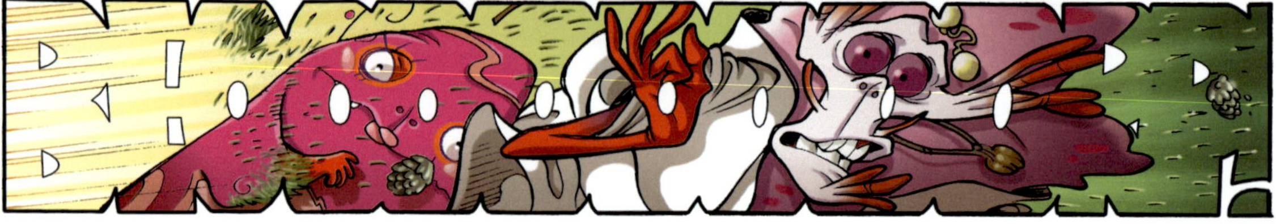

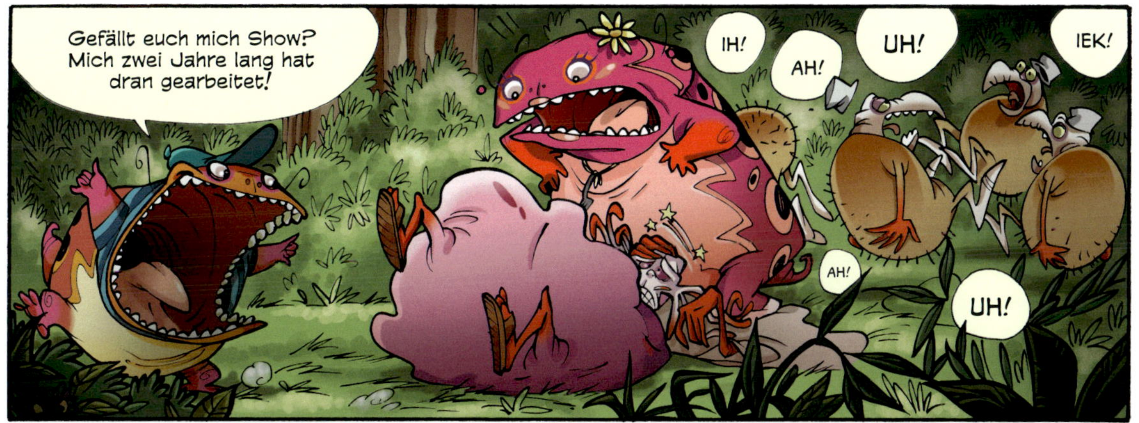
Gefällt euch mich Show?
Mich zwei Jahre lang hat
dran gearbeitet!
IH!
AH!
UH!
IEK!
AH!
UH!

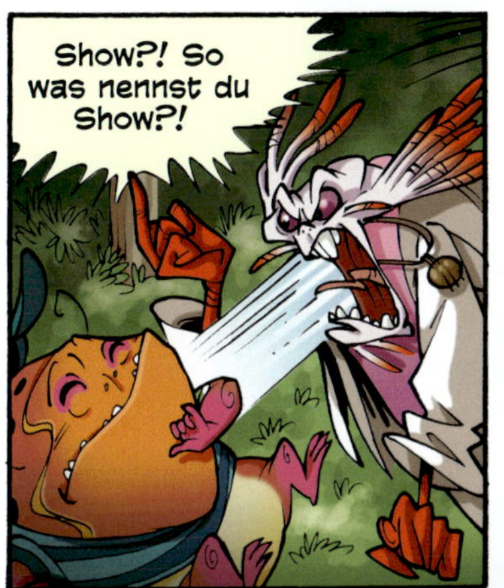
Show?! So
was nennst du
Show?!

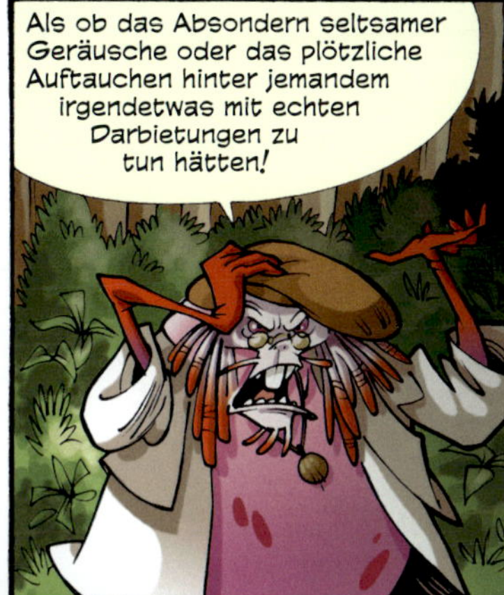
Als ob das Absondern seltsamer
Geräusche oder das plötzliche
Auftauchen hinter jemandem
irgendetwas mit echten
Darbietungen zu
tun hätten!

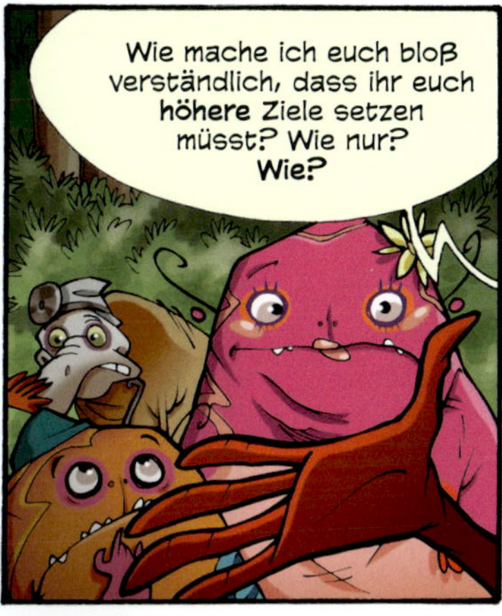
Wie mache ich euch bloß
verständlich, dass ihr euch
höhere Ziele setzen
müsst? Wie nur?
Wie?

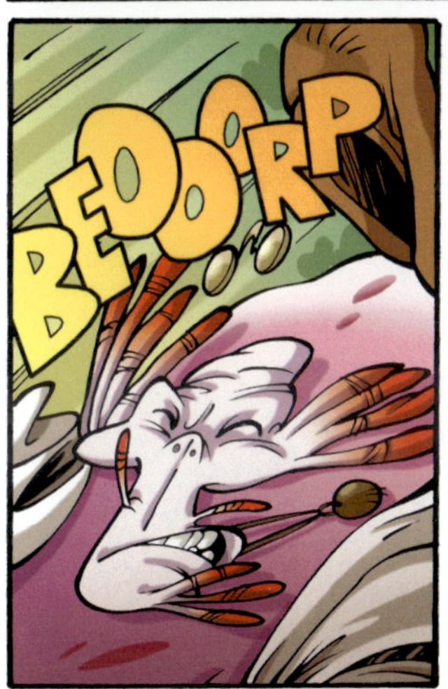
BEOOORP

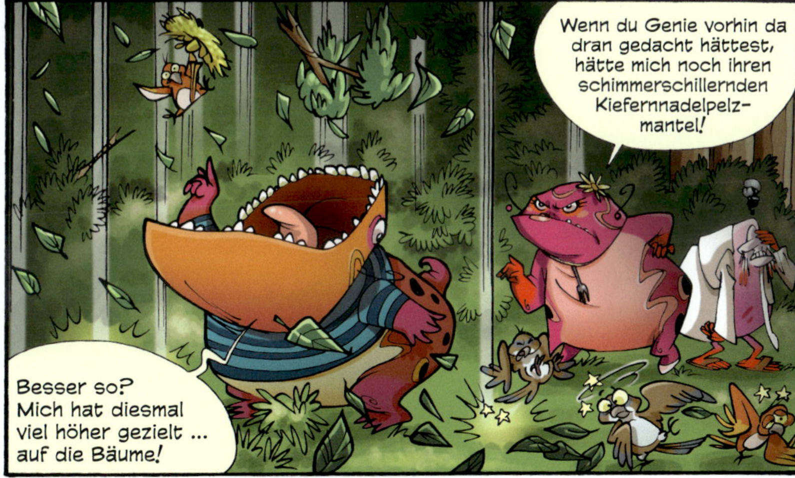
Wenn du Genie vorhin da
dran gedacht hättest,
hätte mich noch ihren
schimmerschillernden
Kiefernnadelpelz-
mantel!
Besser so?
Mich hat diesmal
viel höher gezielt ...
auf die Bäume!

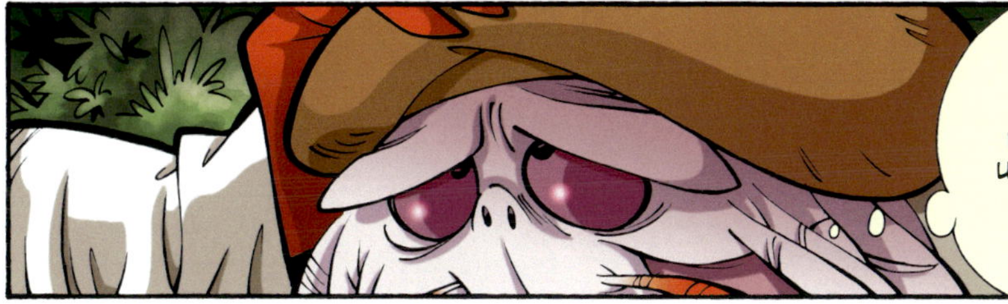
Großer Barak, steh
mir bei! Ich muss etwas
unternehmen ... und zwar
sofort!

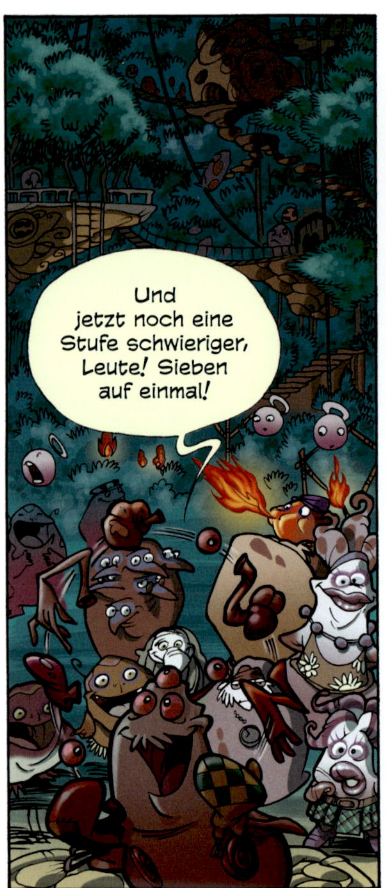
Und jetzt noch eine Stufe schwieriger, Leute! Sieben auf einmal!

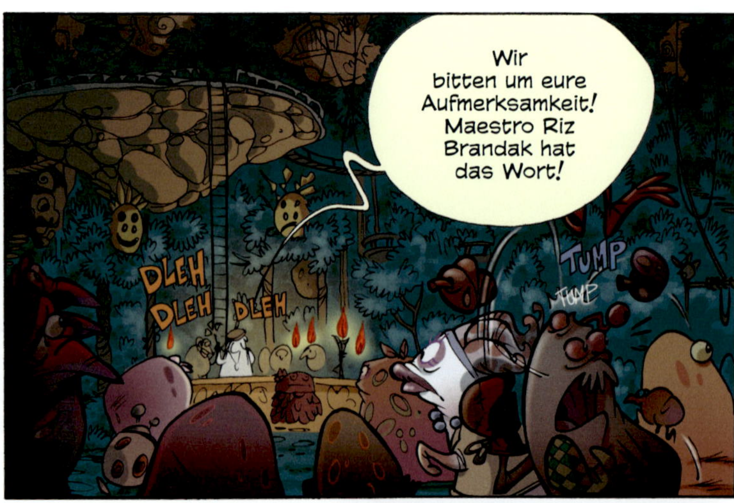
Wir bitten um eure Aufmerksamkeit! Maestro Riz Brandak hat das Wort!
DLEH
DLEH
DLEH
TUMP
TUMP

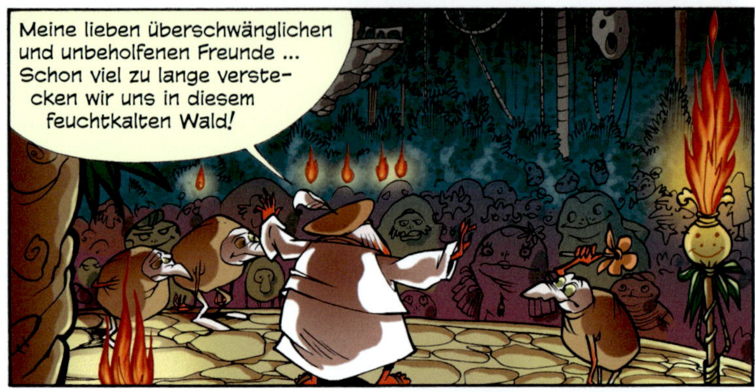
Meine lieben überschwänglichen und unbeholfenen Freunde ... Schon viel zu lange verstecken wir uns in diesem feuchtkalten Wald!

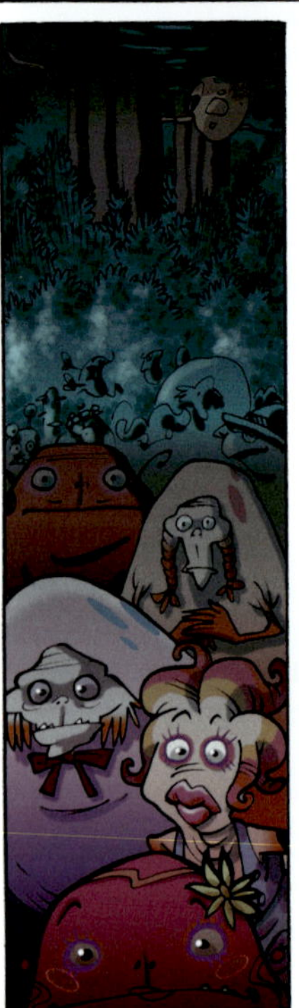

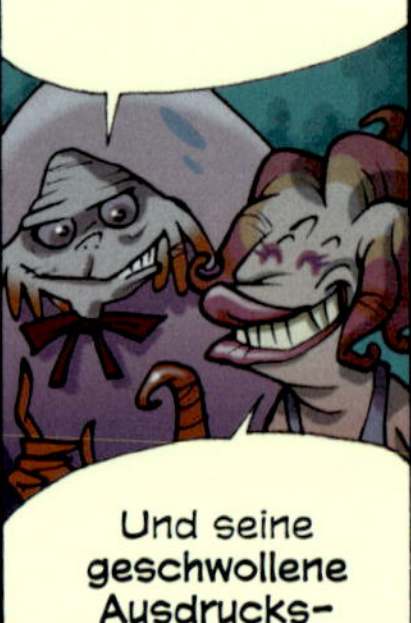
Unser einstiges Genie setzt langsam Schimmel an, unsere Darbietungen sind langweilig geworden und veraltet!
Ich liebe seine **dramatischen** Pausen ...
Und seine **geschwollene Ausdrucksweise** ...

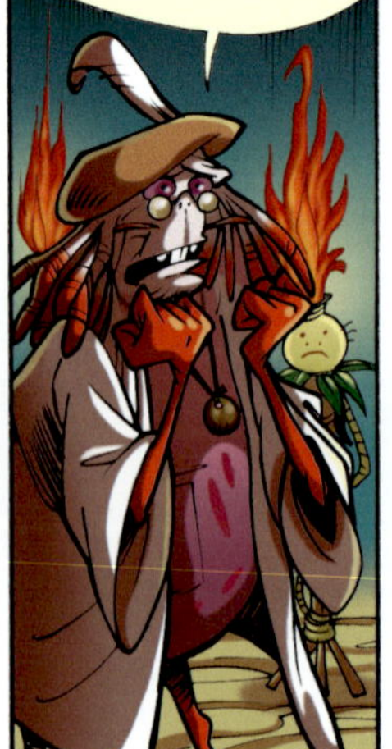
Wohin nur ist unser Ehrgeiz entschwunden? Warum beschränken wir unsere Talente auf die bedrückenden Grenzen dieses Eilands?

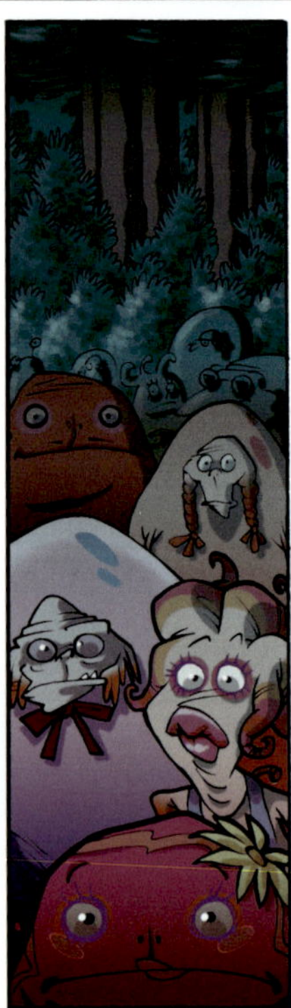

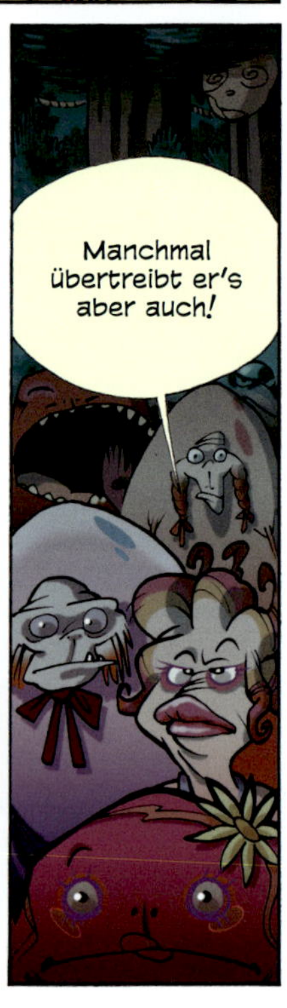
Manchmal übertreibt er's aber auch!

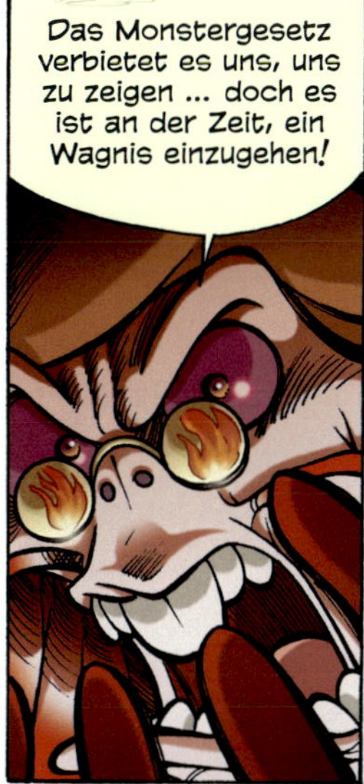
Das Monstergesetz verbietet es uns, uns zu zeigen ... doch es ist an der Zeit, ein Wagnis einzugehen!

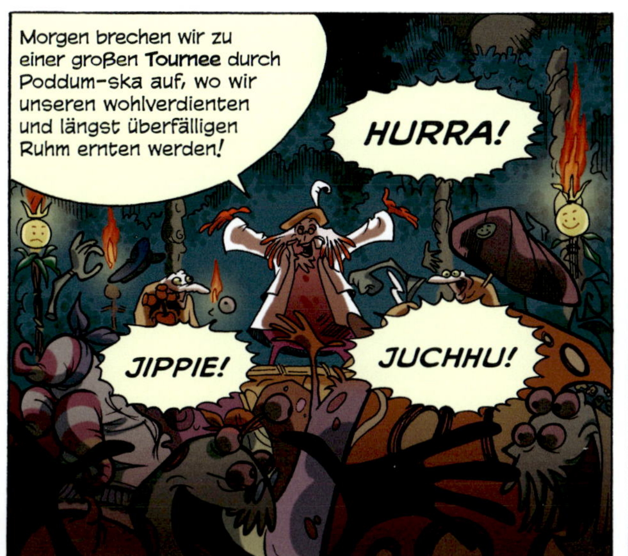
Morgen brechen wir zu einer großen **Tournee** durch Poddum-ska auf, wo wir unseren wohlverdienten und längst überfälligen Ruhm ernten werden!
HURRA!
JIPPIE!
JUCHHU!

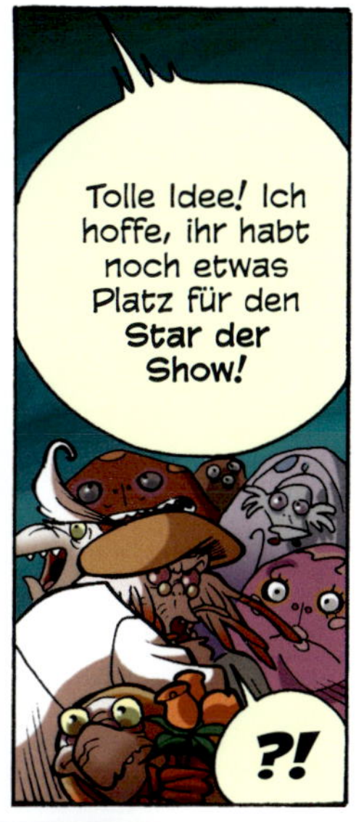
Tolle Idee! Ich hoffe, ihr habt noch etwas Platz für den **Star der Show!**
?!

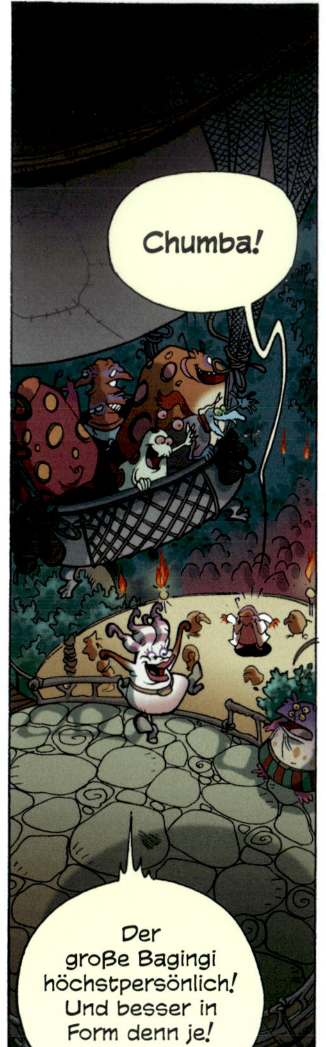
Chumba!
Der große Bagingi höchstpersönlich! Und besser in Form denn je!

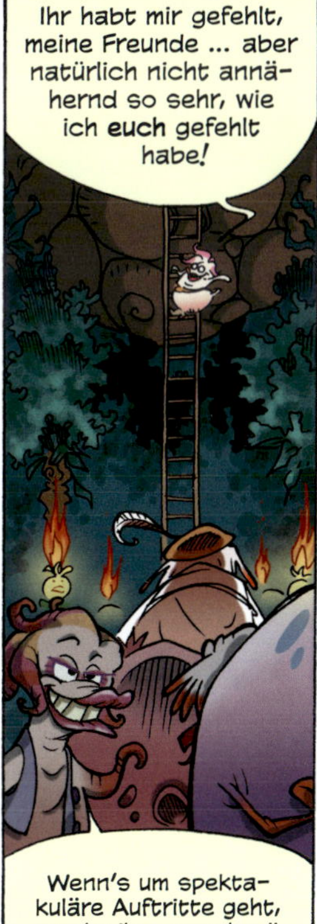
Ihr habt mir gefehlt, meine Freunde ... aber natürlich nicht annähernd so sehr, wie ich **euch** gefehlt habe!

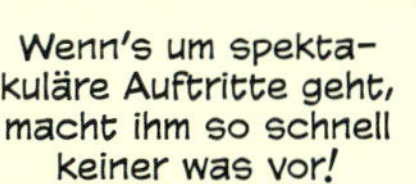
Wenn's um spektakuläre Auftritte geht, macht ihm so schnell keiner was vor!

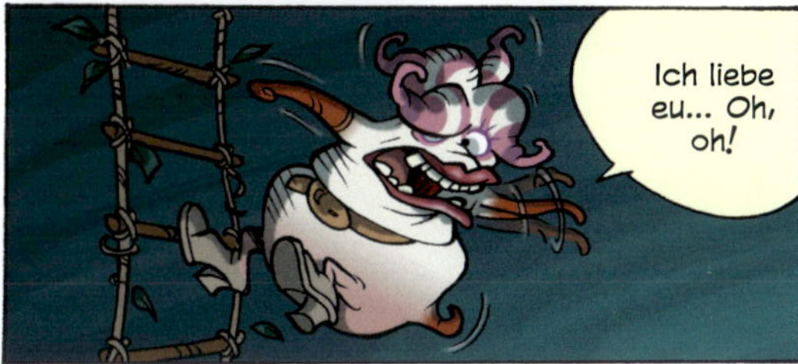
Ich liebe eu... Oh, oh!

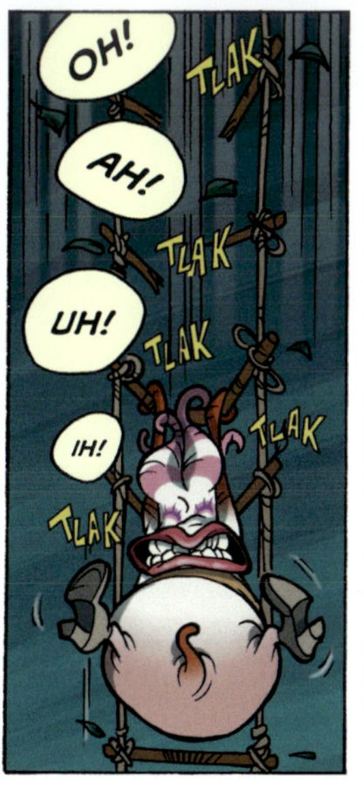
OH!
TLAK
AH!
TLAK
UH!
TLAK
IH!
TLAK
TLAK

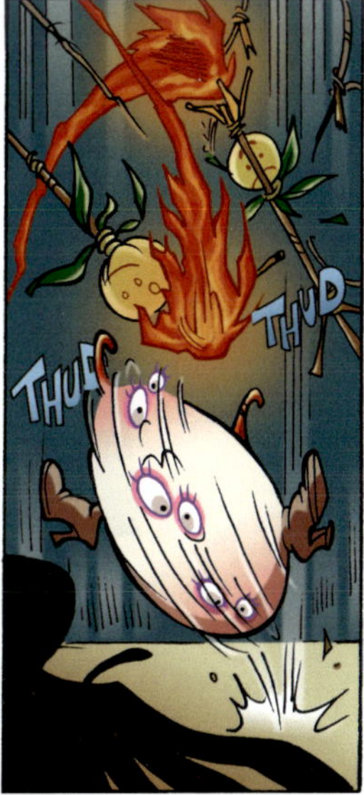
THUD
THUD

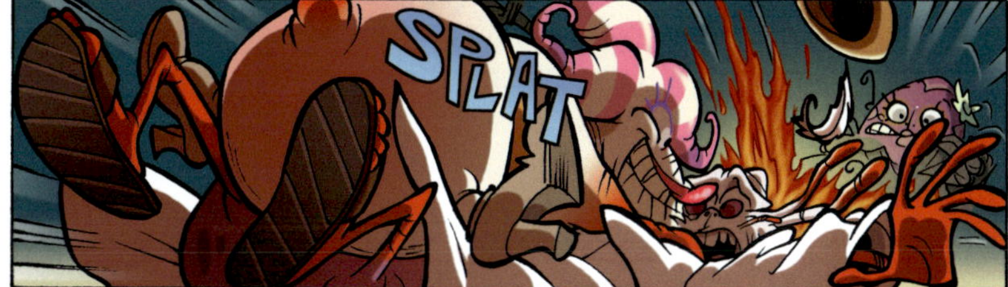
SPLAT

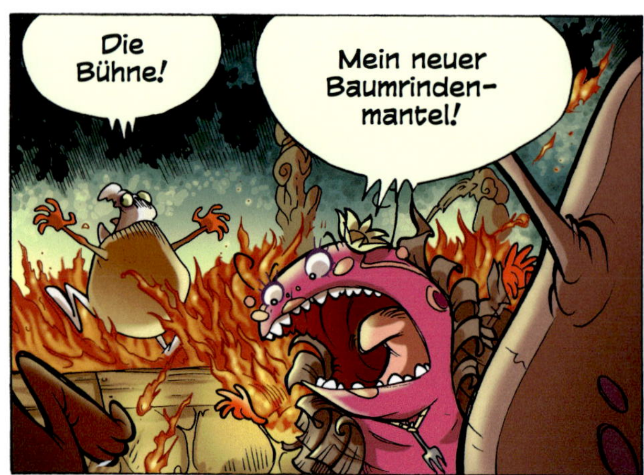
Die Bühne!
Mein neuer Baumrindenmantel!
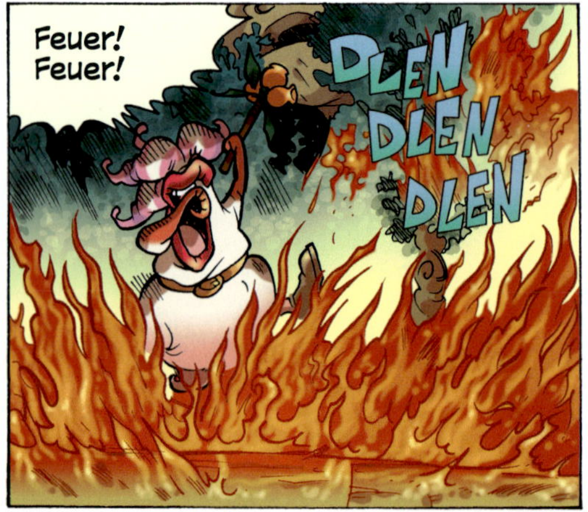
Feuer! Feuer!
DLEN DLEN DLEN
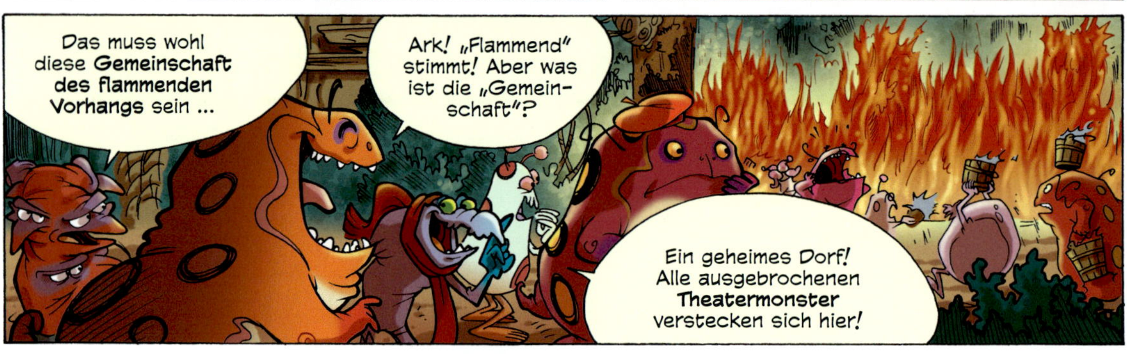
Das muss wohl diese **Gemeinschaft des flammenden Vorhangs** sein ...
Ark! „Flammend" stimmt! Aber was ist die „Gemeinschaft"?
Ein geheimes Dorf! Alle ausgebrochenen **Theatermonster** verstecken sich hier!
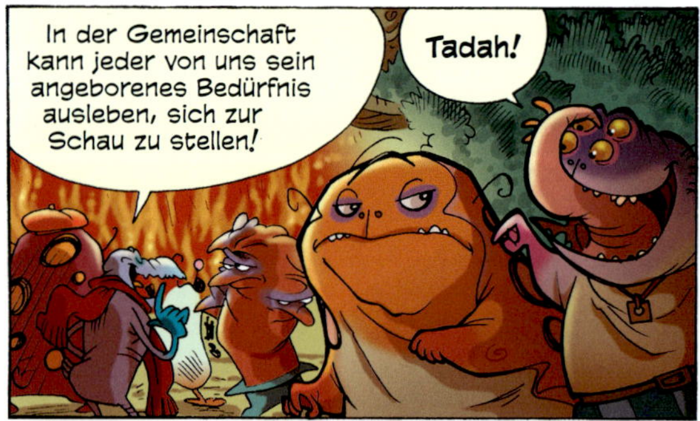
In der Gemeinschaft kann jeder von uns sein angeborenes Bedürfnis ausleben, sich zur Schau zu stellen!
Tadah!
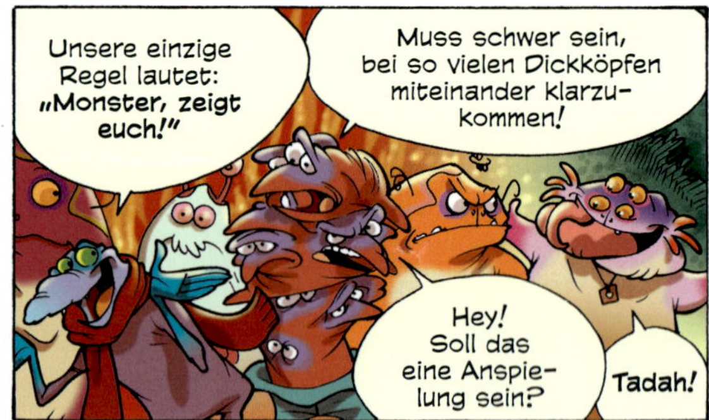
Unsere einzige Regel lautet: **„Monster, zeigt euch!"**
Muss schwer sein, bei so vielen Dickköpfen miteinander klarzukommen!
Hey! Soll das eine Anspielung sein?
Tadah!
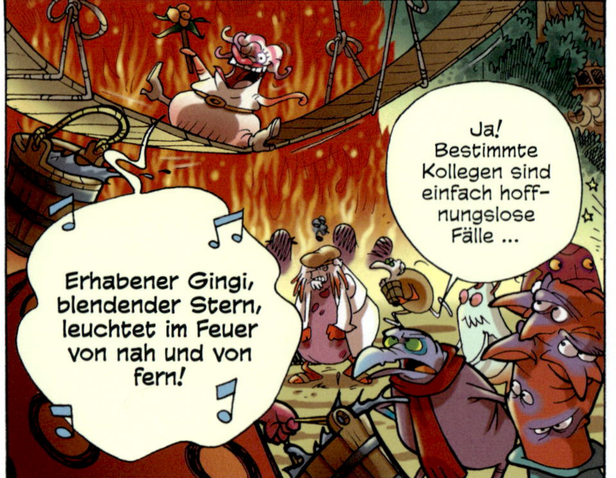
Erhabener Gingi, blendender Stern, leuchtet im Feuer von nah und von fern!
Ja! Bestimmte Kollegen sind einfach hoffnungslose Fälle ...
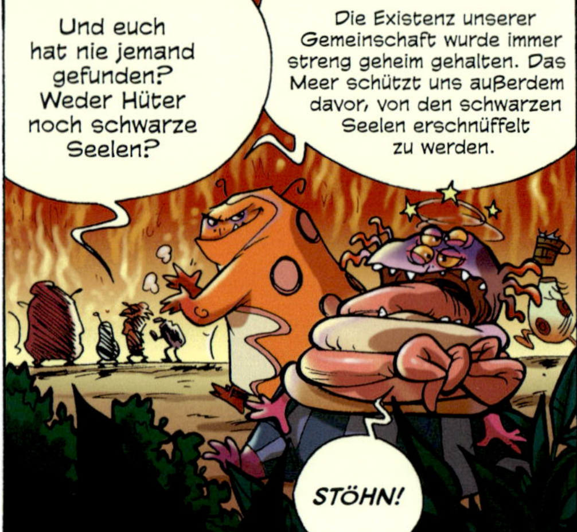
Und euch hat nie jemand gefunden? Weder Hüter noch schwarze Seelen?
Die Existenz unserer Gemeinschaft wurde immer streng geheim gehalten. Das Meer schützt uns außerdem davor, von den schwarzen Seelen erschnüffelt zu werden.
STÖHN!

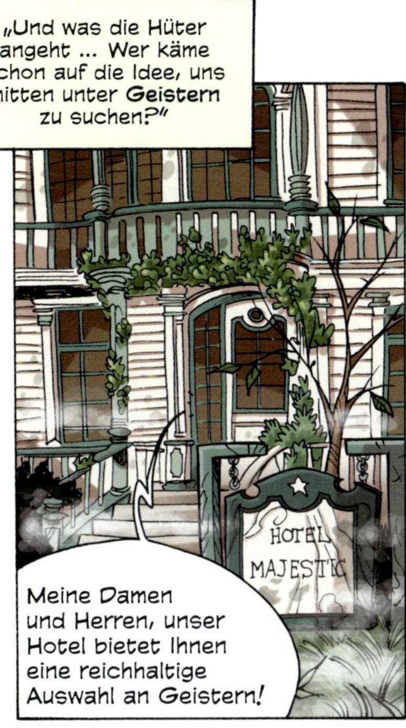
„Und was die Hüter angeht ... Wer käme schon auf die Idee, uns mitten unter **Geistern** zu suchen?"
HOTEL MAJESTIC
Meine Damen und Herren, unser Hotel bietet Ihnen eine reichhaltige Auswahl an Geistern!

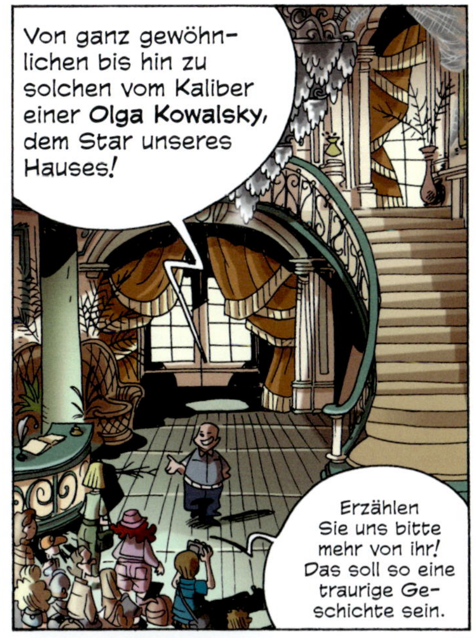
Von ganz gewöhnlichen bis hin zu solchen vom Kaliber einer **Olga Kowalsky**, dem Star unseres Hauses!
Erzählen Sie uns bitte mehr von ihr! Das soll so eine traurige Geschichte sein.

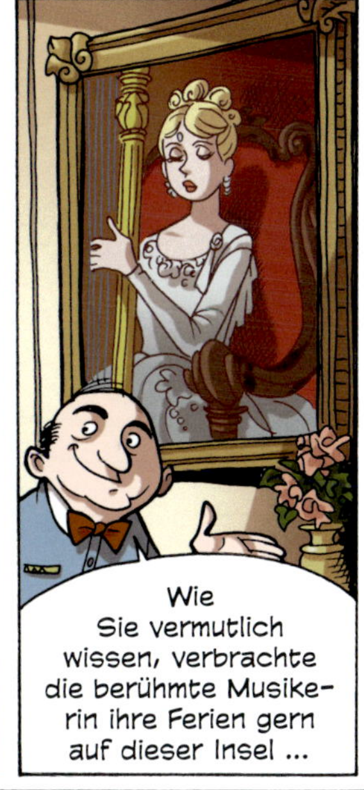
Wie Sie vermutlich wissen, verbrachte die berühmte Musikerin ihre Ferien gern auf dieser Insel ...

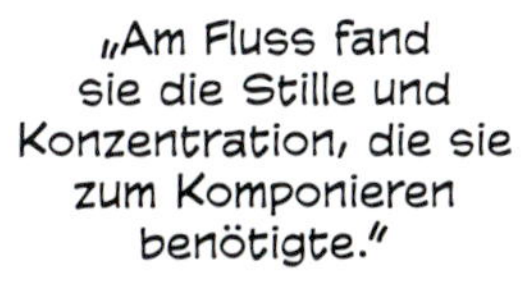
„Am Fluss fand sie die Stille und Konzentration, die sie zum Komponieren benötigte."

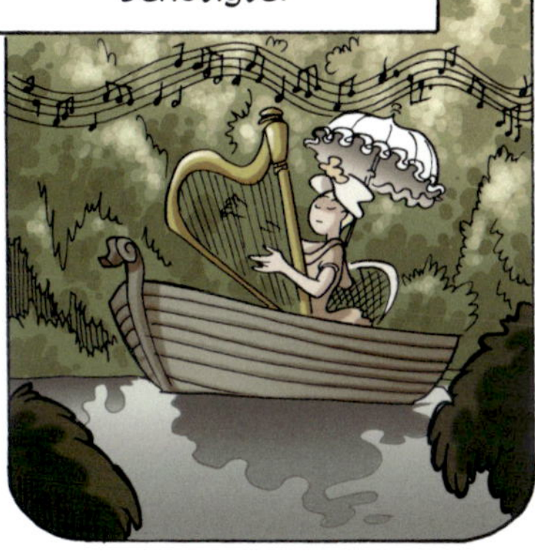

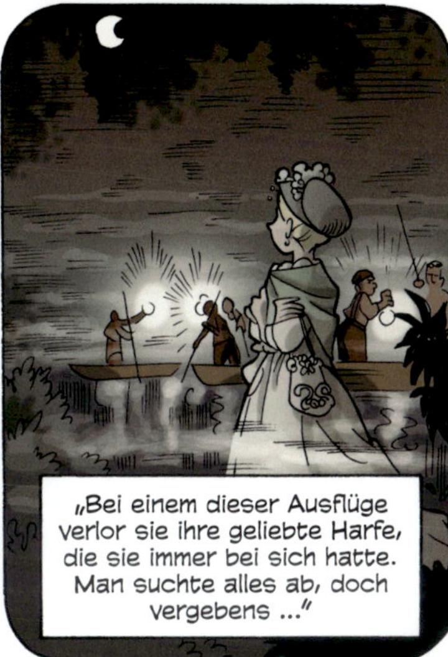
„Bei einem dieser Ausflüge verlor sie ihre geliebte Harfe, die sie immer bei sich hatte. Man suchte alles ab, doch vergebens ..."

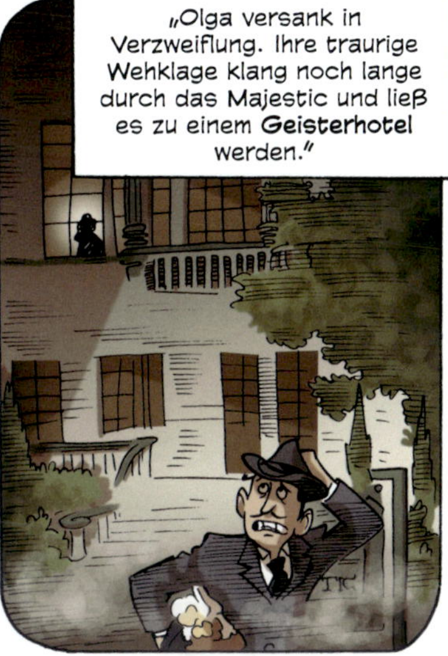
„Olga versank in Verzweiflung. Ihre traurige Wehklage klang noch lange durch das Majestic und ließ es zu einem **Geisterhotel** werden."

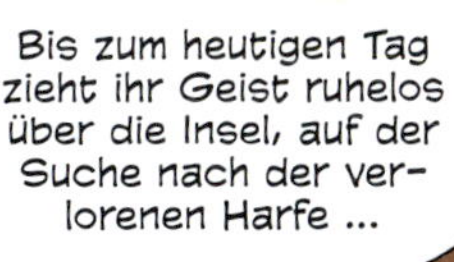
Bis zum heutigen Tag zieht ihr Geist ruhelos über die Insel, auf der Suche nach der verlorenen Harfe ...

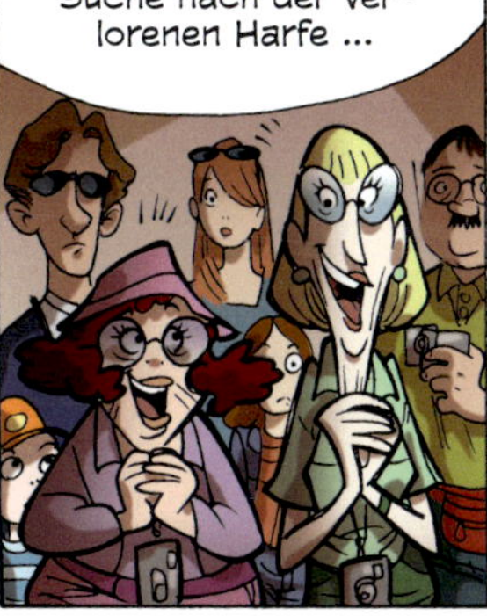

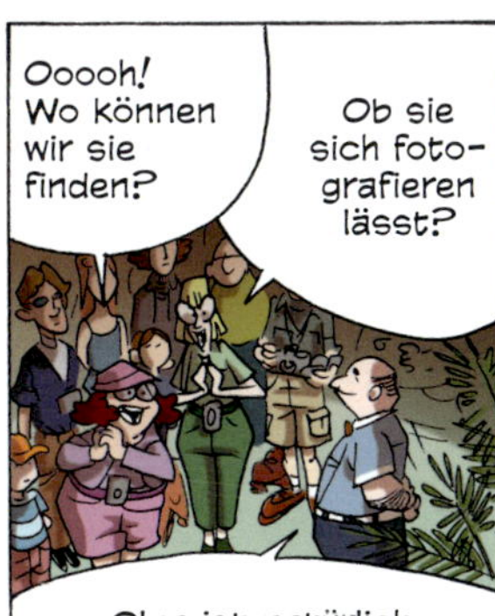
Ooooh! Wo können wir sie finden?
Ob sie sich fotografieren lässt?
Olga ist natürlich die bekannteste Erscheinung unter unseren Geistern, doch es gibt noch zahlreiche andere.

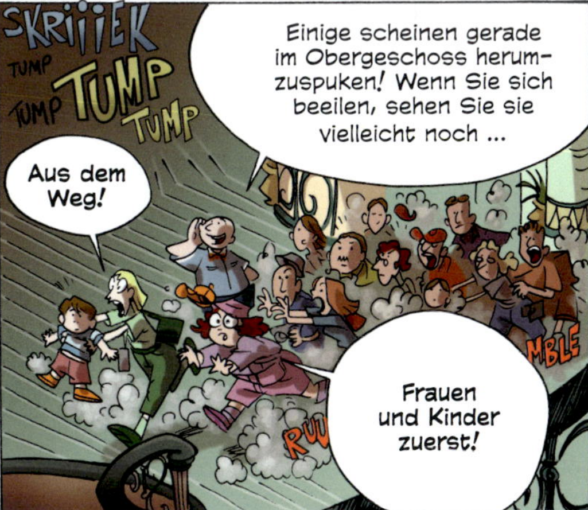
SKRIIIEK
TUMP TUMP TUMP TUMP
Einige scheinen gerade im Obergeschoss herumzuspuken! Wenn Sie sich beeilen, sehen Sie sie vielleicht noch ...
Aus dem Weg!
MBLE
RUU
Frauen und Kinder zuerst!

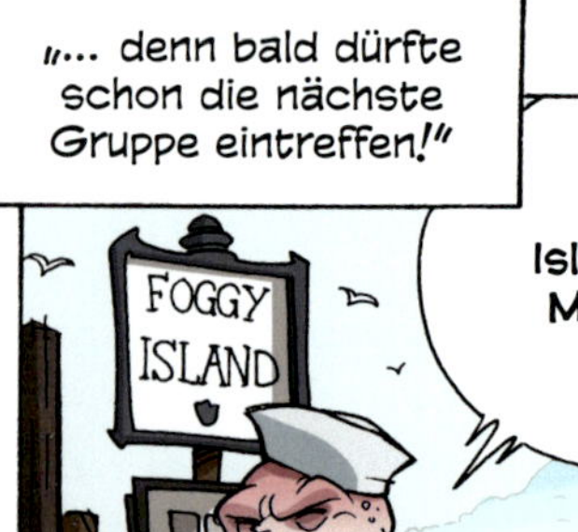
„... denn bald dürfte schon die nächste Gruppe eintreffen!"
FOGGY ISLAND
Foggy Island! Alle Mann von Bord!

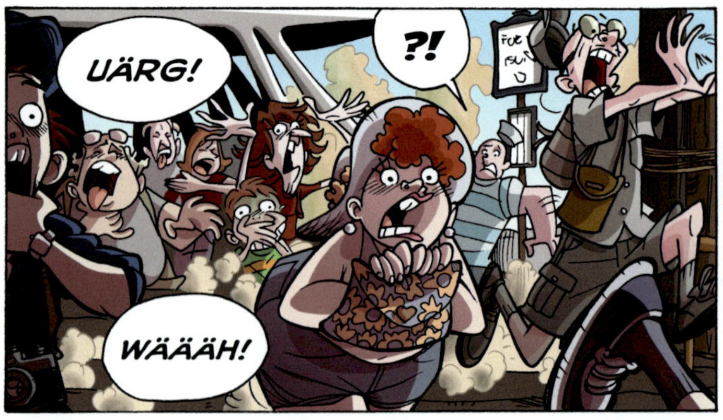
UÄRG!
?!
WÄÄÄH!

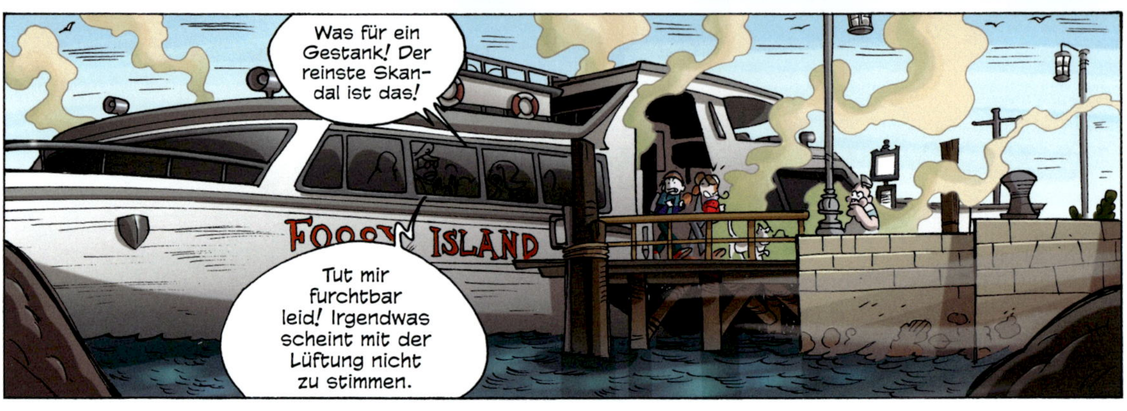
Was für ein Gestank! Der reinste Skandal ist das!
FOGGY ISLAND
Tut mir furchtbar leid! Irgendwas scheint mit der Lüftung nicht zu stimmen.

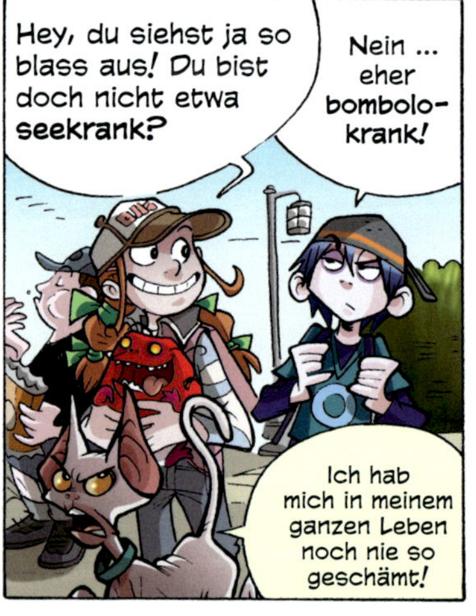
Hey, du siehst ja so blass aus! Du bist doch nicht etwa **seekrank?**
Nein ... eher **bombolokrank!**
Ich hab mich in meinem ganzen Leben noch nie so geschämt!

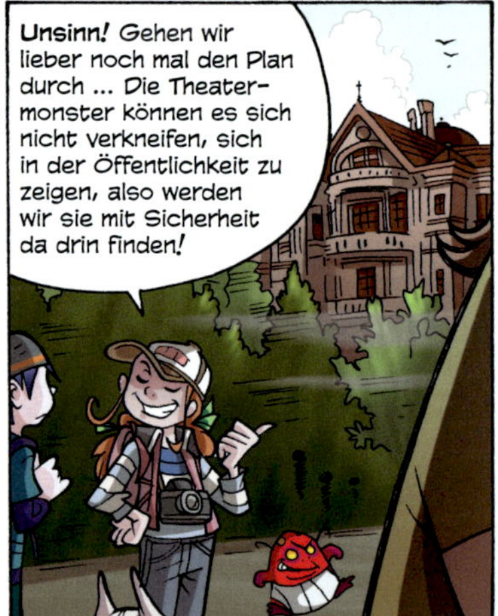
Unsinn! Gehen wir lieber noch mal den Plan durch ... Die Theatermonster können es sich nicht verkneifen, sich in der Öffentlichkeit zu zeigen, also werden wir sie mit Sicherheit da drin finden!

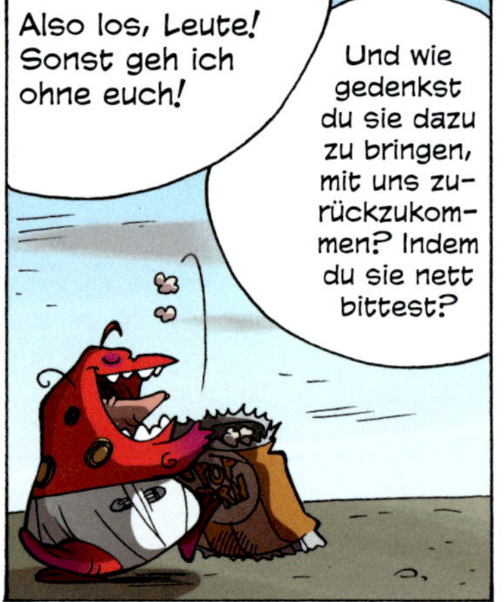
Also los, Leute! Sonst geh ich ohne euch!
Und wie gedenkst du sie dazu zu bringen, mit uns zurückzukommen? Indem du sie nett bittest?

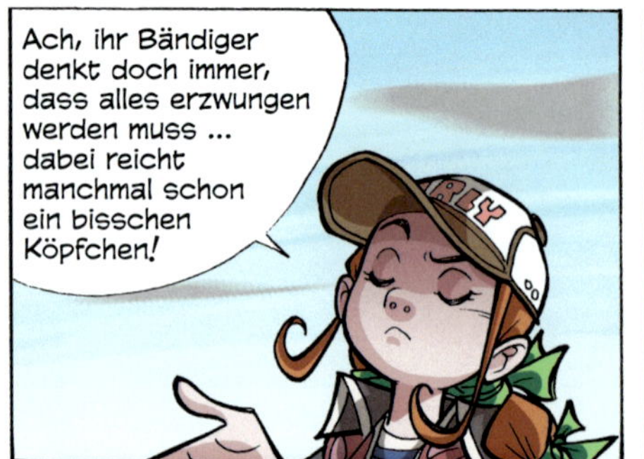
Ach, ihr Bändiger denkt doch immer, dass alles erzwungen werden muss ... dabei reicht manchmal schon ein bisschen Köpfchen!

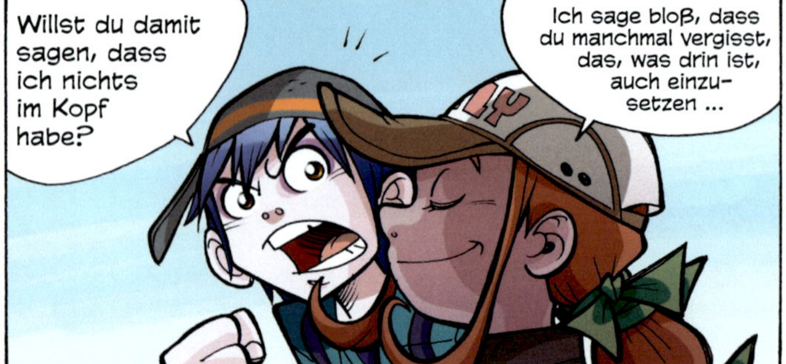
Willst du damit sagen, dass ich nichts im Kopf habe?
Ich sage bloß, dass du manchmal vergisst, das, was drin ist, auch einzusetzen ...

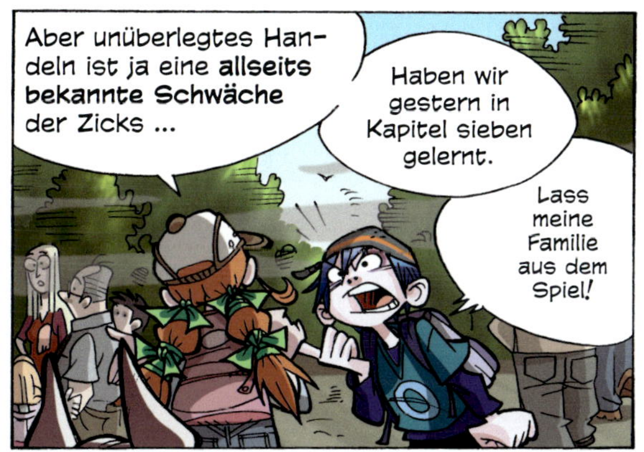
Aber unüberlegtes Handeln ist ja eine **allseits bekannte Schwäche** der Zicks ...
Haben wir gestern in Kapitel sieben gelernt.
Lass meine Familie aus dem Spiel!

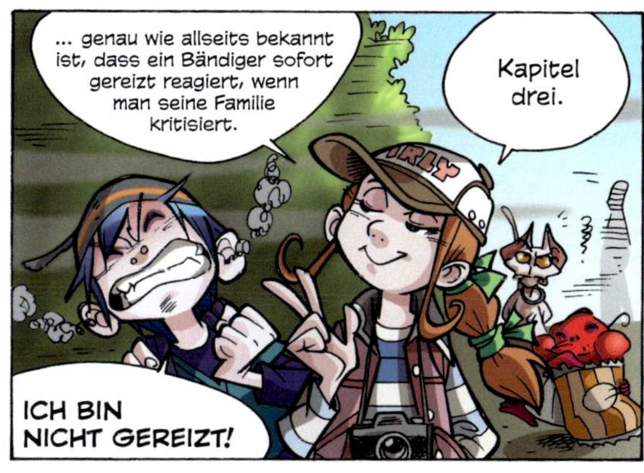
... genau wie allseits bekannt ist, dass ein Bändiger sofort gereizt reagiert, wenn man seine Familie kritisiert.
Kapitel drei.
ICH BIN NICHT GEREIZT!

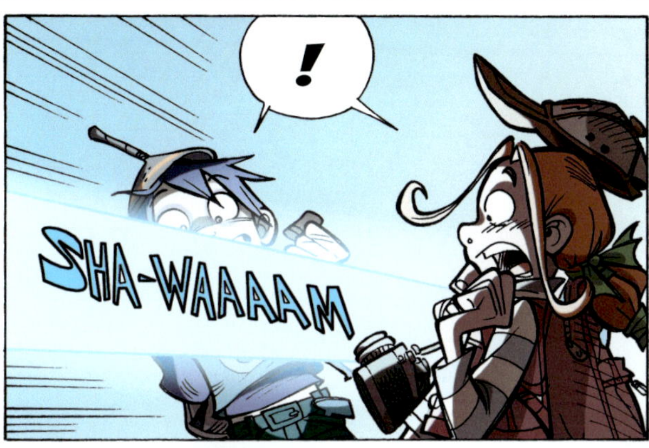
!
SHA-WAAAAM

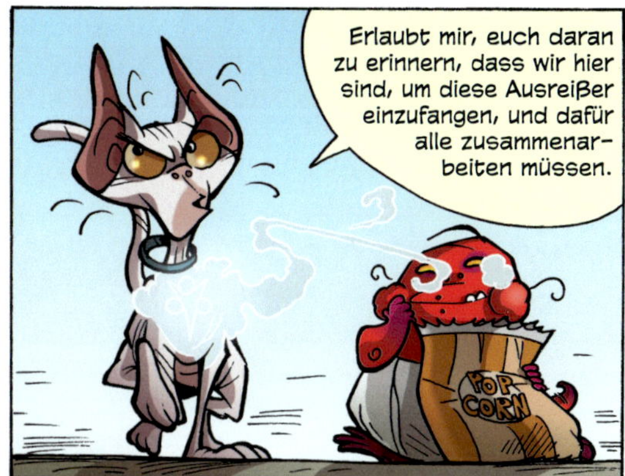
Erlaubt mir, euch daran zu erinnern, dass wir hier sind, um diese Ausreißer einzufangen, und dafür alle zusammenarbeiten müssen.
POP CORN

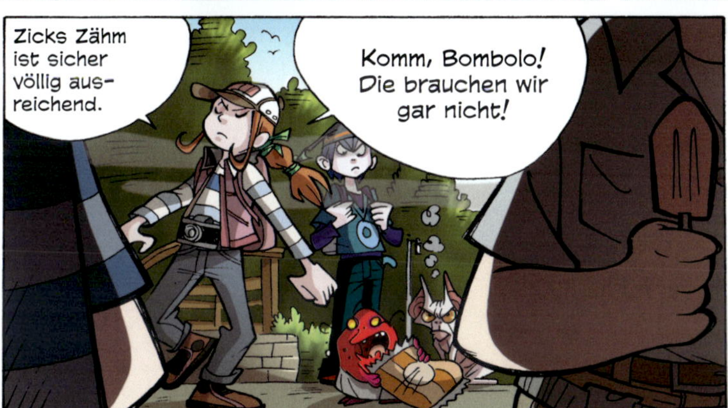
Zicks Zähm ist sicher völlig ausreichend.
Komm, Bombolo! Die brauchen wir gar nicht!

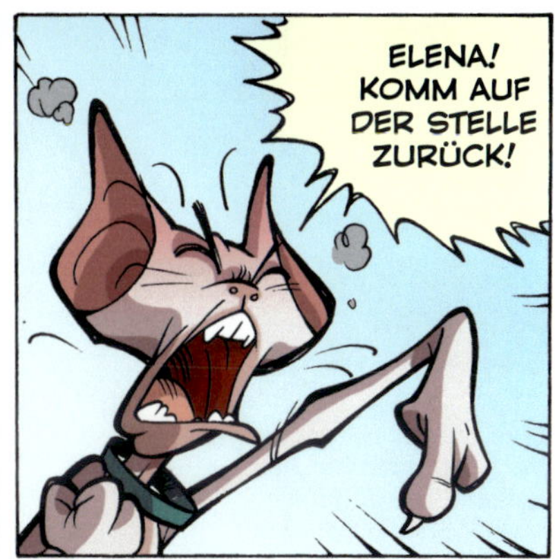
ELENA! KOMM AUF DER STELLE ZURÜCK!

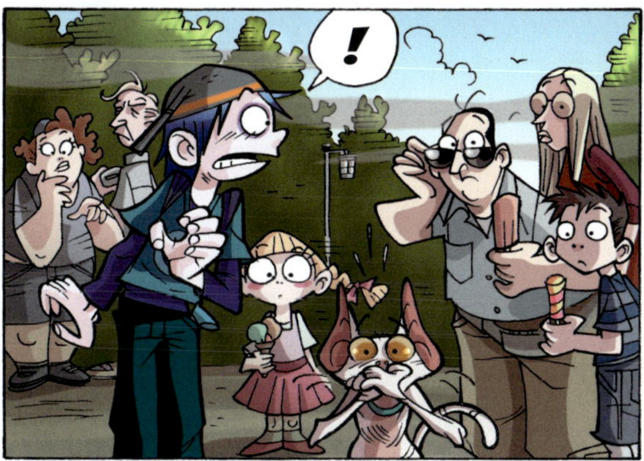
!

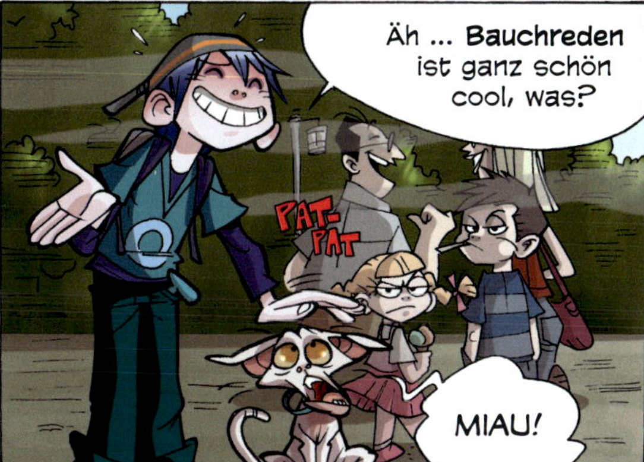
Äh ... **Bauchreden** ist ganz schön cool, was?
PAT-PAT
MIAU!

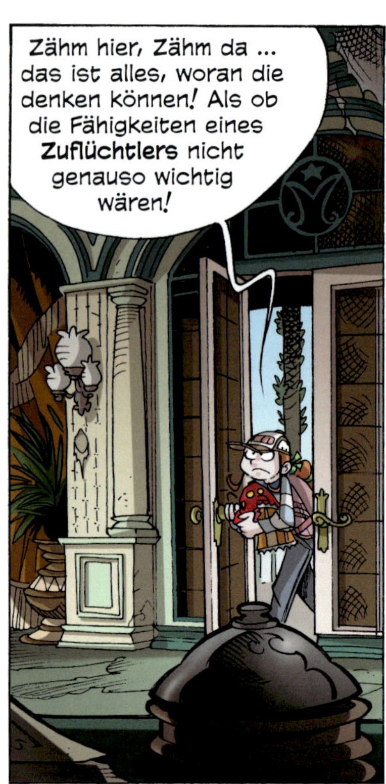
Zähm hier, Zähm da ... das ist alles, woran die denken können! Als ob die Fähigkeiten eines Zuflüchtlers nicht genauso wichtig wären!

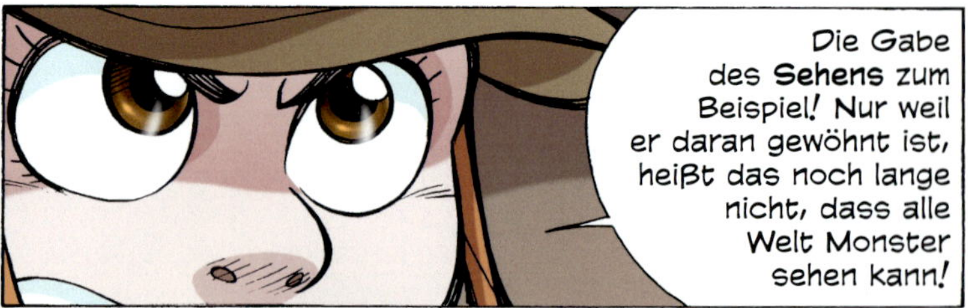
Die Gabe des Sehens zum Beispiel! Nur weil er daran gewöhnt ist, heißt das noch lange nicht, dass alle Welt Monster sehen kann!

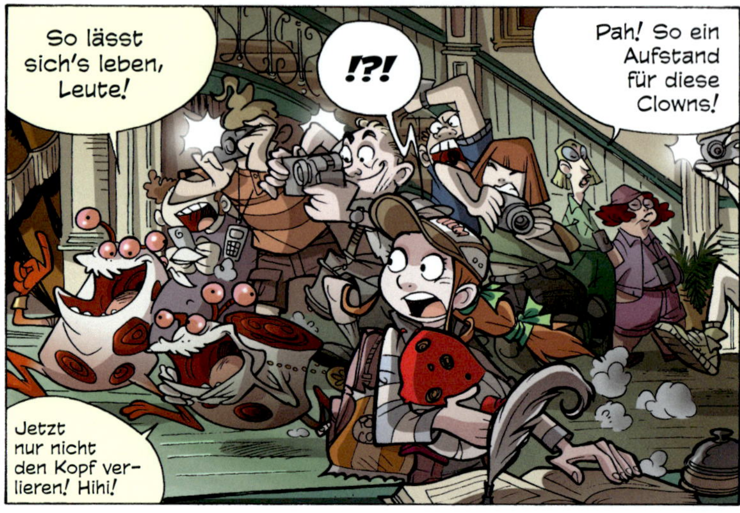
So lässt sich's leben, Leute!
!?!
Pah! So ein Aufstand für diese Clowns!
Jetzt nur nicht den Kopf verlieren! Hihi!

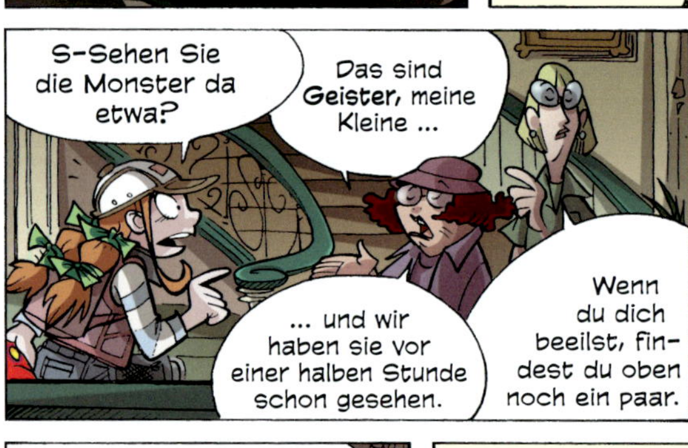
S-Sehen Sie die Monster da etwa?
Das sind Geister, meine Kleine ...
... und wir haben sie vor einer halben Stunde schon gesehen.
Wenn du dich beeilst, findest du oben noch ein paar.

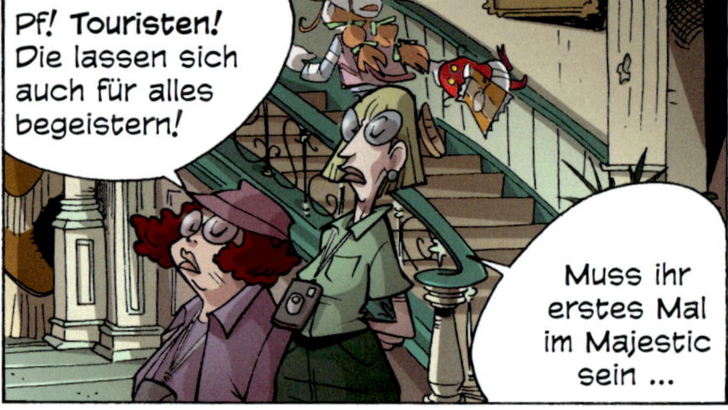
Pf! Touristen! Die lassen sich auch für alles begeistern!
Muss ihr erstes Mal im Majestic sein ...

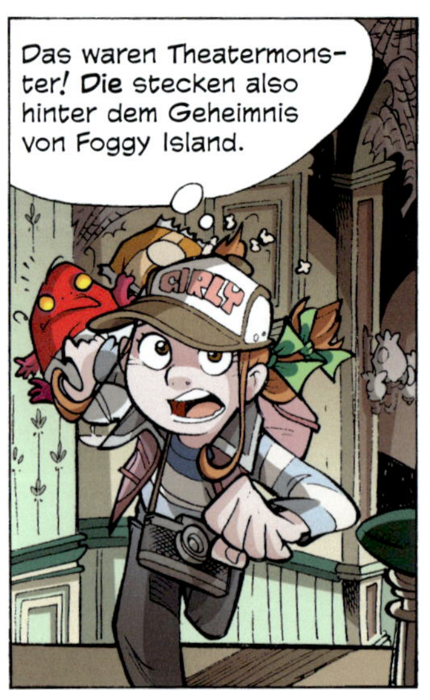
Das waren Theatermonster! Die stecken also hinter dem Geheimnis von Foggy Island.

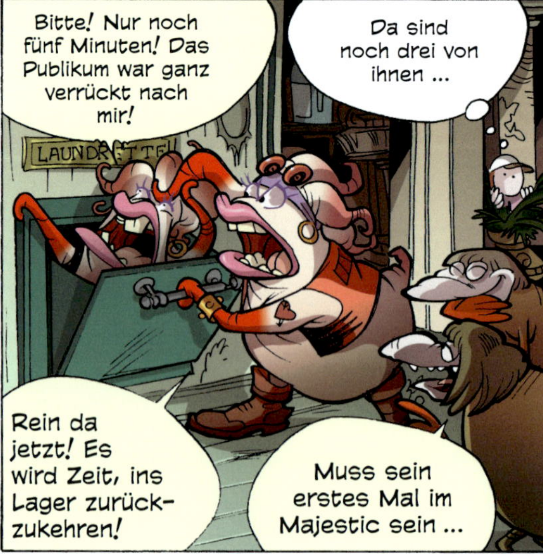
Bitte! Nur noch fünf Minuten! Das Publikum war ganz verrückt nach mir!
Da sind noch drei von ihnen ...
LAUNDRETTE
Rein da jetzt! Es wird Zeit, ins Lager zurückzukehren!
Muss sein erstes Mal im Majestic sein ...

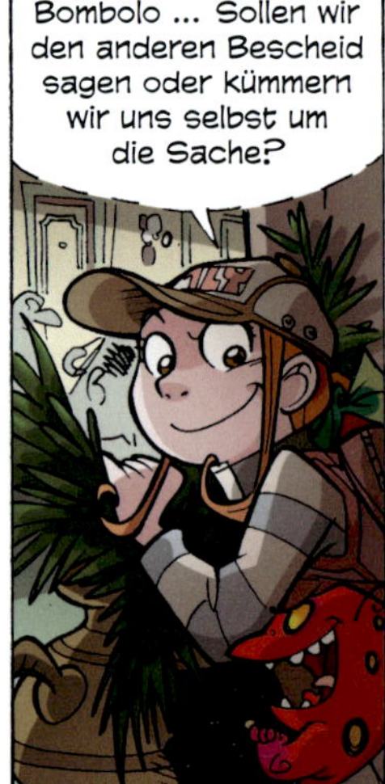
Was meinst du, Bombolo ... Sollen wir den anderen Bescheid sagen oder kümmern wir uns selbst um die Sache?

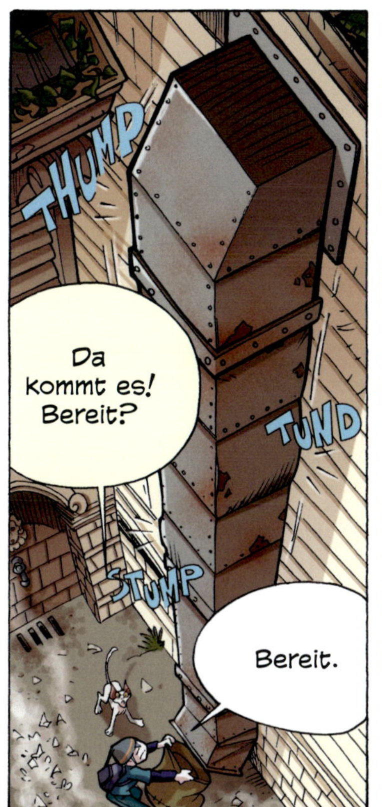
THUMP
Da kommt es! Bereit?
TUND
STUMP
Bereit.

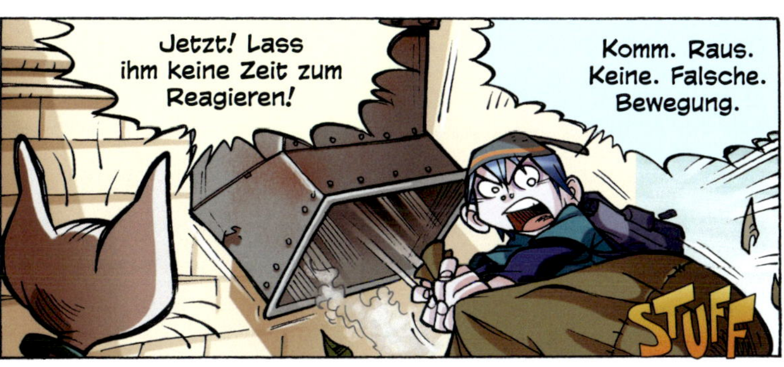
Jetzt! Lass ihm keine Zeit zum Reagieren!
Komm. Raus. Keine. Falsche. Bewegung.
STUFF

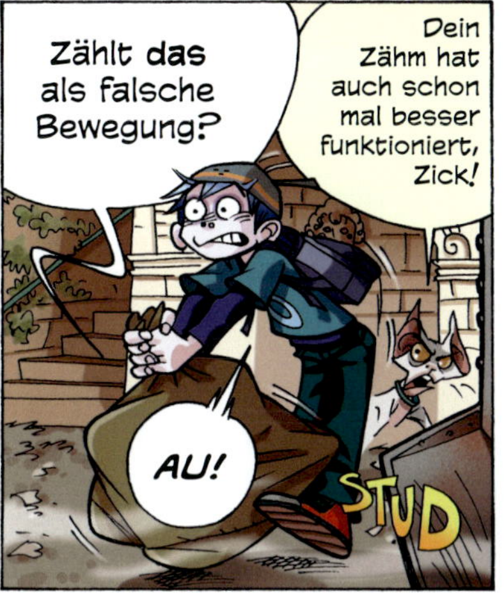
Zählt das als falsche Bewegung?
Dein Zähm hat auch schon mal besser funktioniert, Zick!
AU!
STUD

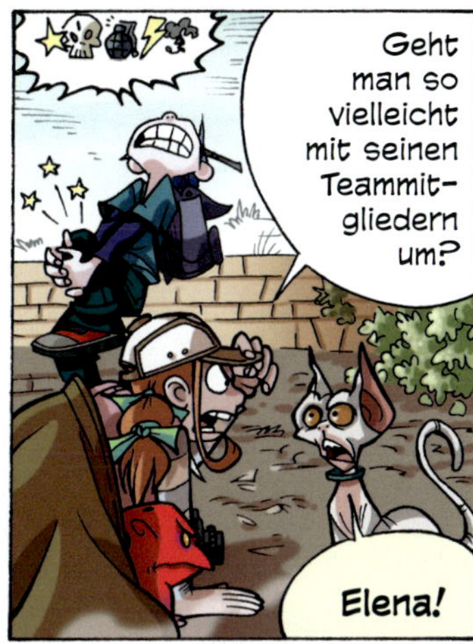
Geht man so vielleicht mit seinen Teammitgliedern um?
Elena!

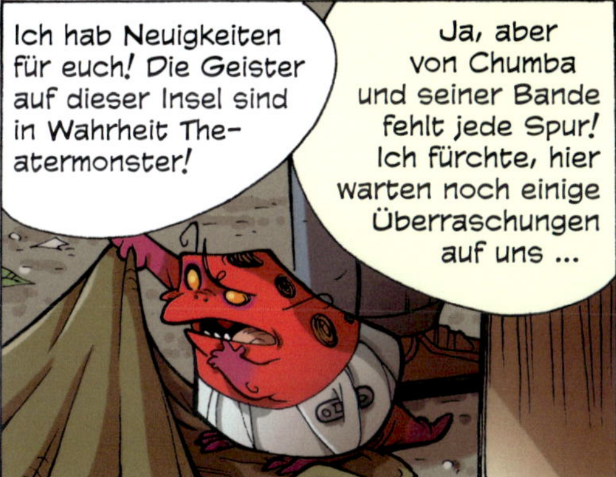
Ich hab Neuigkeiten für euch! Die Geister auf dieser Insel sind in Wahrheit Theatermonster!
Ja, aber von Chumba und seiner Bande fehlt jede Spur! Ich fürchte, hier warten noch einige Überraschungen auf uns ...

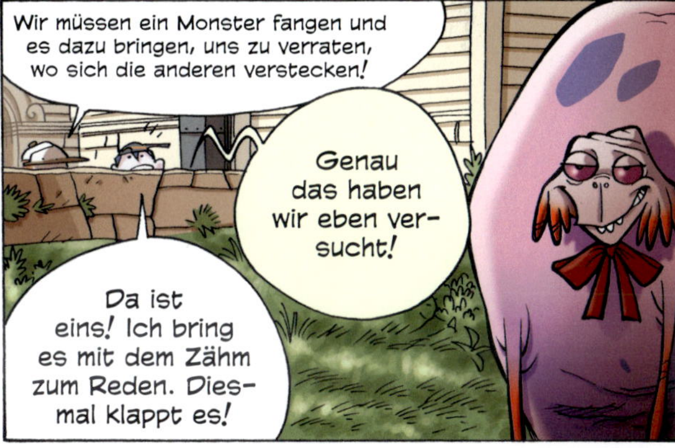
Wir müssen ein Monster fangen und es dazu bringen, uns zu verraten, wo sich die anderen verstecken!
Genau das haben wir eben versucht!
Da ist eins! Ich bring es mit dem Zähm zum Reden. Diesmal klappt es!

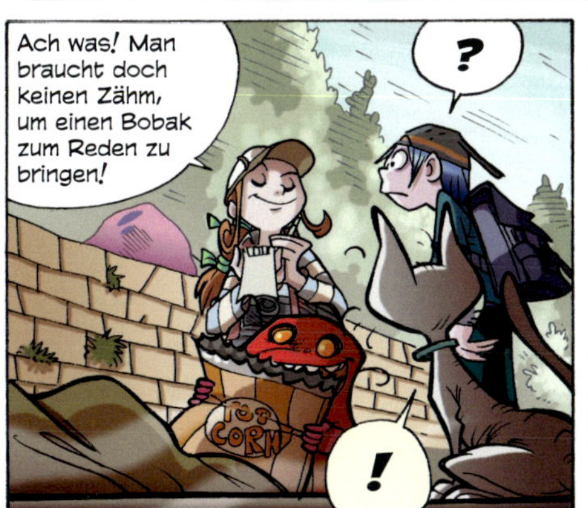
Ach was! Man braucht doch keinen Zähm, um einen Bobak zum Reden zu bringen!
?
!

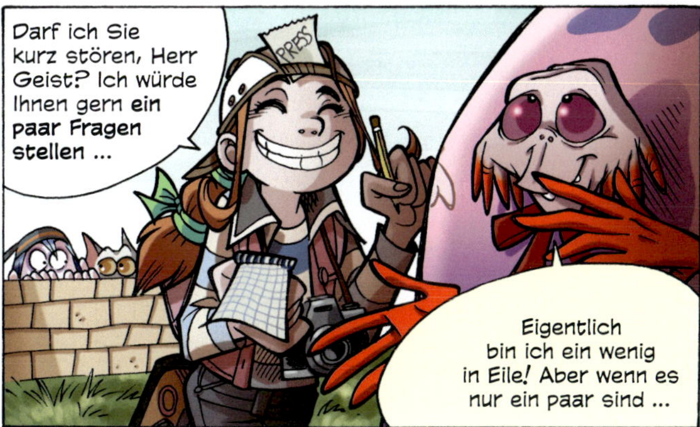
Darf ich Sie kurz stören, Herr Geist? Ich würde Ihnen gern ein paar Fragen stellen ...
PRESS
Eigentlich bin ich ein wenig in Eile! Aber wenn es nur ein paar sind ...

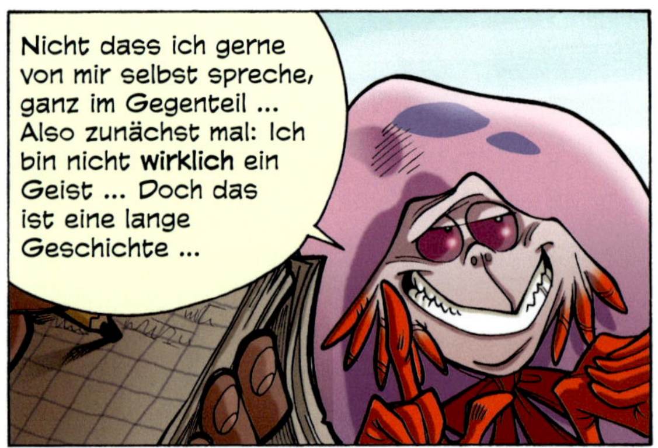
Nicht dass ich gerne von mir selbst spreche, ganz im Gegenteil ... Also zunächst mal: Ich bin nicht **wirklich** ein Geist ... Doch das ist eine lange Geschichte ...

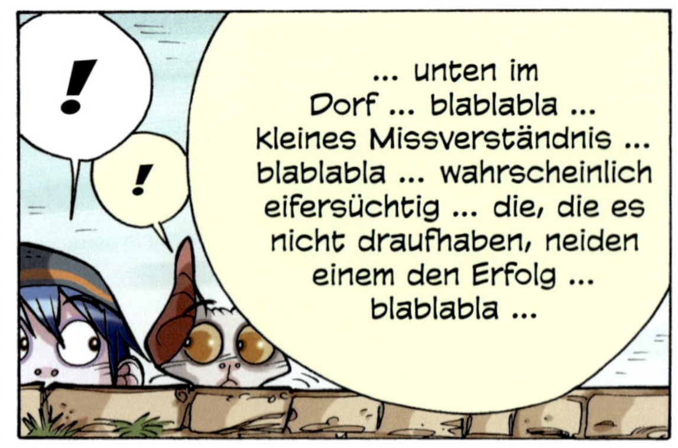
!
!
... unten im Dorf ... blablabla ... kleines Missverständnis ... blablabla ... wahrscheinlich eifersüchtig ... die, die es nicht draufhaben, neiden einem den Erfolg ... blablabla ...

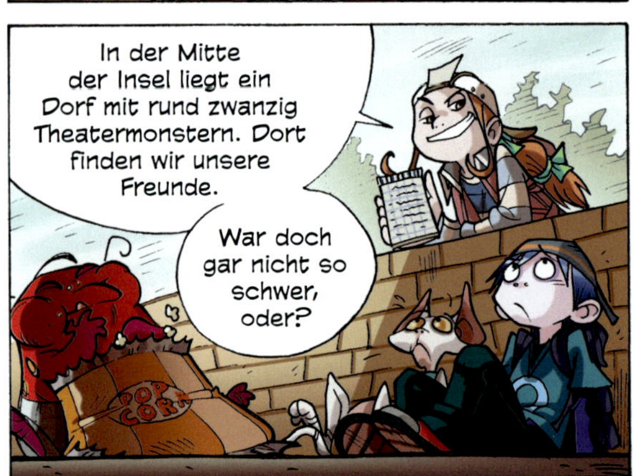
In der Mitte der Insel liegt ein Dorf mit rund zwanzig Theatermonstern. Dort finden wir unsere Freunde.
War doch gar nicht so schwer, oder?
POP CORN

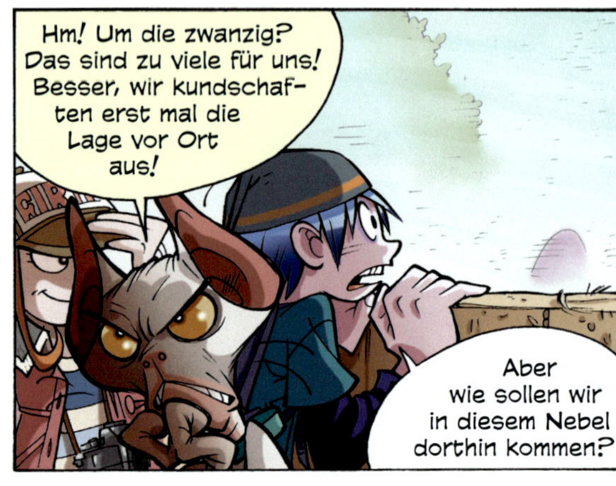
Hm! Um die zwanzig? Das sind zu viele für uns! Besser, wir kundschaften erst mal die Lage vor Ort aus!
Aber wie sollen wir in diesem Nebel dorthin kommen?

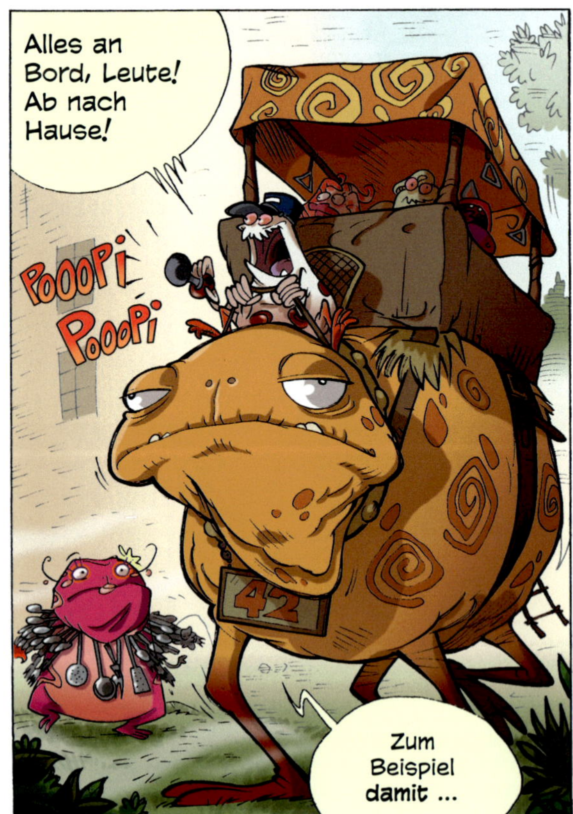
Alles an Bord, Leute! Ab nach Hause!
POOOPI
POOOPI
42
Zum Beispiel **damit** ...

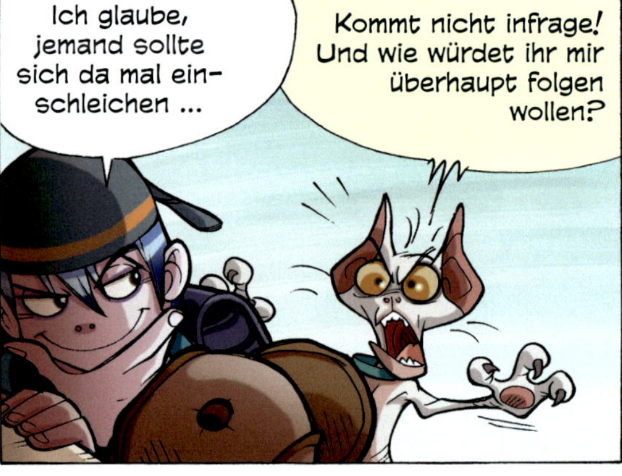
Ich glaube, jemand sollte sich da mal einschleichen ...
Kommt nicht infrage! Und wie würdet ihr mir überhaupt folgen wollen?

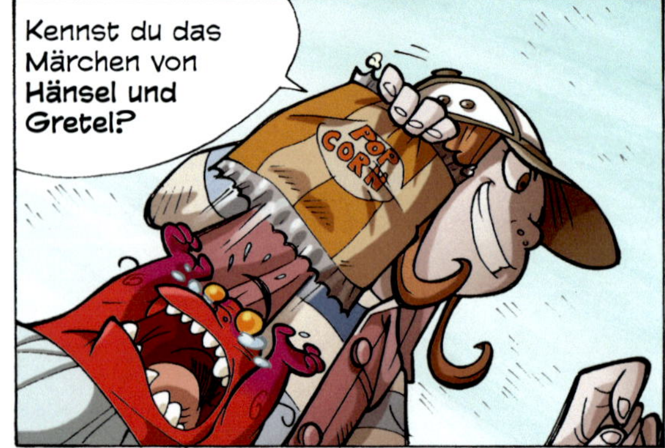
Kennst du das Märchen von **Hänsel und Gretel**?
POP CORN

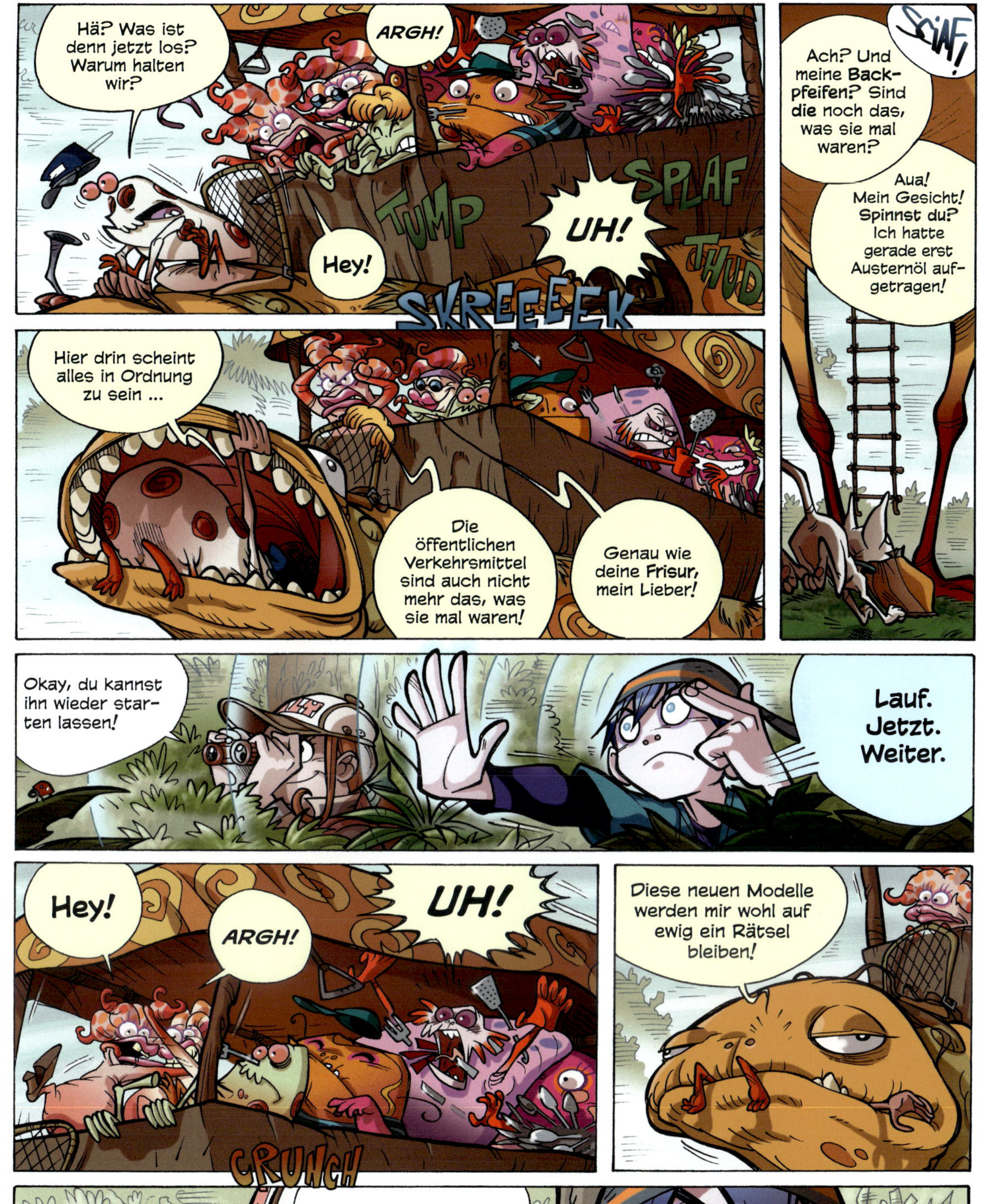
Hä? Was ist denn jetzt los? Warum halten wir?
ARGH!
Hey!
TUMP
UH!
SPLAF
THUD
SKREEEEK
SCIAF!
Ach? Und meine Backpfeifen? Sind die noch das, was sie mal waren?
Aua! Mein Gesicht! Spinnst du? Ich hatte gerade erst Austernöl aufgetragen!
Hier drin scheint alles in Ordnung zu sein ...
Die öffentlichen Verkehrsmittel sind auch nicht mehr das, was sie mal waren!
Genau wie deine Frisur, mein Lieber!
Okay, du kannst ihn wieder starten lassen!
Lauf. Jetzt. Weiter.
Hey!
ARGH!
UH!
CRUNCH
Diese neuen Modelle werden mir wohl auf ewig ein Rätsel bleiben!
Es hat funktioniert! Hoffentlich klappt auch der Rest so reibungslos.

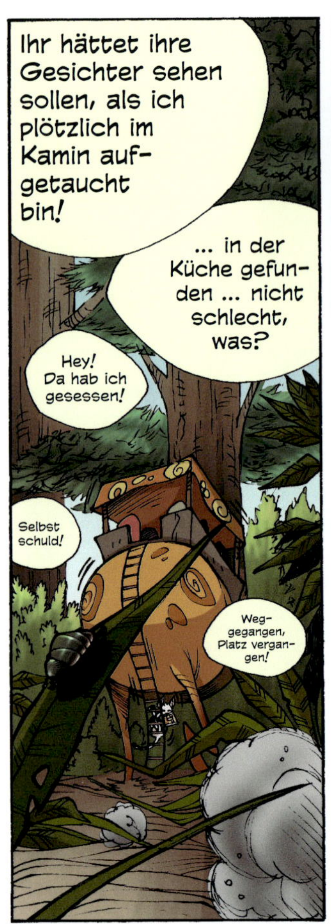

Ihr hättet ihre Gesichter sehen sollen, als ich plötzlich im Kamin auf-getaucht bin!
... in der Küche gefun-den ... nicht schlecht, was?
Hey! Da hab ich gesessen!
Selbst schuld!
Weg-gegangen, Platz vergan-gen!

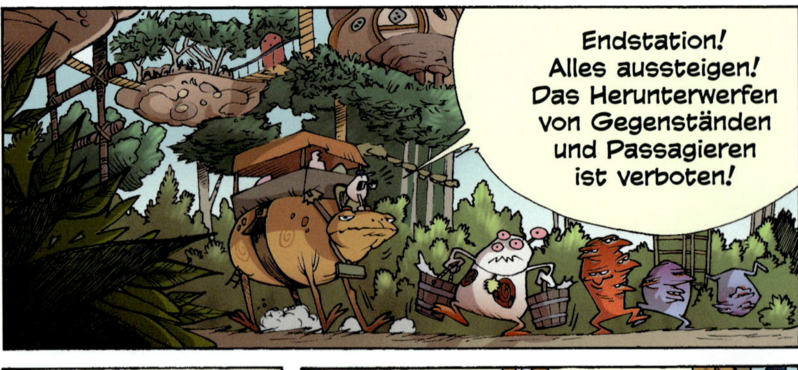

Endstation! Alles aussteigen! Das Herunterwerfen von Gegenständen und Passagieren ist verboten!

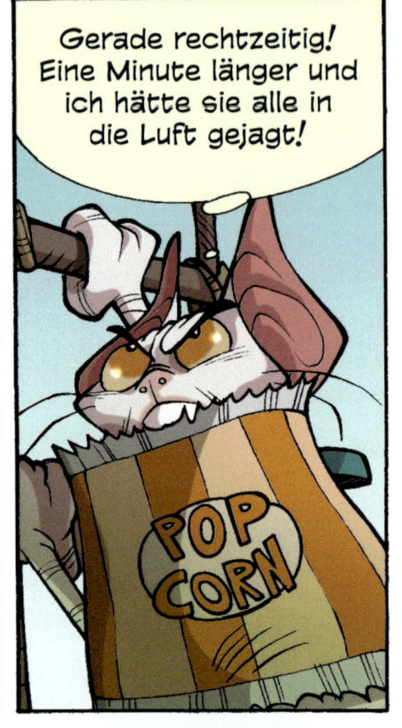

Gerade rechtzeitig! Eine Minute länger und ich hätte sie alle in die Luft gejagt!
POP CORN

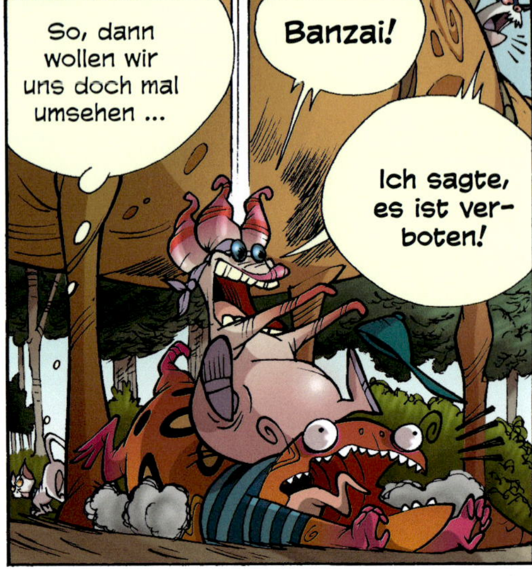

So, dann wollen wir uns doch mal umsehen ...
Banzai!
Ich sagte, es ist ver-boten!

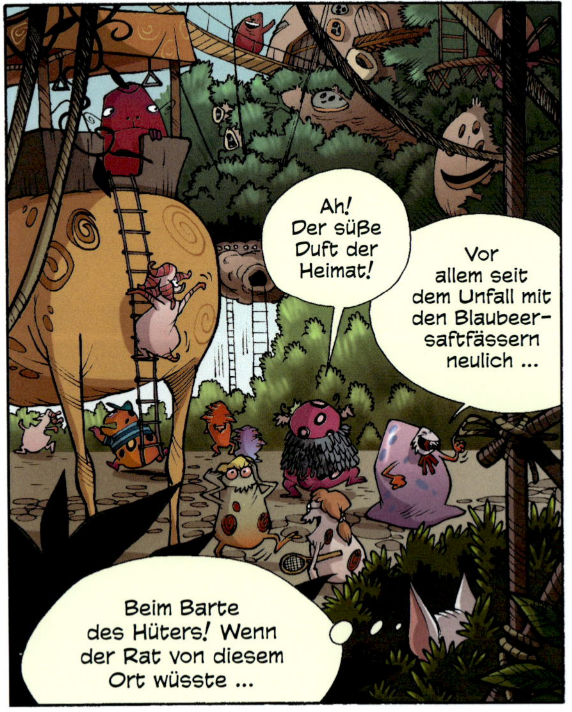

Ah! Der süße Duft der Heimat!
Vor allem seit dem Unfall mit den Blaubeer-saftfässern neulich ...
Beim Barte des Hüters! Wenn der Rat von diesem Ort wüsste ...

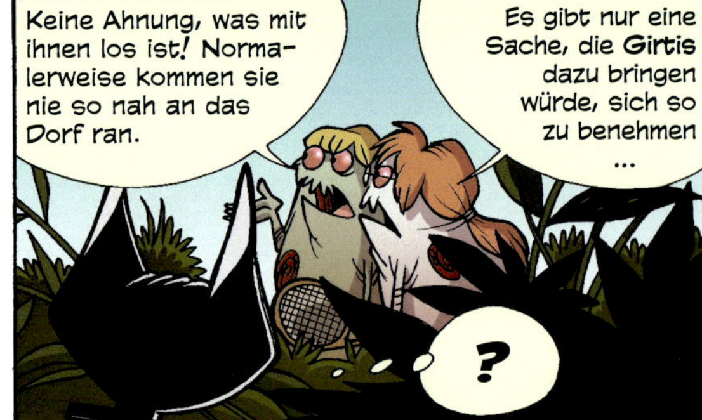

Keine Ahnung, was mit ihnen los ist! Norma-lerweise kommen sie nie so nah an das Dorf ran.
Es gibt nur eine Sache, die **Girtis** dazu bringen würde, sich so zu benehmen ...
?

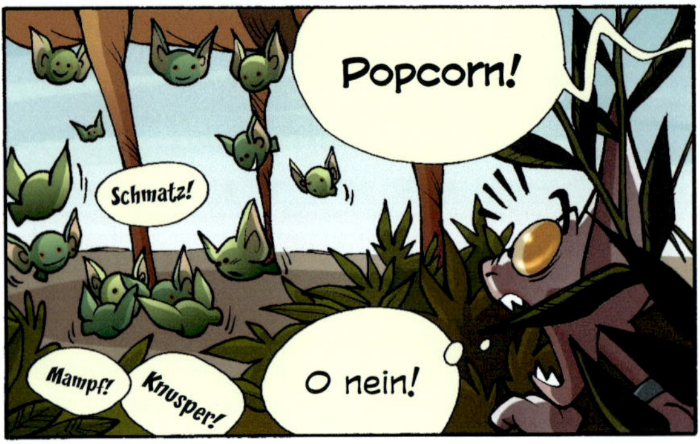

Popcorn!
Schmatz!
Mampf!
Knusper!
O nein!

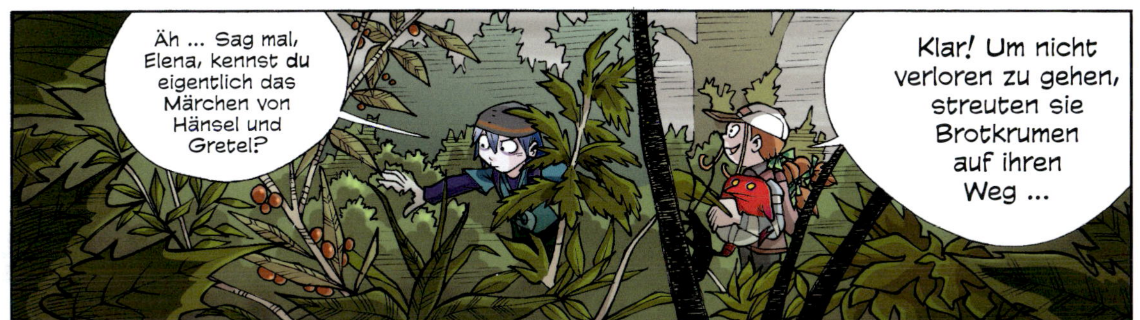
Äh ... Sag mal, Elena, kennst du eigentlich das Märchen von Hänsel und Gretel?
Klar! Um nicht verloren zu gehen, streuten sie Brotkrumen auf ihren Weg ...

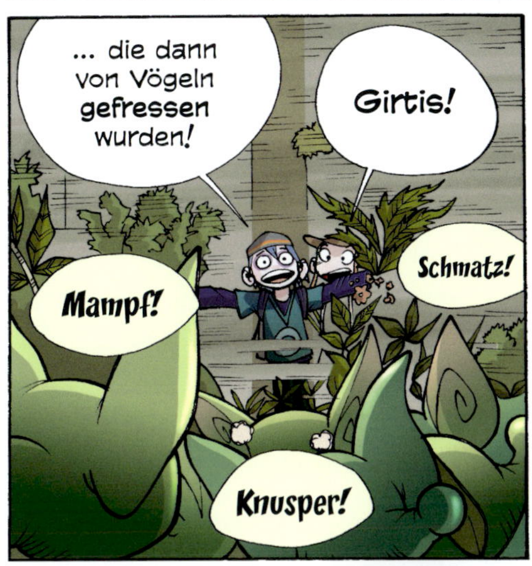
... die dann von Vögeln gefressen wurden!
Girtis!
Mampf!
Schmatz!
Knusper!

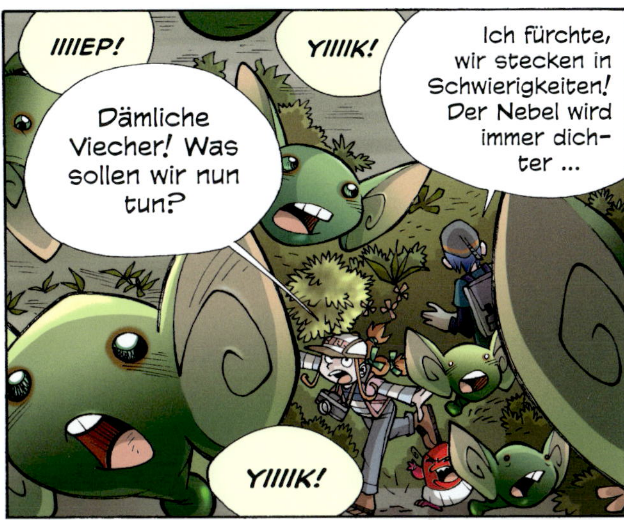
IIIIEP!
YIIIIK!
Ich fürchte, wir stecken in Schwierigkeiten! Der Nebel wird immer dichter ...
Dämliche Viecher! Was sollen wir nun tun?
YIIIIK!

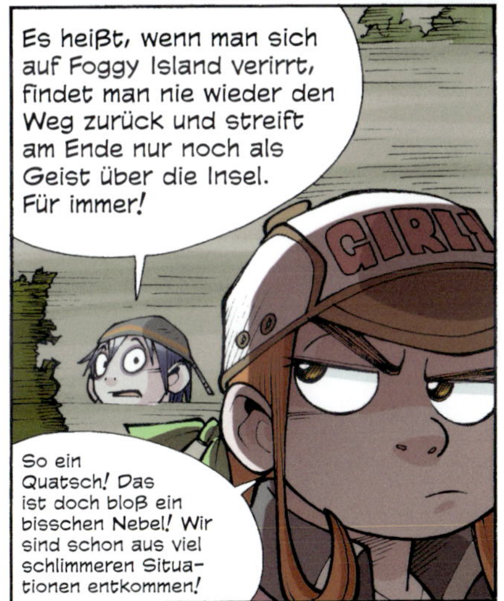
Es heißt, wenn man sich auf Foggy Island verirrt, findet man nie wieder den Weg zurück und streift am Ende nur noch als Geist über die Insel. Für immer!
GIRL
So ein Quatsch! Das ist doch bloß ein bisschen Nebel! Wir sind schon aus viel schlimmeren Situationen entkommen!

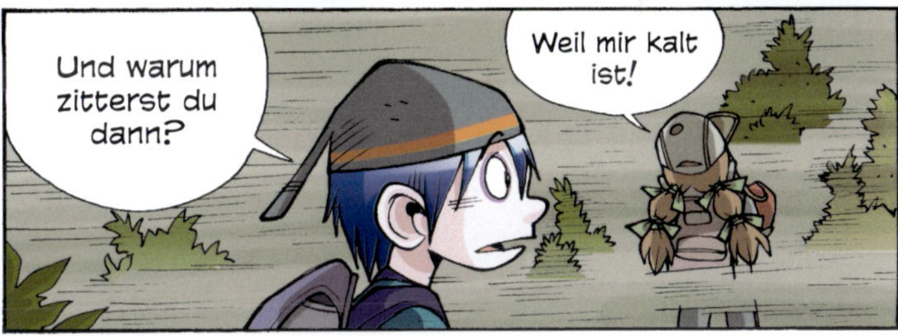
Und warum zitterst du dann?
Weil mir kalt ist!

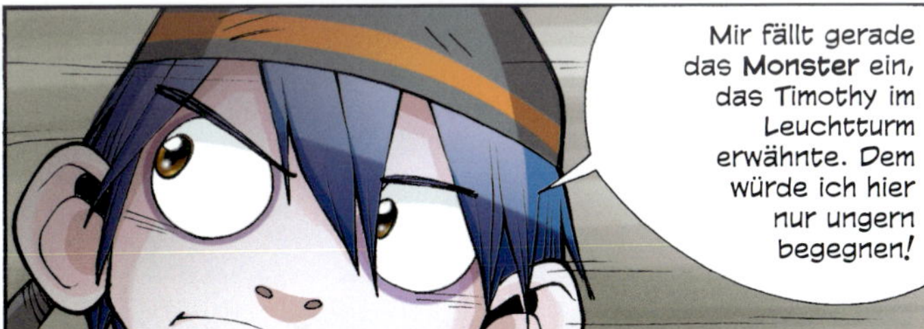
Mir fällt gerade das Monster ein, das Timothy im Leuchtturm erwähnte. Dem würde ich hier nur ungern begegnen!

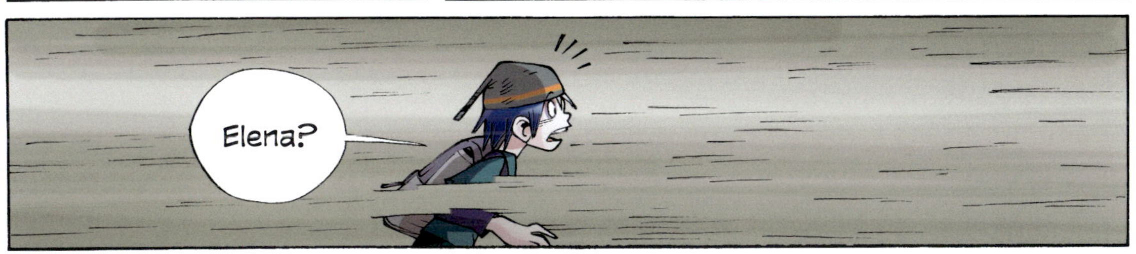
Elena?

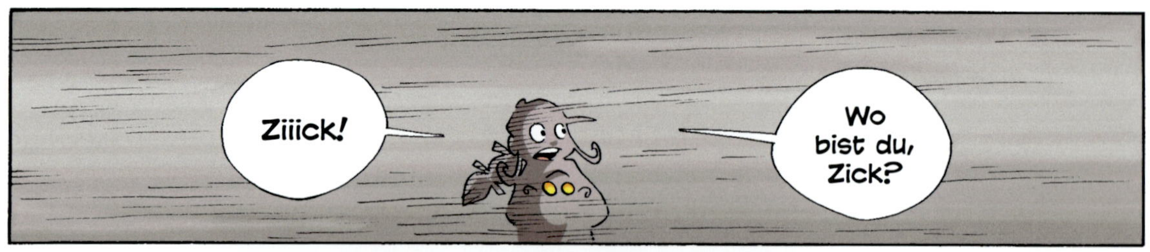
Ziiick!
Wo bist du, Zick?

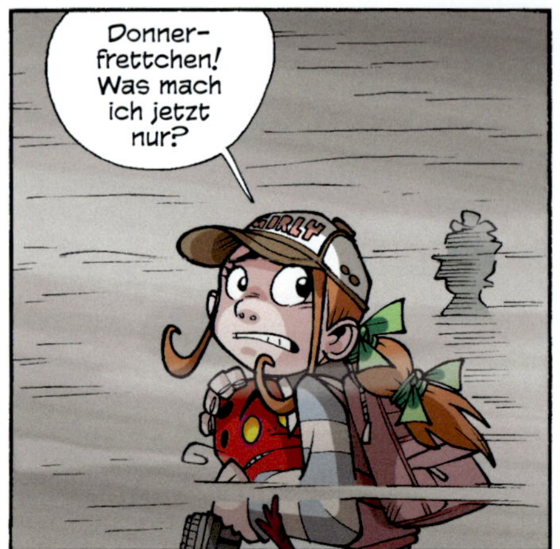
Donner-frettchen! Was mach ich jetzt nur?
GIRLY

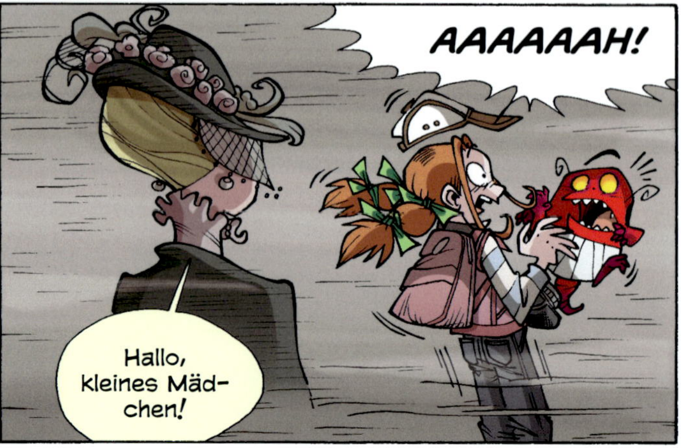
AAAAAAH!
Hallo, kleines Mäd-chen!

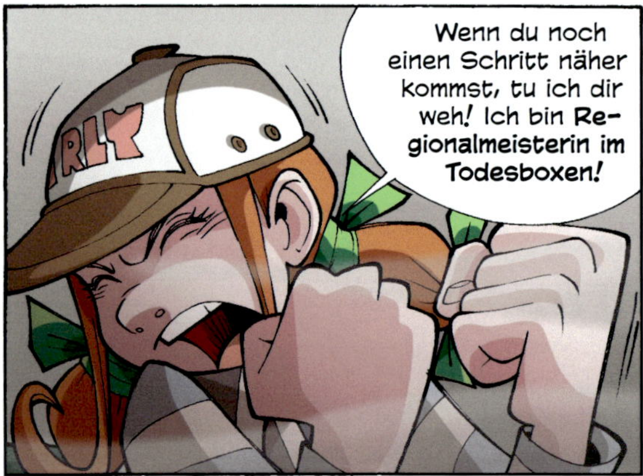
Wenn du noch einen Schritt näher kommst, tu ich dir weh! Ich bin Re-gionalmeisterin im Todesboxen!

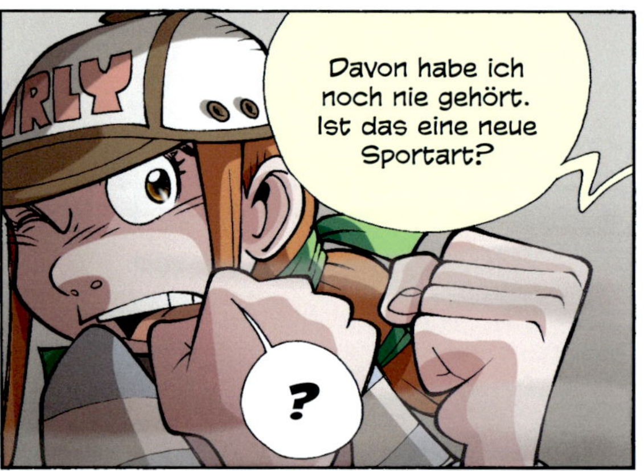
Davon habe ich noch nie gehört. Ist das eine neue Sportart?
?

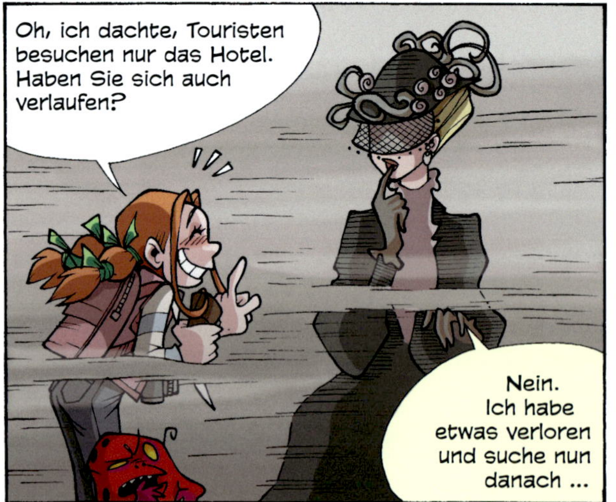
Oh, ich dachte, Touristen besuchen nur das Hotel. Haben Sie sich auch verlaufen?
Nein. Ich habe etwas verloren und suche nun danach ...

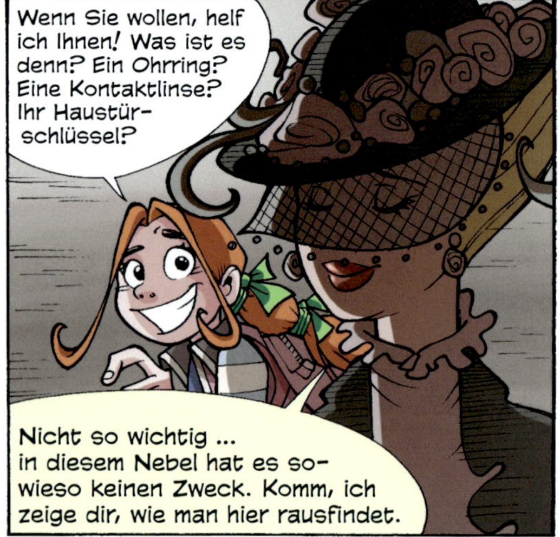
Wenn Sie wollen, helf ich Ihnen! Was ist es denn? Ein Ohrring? Eine Kontaktlinse? Ihr Haustür-schlüssel?
Nicht so wichtig ... in diesem Nebel hat es so-wieso keinen Zweck. Komm, ich zeige dir, wie man hier rausfindet.

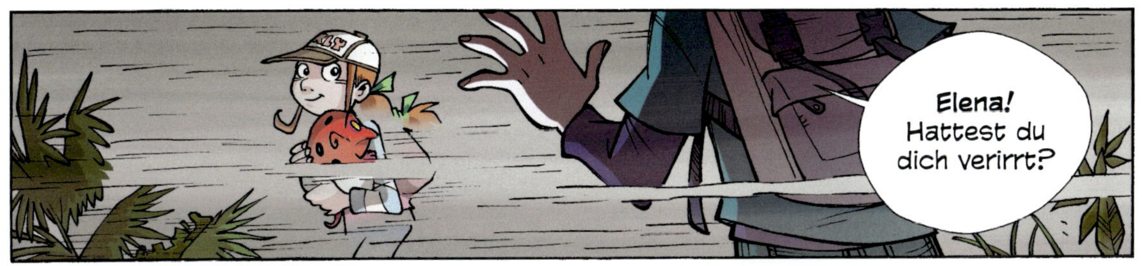
Elena! Hattest du dich verirrt?

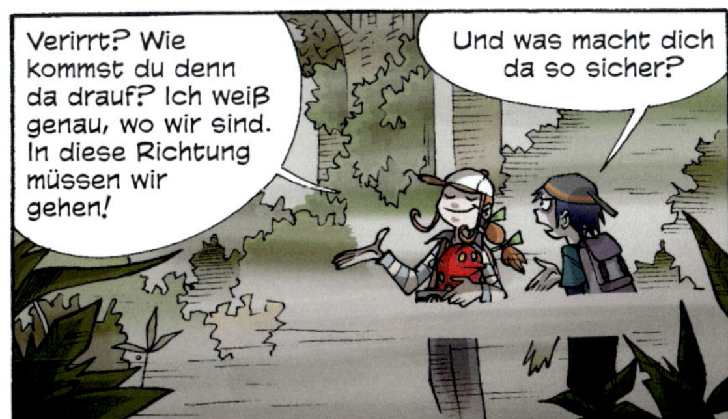
Verirrt? Wie kommst du denn da drauf? Ich weiß genau, wo wir sind. In diese Richtung müssen wir gehen!
Und was macht dich da so sicher?

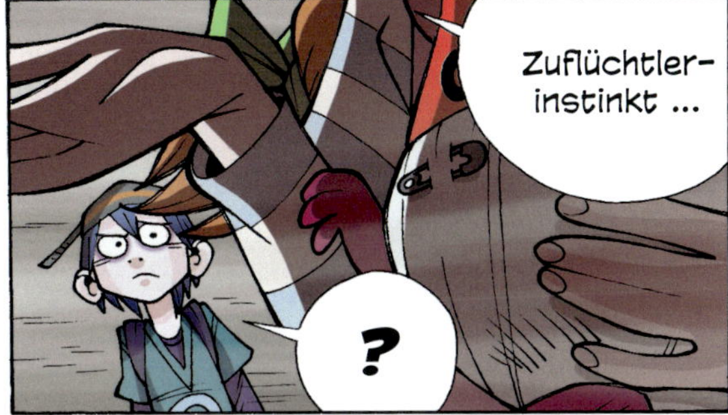
Zuflüchtler-instinkt ...
?

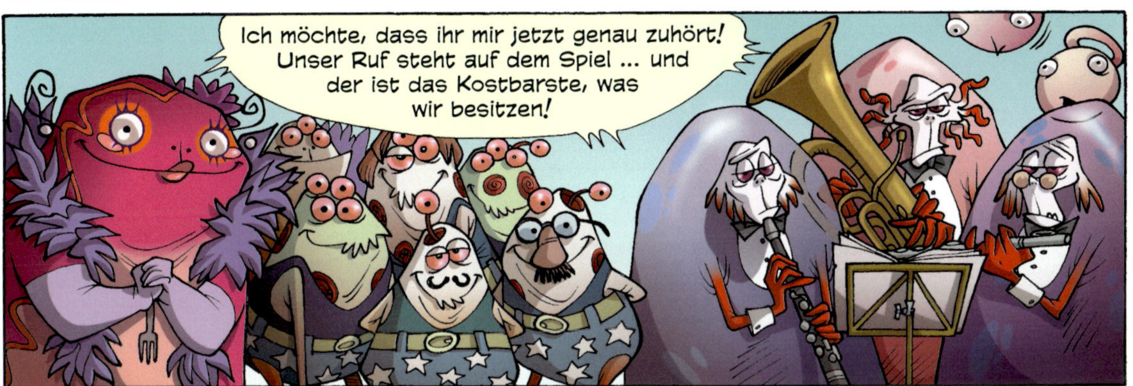
Ich möchte, dass ihr mir jetzt genau zuhört! Unser Ruf steht auf dem Spiel ... und der ist das Kostbarste, was wir besitzen!

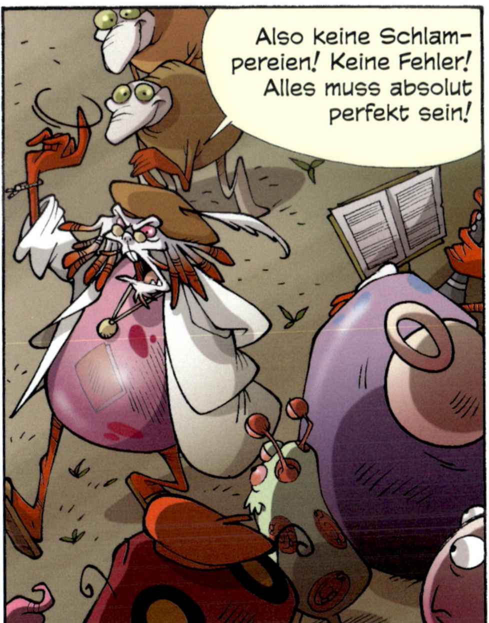
Also keine Schlam-pereien! Keine Fehler! Alles muss absolut perfekt sein!

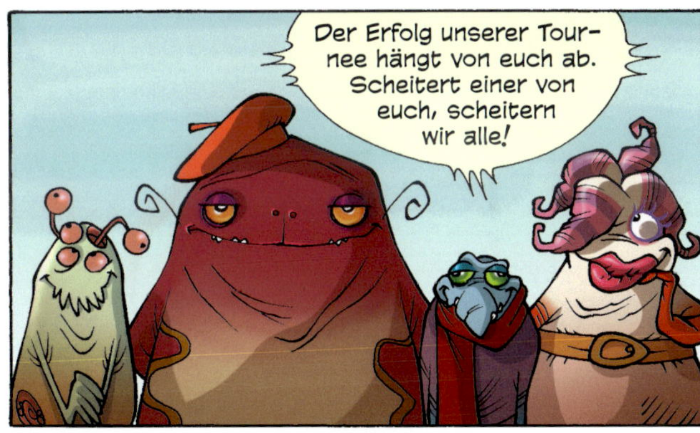
Der Erfolg unserer Tour-nee hängt von euch ab. Scheitert einer von euch, scheitern wir alle!

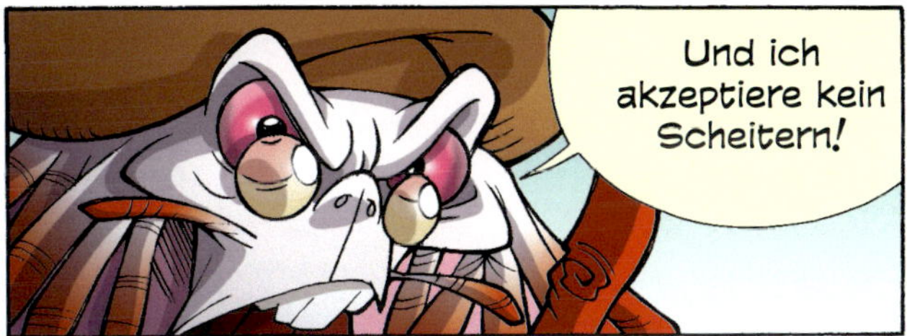
Und ich akzeptiere kein Scheitern!

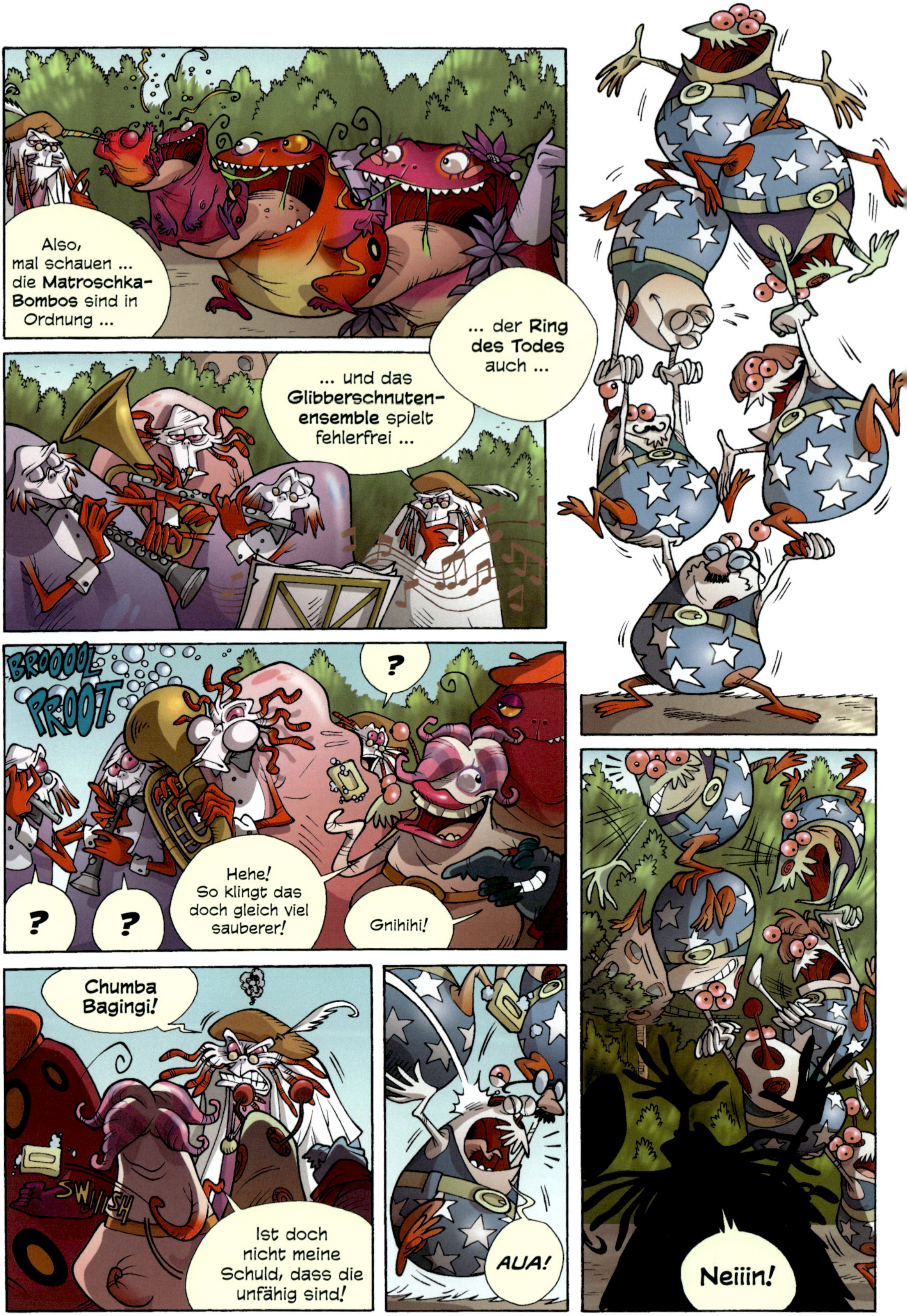

Also, mal schauen ... die **Matroschka-Bombos** sind in Ordnung ...

... der **Ring des Todes** auch ...

... und das **Glibberschnuten-ensemble** spielt fehlerfrei ...

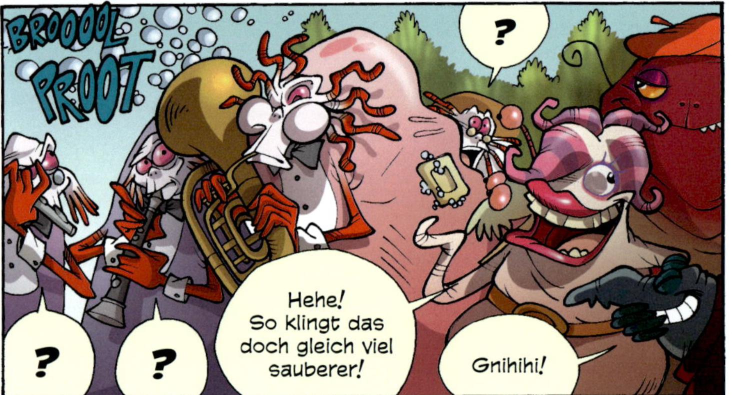

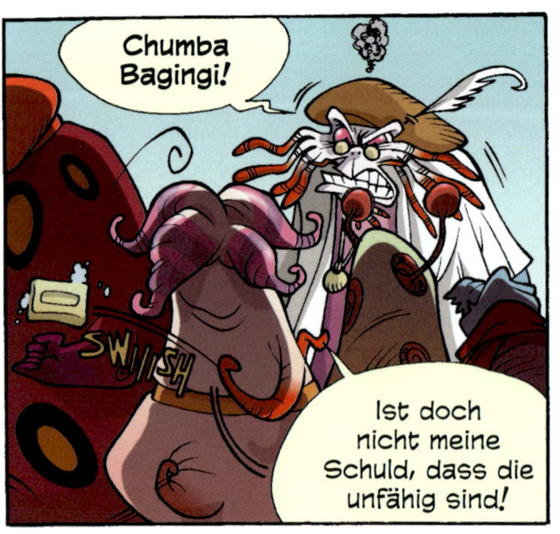

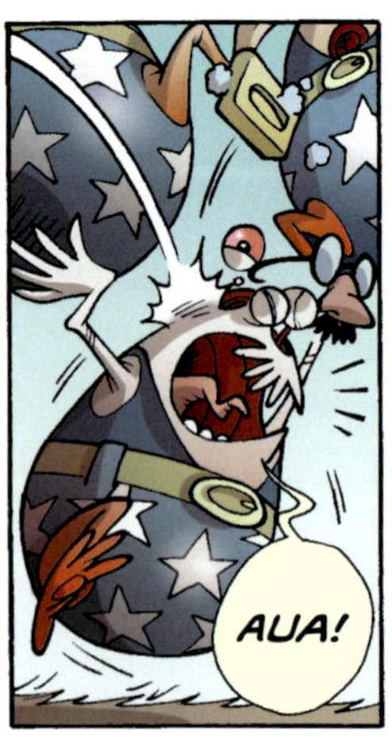

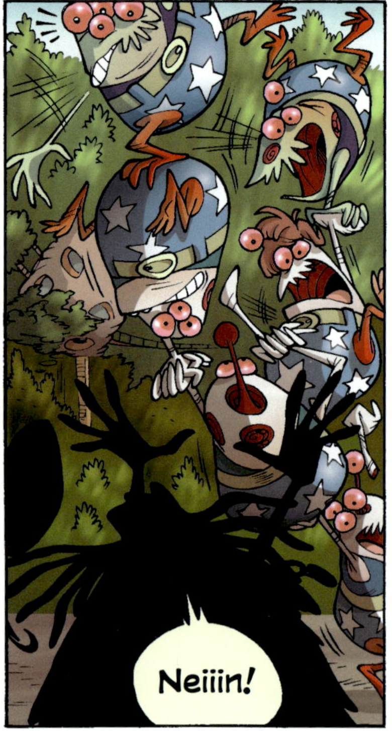

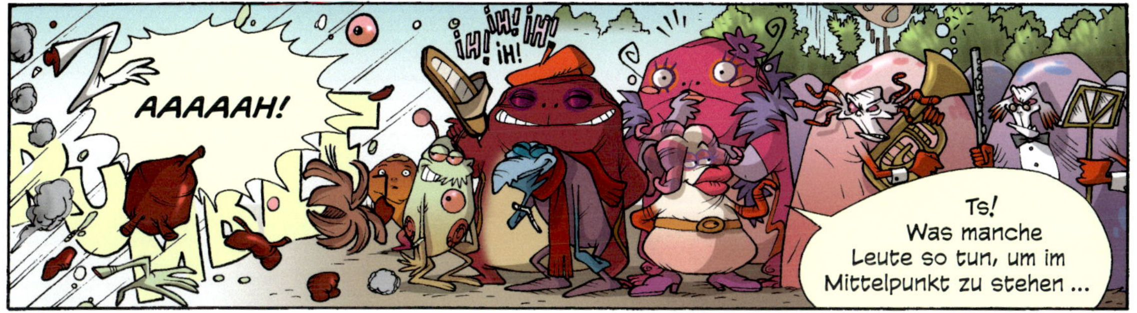
AAAAAH!
IH! IH! IH! IH!
Ts!
Was manche
Leute so tun, um im
Mittelpunkt zu stehen ...

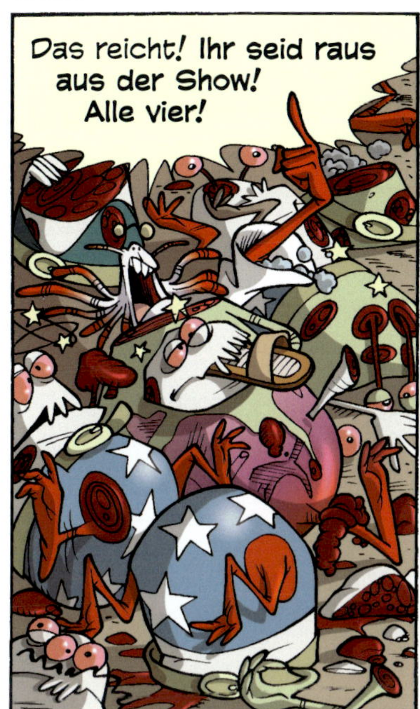
Das reicht! Ihr seid raus
aus der Show!
Alle vier!

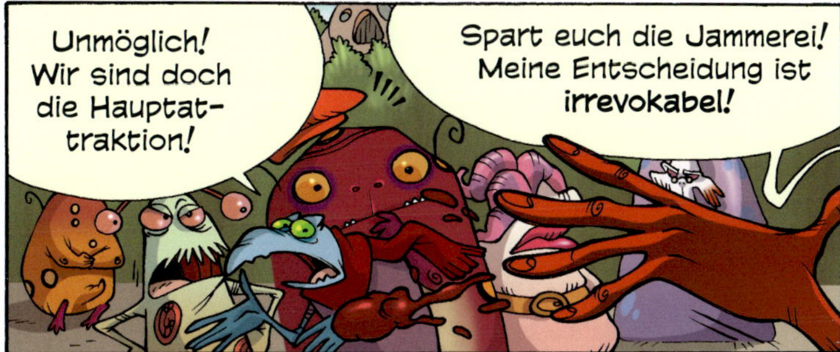
Unmöglich!
Wir sind doch
die Hauptat-
traktion!
Spart euch die Jammerei!
Meine Entscheidung ist
irrevokabel!

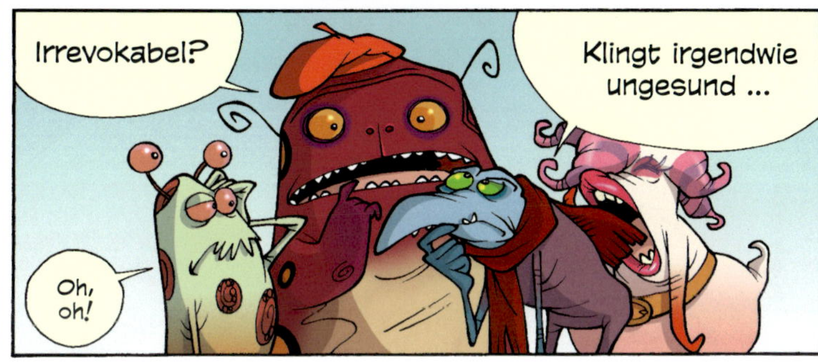
Irrevokabel?
Klingt irgendwie
ungesund ...
Oh,
oh!

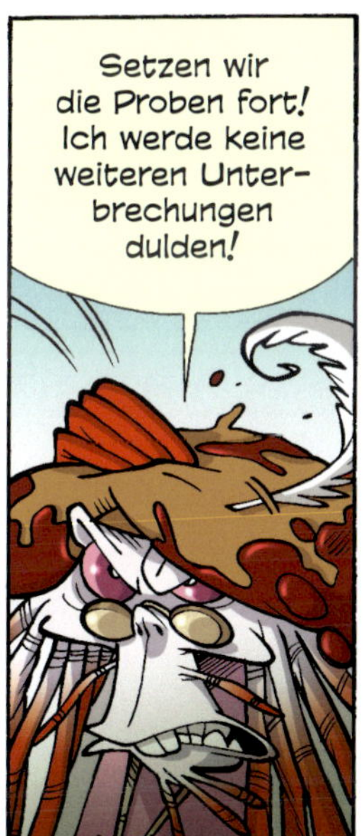
Setzen wir
die Proben fort!
Ich werde keine
weiteren Unter-
brechungen
dulden!

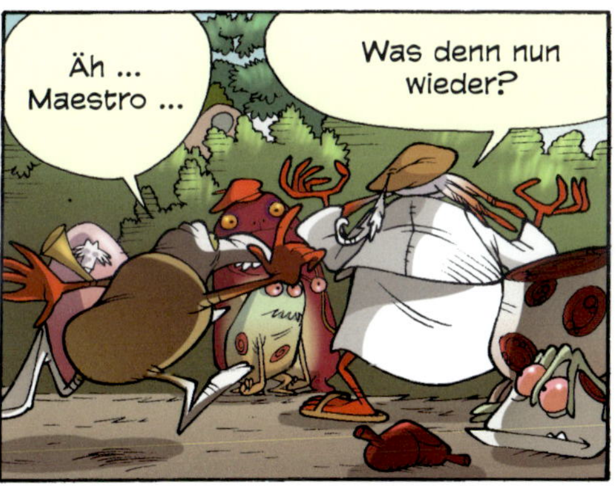
Äh ...
Maestro ...
Was denn nun
wieder?

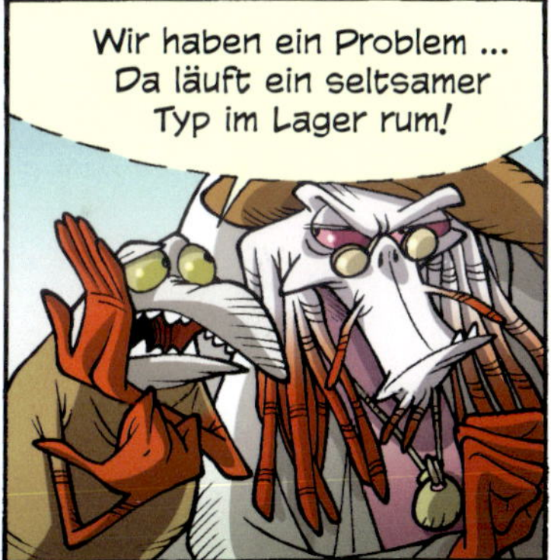
Wir haben ein Problem ...
Da läuft ein seltsamer
Typ im Lager rum!

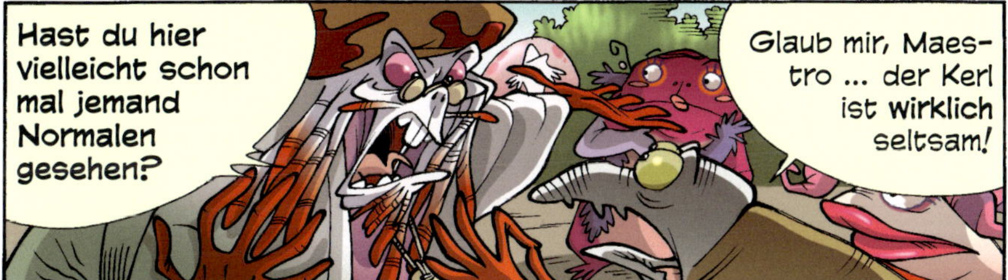
Hast du hier
vielleicht schon
mal jemand
Normalen
gesehen?
Glaub mir, Maes-
tro ... der Kerl
ist wirklich
seltsam!

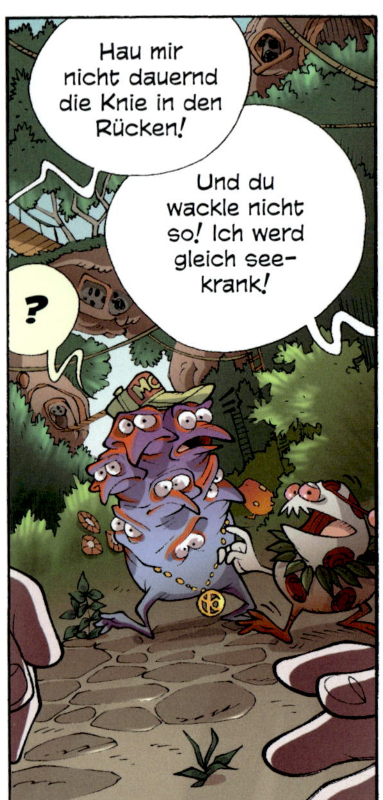
Hau mir nicht dauernd die Knie in den Rücken!
Und du wackle nicht so! Ich werd gleich seekrank!
?

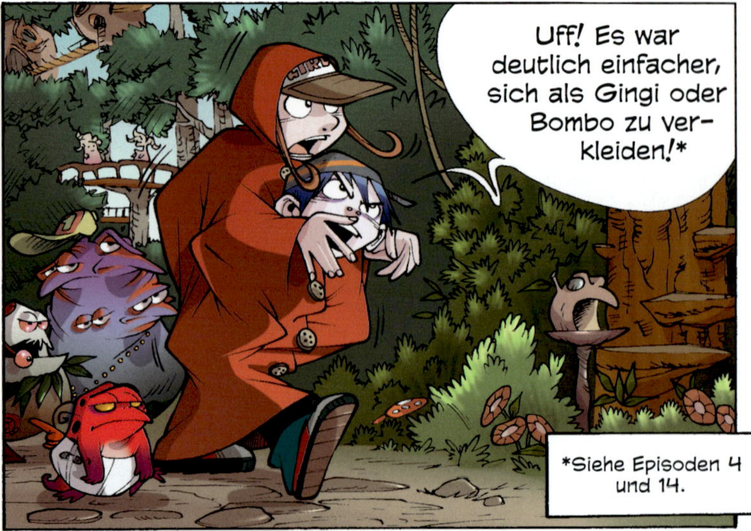
Uff! Es war deutlich einfacher, sich als Gingi oder Bombo zu verkleiden!*
*Siehe Episoden 4 und 14.

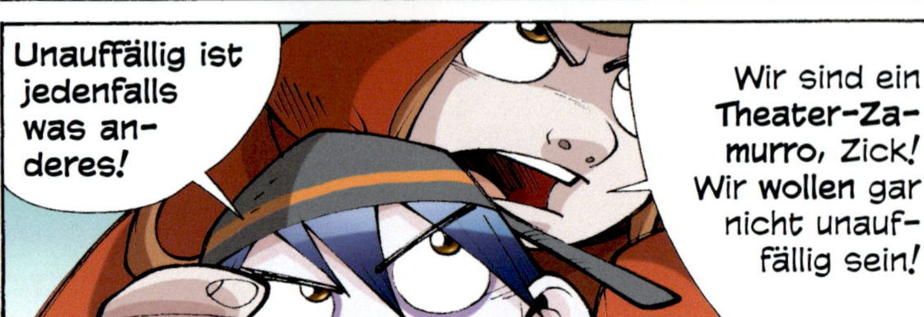
Unauffällig ist jedenfalls was anderes!
Wir sind ein Theater-Zamurro, Zick! Wir wollen gar nicht unauffällig sein!

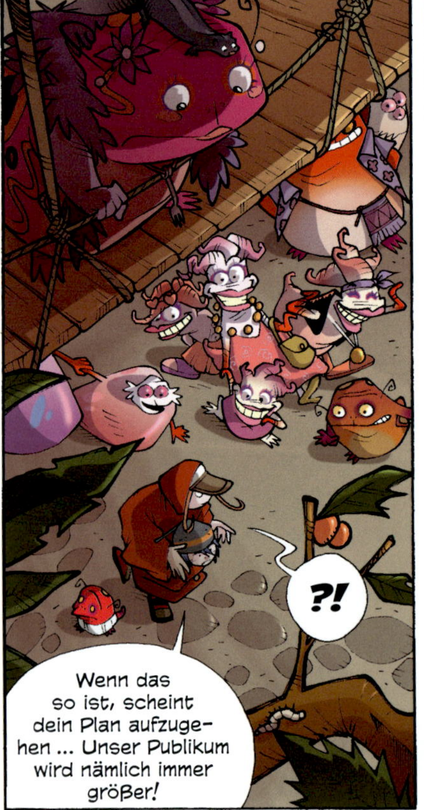
?!
Wenn das so ist, scheint dein Plan aufzugehen ... Unser Publikum wird nämlich immer größer!

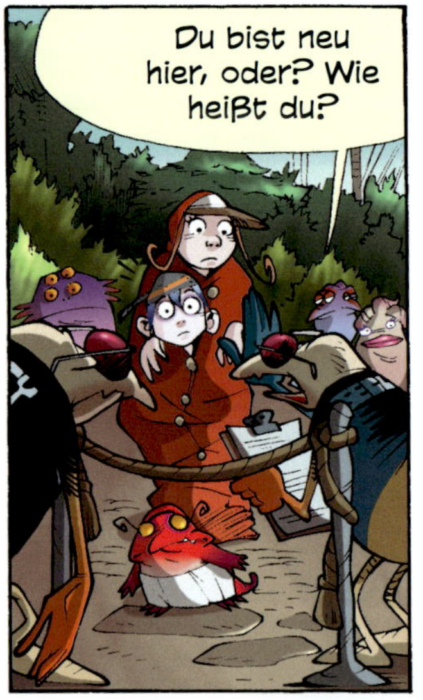
Du bist neu hier, oder? Wie heißt du?

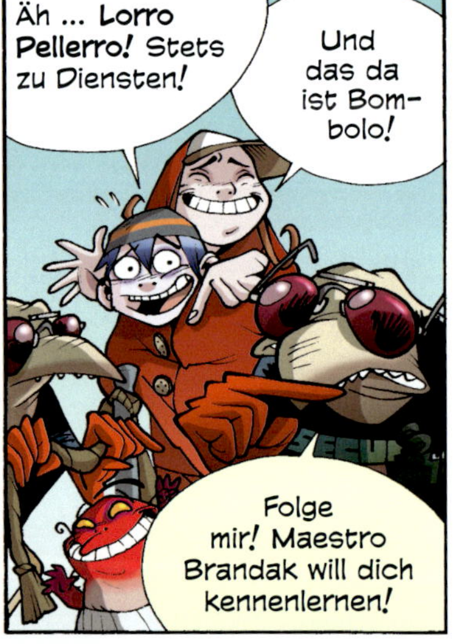
Äh ... Lorro Pellerro! Stets zu Diensten!
Und das da ist Bombolo!
Folge mir! Maestro Brandak will dich kennenlernen!

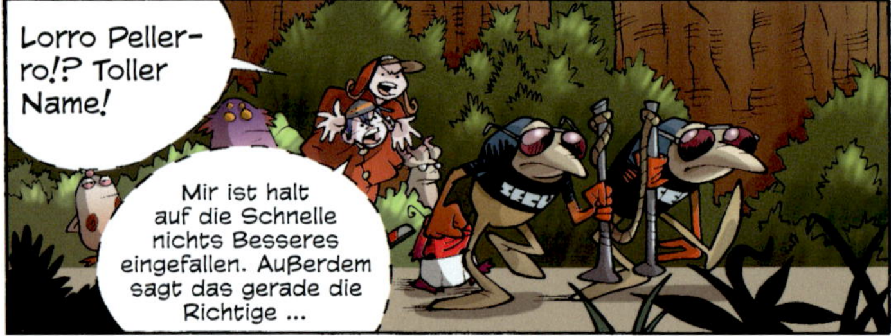
Lorro Pellerro!? Toller Name!
Mir ist halt auf die Schnelle nichts Besseres eingefallen. Außerdem sagt das gerade die Richtige ...

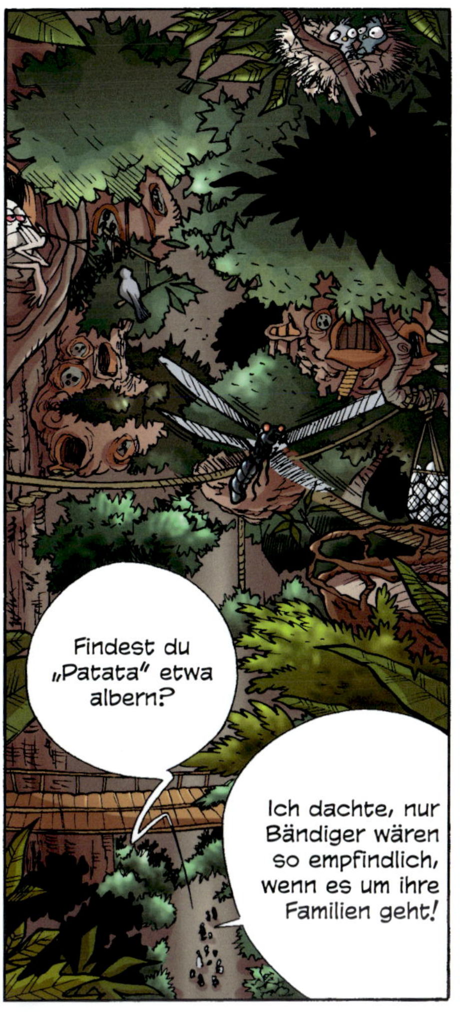
Findest du „Patata" etwa albern?
Ich dachte, nur Bändiger wären so empfindlich, wenn es um ihre Familien geht!

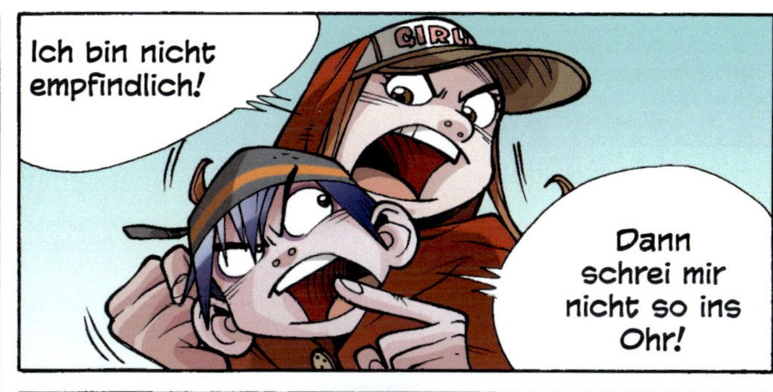
Ich bin nicht empfindlich!
Dann schrei mir nicht so ins Ohr!

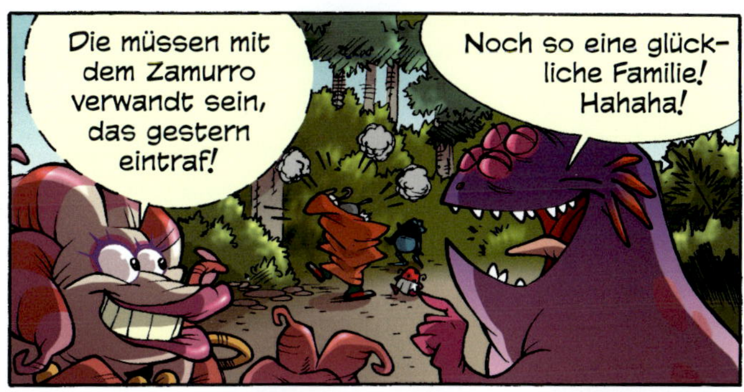
Die müssen mit dem Zamurro verwandt sein, das gestern eintraf!
Noch so eine glückliche Familie! Hahaha!

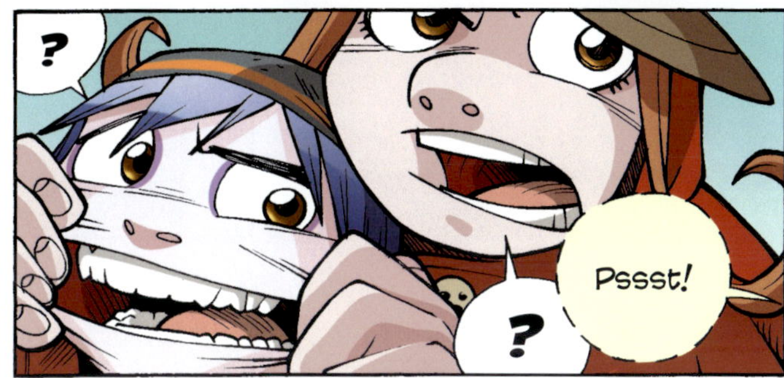
?
Pssst!
?

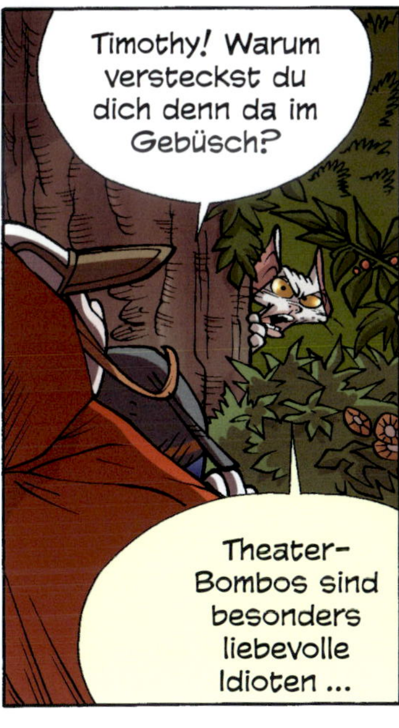
Timothy! Warum versteckst du dich denn da im Gebüsch?
Theater-Bombos sind besonders liebevolle Idioten ...

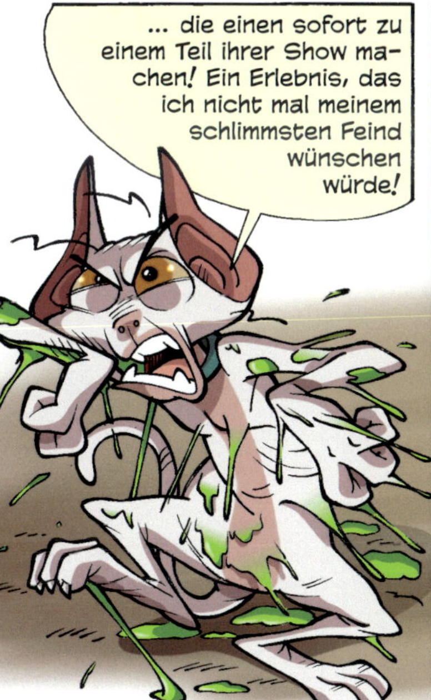
... die einen sofort zu einem Teil ihrer Show machen! Ein Erlebnis, das ich nicht mal meinem schlimmsten Feind wünschen würde!

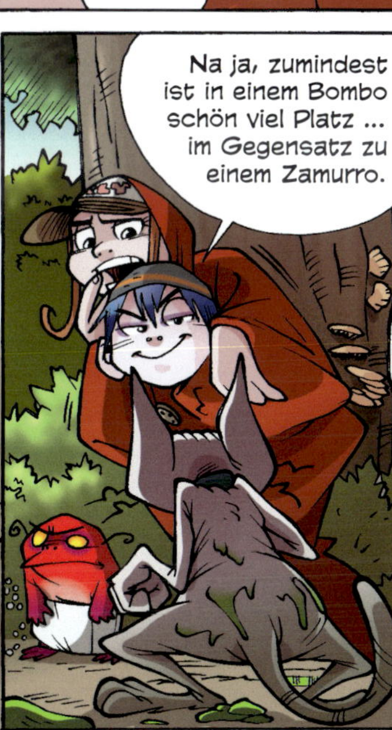
Na ja, zumindest ist in einem Bombo schön viel Platz ... im Gegensatz zu einem Zamurro.

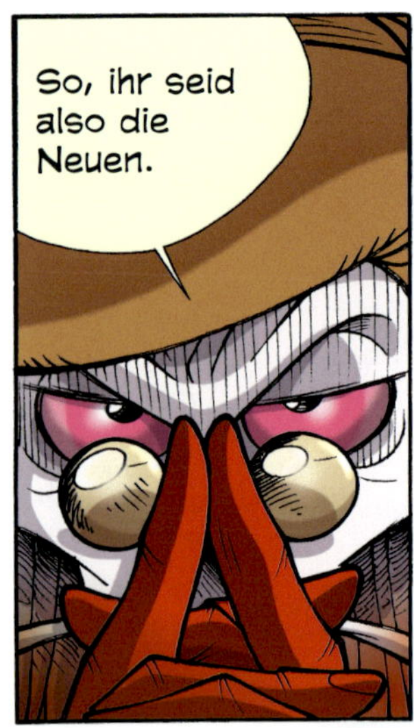
So, ihr seid also die Neuen.

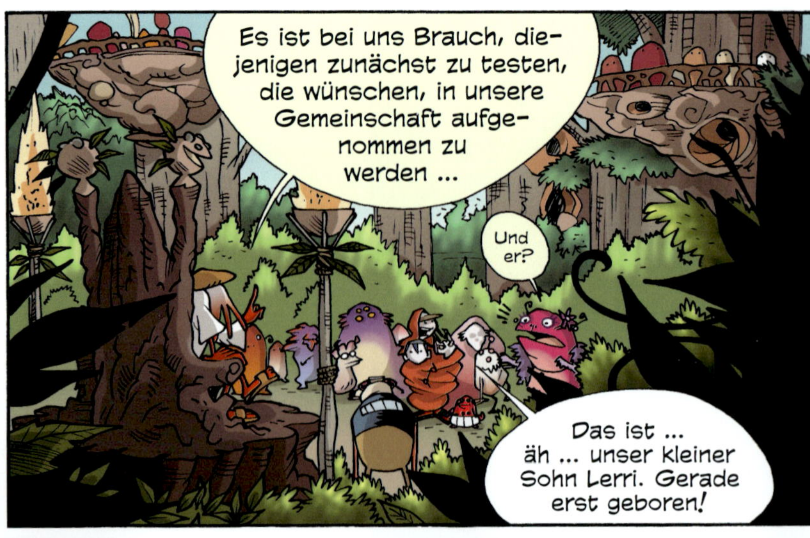
Es ist bei uns Brauch, diejenigen zunächst zu testen, die wünschen, in unsere Gemeinschaft aufgenommen zu werden ...
Und er?
Das ist ... äh ... unser kleiner Sohn Lerri. Gerade erst geboren!

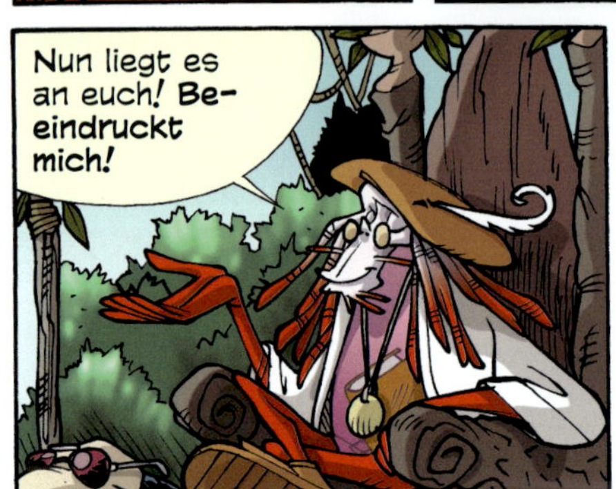
Nun liegt es an euch! Beeindruckt mich!

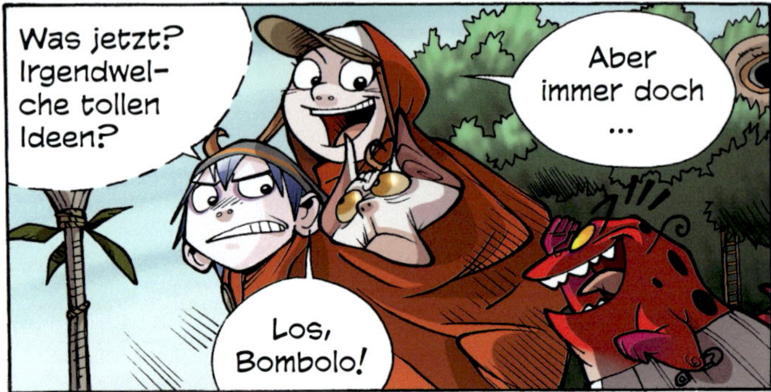
Was jetzt? Irgendwelche tollen Ideen?
Aber immer doch ...
Los, Bombolo!

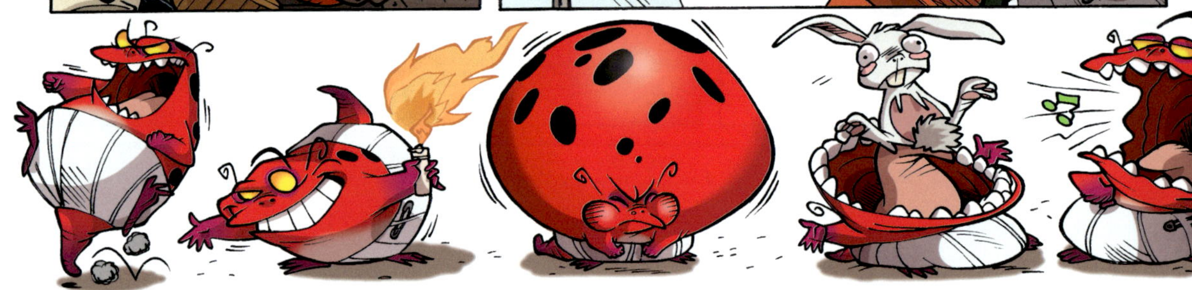

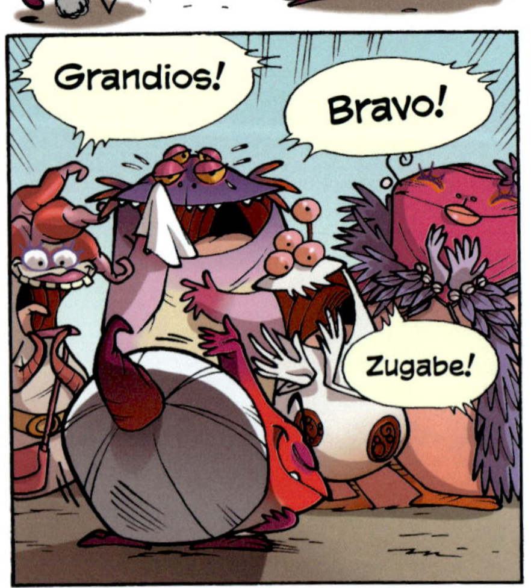
Grandios!
Bravo!
Zugabe!

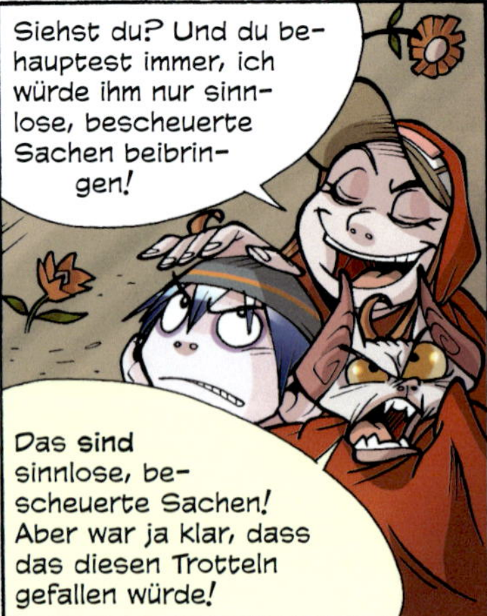
Siehst du? Und du behauptest immer, ich würde ihm nur sinnlose, bescheuerte Sachen beibringen!
Das sind sinnlose, bescheuerte Sachen! Aber war ja klar, dass das diesen Trotteln gefallen würde!

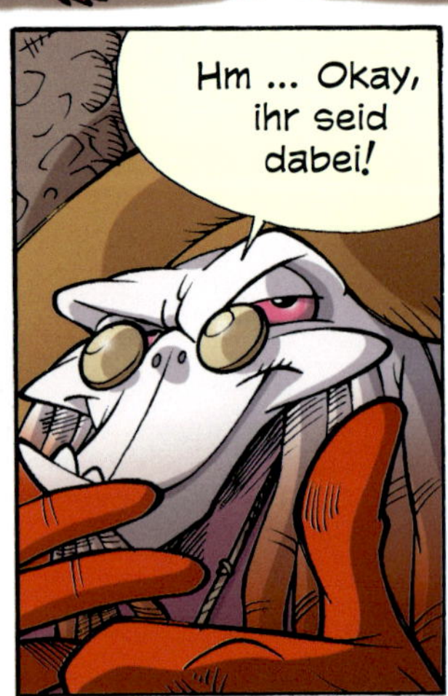
Hm ... Okay, ihr seid dabei!

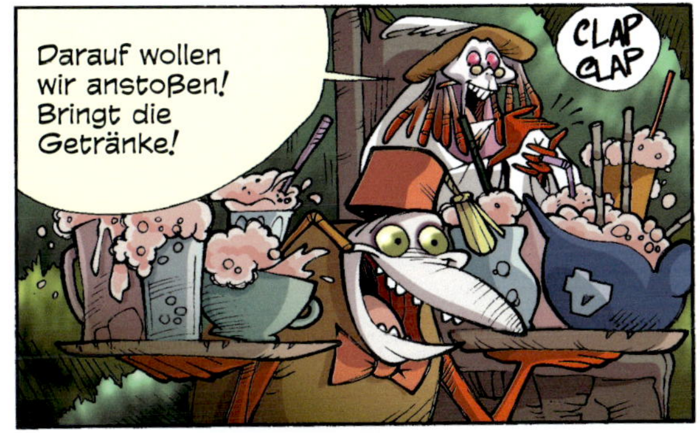
Darauf wollen wir anstoßen! Bringt die Getränke!
CLAP CLAP

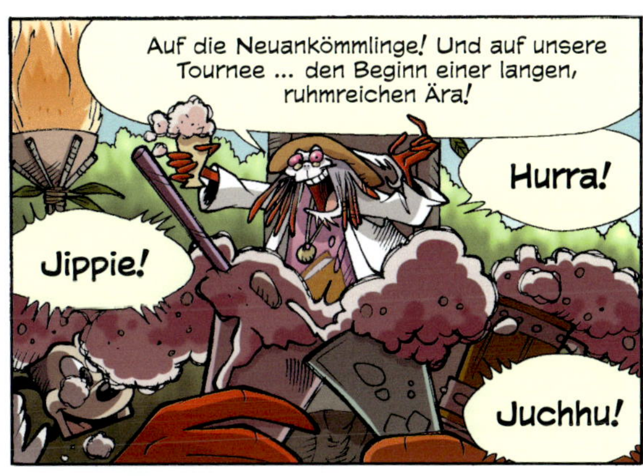
Auf die Neuankömmlinge! Und auf unsere Tournee ... den Beginn einer langen, ruhmreichen Ära!
Hurra!
Jippie!
Juchhu!

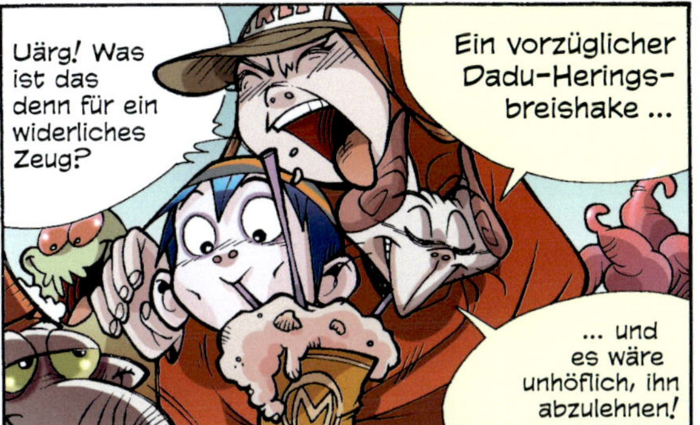
Uärg! Was ist das denn für ein widerliches Zeug?
Ein vorzüglicher Dadu-Heringsbreishake ...
... und es wäre unhöflich, ihn abzulehnen!

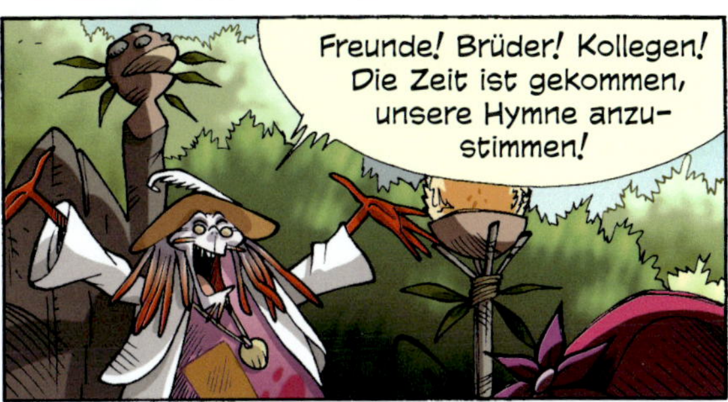
Freunde! Brüder! Kollegen! Die Zeit ist gekommen, unsere Hymne anzustimmen!

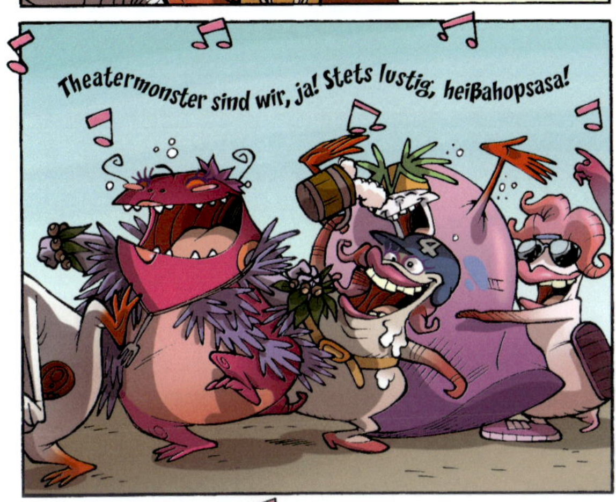
Theatermonster sind wir, ja! Stets lustig, heißahopsasa!

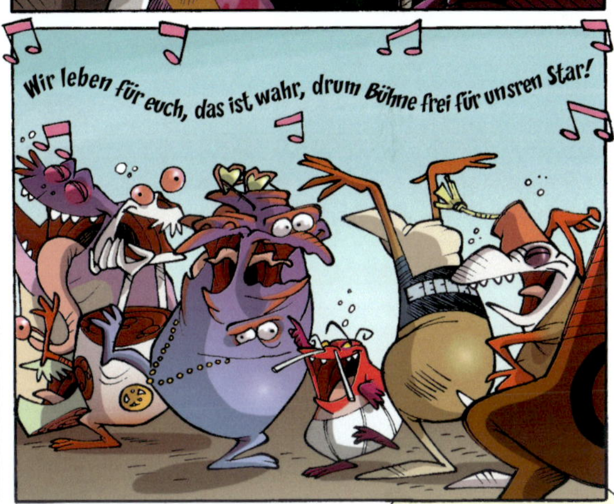
Wir leben für euch, das ist wahr, drum Bühne frei für unsren Star!

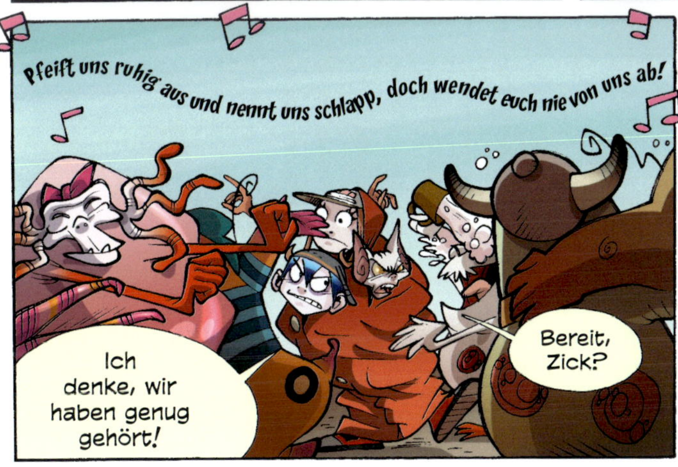
Pfeift uns ruhig aus und nennt uns schlapp, doch wendet euch nie von uns ab!
Ich denke, wir haben genug gehört!
Bereit, Zick?

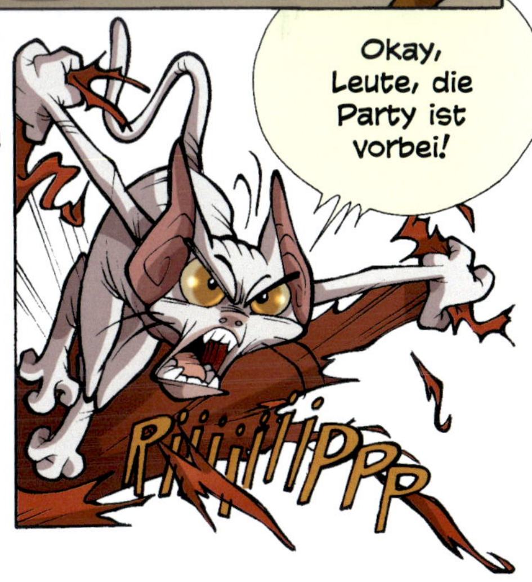
Okay, Leute, die Party ist vorbei!
RRiiiiiIPPP

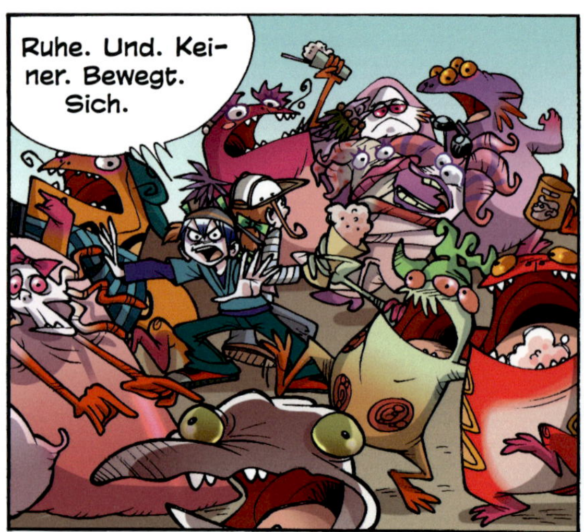
Ruhe. Und. Keiner. Bewegt. Sich.

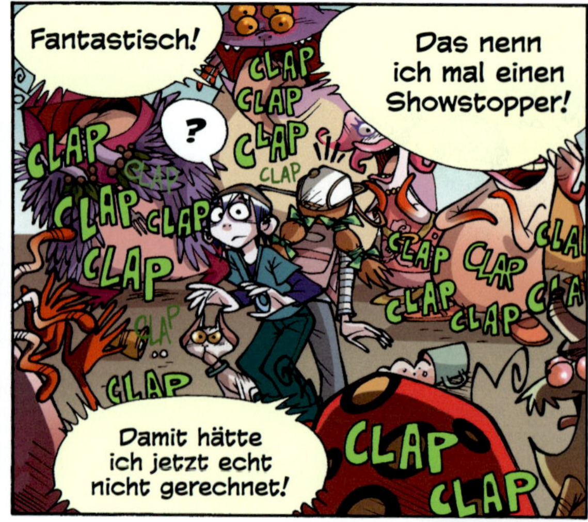
Fantastisch!
CLAP CLAP CLAP
?
Das nenn ich mal einen Showstopper!
CLAP CLAP CLAP CLAP CLAP
Damit hätte ich jetzt echt nicht gerechnet!
CLAP CLAP

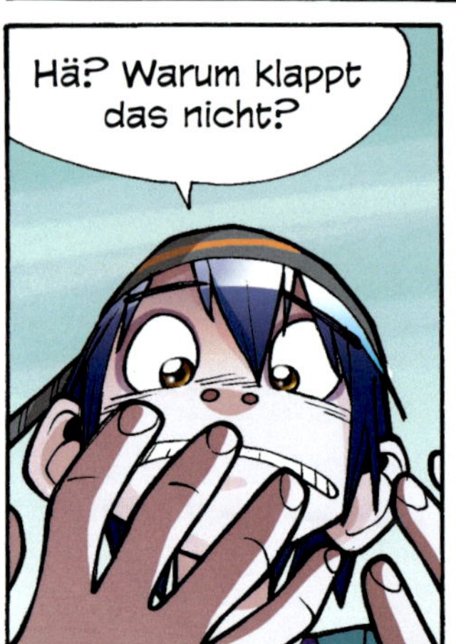
Hä? Warum klappt das nicht?

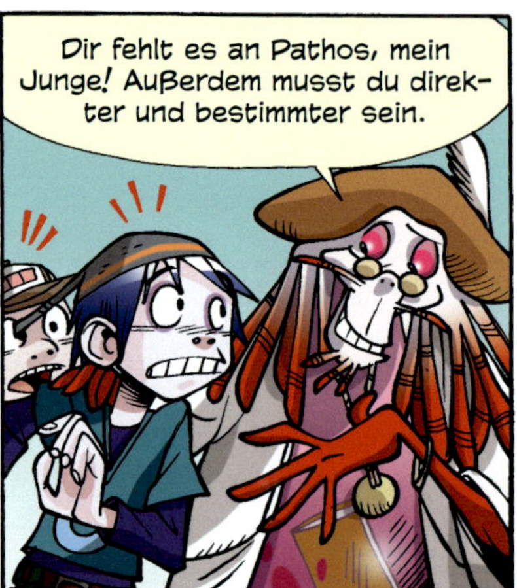
Dir fehlt es an Pathos, mein Junge! Außerdem musst du direkter und bestimmter sein.

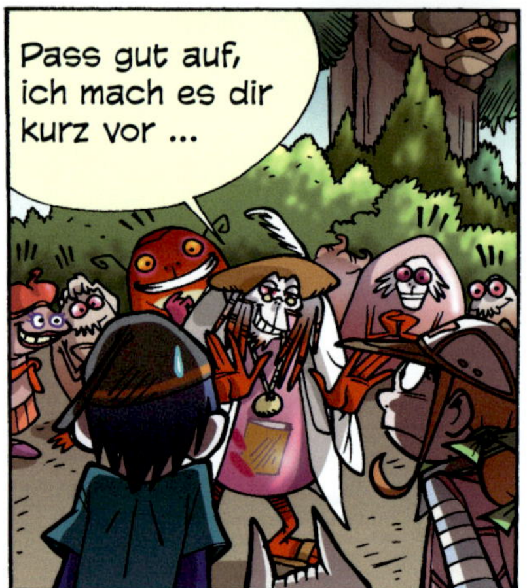
Pass gut auf, ich mach es dir kurz vor ...

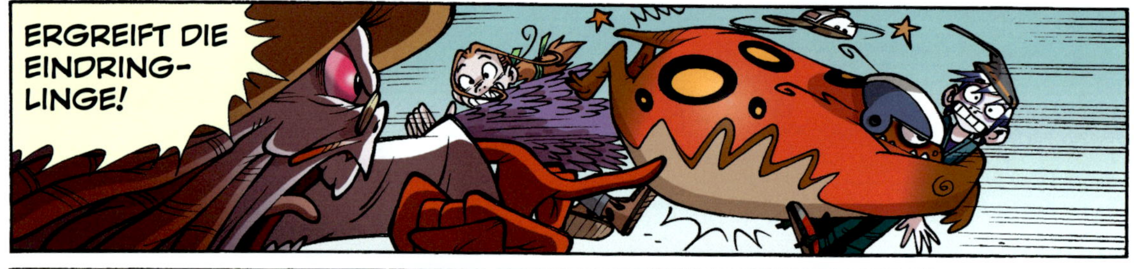
ERGREIFT DIE EINDRINGLINGE!

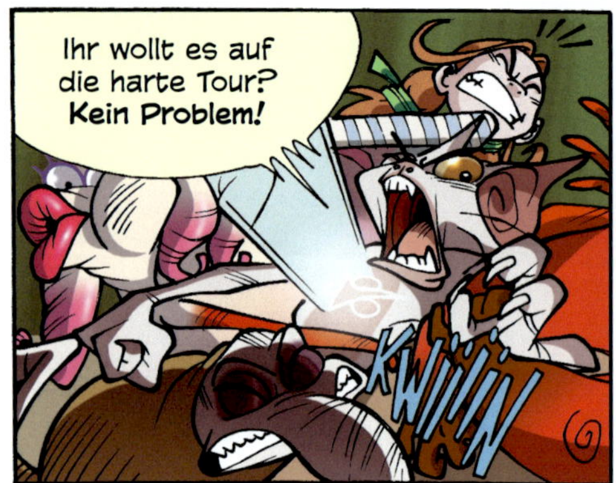
Ihr wollt es auf die harte Tour? Kein Problem!
KWIIIIN

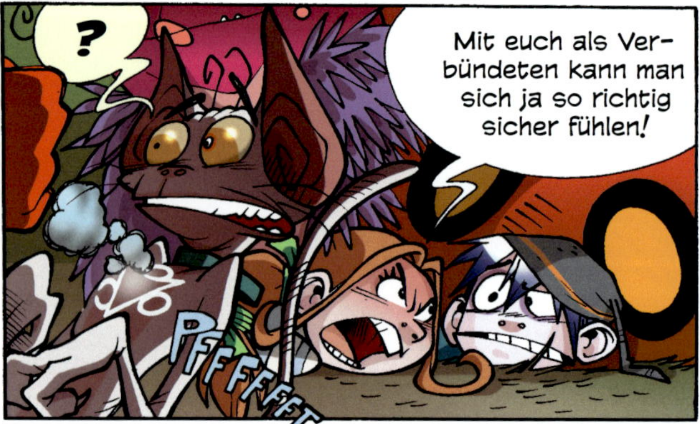
?
Mit euch als Verbündeten kann man sich ja so richtig sicher fühlen!
PFFFFFFT

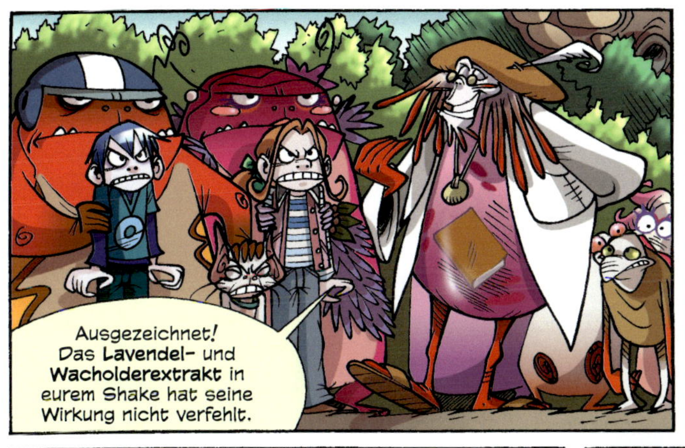
Ausgezeichnet! Das Lavendel- und Wacholderextrakt in eurem Shake hat seine Wirkung nicht verfehlt.

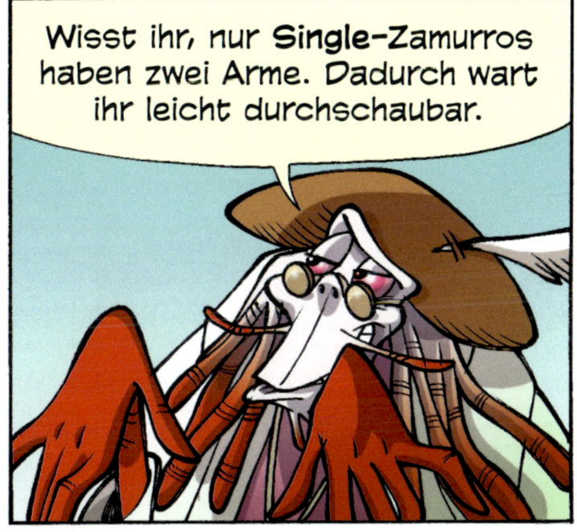
Wisst ihr, nur Single-Zamurros haben zwei Arme. Dadurch wart ihr leicht durchschaubar.

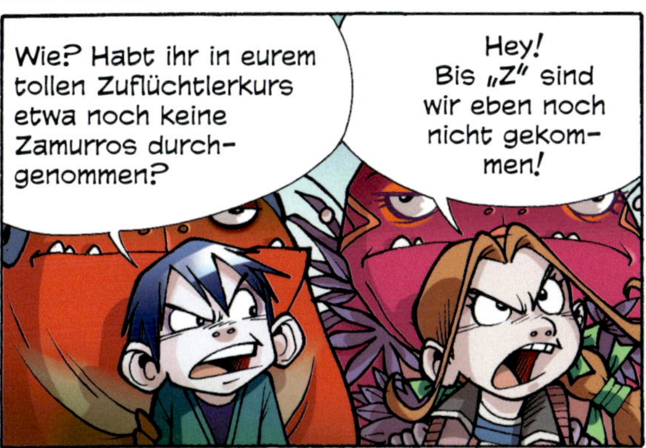
Wie? Habt ihr in eurem tollen Zuflüchtlerkurs etwa noch keine Zamurros durchgenommen?
Hey! Bis „Z" sind wir eben noch nicht gekommen!

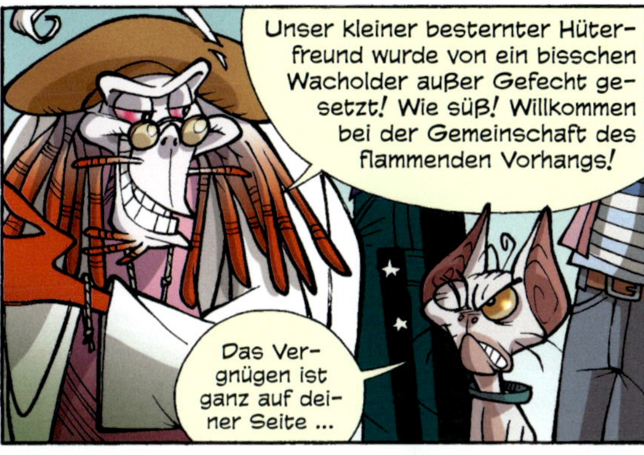
Unser kleiner besternter Hüterfreund wurde von ein bisschen Wacholder außer Gefecht gesetzt! Wie süß! Willkommen bei der Gemeinschaft des flammenden Vorhangs!
Das Vergnügen ist ganz auf deiner Seite ...

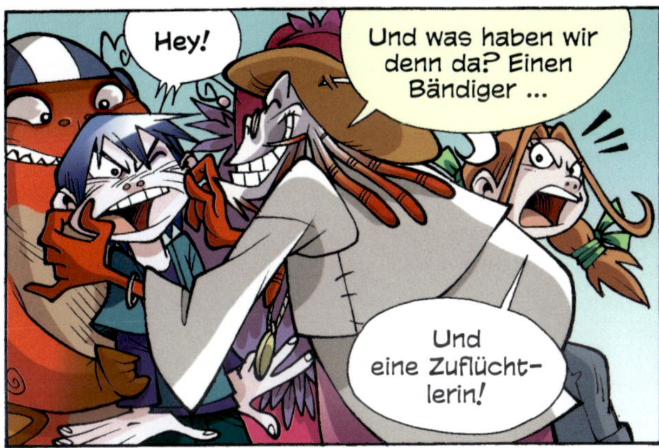
Hey!
Und was haben wir denn da? Einen Bändiger ...
Und eine Zuflüchtlerin!

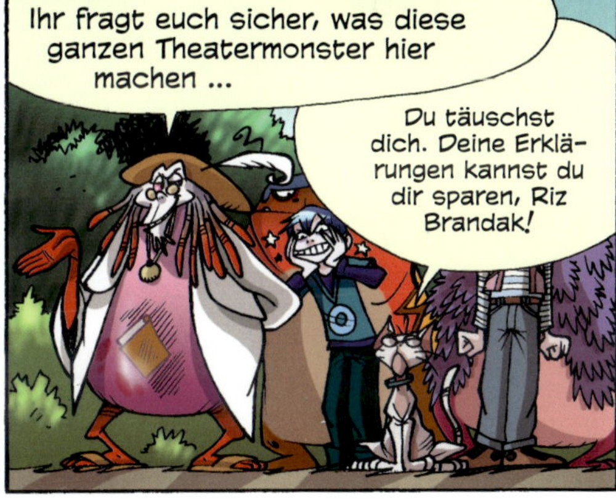
Ihr fragt euch sicher, was diese ganzen Theatermonster hier machen ...
Du täuschst dich. Deine Erklärungen kannst du dir sparen, Riz Brandak!

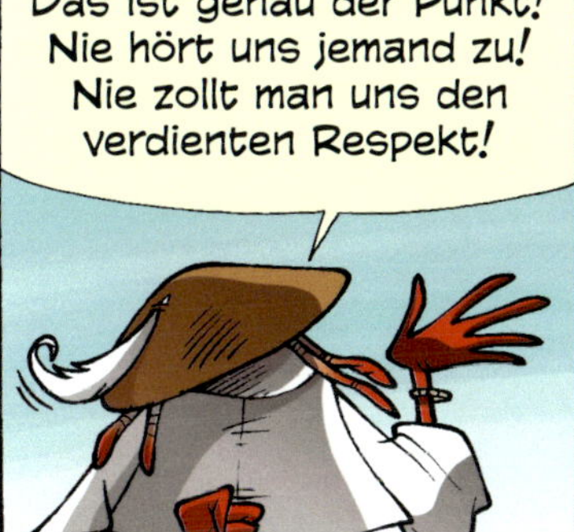
Das ist genau der Punkt! Nie hört uns jemand zu! Nie zollt man uns den verdienten Respekt!

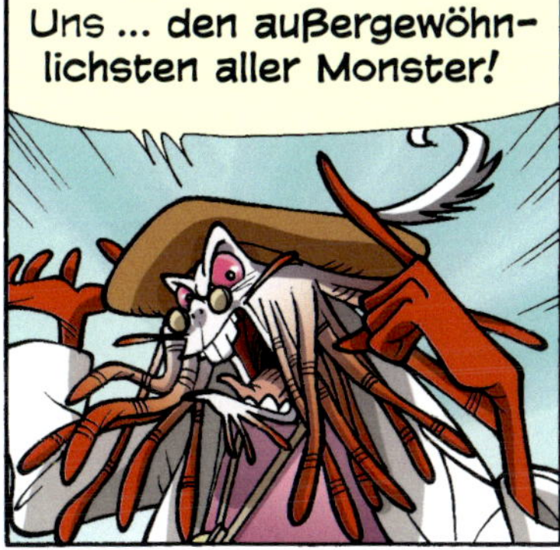
Uns ... den außergewöhnlichsten aller Monster!

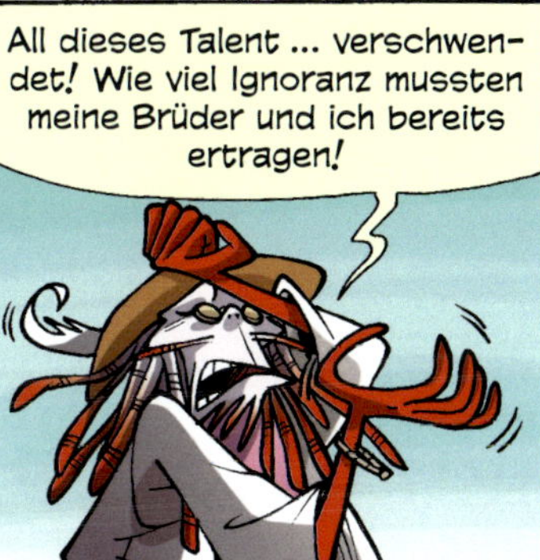
All dieses Talent ... verschwendet! Wie viel Ignoranz mussten meine Brüder und ich bereits ertragen!

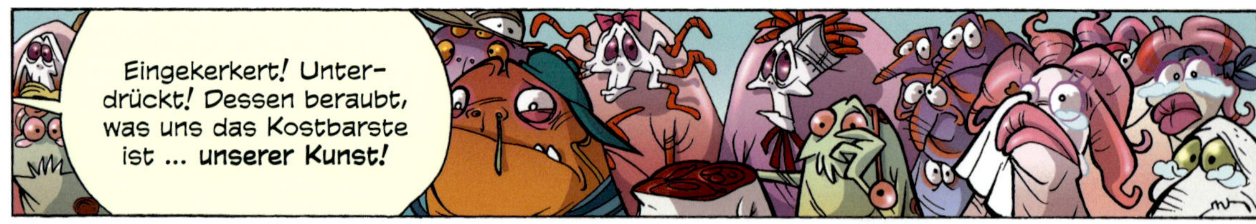

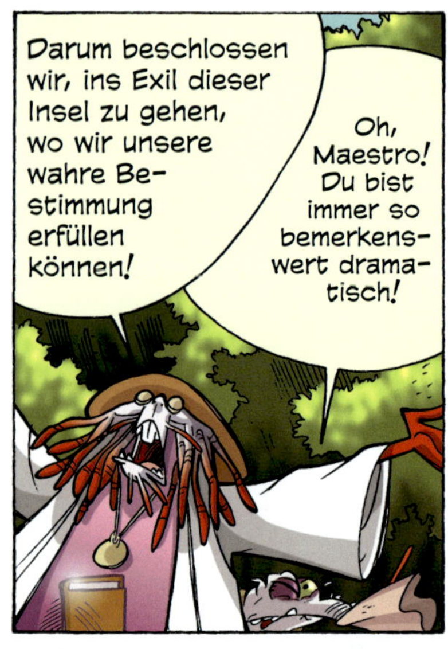

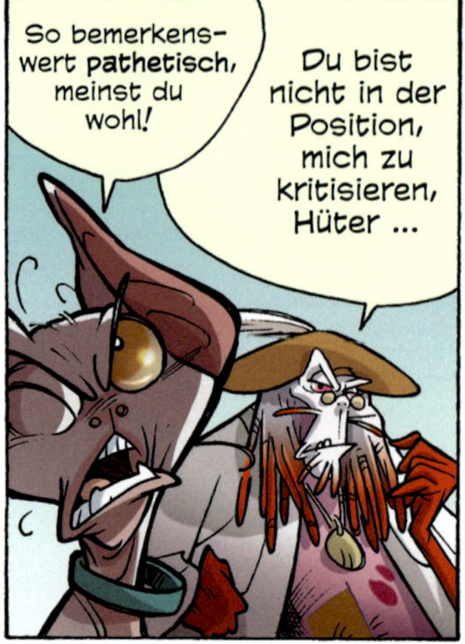

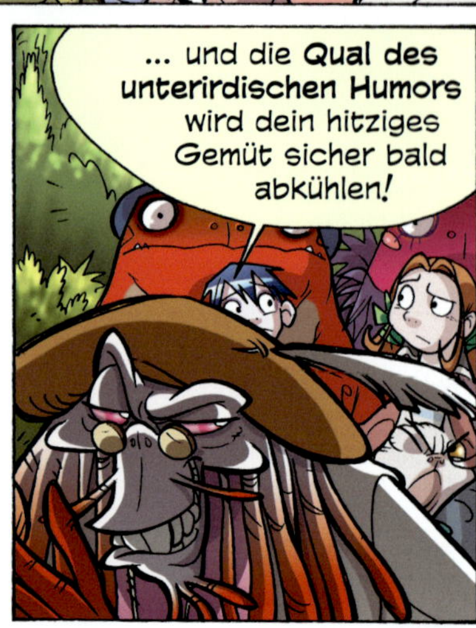

„Doch zuvor werden wir dir ihre Auswirkungen an deinem Bändigerfreund demonstrieren!"

Das war erst der Anfang ...

GNADE! BITTE! ES REICHT!

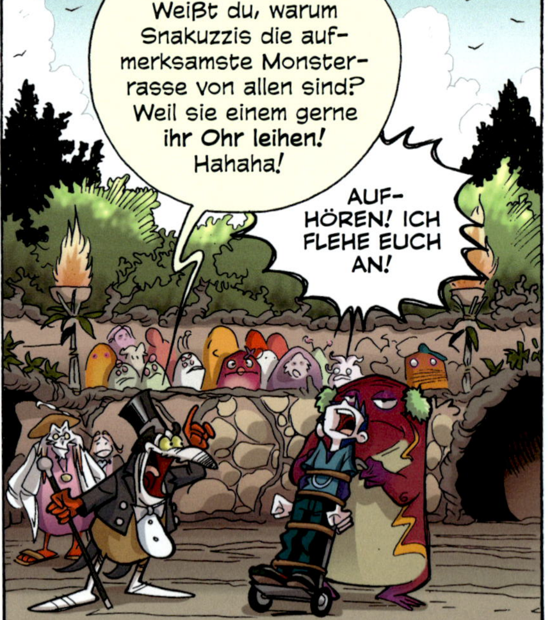

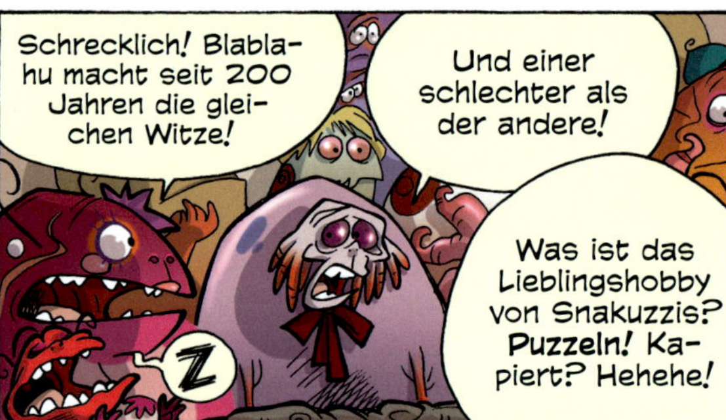

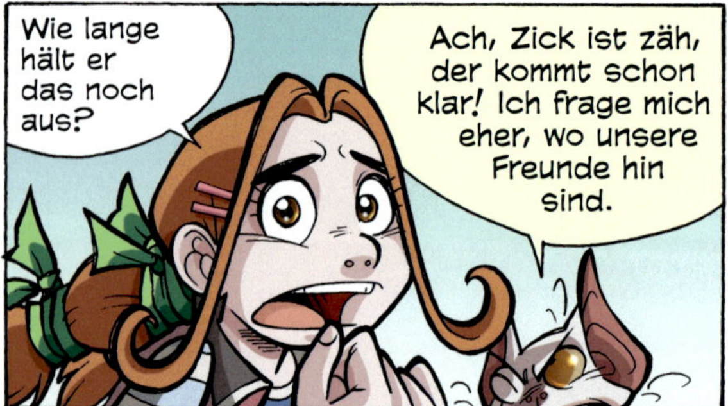

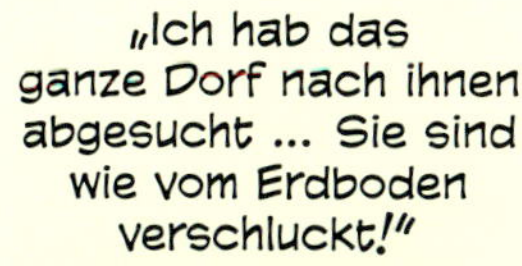
„Ich hab das ganze Dorf nach ihnen abgesucht ... Sie sind wie vom Erdboden verschluckt!“

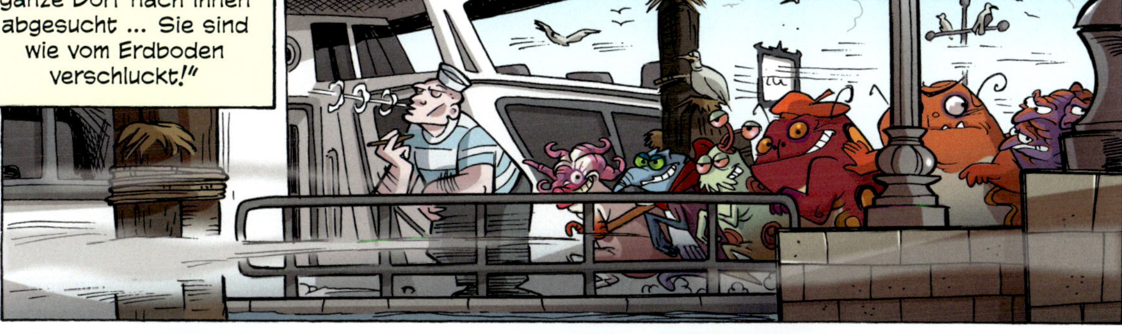

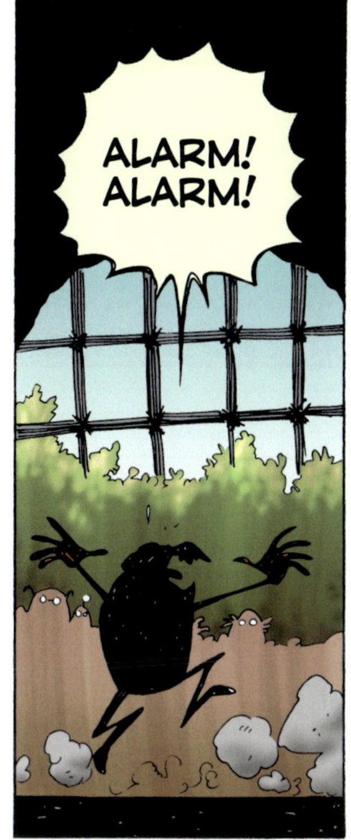
ALARM! ALARM!

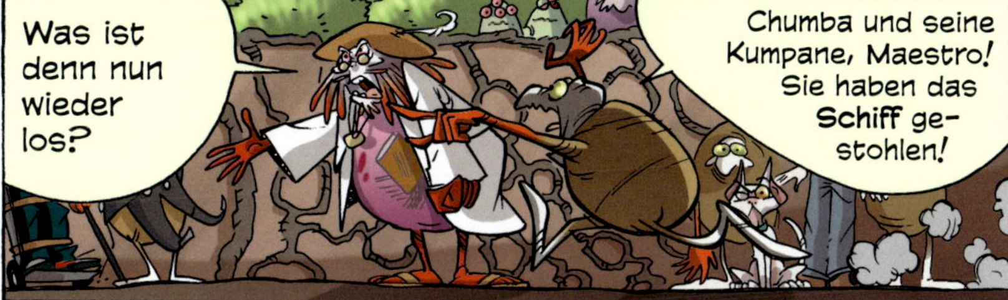
Was ist denn nun wieder los?
Chumba und seine Kumpane, Maestro! Sie haben das **Schiff** gestohlen!
Fäulnis und Pestilenz! Ohne das Schiff war's das mit unserer Tournee! Unsere Träume von Ruhm und Ehre sind dahin!

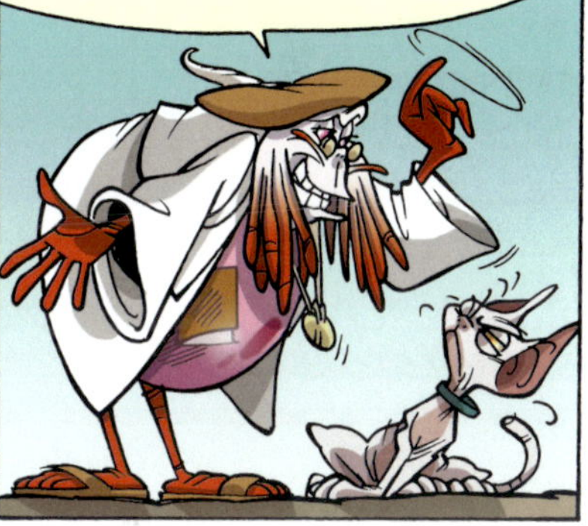
Hör zu, Hüter, ich mach dir ein Angebot! Ich lasse euch laufen, wenn ihr mir dafür mein Schiff wiederbringt.

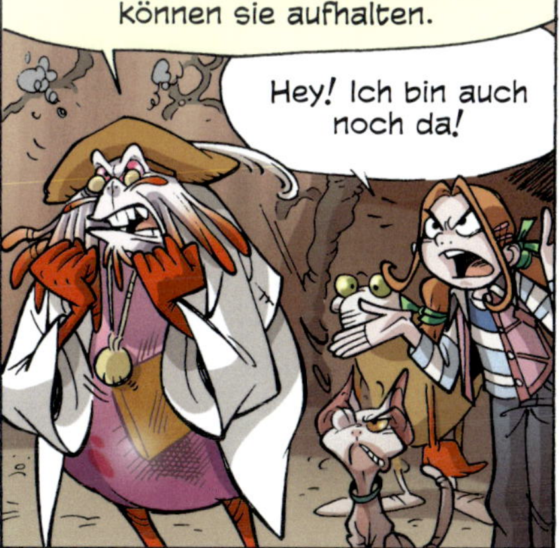
Sie sind völlig außer Kontrolle! Nur die vereinten Kräfte eines Hüters und eines Bändigers können sie aufhalten.
Hey! Ich bin auch noch da!
Vergiss es, Riz Brandak! Ich mache keine Geschäfte mit dem Anführer einer Bande **Krimineller!**
Bitte, Timothy ...

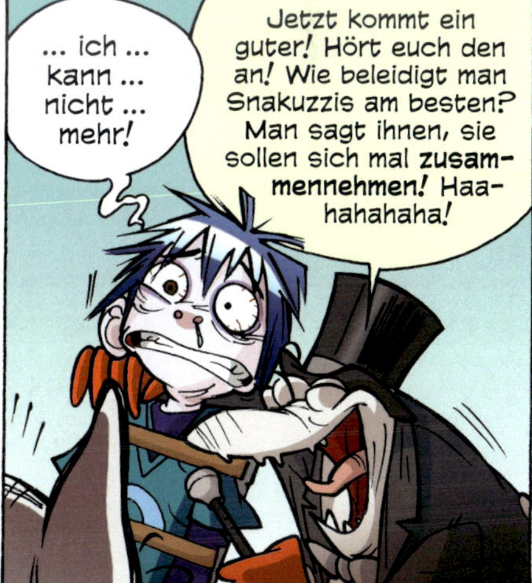
... ich ... kann ... nicht ... mehr!
Jetzt kommt ein guter! Hört euch den an! Wie beleidigt man Snakuzzis am besten? Man sagt ihnen, sie sollen sich mal **zusammennehmen!** Haahahahaha!

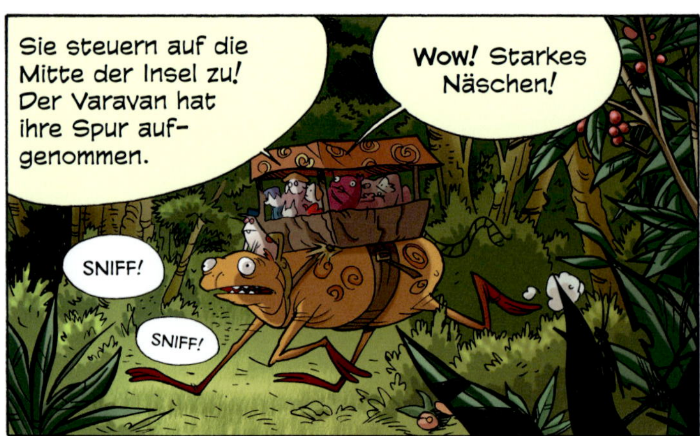

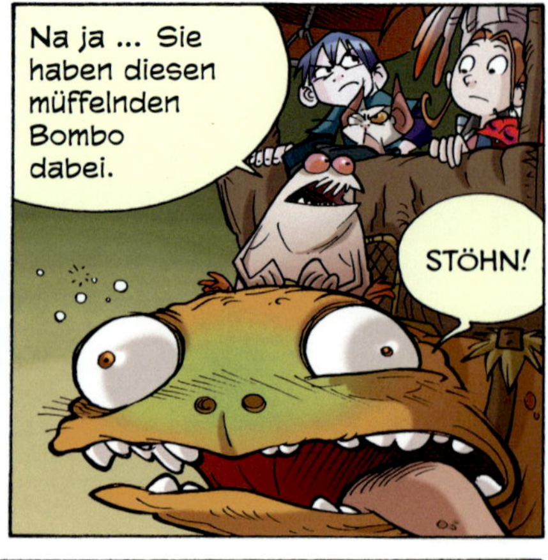

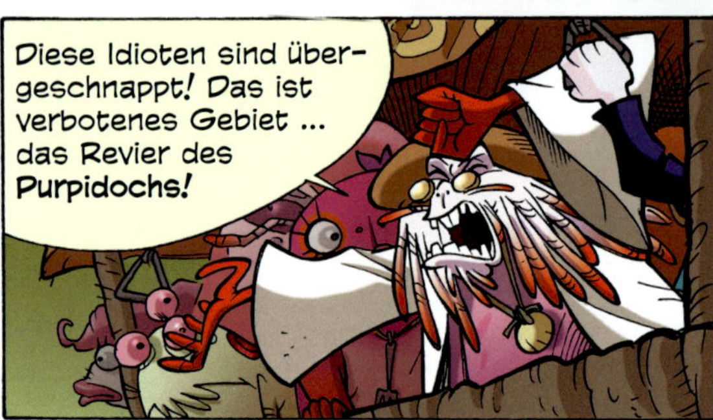

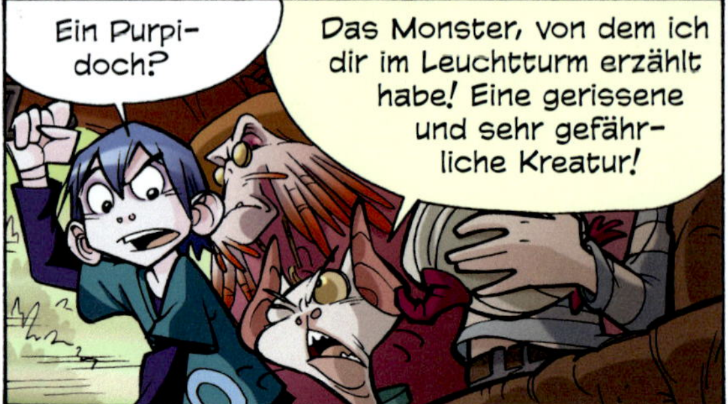

„Purpidochs sind Monster-ska, die in Flüssen und Seen leben. Sie weben unter Wasser eine Art unsichtbares Spinnennetz."

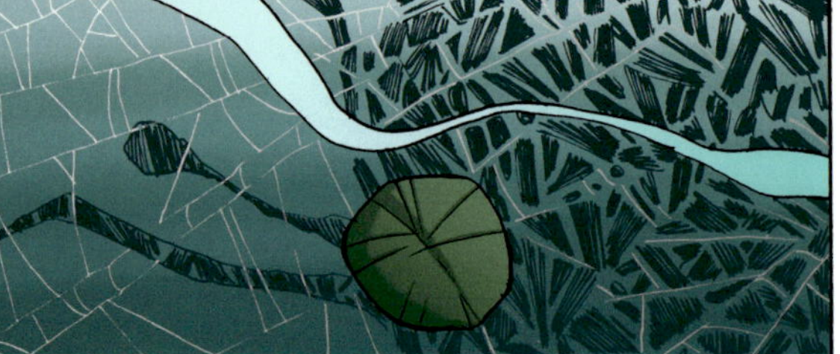

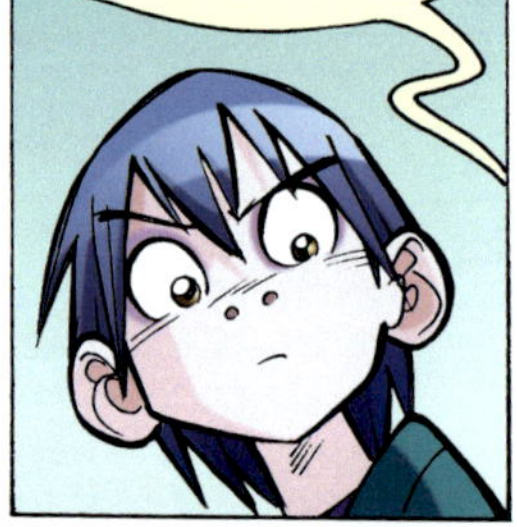

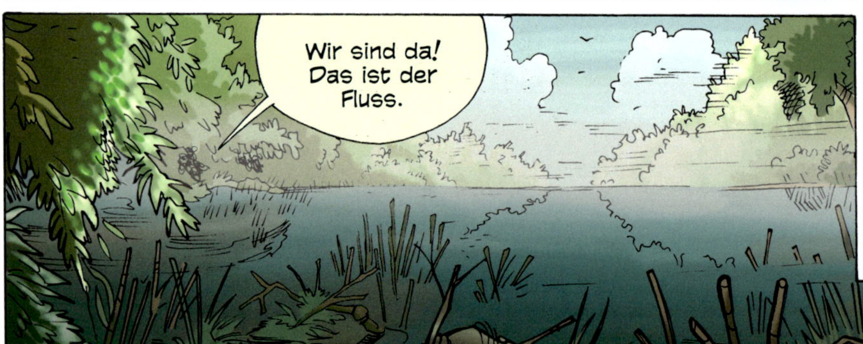

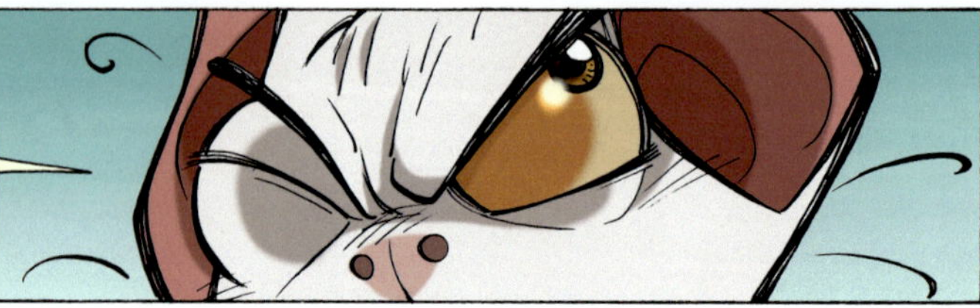

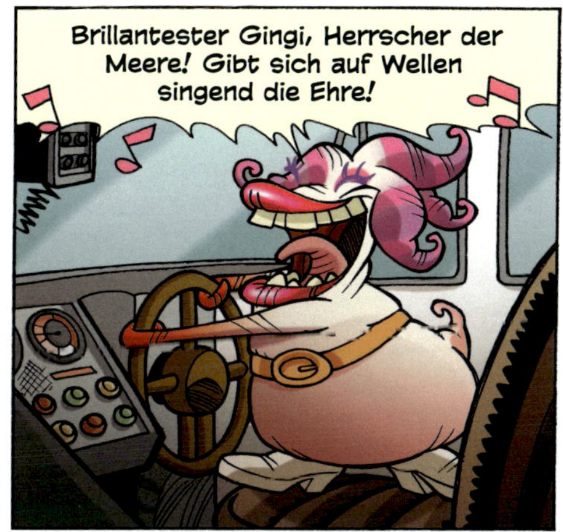
Brillantester Gingi, Herrscher der Meere! Gibt sich auf Wellen singend die Ehre!
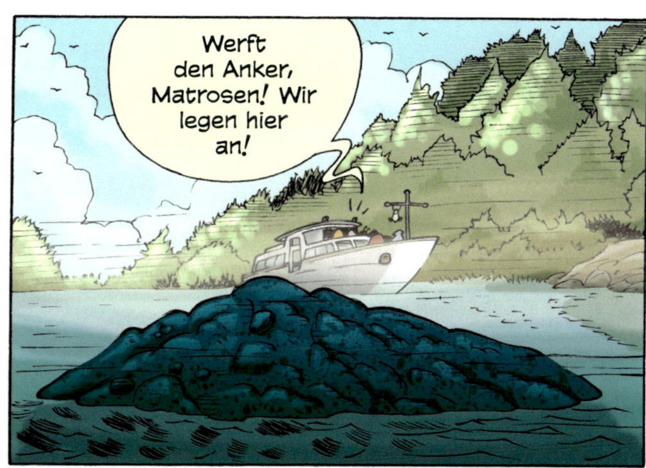
Werft den Anker, Matrosen! Wir legen hier an!
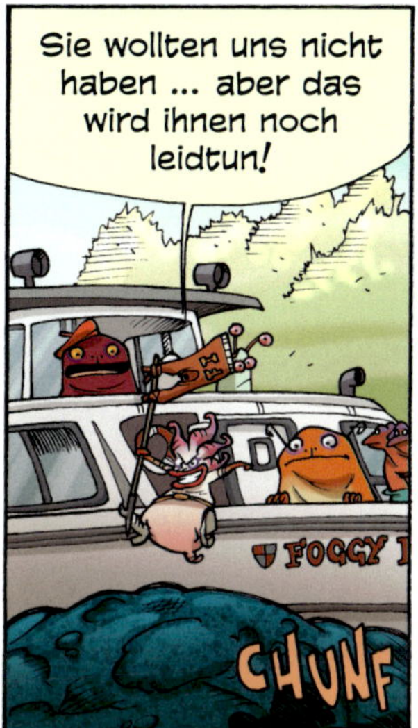
Sie wollten uns nicht haben ... aber das wird ihnen noch leidtun!
FOGGY
CHUNF
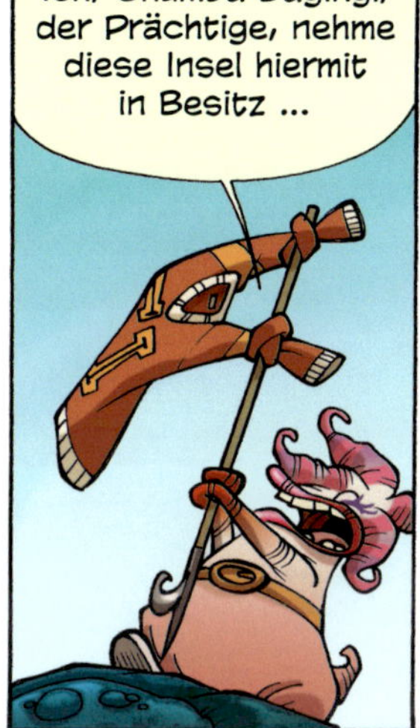
Ich, Chumba Bagingi, der Prächtige, nehme diese Insel hiermit in Besitz ...
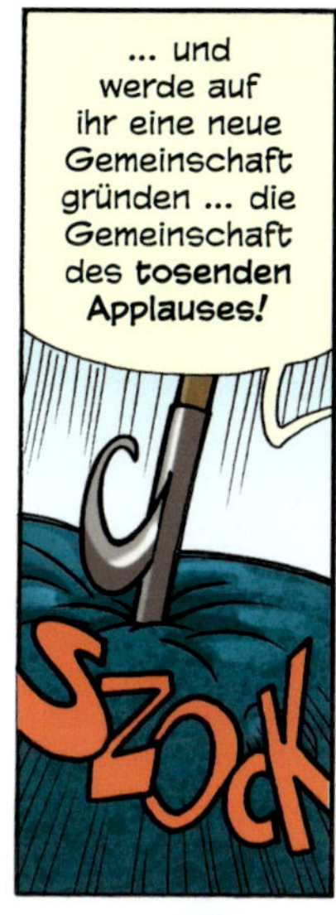
... und werde auf ihr eine neue Gemeinschaft gründen ... die Gemeinschaft des **tosenden Applauses!**
SZOCK
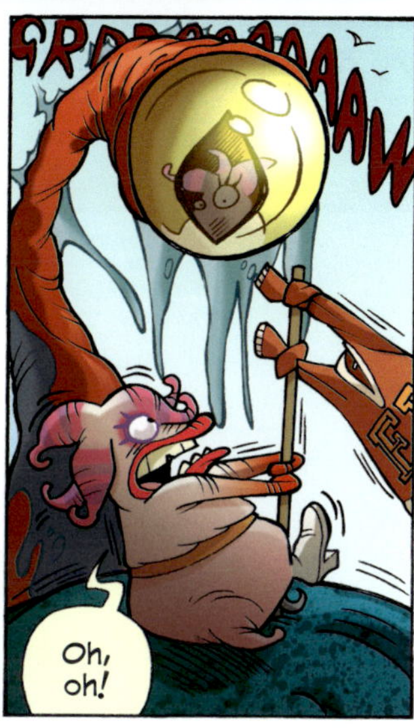
GRROOOAAAAAAW
Oh, oh!
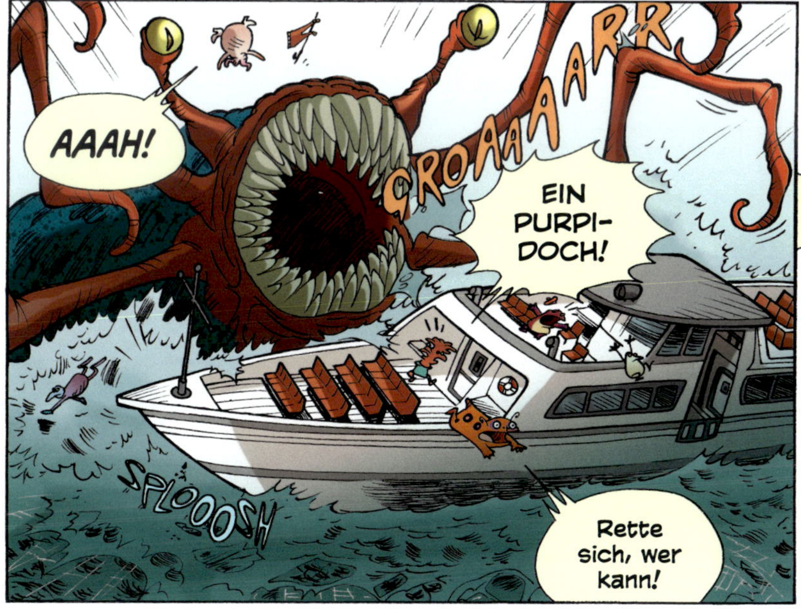
AAAH!
GROAAAAARR
EIN PURPI-DOCH!
SPLOOOSH
Rette sich, wer kann!
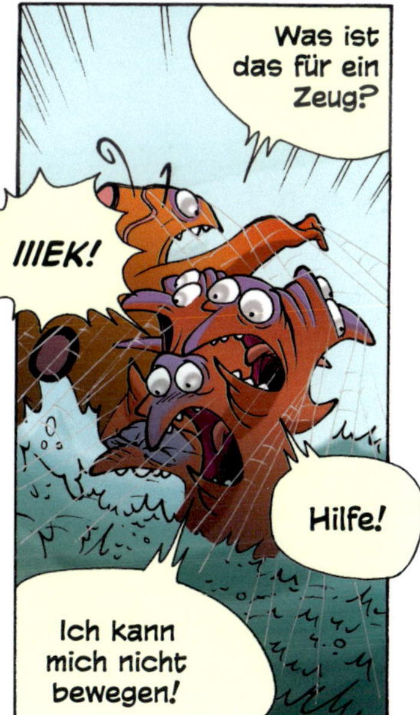
Was ist das für ein Zeug?
IIIEK!
Hilfe!
Ich kann mich nicht bewegen!

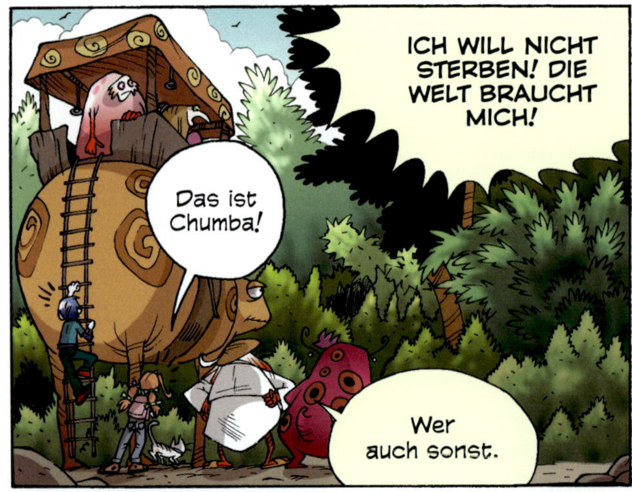
ICH WILL NICHT STERBEN! DIE WELT BRAUCHT MICH!
Das ist Chumba!
Wer auch sonst.

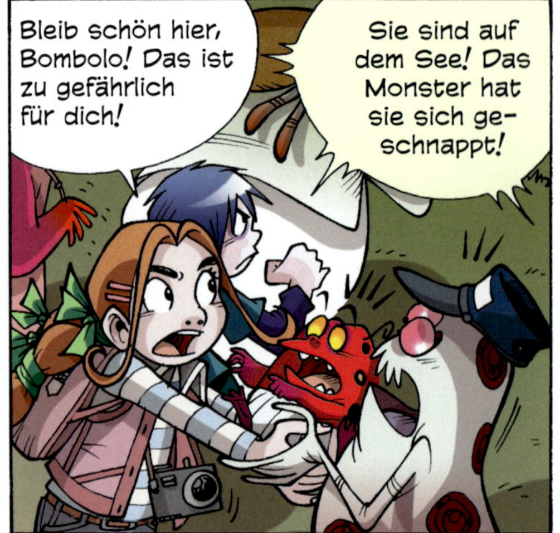
Bleib schön hier, Bombolo! Das ist zu gefährlich für dich!
Sie sind auf dem See! Das Monster hat sie sich geschnappt!

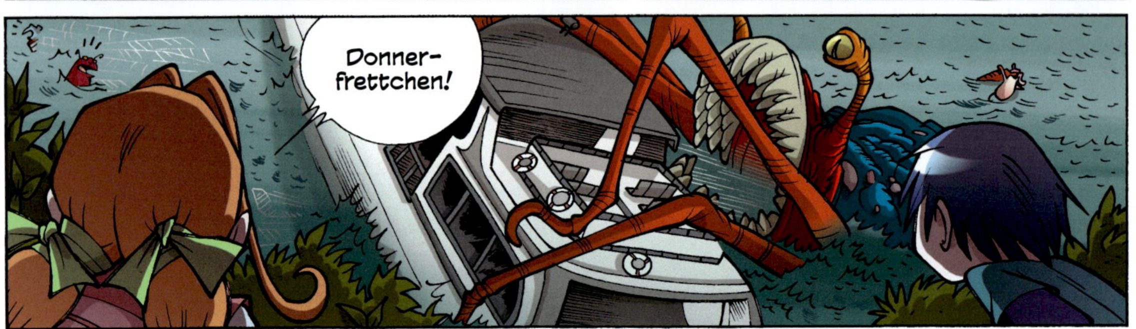
Donnerfrettchen!

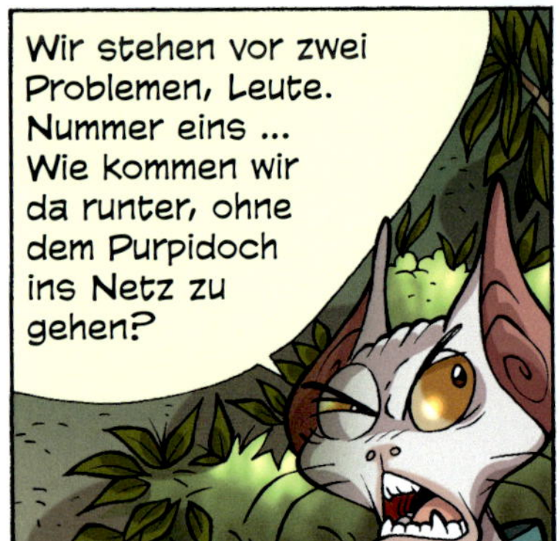
Wir stehen vor zwei Problemen, Leute. Nummer eins ... Wie kommen wir da runter, ohne dem Purpidoch ins Netz zu gehen?

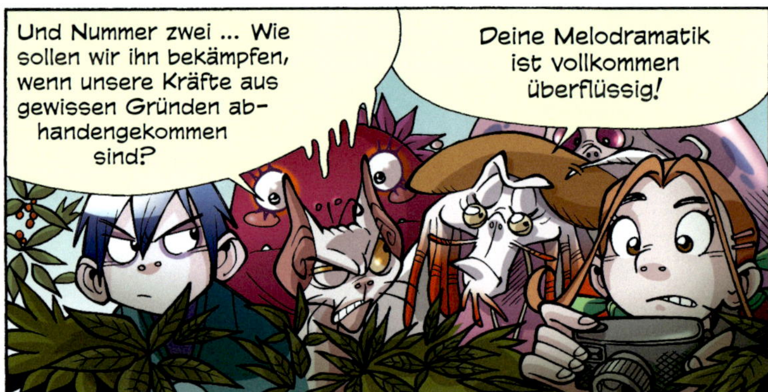
Und Nummer zwei ... Wie sollen wir ihn bekämpfen, wenn unsere Kräfte aus gewissen Gründen abhandengekommen sind?
Deine Melodramatik ist vollkommen überflüssig!

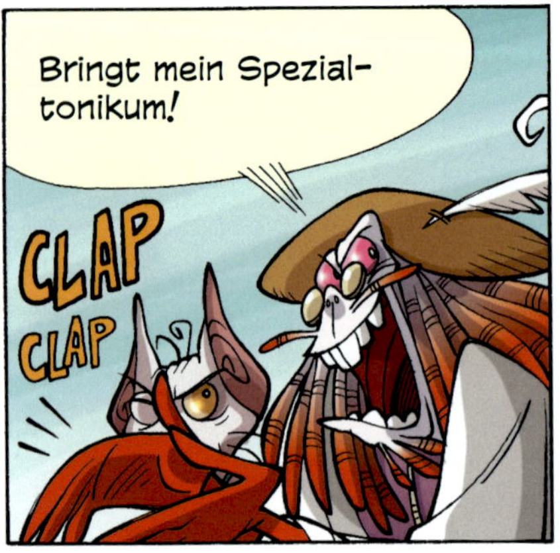
Bringt mein Spezialtonikum!
CLAP
CLAP

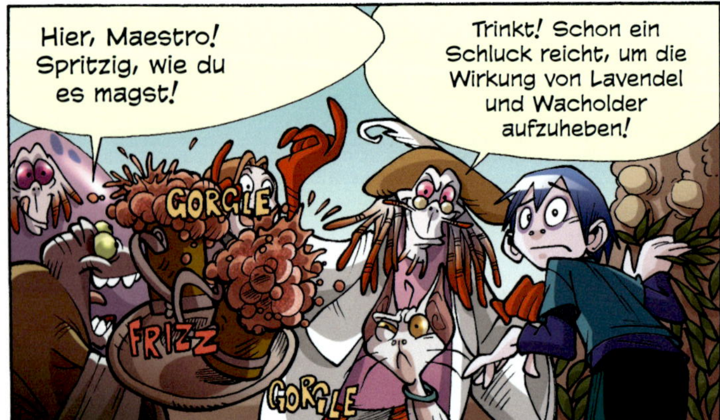
Hier, Maestro! Spritzig, wie du es magst!
Trinkt! Schon ein Schluck reicht, um die Wirkung von Lavendel und Wacholder aufzuheben!
GORGLE
FRIZZ
GORGLE

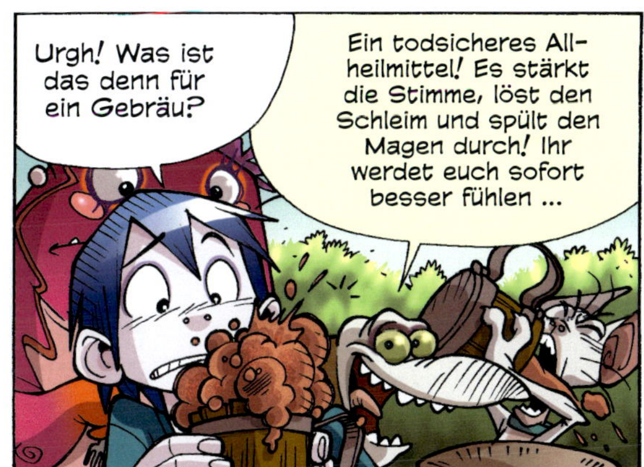
Urgh! Was ist das denn für ein Gebräu?
Ein todsicheres Allheilmittel! Es stärkt die Stimme, löst den Schleim und spült den Magen durch! Ihr werdet euch sofort besser fühlen ...
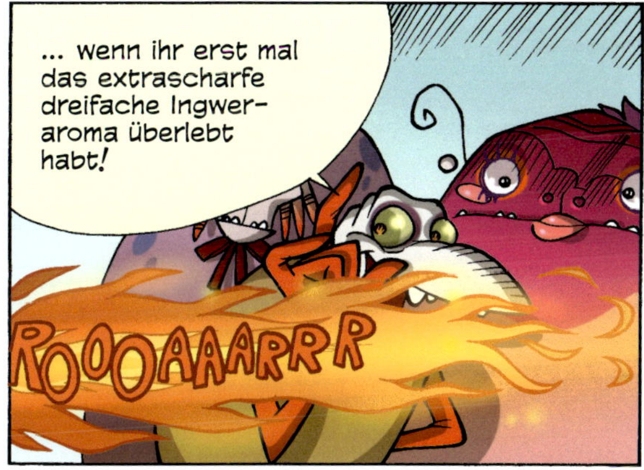
... wenn ihr erst mal das extrascharfe dreifache Ingweraroma überlebt habt!
ROOOAAARRR
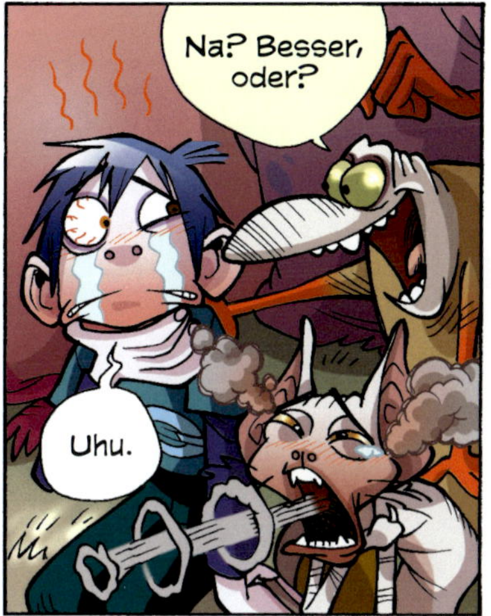
Na? Besser, oder?
Uhu.
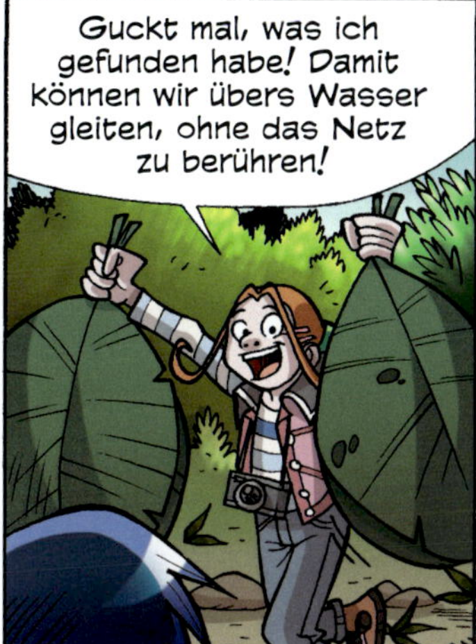
Guckt mal, was ich gefunden habe! Damit können wir übers Wasser gleiten, ohne das Netz zu berühren!
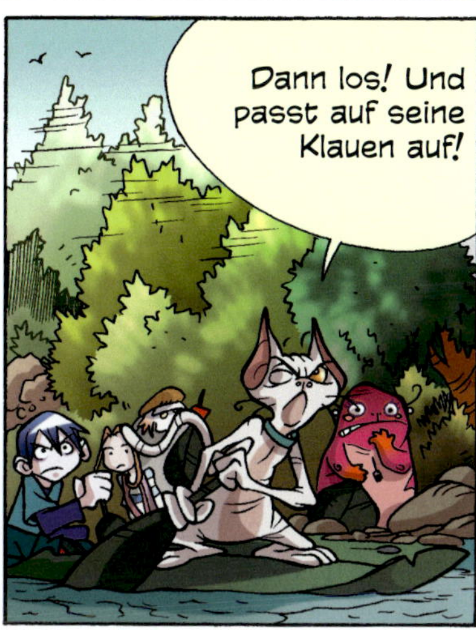
Dann los! Und passt auf seine Klauen auf!
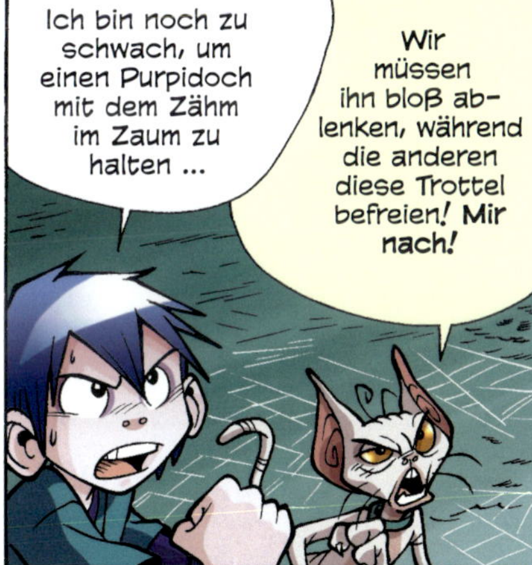
Ich bin noch zu schwach, um einen Purpidoch mit dem Zähm im Zaum zu halten ...
Wir müssen ihn bloß ablenken, während die anderen diese Trottel befreien! Mir nach!
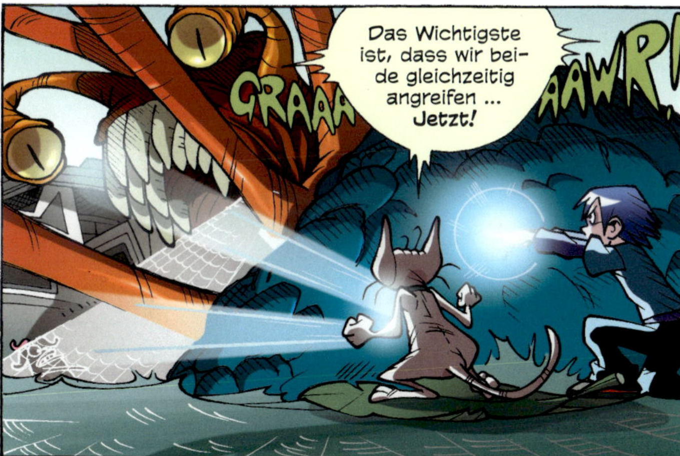
GRAAA
Das Wichtigste ist, dass wir beide gleichzeitig angreifen ... Jetzt!
AAWR!
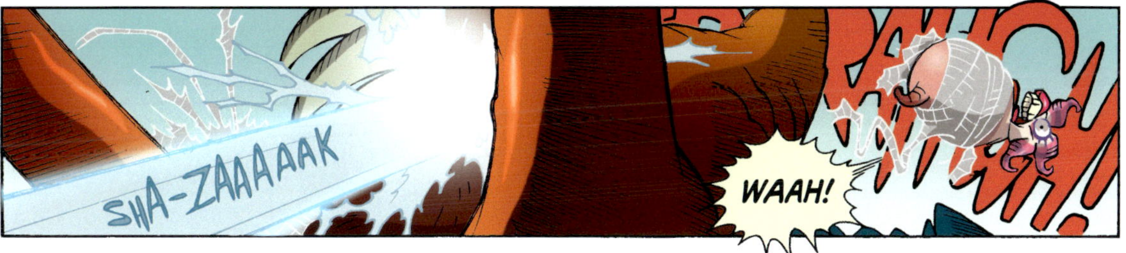
SHA-ZAAAAAK
WAAH!

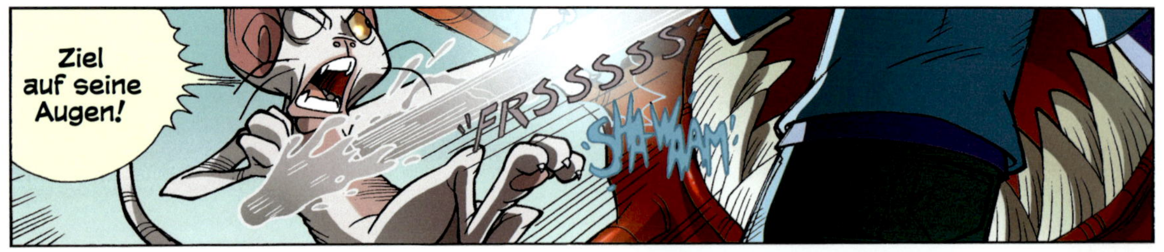
Ziel auf seine Augen!
FRSSSSSS
SHA-WAAM

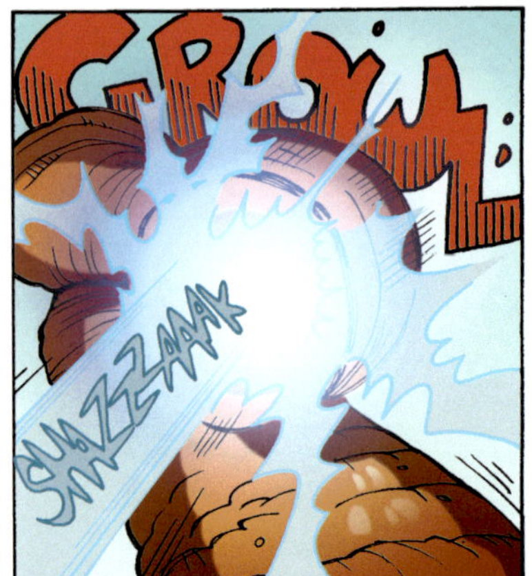
GRAM
SHAZZZAAAK

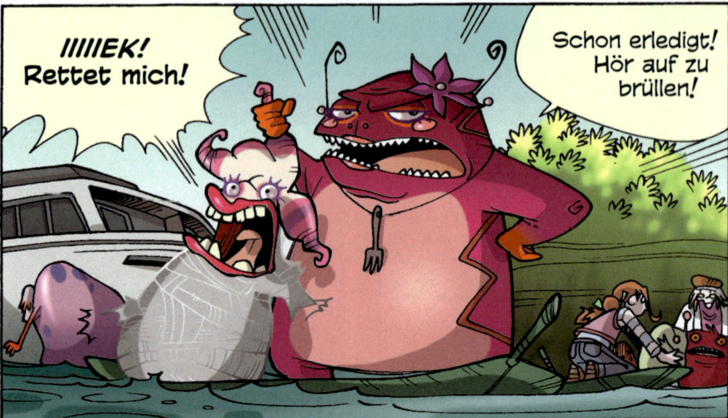
IIIIIEK! Rettet mich!
Schon erledigt! Hör auf zu brüllen!

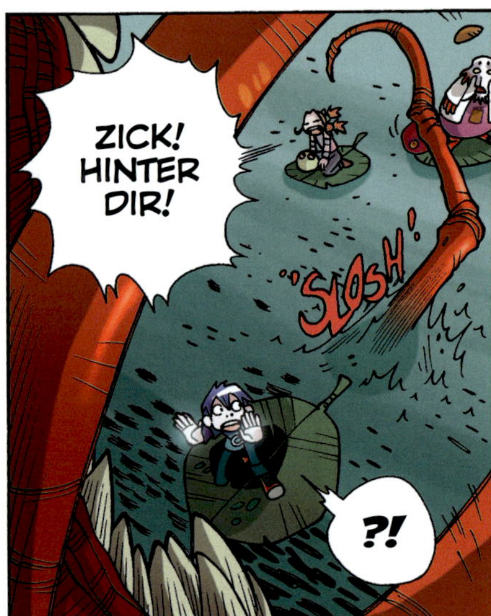
ZICK! HINTER DIR!
SLOSH
?!

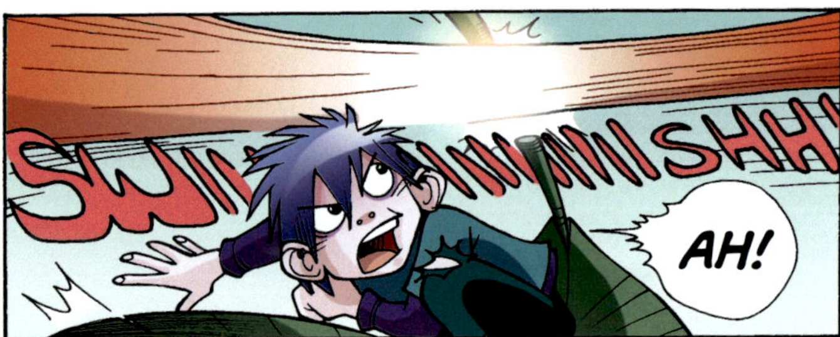
SWIIIIIIIIIIISHH
AH!

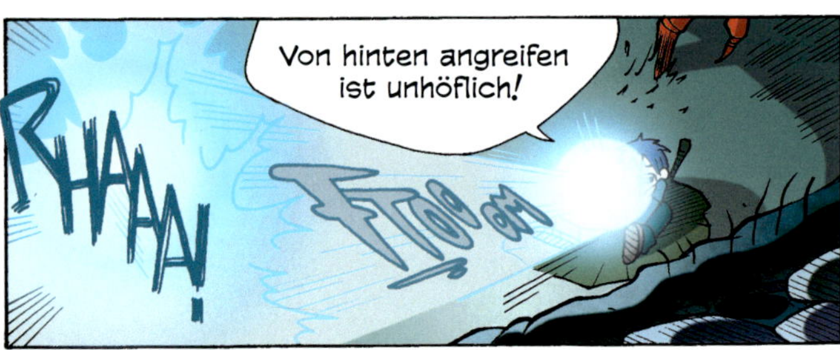
Von hinten angreifen ist unhöflich!
RHAAA!
FTOOOM

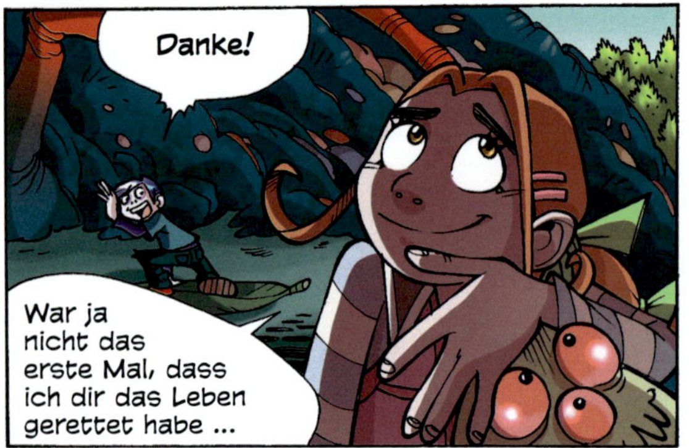
Danke!
War ja nicht das erste Mal, dass ich dir das Leben gerettet habe ...

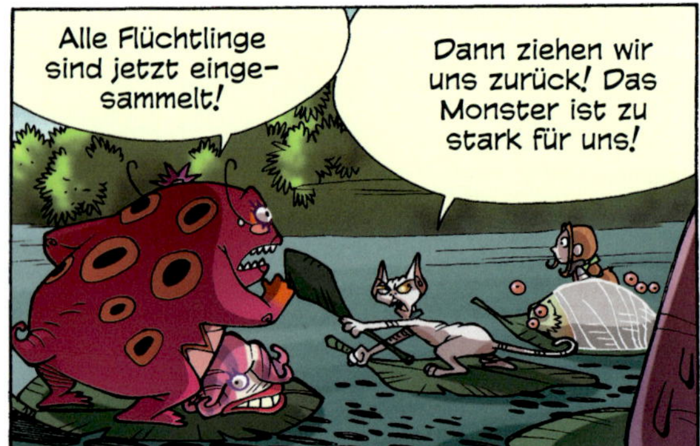
Alle Flüchtlinge sind jetzt eingesammelt!
Dann ziehen wir uns zurück! Das Monster ist zu stark für uns!

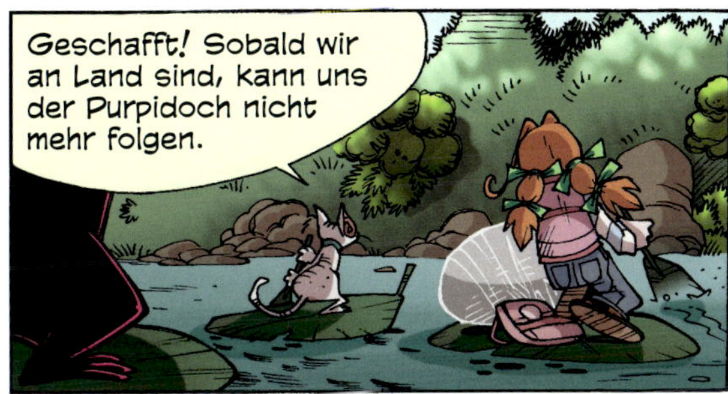
Geschafft! Sobald wir an Land sind, kann uns der Purpidoch nicht mehr folgen.

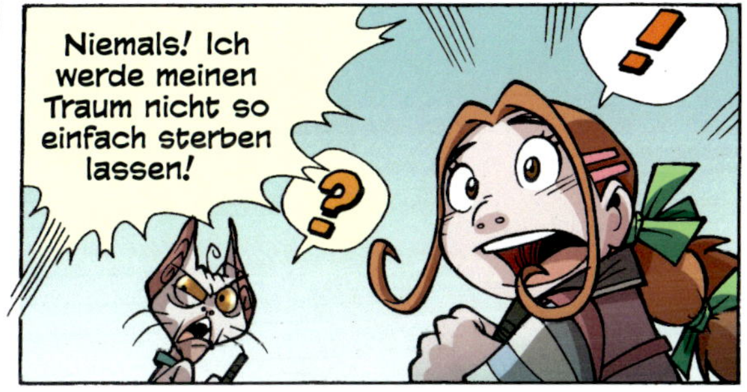
Niemals! Ich werde meinen Traum nicht so einfach sterben lassen!
?
!

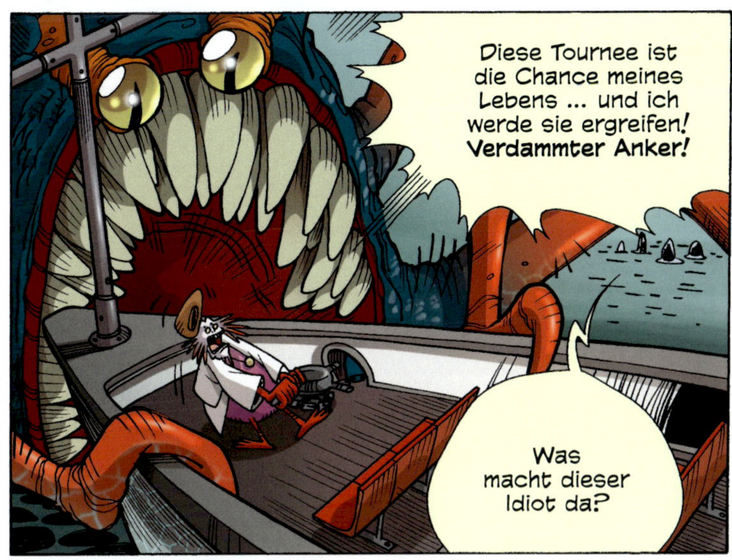
Diese Tournee ist die Chance meines Lebens ... und ich werde sie ergreifen! Verdammter Anker!
Was macht dieser Idiot da?

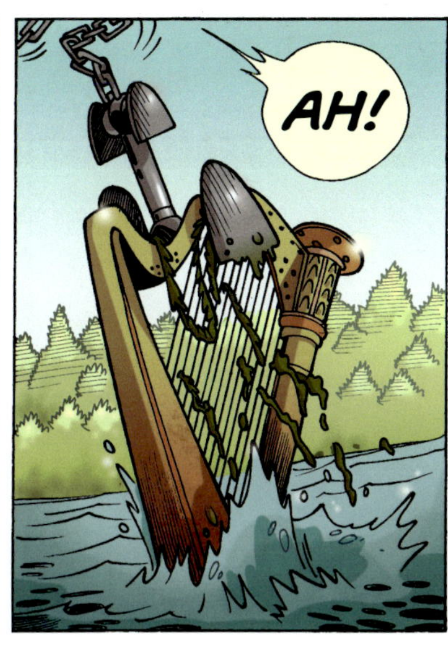
AH!

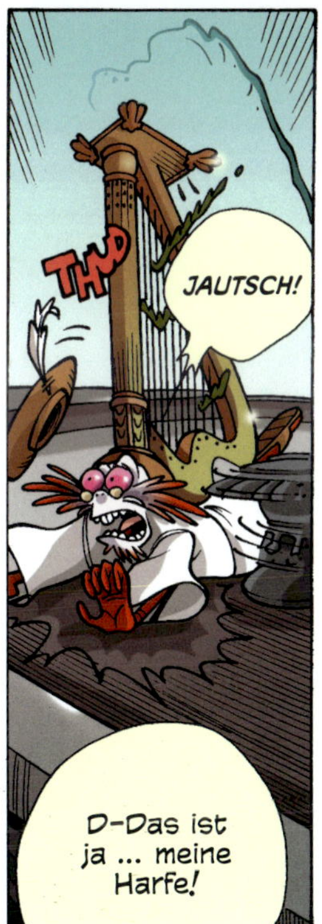
THUD
JAUTSCH!
D-Das ist ja ... meine Harfe!

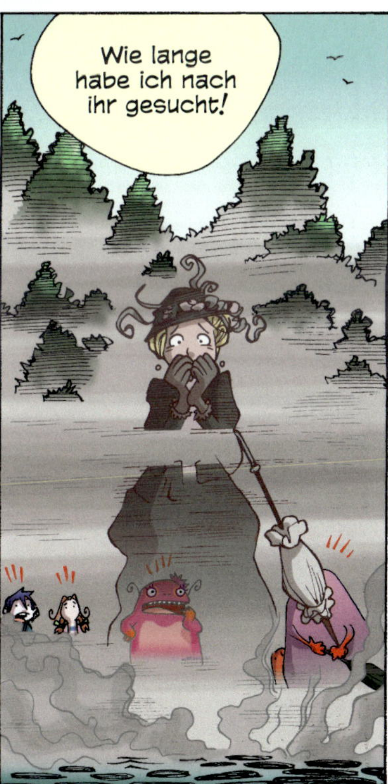
Wie lange habe ich nach ihr gesucht!

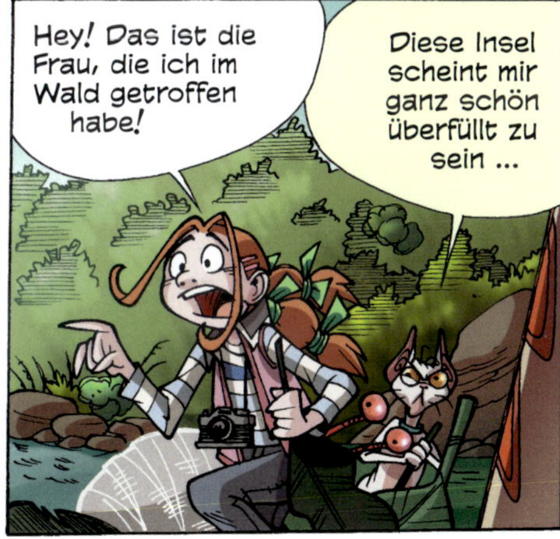
Hey! Das ist die Frau, die ich im Wald getroffen habe!
Diese Insel scheint mir ganz schön überfüllt zu sein ...

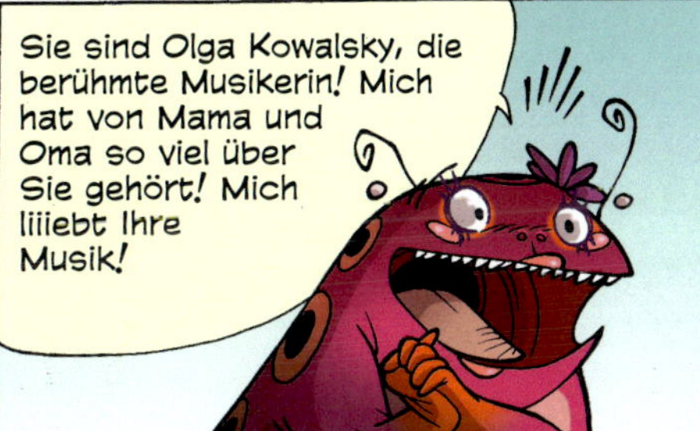
Sie sind Olga Kowalsky, die berühmte Musikerin! Mich hat von Mama und Oma so viel über Sie gehört! Mich liiiebt Ihre Musik!

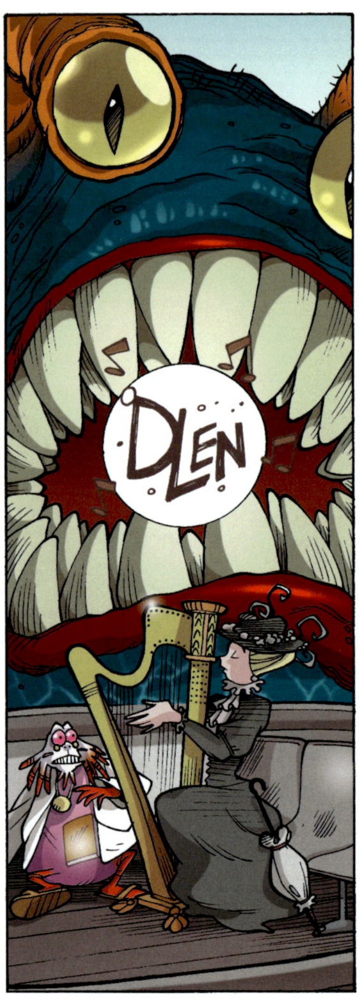
DLEN

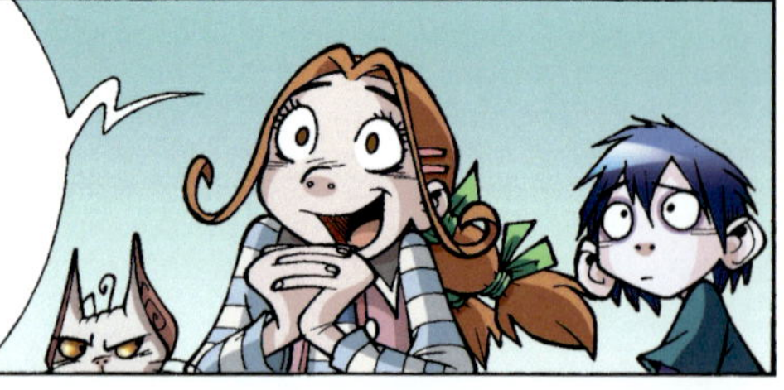
Oh, wie schön! Jetzt besänftigt Olgas Musik das Monster und das Gute triumphiert mal wieder am Ende!

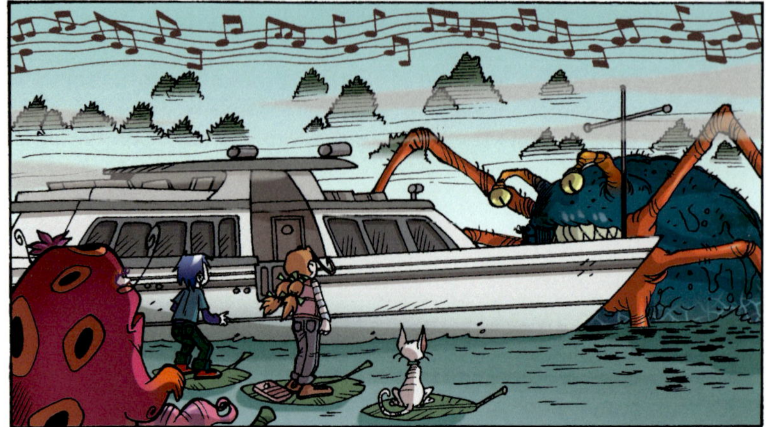

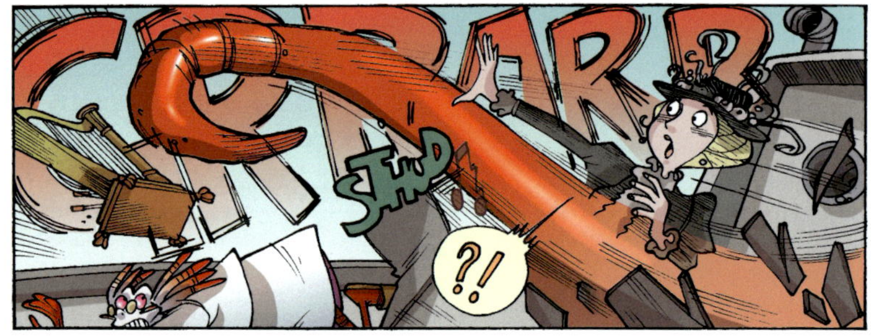
?!

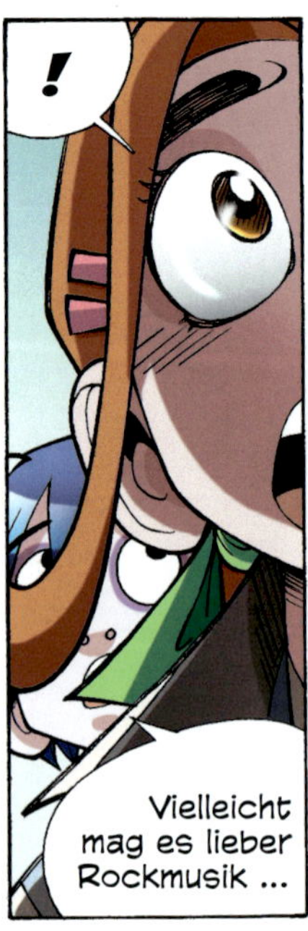
!
Vielleicht mag es lieber Rockmusik ...

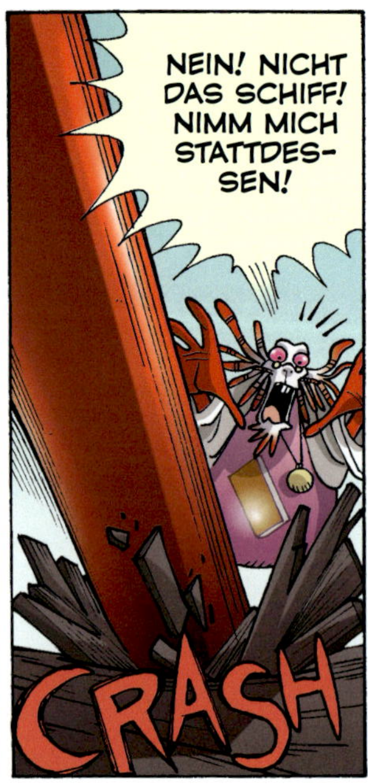
NEIN! NICHT DAS SCHIFF! NIMM MICH STATTDES-SEN!
CRASH

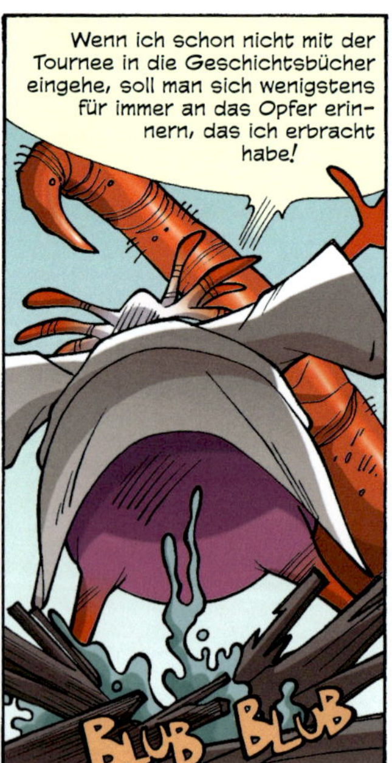
Wenn ich schon nicht mit der Tournee in die Geschichtsbücher eingehe, soll man sich wenigstens für immer an das Opfer erinnern, das ich erbracht habe!
BLUB BLUB

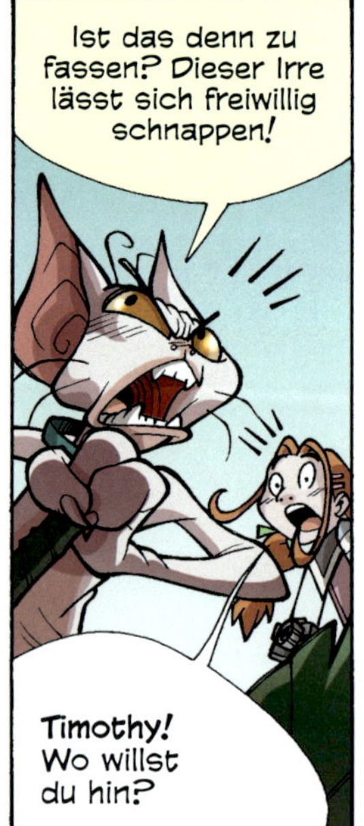
Ist das denn zu fassen? Dieser Irre lässt sich freiwillig schnappen!
Timothy! Wo willst du hin?

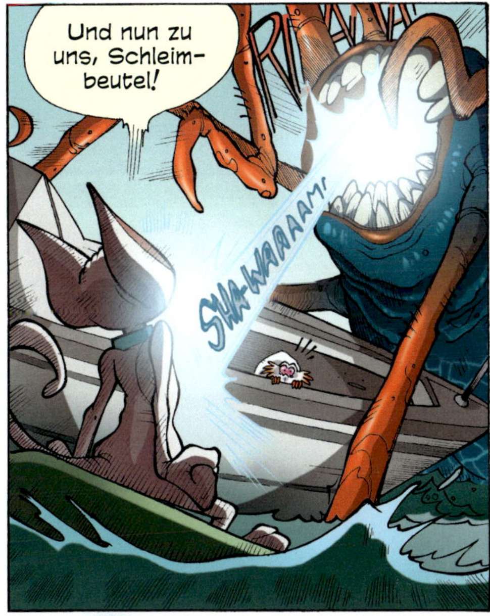
Und nun zu uns, Schleimbeutel!
SHA-WAAAAAM!

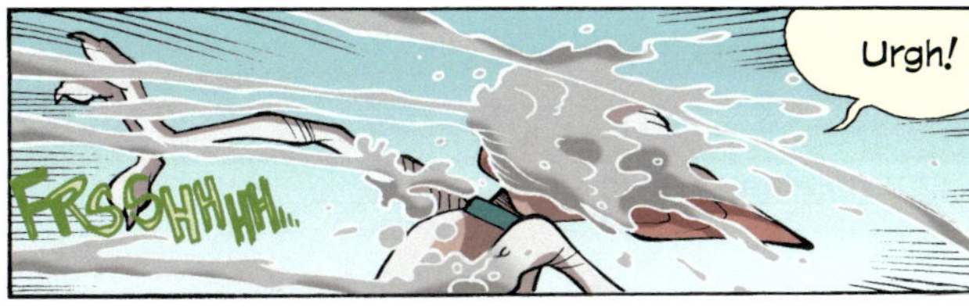
Urgh!
FRRSCHHHH...

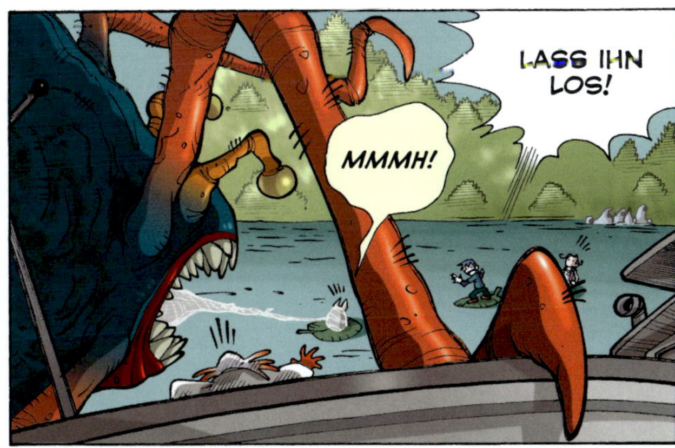
LASS IHN LOS!
MMMH!

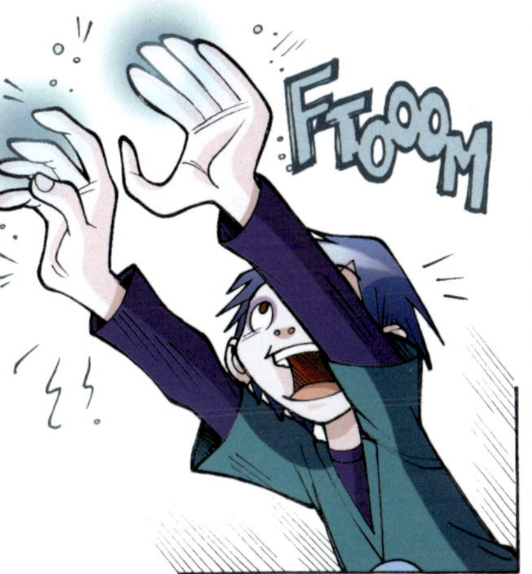
FTOOOM

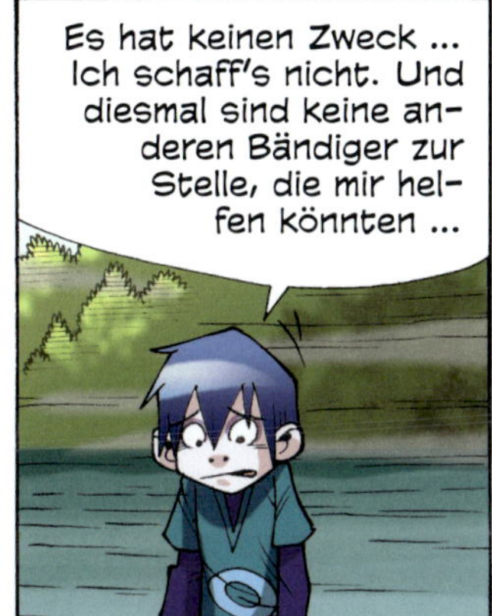
Es hat keinen Zweck ... Ich schaff's nicht. Und diesmal sind keine anderen Bändiger zur Stelle, die mir helfen könnten ...

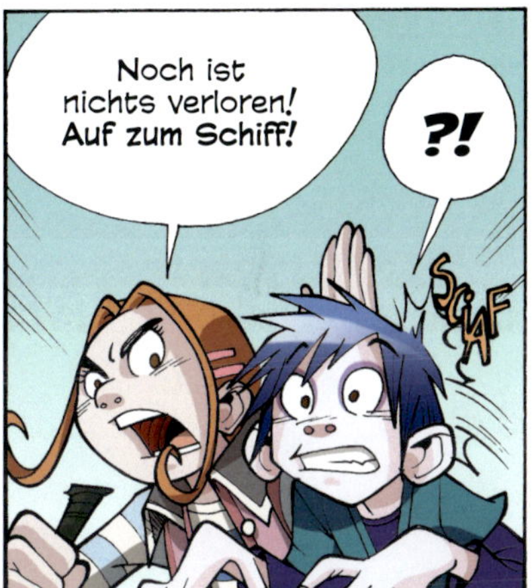
Noch ist nichts verloren! **Auf zum Schiff!**
?!
SCHAF

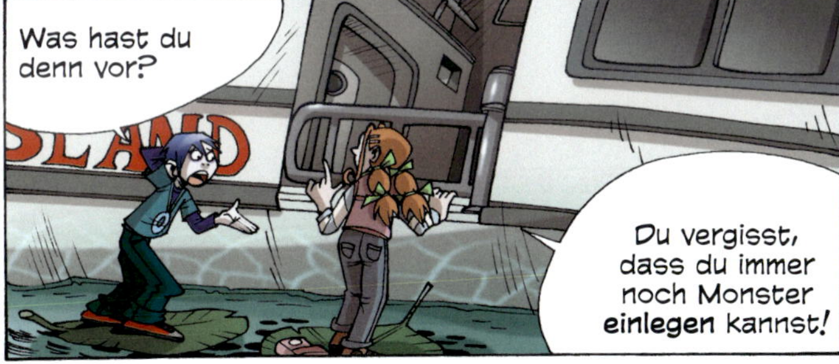
Was hast du denn vor?
Du vergisst, dass du immer noch Monster **einlegen** kannst!

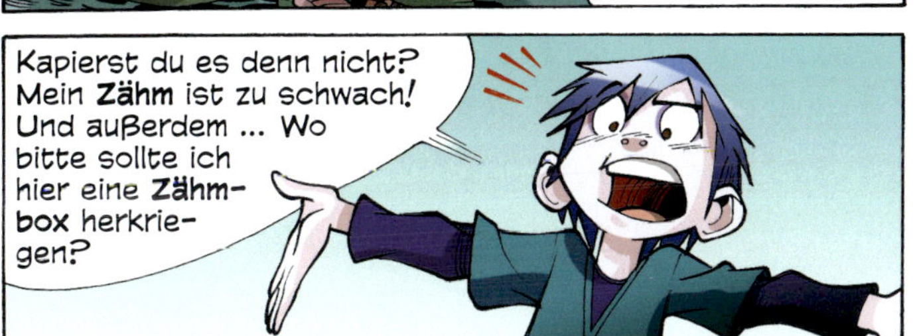
Kapierst du es denn nicht? Mein **Zähm** ist zu schwach! Und außerdem ... Wo bitte sollte ich hier eine **Zähmbox** herkriegen?

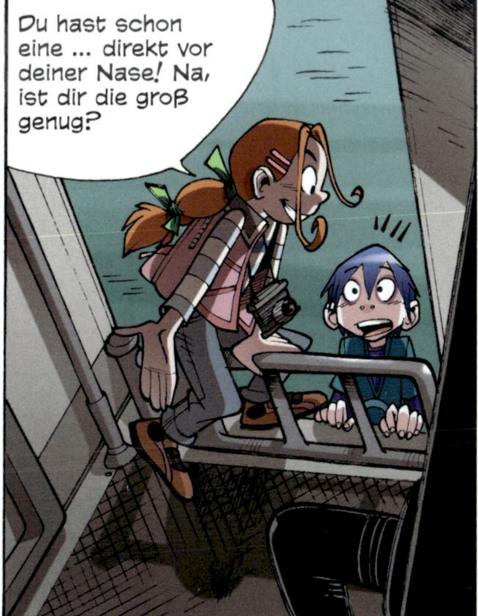
Du hast schon eine ... direkt vor deiner Nase! Na, ist dir die groß genug?

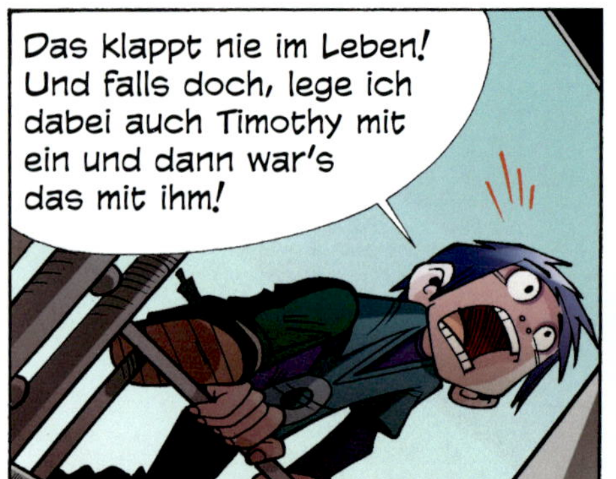
Das klappt nie im Leben! Und falls doch, lege ich dabei auch Timothy mit ein und dann war's das mit ihm!

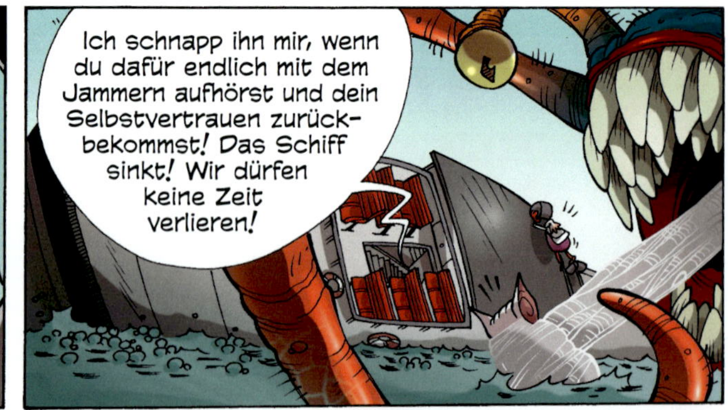
Ich schnapp ihn mir, wenn du dafür endlich mit dem Jammern aufhörst und dein Selbstvertrauen zurückbekommst! Das Schiff sinkt! Wir dürfen keine Zeit verlieren!

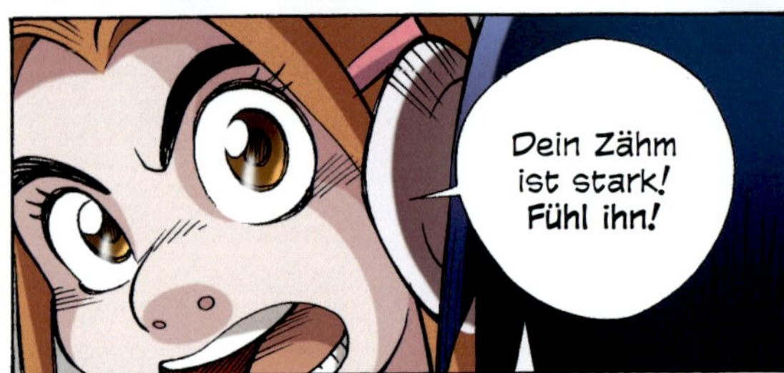
Dein Zähm ist stark! Fühl ihn!

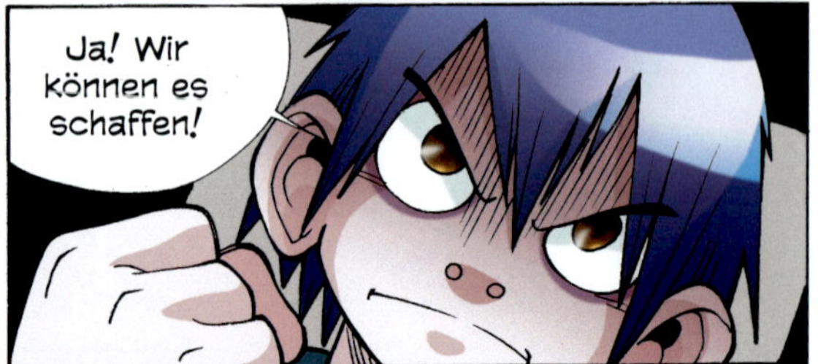
Ja! Wir können es schaffen!

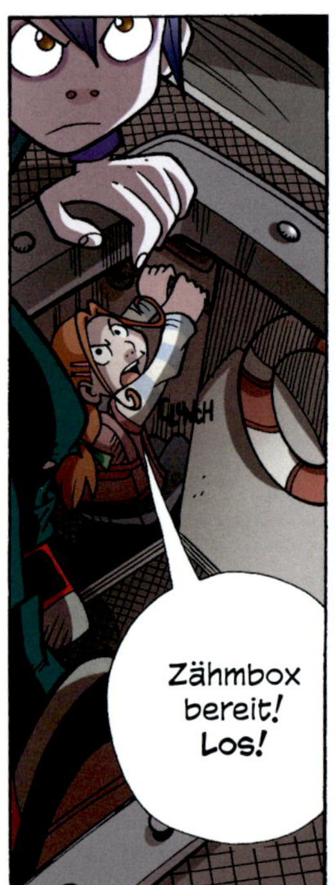
Zähmbox bereit! Los!

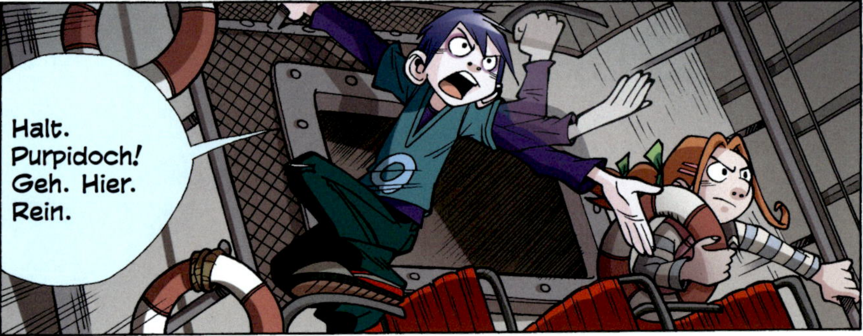
Halt. Purpidoch! Geh. Hier. Rein.

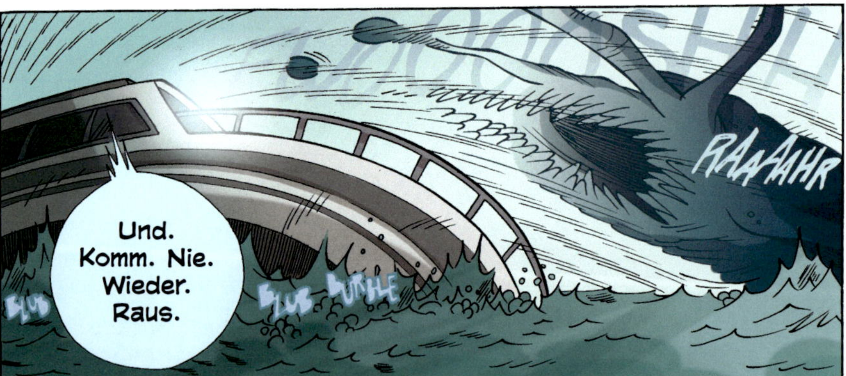
RAAAHR
Und. Komm. Nie. Wieder. Raus.
BLUB
BLUB BUBBLE

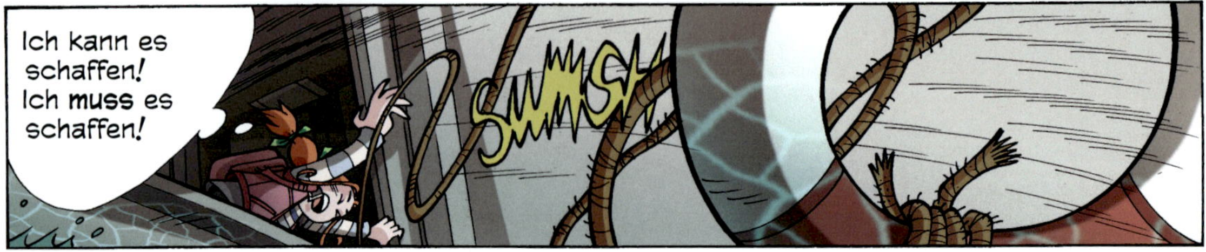
Ich kann es schaffen! Ich **muss** es schaffen!

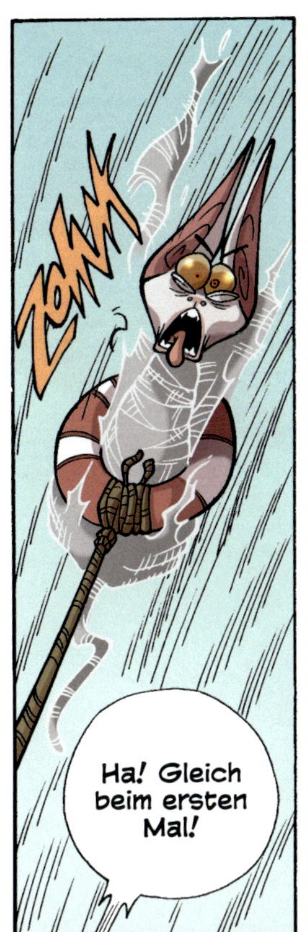
ZOWM
Ha! Gleich beim ersten Mal!
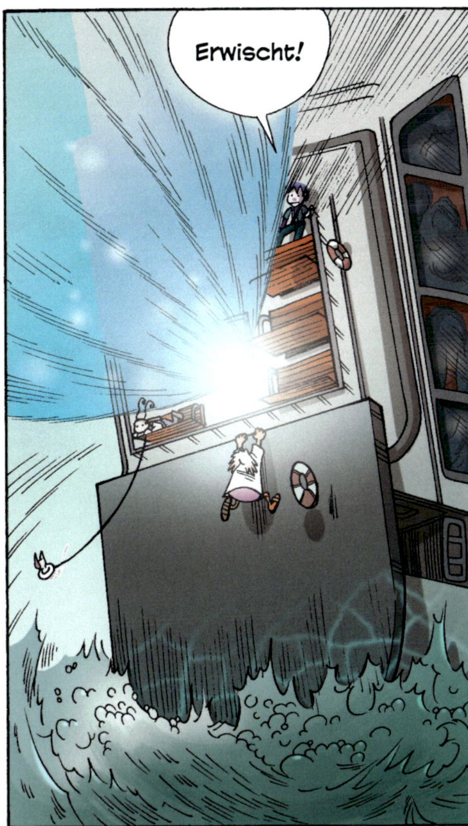
Erwischt!
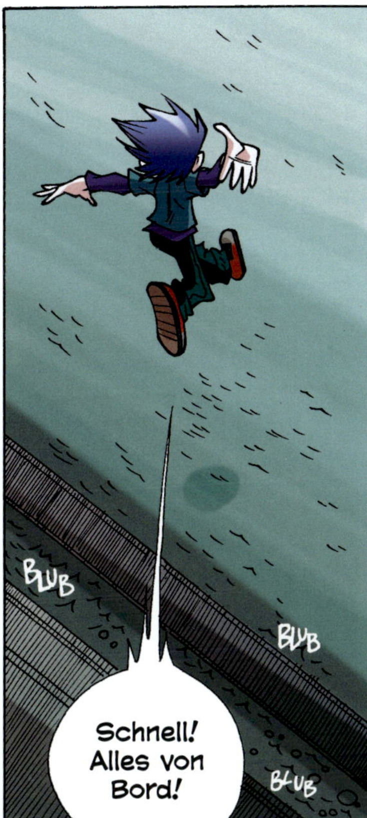
BLUB
BLUB
Schnell! Alles von Bord!
BLUB
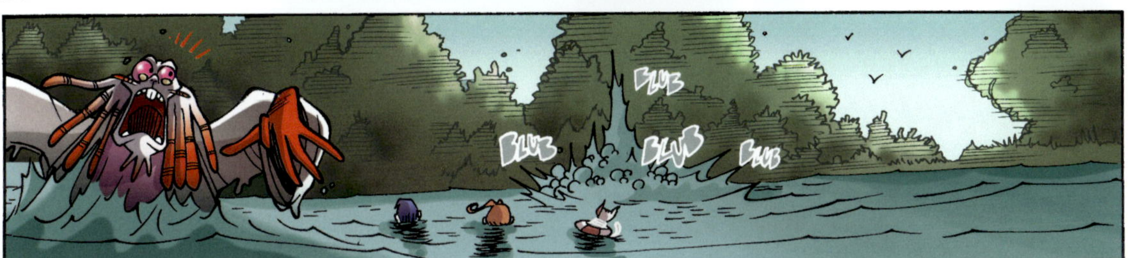
BLUB
BLUB
BLUB
BLUB
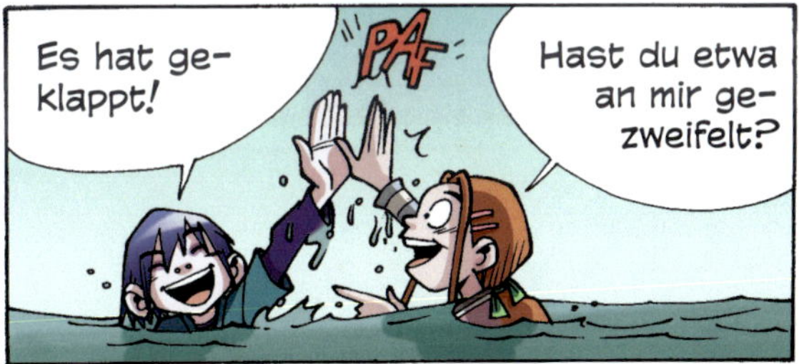
Es hat geklappt!
PAF
Hast du etwa an mir gezweifelt?
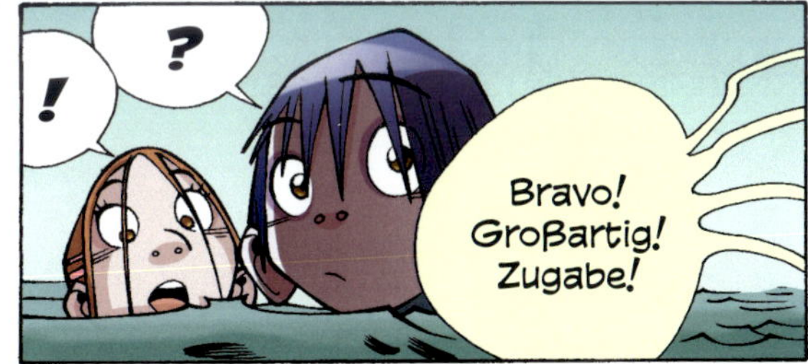
!
?
Bravo! Großartig! Zugabe!
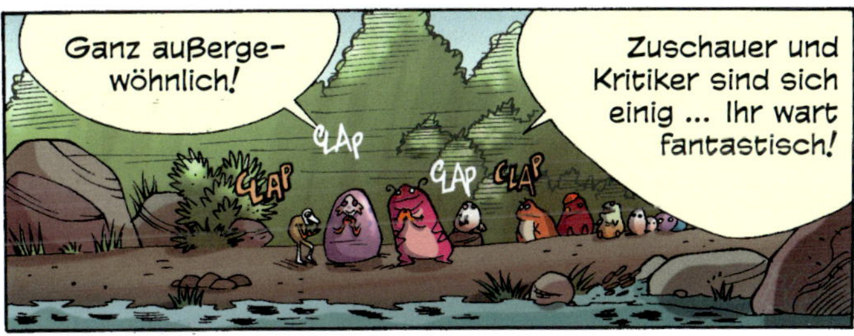
Ganz außergewöhnlich!
CLAP
CLAP
CLAP
CLAP
Zuschauer und Kritiker sind sich einig ... Ihr wart fantastisch!
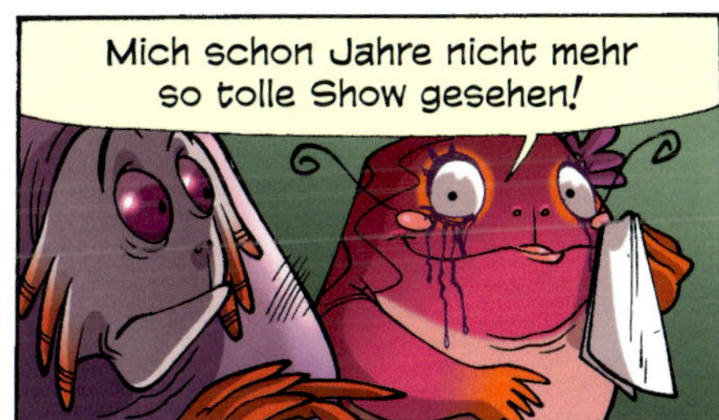
Mich schon Jahre nicht mehr so tolle Show gesehen!

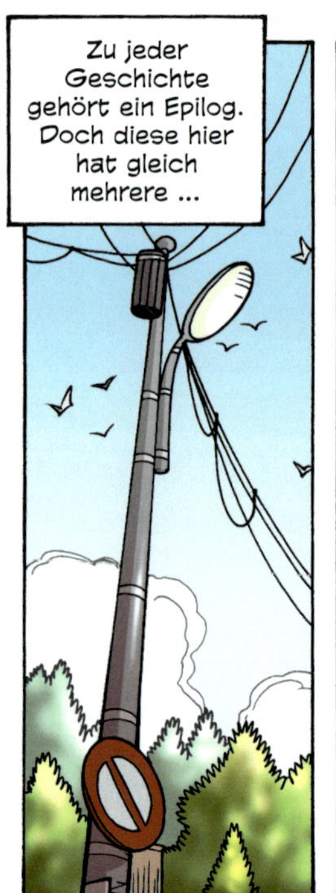
Zu jeder Geschichte gehört ein Epilog. Doch diese hier hat gleich mehrere ...

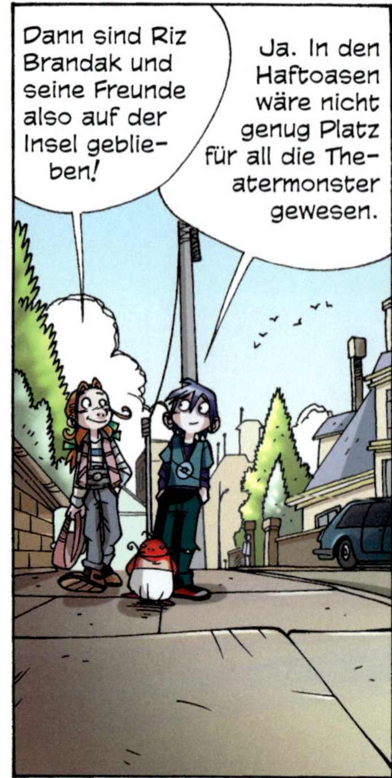
Dann sind Riz Brandak und seine Freunde also auf der Insel geblieben!
Ja. In den Haftoasen wäre nicht genug Platz für all die Theatermonster gewesen.

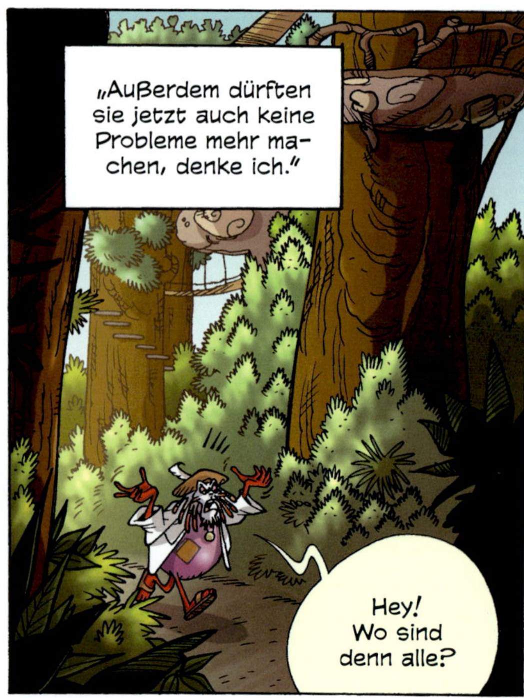
„Außerdem dürften sie jetzt auch keine Probleme mehr machen, denke ich."
Hey! Wo sind denn alle?

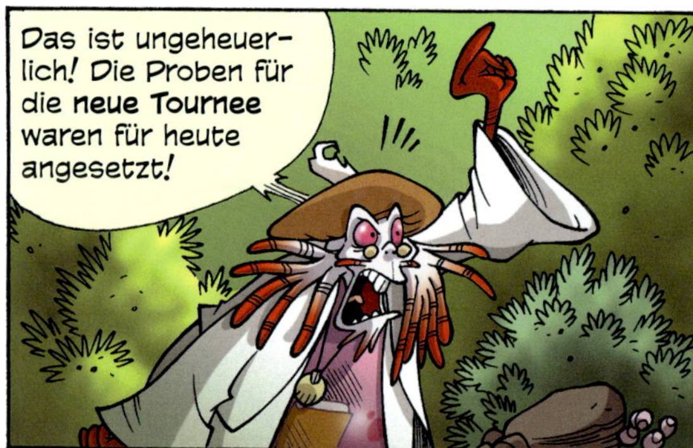
Das ist ungeheuerlich! Die Proben für die **neue Tournee** waren für heute angesetzt!

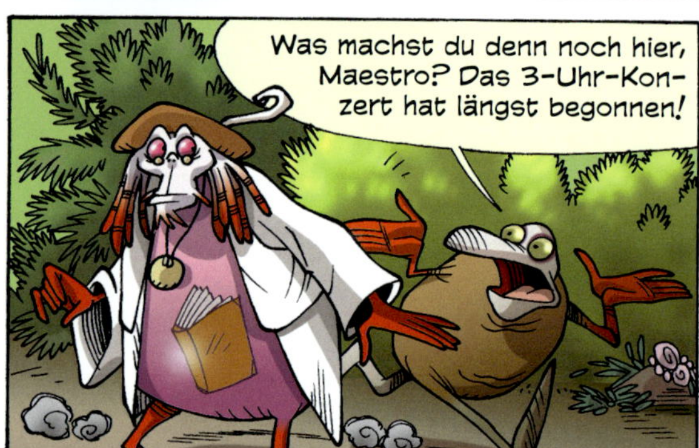
Was machst du denn noch hier, Maestro? Das 3-Uhr-Konzert hat längst begonnen!

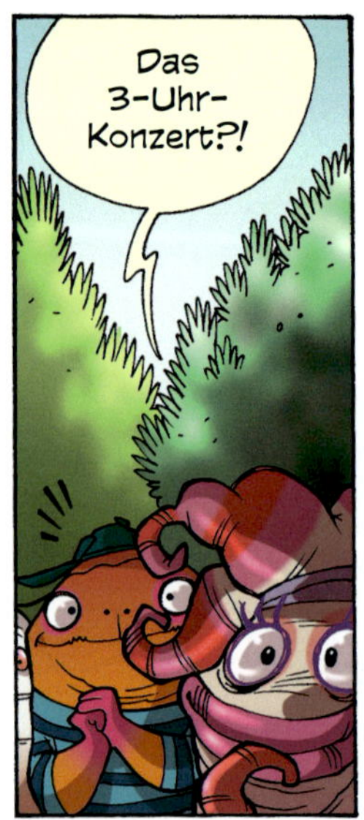
Das 3-Uhr-Konzert?!

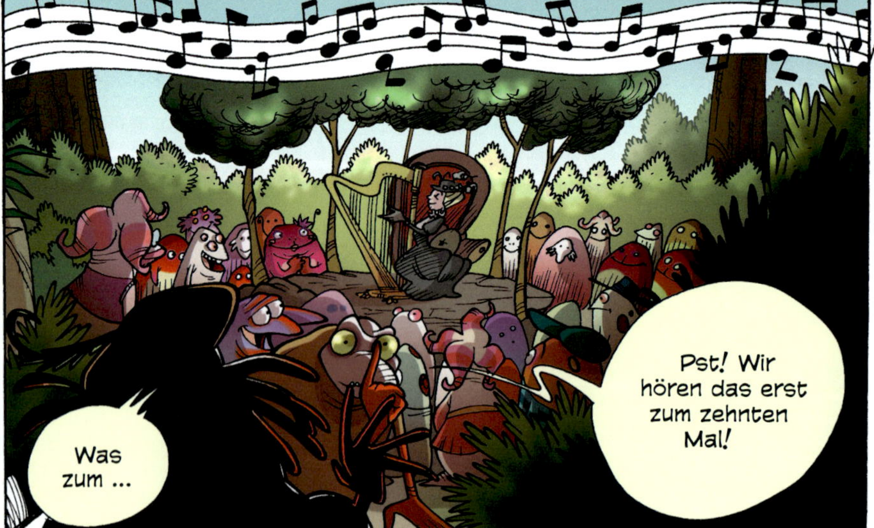
Was zum ...
Pst! Wir hören das erst zum zehnten Mal!

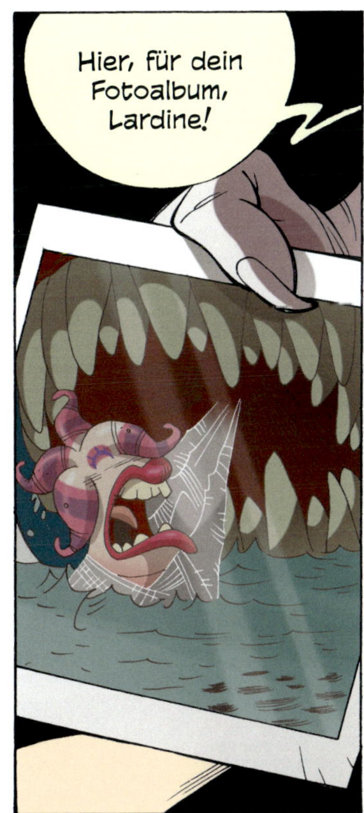
Hier, für dein Fotoalbum, Lardine!

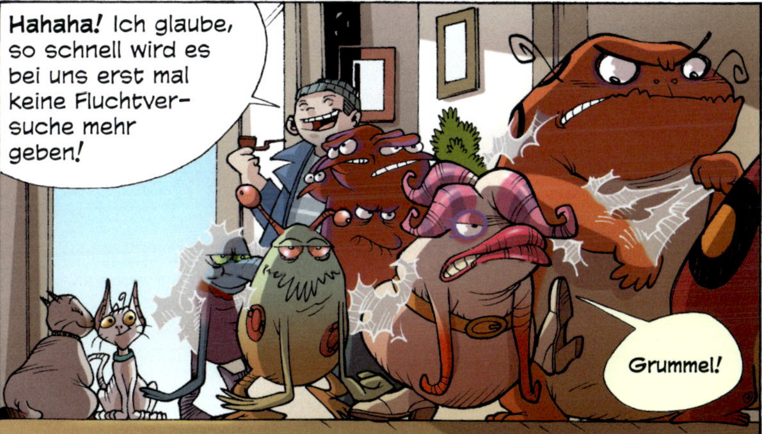
Hahaha! Ich glaube, so schnell wird es bei uns erst mal keine Fluchtversuche mehr geben!
Grummel!

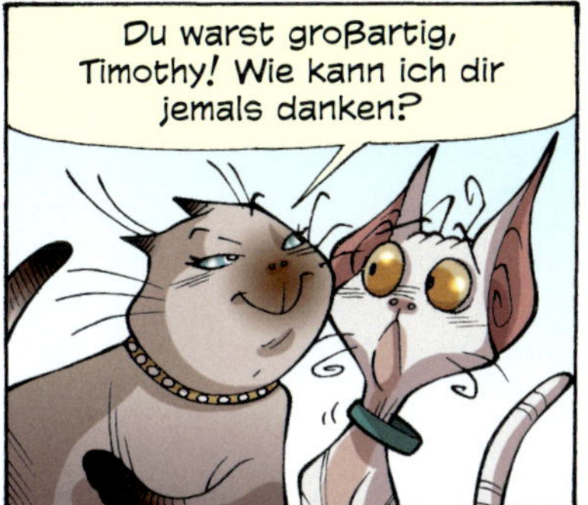
Du warst großartig, Timothy! Wie kann ich dir jemals danken?

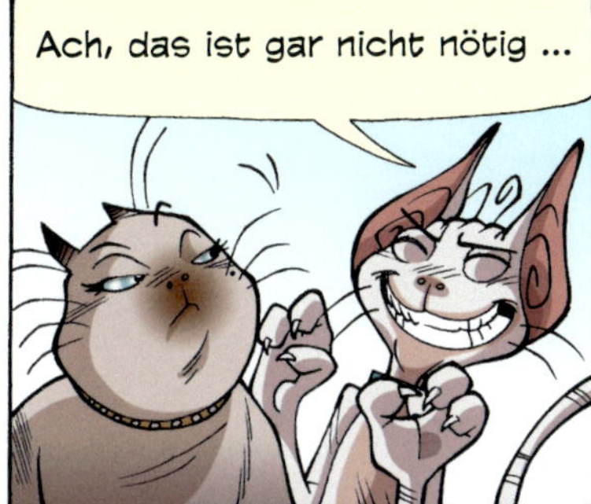
Ach, das ist gar nicht nötig ...

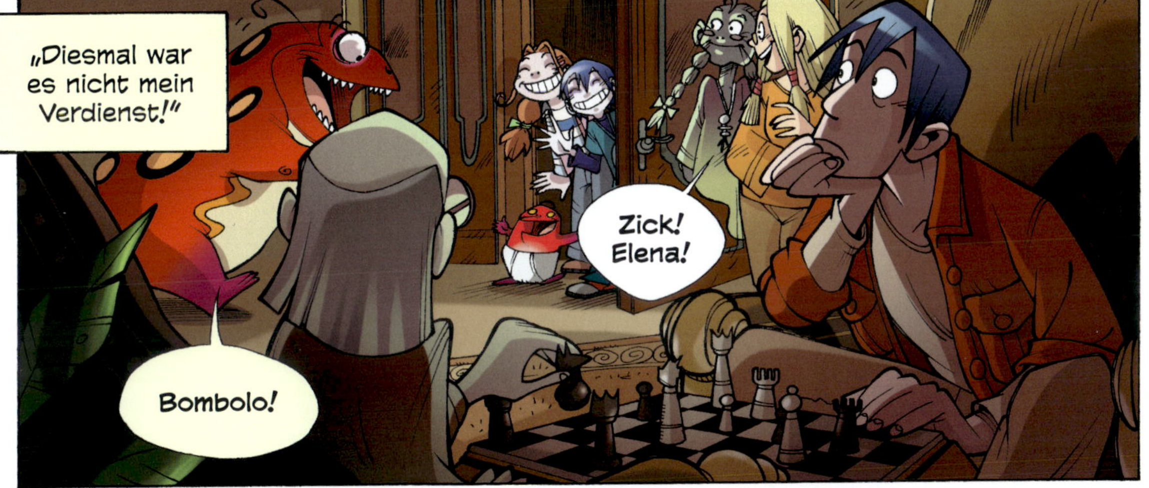
„Diesmal war es nicht mein Verdienst!"
Bombolo!
Zick! Elena!

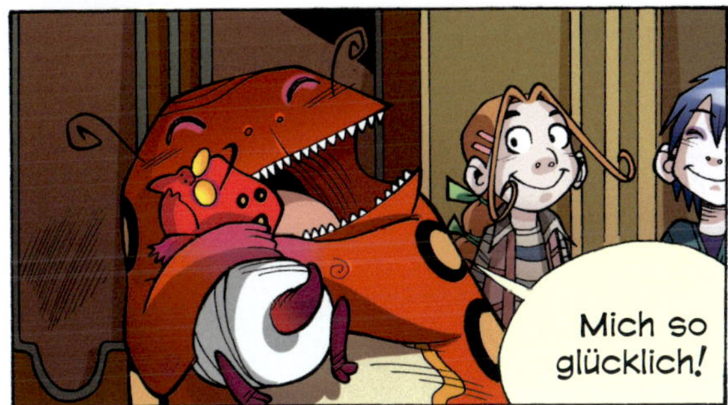
Mich so glücklich!

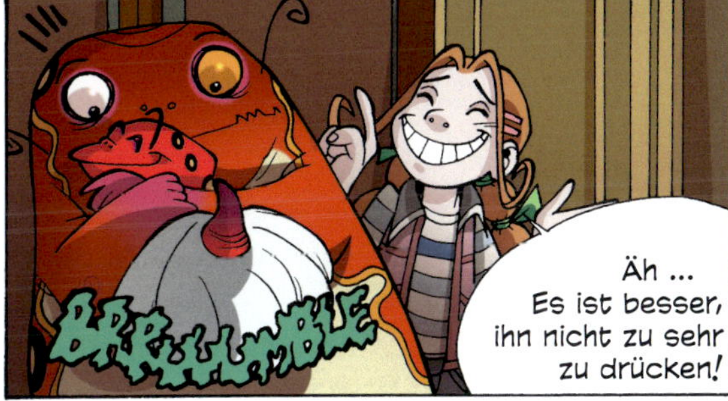
BRRUUMBLE
Äh ... Es ist besser, ihn nicht zu sehr zu drücken!

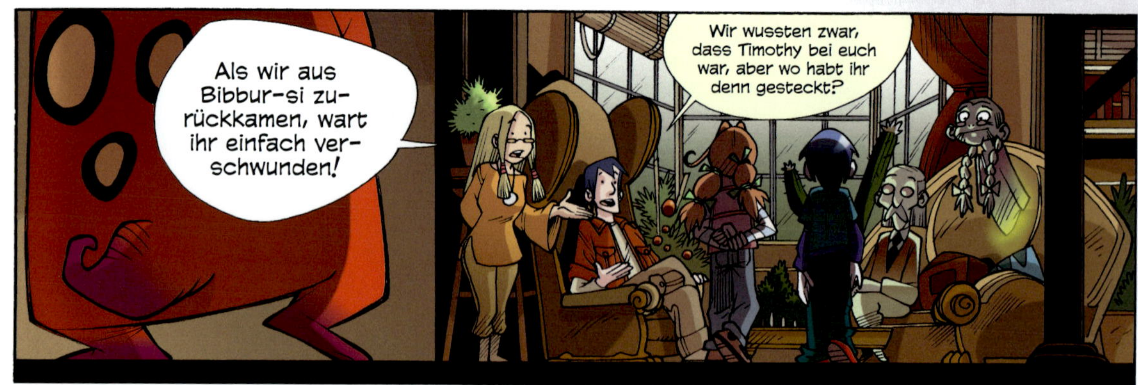

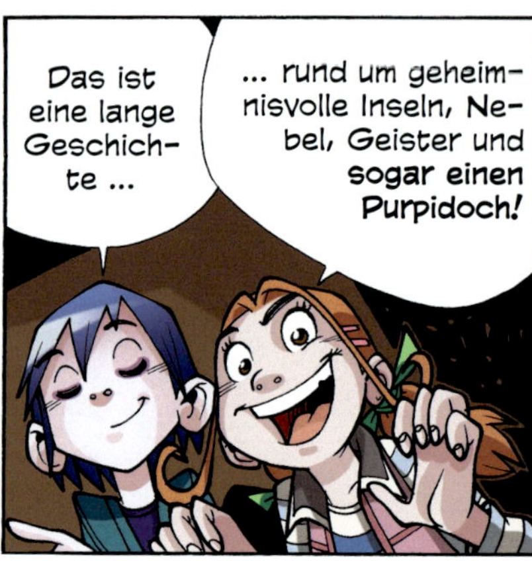

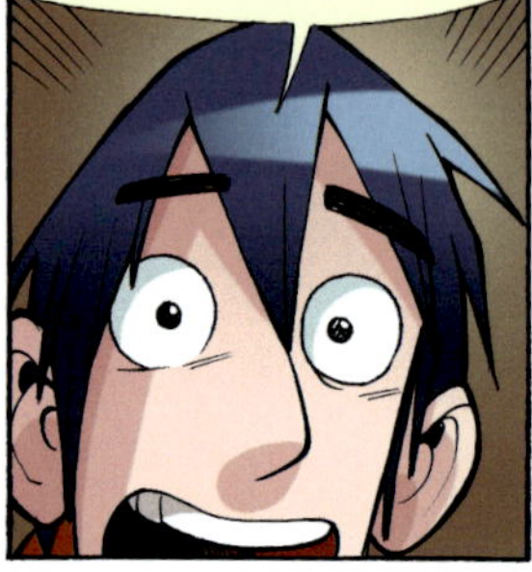

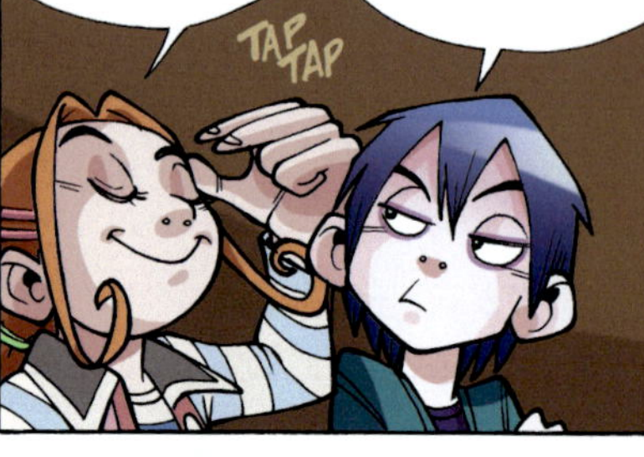

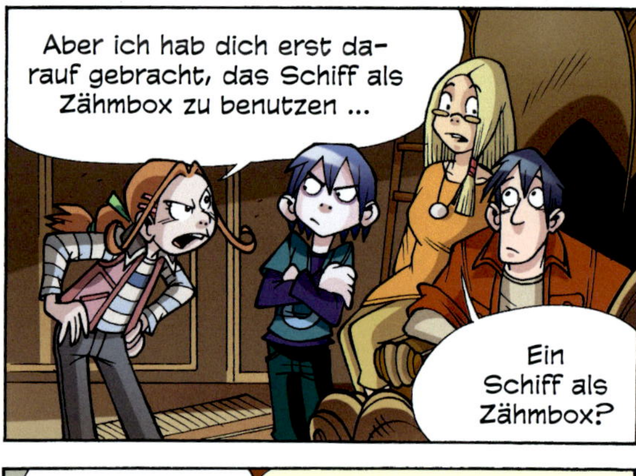

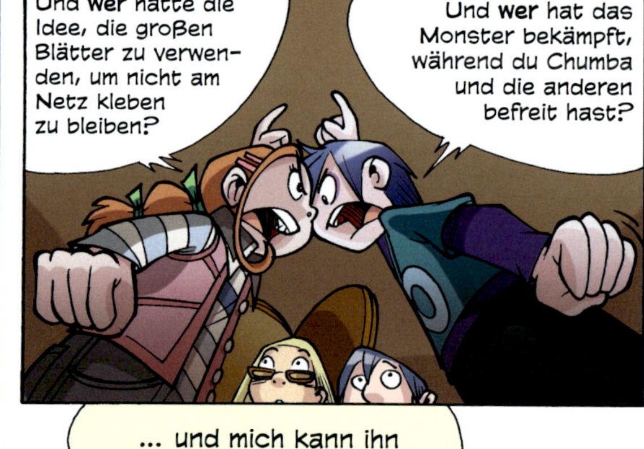

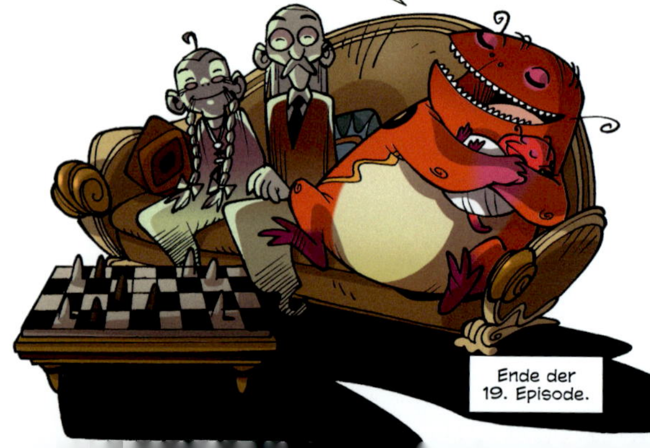

Ende der 19. Episode.

Episode 20: Pilze und Kastanien

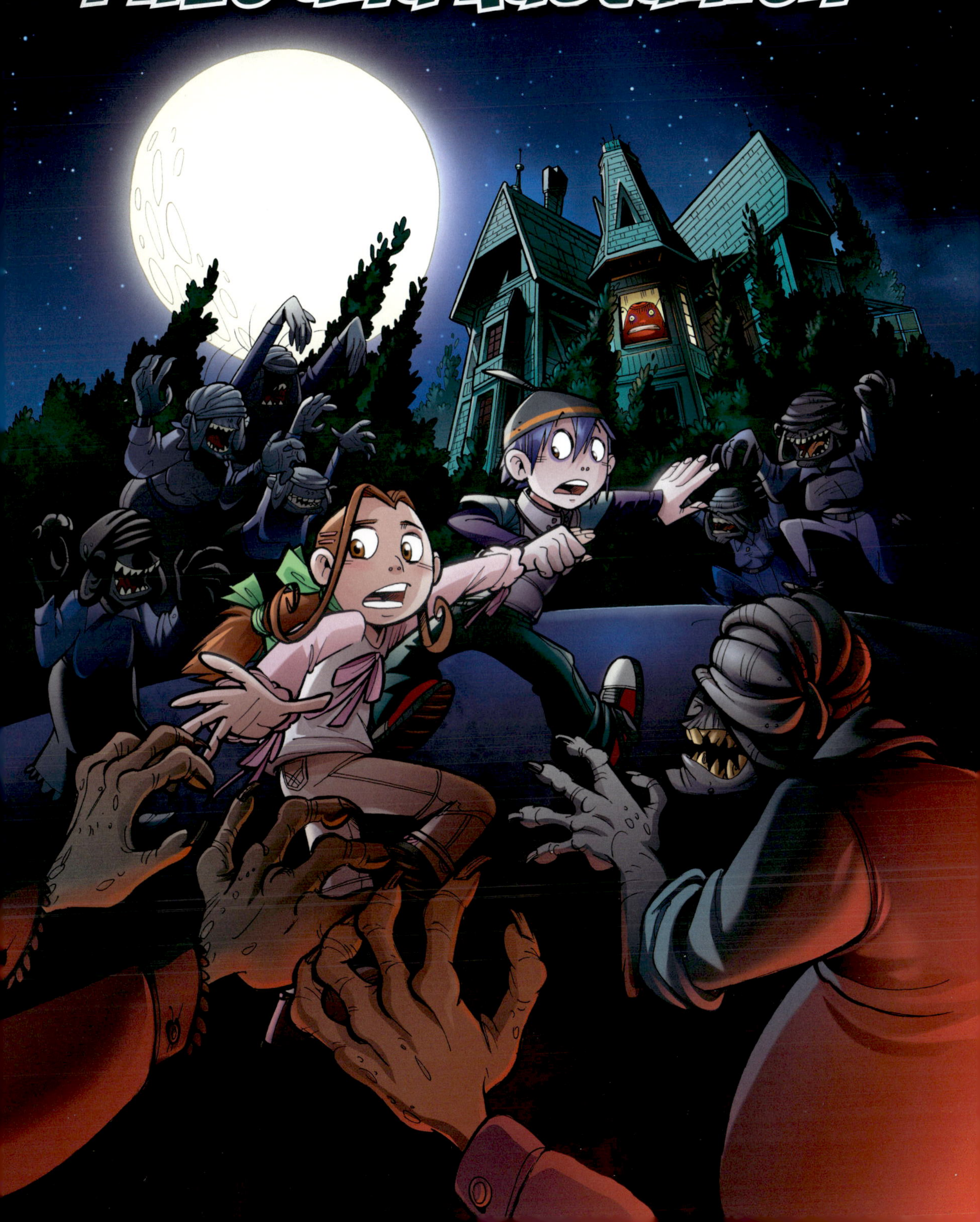

PILZE UND KASTANIEN

Originaltitel:
FUNGHI E CASTAGNE

Idee: Katja Centomo
Story: Fabrizio Lo Bianco
Zeichnungen: Paolo Campinoti
Tusche: Paolo Ferrante & Santa Zangari
Farben: Sergio Algozzino, Giulia Basile, Fabio Butera, Alessandra Dottori, Lorenzo Ortolani & Vanessa Santato

Künstlerische Leitung Skript: Francesco Artibani
Künstlerische Leitung Artwork: Alessandro Barbucci
Künstlerische Leitung Farben: Cecilia Giumento

Übersetzung: Jano Rohleder
Redaktion & Lektorat: Jano Rohleder
Redaktionelle Beratung: Konstanze Tants

Erstveröffentlichung:
Monster Allergy, Heft 19
Buena Vista Comics (Italien), Mai 2005

Deutsche Erstveröffentlichung:
Monster-Allergy-GA, Band 5
dani books, August 2016

Coverillustration:
Artwork: Paolo Campinoti
Farben: Paolo Maddaleni

Illustration Seite 144:
Artwork: Alessandro Barbucci
Tusche: Santa Zangari
Farben: Paolo Maddaleni

Eine Serie von
Centomo, Artibani,
Barbucci & Canepa

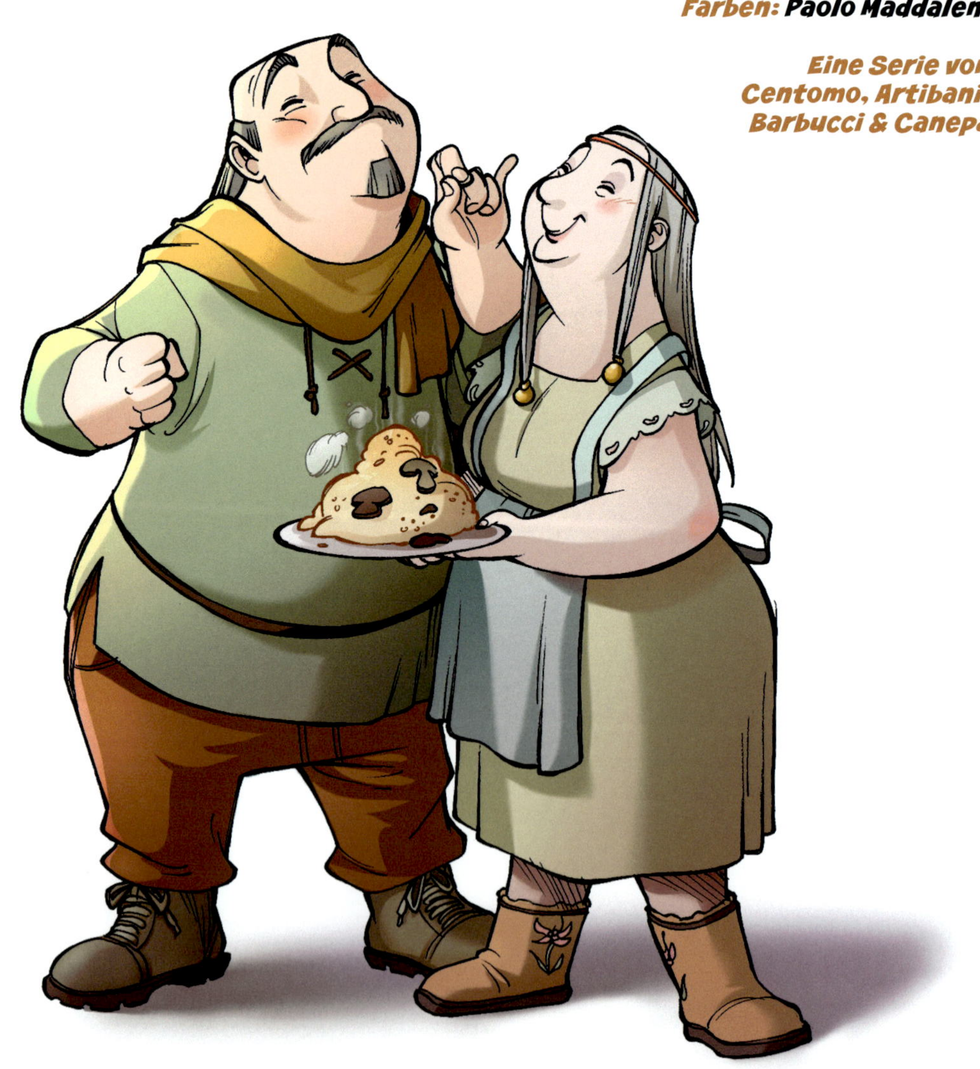

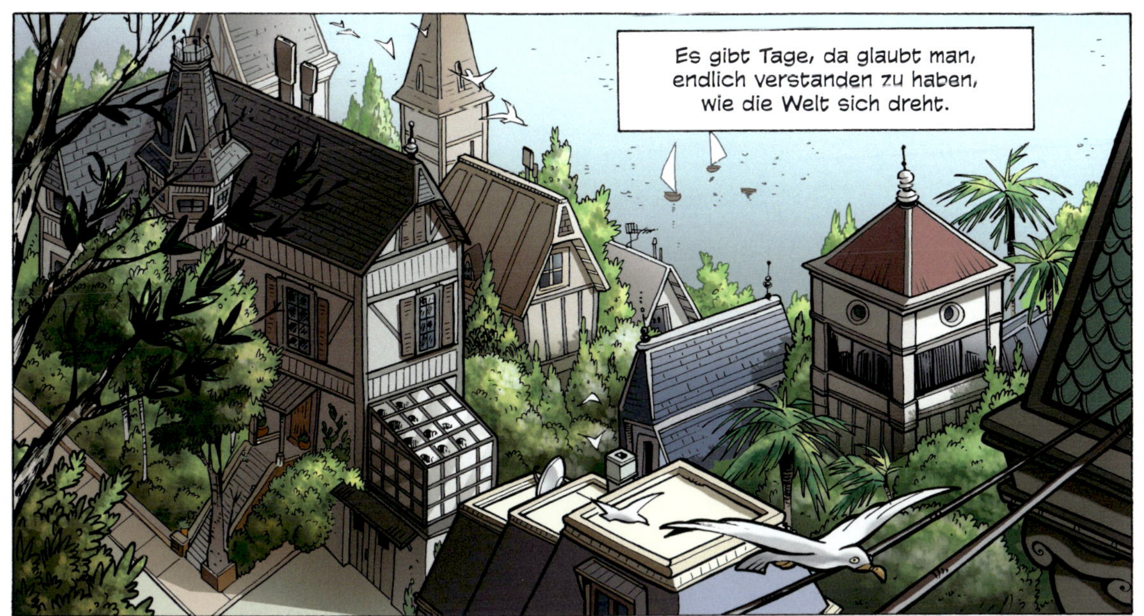
Es gibt Tage, da glaubt man, endlich verstanden zu haben, wie die Welt sich dreht.

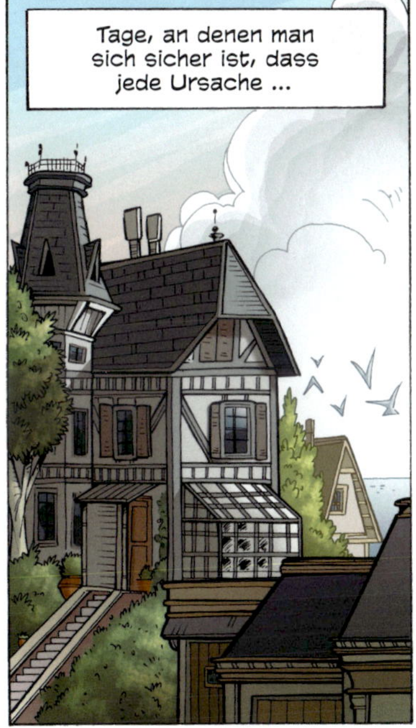
Tage, an denen man sich sicher ist, dass jede Ursache ...

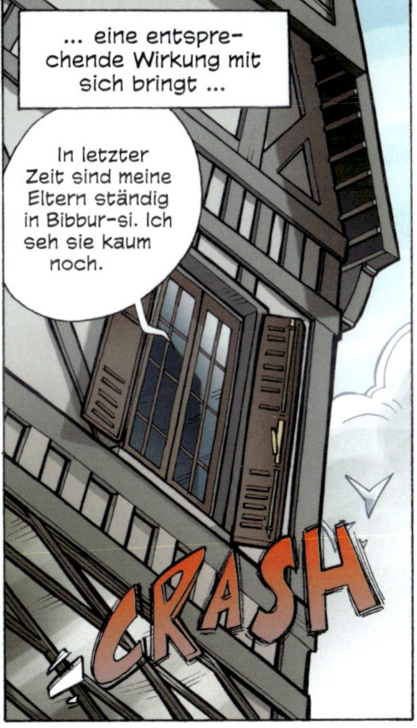
... eine entsprechende Wirkung mit sich bringt ...
In letzter Zeit sind meine Eltern ständig in Bibbur-si. Ich seh sie kaum noch.
CRASH

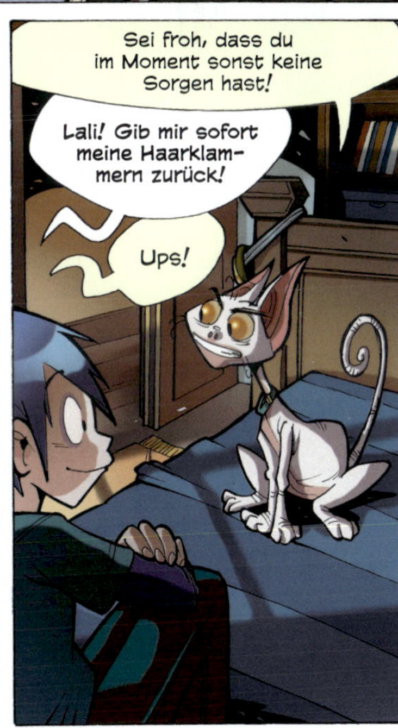
Sei froh, dass du im Moment sonst keine Sorgen hast!
Lali! Gib mir sofort meine Haarklammern zurück!
Ups!

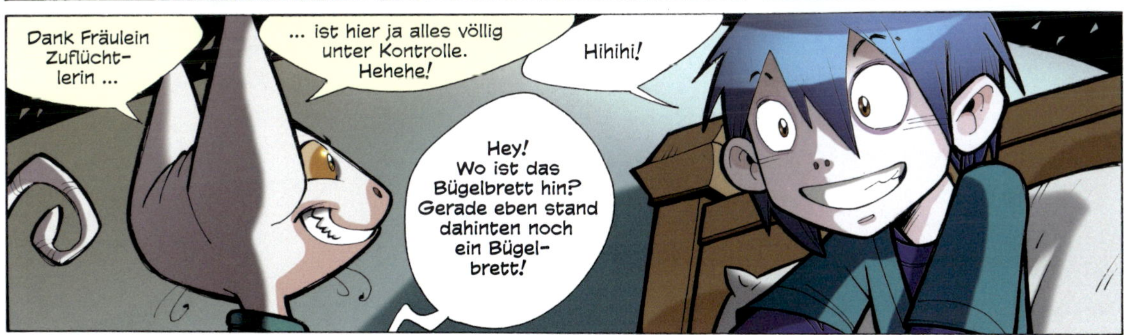
Dank Fräulein Zuflüchtlerin ...
... ist hier ja alles völlig unter Kontrolle. Hehehe!
Hihihi!
Hey! Wo ist das Bügelbrett hin? Gerade eben stand dahinten noch ein Bügelbrett!

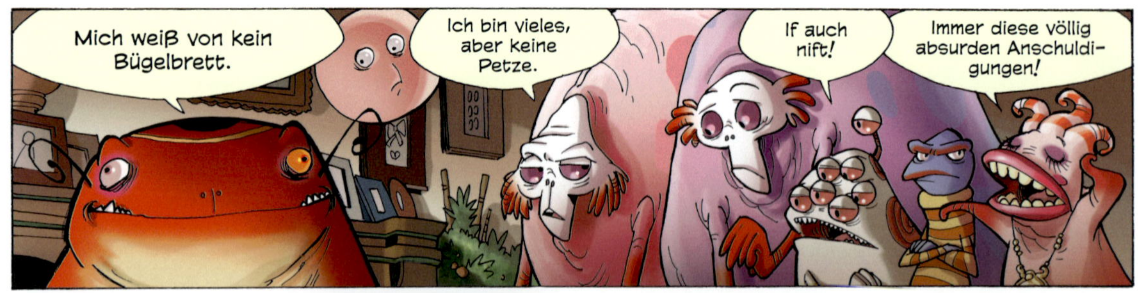
Mich weiß von kein Bügelbrett.
Ich bin vieles, aber keine Petze.
If auch nift!
Immer diese völlig absurden Anschuldigungen!

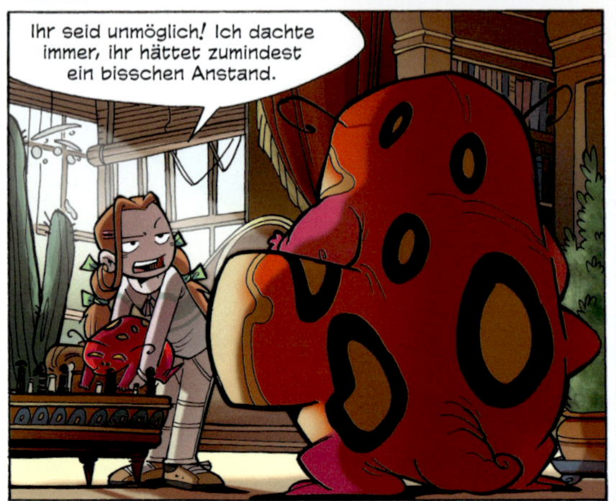
Ihr seid unmöglich! Ich dachte immer, ihr hättet zumindest ein bisschen Anstand.

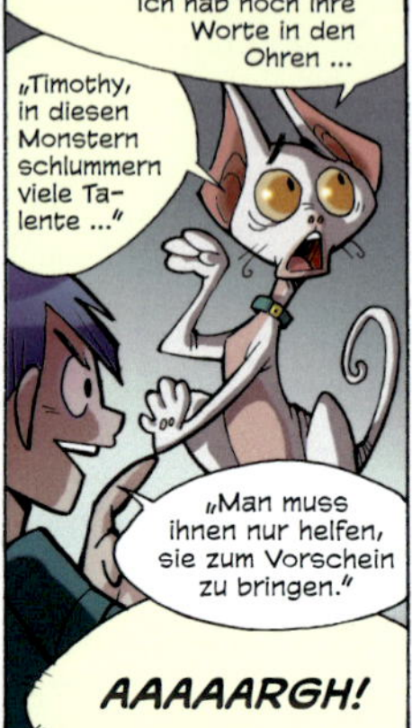
Ich hab noch ihre Worte in den Ohren ...
„Timothy, in diesen Monstern schlummern viele Talente ..."
„Man muss ihnen nur helfen, sie zum Vorschein zu bringen."
AAAAARGH!

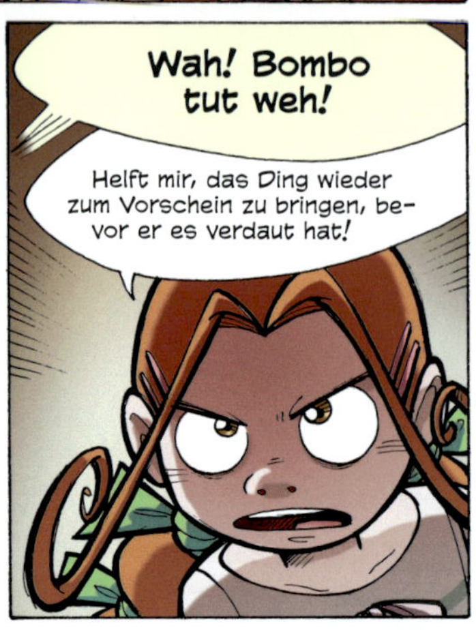
Wah! Bombo tut weh!
Helft mir, das Ding wieder zum Vorschein zu bringen, bevor er es verdaut hat!

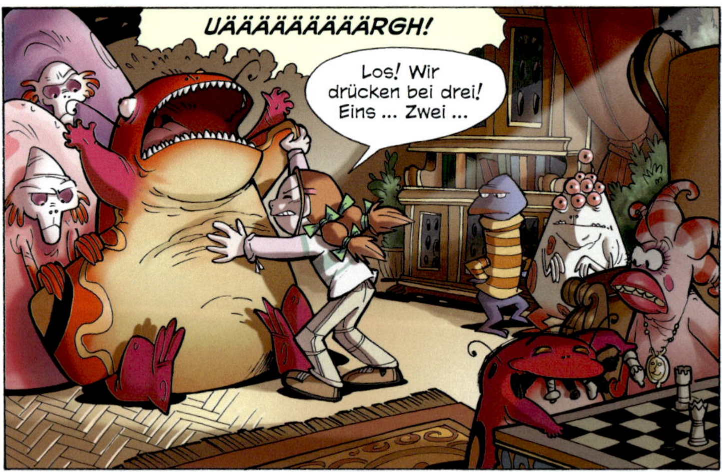
UÄÄÄÄÄÄÄÄÄÄRGH!
Los! Wir drücken bei drei! Eins ... Zwei ...

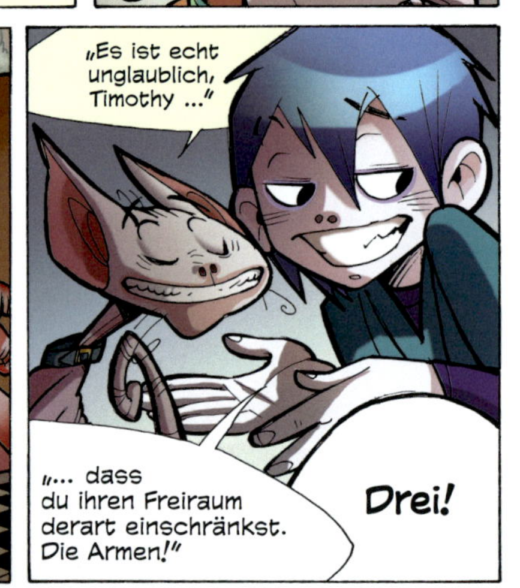
„Es ist echt unglaublich, Timothy ..."
„... dass du ihren Freiraum derart einschränkst. Die Armen!"
Drei!

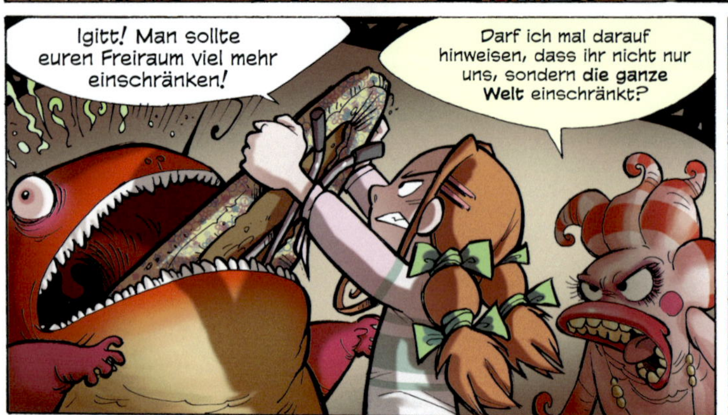
Igitt! Man sollte euren Freiraum viel mehr einschränken!
Darf ich mal darauf hinweisen, dass ihr nicht nur uns, sondern **die ganze Welt** einschränkt?

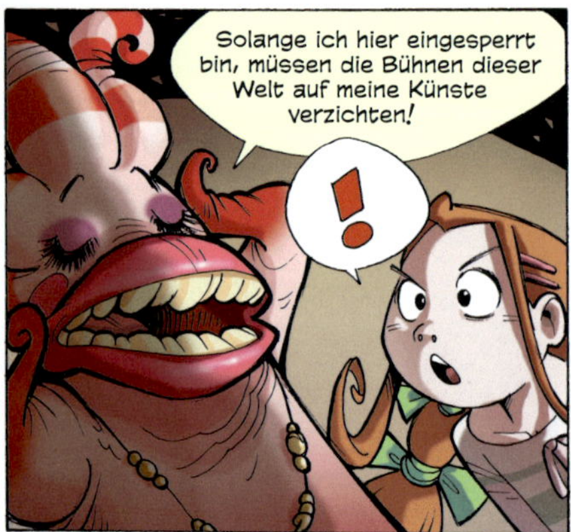
Solange ich hier eingesperrt bin, müssen die Bühnen dieser Welt auf meine Künste verzichten!
!

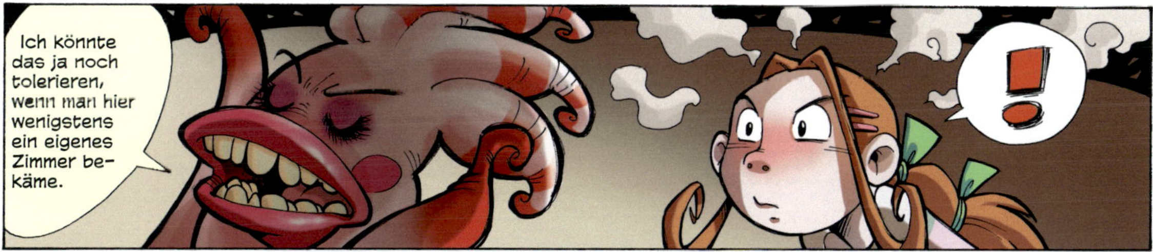
Ich könnte das ja noch tolerieren, wenn man hier wenigstens ein eigenes Zimmer bekäme.
!

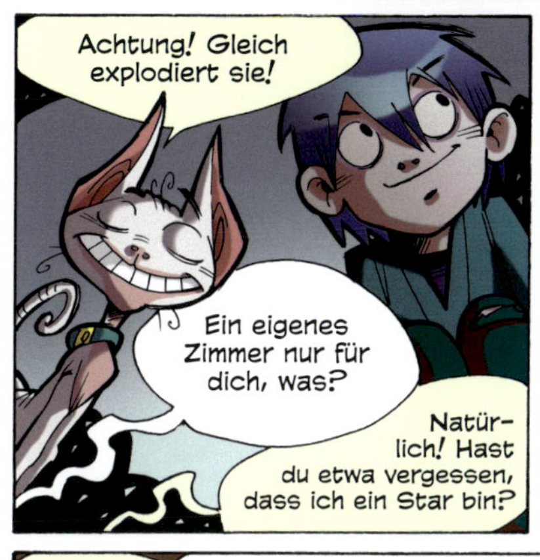
Achtung! Gleich explodiert sie!
Ein eigenes Zimmer nur für dich, was?
Natürlich! Hast du etwa vergessen, dass ich ein Star bin?

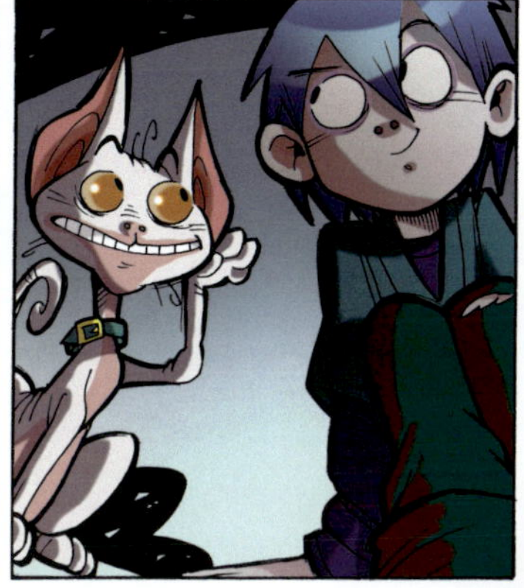

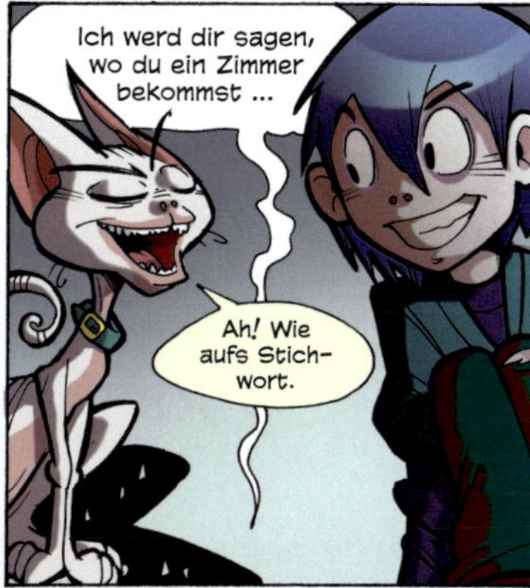
Ich werd dir sagen, wo du ein Zimmer bekommst ...
Ah! Wie aufs Stichwort.

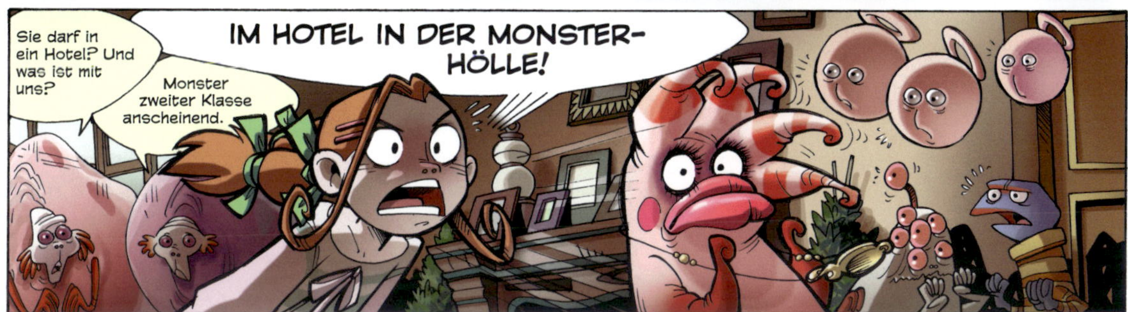
Sie darf in ein Hotel? Und was ist mit uns?
Monster zweiter Klasse anscheinend.
IM HOTEL IN DER MONSTER-HÖLLE!

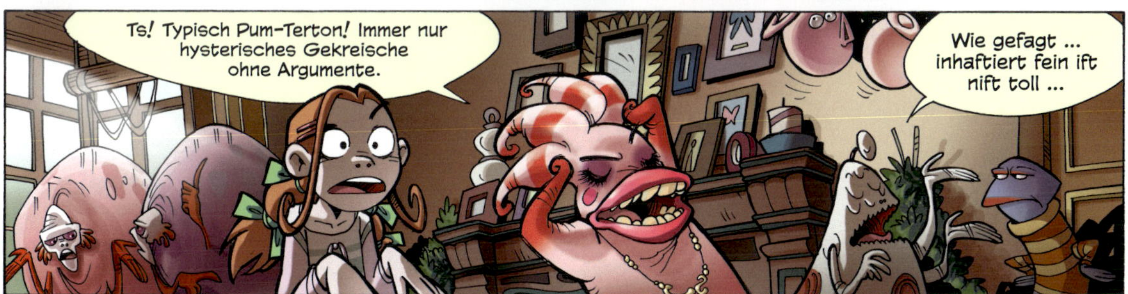
Ts! Typisch Pum-Terton! Immer nur hysterisches Gekreische ohne Argumente.
Wie gefagt ... inhaftiert fein ift nift toll ...

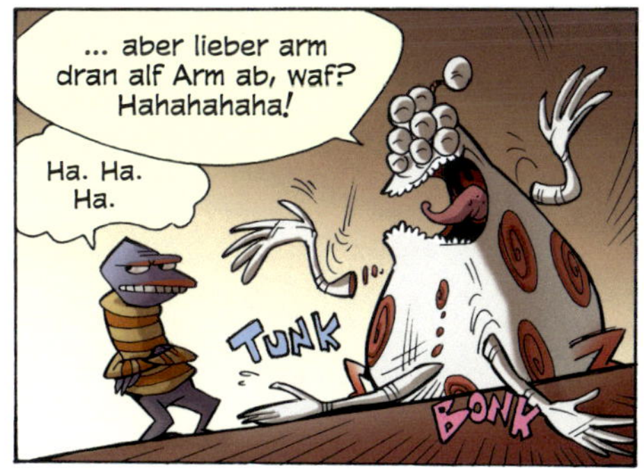
... aber lieber arm dran alf Arm ab, waf? Hahahahahaha!
Ha. Ha. Ha.
TUNK
BONK

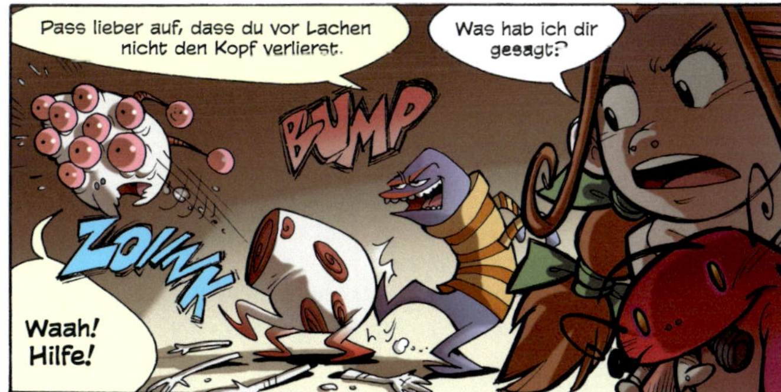
Pass lieber auf, dass du vor Lachen nicht den Kopf verlierst.
Was hab ich dir gesagt?
BUMP
ZOINK
Waah! Hilfe!

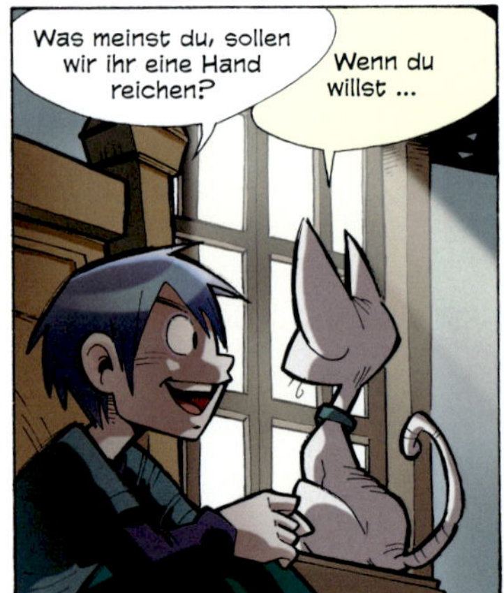
Was meinst du, sollen wir ihr eine Hand reichen?
Wenn du willst ...

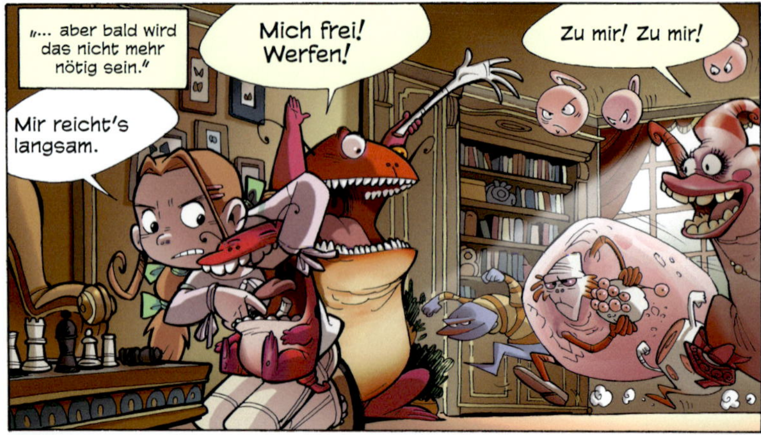
„... aber bald wird das nicht mehr nötig sein."
Mir reicht's langsam.
Mich frei! Werfen!
Zu mir! Zu mir!

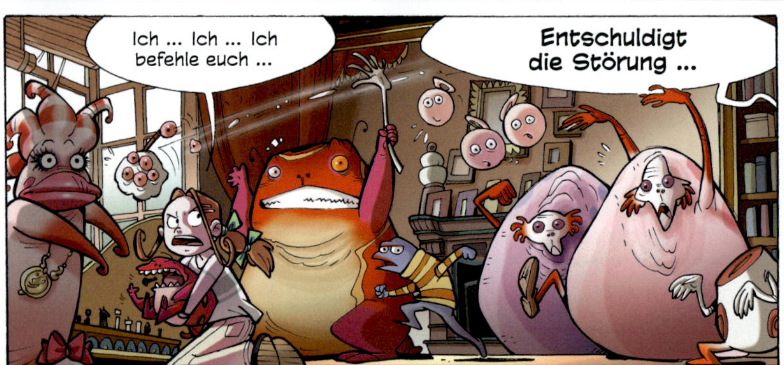
Ich ... Ich ... Ich befehle euch ...
Entschuldigt die Störung ...

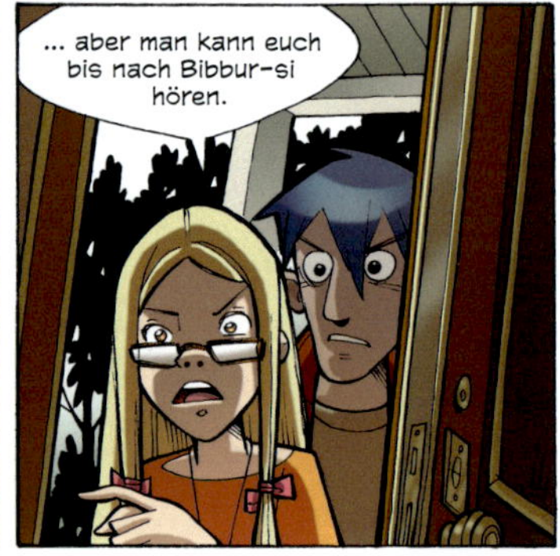
... aber man kann euch bis nach Bibbur-si hören.

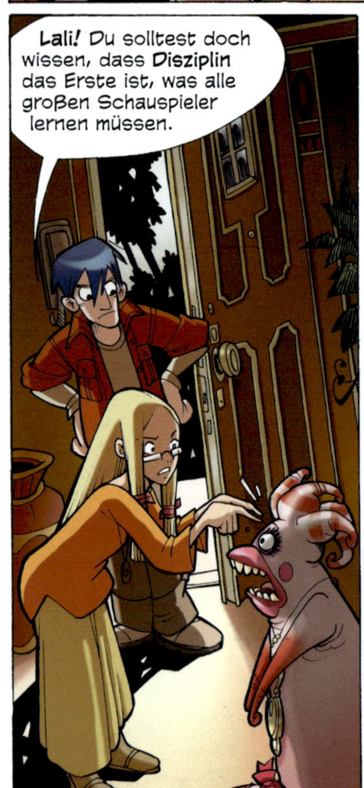
Lali! Du solltest doch wissen, dass Disziplin das Erste ist, was alle großen Schauspieler lernen müssen.

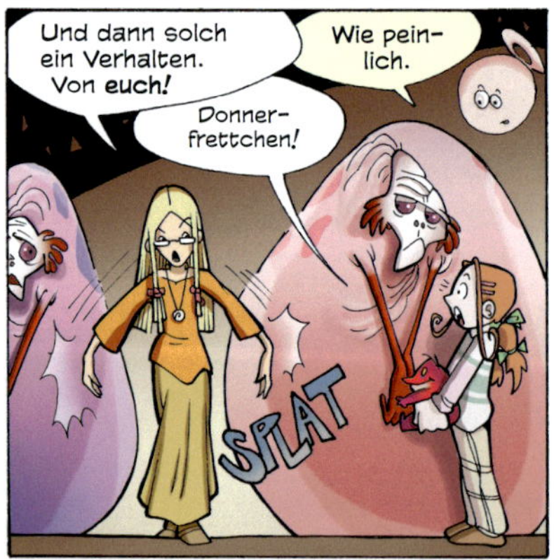
Und dann solch ein Verhalten. Von euch!
Wie peinlich.
Donnerfrettchen!
SPLAT

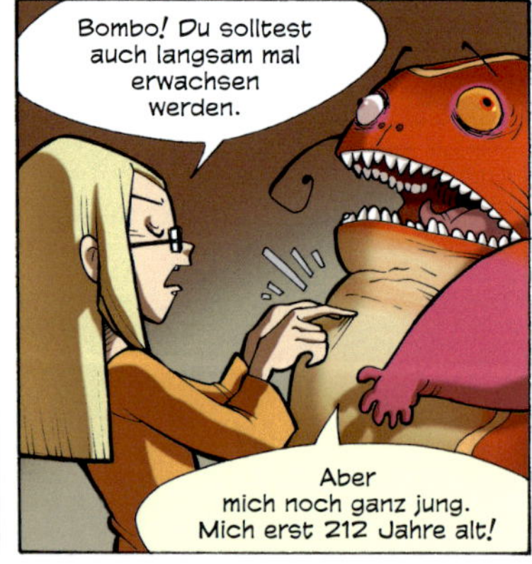
Bombo! Du solltest auch langsam mal erwachsen werden.
Aber mich noch ganz jung. Mich erst 212 Jahre alt!

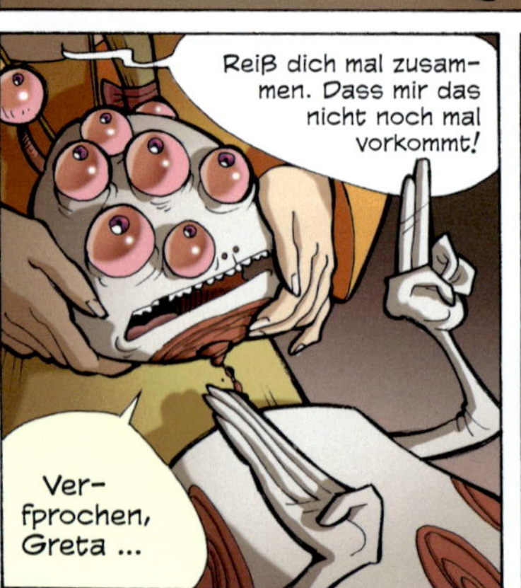
Reiß dich mal zusammen. Dass mir das nicht noch mal vorkommt!
Verfprochen, Greta ...

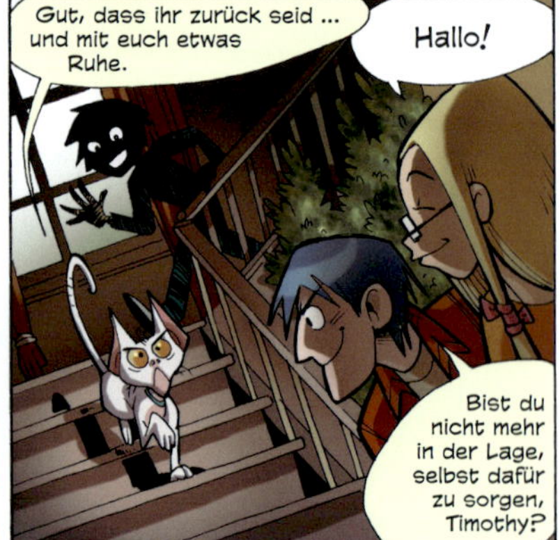
Gut, dass ihr zurück seid ... und mit euch etwas Ruhe.
Hallo!
Bist du nicht mehr in der Lage, selbst dafür zu sorgen, Timothy?

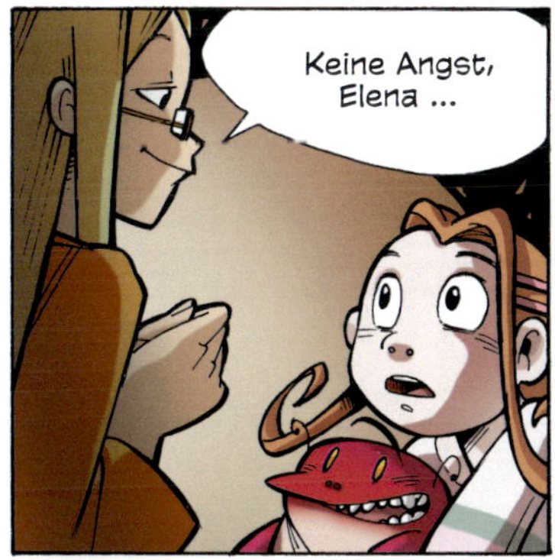

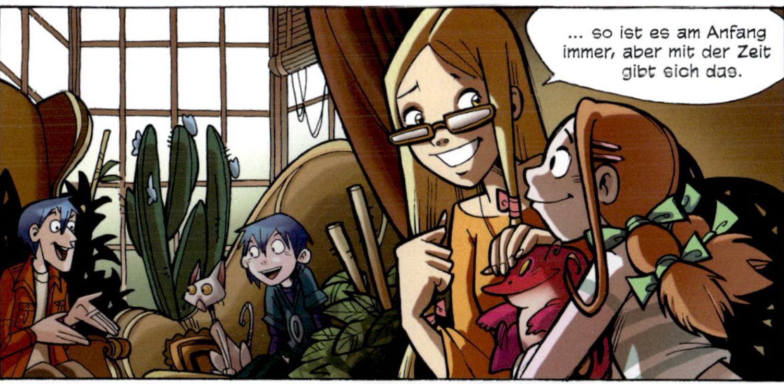

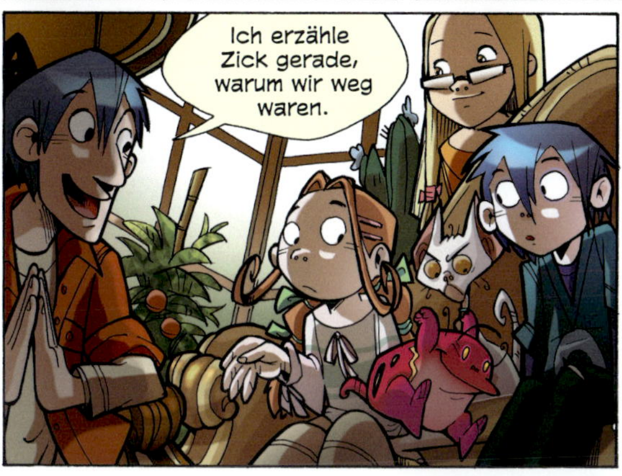

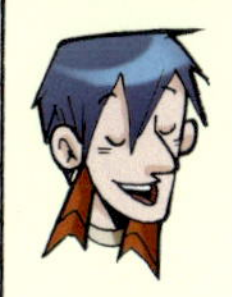

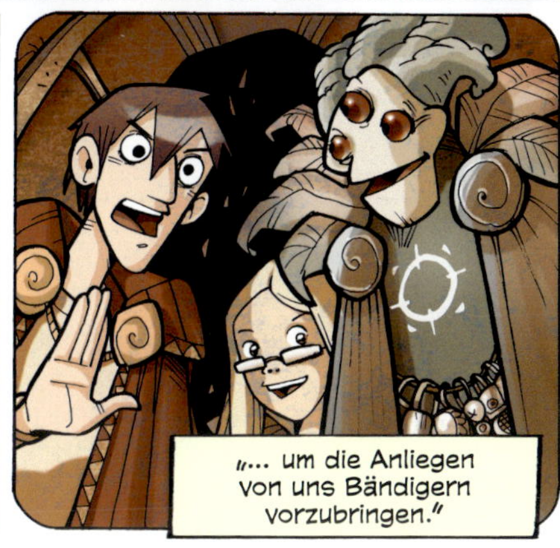

„Die Bändiger wurden mit allen Ehren in Bibbur-si empfangen und das Ende der Verbannung frenetisch gefeiert."

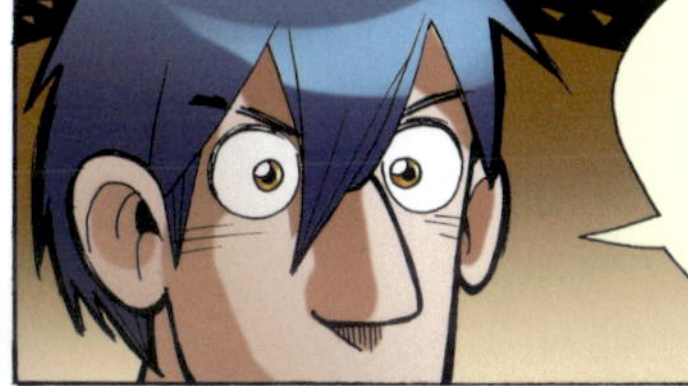

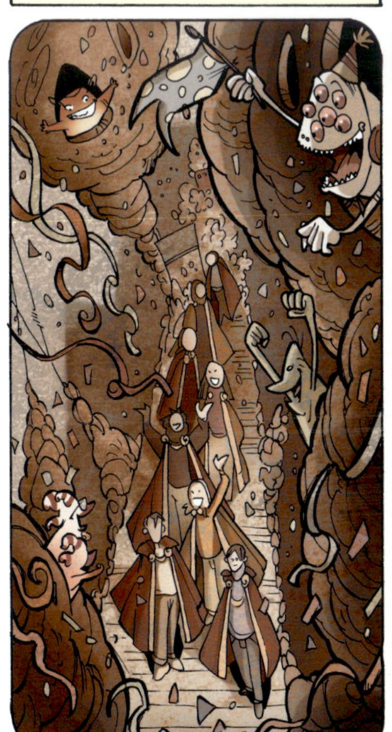

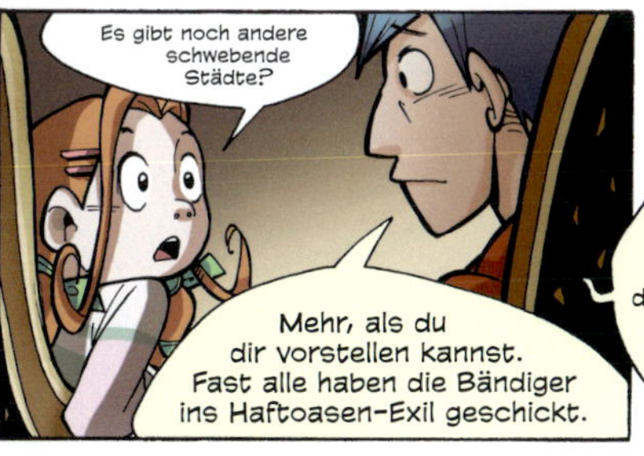

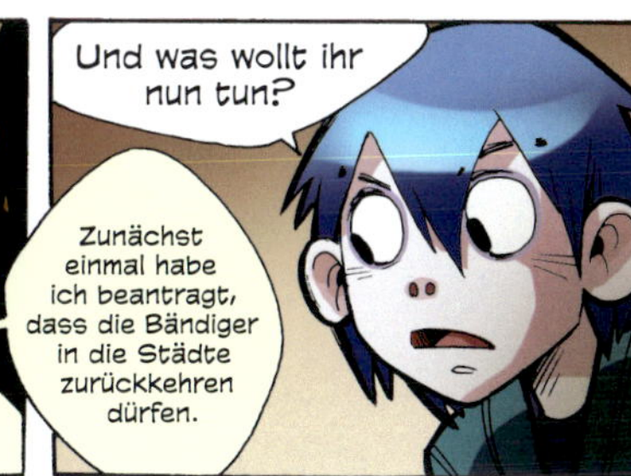

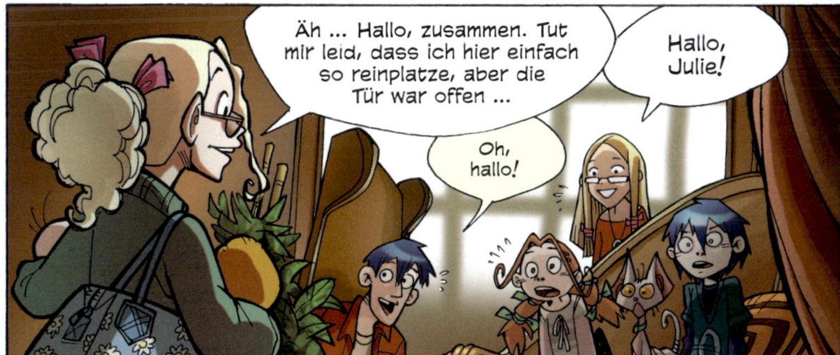

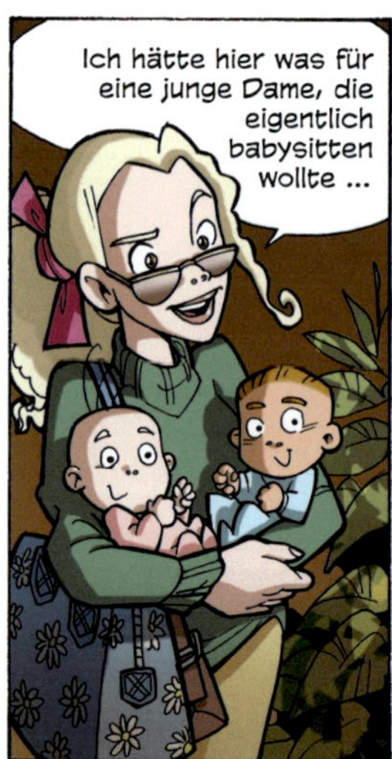
Ich hätte hier was für eine junge Dame, die eigentlich babysitten wollte ...

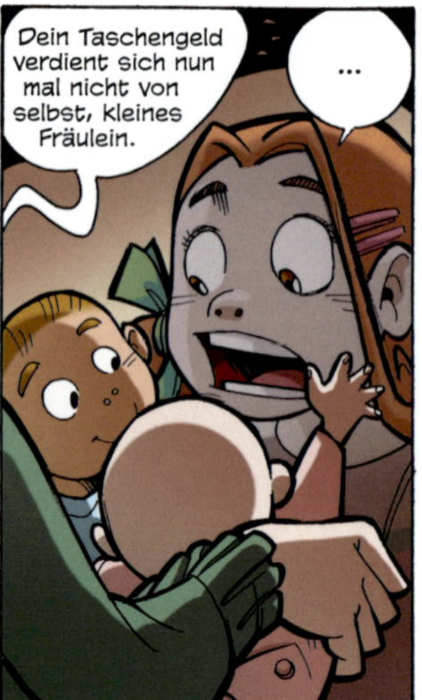
Dein Taschengeld verdient sich nun mal nicht von selbst, kleines Fräulein.
...

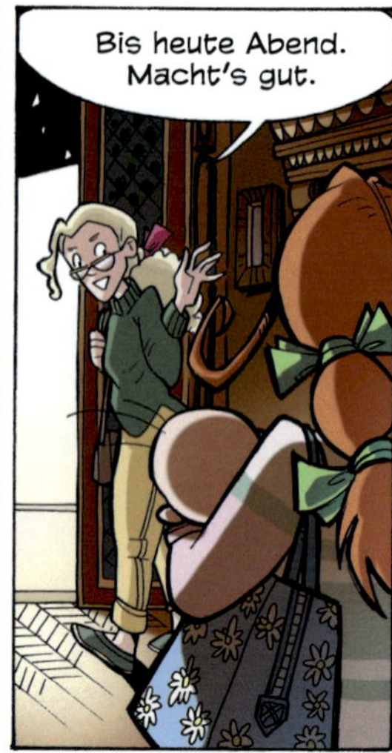
Bis heute Abend. Macht's gut.

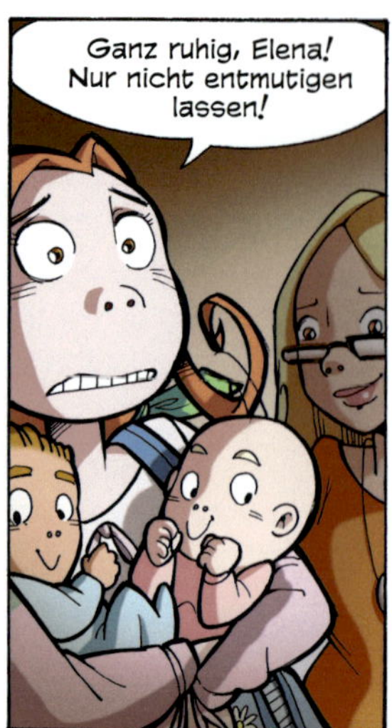
Ganz ruhig, Elena! Nur nicht entmutigen lassen!

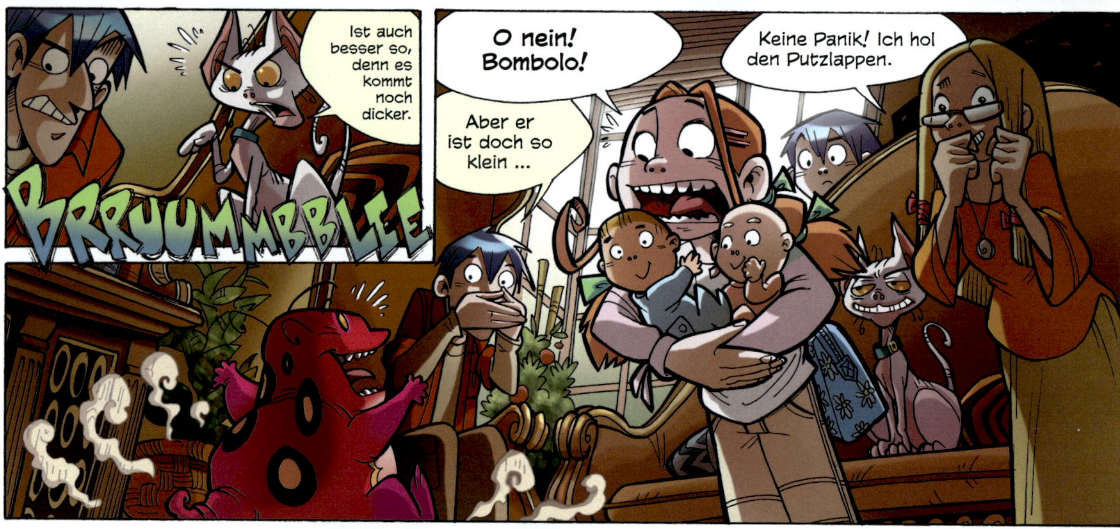
Ist auch besser so, denn es kommt noch dicker.
BRRUUMMBBLEE
O nein! Bombolo!
Aber er ist doch so klein ...
Keine Panik! Ich hol den Putzlappen.

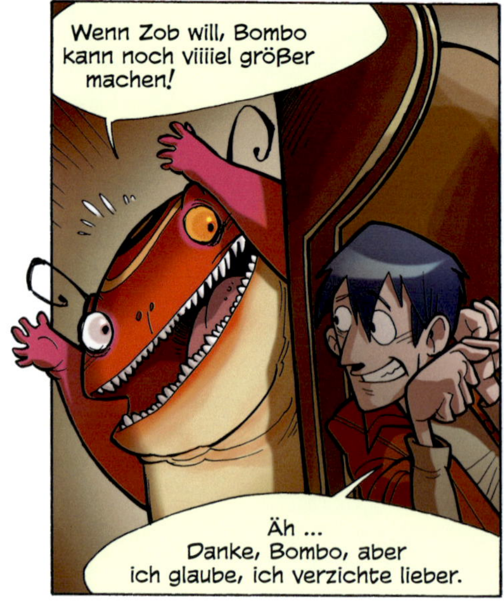
Wenn Zob will, Bombo kann noch viiiiel größer machen!
Äh ...
Danke, Bombo, aber ich glaube, ich verzichte lieber.

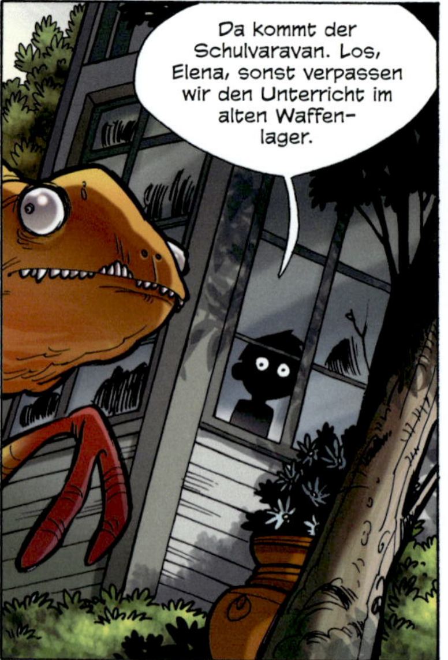
Da kommt der Schulvaravan. Los, Elena, sonst verpassen wir den Unterricht im alten Waffen-lager.

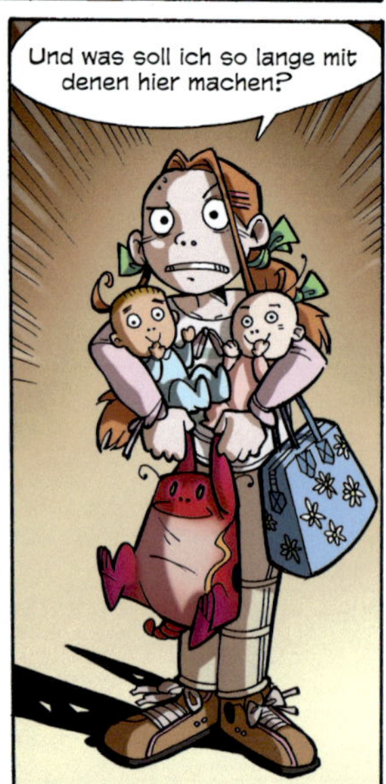
Und was soll ich so lange mit denen hier machen?

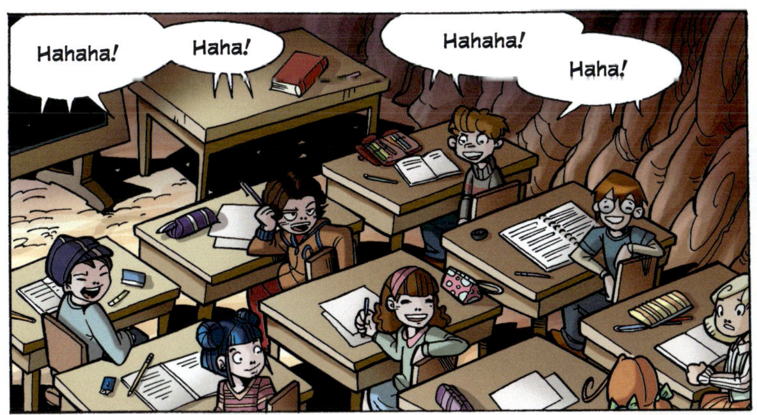
Hahaha!
Haha!
Hahaha!
Haha!

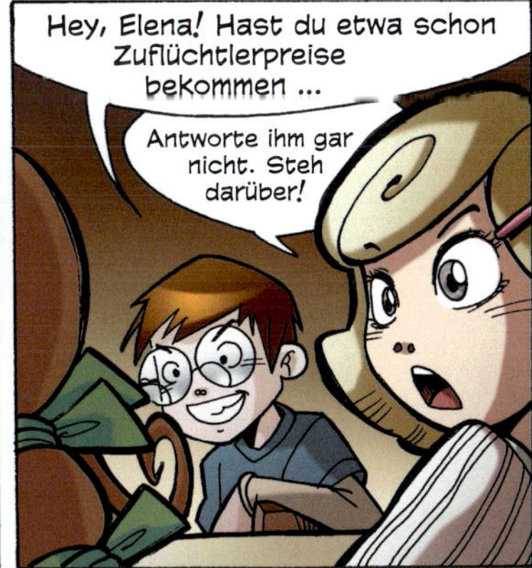
Hey, Elena! Hast du etwa schon Zuflüchtlerpreise bekommen ...
Antworte ihm gar nicht. Steh darüber!

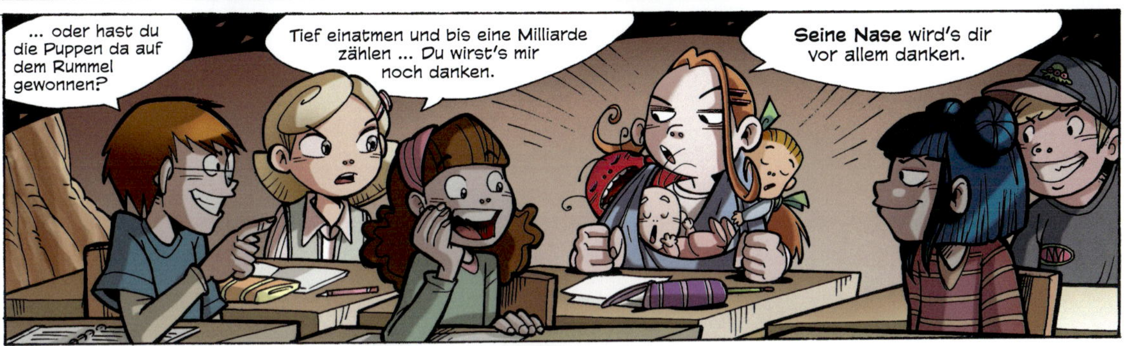
... oder hast du die Puppen da auf dem Rummel gewonnen?
Tief einatmen und bis eine Milliarde zählen ... Du wirst's mir noch danken.
Seine Nase wird's dir vor allem danken.

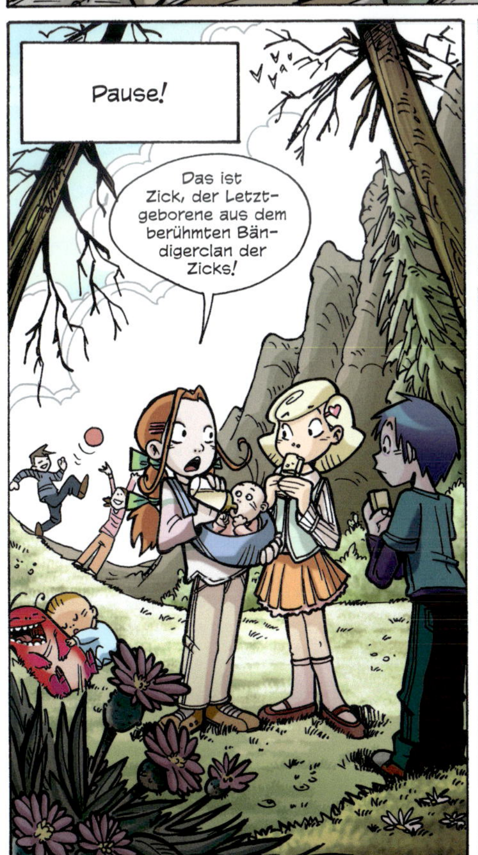
Pause!
Das ist Zick, der Letztgeborene aus dem berühmten Bändigerclan der Zicks!

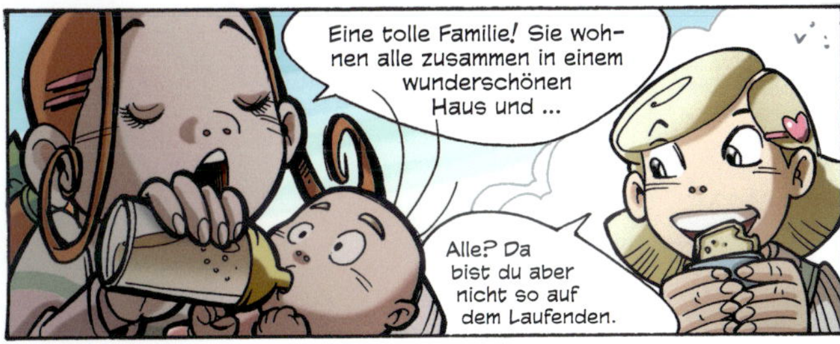
Eine tolle Familie! Sie wohnen alle zusammen in einem wunderschönen Haus und ...
Alle? Da bist du aber nicht so auf dem Laufenden.

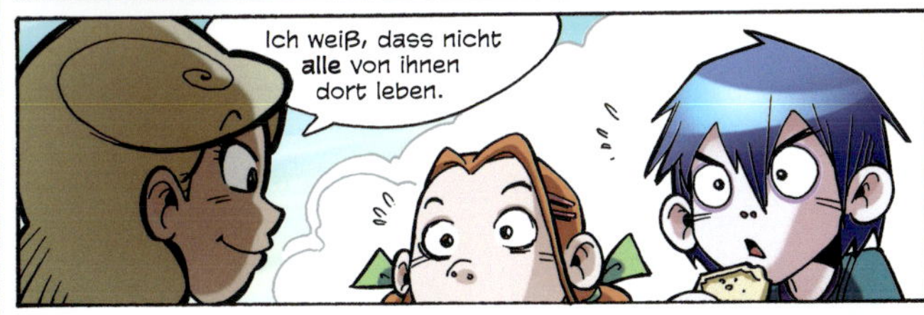
Ich weiß, dass nicht alle von ihnen dort leben.

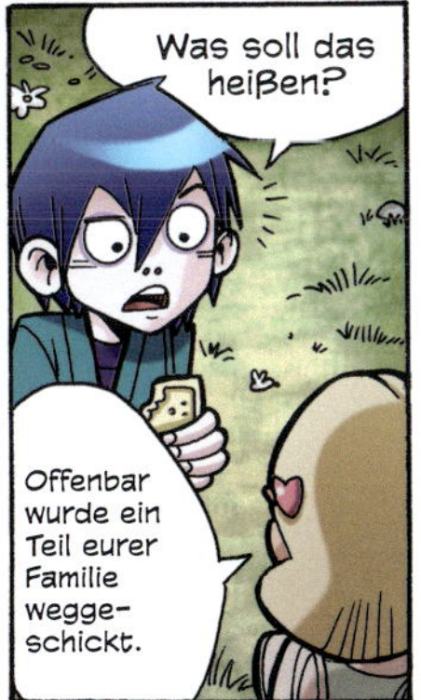
Was soll das heißen?
Offenbar wurde ein Teil eurer Familie weggeschickt.

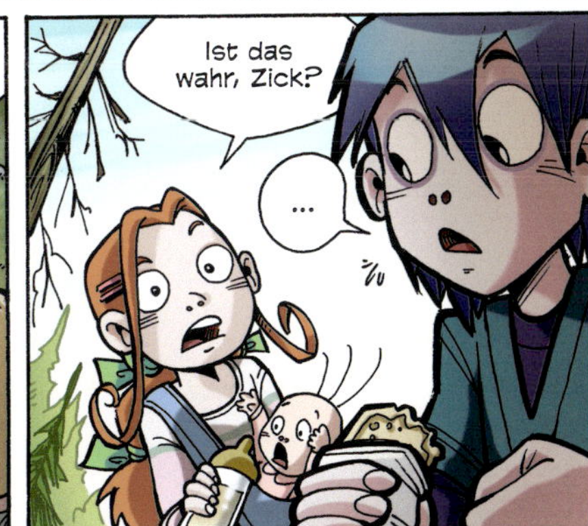
Ist das wahr, Zick?
...

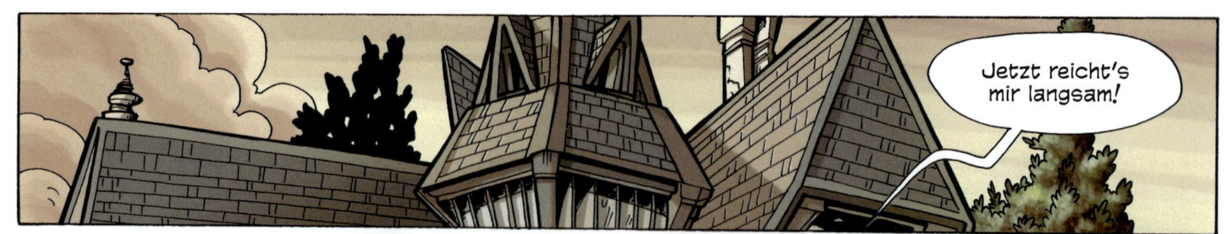
Jetzt reicht's mir langsam!

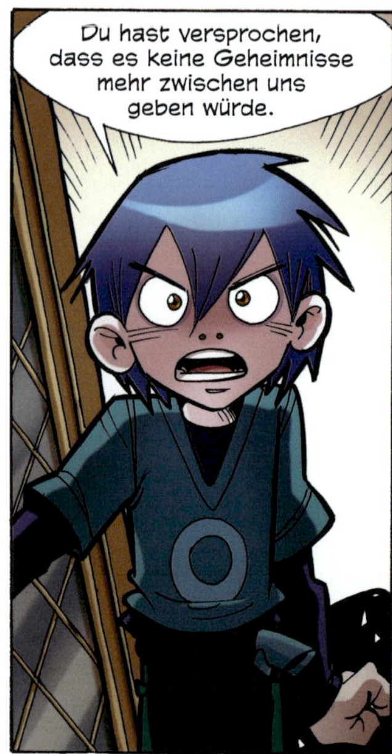
Du hast versprochen, dass es keine Geheimnisse mehr zwischen uns geben würde.

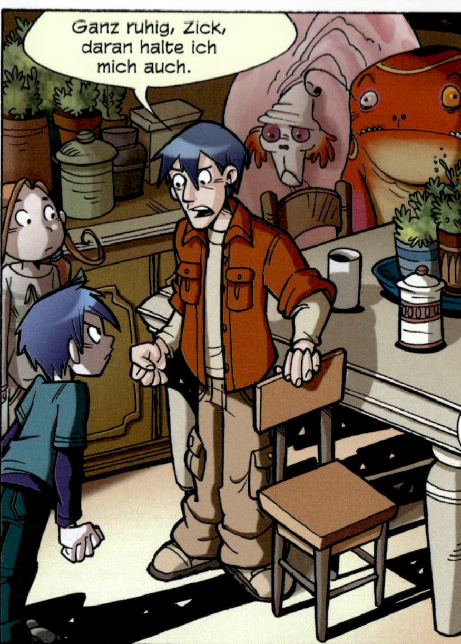
Ganz ruhig, Zick, daran halte ich mich auch.

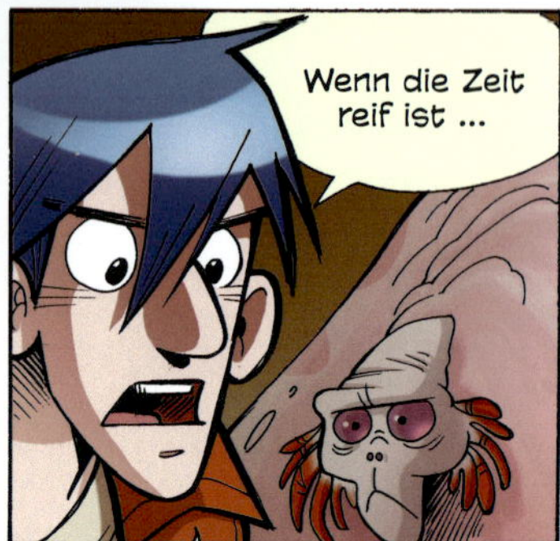
Wenn die Zeit reif ist ...

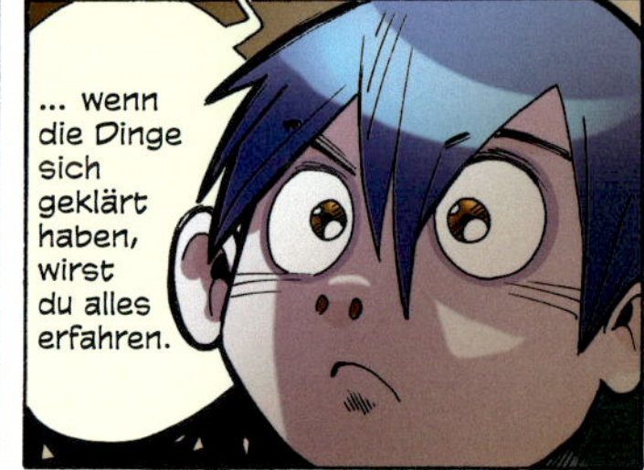
... wenn die Dinge sich geklärt haben, wirst du alles erfahren.

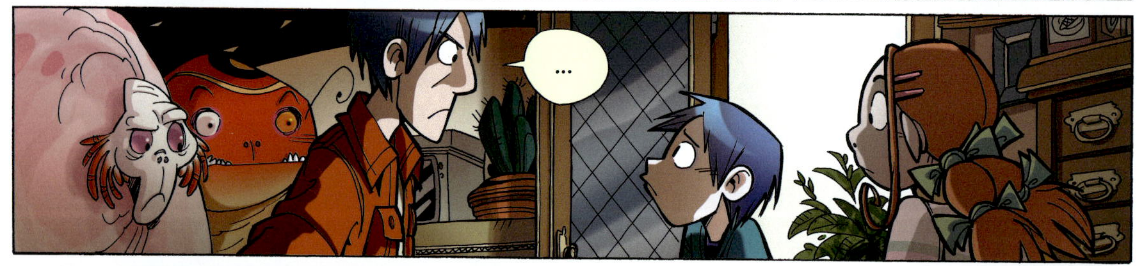
...

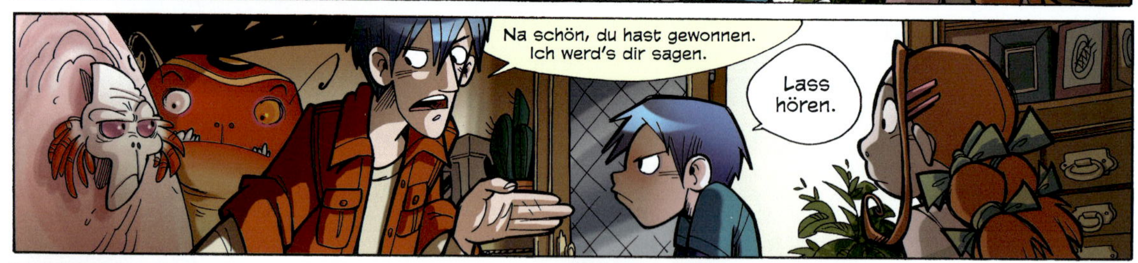
Na schön, du hast gewonnen. Ich werd's dir sagen.
Lass hören.

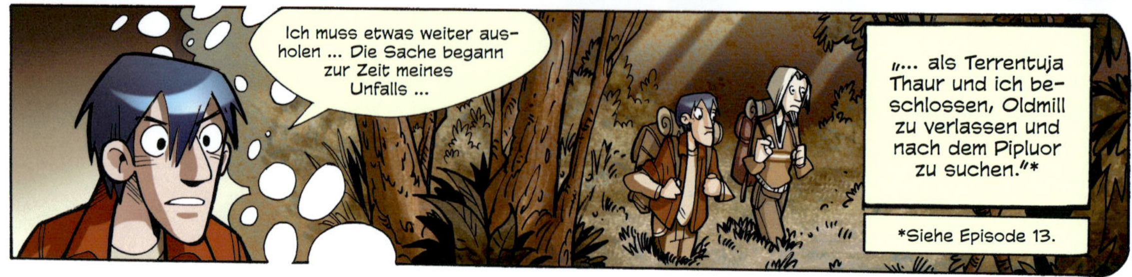
Ich muss etwas weiter ausholen ... Die Sache begann zur Zeit meines Unfalls ...
„... als Terrentuja Thaur und ich beschlossen, Oldmill zu verlassen und nach dem Pipluor zu suchen."*
*Siehe Episode 13.

„Mein Vater, Ezeria, war zwar mit meiner Entscheidung, die Haftoase zu verlassen, nicht einverstanden ..."

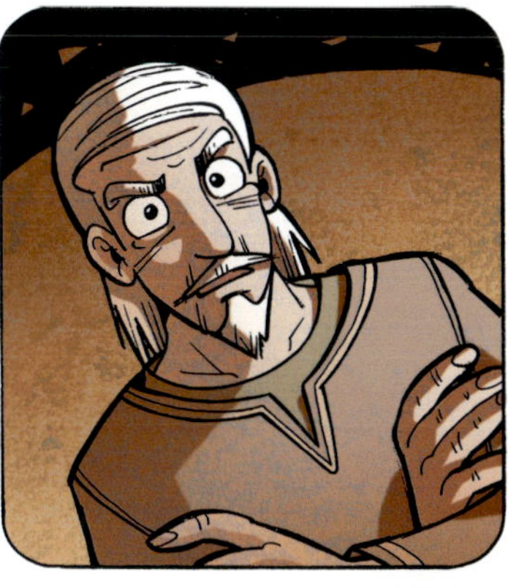

„... half mir aber dennoch, meine Flucht zu vertuschen, indem er den ganzen Tag lang so tat, als ob er mit mir streiten würde."

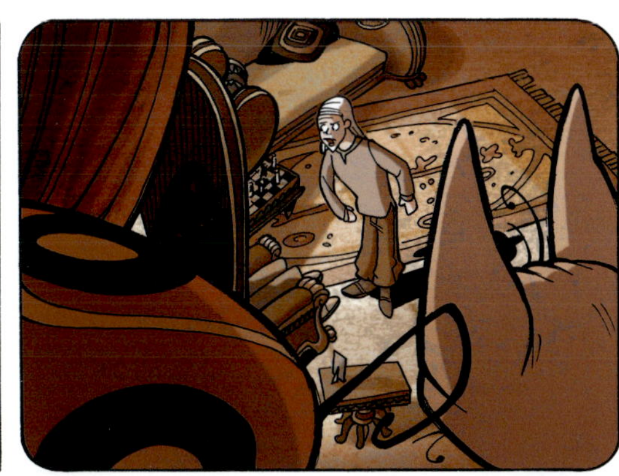

„Selbst Timothy ging ihm auf den Leim und bekam nicht mit, dass ich gar nicht mehr im Haus war."

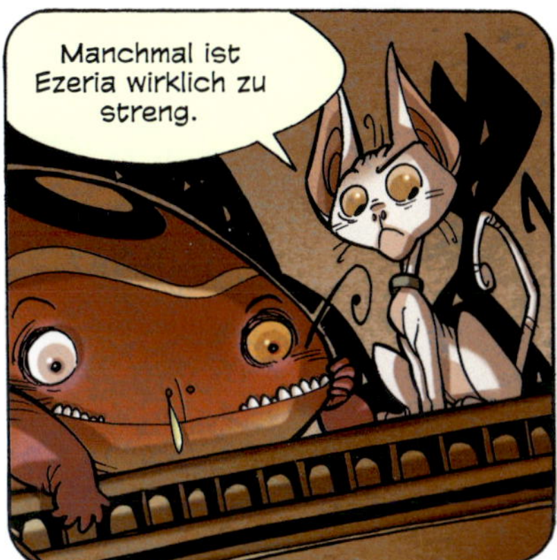

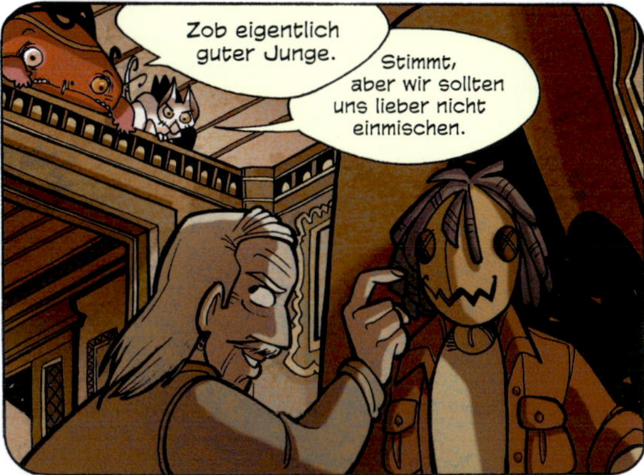

„Inzwischen hatte ich den Pipluor besiegt, musste aber einen hohen Preis dafür zahlen ..."

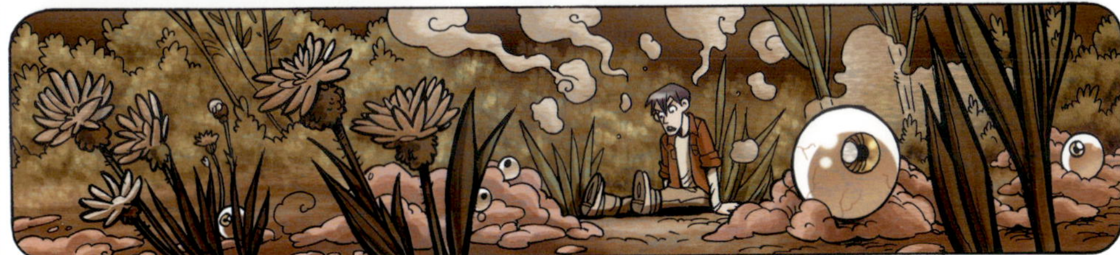

„... und als ich zur Oase zurückkam, ließ sich die Wahrheit nicht länger verbergen."

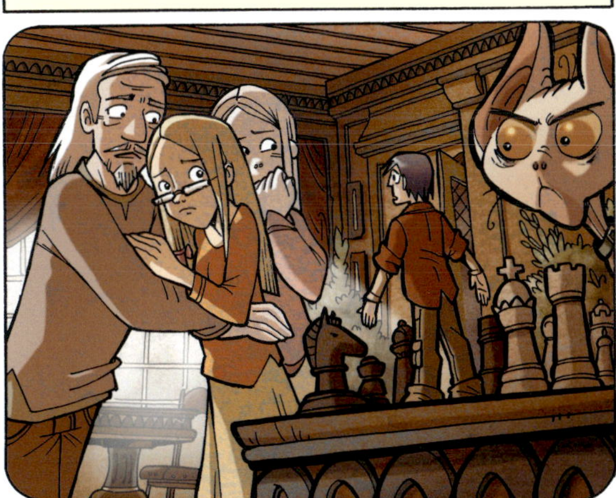

„Es dauerte nicht lange, da ließen die Hochgradigsten Hüter in Bibbur-si von sich hören."

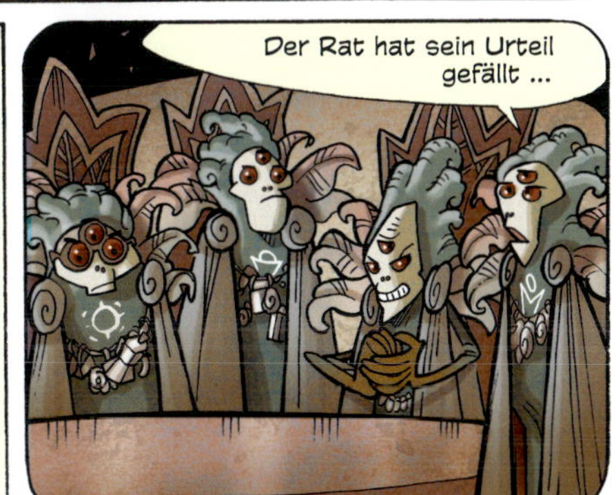

Aufgrund des Ungehorsams der Zicks und der Gefahr für die Allgemeinheit, die von ihnen ausgeht, wenn sie vereint sind ...

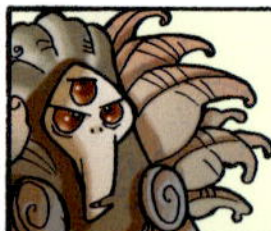
„... werden Ezeria und Maria in eine weit entfernte Haftoase verlegt ..."

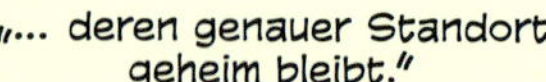
„... deren genauer Standort geheim bleibt."

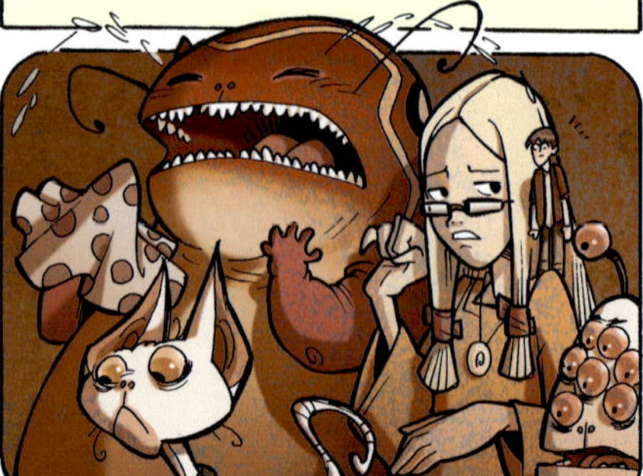

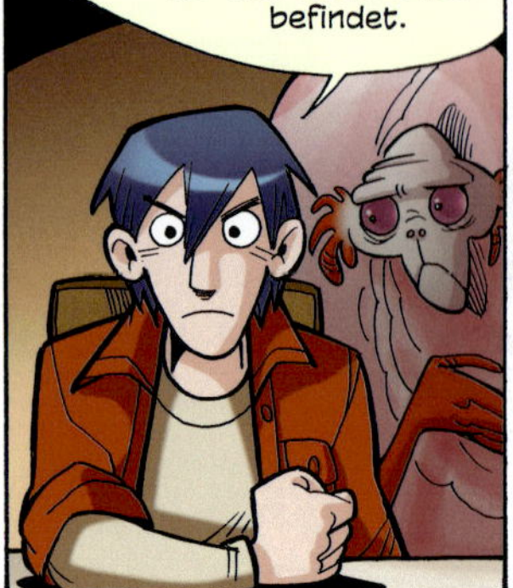
Ich sah sie nie wieder. Und ich fand nie heraus, wo sich diese Oase befindet.

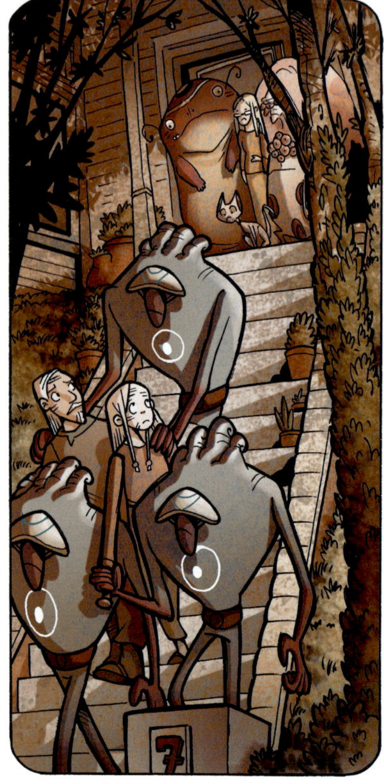

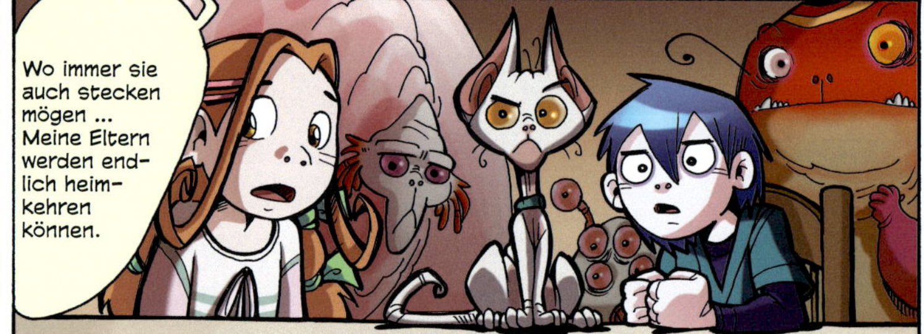
Doch wenn endlich die Bändiger in **allen** Städten frei sind, wird auch dieses Rätsel gelöst werden.
Wo immer sie auch stecken mögen ... Meine Eltern werden endlich heimkehren können.

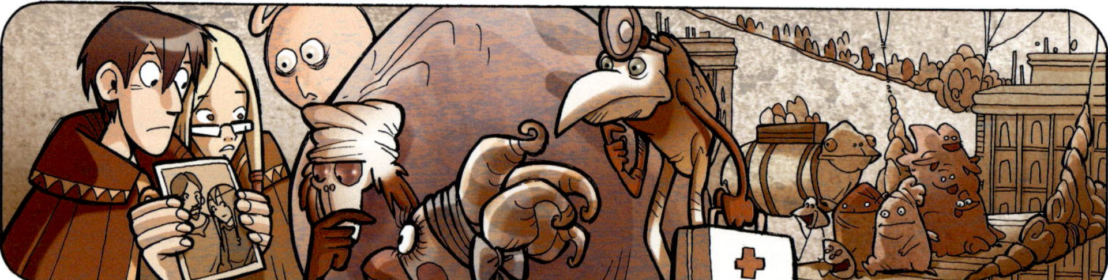
„Viele der Bewohner von Bibbursi haben versucht, mir zu helfen ..."

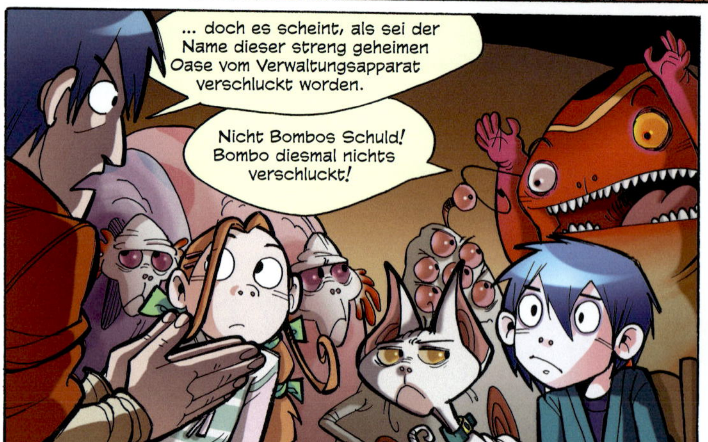
... doch es scheint, als sei der Name dieser streng geheimen Oase vom Verwaltungsapparat verschluckt worden.
Nicht Bombos Schuld! Bombo diesmal nichts verschluckt!

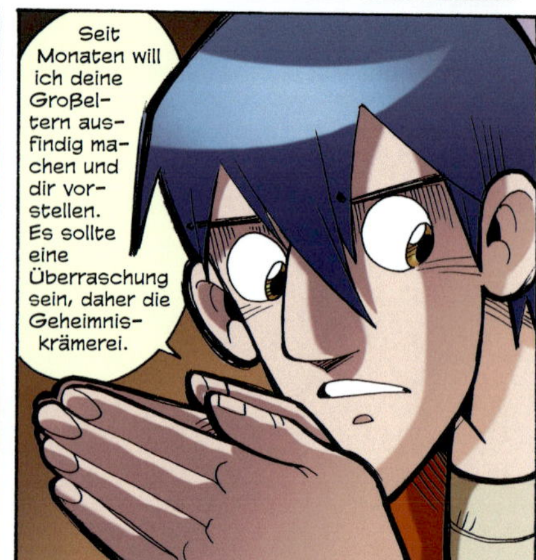
Seit Monaten will ich deine Großeltern ausfindig machen und dir vorstellen. Es sollte eine Überraschung sein, daher die Geheimniskrämerei.

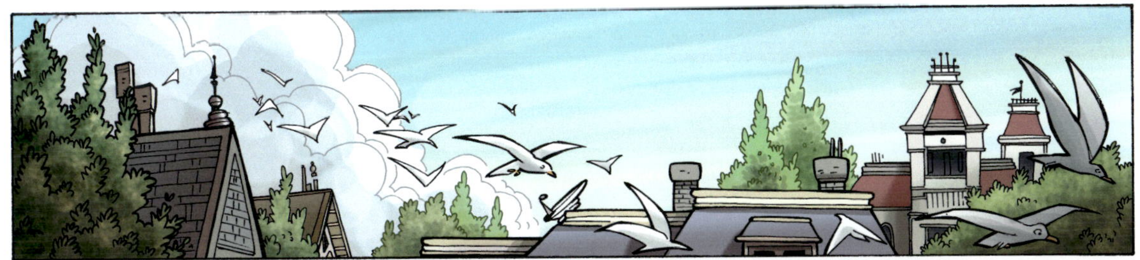

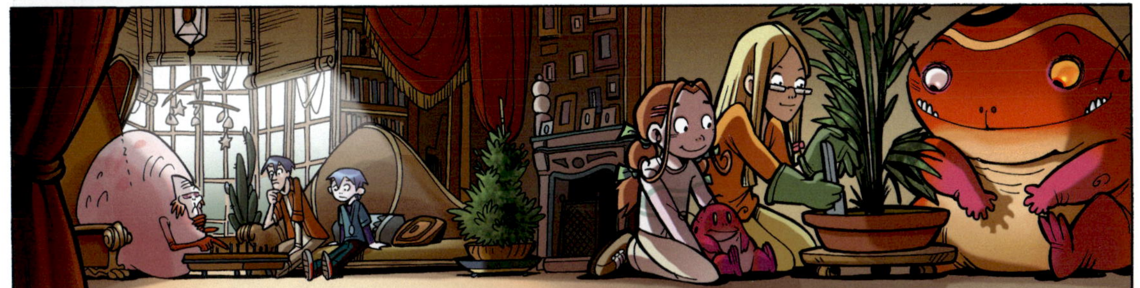

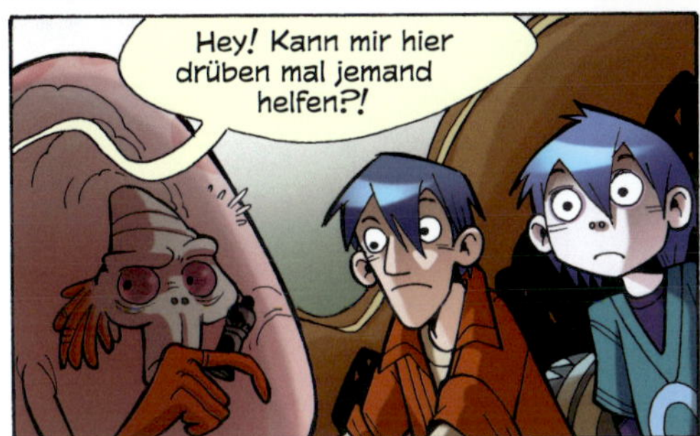

Hey! Kann mir hier drüben mal jemand helfen?!

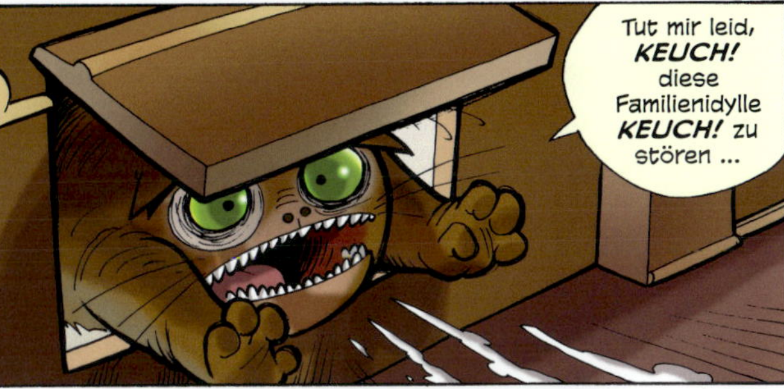

Tut mir leid, KEUCH! diese Familienidylle KEUCH! zu stören ...

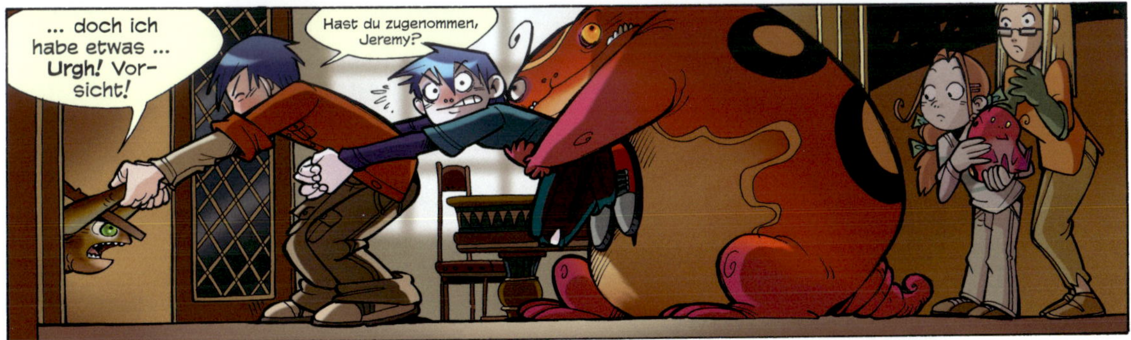

... doch ich habe etwas ... Urgh! Vorsicht!
Hast du zugenommen, Jeremy?

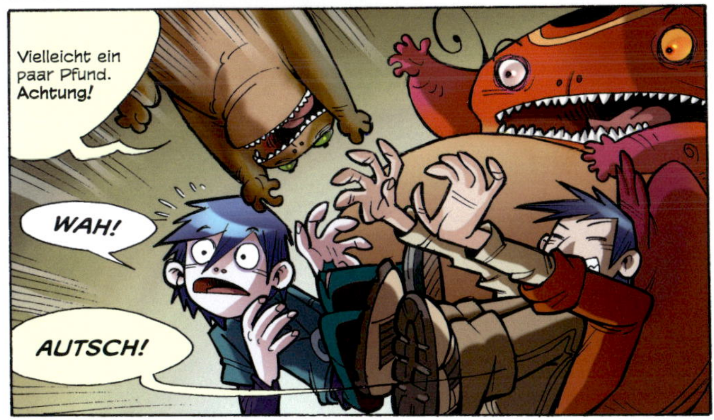

Vielleicht ein paar Pfund. Achtung!
WAH!
AUTSCH!

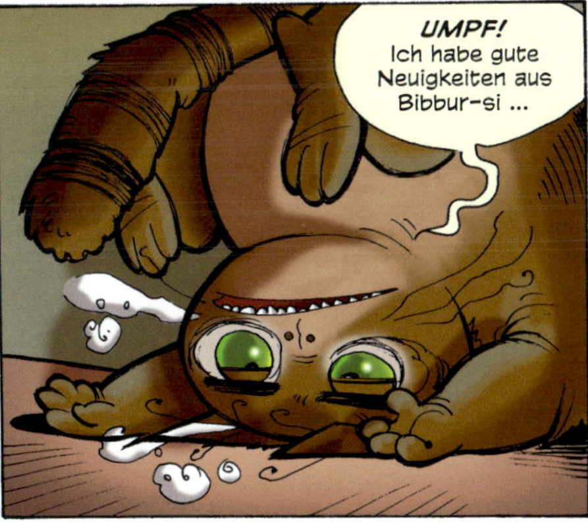

UMPF! Ich habe gute Neuigkeiten aus Bibbur-si ...

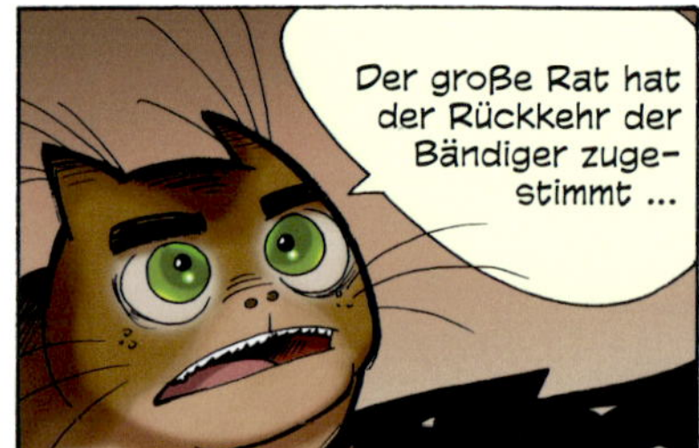
Der große Rat hat der Rückkehr der Bändiger zugestimmt ...

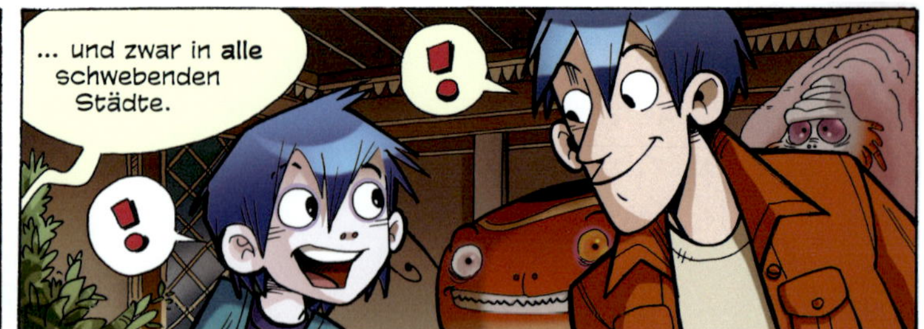
... und zwar in alle schwebenden Städte.
!
!

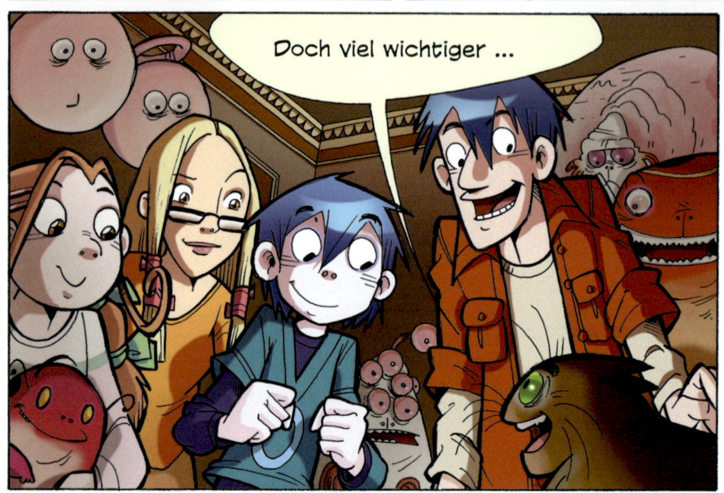
Doch viel wichtiger ...

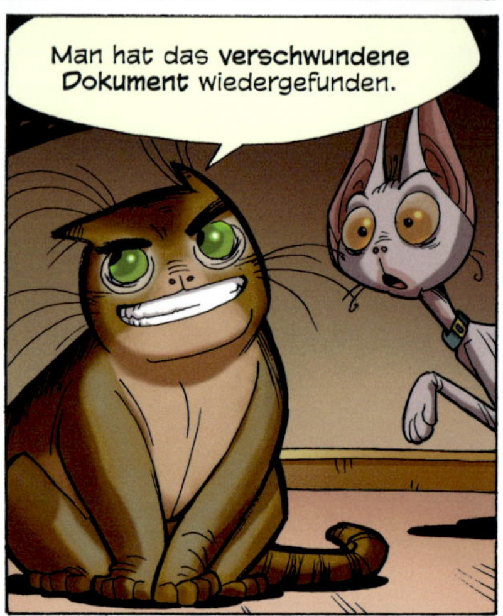
Man hat das verschwundene Dokument wiedergefunden.

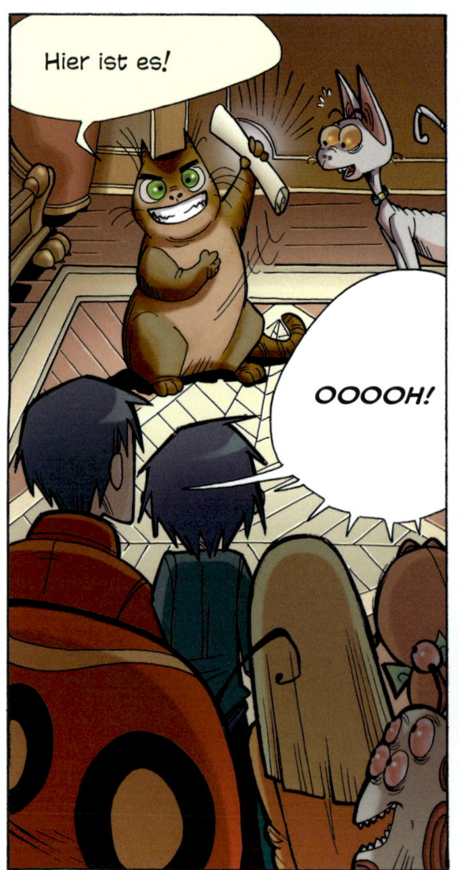
Hier ist es!
OOOOH!

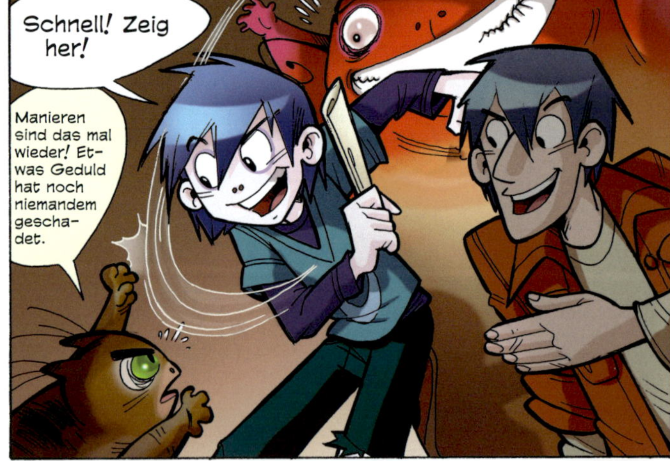
Schnell! Zeig her!
Manieren sind das mal wieder! Etwas Geduld hat noch niemandem geschadet.

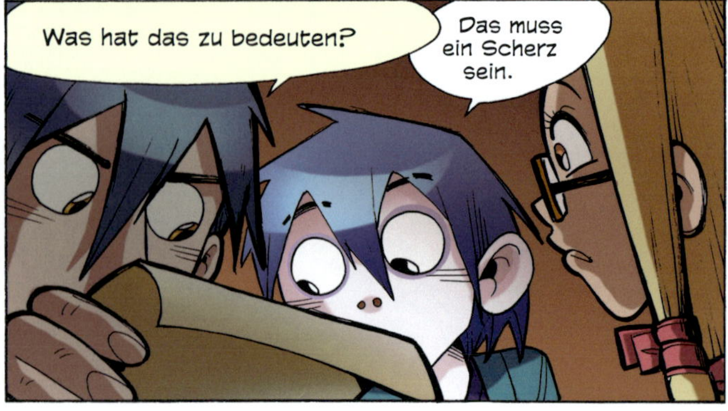
Was hat das zu bedeuten?
Das muss ein Scherz sein.

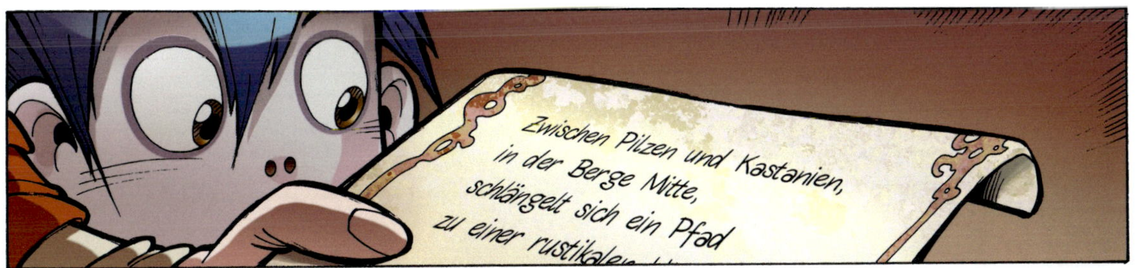
Zwischen Pilzen und Kastanien,
in der Berge Mitte,
schlängelt sich ein Pfad
zu einer rustikalen

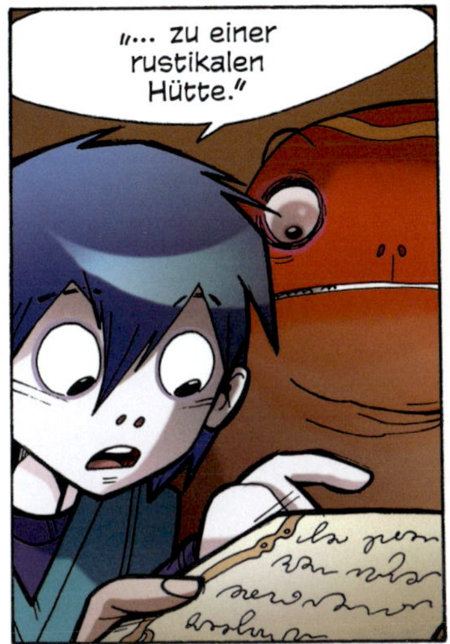
„... zu einer rustikalen Hütte."

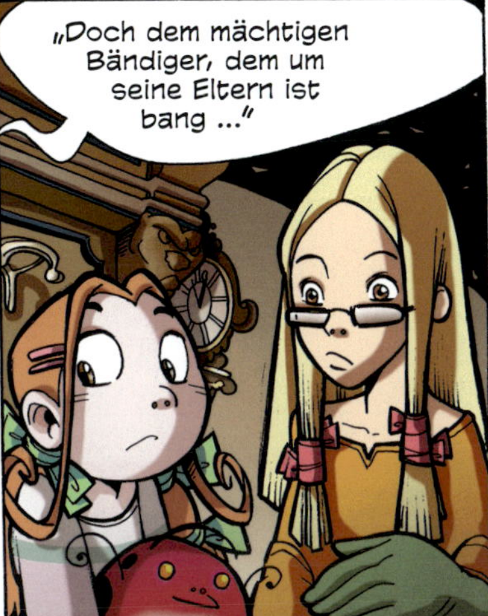
„Doch dem mächtigen Bändiger, dem um seine Eltern ist bang ..."

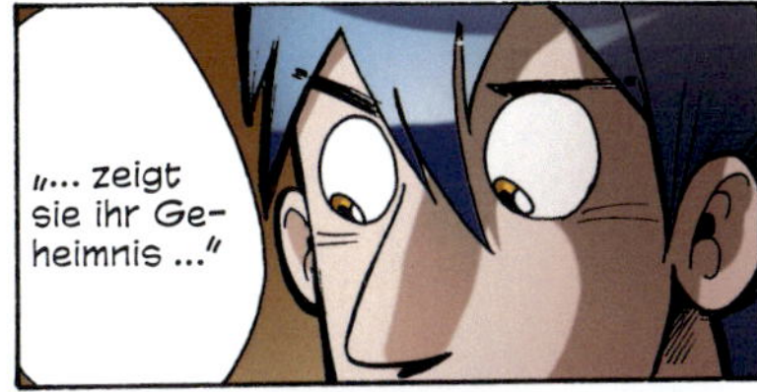
„... zeigt sie ihr Geheimnis ..."

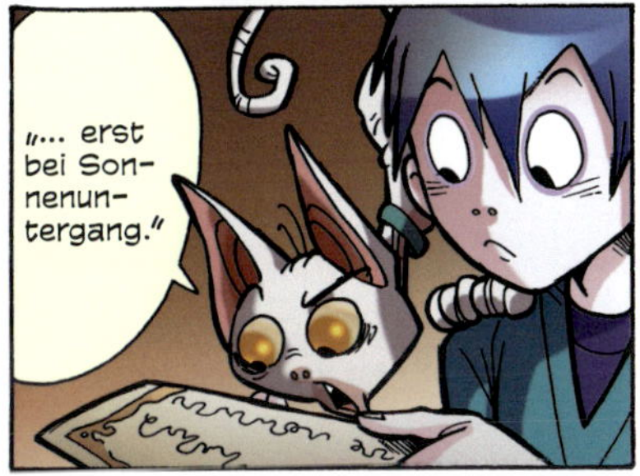
„... erst bei Sonnenuntergang."

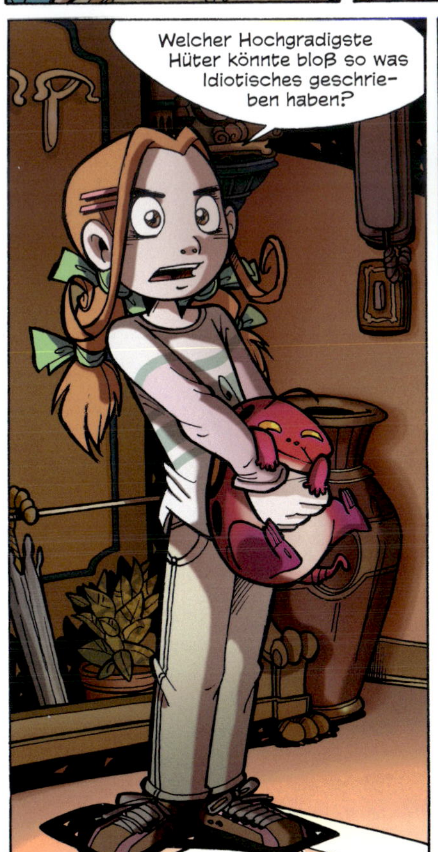
Welcher Hochgradigste Hüter könnte bloß so was Idiotisches geschrieben haben?

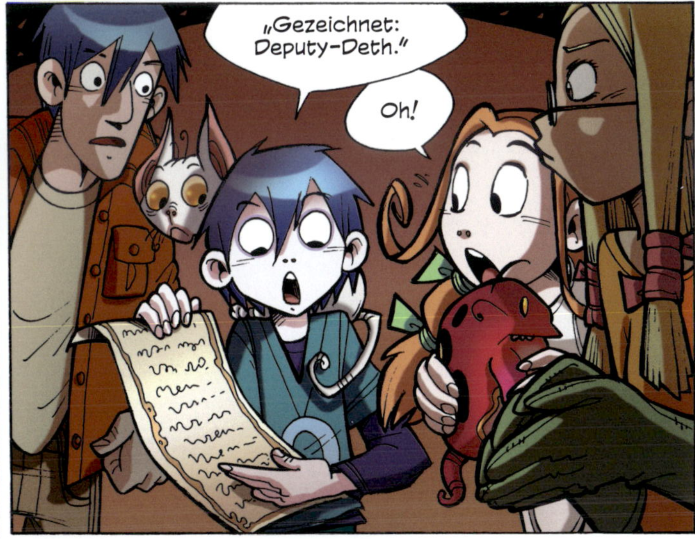
„Gezeichnet: Deputy-Deth."
Oh!

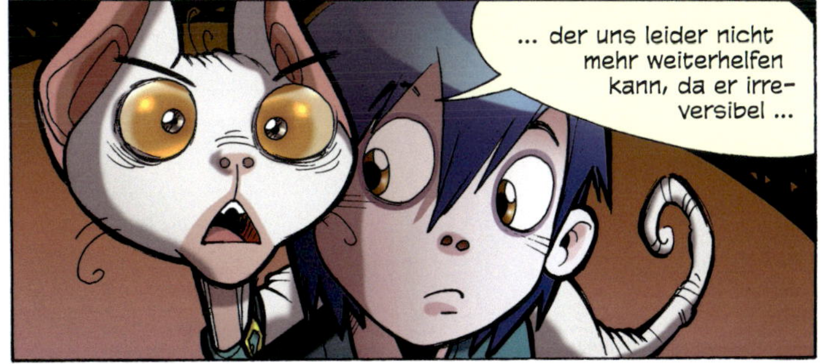
... der uns leider nicht mehr weiterhelfen kann, da er irreversibel ...

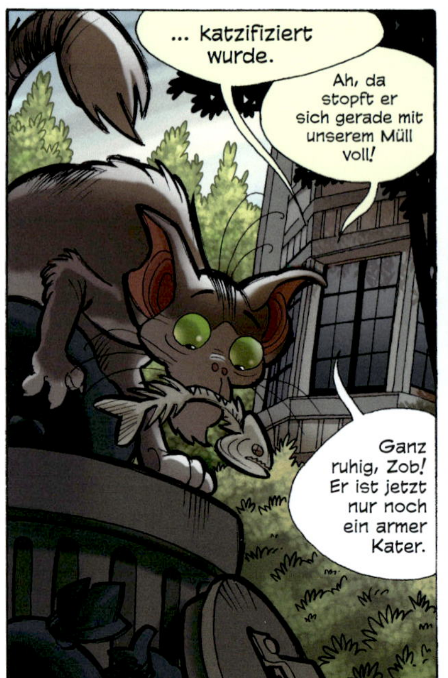
... katzifiziert wurde.
Ah, da stopft er sich gerade mit unserem Müll voll!
Ganz ruhig, Zob! Er ist jetzt nur noch ein armer Kater.

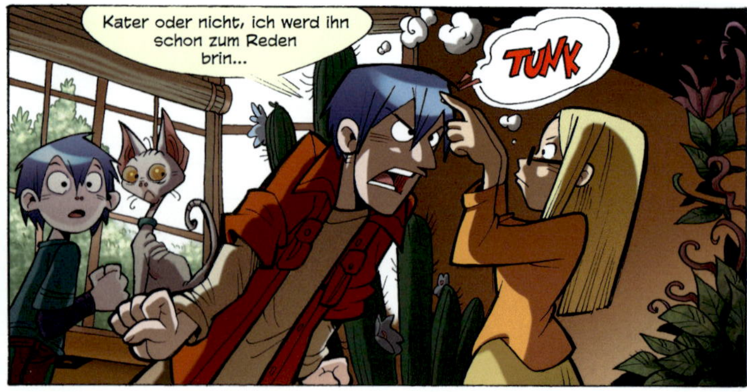
Kater oder nicht, ich werd ihn schon zum Reden brin...
TUNK

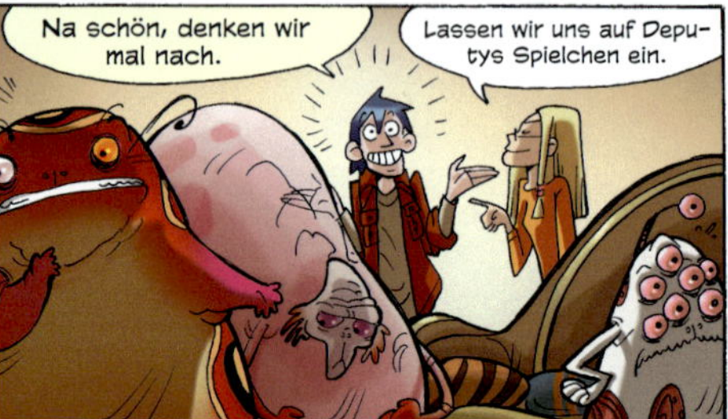
Na schön, denken wir mal nach.
Lassen wir uns auf Deputys Spielchen ein.

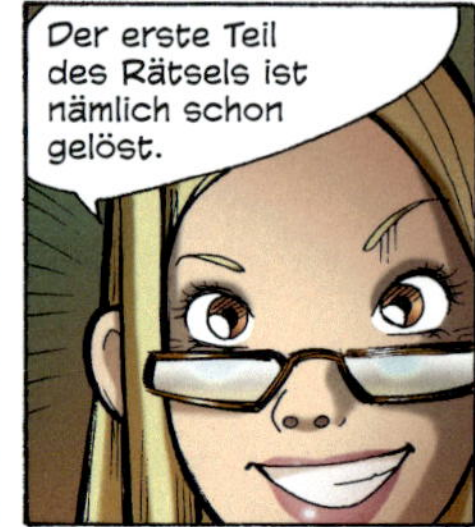
Der erste Teil des Rätsels ist nämlich schon gelöst.

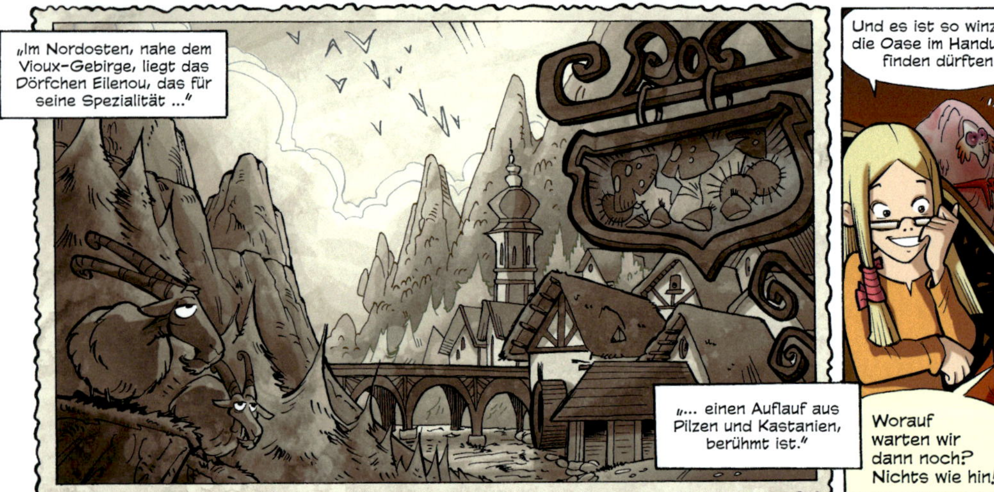
„Im Nordosten, nahe dem Vioux-Gebirge, liegt das Dörfchen Eilenou, das für seine Spezialität ..."
„... einen Auflauf aus Pilzen und Kastanien, berühmt ist."

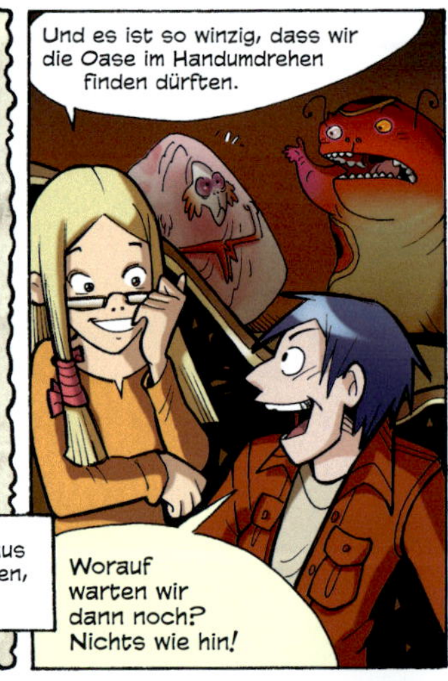
Und es ist so winzig, dass wir die Oase im Handumdrehen finden dürften.
Worauf warten wir dann noch? Nichts wie hin!

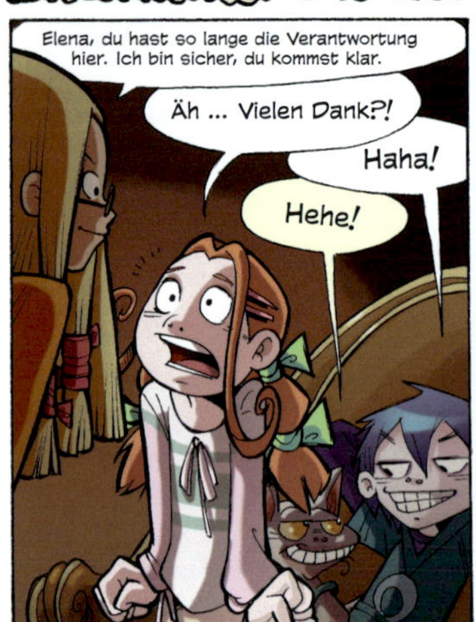
Elena, du hast so lange die Verantwortung hier. Ich bin sicher, du kommst klar.
Äh ... Vielen Dank?!
Haha!
Hehe!

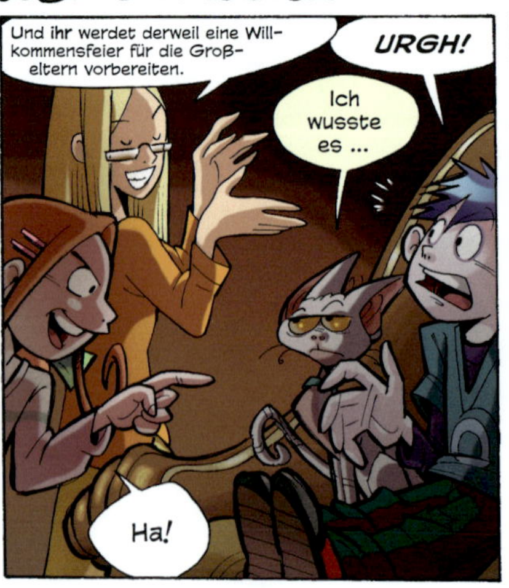
Und ihr werdet derweil eine Willkommensfeier für die Großeltern vorbereiten.
URGH!
Ich wusste es ...
Ha!

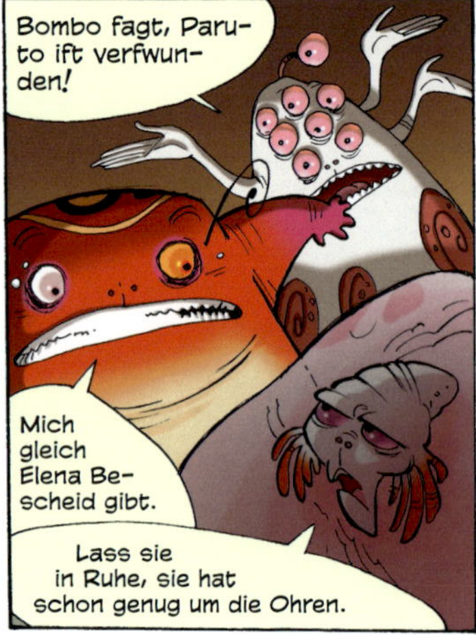
Bombo fagt, Paruto ift verfwunden!
Mich gleich Elena Bescheid gibt.
Lass sie in Ruhe, sie hat schon genug um die Ohren.

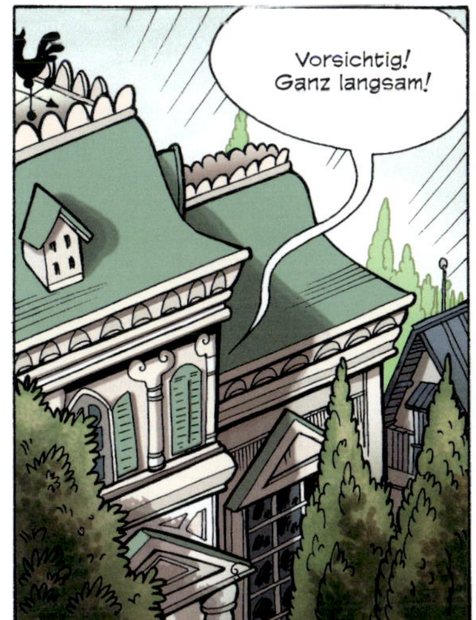
Vorsichtig!
Ganz langsam!

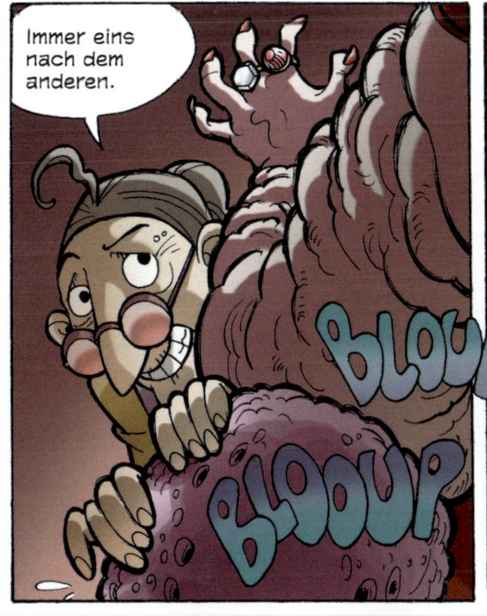
Immer eins nach dem anderen.
BLOUB
BLOOUP

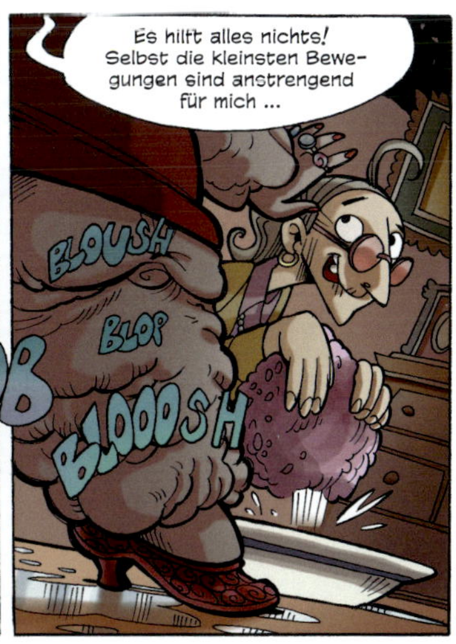
Es hilft alles nichts! Selbst die kleinsten Bewegungen sind anstrengend für mich ...
BLOUSH
BLOP
BLOOOSH

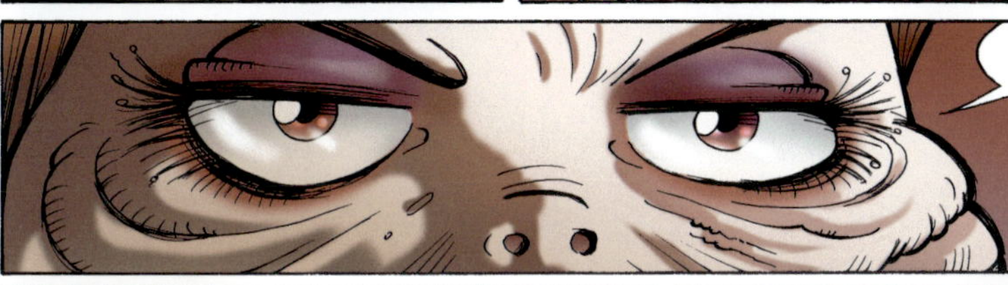
... seit mich dieser verdammte Moog-Magister ins Meer geworfen hat.*
*Siehe Episode 16.

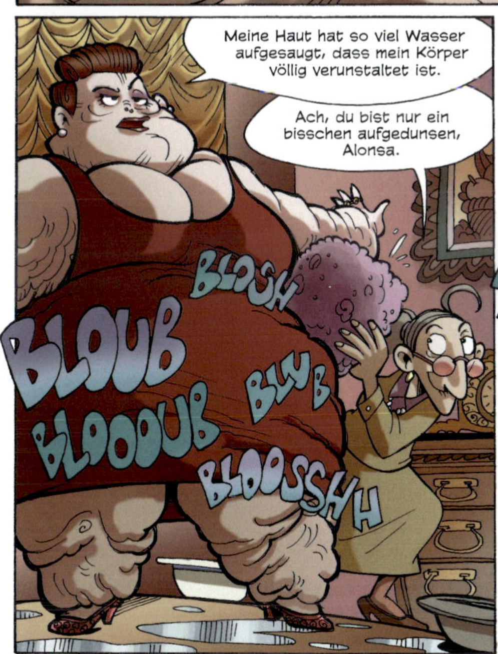
Meine Haut hat so viel Wasser aufgesaugt, dass mein Körper völlig verunstaltet ist.
Ach, du bist nur ein bisschen aufgedunsen, Alonsa.
BLOSH
BLOUB
BLUB
BLOOUB
BLOOSSHH

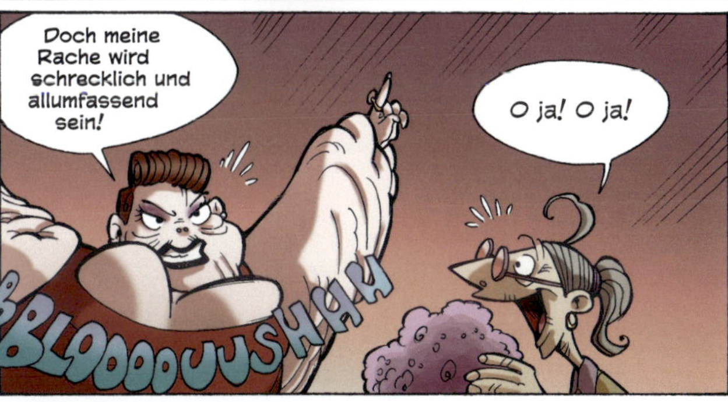
Doch meine Rache wird schrecklich und allumfassend sein!
O ja! O ja!
BBLOOOOUUSHHH

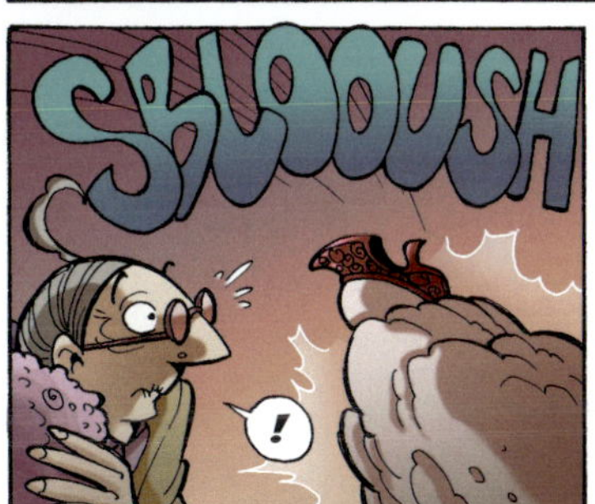
SBLOOUSH
!

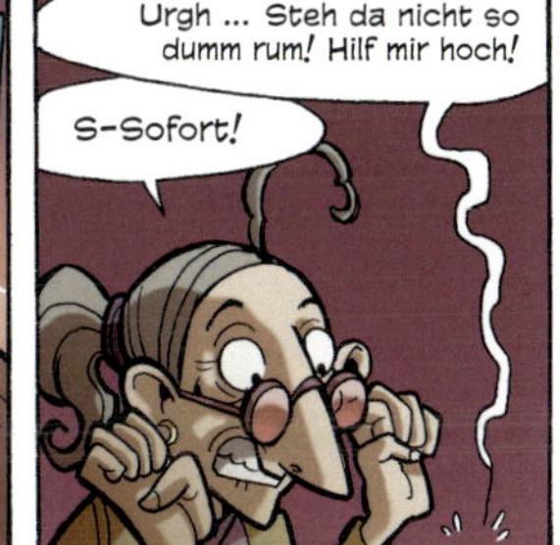
Urgh ... Steh da nicht so dumm rum! Hilf mir hoch!
S-Sofort!

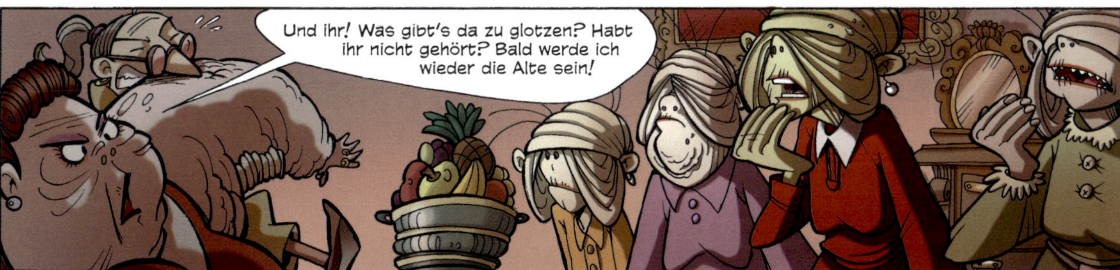
Und ihr! Was gibt's da zu glotzen? Habt ihr nicht gehört? Bald werde ich wieder die Alte sein!

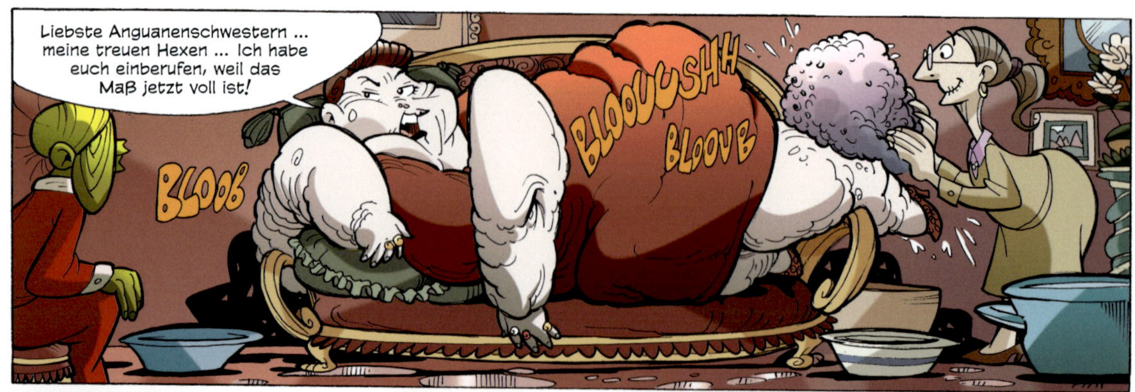
Liebste Anguanenschwestern ... meine treuen Hexen ... Ich habe euch einberufen, weil das Maß jetzt voll ist!
BLOOB
BLOOUUSHH
BLOOUB

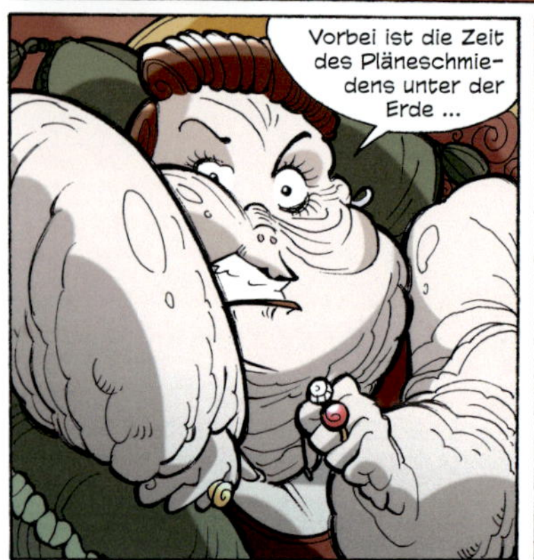
Vorbei ist die Zeit des Pläneschmiedens unter der Erde ...

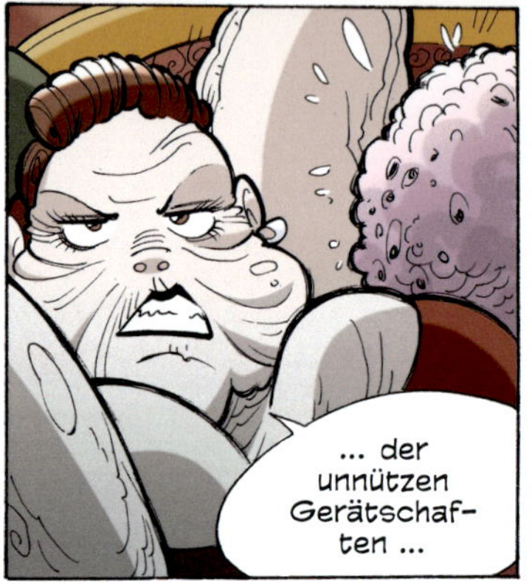
... der unnützen Gerätschaften ...

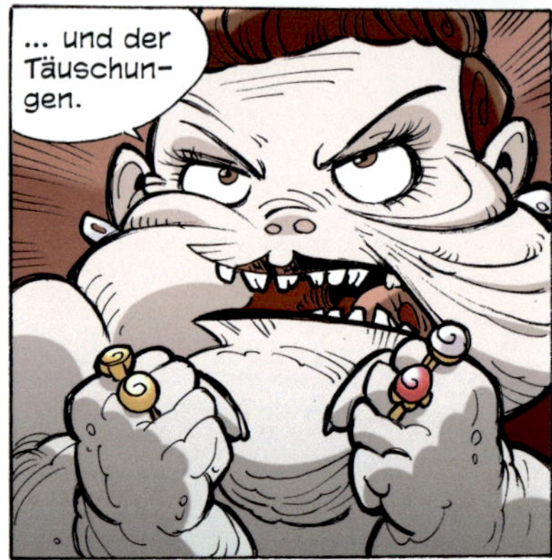
... und der Täuschungen.

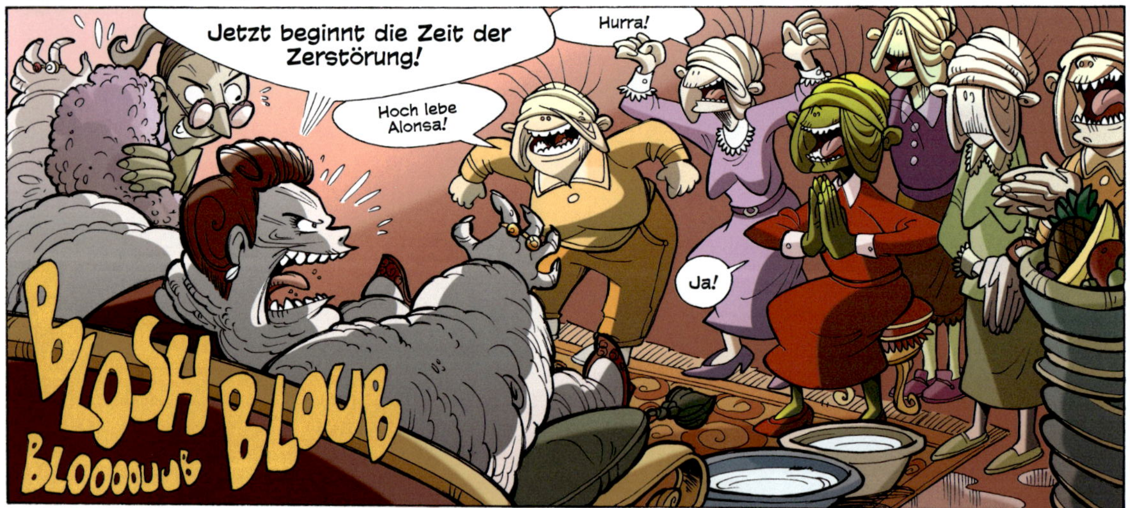
Jetzt beginnt die Zeit der Zerstörung!
Hurra!
Hoch lebe Alonsa!
Ja!
BLOSH
BLOUB
BLOOOOUUB

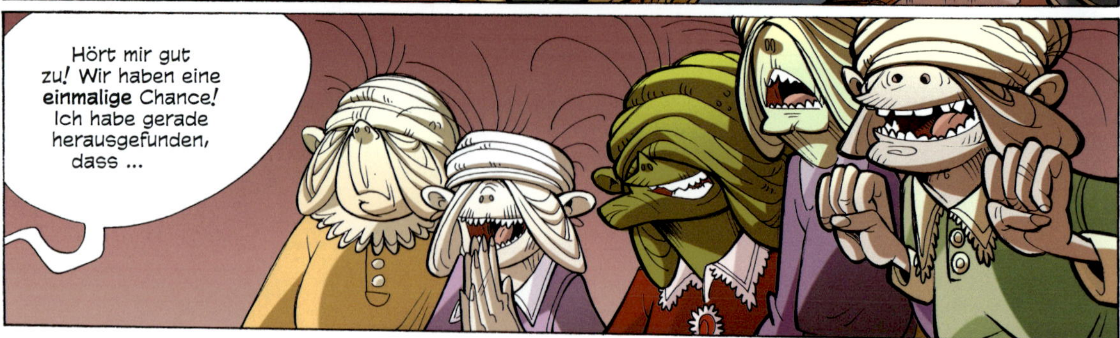
Hört mir gut zu! Wir haben eine **einmalige** Chance! Ich habe gerade herausgefunden, dass ...

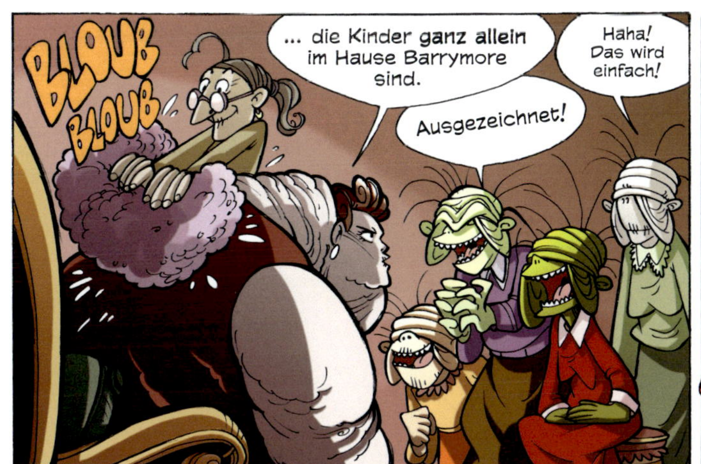
BLOUB
BLOUB
... die Kinder ganz allein im Hause Barrymore sind.
Ausgezeichnet!
Haha! Das wird einfach!

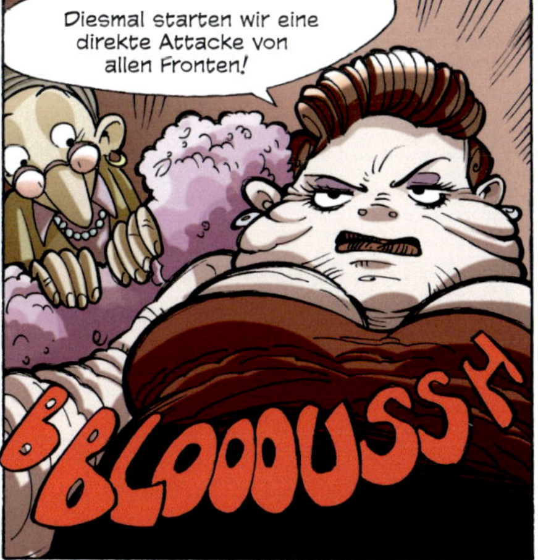
Diesmal starten wir eine direkte Attacke von allen Fronten!
BBLOOOUSSH

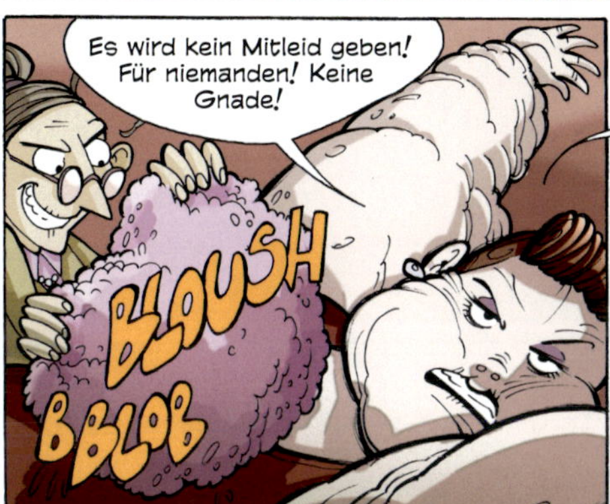
Es wird kein Mitleid geben! Für niemanden! Keine Gnade!
BLOUSH
BBLOB

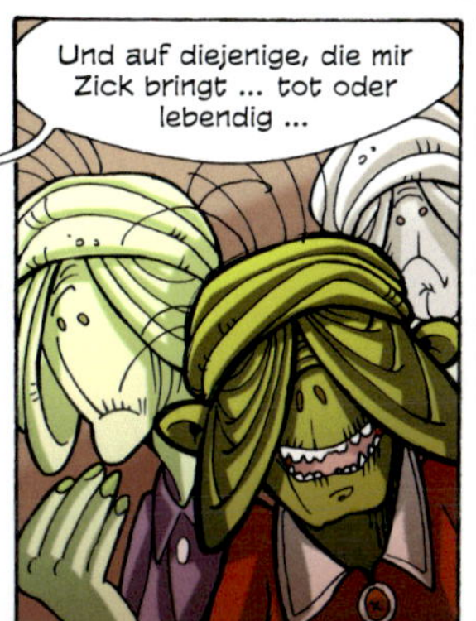
Und auf diejenige, die mir Zick bringt ... tot oder lebendig ...

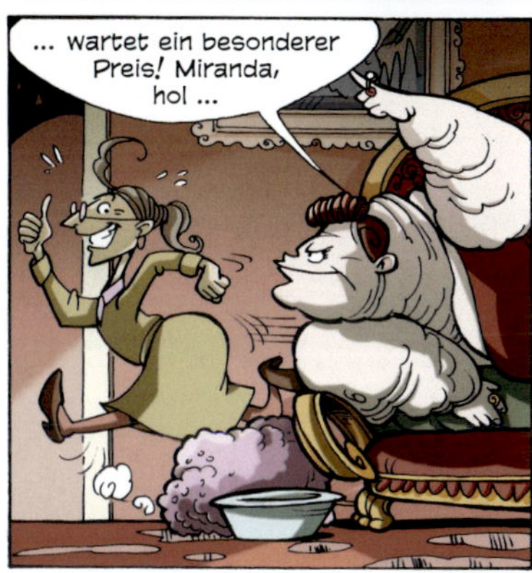
... wartet ein besonderer Preis! Miranda, hol ...

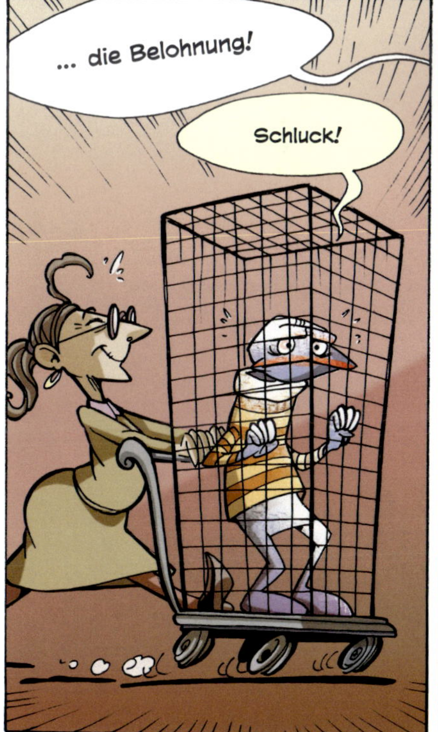
... die Belohnung!
Schluck!

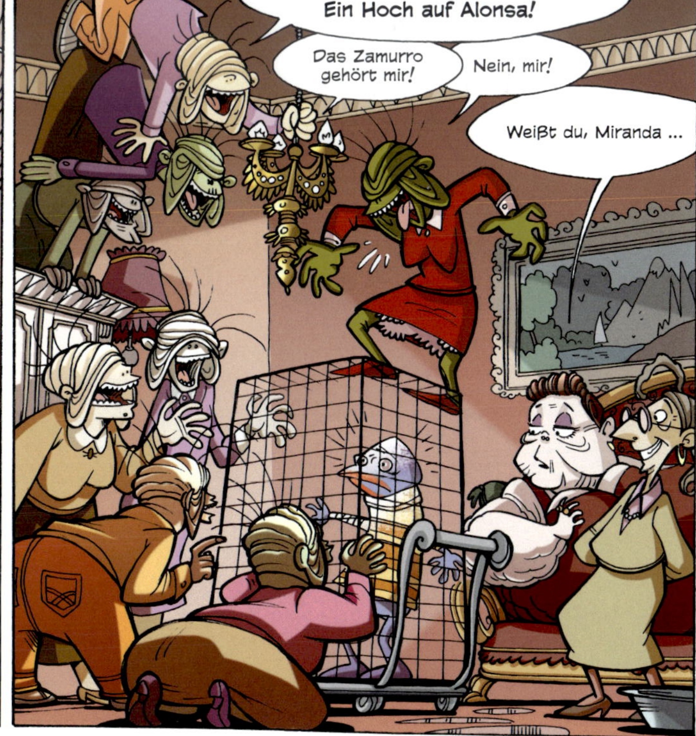
Ein Hoch auf Alonsa!
Das Zamurro gehört mir!
Nein, mir!
Weißt du, Miranda ...

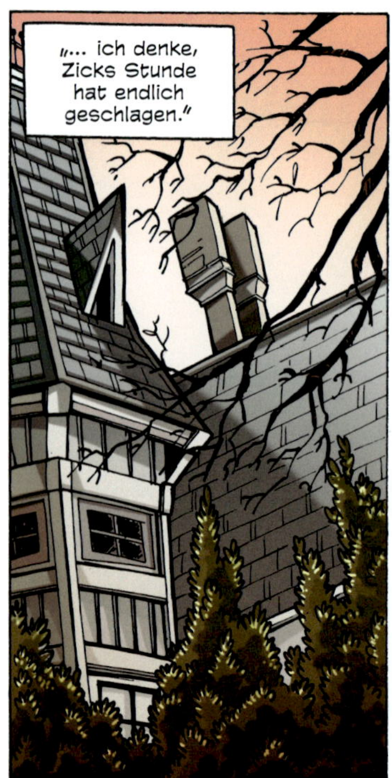
„... ich denke, Zicks Stunde hat endlich geschlagen."

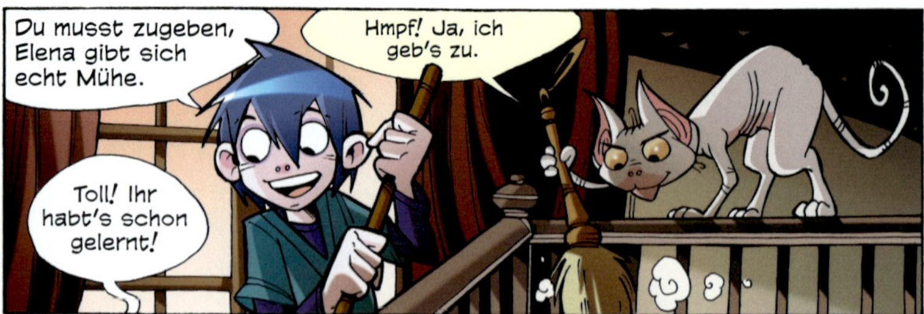
Du musst zugeben, Elena gibt sich echt Mühe.
Hmpf! Ja, ich geb's zu.
Toll! Ihr habt's schon gelernt!

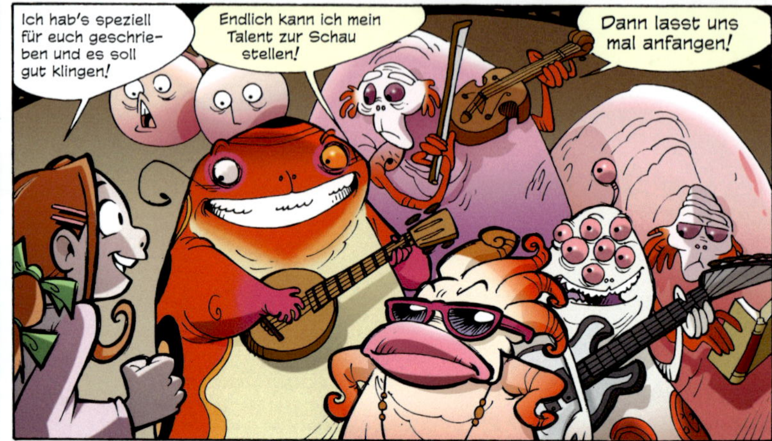
Ich hab's speziell für euch geschrieben und es soll gut klingen!
Endlich kann ich mein Talent zur Schau stellen!
Dann lasst uns mal anfangen!

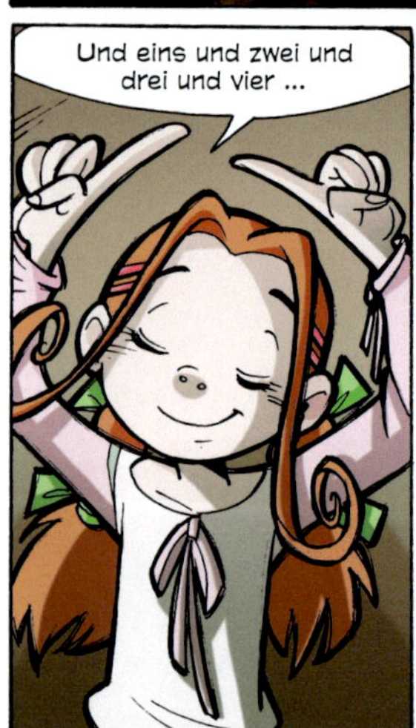
Und eins und zwei und drei und vier ...

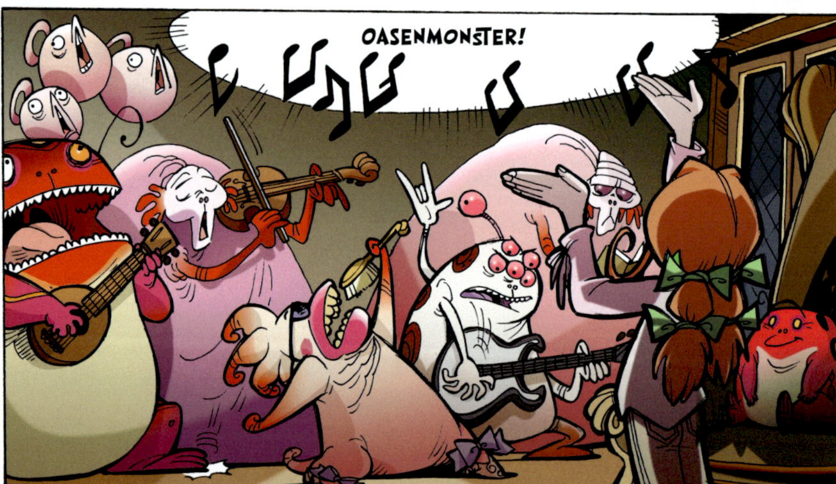
OASENMONSTER!

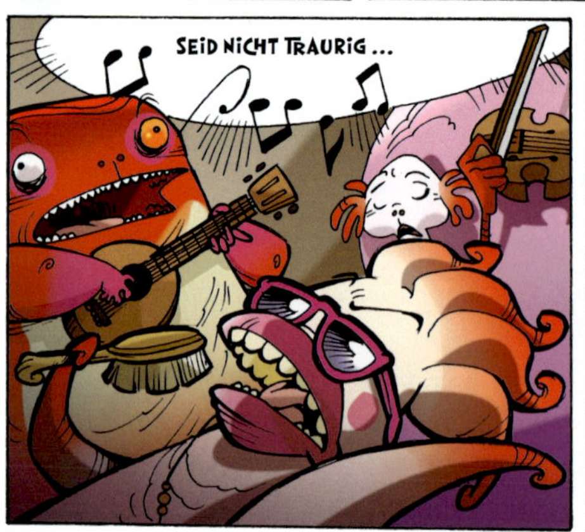
SEID NICHT TRAURIG ...

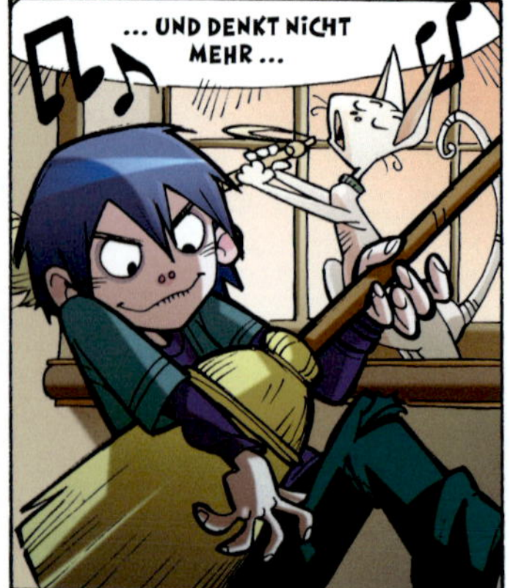
... UND DENKT NICHT MEHR ...

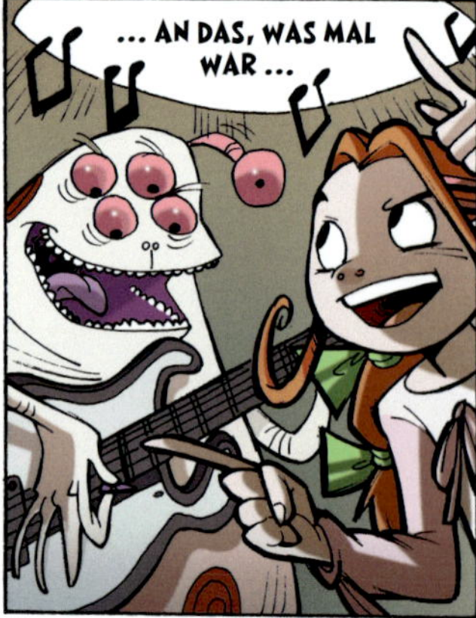
... AN DAS, WAS MAL WAR ...

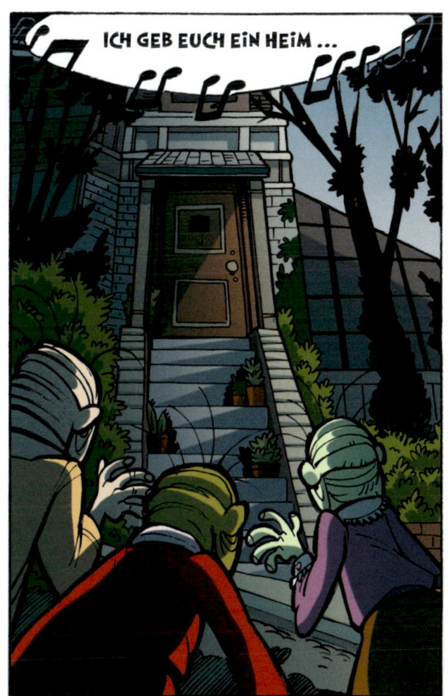
ICH GEB EUCH EIN HEIM ...

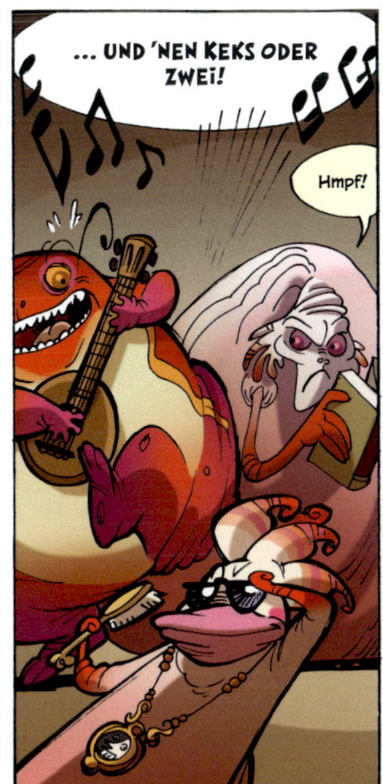
... UND 'NEN KEKS ODER ZWEI!
Hmpf!

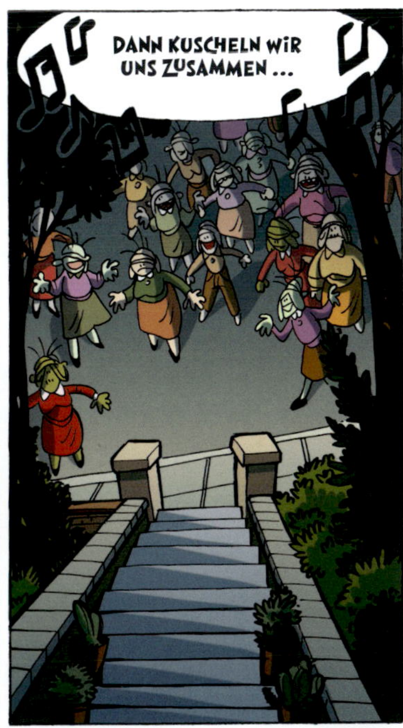
DANN KUSCHELN WIR UNS ZUSAMMEN ...

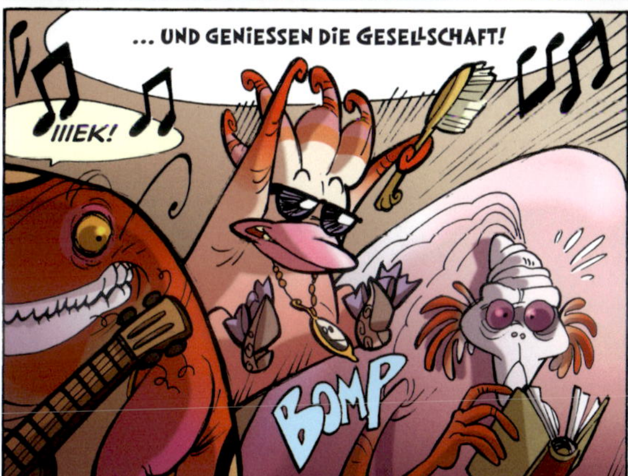
... UND GENIESSEN DIE GESELLSCHAFT!
IIIEK!
BOMP

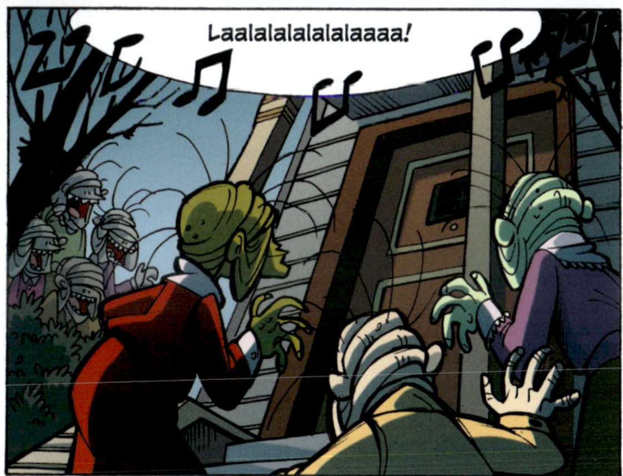
Laalalalalalalaaaa!

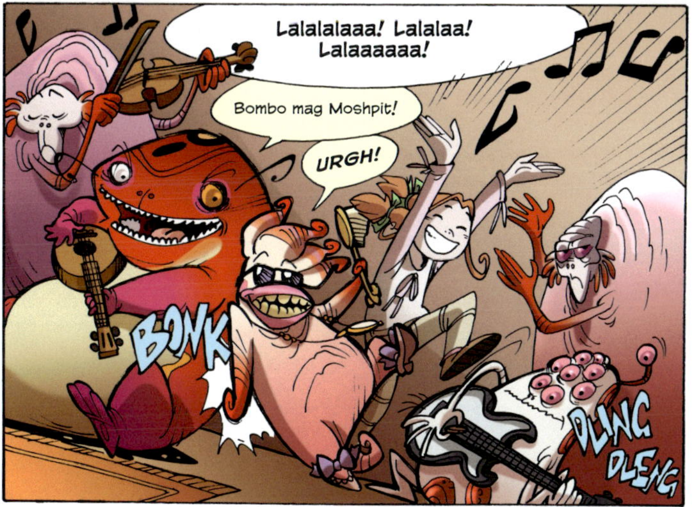
Lalalalaaa! Lalalaa!
Lalaaaaaa!
Bombo mag Moshpit!
URGH!
BONK
DLING
DLENG

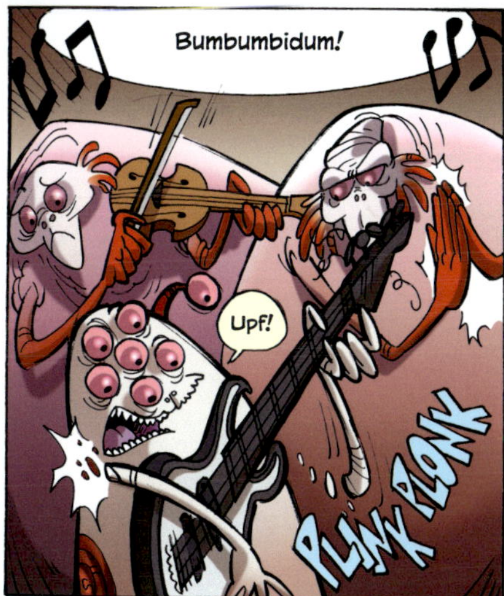
Bumbumbidum!
Upf!
PLINK PLONK

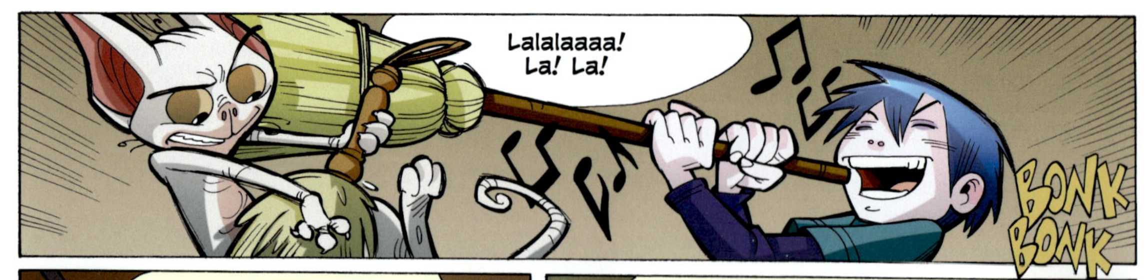
Lalalaaaa!
La! La!
BONK
BONK

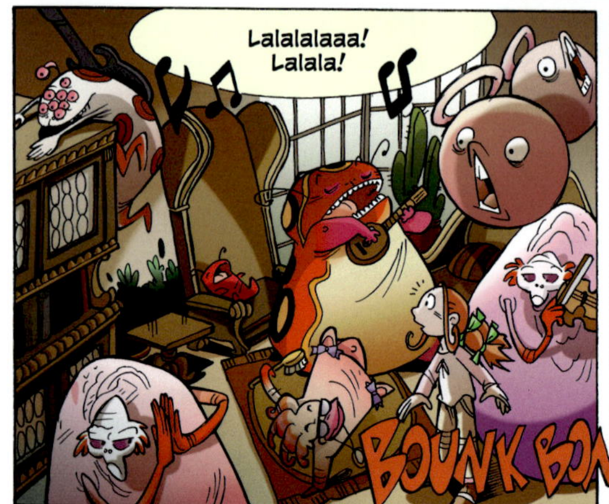
Lalalalaaa!
Lalala!
BOUNK BONK

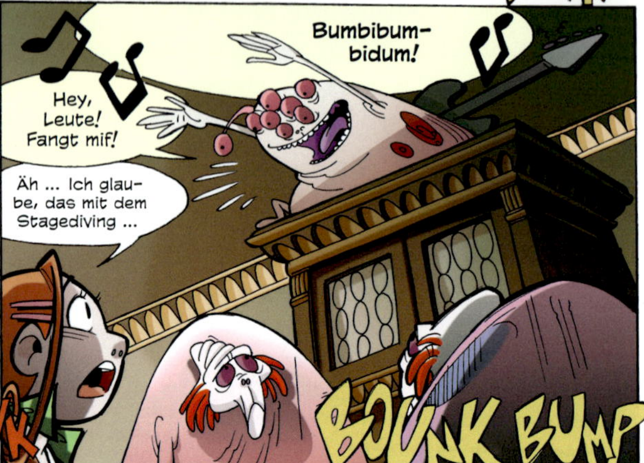
Bumbibum-
bidum!
Hey,
Leute!
Fangt mif!
Äh ... Ich glau-
be, das mit dem
Stagediving ...
BOUNK BUMP

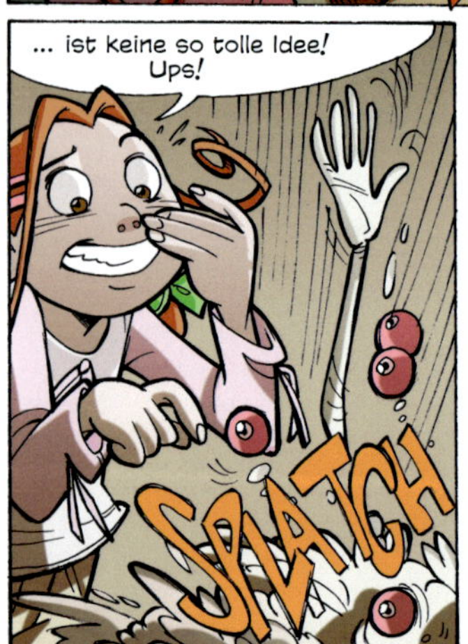
... ist keine so tolle Idee!
Ups!
SPLATCH

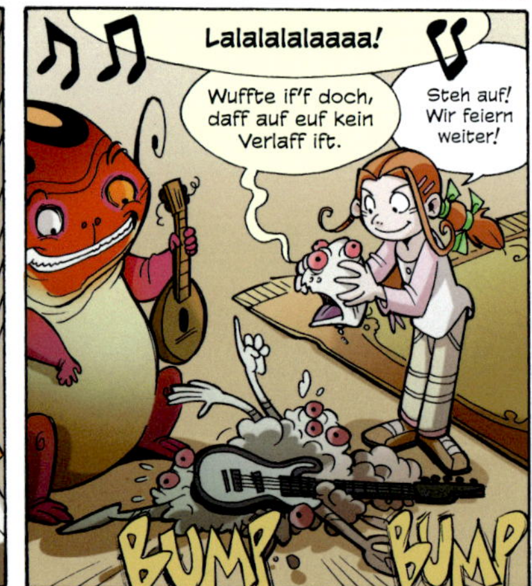
Lalalalalaaaa!
Wuffte if'f doch,
daff auf euf kein
Verlaff ift.
Steh auf!
Wir feiern
weiter!
BUMP
BUMP

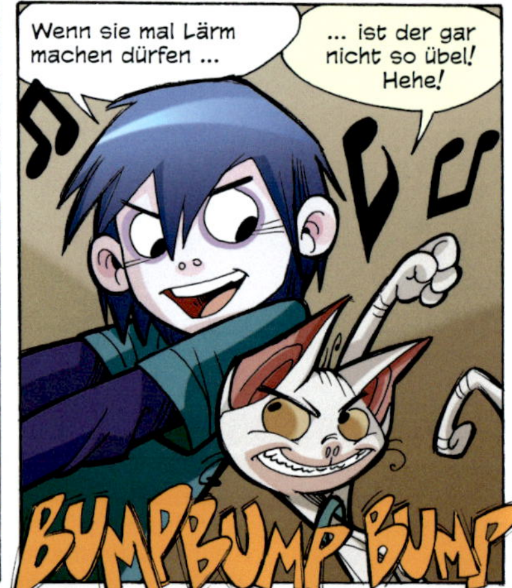
Wenn sie mal Lärm
machen dürfen ...
... ist der gar
nicht so übel!
Hehe!
BUMPBUMPBUMP

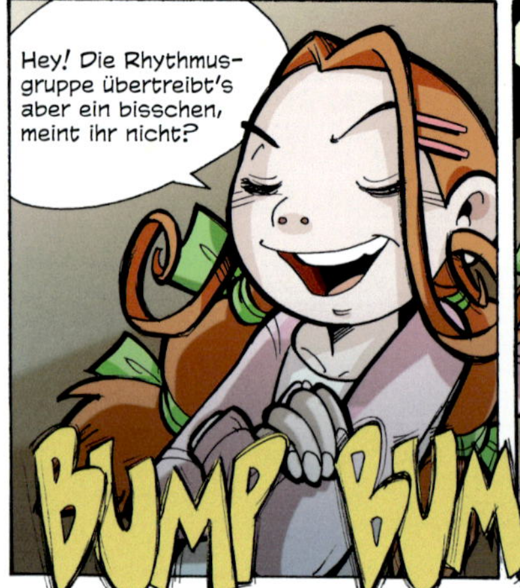
Hey! Die Rhythmus-
gruppe übertreibt's
aber ein bisschen,
meint ihr nicht?
BUMP BUMP

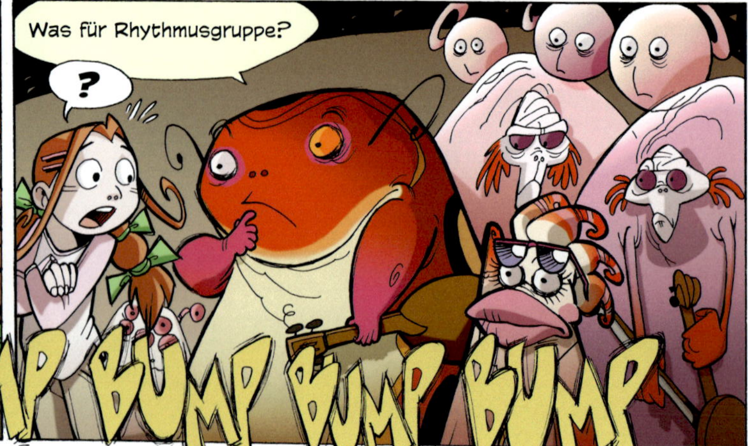
Was für Rhythmusgruppe?
?
BUMP BUMP BUMP

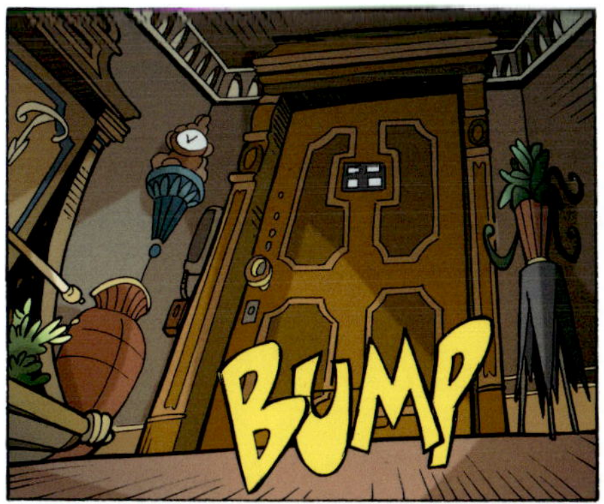
BUMP

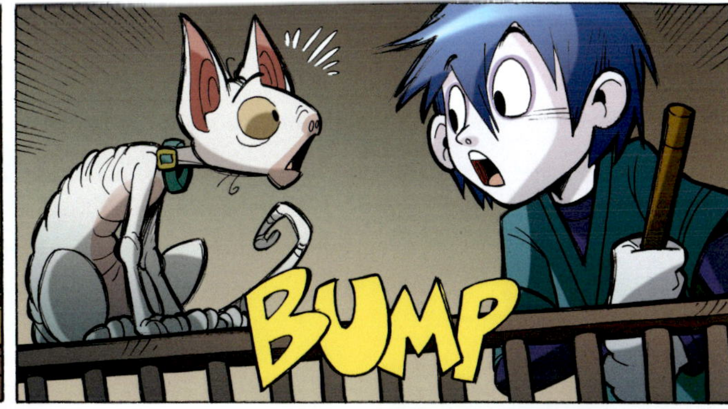
BUMP

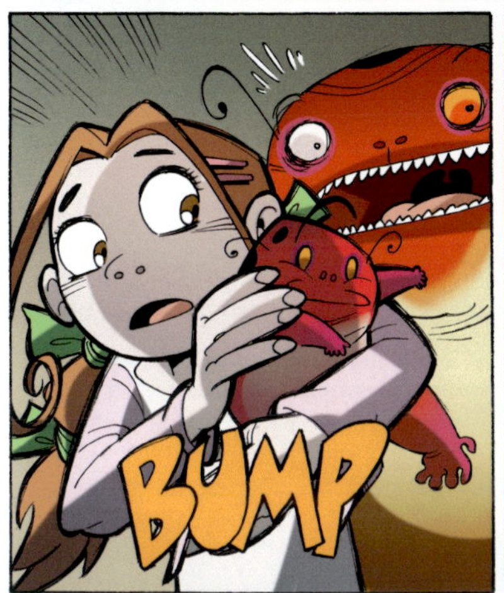
BUMP

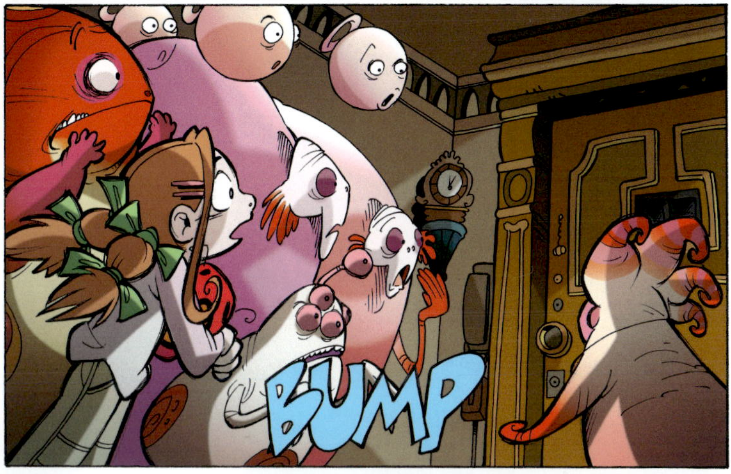
BUMP

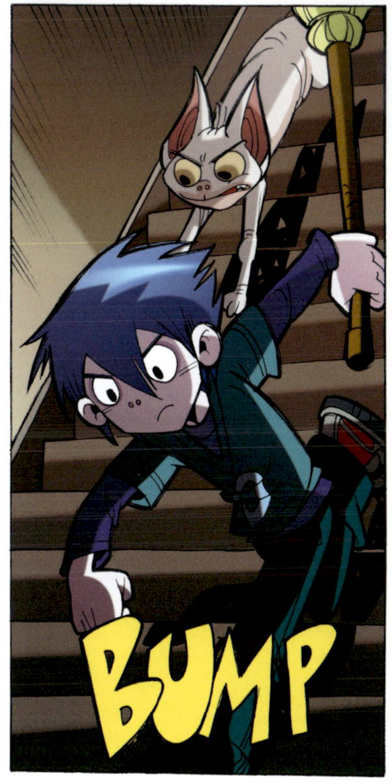
BUMP

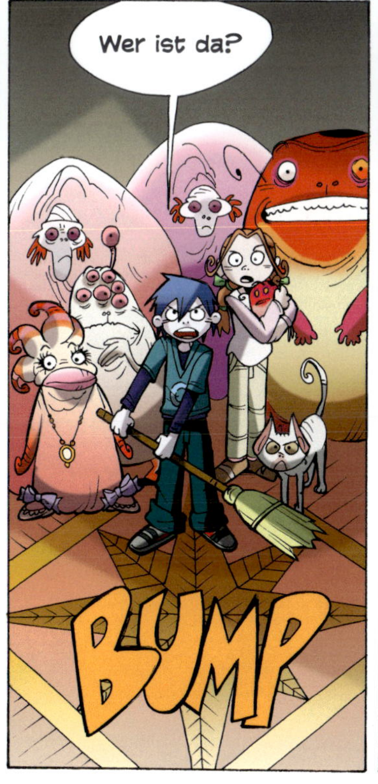
Wer ist da?
BUMP

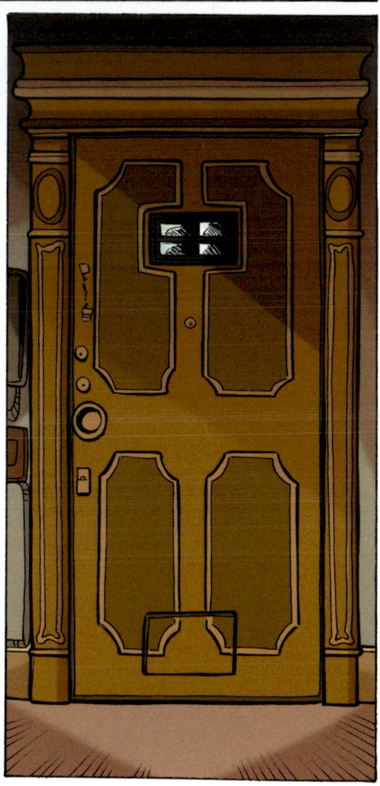

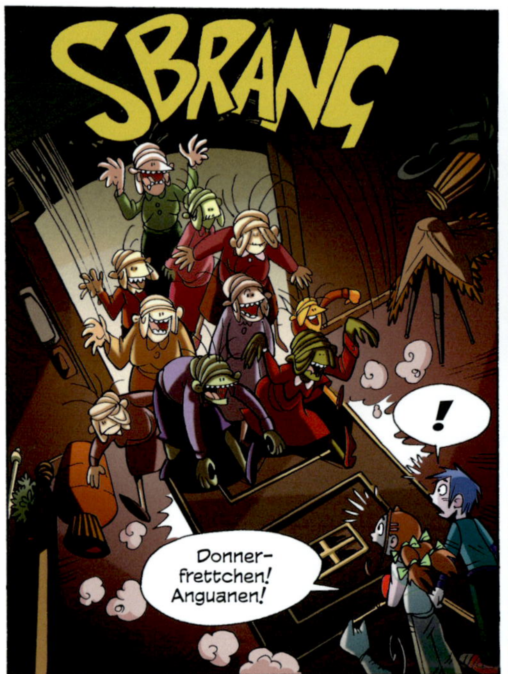
SBRANG
!
Donner-
frettchen!
Anguanen!

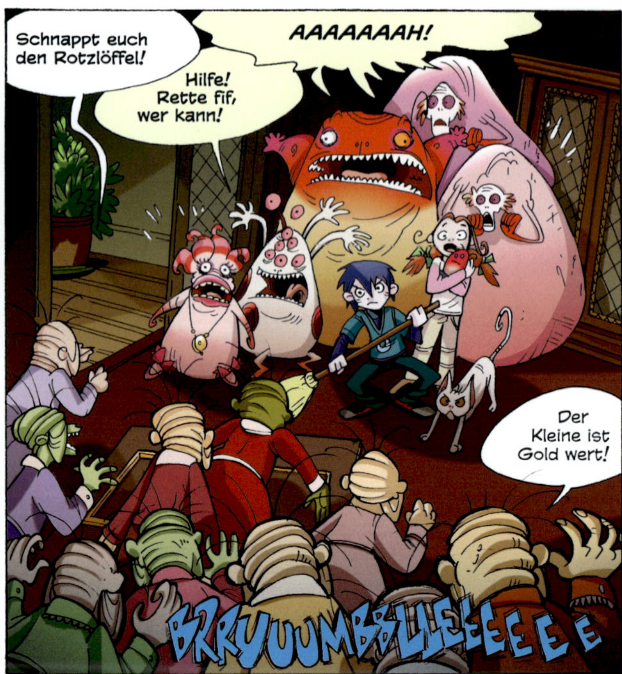
Schnappt euch
den Rotzlöffel!
AAAAAAAH!
Hilfe!
Rette fif,
wer kann!
Der
Kleine ist
Gold wert!
BRRUUMBBLLEEEEEE

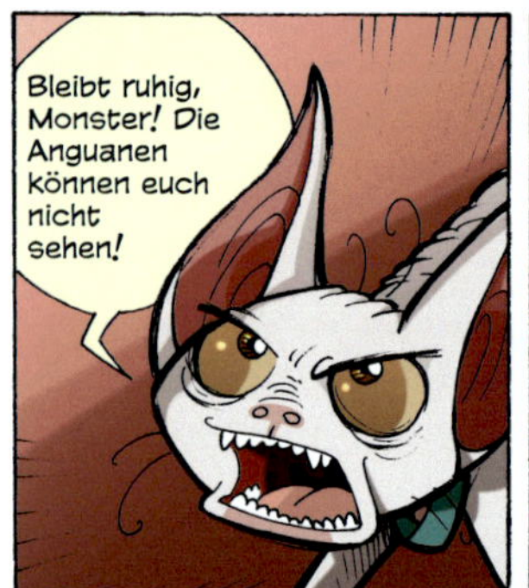
Bleibt ruhig,
Monster! Die
Anguanen
können euch
nicht
sehen!

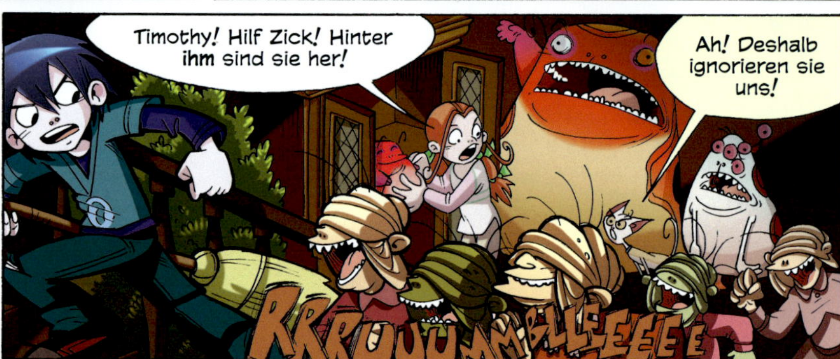
Timothy! Hilf Zick! Hinter
ihm sind sie her!
Ah! Deshalb
ignorieren sie
uns!
RRRUUUMMBLLEEEEE

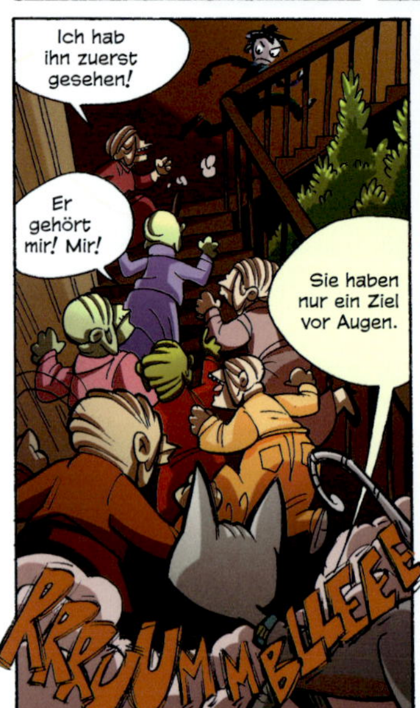
Ich hab
ihn zuerst
gesehen!
Er
gehört
mir! Mir!
Sie haben
nur ein Ziel
vor Augen.
RRRUUMMBLLEEEE

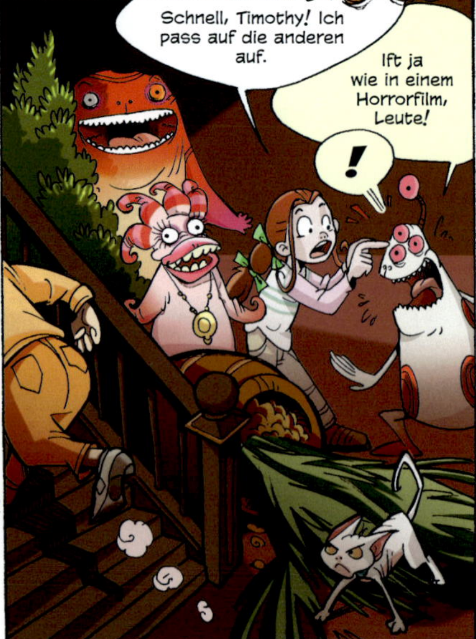
Schnell, Timothy! Ich
pass auf die anderen
auf.
Ift ja
wie in einem
Horrorfilm,
Leute!
!

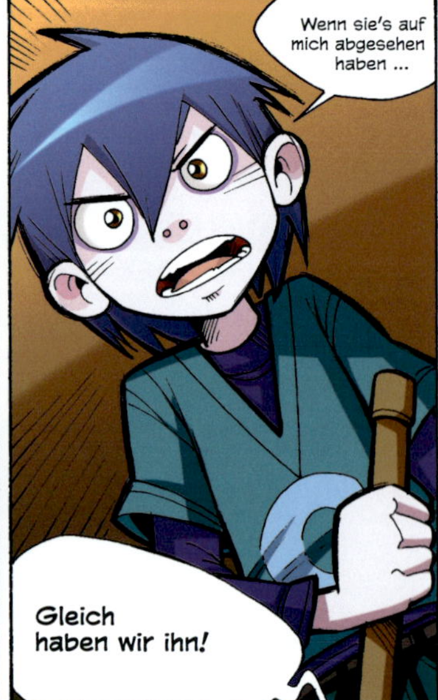
Wenn sie's auf
mich abgesehen
haben ...
Gleich
haben wir ihn!

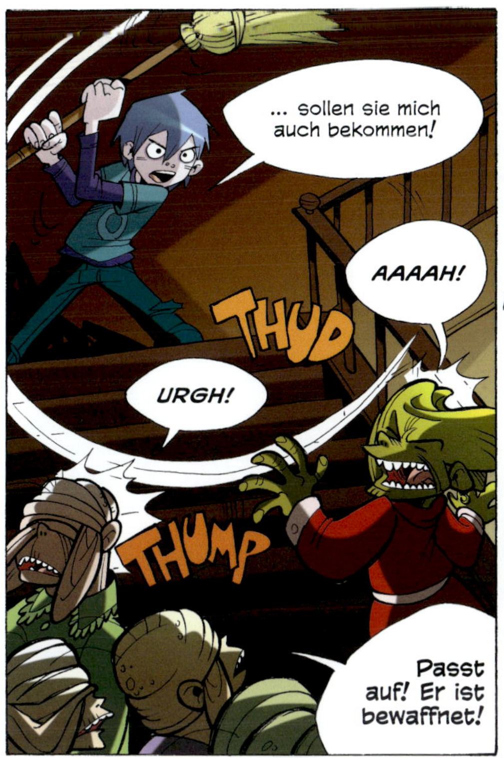
... sollen sie mich auch bekommen!
THUD
AAAAH!
URGH!
THUMP
Passt auf! Er ist bewaffnet!

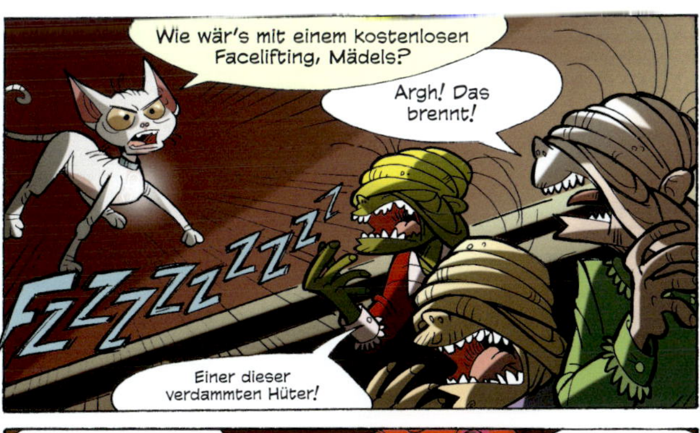
Wie wär's mit einem kostenlosen Facelifting, Mädels?
Argh! Das brennt!
FZZZZZZZZZZ
Einer dieser verdammten Hüter!

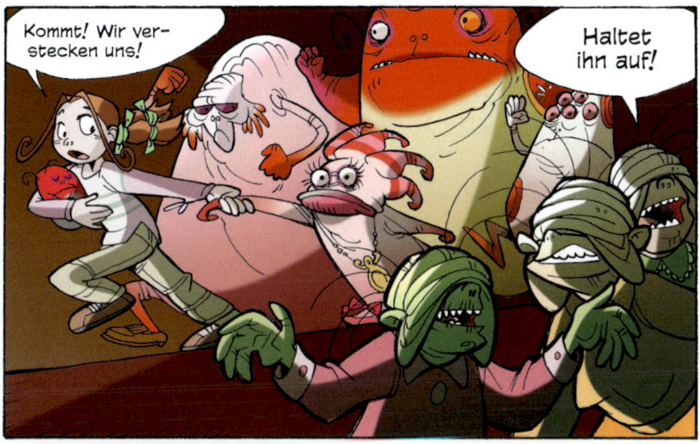
Kommt! Wir verstecken uns!
Haltet ihn auf!

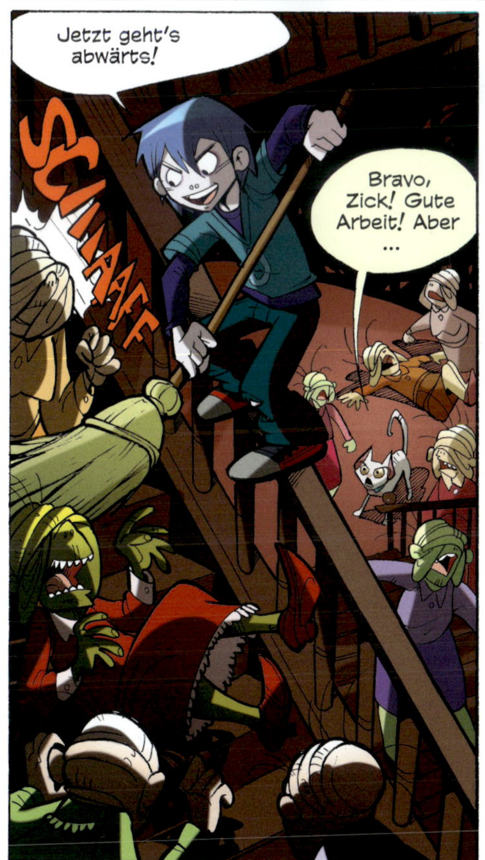
Jetzt geht's abwärts!
SCHAAAFF
Bravo, Zick! Gute Arbeit! Aber ...

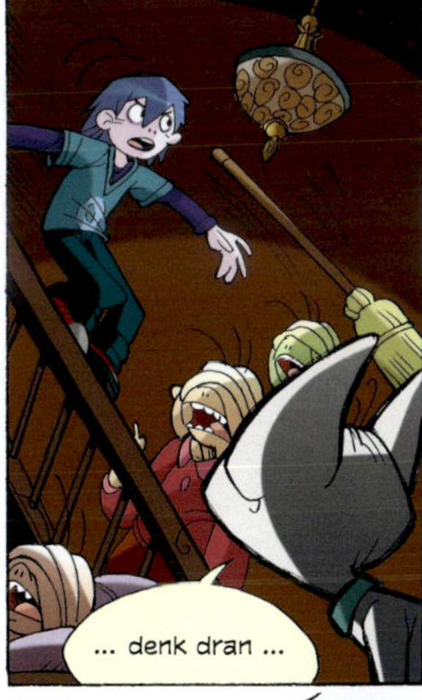
... denk dran ...

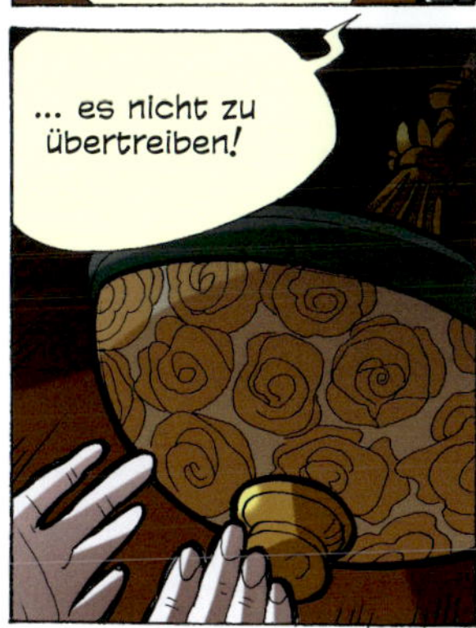
... es nicht zu übertreiben!

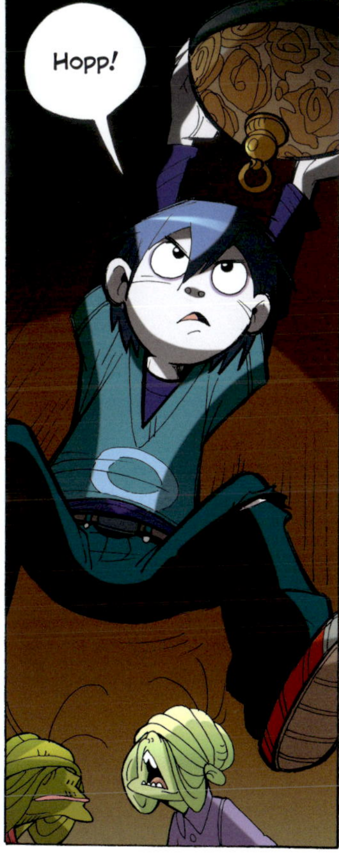
Hopp!

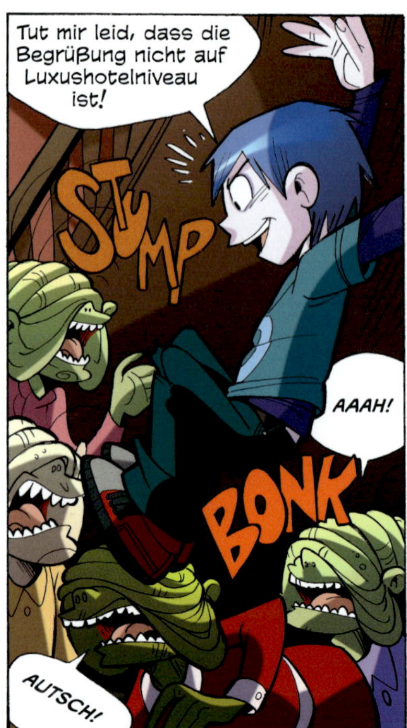
Tut mir leid, dass die Begrüßung nicht auf Luxushotelniveau ist!
STUMP
AAAH!
BONK
AUTSCH!

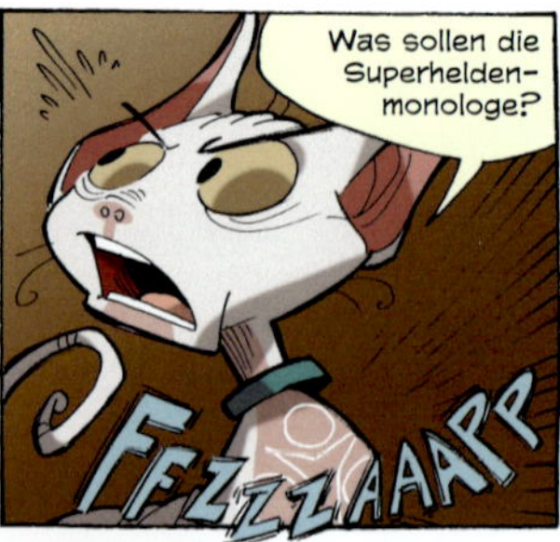
Was sollen die Superhelden-monologe?
FFZZZAAAPP

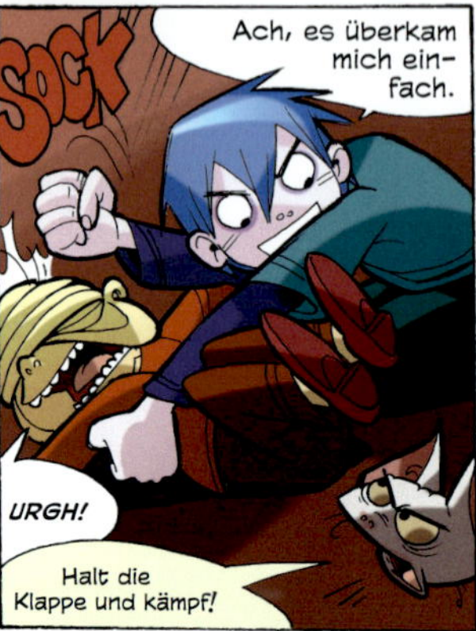
SOCK
Ach, es überkam mich ein-fach.
URGH!
Halt die Klappe und kämpf!

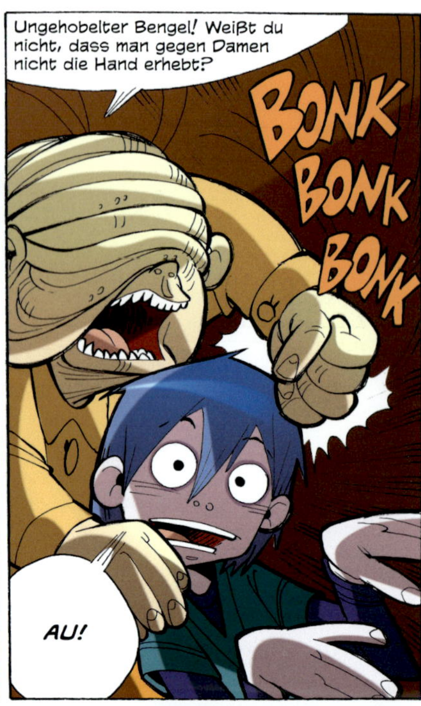
Ungehobelter Bengel! Weißt du nicht, dass man gegen Damen nicht die Hand erhebt?
BONK
BONK
BONK
AU!

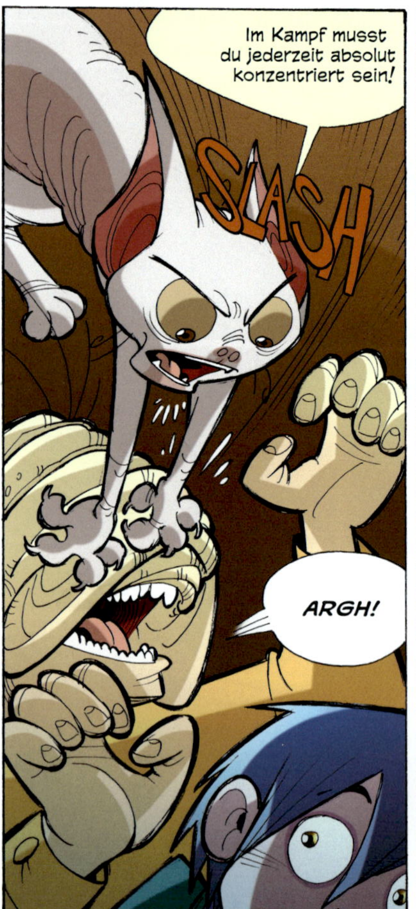
Im Kampf musst du jederzeit absolut konzentriert sein!
SLASH
ARGH!

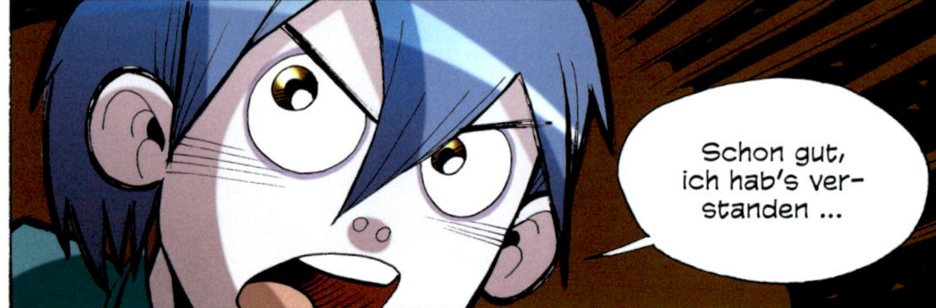
Schon gut, ich hab's ver-standen ...

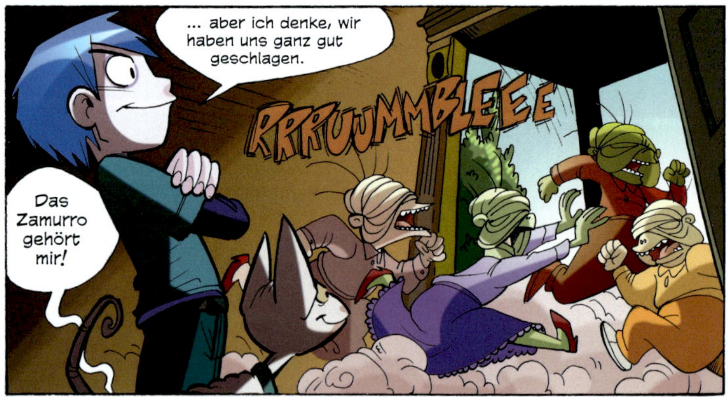
... aber ich denke, wir haben uns ganz gut geschlagen.
PRRRUUMMBLEEE
Das Zamurro gehört mir!

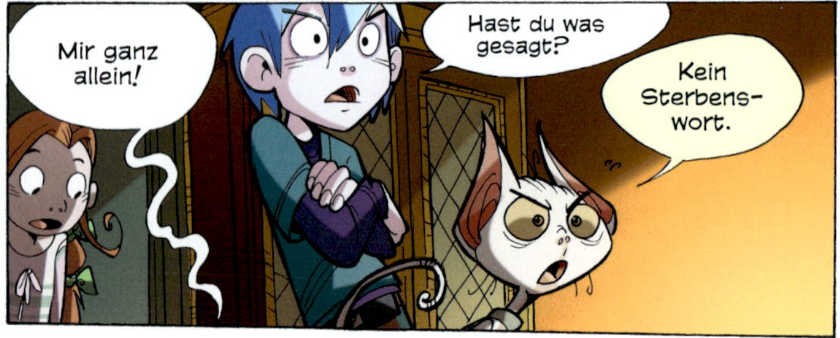
Mir ganz allein!
Hast du was gesagt?
Kein Sterbens-wort.

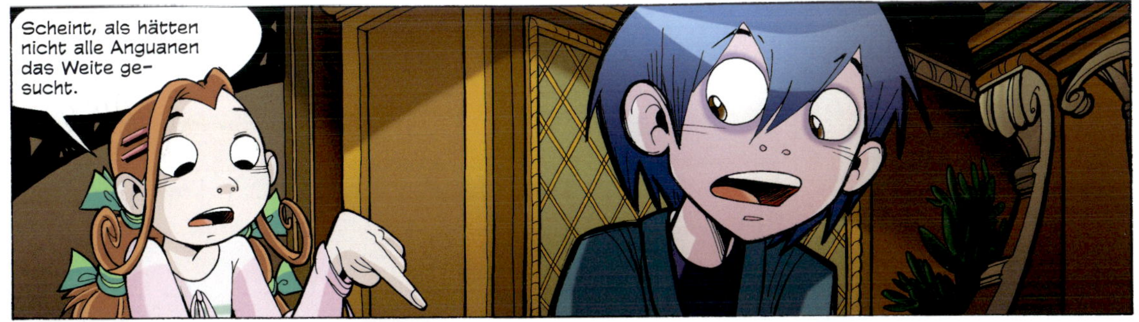

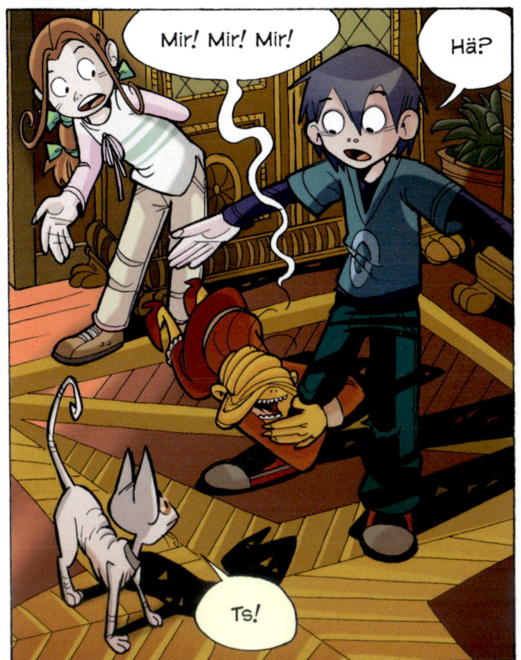

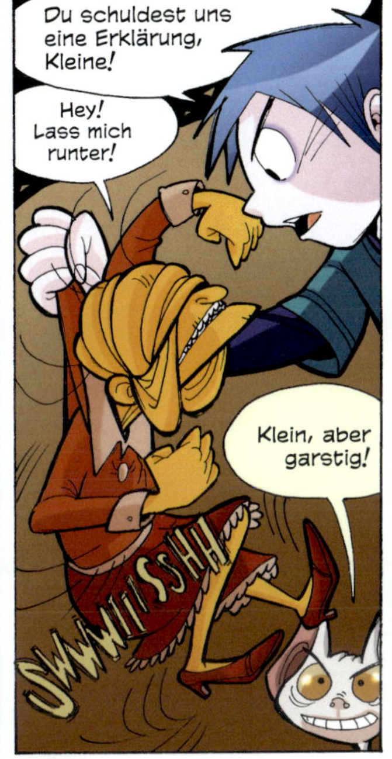

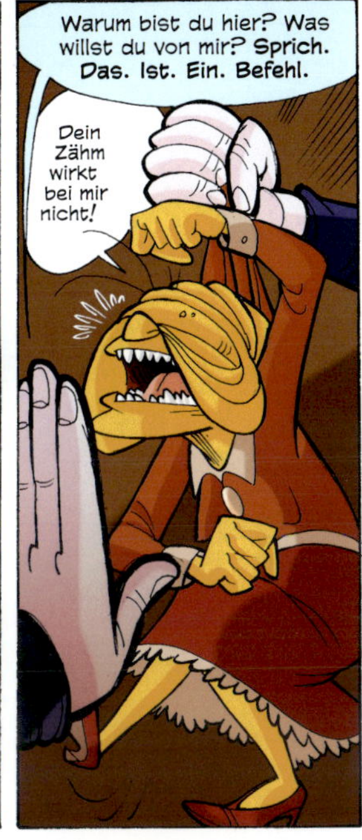

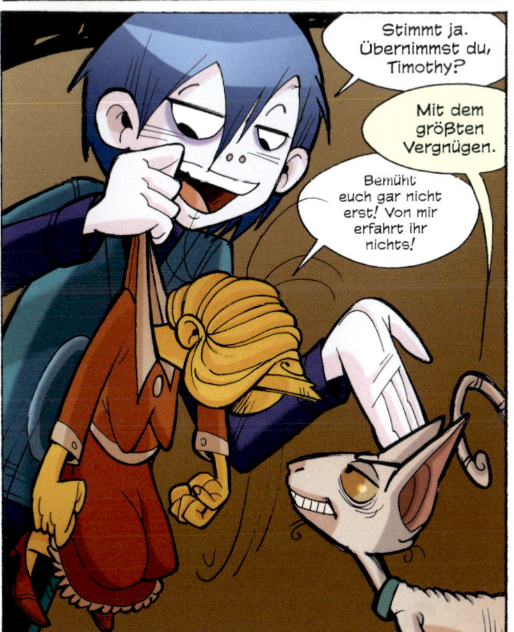

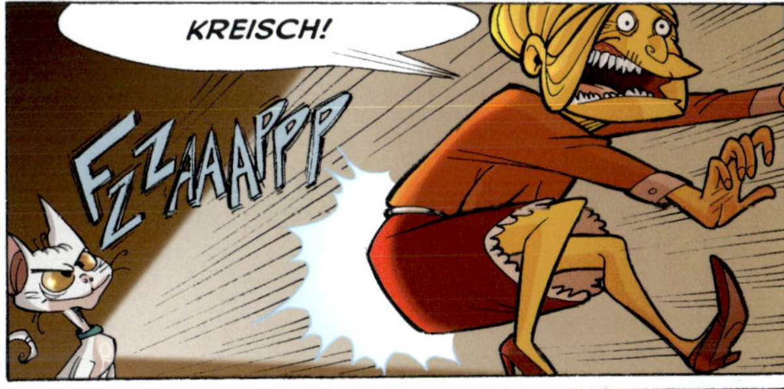

Alonsa hat einen Preis auf deinen Kopf ausgesetzt, weil sie sich an dir rächen will! Vor zwei Tagen hat sie uns zu sich gerufen, aber wir hatten nicht erwartet, sie in solch einem Zustand vorzufinden ...

Alonsa? Tante Alonsa lebt?

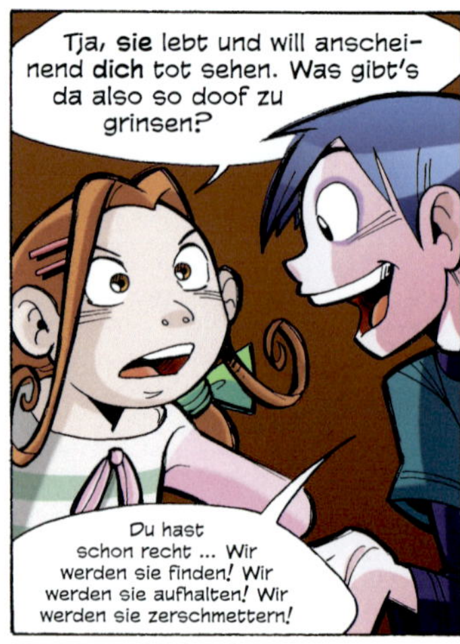
Tja, **sie** lebt und will anscheinend **dich** tot sehen. Was gibt's da also so doof zu grinsen?
Du hast schon recht ... Wir werden sie finden! Wir werden sie aufhalten! Wir werden sie zerschmettern!

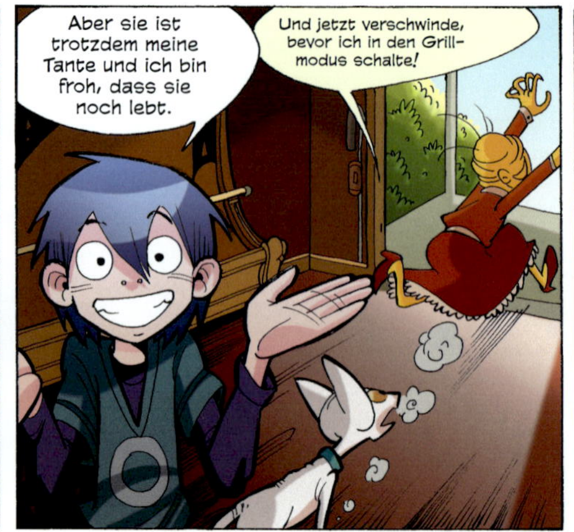
Aber sie ist trotzdem meine Tante und ich bin froh, dass sie noch lebt.
Und jetzt verschwinde, bevor ich in den Grillmodus schalte!

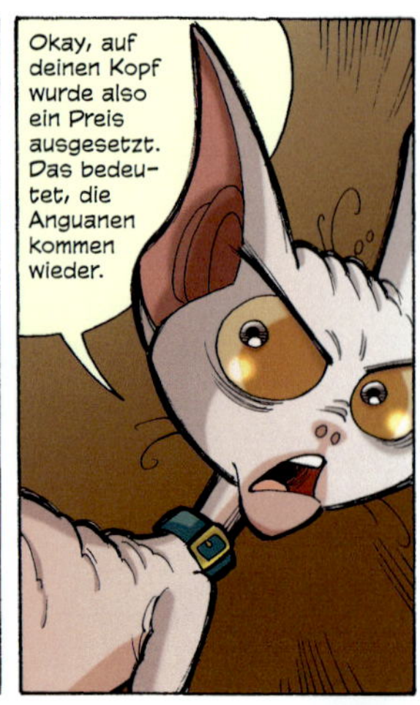
Okay, auf deinen Kopf wurde also ein Preis ausgesetzt. Das bedeutet, die Anguanen kommen wieder.

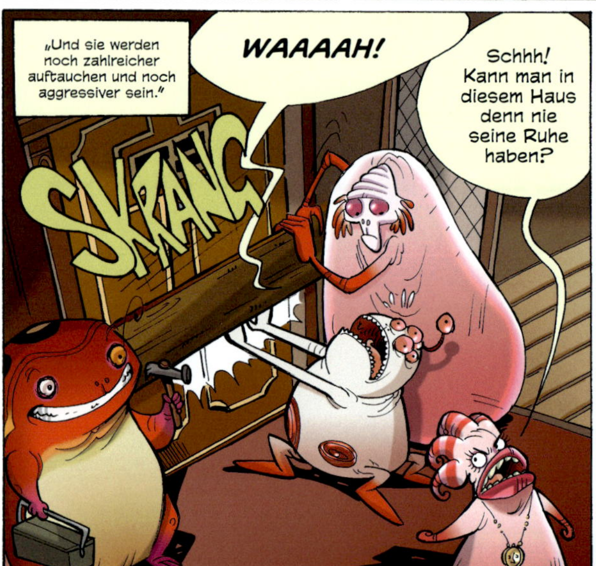
„Und sie werden noch zahlreicher auftauchen und noch aggressiver sein."
WAAAAH!
SKRANG
Schhh! Kann man in diesem Haus denn nie seine Ruhe haben?

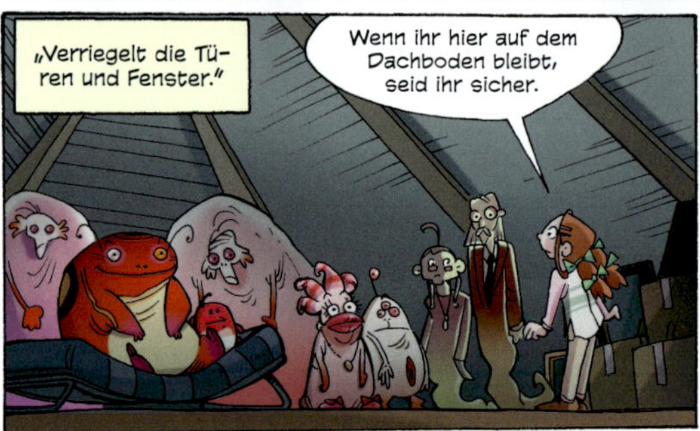
„Verriegelt die Türen und Fenster."
Wenn ihr hier auf dem Dachboden bleibt, seid ihr sicher.

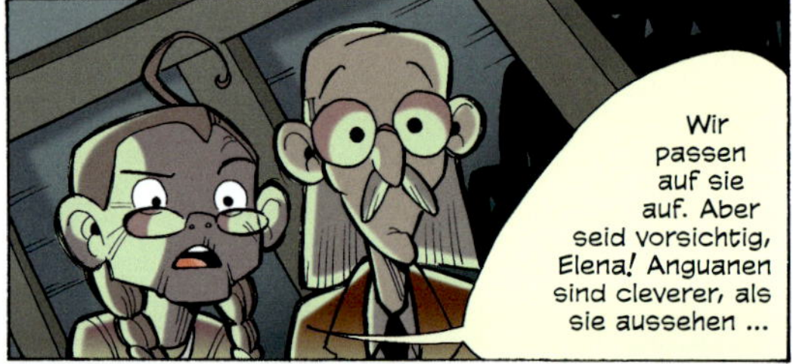
Wir passen auf sie auf. Aber seid vorsichtig, Elena! Anguanen sind cleverer, als sie aussehen ...

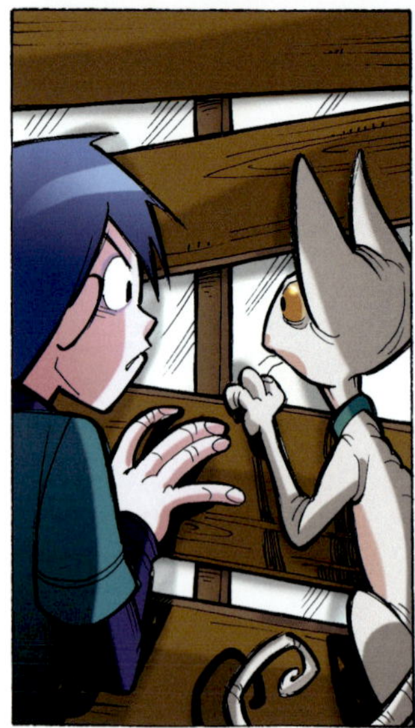

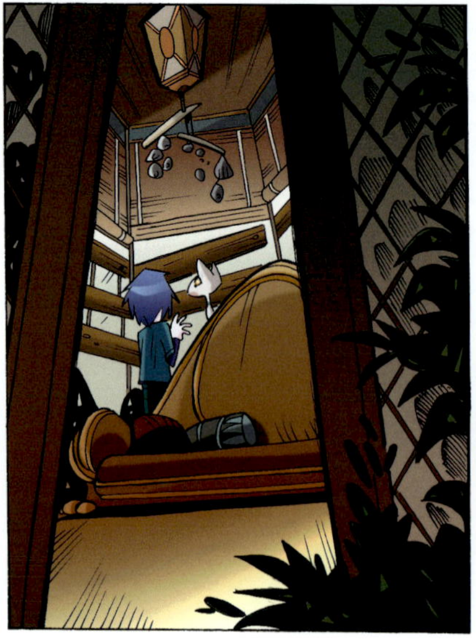

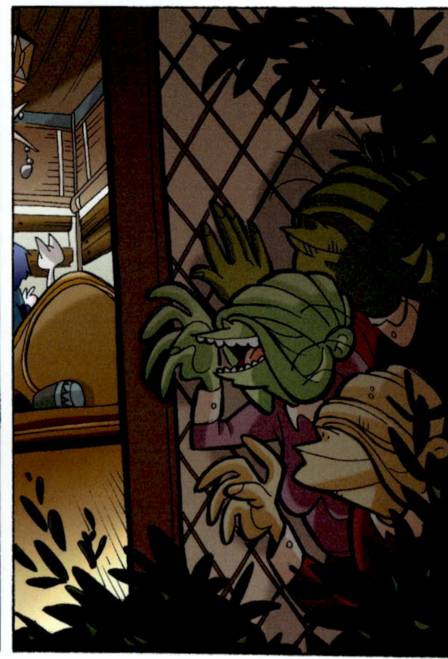

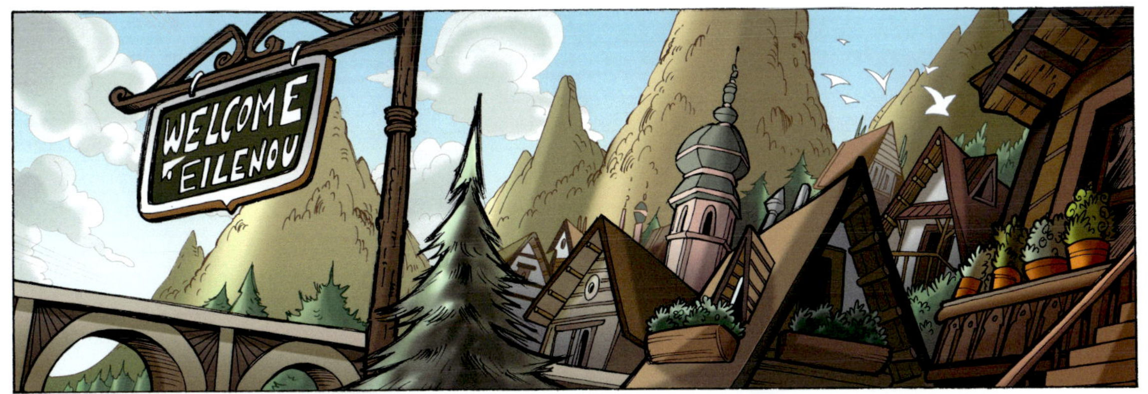
WELCOME EILENOU

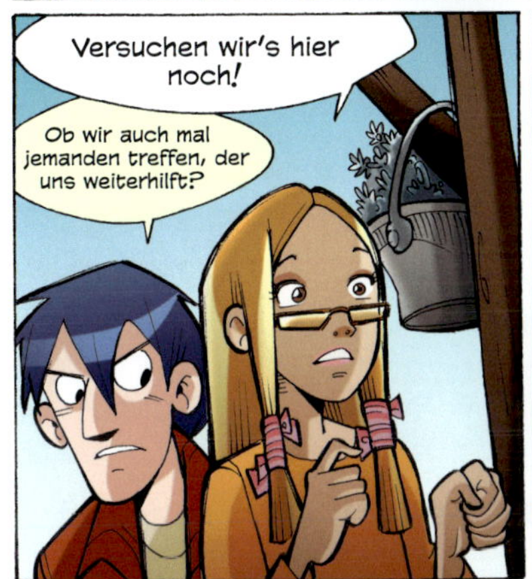
Versuchen wir's hier noch!
Ob wir auch mal jemanden treffen, der uns weiterhilft?

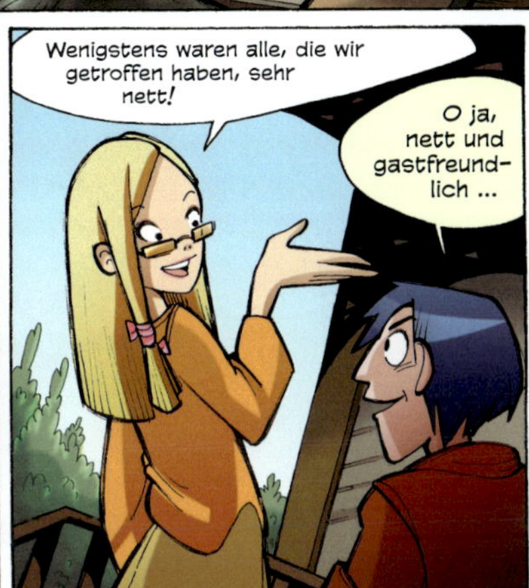
Wenigstens waren alle, die wir getroffen haben, sehr nett!
O ja, nett und gastfreundlich ...

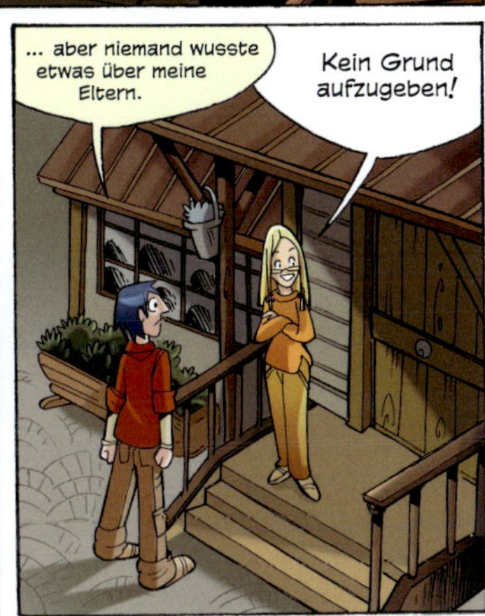
... aber niemand wusste etwas über meine Eltern.
Kein Grund aufzugeben!

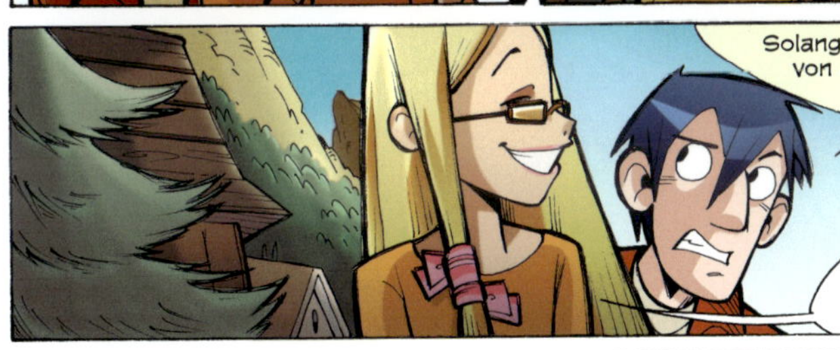
Solange wir nicht noch mehr von diesem Zeug essen müssen ...
Der Pilz-Kastanien-Auflauf ist eine Spezialität und schmeckt vorzüglich ...

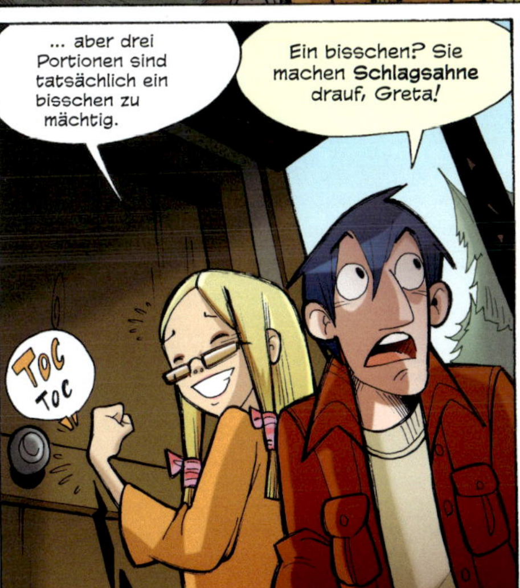
... aber drei Portionen sind tatsächlich ein bisschen zu mächtig.
Ein bisschen? Sie machen **Schlagsahne** drauf, Greta!
TOC TOC

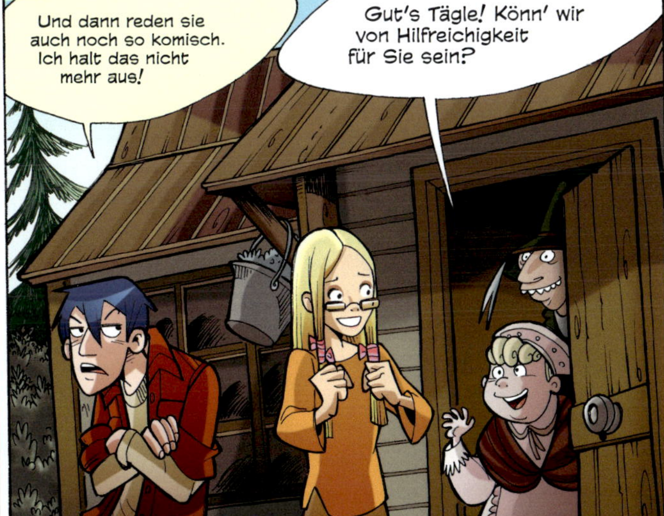
Und dann reden sie auch noch so komisch. Ich halt das nicht mehr aus!
Gut's Tägle! Könn' wir von Hilfreichigkeit für Sie sein?

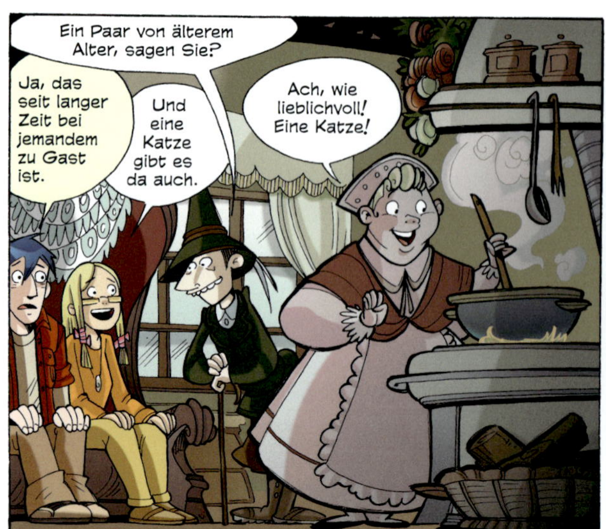
Ein Paar von älterem Alter, sagen Sie?
Ja, das seit langer Zeit bei jemandem zu Gast ist.
Und eine Katze gibt es da auch.
Ach, wie lieblichvoll! Eine Katze!

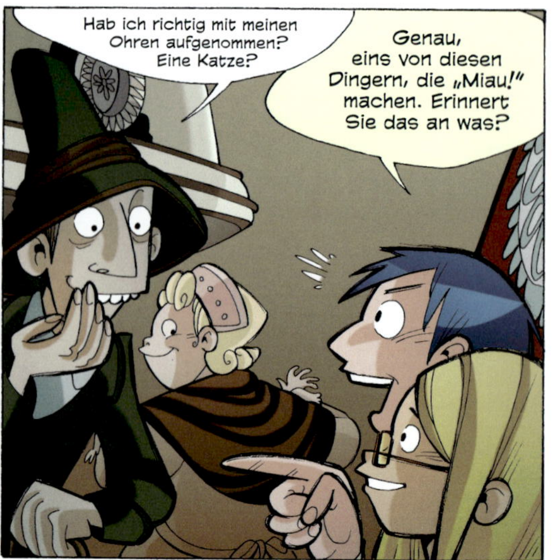
Hab ich richtig mit meinen Ohren aufgenommen? Eine Katze?
Genau, eins von diesen Dingern, die „Miau!" machen. Erinnert Sie das an was?

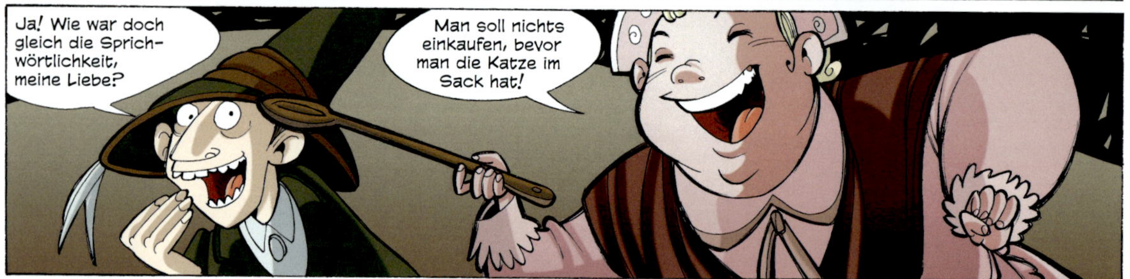
Ja! Wie war doch gleich die Sprichwörtlichkeit, meine Liebe?
Man soll nichts einkaufen, bevor man die Katze im Sack hat!

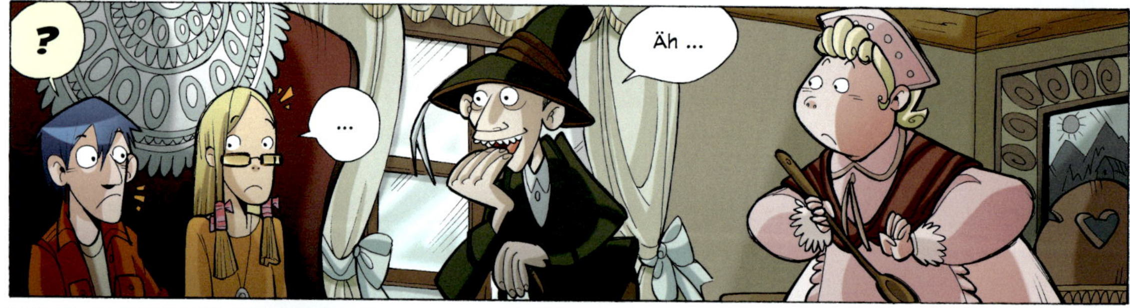
?
...
Äh ...

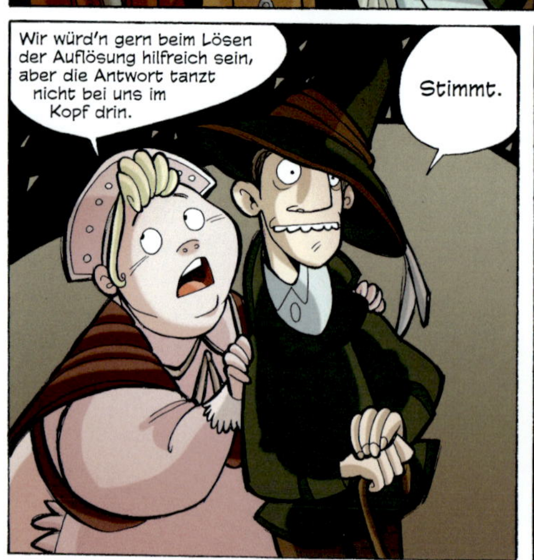
Wir würd'n gern beim Lösen der Auflösung hilfreich sein, aber die Antwort tanzt nicht bei uns im Kopf drin.
Stimmt.

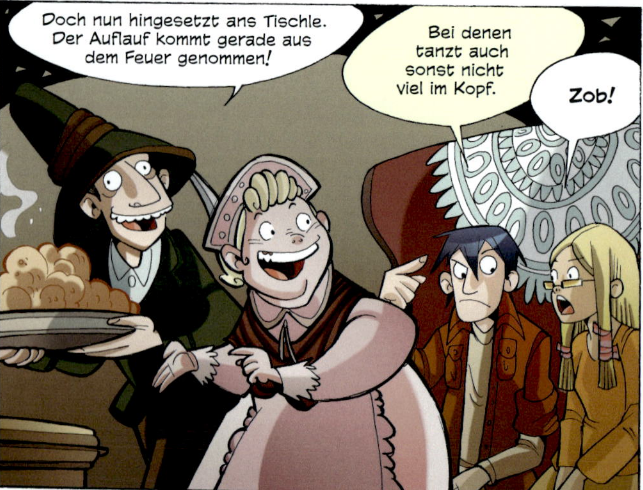
Doch nun hingesetzt ans Tischle. Der Auflauf kommt gerade aus dem Feuer genommen!
Bei denen tanzt auch sonst nicht viel im Kopf.
Zob!

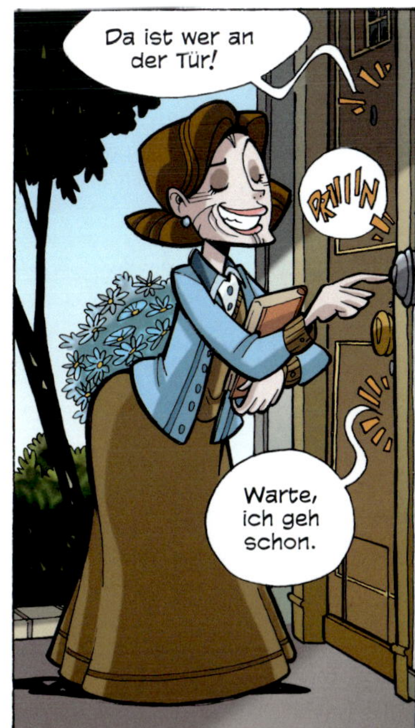
Da ist wer an der Tür!
DRIIIN
Warte, ich geh schon.

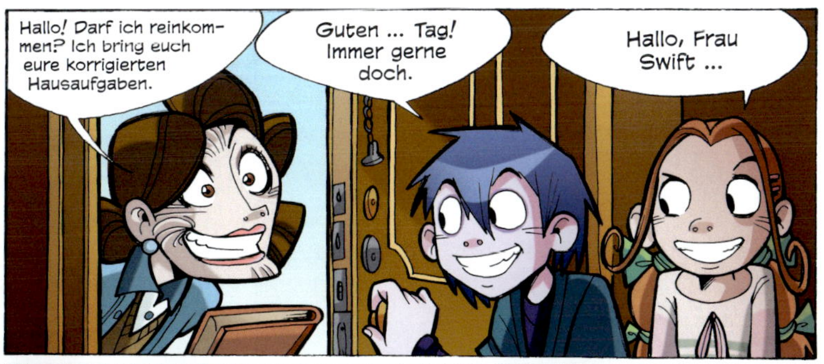
Hallo! Darf ich reinkommen? Ich bring euch eure korrigierten Hausaufgaben.
Guten ... Tag! Immer gerne doch.
Hallo, Frau Swift ...

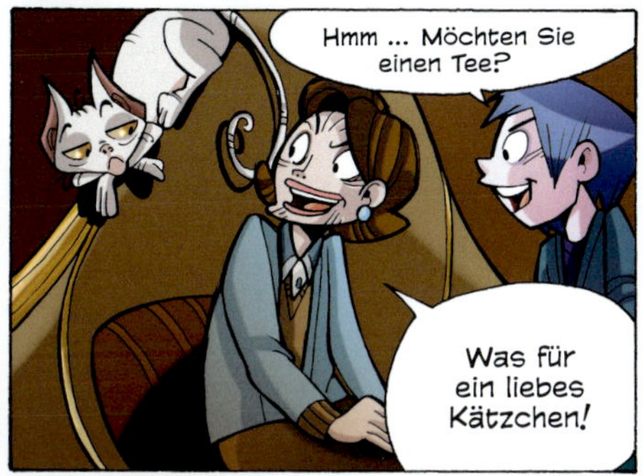
Hmm ... Möchten Sie einen Tee?
Was für ein liebes Kätzchen!

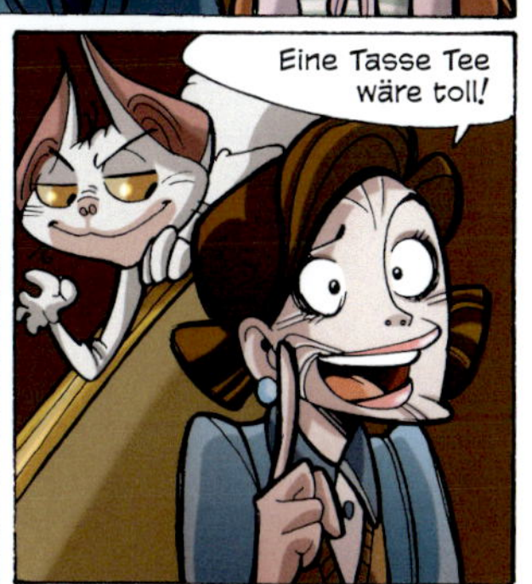
Eine Tasse Tee wäre toll!

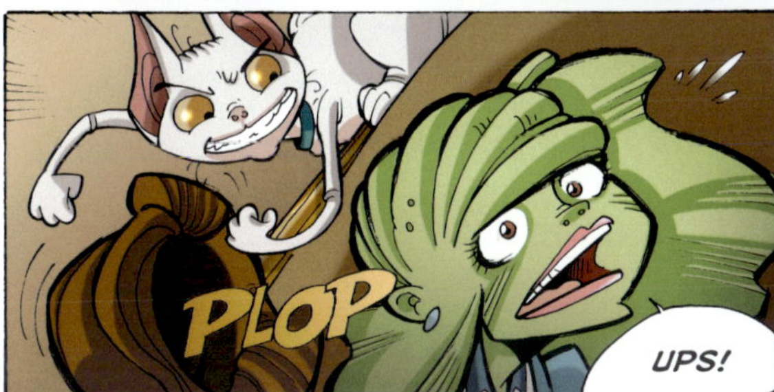
PLOP
UPS!

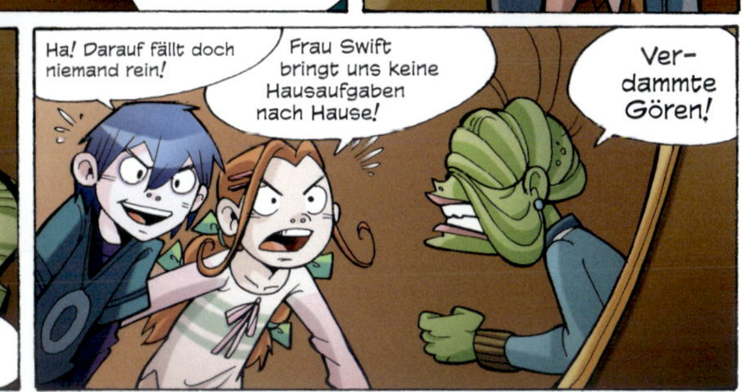
Ha! Darauf fällt doch niemand rein!
Frau Swift bringt uns keine Hausaufgaben nach Hause!
Verdammte Gören!

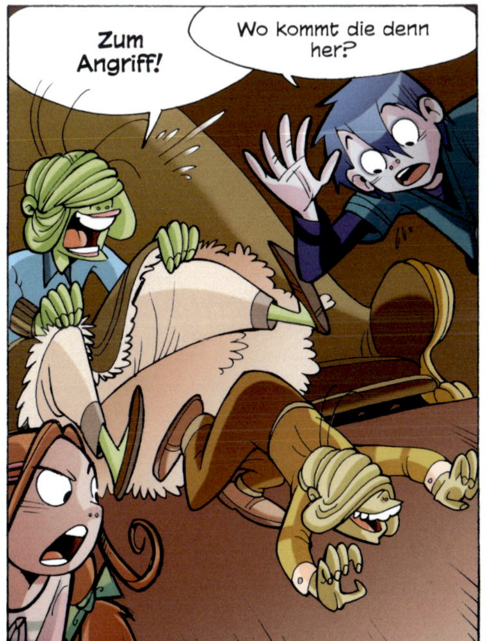
Zum Angriff!
Wo kommt die denn her?

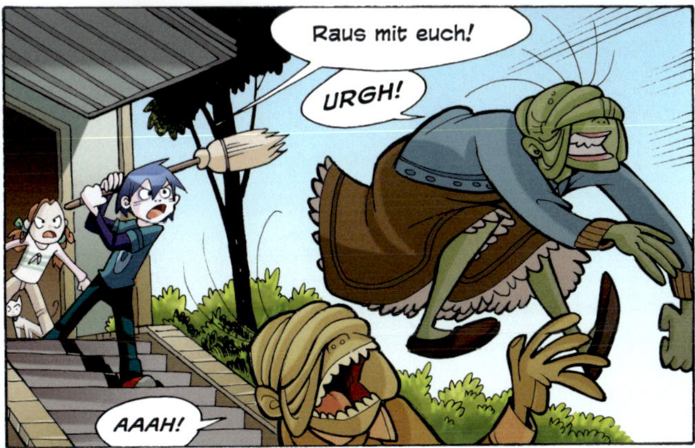
Raus mit euch!
URGH!
AAAH!

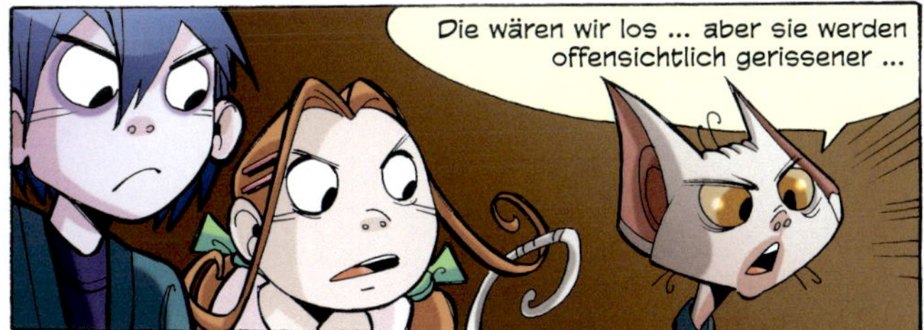
Die wären wir los ... aber sie werden offensichtlich gerissener ...

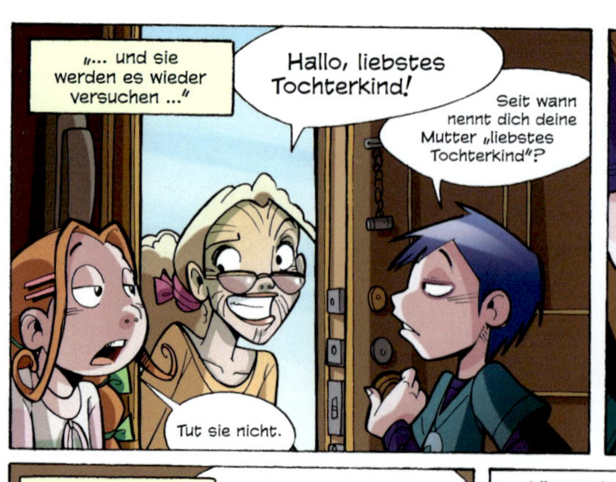
„... und sie werden es wieder versuchen ..."
Hallo, liebstes Tochterkind!
Seit wann nennt dich deine Mutter „liebstes Tochterkind"?
Tut sie nicht.

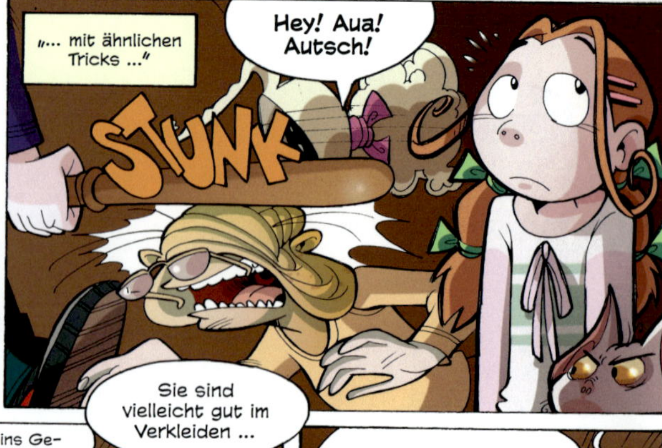
„... mit ähnlichen Tricks ..."
Hey! Aua! Autsch!
STUNK

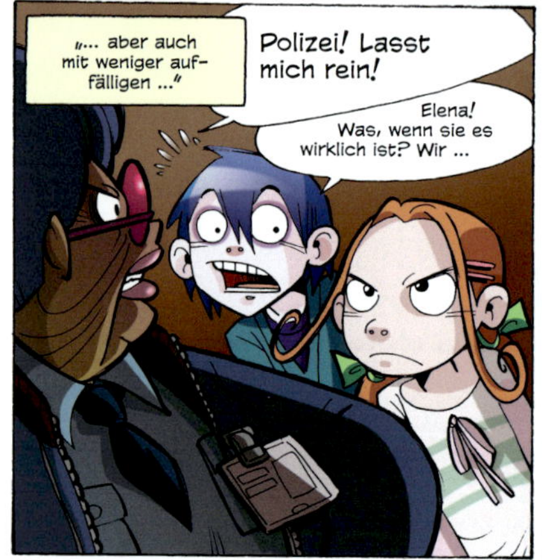
„... aber auch mit weniger auffälligen ..."
Polizei! Lasst mich rein!
Elena! Was, wenn sie es wirklich ist? Wir ...

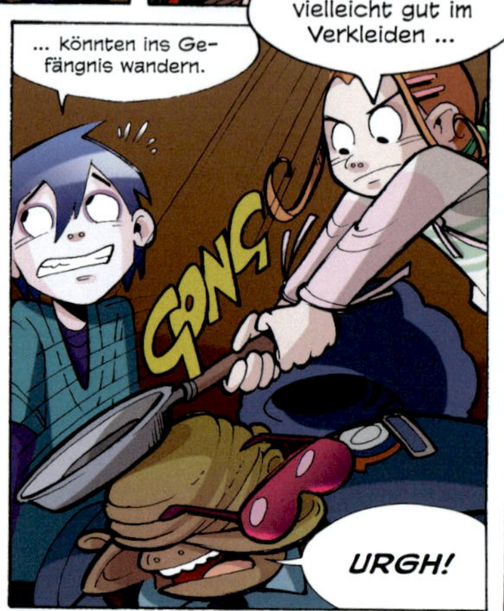
... könnten ins Gefängnis wandern.
Sie sind vielleicht gut im Verkleiden ...
GONG
URGH!

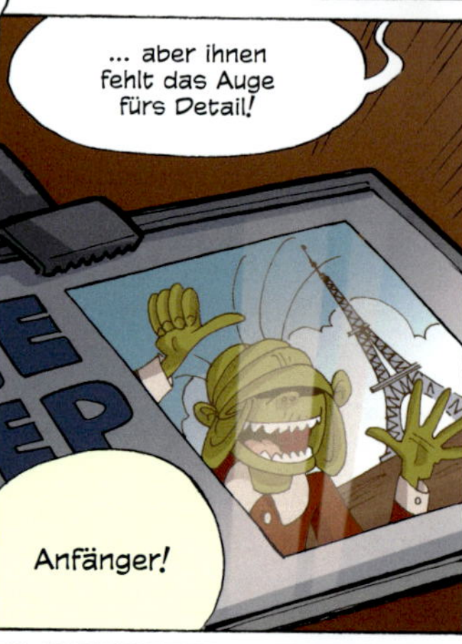
... aber ihnen fehlt das Auge fürs Detail!
Anfänger!

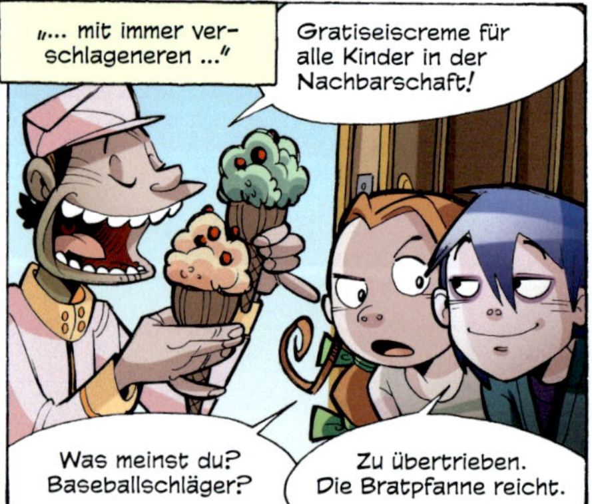
„... mit immer verschlageneren ..."
Gratiseiscreme für alle Kinder in der Nachbarschaft!
Was meinst du? Baseballschläger?
Zu übertrieben. Die Bratpfanne reicht.

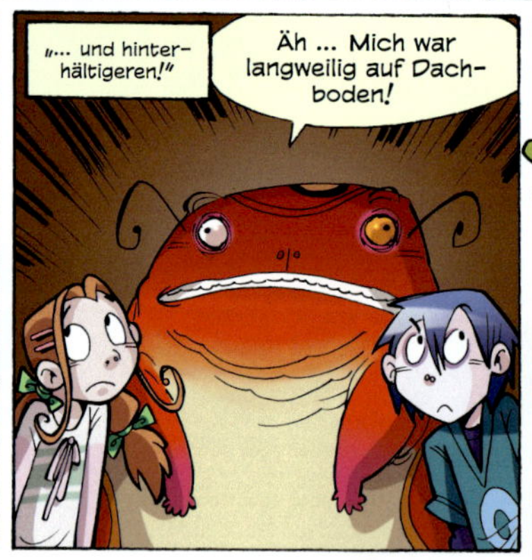
„... und hinterhältigeren!"
Äh ... Mich war langweilig auf Dachboden!

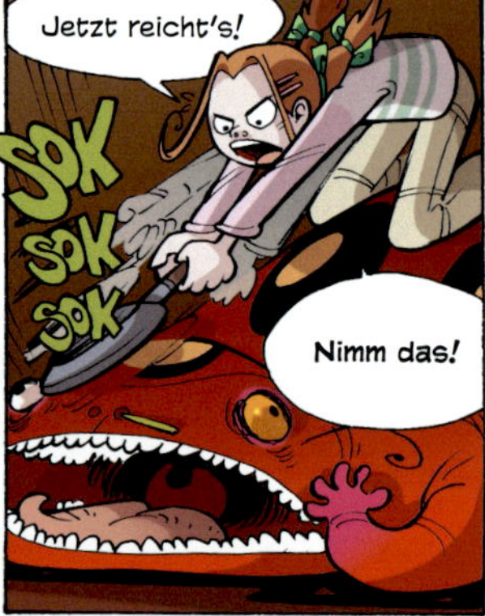
Jetzt reicht's!
SOK
SOK
SOK
Nimm das!

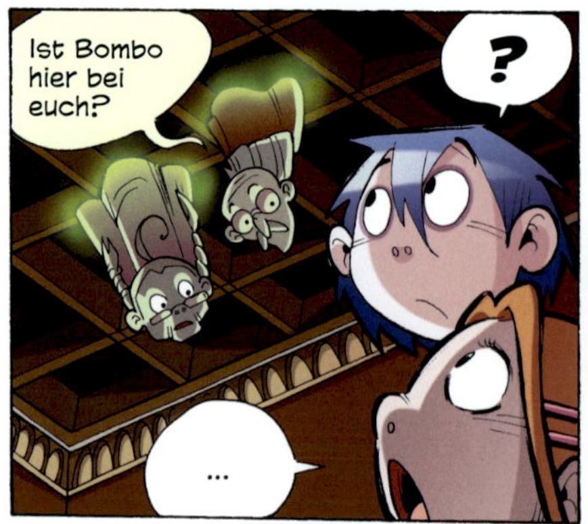
Ist Bombo hier bei euch?
?
...

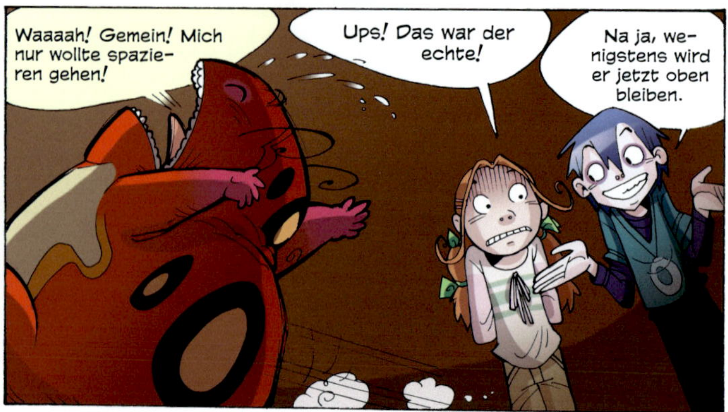
Waaaah! Gemein! Mich nur wollte spazieren gehen!
Ups! Das war der echte!
Na ja, wenigstens wird er jetzt oben bleiben.

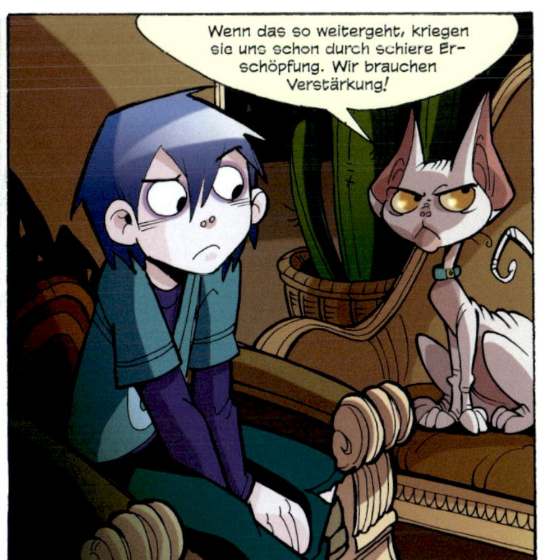
Wenn das so weitergeht, kriegen sie uns schon durch schiere Erschöpfung. Wir brauchen Verstärkung!

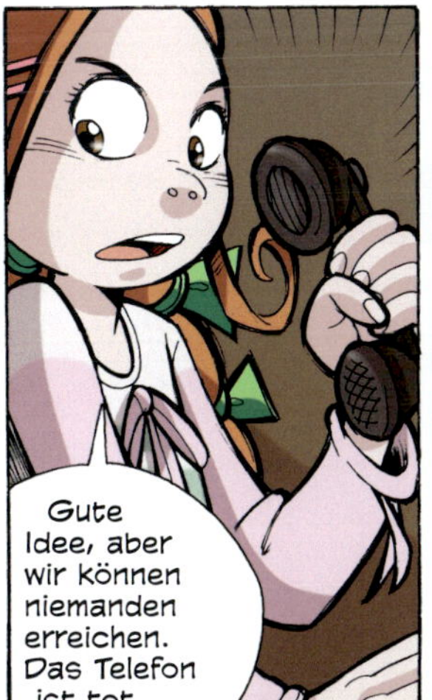
Gute Idee, aber wir können niemanden erreichen. Das Telefon ist tot.

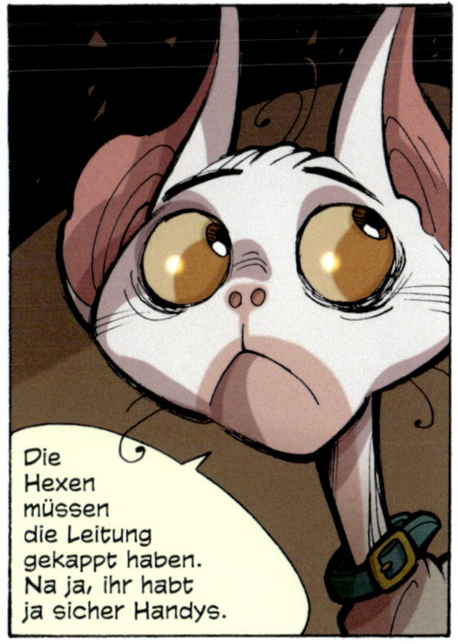
Die Hexen müssen die Leitung gekappt haben. Na ja, ihr habt ja sicher Handys.

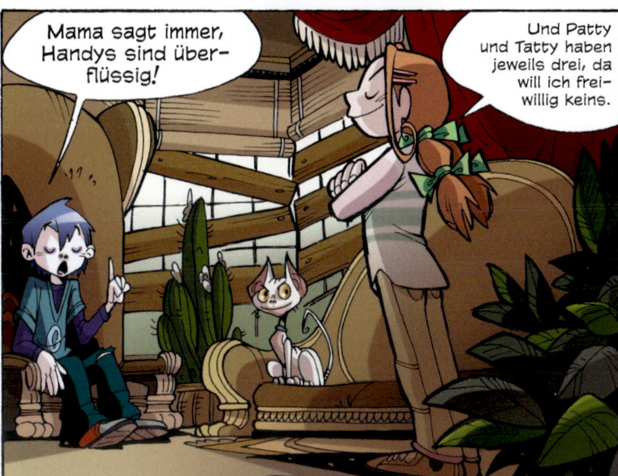
Mama sagt immer, Handys sind überflüssig!
Und Patty und Tatty haben jeweils drei, da will ich freiwillig keins.

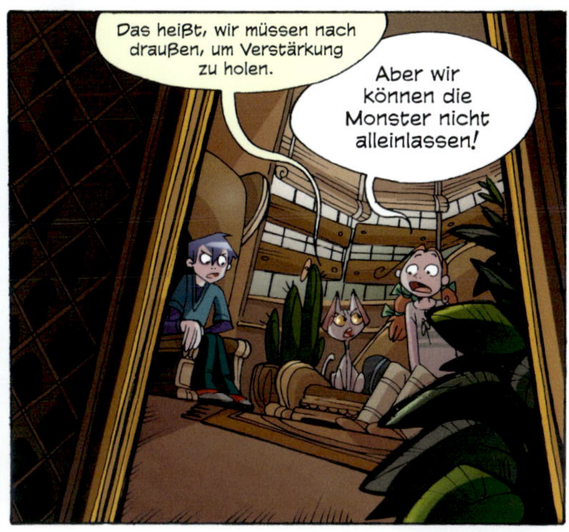
Das heißt, wir müssen nach draußen, um Verstärkung zu holen.
Aber wir können die Monster nicht alleinlassen!

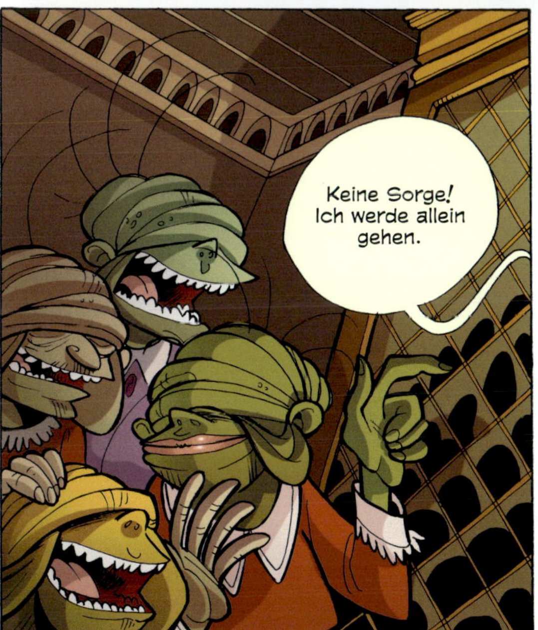
Keine Sorge! Ich werde allein gehen.

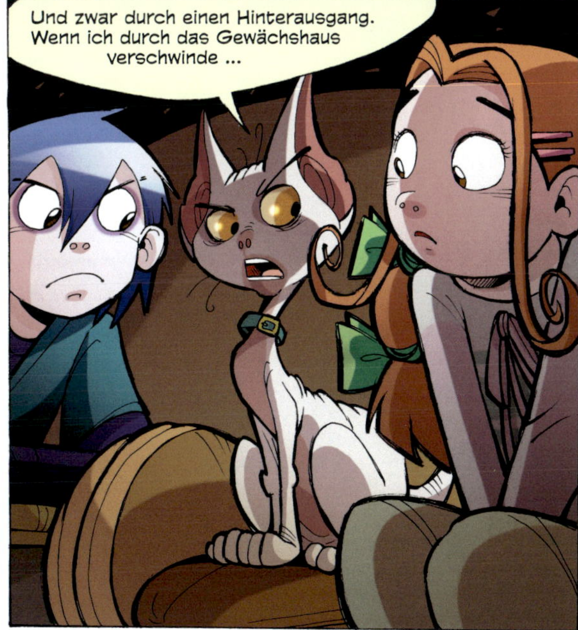
Und zwar durch einen Hinterausgang. Wenn ich durch das Gewächshaus verschwinde ...

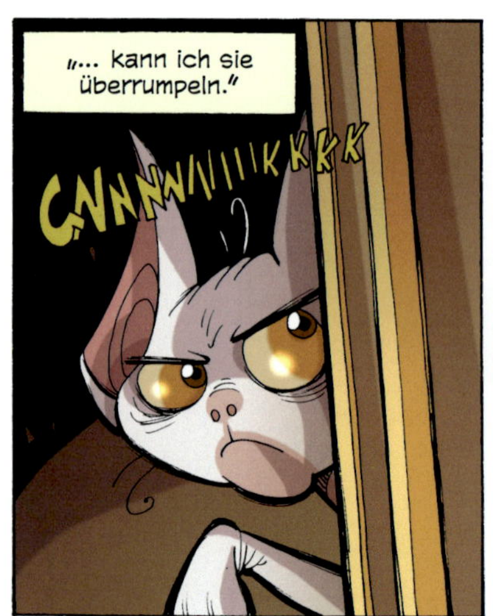
"... kann ich sie überrumpeln."
GNNNWIIIIKKKK
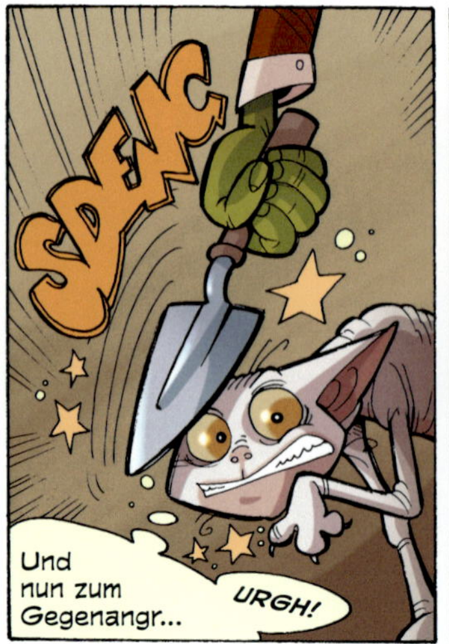
SDENG
Und nun zum Gegenangr...
URGH!
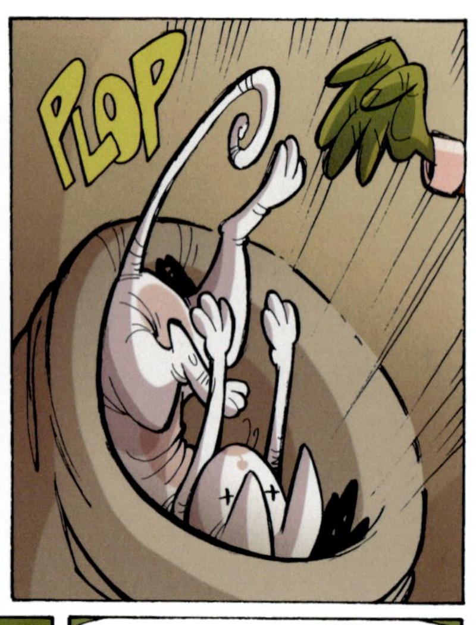
PLOP
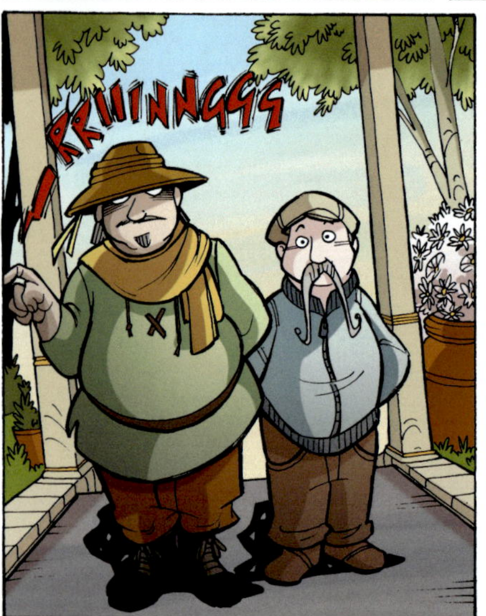
KRIIINNGGG
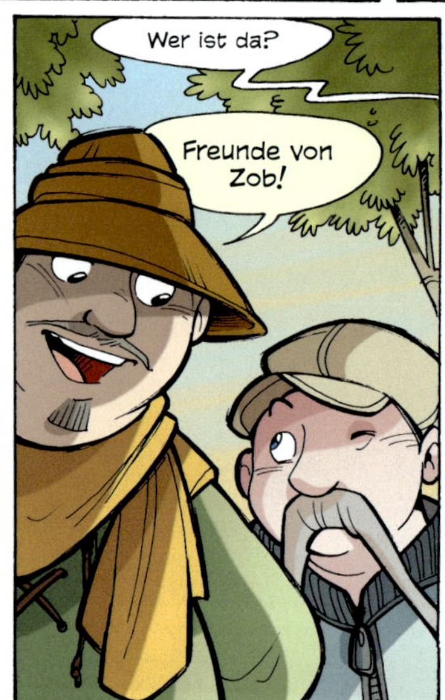
Wer ist da?
Freunde von Zob!
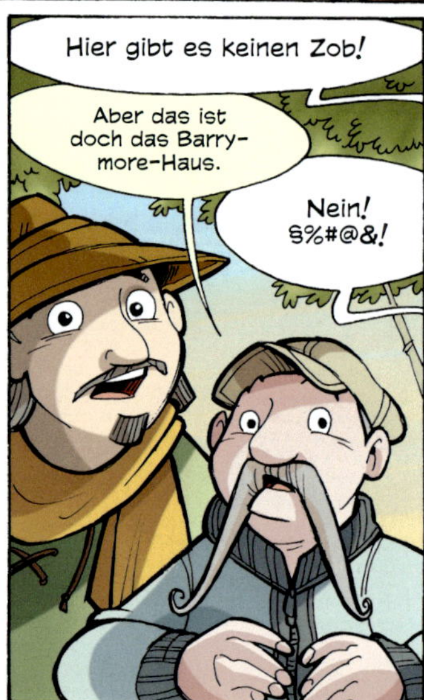
Hier gibt es keinen Zob!
Aber das ist doch das Barry-more-Haus.
Nein! §%#@&!
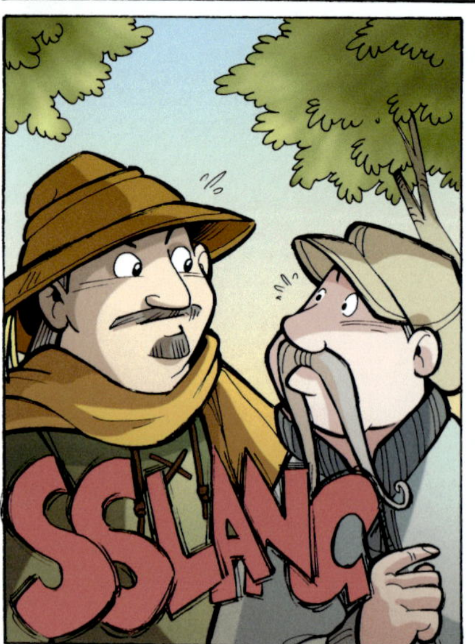
SSLANG

TCLAK
TCLAK
TCLAK
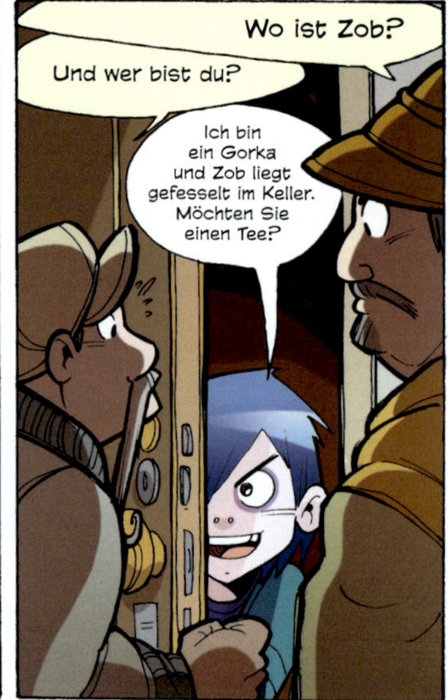
Wo ist Zob?
Und wer bist du?
Ich bin ein Gorka und Zob liegt gefesselt im Keller. Möchten Sie einen Tee?

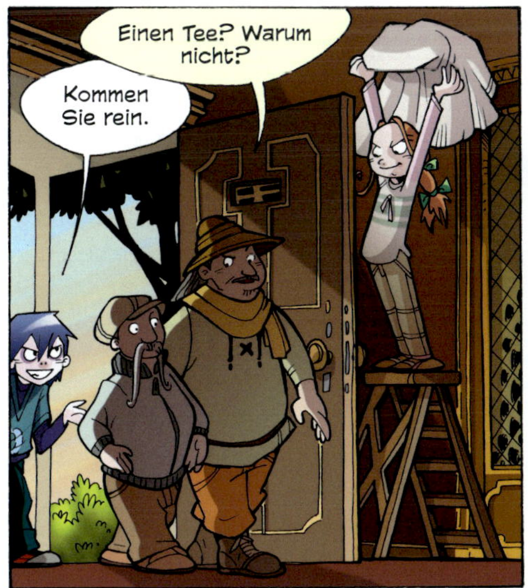
Kommen Sie rein.
Einen Tee? Warum nicht?

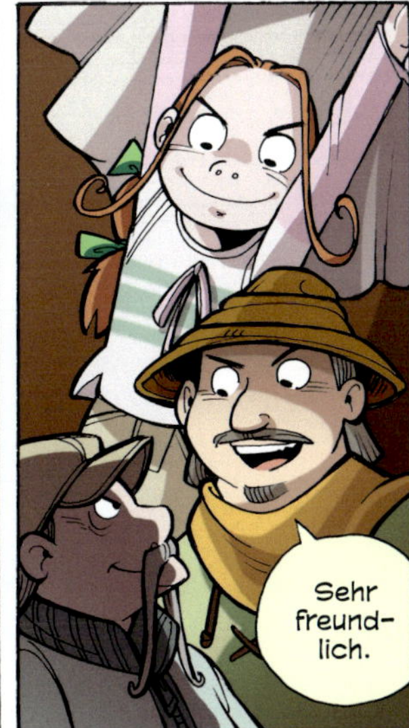
Sehr freund-lich.

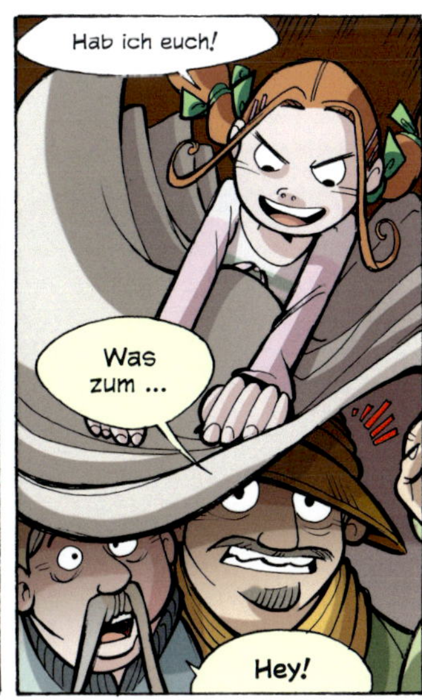
Hab ich euch!
Was zum ...
Hey!

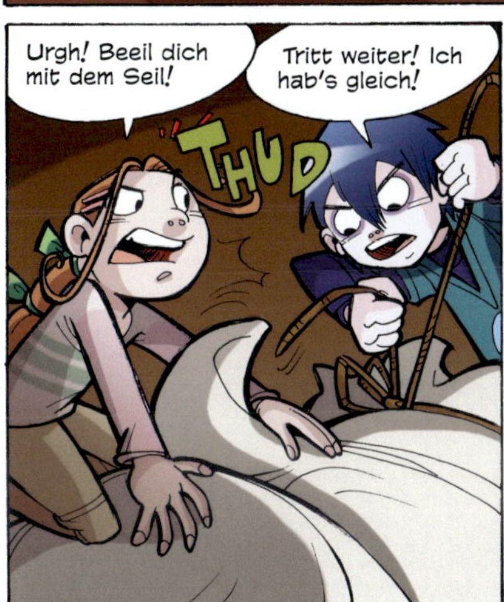
Urgh! Beeil dich mit dem Seil!
Tritt weiter! Ich hab's gleich!
THUD

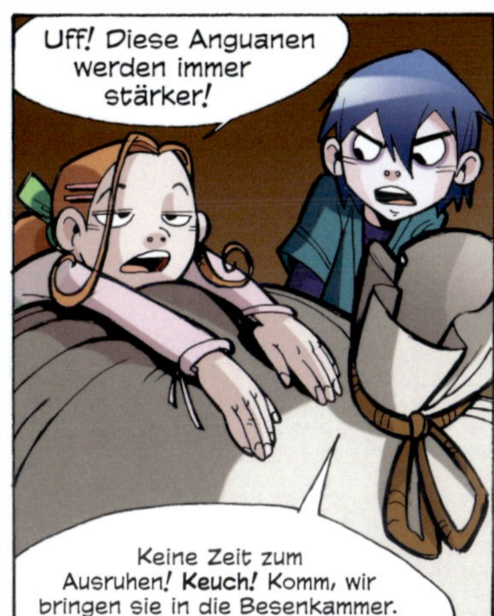
Uff! Diese Anguanen werden immer stärker!
Keine Zeit zum Ausruhen! Keuch! Komm, wir bringen sie in die Besenkammer.

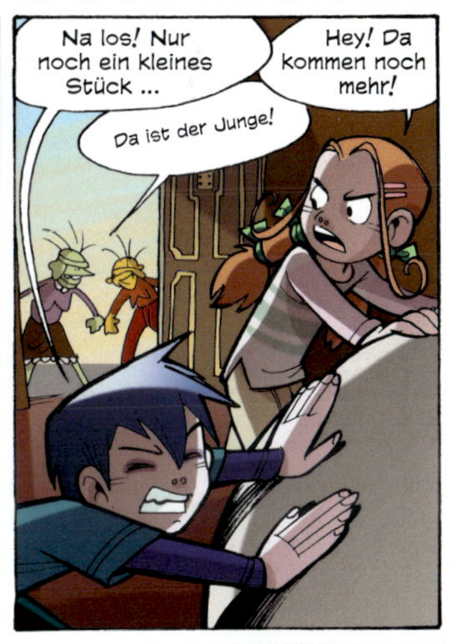
Na los! Nur noch ein kleines Stück ...
Hey! Da kommen noch mehr!
Da ist der Junge!

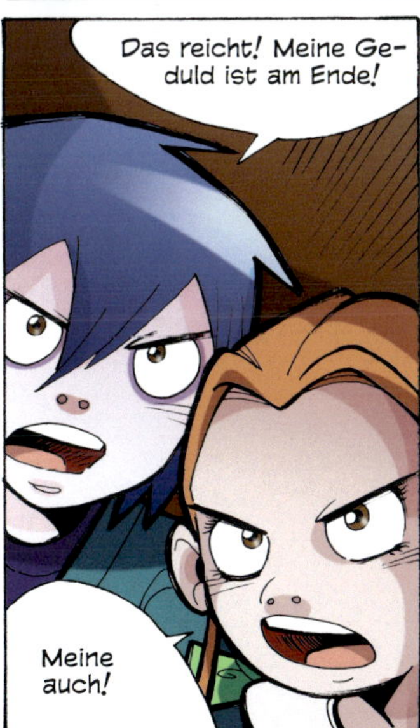
Das reicht! Meine Ge-duld ist am Ende!
Meine auch!

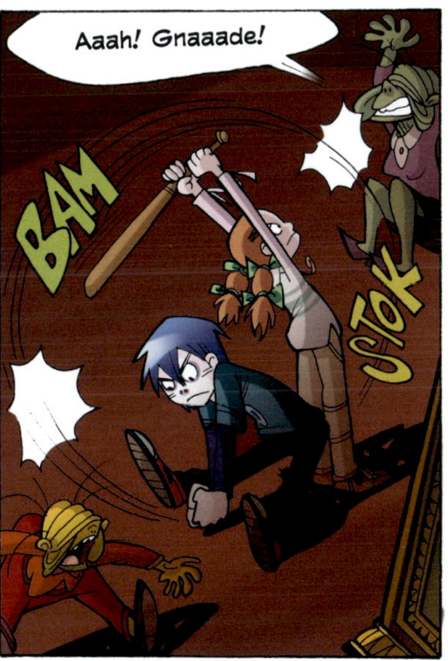
Aaah! Gnaaade!
BAM
STOK

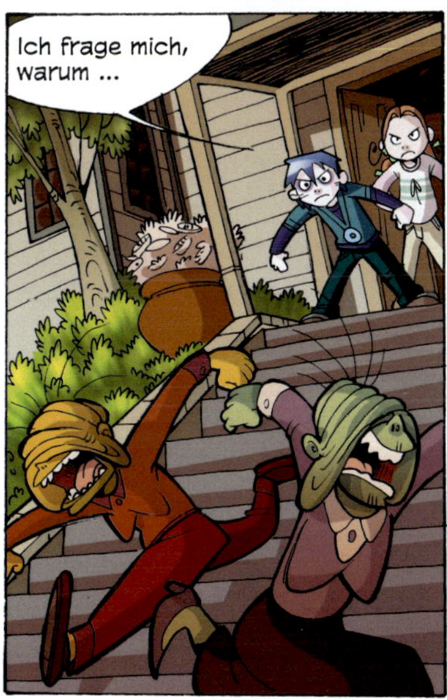
Ich frage mich, warum ...

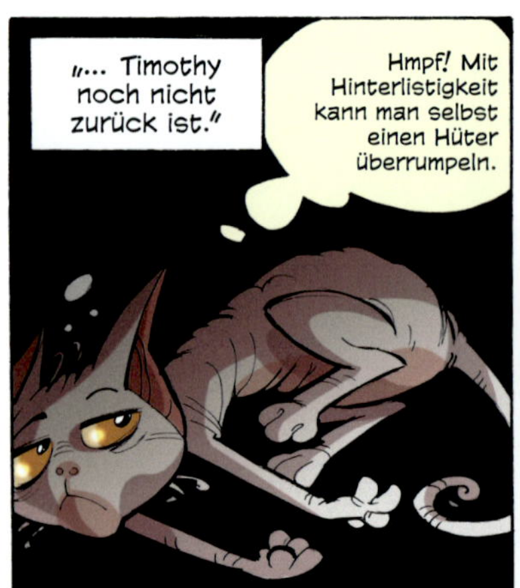
"... Timothy noch nicht zurück ist."
Hmpf! Mit Hinterlistigkeit kann man selbst einen Hüter überrumpeln.

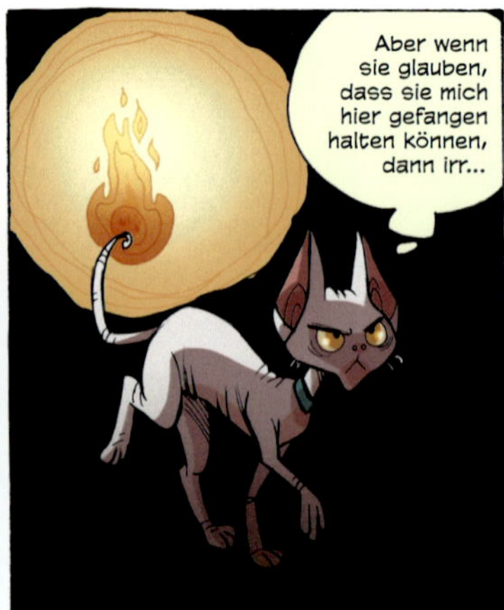
Aber wenn sie glauben, dass sie mich hier gefangen halten können, dann irr...

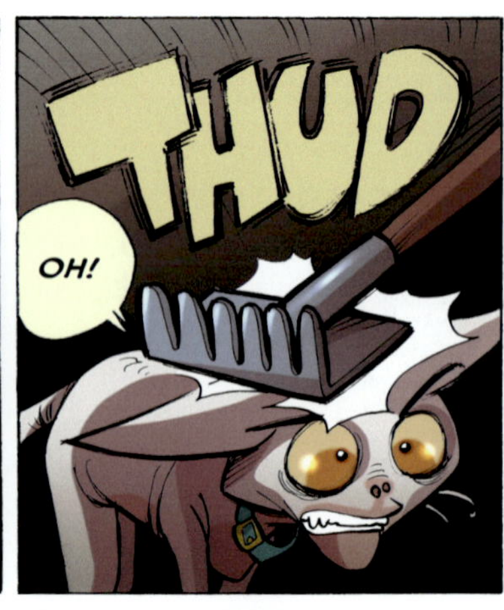
THUD
OH!

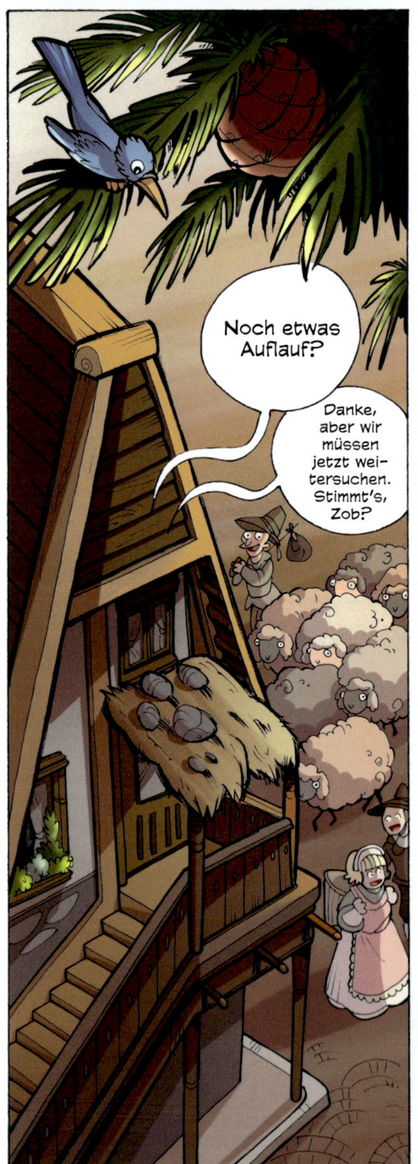
Noch etwas Auflauf?
Danke, aber wir müssen jetzt weitersuchen. Stimmt's, Zob?

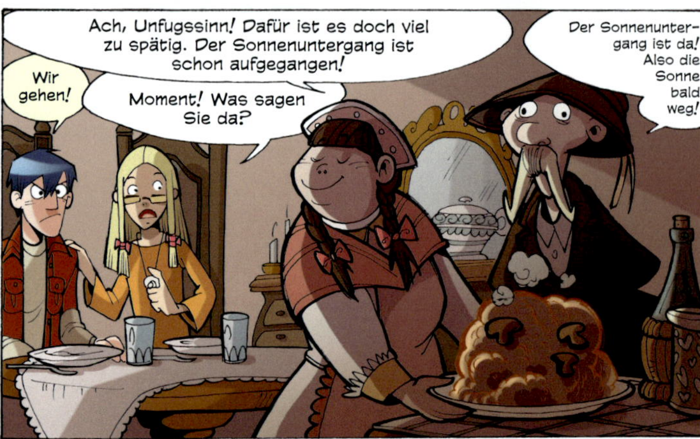
Wir gehen!
Ach, Unfugssinn! Dafür ist es doch viel zu spätig. Der Sonnenuntergang ist schon aufgegangen!
Moment! Was sagen Sie da?
Der Sonnenuntergang ist da! Also die Sonne bald weg!

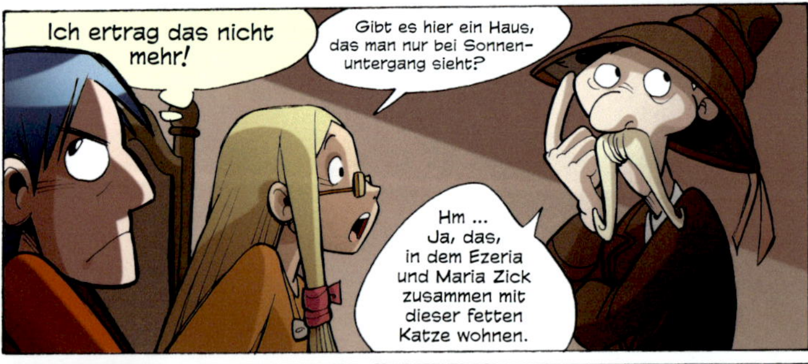
Ich ertrag das nicht mehr!
Gibt es hier ein Haus, das man nur bei Sonnenuntergang sieht?
Hm ... Ja, das, in dem Ezeria und Maria Zick zusammen mit dieser fetten Katze wohnen.

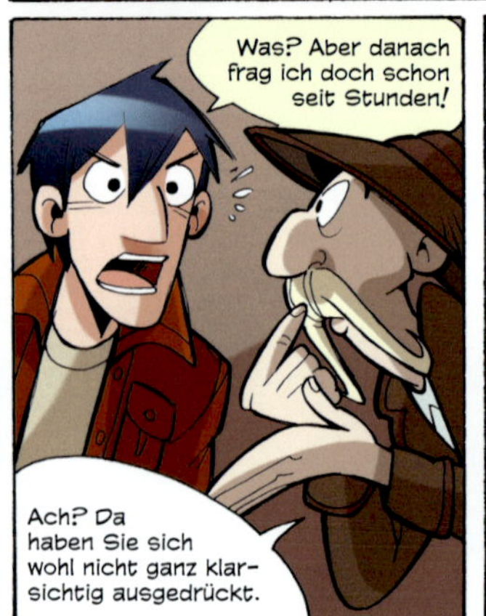
Was? Aber danach frag ich doch schon seit Stunden!
Ach? Da haben Sie sich wohl nicht ganz klarsichtig ausgedrückt.

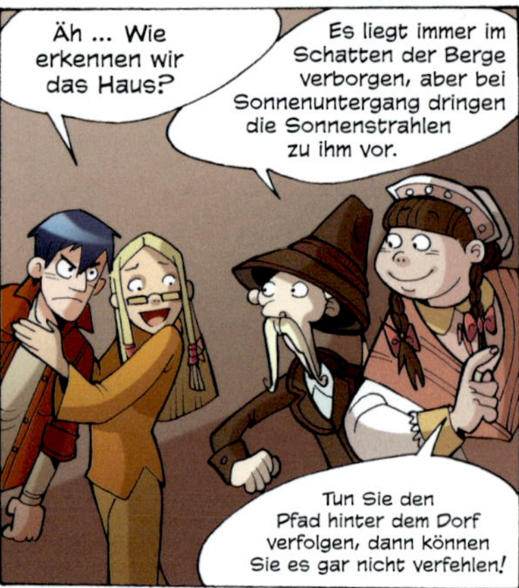
Äh ... Wie erkennen wir das Haus?
Es liegt immer im Schatten der Berge verborgen, aber bei Sonnenuntergang dringen die Sonnenstrahlen zu ihm vor.
Tun Sie den Pfad hinter dem Dorf verfolgen, dann können Sie es gar nicht verfehlen!

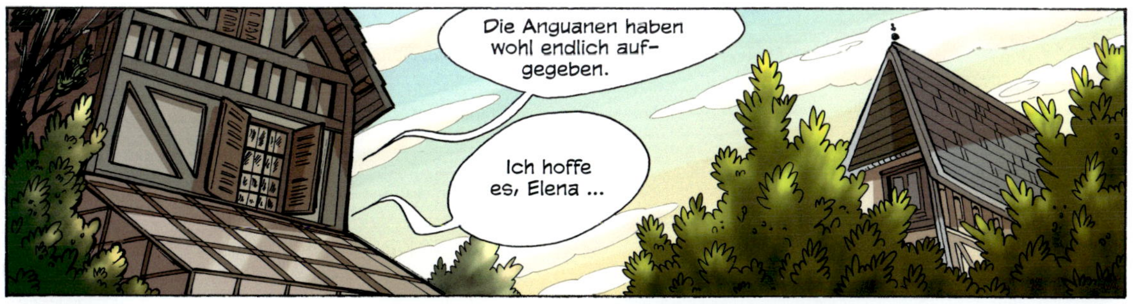
Die Anguanen haben wohl endlich auf-gegeben.
Ich hoffe es, Elena ...

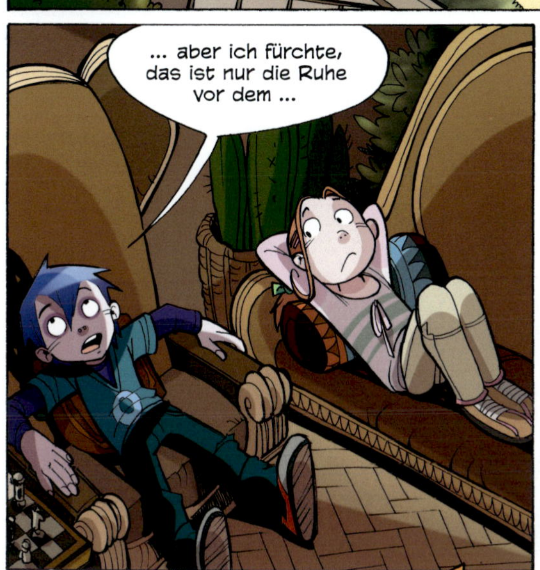
... aber ich fürchte, das ist nur die Ruhe vor dem ...

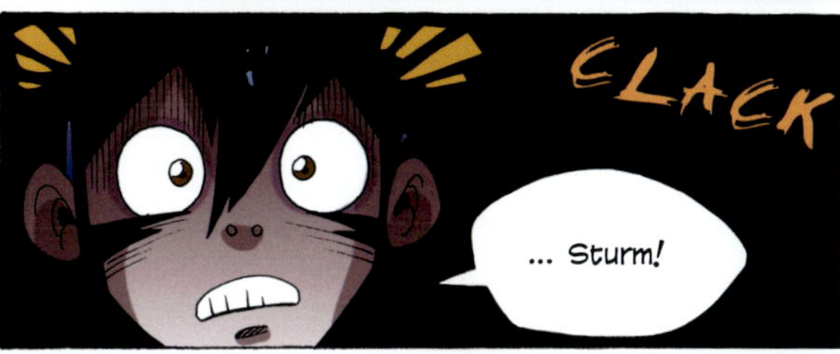
CLACK
... Sturm!

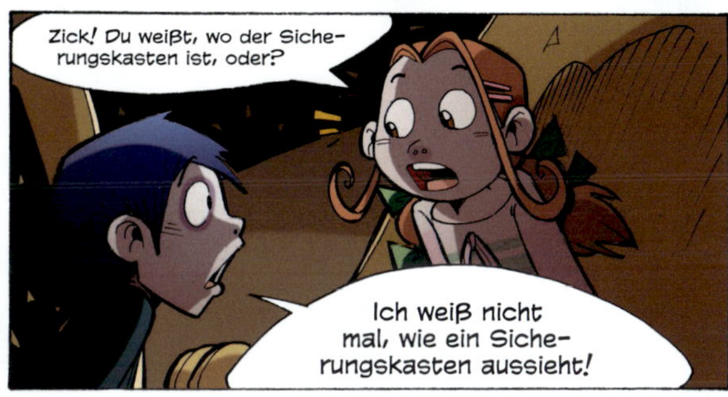
Zick! Du weißt, wo der Siche-rungskasten ist, oder?
Ich weiß nicht mal, wie ein Siche-rungskasten aussieht!

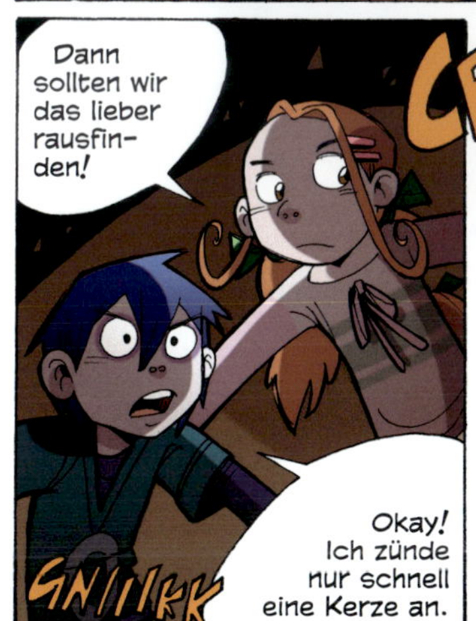
Dann sollten wir das lieber rausfin-den!
Okay! Ich zünde nur schnell eine Kerze an.
GNIIIKK

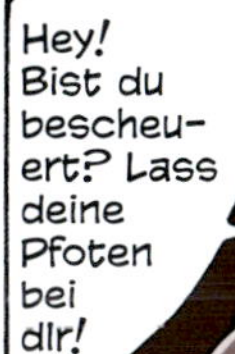
CRACK

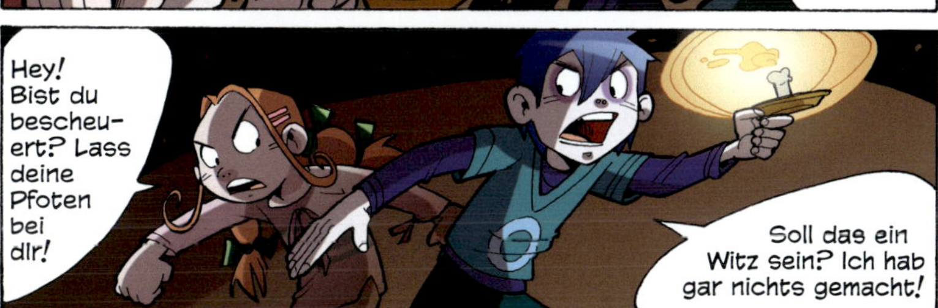
Hast du das gehört?
SFRIZZZ
Ich bezweifle irgendwie, dass das Bombo und die ande-ren sind.
Hey! Bist du bescheu-ert? Lass deine Pfoten bei dir!
Soll das ein Witz sein? Ich hab gar nichts gemacht!

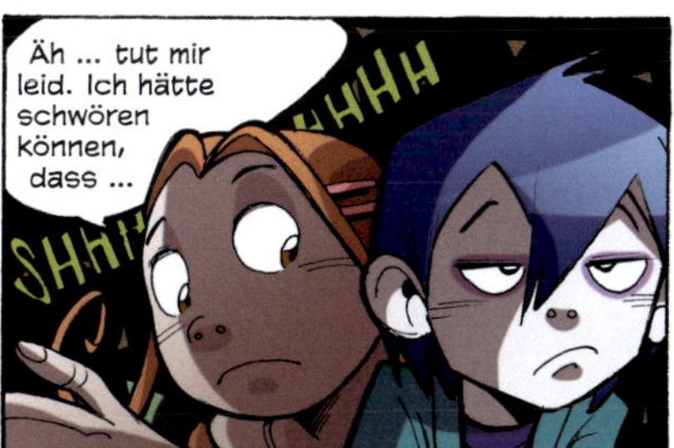
Äh ... tut mir leid. Ich hätte schwören können, dass ...

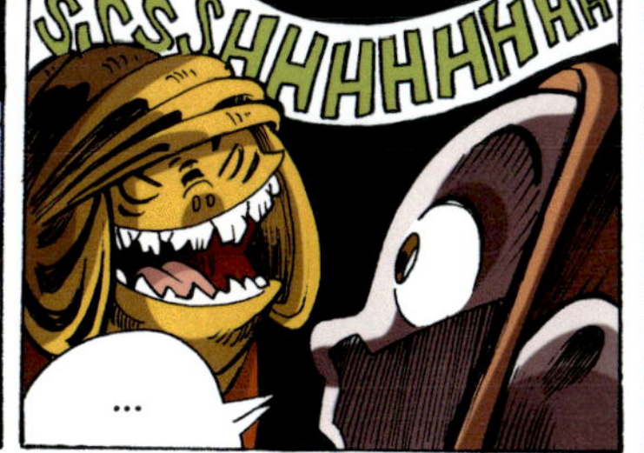
SCSSHHHHHHHHH
...

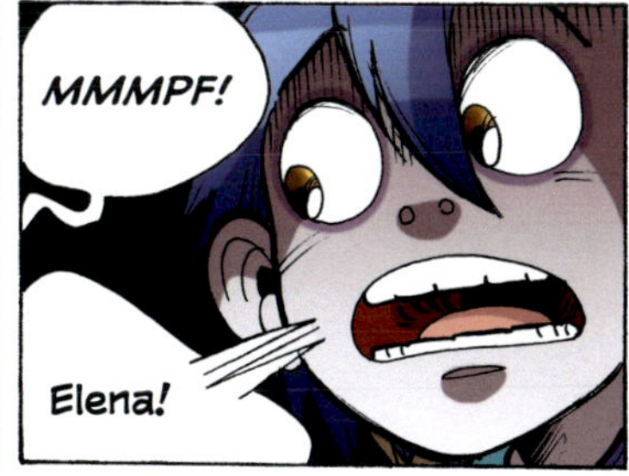
MMMPF!
Elena!

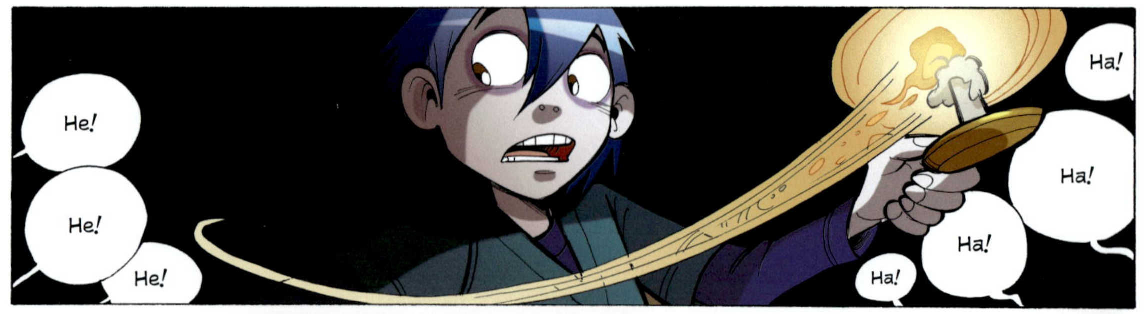
He!
He!
He!
Ha!
Ha!
Ha!
Ha!

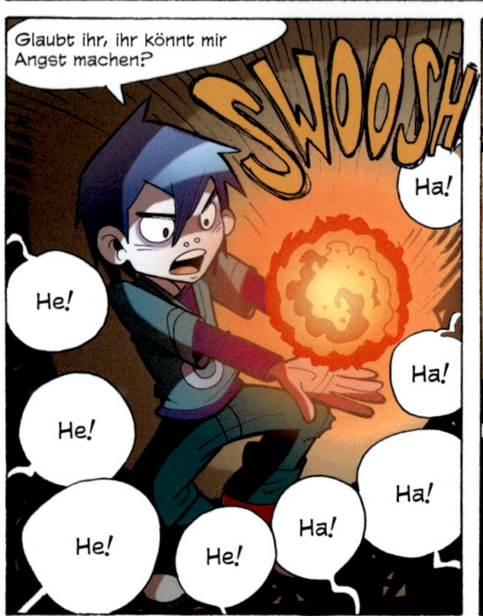
Glaubt ihr, ihr könnt mir Angst machen?
SWOOSH
Ha!
He!
Ha!
He!
Ha!
He!
He!
Ha!

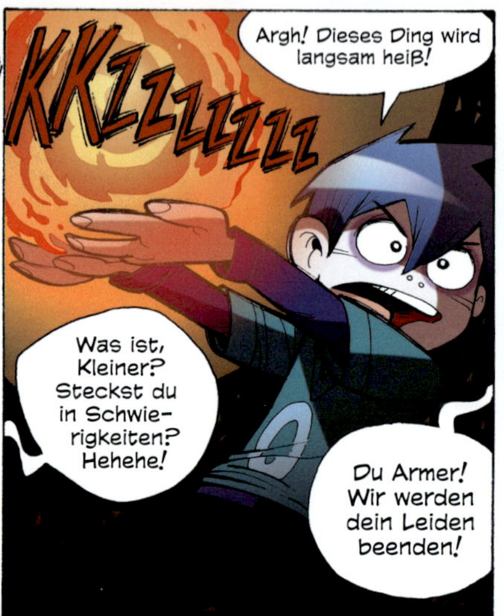
KKZZZZZZZ
Argh! Dieses Ding wird langsam heiß!
Was ist, Kleiner? Steckst du in Schwierigkeiten? Hehehe!
Du Armer! Wir werden dein Leiden beenden!

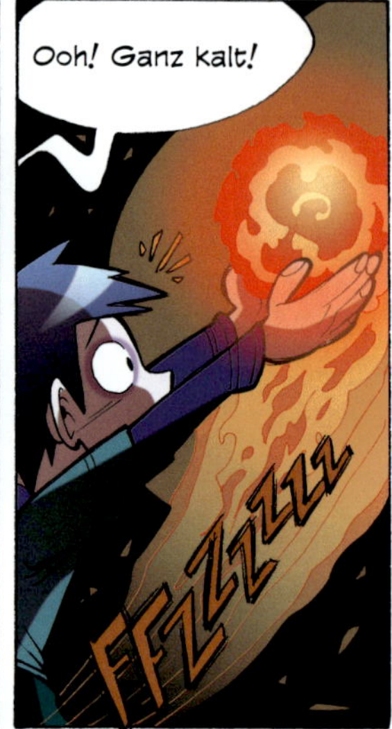
Ooh! Ganz kalt!
FFZZZZZZ

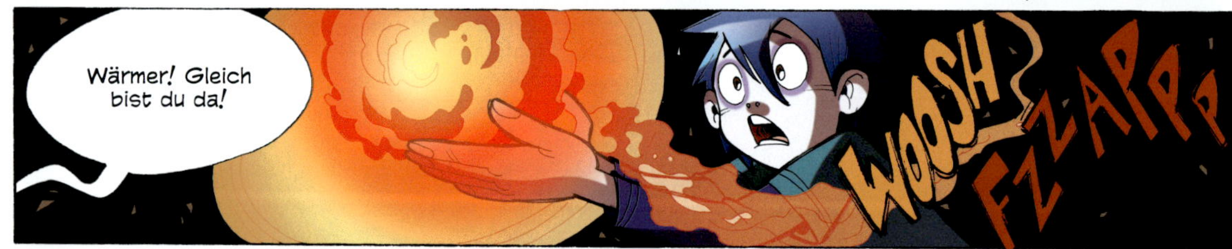
Wärmer! Gleich bist du da!
WOOSH
FZZAPPP

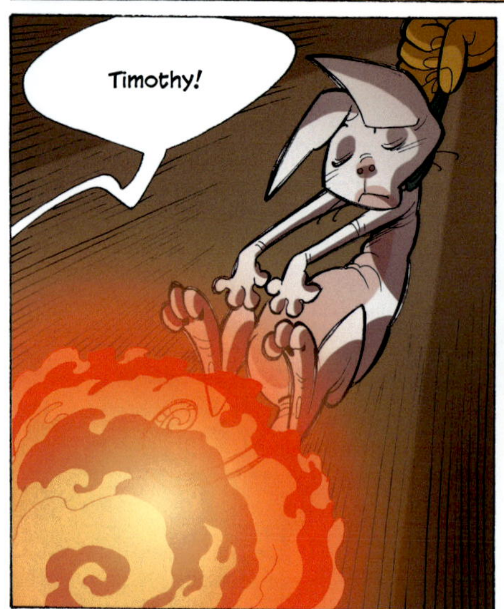
Timothy!

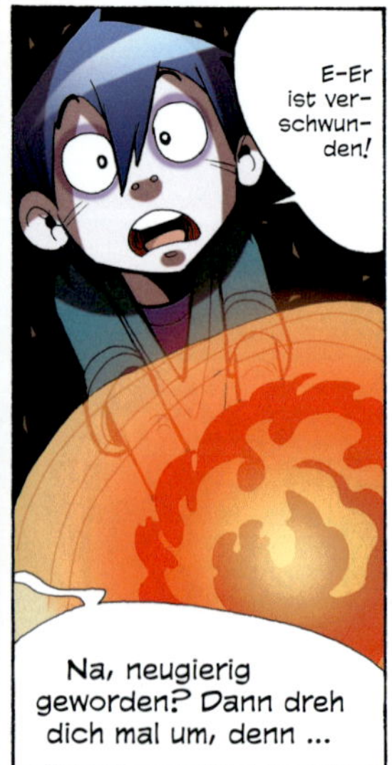
E-Er ist verschwunden!
Na, neugierig geworden? Dann dreh dich mal um, denn ...

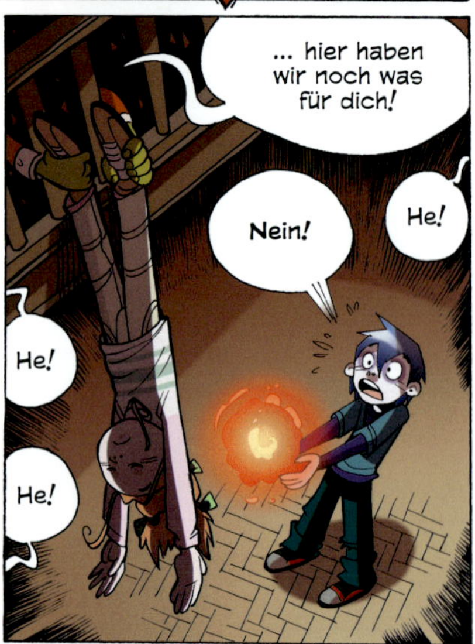
... hier haben wir noch was für dich!
Nein!
He!
He!
He!

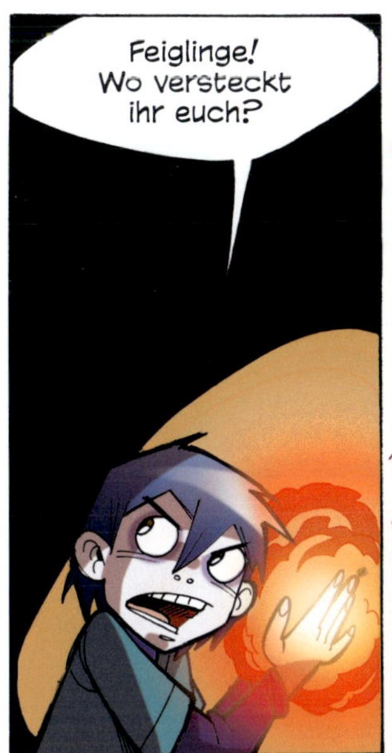
Feiglinge!
Wo versteckt
ihr euch?

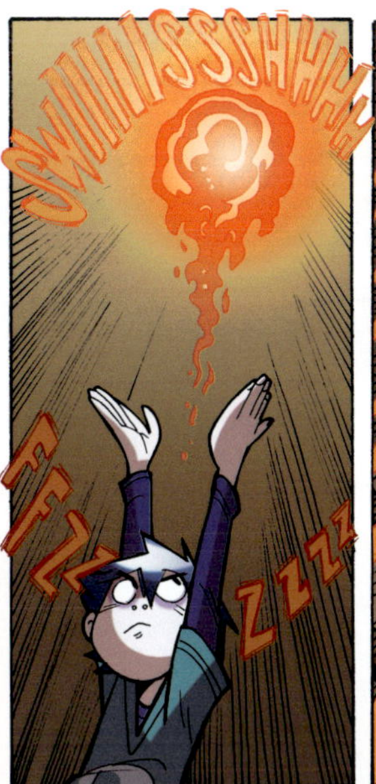
SWIIIISSSHHH
FFZZZZZ

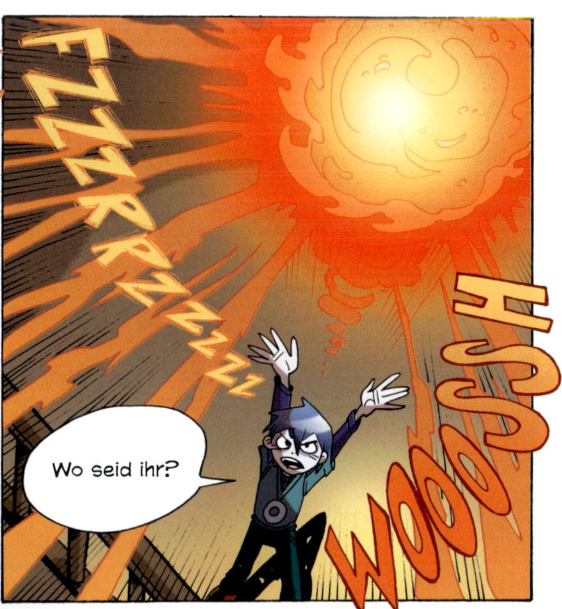
FZZZRZZZZZZ
Wo seid ihr?
WOOOSCH

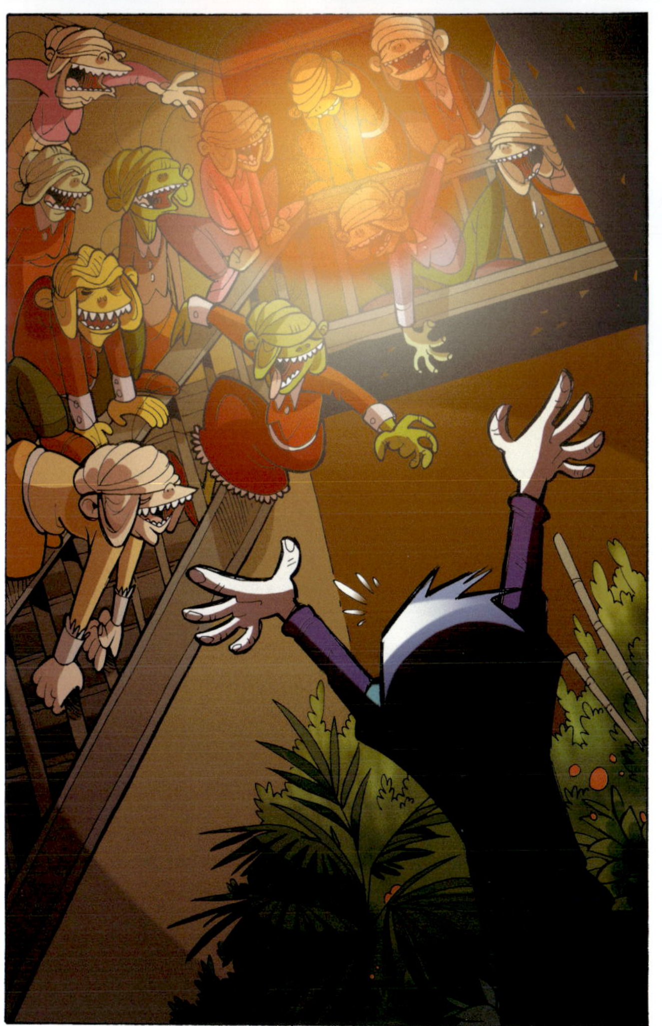

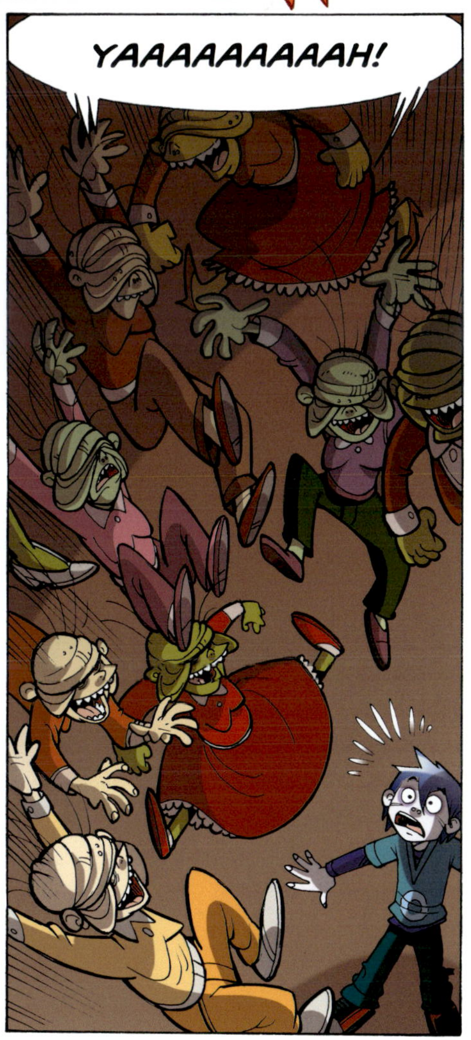
YAAAAAAAAAH!

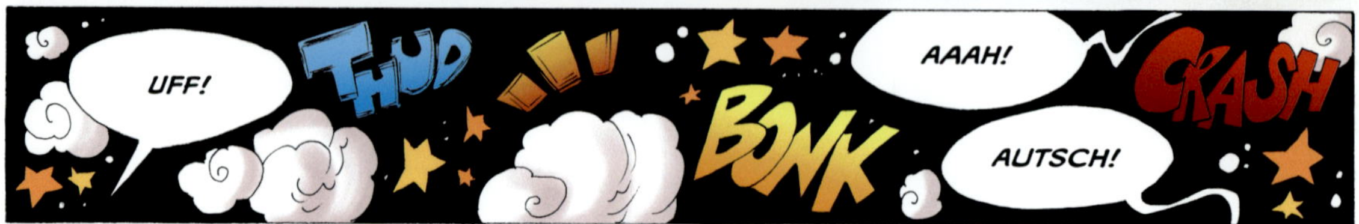

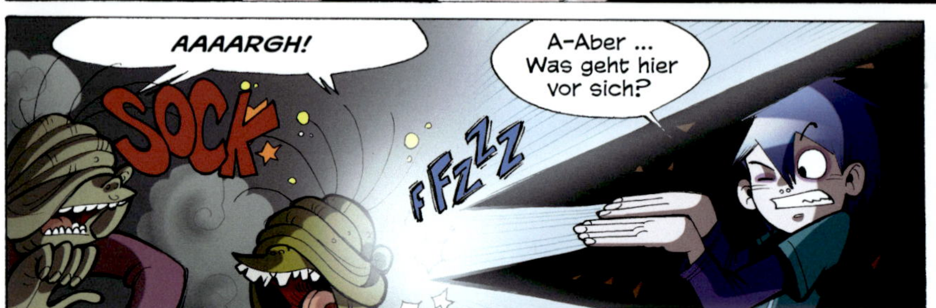
UFF!
THUD
BONK
AAAH!
AUTSCH!
CRASH
AAAARGH!
SOCK
A-Aber ... Was geht hier vor sich?
FFZZZ

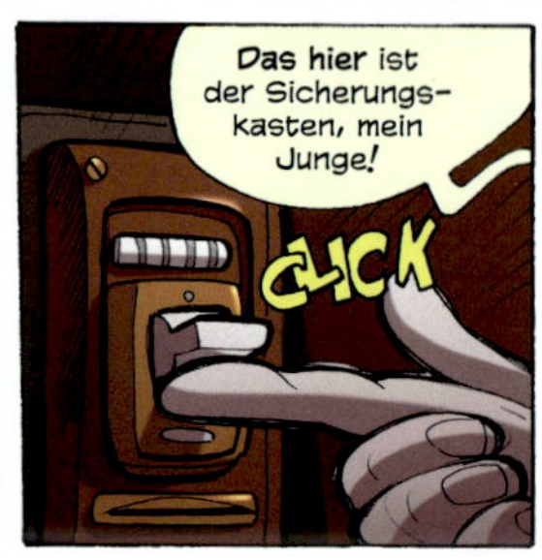
Das hier ist der Sicherungskasten, mein Junge!
CLICK

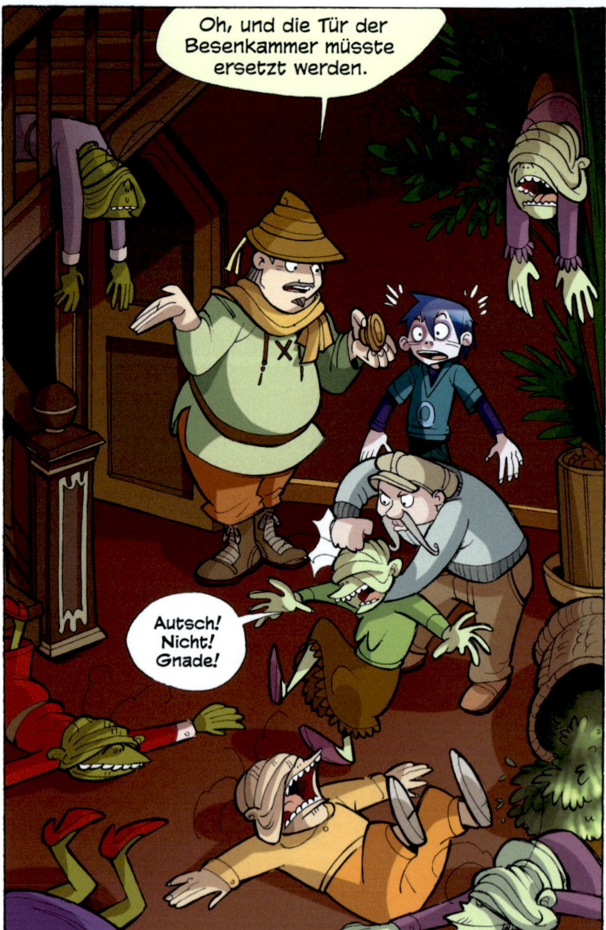
Oh, und die Tür der Besenkammer müsste ersetzt werden.
Autsch! Nicht! Gnade!

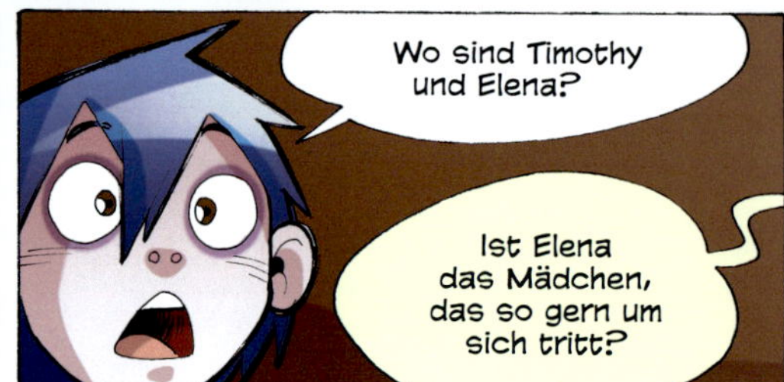
Wo sind Timothy und Elena?
Ist Elena das Mädchen, das so gern um sich tritt?

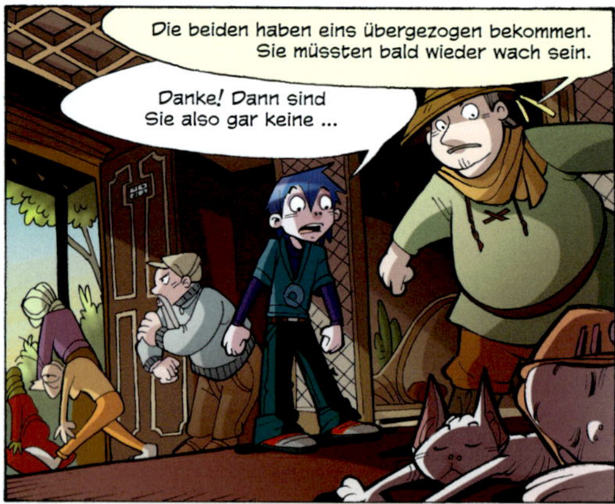
Die beiden haben eins übergezogen bekommen. Sie müssten bald wieder wach sein.
Danke! Dann sind Sie also gar keine ...

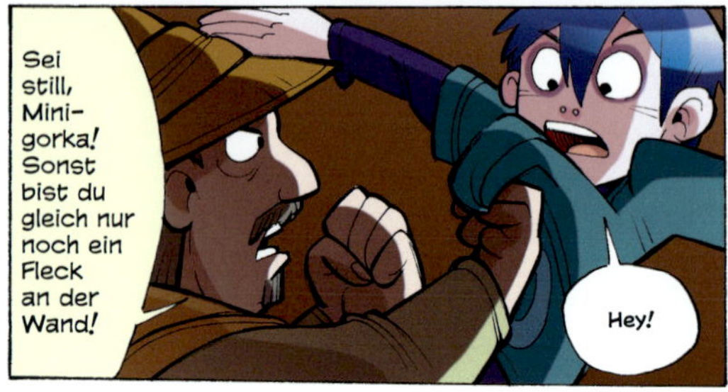
Sei still, Mini-gorka! Sonst bist du gleich nur noch ein Fleck an der Wand!
Hey!

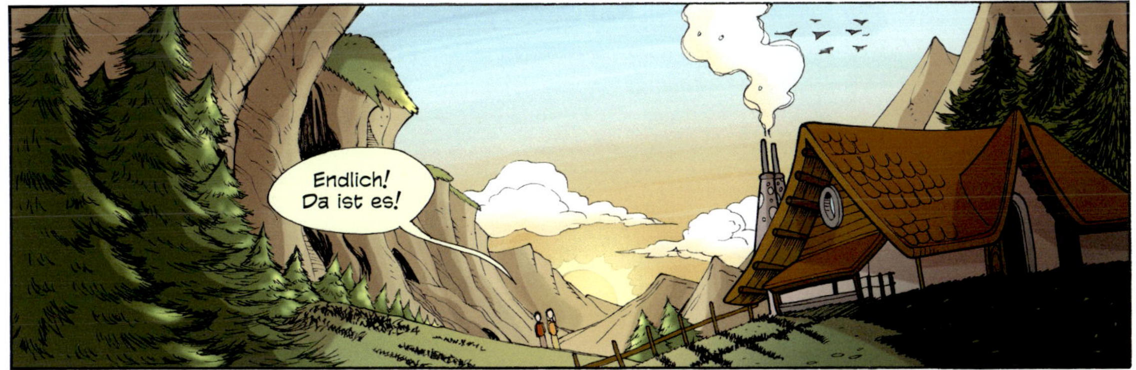
Endlich!
Da ist es!
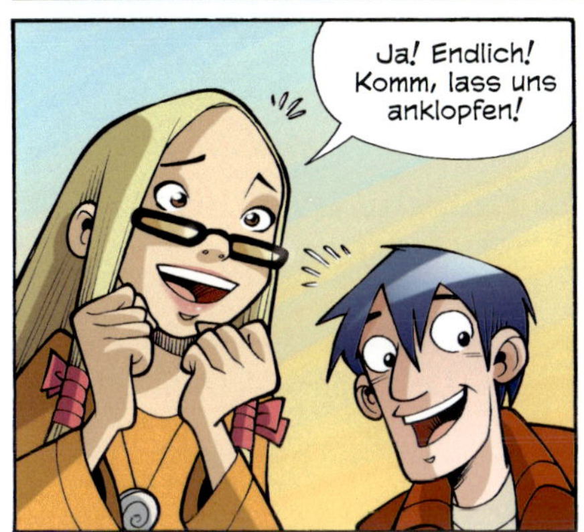
Ja! Endlich!
Komm, lass uns anklopfen!
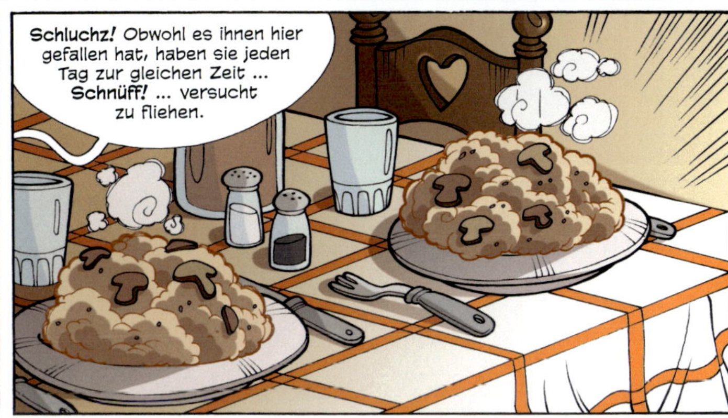
Schluchz! Obwohl es ihnen hier gefallen hat, haben sie jeden Tag zur gleichen Zeit ... Schnüff! ... versucht zu fliehen.
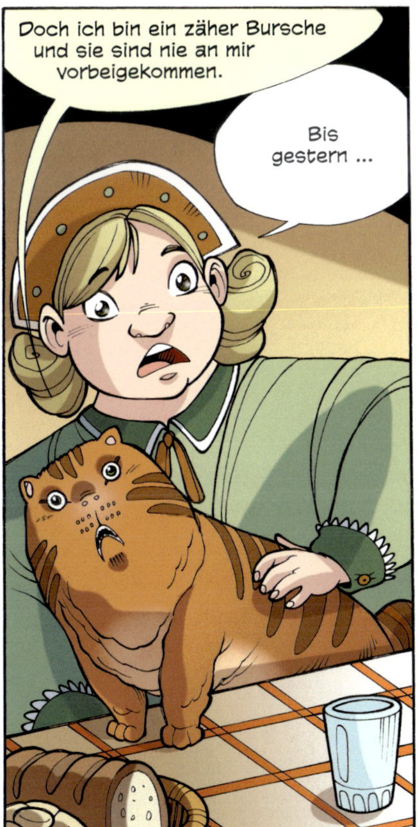
Doch ich bin ein zäher Bursche und sie sind nie an mir vorbeigekommen.
Bis gestern ...
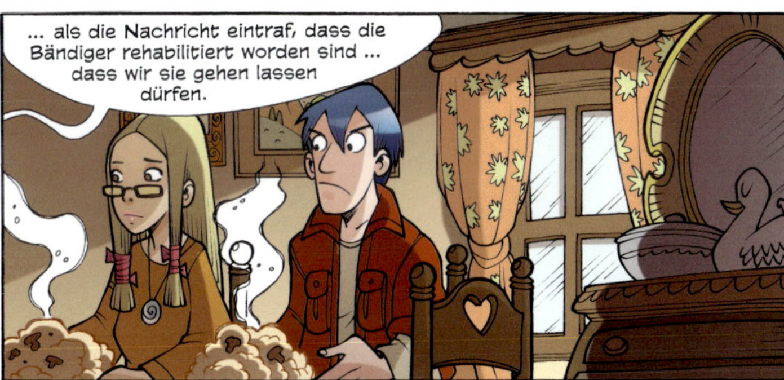
... als die Nachricht eintraf, dass die Bändiger rehabilitiert worden sind ... dass wir sie gehen lassen dürfen.
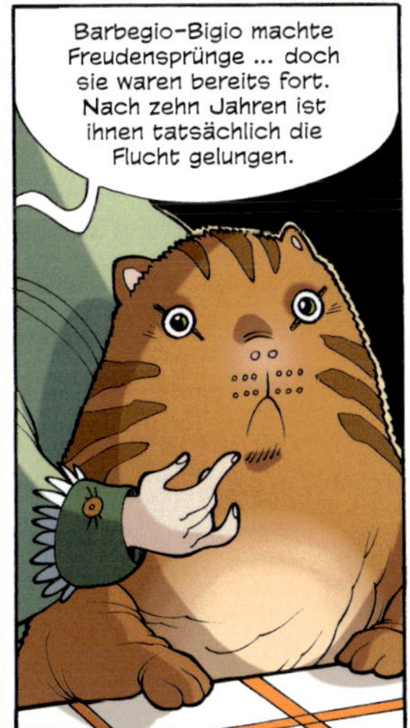
Barbegio-Bigio machte Freudensprünge ... doch sie waren bereits fort. Nach zehn Jahren ist ihnen tatsächlich die Flucht gelungen.
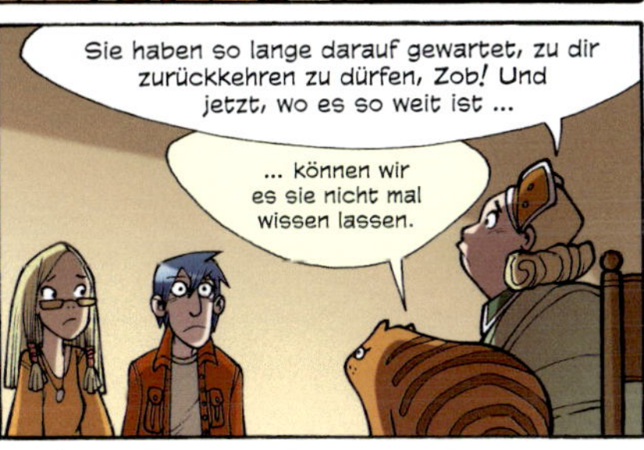
Sie haben so lange darauf gewartet, zu dir zurückkehren zu dürfen, Zob! Und jetzt, wo es so weit ist ...
... können wir es sie nicht mal wissen lassen.
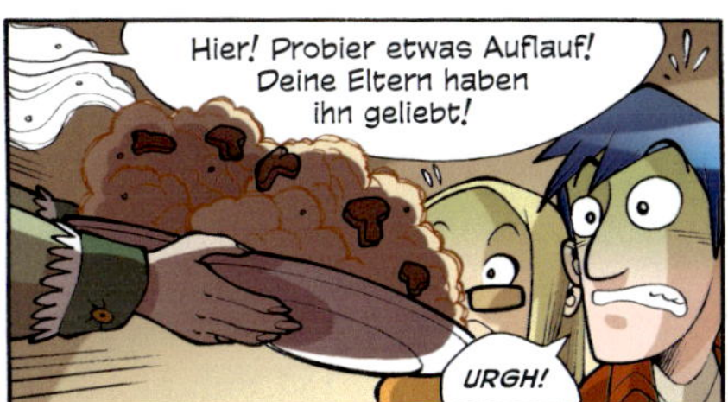
Hier! Probier etwas Auflauf! Deine Eltern haben ihn geliebt!
URGH!

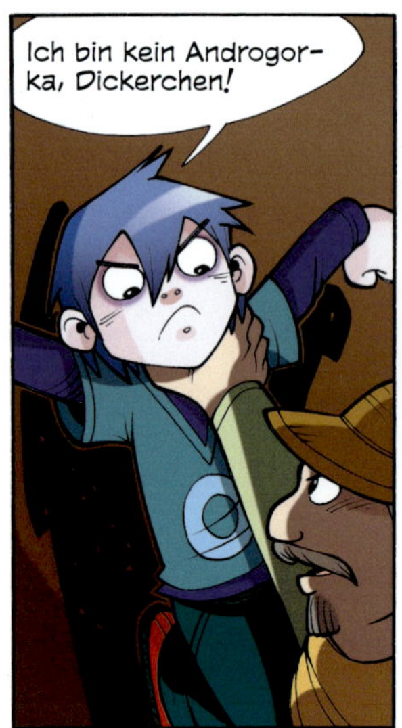
Ich bin kein Androgor-
ka, Dickerchen!

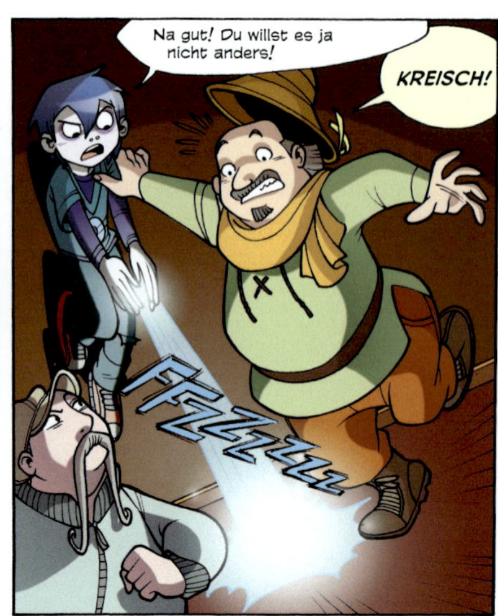
Na gut! Du willst es ja
nicht anders!
KREISCH!
FFZZZZZ

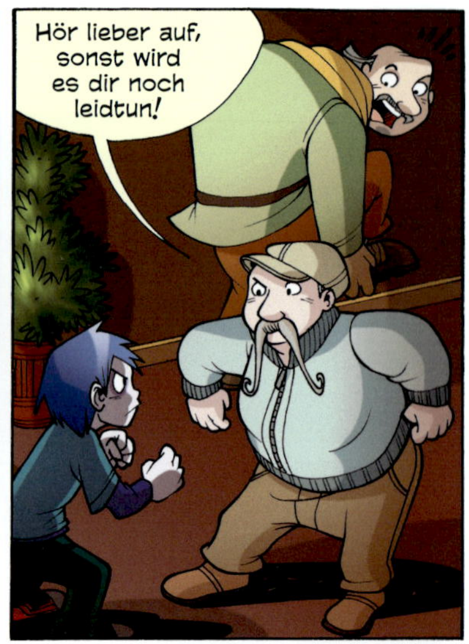
Hör lieber auf,
sonst wird
es dir noch
leidtun!

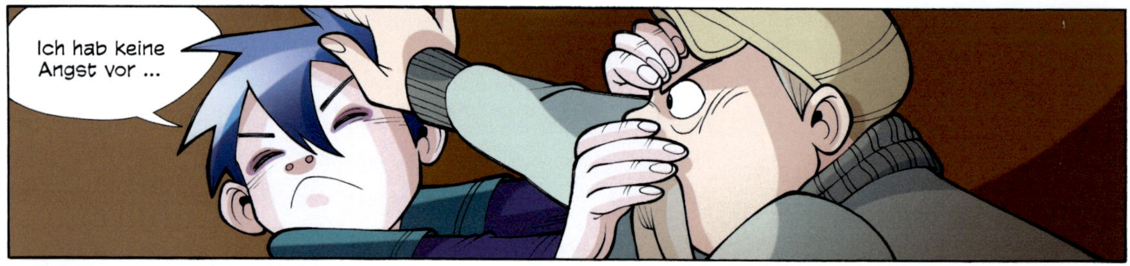
Ich hab keine
Angst vor ...

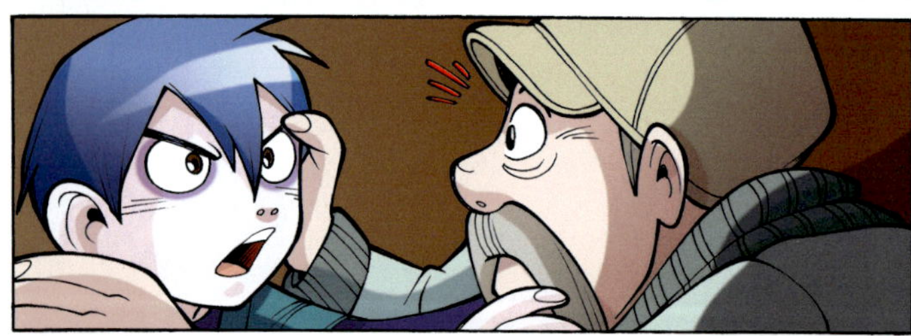

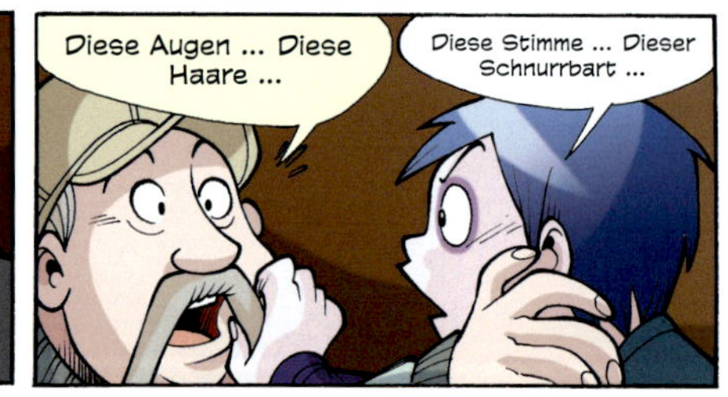
Diese Augen ... Diese
Haare ...
Diese Stimme ... Dieser
Schnurrbart ...

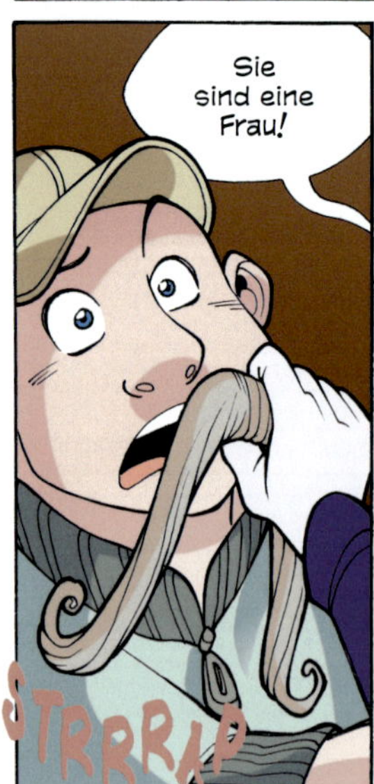
Sie
sind eine
Frau!
STRRRAP

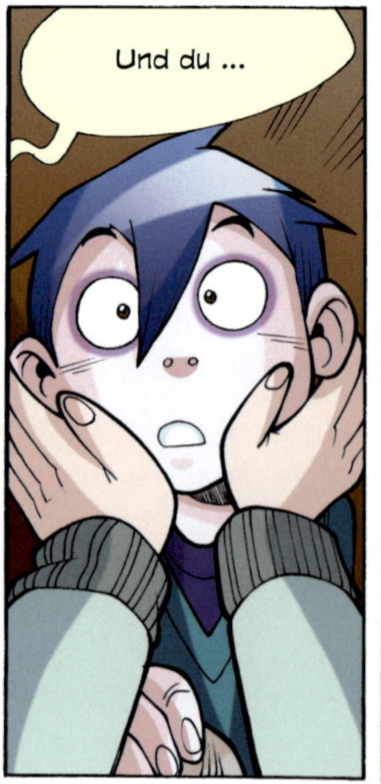
Und du ...

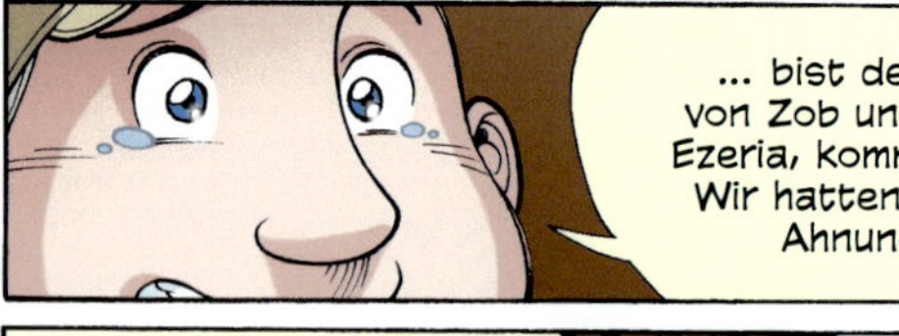
... bist der Sohn
von Zob und Greta!
Ezeria, komm schnell!
Wir hatten ja keine
Ahnung ...

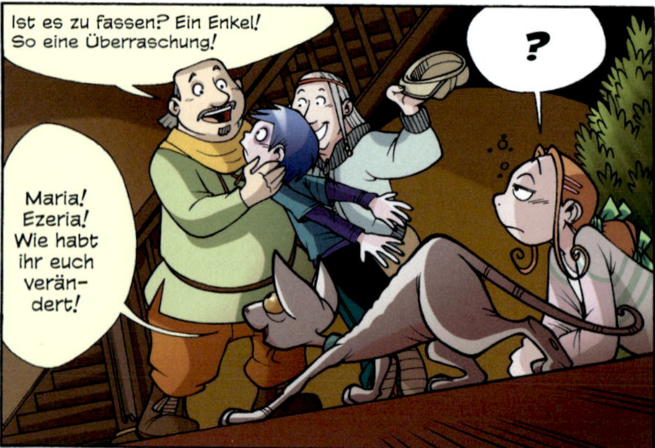
Ist es zu fassen? Ein Enkel!
So eine Überraschung!
?
Maria!
Ezeria!
Wie habt
ihr euch
verän-
dert!

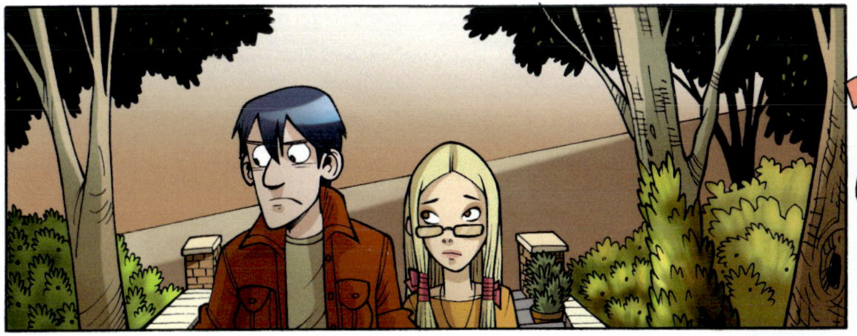

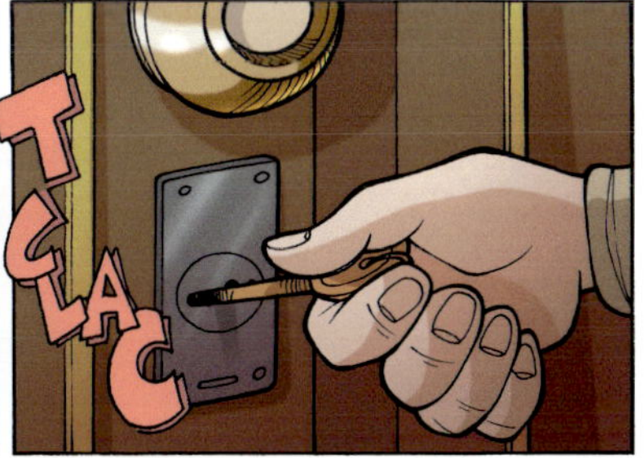
TCLAC

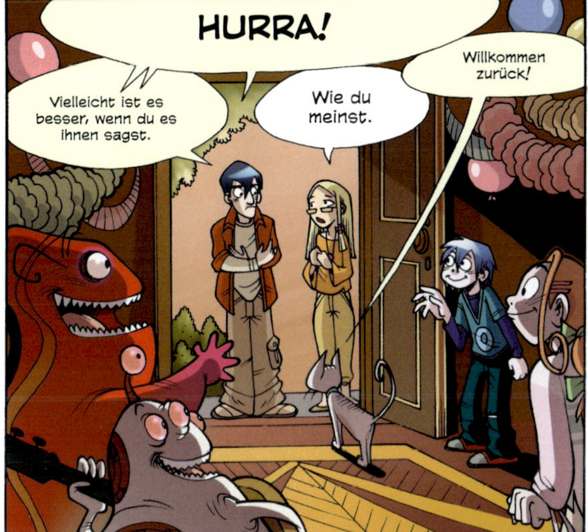
HURRA!
Vielleicht ist es besser, wenn du es ihnen sagst.
Wie du meinst.
Willkommen zurück!

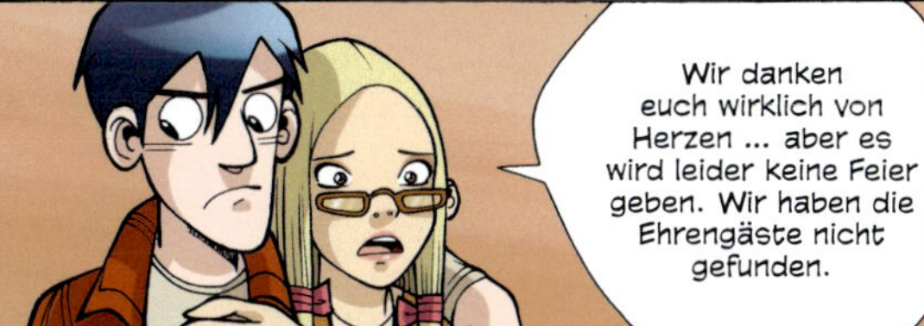
Wir danken euch wirklich von Herzen ... aber es wird leider keine Feier geben. Wir haben die Ehrengäste nicht gefunden.

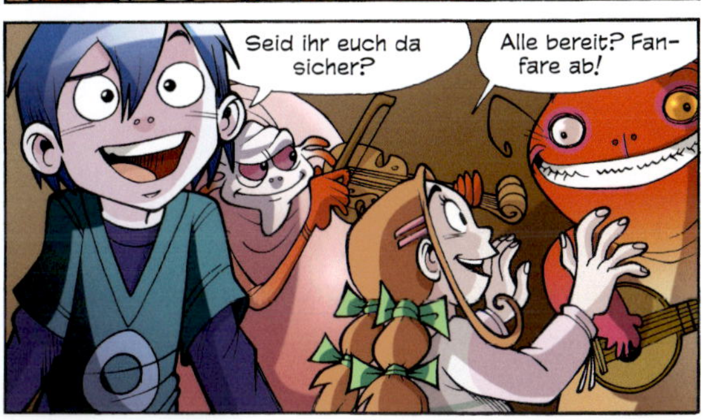
Seid ihr euch da sicher?
Alle bereit? Fanfare ab!

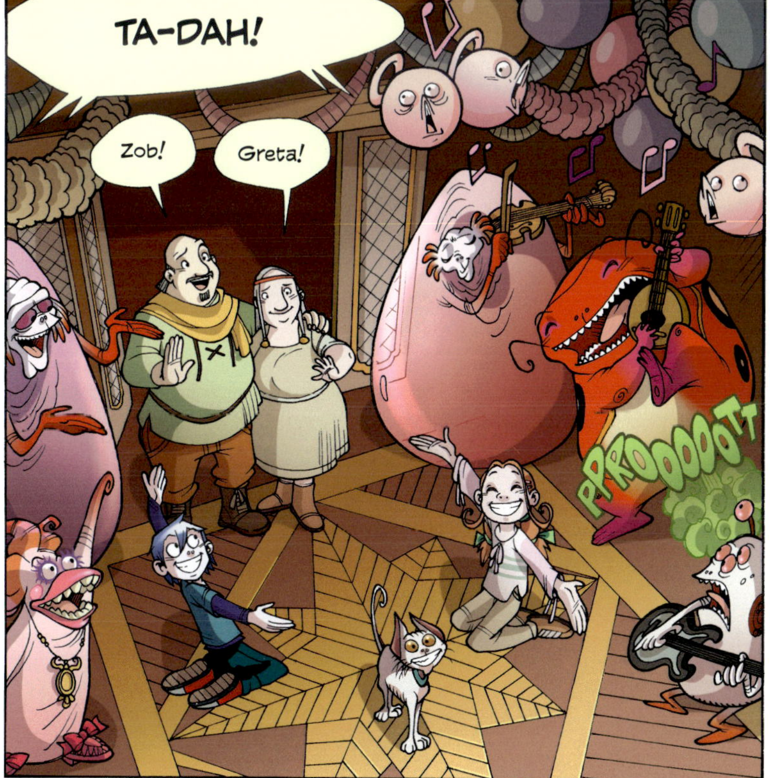
TA-DAH!
Zob!
Greta!
PPROOOOOTT

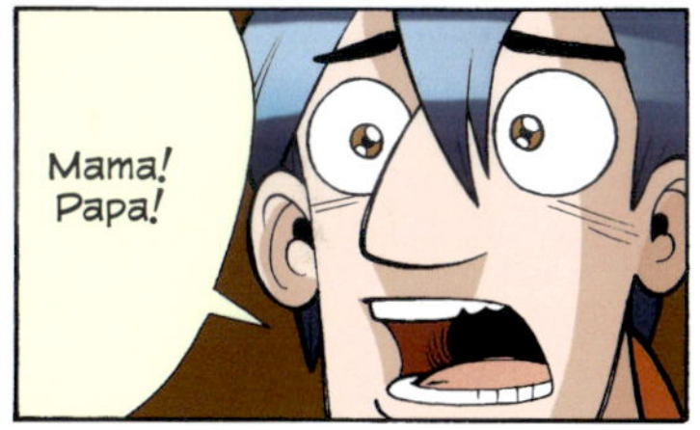
Mama! Papa!

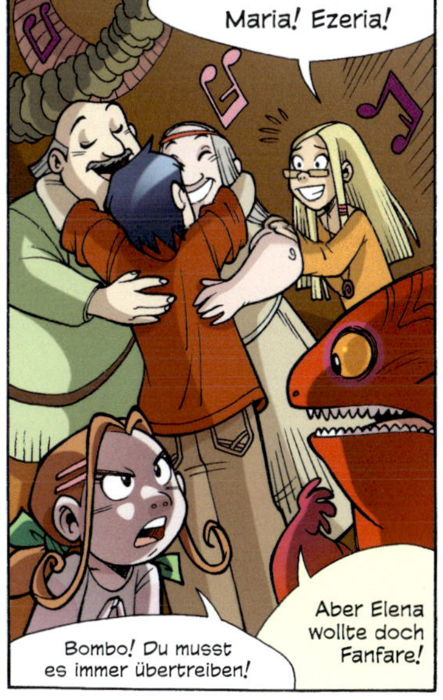
Maria! Ezeria!
Bombo! Du musst es immer übertreiben!
Aber Elena wollte doch Fanfare!

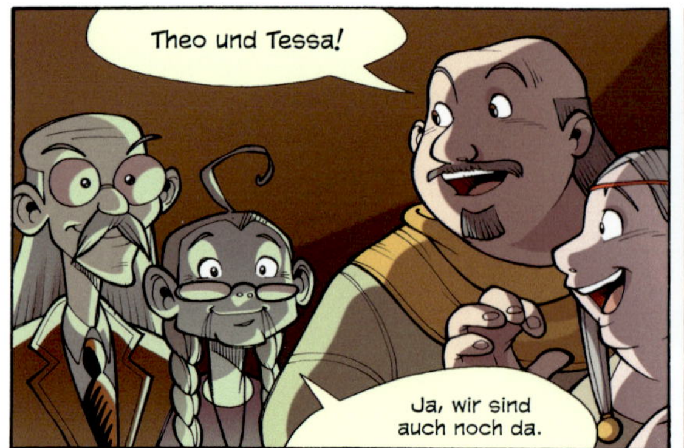
Theo und Tessa!
Ja, wir sind auch noch da.

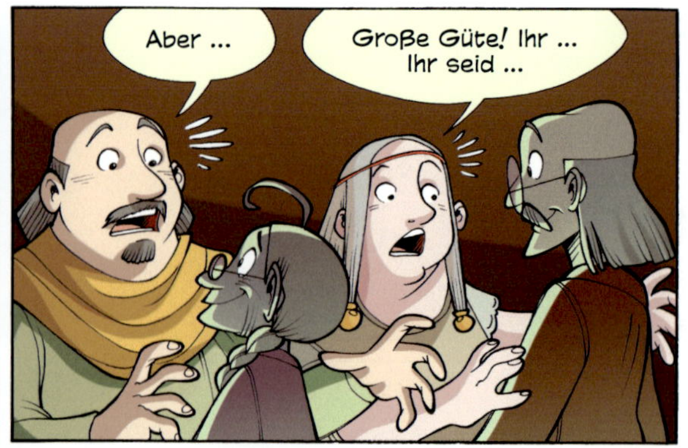
Aber ...
Große Güte! Ihr ... Ihr seid ...

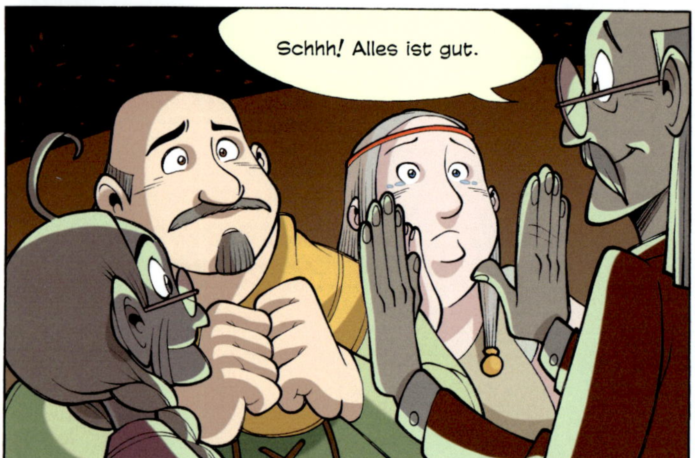
Schhh! Alles ist gut.

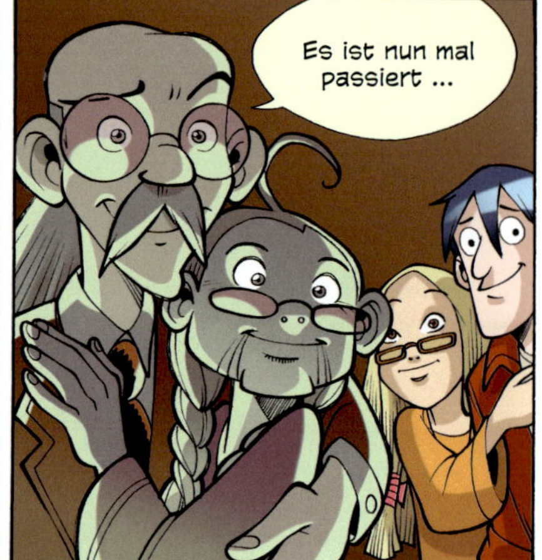
Es ist nun mal passiert ...

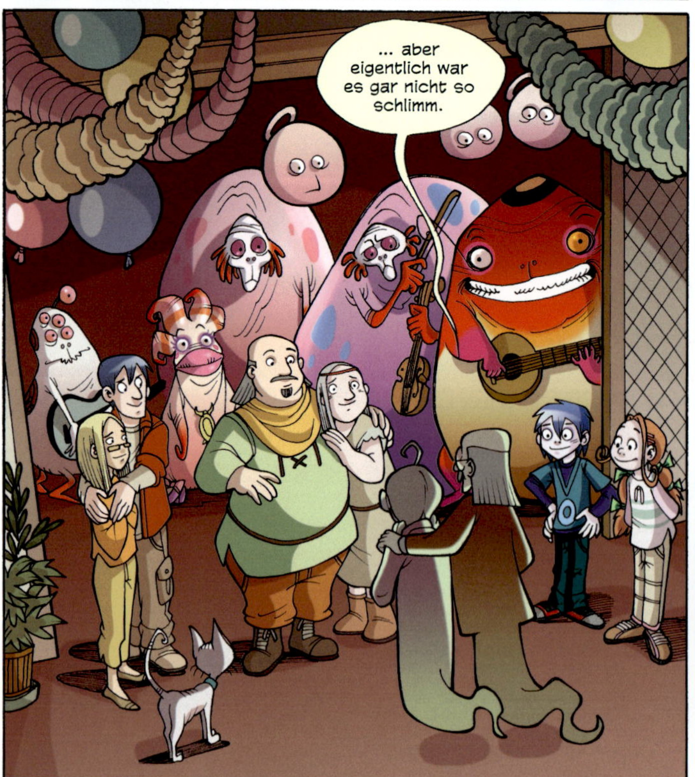
... aber eigentlich war es gar nicht so schlimm.

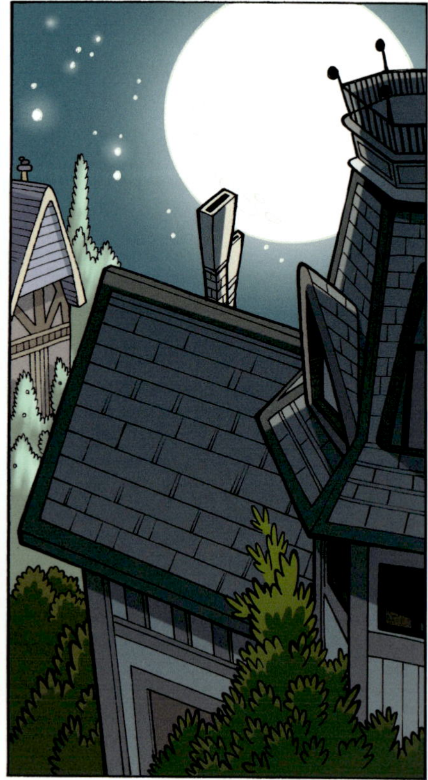

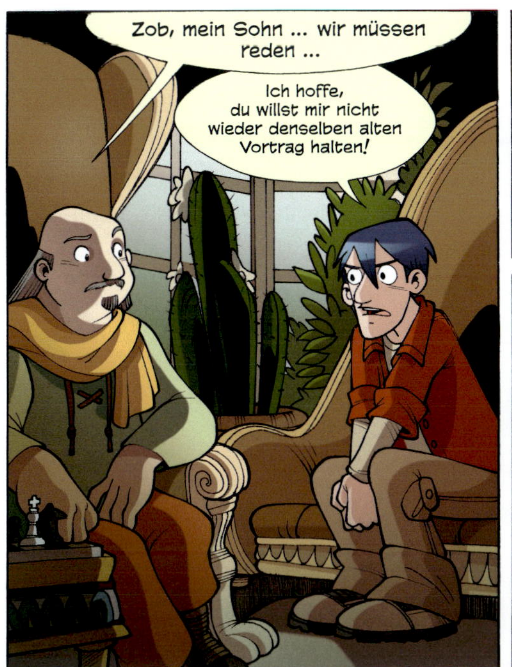
Zob, mein Sohn ... wir müssen reden ...
Ich hoffe, du willst mir nicht wieder denselben alten Vortrag halten!

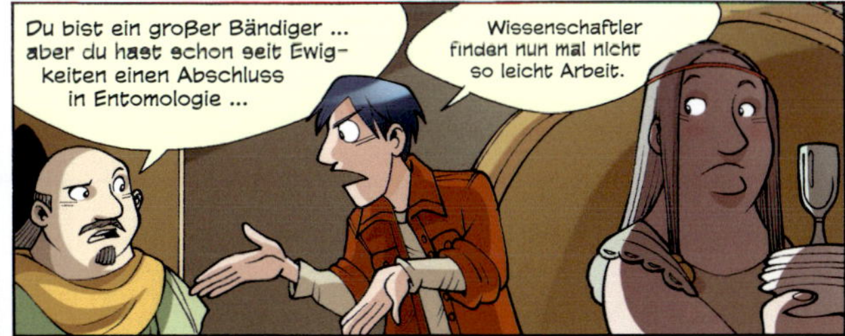
Du bist ein großer Bändiger ... aber du hast schon seit Ewigkeiten einen Abschluss in Entomologie ...
Wissenschaftler finden nun mal nicht so leicht Arbeit.

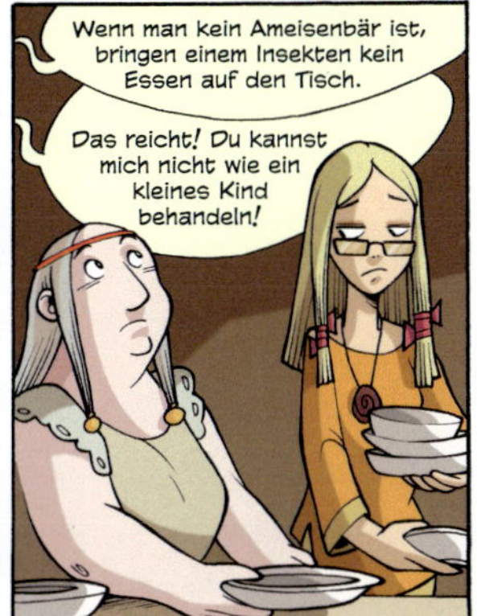
Wenn man kein Ameisenbär ist, bringen einem Insekten kein Essen auf den Tisch.
Das reicht! Du kannst mich nicht wie ein kleines Kind behandeln!

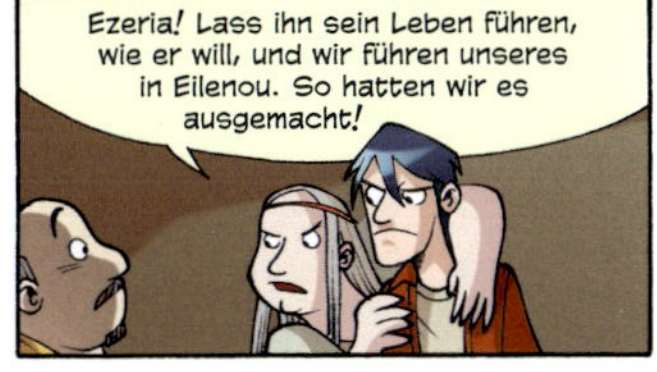
Ezeria! Lass ihn sein Leben führen, wie er will, und wir führen unseres in Eilenou. So hatten wir es ausgemacht!

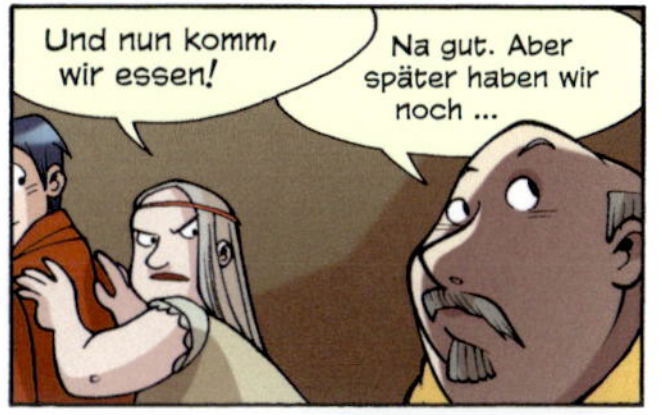
Und nun komm, wir essen!
Na gut. Aber später haben wir noch ...

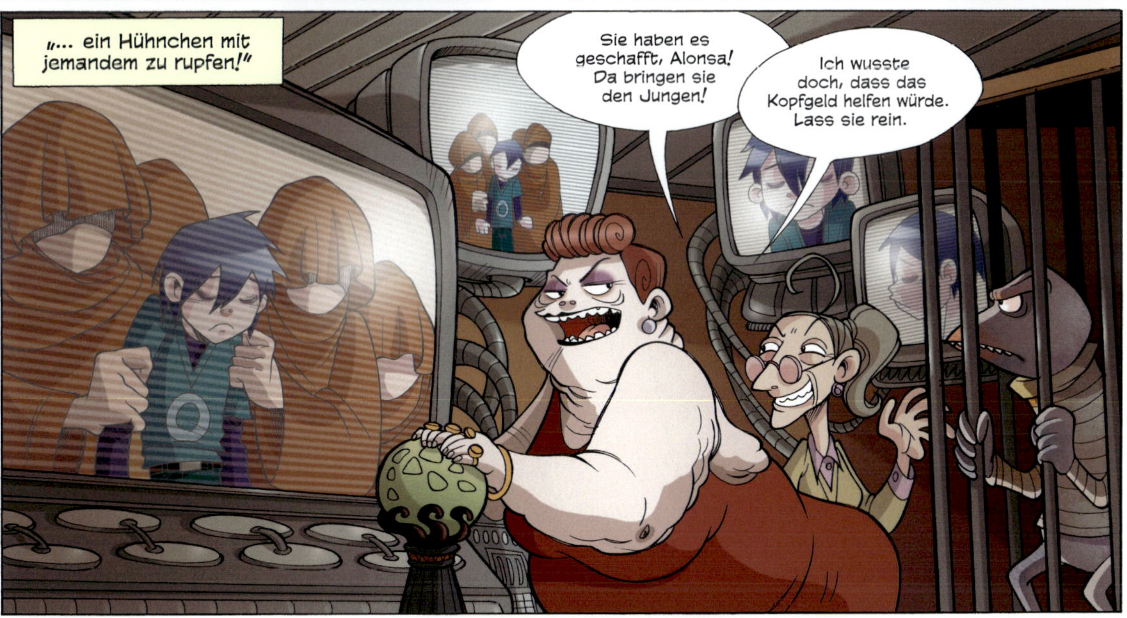
„... ein Hühnchen mit jemandem zu rupfen!"
Sie haben es geschafft, Alonsa! Da bringen sie den Jungen!
Ich wusste doch, dass das Kopfgeld helfen würde. Lass sie rein.

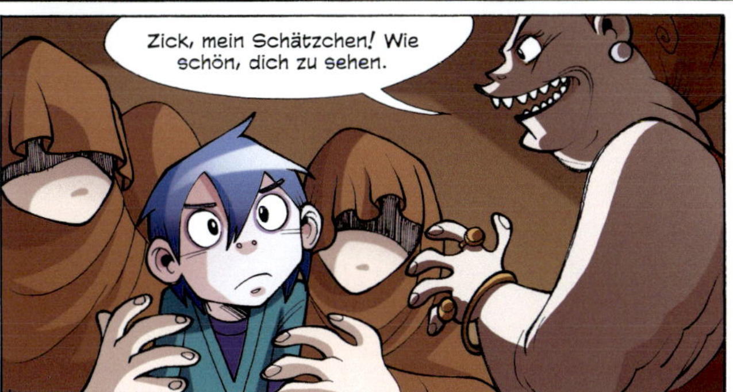
Zick, mein Schätzchen! Wie schön, dich zu sehen.

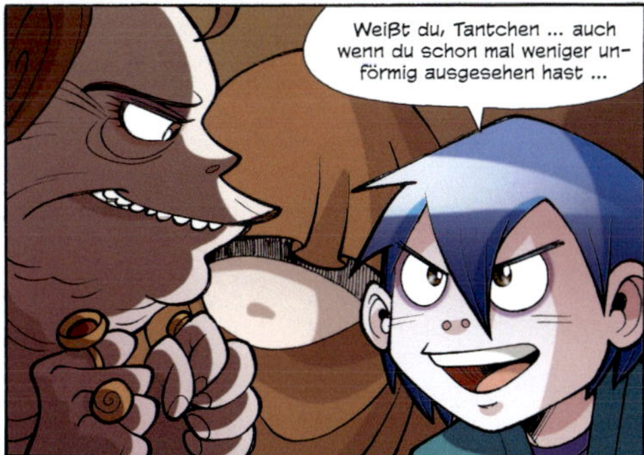
Weißt du, Tantchen ... auch wenn du schon mal weniger unförmig ausgesehen hast ...

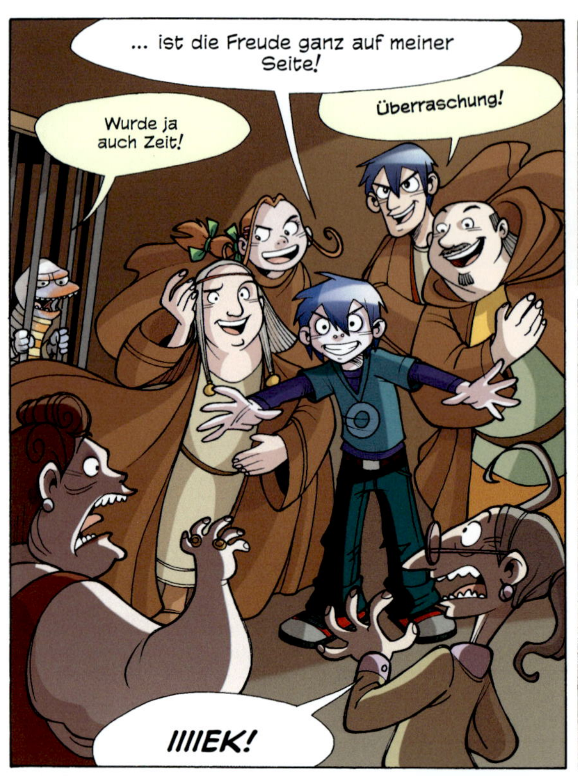

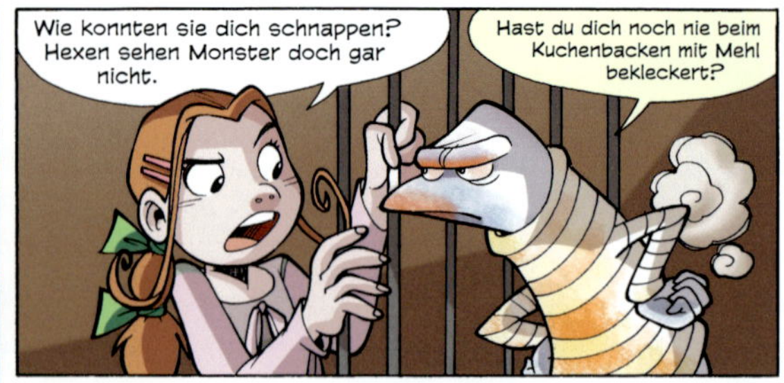

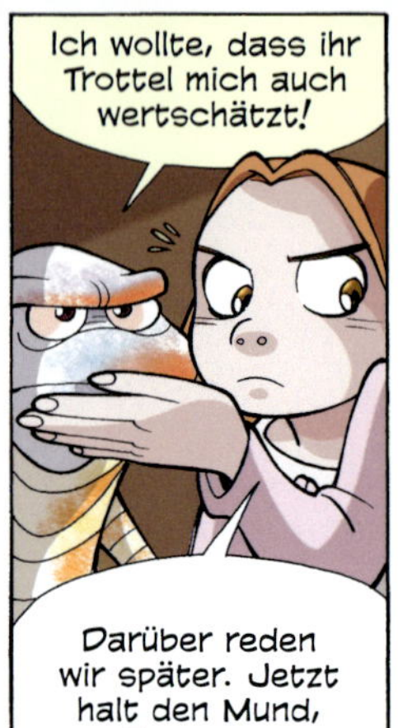

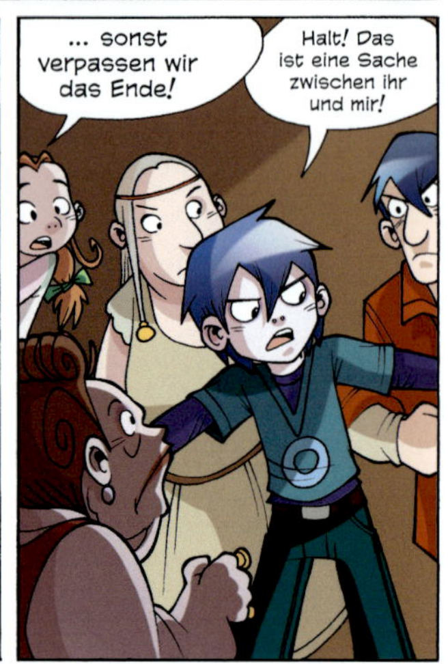

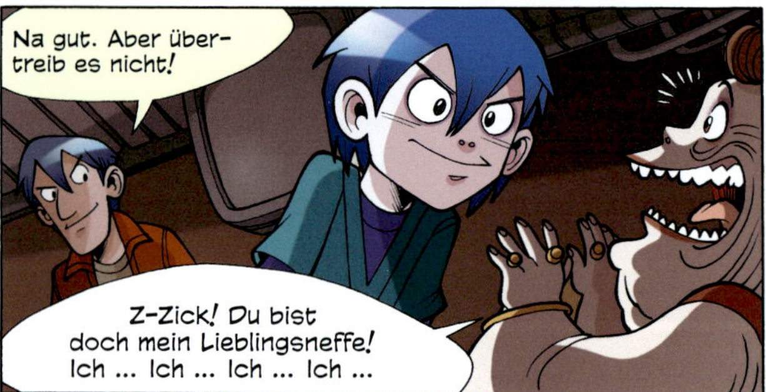

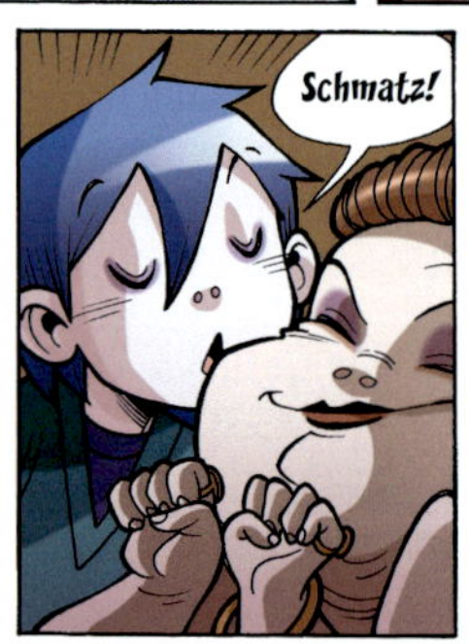

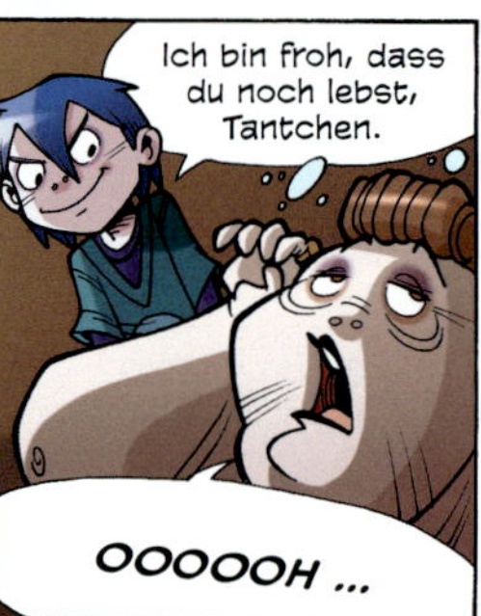

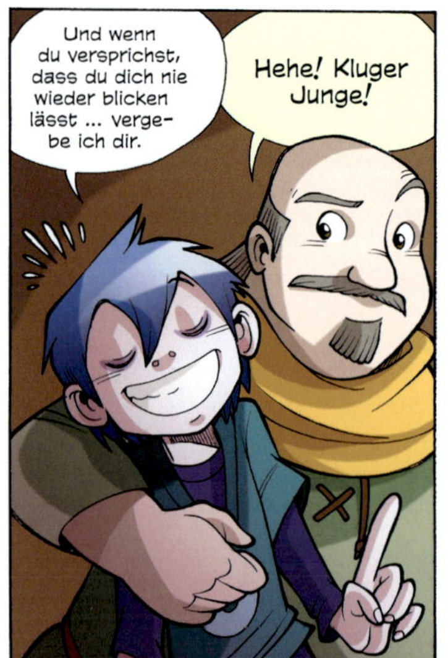

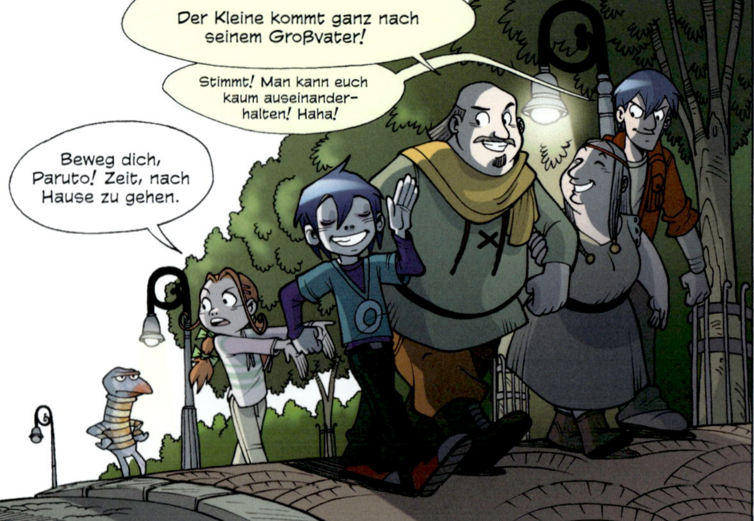

Ende der 20. Episode.

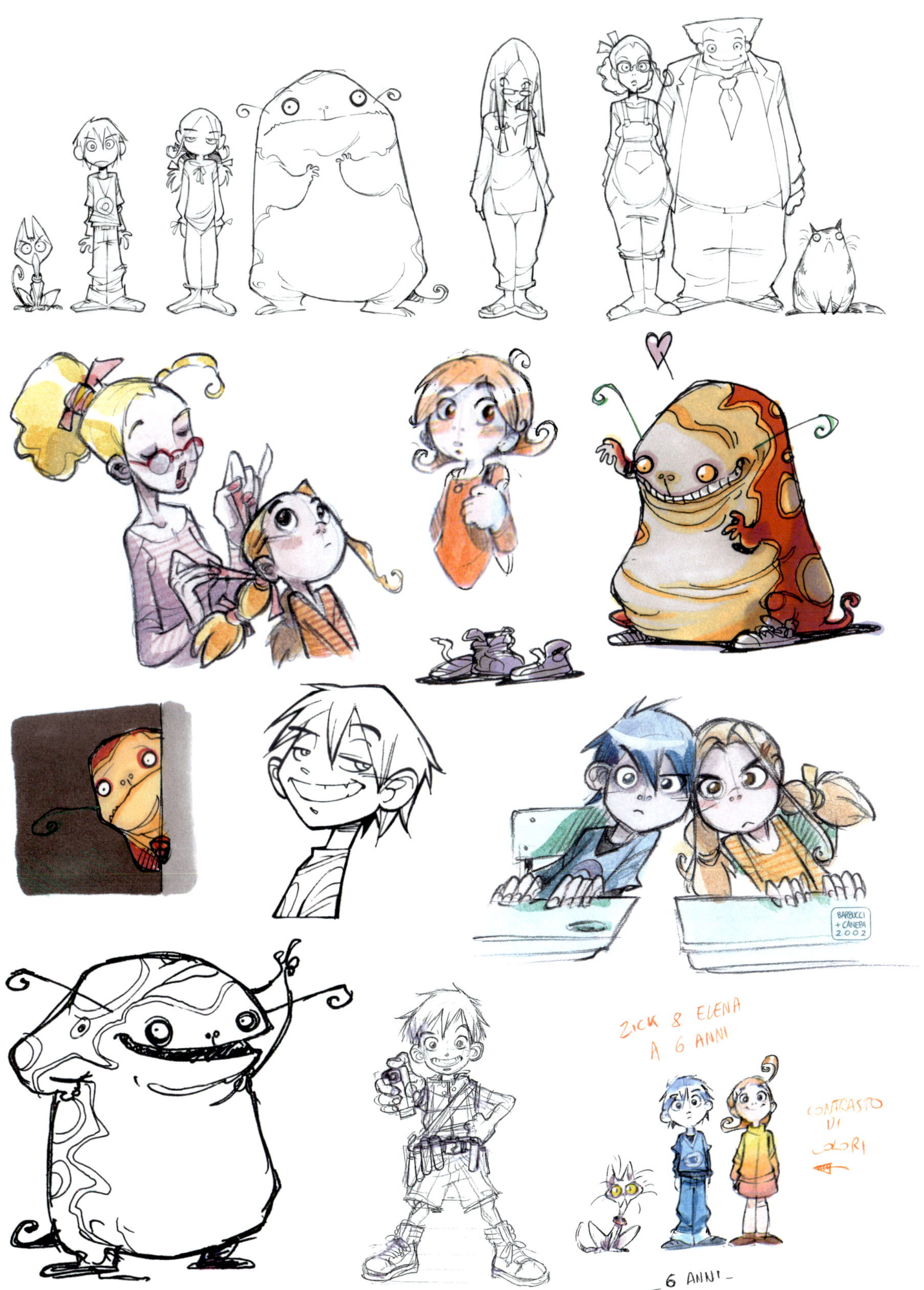

Diese und nächste Seite: Diverse Studien von Alessandro Barbucci für die Monster-Allergy-Hauptfiguren.

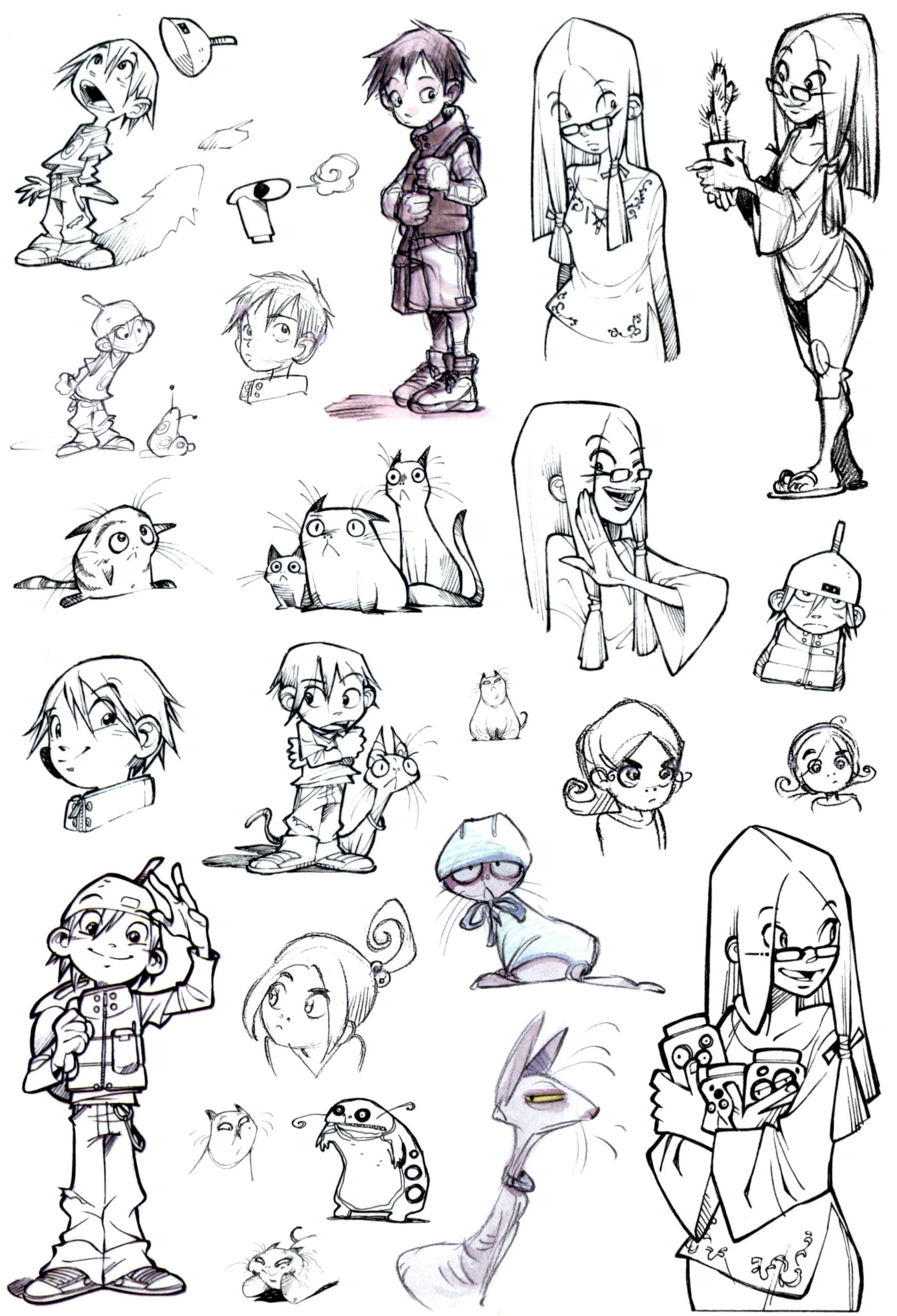

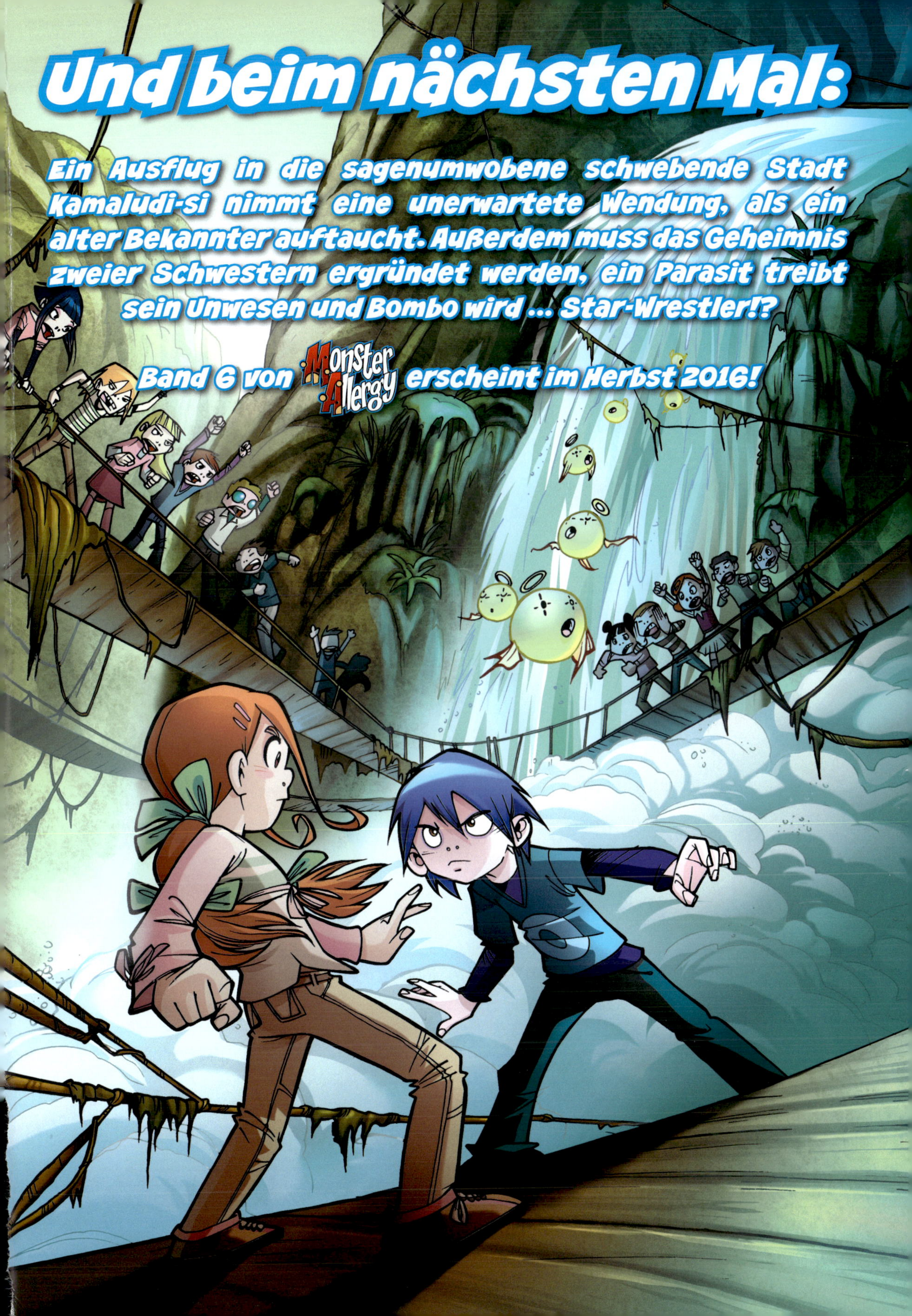
Und beim nächsten Mal:
Ein Ausflug in die sagenumwobene schwebende Stadt Kamaludi-si nimmt eine unerwartete Wendung, als ein alter Bekannter auftaucht. Außerdem muss das Geheimnis zweier Schwestern ergründet werden, ein Parasit treibt sein Unwesen und Bombo wird … Star-Wrestler!?
Band 6 von Monster Allergy erscheint im Herbst 2016!

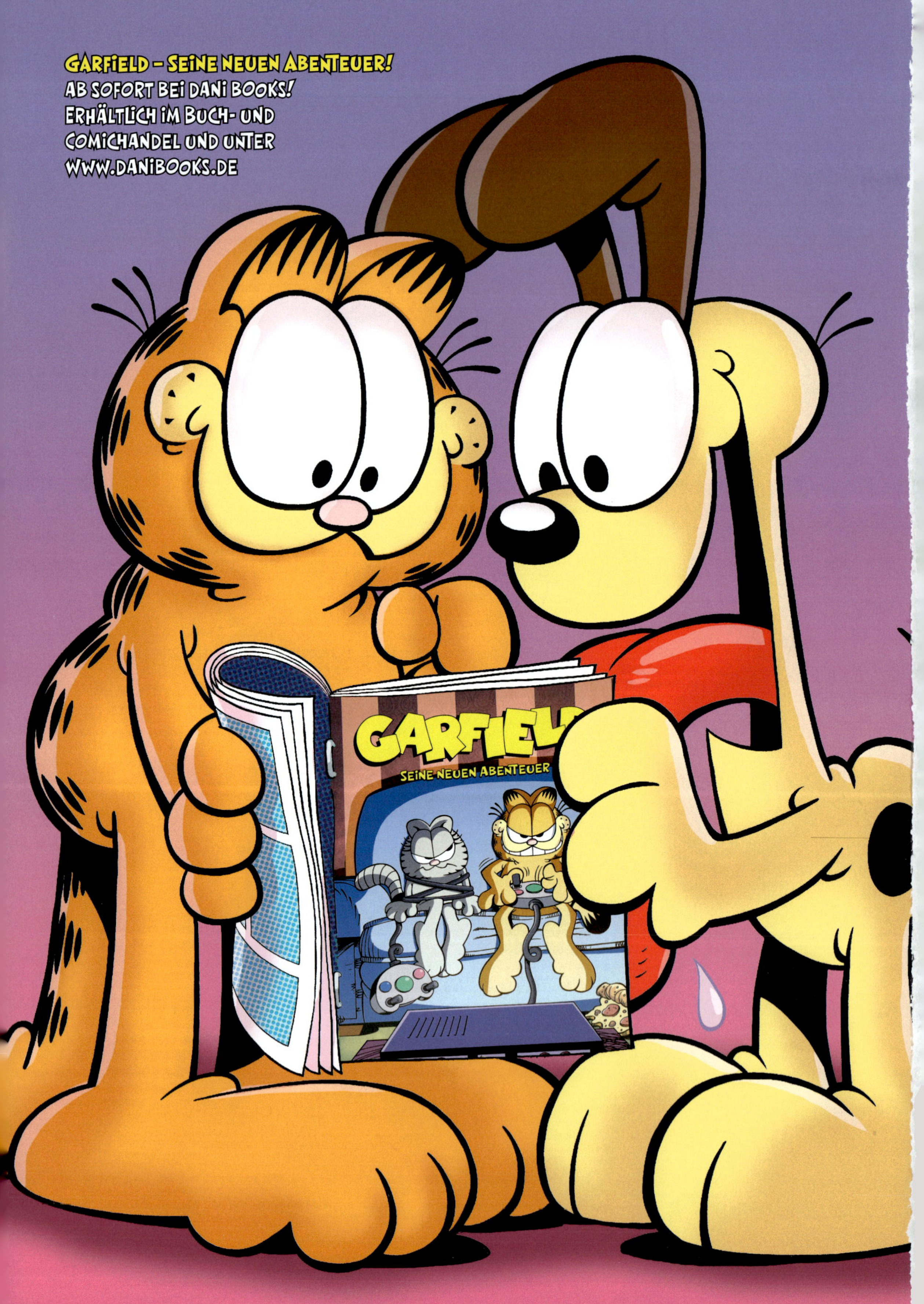
GARFIELD – SEINE NEUEN ABENTEUER!
AB SOFORT BEI DANI BOOKS!
ERHÄLTLICH IM BUCH- UND
COMICHANDEL UND UNTER
WWW.DANIBOOKS.DE
GARFIELD
SEINE NEUEN ABENTEUER